バブル再来

The Next Great Bubble Boom

2022年までの株価シナリオと投資戦略

ハリー・S・デント・ジュニア 著
Harry S. Dent, Jr.
神田昌典 監訳
飯岡美紀 訳

ダイヤモンド社

THE NEXT GREAT BUBBLE BOOM

by

Harry S. Dent, Jr.

Originally published in the United States by Free Press
Japanese translation published by arrangement with
Harry S. Dent, Jr. c/o The Susan Golomb Literary Agency
through The English Agency(Japan)Ltd.

バブル再来 ２０２２年までの株価シナリオと投資戦略——目次

プロローグ
ニュー・サイエンスが未来予測を可能にする

第1章 一九二〇年代との不気味な符合 一生に二度とない投資機会

第2章 バブル・ブーム ハイテク・バブルを生み出す五つの条件

第3章 サイクルに乗じてリスクを減らす

最も包括的な予測と最も単純な投資モデル

第4章

人口トレンドと不動産価格の関係 不動産の保有に影響を及ぼす要因

第5章 人生設計 経済のライフサイクルと個人の人生はどう交わるのか

第6章 最も有望な投資分野はどこか 株式か、それとも債券か

第7章

最適ポートフォリオ戦略

季節ごとのリスクとリターンを理解する

第8章 ニュー・ミリオネア・エコノミー 新富裕層ボボスとは何か

エピローグ
究極のバブル

プロローグ　ニュー・サイエンスが未来予測を可能にする

未来は人口トレンドに隠されている

二〇〇〇年代初頭の株価と景気の「一大バブル」崩壊を目の当たりにして、誰もがこう痛感している——「易々とバブルを信じた自分がバカだった」「あれほどの成長は今後何十年も見られないのではないか」。

バブルがはじけたが最後、何年も、いや何十年も回復の見込みはないというのが一般的な見方である。ところが、二〇〇二年後半から二〇〇四年前半の景気と株価の回復ぶりに、この上げ相場はひょっとして続くのではないかと思う人が増えてきている。

その答えはこうだ。今後、二〇〇九年にかけて株価は再び大きく上昇する。しかも、一九九〇年代よりもさらに強気の上げ相場となりそうだ。

本書では、「バブルがはじけたらおしまいだ」という今の認識がハイテク・バブルには当てはまらないこと、歴史的に見てハイテク・バブルだけが他のバブルとは違うこと、最近の調整局面やハイテク株の暴落が、ハイテク・バブル同様、人類の進歩に不可欠なものであることを説明する。

実を言うと、重要な新技術の成長サイクルが最後のピークに達する前には、少なくとも二度バブルが起きる。われわれはこれから、誰もが予想だにしない史上最大の株価上昇があると見ている。一九一九年後半から一九二二年前半にも、今回と似たような「ハイテク」バブルとその崩壊があり、その後、一九二二～二九年には、やはりアメリカ史上最大の株価上昇（いわゆる「狂乱の二〇年代」）があった。われわれはこれまで、二〇〇〇年から二〇〇九年までの一〇年間をその時代になぞらえてきたが、実際、この一〇年の出だしは「狂乱の二〇年代」の始まり方と瓜二つである。

　科学者や経済学者は、複雑きわまりない世界を見て、複雑な説明をする専門家だ。しかし、専門家の説明が常識とは異なることに気づかされることも多い。そもそも人間というものは、人によって長所短所があり、なんとかそれを活かして生きている。だから、自分の知っている人々の行動は――惑星が太陽の周りを回ったり、太陽が毎朝昇ったり、潮が満ちて引くのと同じように――たいていは予想がつく。一人ひとりが予想どおりの行動を取るのであるから、総体としての人間も予測することは可能である。例えば、人々が平均あと何年で死ぬのかといったことは、何十年も前から生命保険会社の数理士たちが予測しているとおりである。

　さらに、一九八〇年代初めに米労働省労働統計局が年間消費支出調査を開始してからは、人々がいつ成長し（親、政府、企業の支出が増える時期）、いつ働き始め（ようやく生産性が発揮される時期）、いつ稼ぎ、いつ支出し、いつ借金し、いつ貯蓄し、いつ退職するのかということから、一生の間に様々なものをいつ購入するのかといったことまで予測できるようになってきた。情報化時代が到来するまでは知るべくもなかった統計数値である。

　またここ数十年の間に、情報技術のおかげで、「ビッグバン」や宇宙の進化、地球の進化や何百万年にもわたる多種多様な動植物の進化、ＤＮＡコード、過去八万年における人類の発展と移動の足跡など、あらゆる現象の分析が可能になった。これまで、われわれ人間は自らの個人的、民族的、宗教的信条に則って過去を解釈しようとしてきたが、今日では長期にわたる進化や経済発展を現実的な目で見つめられるようになった。

歴史を振り返ると、地球球体説や地動説といった新しい科学的洞察の多くが人々の抵抗にさらされてきたが、それで現実が変わったわけではない。いつの時代も、現実を最もよく知る民族が最も発展を遂げてきた。その傾向はここ数十年、ますます強まっている。人類は歴史上初めて、自らの起源や進化、行く末の長期的、短期的なサイクルを様々な角度から見られるようになったのである。人類の進化のサイクルの詳細な分析については、われわれのウェブサイトwww.hsdent.comで「Key Concepts」から「The Long View」を開き、無料の特別レポートをダウンロードしてほしい。

「未来は誰にも予測できない」は本当か？

今日、経済学をはじめ政治学、社会学、科学など多くの分野に、「ある時点より先の未来は誰にも予測できない」とする考え方がある。未来はあまりにも多くの複雑な変数によって左右されるため、過去から学ぶしかない、というのだ。

しかし、森羅万象に関する知識が急激に増加し、科学の様々な分野で、多くの現象が数百年先まで予測できるようになった現在、そうした態度はどう見てもナンセンスだ。われわれは経済学の分野で他の経済学者たちよりも長期にわたる予測を可能にし、二〇年以上も前から独自の主張を続けてきた。

この考え方が正しいことは、科学の多くの分野における進歩が証明している。進化の様々な段階から惑星運動の周期、遺伝子、心理学における幼児期の人格形成、そして、ヒトや動植物や技術のライフサイクルに至るまで、ますます多くの出来事が単純な因果関係で明らかにされるようになった。経済についても、根本的な要因に目を向け始めると、他の些細な要因や偶発的な事象など、とるに足りないものであることがわかってくる。

どんな知識をもってしても理解できない要因は必ずある。二〇〇一年九月一一日のテロ攻撃のような、一見、偶発的な要因がそうだ。だが実はこうした要因でさえ、われわれが思うほど偶発的なものではないかもしれない。われわれの調査によると、九・一一のような事件は、景気などの他の要因が弱いか下降局面にあるときに起きやすい。大恐慌の後にヒトラーが現れ、第二次世界大戦が起きたのはその最たる例だ。また、ここ数十年は天候でさえある程度予測できるようになり、短期や長期の予報が行われている。過去の気候変動や陸地の移動も、今ではドリルで氷河に穴を開けるなどの方法により、何百万年も遡ることができる。そして、気候は様々な種の盛衰を促す最大の要因である。

ところが、科学者や政治学者や社会学者は、「近現代に起きた出来事のこれほどの多様性をどう説明するのか」と聞いてくる。確かに一〇〇%説明することはできないが、過去の変化を促し未来を方向づける最も基本的なトレンド（大きな流れ）なら見当はついている。

過去一万年の人類と経済の進歩に気候以外で最も大きな影響を与えた二つのトレンドは、人口の増減や高齢化による人口特性の変化と技術革新である。われわれは、経済学におけるこれら二つの基本トレンドを一九八〇年代後半から予測し続けているが、天気予報の精度と同様、その精度は上がってきている。そして、われわれはさらに学習を重ね、長期・短期の予測を続けている。今後も予測が完全に当たることはないだろうが、過去一五〜二〇年にわたって、われわれの言葉に耳を傾けてきた人たちは、そうでない人々よりもはるかに優れた意思決定を行ってきた。

このところ、予測の可能性について最も優れた洞察力を発揮しているのがＤＮＡ研究である。人間の人格や特徴は、生育環境が違ってもＤＮＡから比較的正確に予測することができる。しかも将来的には、その気になればDNAを変えることも可能になりそうだ。過去の様々な民族の大移動ルートも、DNAを遡ることにより、文化人類学上の発見に頼っていた時代よりも、はるかに正確に追跡できるようになった。

だがおそらく、最も優れた洞察力を示したのは、『新しい科学（*A New Kind of Science*）』の著者、スティーブン・ウォルフラムだろう。彼はどんなに複雑な自然のパターンやサイクルも、実はきわめて単純な公式やパターンの長期的な反復と発展によって生じていることを明らかにした。

複雑さは複雑な原因や要因が生み出すものではなく、単純な要因が長期にわたる成長や反復を経てもたらすものである。**事実、生命は複雑だが、長い目で見た進化や人間性は単純なものである。また、進歩の過程は直線的ではなく、明らかに指数関数的である。**

人類の相対的な生活水準は、過去二〇〇〇年間に、それ以前の一万年に勝るほど向上した。過去一万年では、それ以前の何百万年にも勝る向上を遂げている。つまり、進歩の歴史は、現在思われているよりも明らかに指数関数的なのである。

本書で考察するトレンドも、一見、偶発的で短期的な事象に見えるが、実はかなり先の将来まで予測することができる。それらは、経済、投資、生活、仕事、子供の教育やキャリア、不動産、生活環境など人生の多くの局面に影響を及ぼしている。また、われわれが用いる指標は、例えば平均的な世帯の出費が生涯で最も増えるのはいつかといった、誰でも身に覚えのあるごく常識的なものである。

石器時代の人々は、四季折々の気候の変化やその理由を理解できず、毎年、冬が来ると途方に暮れていた。われわれは景気循環の各局面を従来にないやり方でチャート化しているが、その正確さが証明されつつある。八〇年前と同じようなことが、今またいくつも起きているのだ。最近のハイテク株暴落しかり、テロ攻撃しかりである。

これまでの著書でも強調してきたが、画期的な新技術、ニュー・エコノミー、新しい生き方や新しいビジネスのやり方は、およそ二世代ごと、つまり八〇年サイクルで出現する。一九二〇年代前半には技術不況とテロ事件が相次いだが、その直後に史上空前の株価上昇が起こり、一九三〇年代後半から一九七〇年代にかけて人々の生活水準は大きく向上した。当時、そのような展開を予想した人はまったくいなかった。しかし、今や景気が夏から秋へ、そして冬へと変わっても驚く必要はない。これは歴史上初めてのことである。

こうした景気循環の各局面や、より長期的な技術と生活水準の向上は、おおむね予測することができる。本書では二〇〇九年までの景気や株式市場の推移を検討していく。われわれは、二〇〇九年までに史上空前の株価上昇が見られ、その後の一〇年間は欧米史上稀に見る深刻な下降局面に入ると予測している。

こうしたトレンドはすでに、人口の多いベビーブーム世代の支出および生産性のサイクルと、一九七一年のマイクロチップ開発に端を発する情報革命によって、すでに始まっている。あとは、消費や技術のライフサイクルがそれとどう符合しているかを理解するだけだ。そして、こうしたトレンドやライフサイクルを理解したら、アメリカ史上最後の大相場と、大恐慌に匹敵すると見られるその後の下降局面に備えなければならない。

二〇〇九年、株価はピークを迎える

一九八〇年代前半以降、われわれは人口特性、世代、技術の各サイクルについて研究を続けてきた。

これらは、経済成長や株式相場の上昇をもたらす根本要因であり、九・一一のような偶発的な政治事件や、一九八七年に見られ、今また目につくようになった株式相場の評価のブレによる短期的な上下動をも超越している。アメリカや他の先進諸国のように生産性の高い経済に生まれた人々の行動は、年齢別にかなり正確に予測することができる。また、画期的な新技術がいくつか生まれると、それらは人間のライフサイクル（若年期、成人期、中年の危機、高齢期）とよく似た四段階のライフサイクルに従って成長し、新たな成長産業を生み出し、旧産業を再編する。

本書の最も重要な認識は、「二〇〇〇〜〇二年に株価は大幅に下落したが、最大の好況と強気相場はまだ終わっていない」ということである。史上最大のベビーブーマーたちの人口特性にもとづく収入と支出の波は、二〇〇〇〜〇二年の景気下降局面でも衰えを見せず、二〇〇九年ないし二〇一〇年までは続くと見られる。電気、自動車、電話の発明以来（おそらく一四〇〇年代後半の印刷機の発明以来）最大の技術革命も、やはり最初のピークを迎えるのは二〇〇九年が近づいてからで、二〇〇五〜一〇年には再度、驚異的な盛り上がりを見せ、再び生産性の急上昇と株価バブルをもたらすと予想される。

バブルは、まだはじけていない。われわれは今も、長期にわたる「バブル・ブーム」の中にある。第1章では、今回のバブル・ブームが一九八〇年代前半以降、どのように進展してきたかを述べる。第2章では、一七〇〇年代後半の蒸気機関の発明と産業革命以降、より規模の大きなバブル・ブームがいかにして発達してきたかを示す。今回のバブル・ブームにおいて最初にバブルが起きたのは一九八七年であり、二度目が二〇〇〇年代初頭だった。そして、三度目にして最後のバブルが目前に迫っている。

われわれが常々予測してきたように、二〇〇〇年から二〇〇九年までの一〇年間は「狂乱の二〇年代」に似たものとなるだろう。第1章と第2章で詳述するように、一九二〇年代は当時のハイテク・バブルと、それに続くハイテク不況で幕を開けた。だが、一九二〇年代前半の株価暴落後は、より大規模なバブルと景気拡大期が一九二九年まで続いた。アメリカ史上最大の相場が続いたこの八年間は、当時の人々にとって「人生最大の買い時」だっただけでなく、二〇世紀を通じても最高の買い時だった。壊滅的なハイテク・バブル崩壊の直後に、「狂乱の二〇年代」の強気相場が訪れる——それは歴史上、最も意外なシナリオだった。

しかし、そんな大相場の後、ついに大恐慌が訪れ、アメリカ経済は史上最悪の局面を迎える。われわれは、これと似た下降局面が二〇一〇〜二二年頃に訪れると見ている。この激動のサイクルは、読者の投資、ビジネス、生活に対して人生最大の影響を及ぼすだろう。本書では、従来の経済予測や常識が通用しないこれからの二〇年間に、読者が対応し豊かな生活が送れるよう、人口特性の変化や技術革新のトレンド、そして各種のトレンド・サイクルについて包括的に分析していく。

しかし、それ以上に重要な点は、本書が、投資、ビジネス、人生設計について、従来にない総合的な予測と長期的なシステムの概要を示していることだ。われわれの新たな理論をじっくりと検討し、自分の人生、仕事、投資にとり入れる価値があるかどうかを判断するのは、あなた自身である。

一九九八年前半に出版した『２０００年資本主義社会の未来（*The Roaring 2000s*）』（ＰＨＰ研究所刊）では、一九九二年出版の『経済の法則（*The Great Boom Ahead*）』（イースト・プレス刊）に示した人口特性のトレンド分析にもとづき、ダウ工業株平均は、二〇〇八年後半ないし二〇〇九年までに三万五〇〇〇〜四万ドルに達する可能性があると予測した。今日、われわれの知る限り、そうした可能性をわずかでも信じる経済学者やアナリストはどこにもいない。

だが、われわれの予測は今も変わっていない。一九九〇年代後半と同規模かそれ以上の大好況と株価上昇が起きる兆しがあるのだ。一九八〇年代後半にダウが一万ドルを突破すると予測したとき、ほとんどの投資家やビジネスマンは信じなかった。一九九〇年代前半に景気が後退し、貯蓄貸付組合が相次いで破綻、株価も暴落しイラク戦争が起こると、われわれの予測を信じる人の数はますます減った。だがわれわれは、超長期のトレンドを調べた結果、自分たちの基本的な予測は長い目で見れば必ず当たり、間違いなく最良の投資手法であり将来設計の方策であると確信した。

株価が底を打った二〇〇二年一〇月前半、われわれはニュースレター「H・S・デント・フォーキャスト」において、それまでで最も強い買いシグナルを出した。その後、株価と景気はわれわれが二〇〇四年前半から後半に予測した通り、多少のつまずきはあるが、堅調に回復している。だがそれは、今後二〇〇九年頃まで続く最後の大相場の第一波に過ぎない。

この強気相場の絶頂期は、二〇〇四年後半から二〇〇九年後半ないし二〇一〇年前半に訪れる。投資家やビジネスマンにとって、これは史上最大の好況に乗じる最後のチャンスとなるだろう。二〇一〇年以降は、一九九〇～二〇〇三年の日本や、それ以上に一九三〇～四二年のアメリカによく似た、長期的な景気下降局面となるだろう。なぜなら、支出トレンドと技術の普及サイクルが低調になるからだ。また、二〇〇〇年代前半に人々を震撼させた政治問題やテロの脅威も、こうした下降局面ではますます激化するだろう。

人口統計学でここまでわかる

過去二、三〇年の間に科学の様々な分野で起きた画期的な進歩を、すべてきちんと認識している人は少ない。情報・コンピュータ革命が想像を超える進歩や成果をもたらすのも、まだ何十年か先のことだろう。一九四六年のコンピュータ第一号機誕生に始まり、一九七一年にはマイクロチップが開発され、一九七六年にはパーソナル・コンピュータが登場した。一九八一年には高度なOSが登場し、一九九三年にはインターネットが台頭、そして最近ではブロードバンドが普及しつつある。

一連の情報革命によって、コミュニケーション、協同作業、調査の可能性が広がり、科学、ビジネス、社会学、個人のライフスタイルは大きく進歩している。人口統計学はニュー・サイエンスのひとつであり、一九七〇年代にＰＲＩＺＭ（クラリタス社）やＴＡＰＥＳＴＲＹ（ＥＳＲＩ社）などの人口統計モデルやライフスタイル・モデルとともに登場したものだ。これらのモデルを使えば、郡単位、郵便番号単位、さらに今では住宅地のブロック単位で消費支出動向を予測できる。

われわれも一九八〇年代後半以降、様々なマクロ経済モデルを用いて、所得、支出、借入、投資、革新、生産性（およびインフレーション）、パワーシフト（ビジネスモデルや政治の変化）が、人口特性や世代のサイクルによって生じること、予測可能なものであることを示してきた。ウィリアム・ストラウスとニール・ハウは『世代（*Generations*）』（一九九一年刊）などの著書で、一四〇〇年代後半以降のこうした世代サイクルについて詳しく述べている。ストラウスとハウは、アメリカには四段階からなる世代サイクルがあり、それがアメリカの政治、社会、景気のおよそ二世代ごと、つまり約八〇年のサイクルと対応していることを示した。

つまり、年をとるにつれて人間は変化するという予測可能な因果関係にもとづいた新しい情報科学が存在するのである。生命保険会社が使う「生命表」によって自分の余命がわかるのと同じように、そうした因果関係も簡単に予測できる。これは画期的なことである。しかも、今やコンピュータ技術や情報技術のおかげで、こうした予測可能な影響を郵便番号や住宅地のブロックごとに何十年も先まで分析し、推測できるのである。

エコノミストや景気予測の専門家、証券アナリストらは、この単純なニュー・サイエンスにまだ気づいていない。だからこそ、何十年にもわたって最も基本的なトレンドを見誤ってきたのだ。今後二〇〇九年までの強気相場やその後の一〇年間の不調についても、彼らは誤った予測を立て続けるだろう。

投資家もビジネスマンも個人も、経済学のエリートたちがこのニュー・サイエンスに気づくまで待っている暇はないし、われわれの予想してきたシナリオや結末が現実になるまでのんびり構えてもいられないはずだ。なぜ今が歴史上最も変化の激しい景気拡大期なのか。そして、今後の二〇年とそれ以降、どう展開していくのか。これらを理解できるかどうかで、あなたの人生は大きく変わってくる。過去の経済原則にこだわる専門家連中にはとうてい理解できない新しい原理の単純で常識的だが深い意味を、あなたは今、理解できる立場にいるのだ。

人口統計学がニュー・サイエンスとして登場してきたことは、われわれの知る限り、経済学上、最も画期的な出来事である。人口統計学は本来きわめて単純で、基本的に理解しやすいものだ。それは、誰でも年齢とともに予想どおりの行動をとるからである。だが、こうした単純な原理をより深く分析し当てはめてみると、単純なトレンドだけでなく、景気や人生のより複雑な長期的展開が見えてくる。

景気予測は、エコノミストたちが言うよりもずっと簡単なものなのだ。

複雑な長期トレンドを動かすのは単純な要因

スティーブン・ウォルフラムは著書『新しい科学』において、われわれが提案しているのと同じ原理、つまり、単純な要因が予測可能で複雑な長期的トレンドを動かすことを、もっと高度なレベルで提示している。

ウォルフラムは高性能コンピュータを用いて、科学と進化の新たな原理を実証してきた。雪の結晶から、貝殻、シマウマの模様、海岸線、そして山脈に至るまで、自然のどんなに複雑なパターンも、長期にわたり繰り返すごく単純な数式から生まれることを示した。これらのパターンは、最初はごく単純だが、最終的にはきわめて複雑な様相を呈する。それらは一見、偶発的で予測不能に見えるが、こうした単純な数式を理解し、長期にわたり厳密に当てはめれば、かなりの精度で予測することができる。

人類の進化も、最初はごく単純なレベルから始まった。ビッグバン以降、宇宙は膨張を続け、どんどん大きく複雑になった。そして、最も基本的な単位であるクォークや原子や分子から生命が発生し、ごく単純な単細胞有機体へと進化する（今でもそれはあらゆる生命体の構成単位だ）。これらの単純な生命体は、時とともにきわめて複雑な植物や、爬虫類、哺乳類、そして現時点で最も高い進化形と思われるヒトへと進化してきた。そしてヒトは、生き延びることだけを目指すごく小さな集団から、移住型の狩猟民族へ、そして小さな農村へ、果てはきわめて複雑な社会、経済、文化へと発展してきた。

長期で見ればよくわかるように、単純な形や公式は予測可能な成長と進化のサイクルを経て、いつしか複雑な形や状態へと進化する。変化を理解し、未来のトレンドを予測するには、見た目の複雑さを理解するのではなく、実はこうした変化を促す単純な原理や公式を理解することが重要なのだ。各部分を分析したところで、「全体」は理解できない。「全体は部分の総和より大きい」からだ。

成長と進化を促す単純な要因と、それらが時間とともにどう組み合わさり、発展していくのかを完全に理解すれば、何ひとつ偶然などなくなる。そんなばかな、と思われるかもしれないが、ウォルフラムとわれわれの新研究は、はっきりとそのことを示している。もちろん、こうしたことへの理解を深めることはできても、完全な理解は不可能だが、ここ数十年、経済学を含めた多くの科学分野で画期的な進歩が見られつつある。要するに、われわれが今までそれに気づいていなかっただけなのだ。

もちろん今でもこうした単純な要因を見抜き、組み合わせ、将来を予測する方法を十分把握しているわけではないし、何度も言うように、完全な理解など望むべくもないだろう。だが、われわれはその一歩を踏み出しつつある。すでに過去二〇年間、われわれは大方の予想に反して、長期的な予測を何度も的中させてきた。『ホーキング、宇宙を語る』（早川書房刊）の著者スティーブン・ホーキングも、未来とは本質的に過去を映し出す鏡だと述べているが、われわれの研究はそれを証明し続けている。

一九八〇年代後半から一九九〇年代前半に、一九九〇年代の驚異的な株価上昇を予測したわれわれは、その後、二〇〇〇年の調整も予測したが、当初は二〇〇〇～〇二年の株価下落を甘く見ていた。とはいえ、この時のハイテク株暴落が、人々にとって生涯二度とない大相場とバブルにつながることを単純で基本的な人口特性と技術のサイクルによって示したのは、われわれが初めてだった。これについては第1章で詳しく述べる。既存の単純なモデル（この場合、消費支出の人口特性モデルではなく、これまでの著書でもとり上げてきた四段階からなる技術のライフサイクル）を改良するためには、事態の推移から学ぶ必要があった。

予測する能力に限界はない

実は、われわれが本書で述べようとしていることは何ら新しいことではない。有史以来、人類は環境から学び、新技術を開発し、未来の出来事や変化へのより優れた適応法を予測することによって進歩してきた。人類は長い年月をかけて火や車輪や金属器や武器を発見し、日々の潮の満ち引きを季節ごとに分単位まで予測できることにも気づいた。今や四季の移り変わりは予測可能な当たり前のこととなっている。短期的な天候の変化や台風の発生確率やパターンも、今ではかなり正確に予測できるようになった。

人類が地球の公転や太陽系の惑星運動に気づくまでには長い年月がかかったが、今では月や火星にかなりの精度で宇宙船を打ち上げられるまでになった。景気や株式相場は八〇年サイクルの景気局面によって決まること、また、長期的な好不況は約八〇年サイクルの世代支出の波によって決まることを、われわれは証明してきた。さらに今では、株式相場の評価のブレによる短期的な上下動や、一年単位、大統領の任期単位、一〇年単位での株式相場の推移を測定する能力も高まってきている（第3章）。

スティーブン・ウォルフラムがより広範囲に行っている研究を、われわれは景気トレンドや基本的な人類の発展を対象に行っている。本書ではまず、自然と人類の進化のごく単純な基本原則について述べる。第1章では、二〇〇〇〜〇二年のハイテク株暴落が、ベビーブーム世代の景気循環や技術サイクルが展開するうえで不可欠な要素だったことを説明し、今後まだ大相場と一大バブルが控えていること、その後に大恐慌以来最も深刻な下降局面が訪れるであろうこと、そして、いくつかの点でそれが大恐慌以上に深刻で長期にわたるおそれがあることを説明する。

われわれの研究によると、二〇〇九年ないし二〇一〇年を過ぎると、株価全般の上昇は一生見られないかもしれない。だが、二〇一〇〜二二年の大不況後、二〇二三年頃から二〇四〇年代前半にかけては、再びかなりの好況に転じるだろう。同様に、一九八九年後半に株価が天井を打った日本では、今後数十年、平均株価の最高値更新は見られそうもない。ちなみに、日本の景気が一九九〇年代から二〇〇〇年代前半にかけて後退することを、一九八〇年代後半、つまり日本経済の絶頂期に予測したのは、ほぼわれわれだけだった。

本書では、今後の大好況と大不況において最も有望なビジネスと投資の分野を示すだけでなく、各地域の人口特性を利用して、住宅価格の上昇やビジネス・チャンスが見込まれる地域を判断する方法を示す。つまり本書は、かつて例を見ないほど総合的な資産設計と人生設計の指南書なのである。

人口特性（および技術のライフサイクル）を変えることは誰にもできないが、われわれは人口特性にもとづくモデルとロジックを用いて、数十年来予測してきた支出、生産性、インフレなどのごく基本的なトレンドだけでなく、地域経済や地域市場の力学をも予測する。本書をじっくりと読んで人生に応用すれば、未来のトレンドを見極めて好不況にうまく適応するためのツールを、思いがけず豊富に手に入れられるはずだ。

人間は事象や進歩を直線的にとらえる傾向が非常に強いが、それらは実際には周期的、指数関数的な成長トレンドの形をとり、新たな限界に達した後は当然、発展的縮小へと転じる。本書ではそれを証明する。生と死、成長と進歩という直線的なとらえ方に、われわれは否定的だ。それは、未来設計や効果的な意思決定を最も妨げるものだ。

ビッグバン以降、人間はずっとひとつの「バブル」の中にいる。それは人口のバブルだ。一万年前の農業革命によって一気に膨張したこのバブルは、一八世紀後半の産業革命と二〇世紀の情報革命以降、ますます膨らんでいる。ここへきて、近代以降初めて出生率や人口の伸びが鈍化していることは人類史上きわめて喜ばしいことであるが、同時に不吉な前兆かもしれない。

今以上に浮き沈みの激しい未来、特に今後二〇一九年頃までを生き抜くには、人類の成長を促す最も基本的なサイクルを理解することが重要だ。未来は、あなたが期待しているようなものにはならないだろう。だがわれわれは、単純でわかりやすい未来の成長指標を示すことによって、あなたが未来を予想し、うまく順応できるよう手助けすることができる。

第1章から第3章では、なぜ二〇〇〇年代前半にハイテク株暴落が起きたのか、われわれの過去の基本トレンド予測がなぜ今も有効なのか、なぜわれわれが二〇〇二年に呼びかけた「人生最大の投資機会」が今も利益をもたらすのかを説明する。

第4章と第5章では不動産のトレンドを検討し、様々な不動産分野の今後数十年間のトレンド予測を軸に、どのようにライフサイクル全体を計画し、人生の決断に備えるべきかを見ていく。

第6章と第7章では、様々な投資分野におけるリスクとリターンを詳細に検討し、様々な景気局面におけるポートフォリオ戦略の構築法を示す。二〇〇九年前後には、一九二〇年代後半から一九三〇年代前半以来最大の景気変動が起こるだろう。そのため、投資戦略も折に触れて大幅に見直す必要がある。

第8章では、「ニュー・ミリオネア・エコノミー」におけるビジネス・チャンスを考察する。日本の日経平均株価が一九八九年後半の最高値をまだ更新していないように、今後二〇一〇年までにダウ平均がつける最高値は、その後数十年更新されないかもしれない。

好不況を乗り切り、末永い成功を収めるうえで、本書よりも役立つ本があれば、われわれも読んでみたいくらいだ。どうか本書を最後までじっくりと読んでほしい。そうすれば、未来予測はエコノミスト連中が言うよりも、はるかに簡単だとわかるはずだ。なにしろわれわれは、地球が太陽の周りを回っているという事実の発見にも匹敵する、明確な人口特性データを持っているのだから。

約束しよう。本書を熟読し、その原理を応用すれば、あなたは将来、これまでとは違った決断を下すようになるだろう。また、今後二〇一九年までに相次いで訪れるはずの好不況を前もって予測し、よりよい未来を築けるだろう。

とはいえ、そろそろ頭の固いエコノミストや景気予測専門家も、人口統計学と技術のライフサイクルというニュー・サイエンスをより真剣に受けとめ始める頃だ。二〇一九年までのわれわれの予測が、過去二〇年の予測と同じく的中すれば、彼らもこうした新理論を単純すぎると言ってばかりにはできなくなる。景気やライフスタイルの複雑な変化は、単純で予測可能な原因のもたらす結果であることをわれわれは確信し、証明し続けている。専門家がそれに気づく前に、ぜひこの現実を考えてみてほしい。

まず手始めに、ものごとは右肩上がりによくなり、やがて最高に達し、その状態が続くという考えを捨て、ものごとは指数関数的に成長し、周期的に変動するという現実を受け入れよう。今のご時世、現実を直視して生きるのが辛いときもあるだろう。だがそうすることで、あなたは人生のあらゆる面により責任を持ち、より高い能力を発揮できるはずだ。それこそが本書の狙いである。

第1章

一九二〇年代との不気味な符合

一生に二度とない投資機会

これは最後のチャンスか

株価は二〇〇二年一〇月の暴落後、二〇〇三年から二〇〇四年にかけていったん持ち直した。これは、次の大相場が訪れ、未曾有の大好況が最終段階を迎える前ぶれだ。二〇〇八年から二〇〇九年に向けて、人口の多いベビーブーム世代の支出と生産性のトレンドが史上空前の好況を引き起こすことを、われわれはかなり前から予測してきた。

とはいえ、かつてない大量の百万長者や富裕層を輩出したこの驚異的な上げ相場も、今が利益をあげる最後のチャンスだと肝に銘じてほしい。二〇〇二〜〇三年に株価が急落した直後だけに、次の投資機会はいっそう魅力的なはずだ。株価が底を打った一九九〇年代と同じか、それ以上に達するとわれわれは見ている。こんな予測をする専門家やエコノミスト、投資戦略家がいったいどれだけいるだろう?

ハイテク株の暴落ぶりや、二〇〇一年九月一一日のテロ攻撃を考えると、そんな予測は絵空事に見えるかもしれない。「この悲惨なバブル崩壊の後に、それほどの収益率が実現できるはずがない」。そんな声が聞こえてきそうだ。長期投資の第一人者であるウォーレン・バフェットとジョン・テンプルトン卿でさえ、今後の経済成長と株式投資収益率を長期にわたって、われわれよりかなり低く予想している。バフェットは二〇〇九年までの平均収益率はせいぜい一桁台の前半だろうと述べているし、テンプルトンも損失を出さずにすめば幸運だと言っている。

だが、思い出してほしい。われわれが一九九二年出版の『経済の法則』で一九九〇年代の驚異的な好況を予測したときも、賛同者はほとんどいなかった。一九八七年の株価大暴落、住宅価格の暴落、貯蓄貸付組合の相次ぐ破綻、湾岸戦争、日本の不況と株式・不動産バブルの崩壊、史上最悪の財政赤字、一九九〇～九一年半ばの同様の景気後退――こうしたものを目の当たりにした直後に、一九八〇年代以上の株式投資収益率と経済成長を一九九〇年代に期待する者はいなかった。

だが実は、この史上空前の好況においては、どの一〇年代も弱含みのスタートを切っている。一九八〇年代初めも一九九〇年代初めもそうだった。たいていどの一〇年代も、その前の一〇年代の高い伸びをいったん調整してから、再び伸び始めているのだ。それは企業のプランニング・サイクルによるものだが、これについては第3章で述べる。

われわれはまた、一九八〇年代後半に警告した日本の衰退がその後も続き、一方でアメリカが史上空前の大好況を迎えると予測した。インフレ率はゼロに近づき、一九九八～二〇〇〇年には財政均衡も実現すると見た。われわれは「今すぐ準備を！」と呼びかけたが、一九九〇年代の好況のすごさに多くの人が気づいたのは一九九〇年代も後半になってからで、その頃にはこの驚異的な景気拡大局面もそろそろ終盤を迎えようとしていた。一九八〇年代の景気急拡大の後、一九九〇年代初めに調整が起きたように、次の未曾有の一〇年を控えて、必然的に調整が起きようとしていたのだ。だが幸い、われわれが予測する基本トレンドは、二〇〇〇～〇二年の株価下落にもかかわらず何ら変わっていない。

今すぐ準備を！

われわれはかねてから、二〇〇〇～〇九年の一〇年間は、「狂乱の二〇年代」に匹敵する史上最大の好況期になると予測してきた。「狂乱の二〇年代」にも、重要な技術革命が主流化すると同時に、新世代の支出と生産性のサイクルがピークを迎えた。また、ほとんどの産業や技術において、その後数十年間の首位が確定し、その座は一九七〇年代以降も不動だった。

今回は当時よりも世代人口がはるかに多く、技術もはるかに強力である。だからこそ、われわれは「今すぐ準備を！」と再び呼びかけているのだ。しかも今回は、二〇〇〇～〇二年の劇的なハイテク株暴落後も景気と技術革命のブームが続くと見る根拠が当時よりはるかに多い。あの暴落は単に、新技術の急速な主流化の第一段階が終わったに過ぎなかったのだ。一九八七年に最初のバブルがピークを越えた後も、一九九〇年代のブームがインターネット関連株やハイテク株を中心とした二度目の株価バブルを生んだ。

技術革命の第二段階が近づいている。八〇年前の一九一九年後半から一九二二年前半にかけて、自動車をはじめとする多くの新技術が急速に成長した。そして、消費者普及率が今の新技術と同じ五〇％に達する頃にやはり「ハイテク株暴落」が起きた。だが実は、この長く深刻な暴落の後に、かの「狂乱の二〇年代」の驚異的ブームが訪れているのだ。

実際、株価は五〇年以上前から、四年サイクルおよび一〇年代ごとのパターンで規則的な変動を繰り返してきた。カギとなる四年サイクルは二〇〇二年後半に始まっており、次は二〇〇六年半ばから後半に再び始まる。この影響を除けば、二〇〇〇～〇九年の一〇年間が再び強力な拡大期になることは間違いなさそうだ。

どの一〇年代も、最初の数年間には景気後退、調整、株価下落が起こり、株価が実質的に伸びるのは後半になってからであることが、これでわかるだろう。次章では、われわれが今もダウ工業株平均が三万八〇〇〇～四万ドルに達すると見ている理由を説明する。今後二〇〇九年までの間に大型株、小型株、債券、不動産、各国市場が強気に転じていく様子をより詳細に示す。また、人口特性や技術革命によって株価が動く分野を見ていく。

ただし、二〇〇四年後半ないし二〇〇五年から、二〇〇九年ないし二〇一〇年前半までは、一九九五年から一九九九年ないし二〇〇〇年前半と同様、ハイテク分野が再び順調に伸び、相場の牽引役となりそうである。したがって、二〇〇二年後半の絶好の買い時を逃したとしても、株価はこの先さらに伸びる。

技術関連株が暴落し底を打った一九二一年後半から一九二二年前半に、株式、特に自動車や当時のハイテク株を買った投資家は大きな利益を得たはずだ。その後わずか八年で、ダウは六倍、自動車株指数は一二倍、ゼネラル・モーターズ（ＧＭ）の株価は二二倍に高騰しているからだ。だがその前に、ダウは四五％、自動車株指数は七〇％、ＧＭ株は七五％も下落している。これは二〇〇〇年前半から二〇〇二年後半の株価の急落ぶりと似ている。

実際、後で示すように、一九九二～二〇〇〇年のインテルの株価チャートを見ると、一九一二～一九年のＧＭの株価チャートとそっくりである。一九二一年後半から一九二二年前半には大恐慌の気配が濃厚だった。アメリカの失業率は一二％、イギリスの失業率は一八％に達し、数十年ぶりにデフレが起きた。ドイツ経済は一九二二～二三年の超インフレにより崩壊の一途をたどっていた。

しかも、初の現代型テロ攻撃もあった。一九二〇年後半、ウォール街で爆破事件が起きたのだ。新たな移民や民族グループへの反発も強く、ＫＫＫ（クー・クラックス・クラン）のメンバーが激増、一九二四年には五〇〇万人にまで達した。一九二〇年代は反移民の一〇年だった。だが、過激な経済紛争、政治紛争、国際紛争、社会紛争が相次いだにもかかわらず、「狂乱の二〇年代」にはアメリカ史上空前の大相場と経済生産性の向上、そして経済発展が見られた。だがその記録も一九九〇年代に塗り替えられ、今また更新されようとしている。

二〇〇三年に最初の相場回復が見られたにもかかわらず、エコノミストたちは、株価バブルはすでに終わり、株式相場、特にハイテク株の高値更新は今後数十年ないとしている。われわれはこれに真っ向から反論する。

今回の好況は、人口特性の変化、グローバリゼーション、技術の劇的な進歩を原動力とするバブル・ブームである。最初にバブルが生じたのは一九八五～八九年だったが、それはハイテク・バブルではなかった。一九九五～九九年に生じたより大きなバブルは、主にインターネットやハイテク分野を中心としたものだった。そして二〇〇五年から二〇〇九年ないし二〇一〇年前半、最後のバブルが加速するとわれわれは見ている。このバブルは、過去二〇〇年で最大の強気相場かつハイテク・バブルとなり、その後は、史上最悪の不況――少なくとも大恐慌以来最悪の景気下降局面――が訪れるだろう。

人口統計学にもとづく予測手法の威力

われわれは一九八〇年代後半、ごく単純で効果的な新しい景気トレンド予測ツールを見出し、以来、誰よりも強気な予測と投資戦略を打ち出してきた。エコノミストの多くは、このツールを受け入れようとしない。それは、このツールがあまりにも単純で、一般人にも理解できるからだ。

われわれはもっぱら、人々がいつカネを稼ぎ使うのか、労働生産性のピークはいつか、借金が最も増えるのはいつか、さらには、子供が職に就くまでの養育費や教育費がインフレを生むのはいつかといったファンダメンタルズを用いている。これらは情報革命のもたらした新しい統計数値であり、きわめて数量化しやすく、消費者マーケティングでは広く用いられている。ところが、経済学では活用されていない。

こうした理解がしやすく予測性の高い基本トレンドほど、経済のファンダメンタルズにふさわしいものがあるだろうか？　たいていの人はこの人間的、人口統計学的な予測手法をすぐ理解してくれる。なぜなら、誰でも年齢ごとに同じようなライフサイクルを経験するからだ。

われわれが強気なのは、根っからの楽天家だからではない。一九八九年には、アメリカは一九九〇～九一年の二年間、景気後退期に入り、日本の景気は一〇年以上にわたり後退すると予測していた。一九九〇年後半の株価暴落はもっと深刻になるとも考えていた。

われわれは当初、ダウは二〇〇〇年代前半までに一万ドルに達すると予測していたが、結果的にこの見方は控えめすぎた（これでも当時は無茶な予測だと思われていた）。一九九七年後半に最終編集を行い、翌年四月に出版した『２０００年資本主義社会の未来』では、ダウは一九九八年半ばから後半までに七二〇〇～七六〇〇ドルに調整されると予測した（原書二九二頁）。実際、ザラ場ベースの底値は、まさにその中間の七四〇〇ドルだった。そして、二〇〇二年九月後半から一〇月前半に出した、それまでで最も強い買いシグナルの目標圏もそのあたりだった。

一九九九年一〇月出版の『狂乱の二〇〇〇年代の投資家（*The Roaring 2000s Investor*）』では、ダウは一九九九年後半ないし二〇〇〇年前半にわれわれの評価チャネルの上限に達し、急激な調整がなされると予測した（原書二六頁）。さらに二〇〇〇年二月一日には、インターネット関連株はそろそろ大天井に達するとニュースレターで警告した。二〇〇〇年四月一日のニュースレターでは、ハイテクとアジア（日本以外）から手を引き、ヘルスケアや金融サービスの比率を高めるよう助言した。

ダウは、その後の急激な調整にもかかわらず、二〇〇一年九月二一日にわれわれの評価チャネルの下限を試した後、二〇〇二年半ばまで緩やかに上昇した。ダウが八〇〇〇～八二〇〇ドルになったとき、われわれは初めて強い買いシグナルを出した。ところが、その後二〇〇二年七月前半にダウのチャネルが破られたため、われわれは目標圏を一九九八年の底値の七四〇〇ドル前後に戻した。ダウは最終的に一〇月九日、七二八六ドルで底を打った。

同じように、二〇〇〇年後半、われわれはナスダックが二一〇〇ポイント前後で長期的なトレンド・ラインを試すと予測し、それが破られた場合の次の目標圏を一九九八年の底値の一三五〇～一四〇〇ポイントとした。この水準も最終的に破られたため、われわれは底値を一一〇〇～一一五〇ポイントあたりと予測したが、予測どおり、ナスダックは二〇〇二年一〇月九日に一一一四ポイントで底を打った。このように、われわれは必要とあれば弱気の見方も辞さないのである。

とはいえ、二〇〇二年一〇月一日のニュースレターでは、かつてないほど強い買いシグナルを出した。われわれが二〇〇九年ないし二〇一〇年前半まで景気と株価の上昇が続くと予想する理由は、根拠となる計量性の高い人口特性と技術のトレンドが、まだかなり力強く上昇しているからだ。

二〇〇〇～〇二年の株価下落と政治的事件を考えれば、景気がこれほど堅調だったのは驚くべきことだが、それは、企業が支出を大幅に減らす一方で、消費が強さを保ったからだった。このことは、人口特性の力強いトレンドが景気に与える影響の大きさを物語っている。ウォーレン・バフェットは「上がれば下がるのが相場だ」と言っている。短期的にはそのとおりだろうし、最近のバブルとその崩壊もこの言葉を裏づけている。だがわれわれは、これらの基本トレンドを用いれば、長期的な相場の動きがかなり予測できることに気づいた。

われわれは最初から、この大好況の後は二〇〇九年ないし二〇一〇年頃から二〇二二年ないし二〇二三年頃まで長い低迷期に入ると予測してきた。過去にも、世代の支出サイクルがピークを過ぎると下げ相場となっている。アメリカでは一九三〇～四二年と一九六九～八二年がそうだった。

上げ相場でも、短期的に株価や景気が激しく変動する場合があることは十分わかっている。だから、もちろんわれわれも常に強気なわけではない。実際、第3章では、過去四〇年から五〇年間に起きた大規模な株価調整が、いくつかのサイクルによってすべて説明できることを示している。特に二〇〇〇～〇二年は三つのサイクルが重なっていた。

幸いなことに、二〇〇六年半ばから後半まで、株価がさらに順調に伸びるのは間違いない。その後、次の小規模サイクルが訪れ、二〇〇九年後半から二〇一〇年前半には、この上げ相場がピークを迎えるだろう。われわれの分析結果はどれも、二〇一〇年には深刻な長期の景気後退と株価下落がほぼ確実に始まることを示唆している。それは、一九七〇年代のアメリカや一九九〇年代の日本よりも深刻で、へたをすると一九三〇年代の大恐慌か、それ以上のものになるだろう。悪い報せだが、おそらくこれは本書の中でも最も重要な見通しである。本書には、否応なく訪れるこの災難を避けるだけでなく、災いを転じて福となす投資と人生の戦略を示している。

なぜ一生に二度とない投資機会なのか？

一九八〇年代後半から今に至るまで、われわれはウォーレン・バフェットたち多くの専門家とはかなり異なる予測を立ててきた。二〇〇九年にはダウは三万五〇〇〇～四万ドルに達し、ナスダックは一万三〇〇〇ポイント前後、場合によっては二万ポイントまで伸びると今も見ている。株価は二〇〇三年後半から二〇〇四年前半に最初の力強い回復を見せたが、最も大きく伸びるのは二〇〇四年後半から二〇〇九年、特に二〇〇四年後半から二〇〇六年半ばと二〇〇六年後半から二〇〇九年後半だと見ている。史上最大の強気相場に本格参入するのは、今からでも決して遅くはない。

今が人生最大の投資機会だとわれわれが考えるのは、二〇〇〇〜〇二年の株価下落と景気後退が、好況下で新技術が急速に台頭する中での急激な修正であり、必然的な段階だったからだ。一九八七年の株価暴落や一九九〇年の余波もこれと似た状況だったが、今回の修正はむしろ、一九一九年後半から一九二二年前半の株価下落とよく似ている。それは「狂乱の二〇年代」の好況と株価上昇につながる前世紀最大の投資機会だった。

ここに、われわれがこれまで常に投資家に訴えてきた重要なポイントがある。株価が大幅に下落したからといって絶好の買い時とは限らないし、現実には株式を長期保有したからといって利益を得られる保証はない。仮に一九二九年代後半に一番高い優良株を買っていたら、わずか三年間で八七%の損失、一三年後でも八〇%の損失を出し、二四年後の一九五三年でも損得がゼロになる程度だった。たとえアメリカ史上例のない大暴落でダウが底を打った一九三二年にダウを買っていたとしても、一九四二年までの収益率は平均以下の年八%だっただろう。この年まで、次の株価大高騰は起きなかったからだ。

仮に、その次の大相場の最中の一九六五年後半にダウを買っていたとしたら、一七年後の一九八二年後半にはインフレ調整後で七〇%の損失を出し、二八年後の一九九三年にようやく損得ゼロになる計算だった。逆に、一九七四年後半の暴落を待ち、底値でダウを買っていたとしても、八年後の一九八二年後半にはまだインフレ調整後で損をしていただろう。これが投資の厳しい現実なのだ。もっと長期的に見れば、株式投資の収益率は平均一〇～一一％に達するが、一〇年やそこらでは惨憺たる結果になることもあり得る。しかもこうしたサイクルが、老後資金が最も必要となる時期と重なるおそれもある。過去一〇年間に退職年齢に近づいた日本人夫婦に聞いてみればよい。

実際、日本の株価が初めて長期的に下落していた一九九二年に日経銘柄を底値で買った人は、当時は目利きと見られただろう。だが、一一年後の二〇〇三年前半に最安値が更新されると四五％の損失を出すことになる（インフレ調整後ではもっとだ）。一三年後の二〇〇五年前半には、日経平均株価は最高値から八〇％も下落している。なぜこんなことになったのだろうか？

日本では多くの主要先進諸国のように、一九五〇年代から一九六〇年代前半にベビーブームが起こらず、一九六〇年代前半から一九七〇年代前半にごく短いベビーブームがあっただけだった。そのため、二〇〇九～二〇年頃まで、所得や支出を押し上げる新世代が現れないのだ。だが、この頃になれば、欧米の不況を尻目に日本は再び成長するだろう。一方で、日本の人口特性の変化による個人消費の減少傾向は終わりつつあり、今後二〇〇九年までは穏やかな成長が見られるだろう。

株価の暴落が、単なる過激な調整（株価が過大評価されているときにたまたま短期的な政治的事件が重なったことによるもの）なのか、それとも景気と株価の長期低迷の始まりなのかは、かなり正確に予測できる人口特性トレンドと技術サイクルを分析して、初めてわかることである。

一九二〇年代後半と一九六〇年代後半には、支出サイクルと新技術の普及サイクルが揃ってピークを迎えたが、これこそ景気と株価の長期低迷の前兆だった。われわれは二〇〇九～一〇年頃にも同じことが起きると見ている。日本経済は他の先進諸国とサイクルがずれているため、一九八〇年代後半

図1-1　S&P住宅建設株指数（1989〜91年）

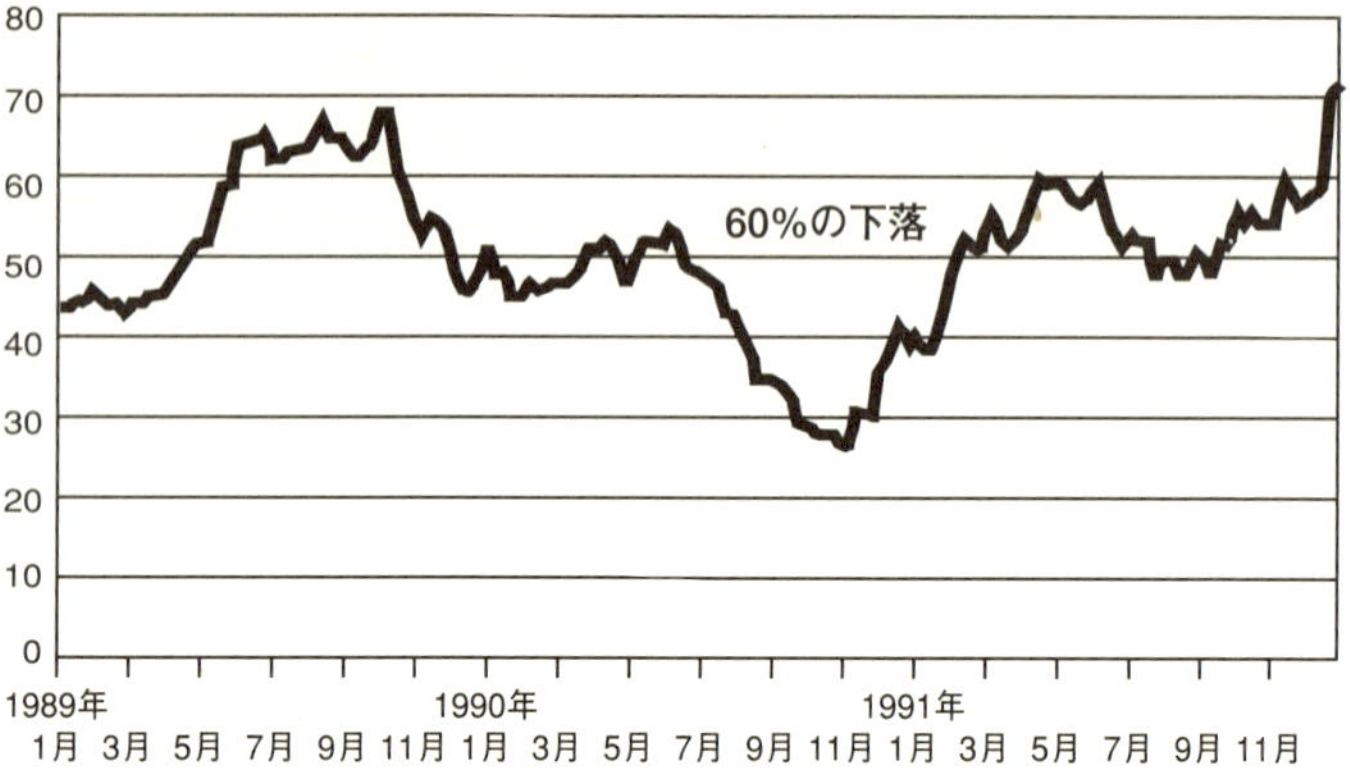

にこのピークを迎えた。日本が一九九〇年代から二〇〇〇年代前半まで低迷を続けているのはこのためだ。日本経済が飛ぶ鳥を落とす勢いだった一九八〇年代後半にも、われわれだけは日本の長期低迷を予測していた。

重要なターニング・ポイント

一九九〇年代前半と同様、われわれは未来がバラ色には見えないこの時代に独自の予測を打ち出している。まず注意してほしいのは、今回の好況のどの一〇年代をとっても、また二〇世紀のほとんどどの一〇年代をとっても、出だしにはその前の一〇年間に起こった驚異的な拡大への反動として低迷が見られることだ。われわれが「一〇年代ごとの二日酔いサイクル」と呼ぶこのサイクルは、大企業の一〇年単位の事業計画と事業拡大によって生じている。第3章では、このサイクルを含めた数多くのサイクルを紹介しながら、今回の好況とその後の不況における重要なターニング・ポイントを予測する。

成長の波に乗って事業を拡大させすぎ、その結果、成長を維持するために事業規模の縮小と軌道修正を余儀なくされるのは世の常である。一九八〇年代も一九九〇年代も景気の低迷で幕を開けた。一九九〇年代前半の景気縮小で最も大きな打撃を受けたのは、住宅建設株と貯蓄貸付組合だった（図１―１）。いずれも、ベビーブーマーによる住宅の初回購入がピークを迎えた一九八〇年代には、きわめて好調な分野だった。住宅建設株は、ハイテク株ほどのバブルは生じなかったにもかかわらず、一九九〇年代前半に六〇％も下落した。

一九九〇年代に急速に拡大し、その後、一時的に大幅な低迷と調整を余儀なくされたのはハイテク産業だった。一九九〇年代前半が好況の終わりではなく単に住宅ブームの終わりだったように、二〇〇〇年代前半はハイテク・ブームの終わりではないし、ベビーブーム世代の支出サイクルが生み出した裾野の広い好景気の終わりでもないと、われわれは考えている。こうしたブームの終わりに備える方法は後の章で述べる。

理解すべき重要な点は二つある。まず、一九八〇年代前半に始まったこの史上空前の好景気の原動力は、アメリカなどの多くの国々で、人口の多いベビーブーム世代の収入、支出、生産性サイクルが上昇期に入ったことだった。図１―２の「支出の波」は、アメリカの出生数（移民数調整後）を平均的世帯の支出ピークの年齢分、後にずらしたものだ。家計支出のピークは四六～五〇歳で、一〇年ごとに一歳ずつ上がっている。

最近、労働統計局の消費支出調査を分析したところ、支出のピークは四六歳と五〇歳の二回あることがわかった。その後、平均的な世帯では生涯にわたって支出が減り続ける。われわれはこの指標を見出した一九八八年以来、ベビーブーム世代は二〇〇七～〇九年まで支出を続け、その結果、今回の好況と株価上昇が予想をはるかに超える規模になると予測してきた。

図1-2 支出の波——出生数を家計支出のピーク年齢分ずらしたもの(1954〜2050年)

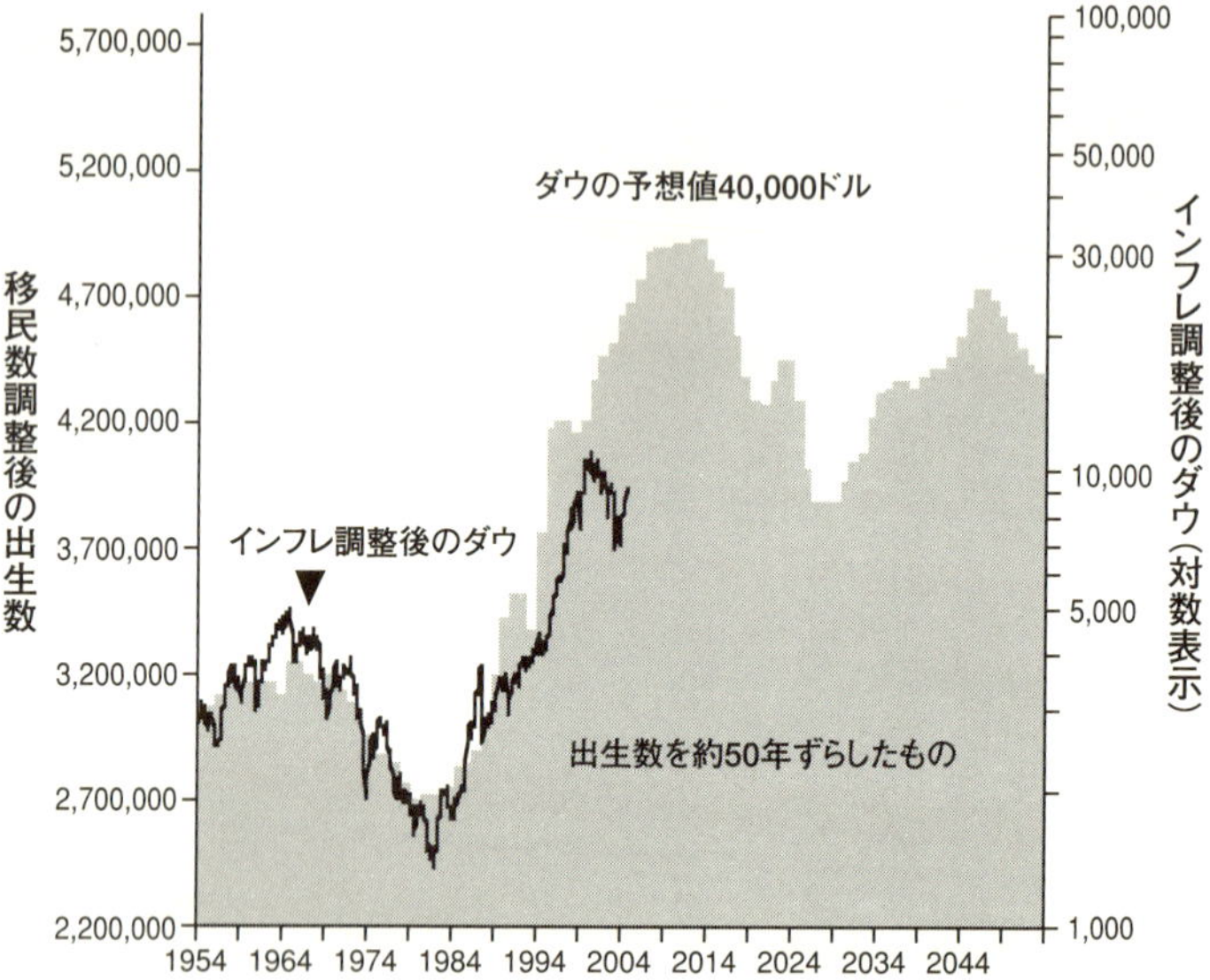

図1－2を見ればわかるように、株式市場全般と景気の関係は、政治的、経済的な短期の大打撃を受けながらも、非常に強い相関を示している。したがって、一九九〇年代前半と同様、少なくとも二〇〇九～一〇年までは、消費支出の力強い回復と経済成長に伴って、株価の力強い回復が見られるとわれわれは予測している。

その後は、ベビーブーム後の世代の人口が少なく、住宅、自動車、コンピュータなどへの支出も減るため、景気は再び長い低迷期に入るだろう。新たな世代がにわか景気と不況のサイクルを生み出すことはかなり正確に予測できる。図1－3のダウ平均（インフレ調整後）を見ればわかるように、そのサイクルは約四〇年である。

二〇〇〇～〇二年の株価下落を受けて、まずわれわれに言える重要なポイントは、この好況はまだ終わっていないということ

図1-3　ダウ工業株平均（1900～2025年）40年ごとの世代サイクル*

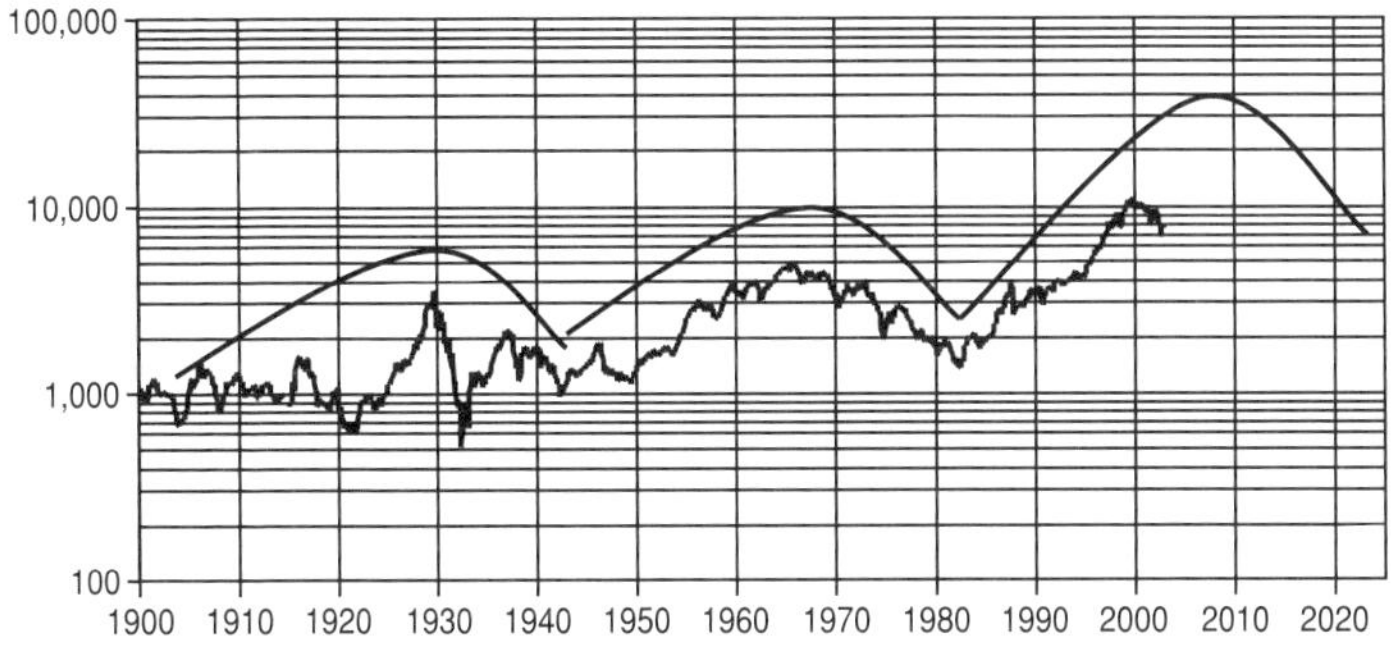

*インフレ調整後（1998年価格）

図1-4　80年ごとのニュー・エコノミー・サイクル

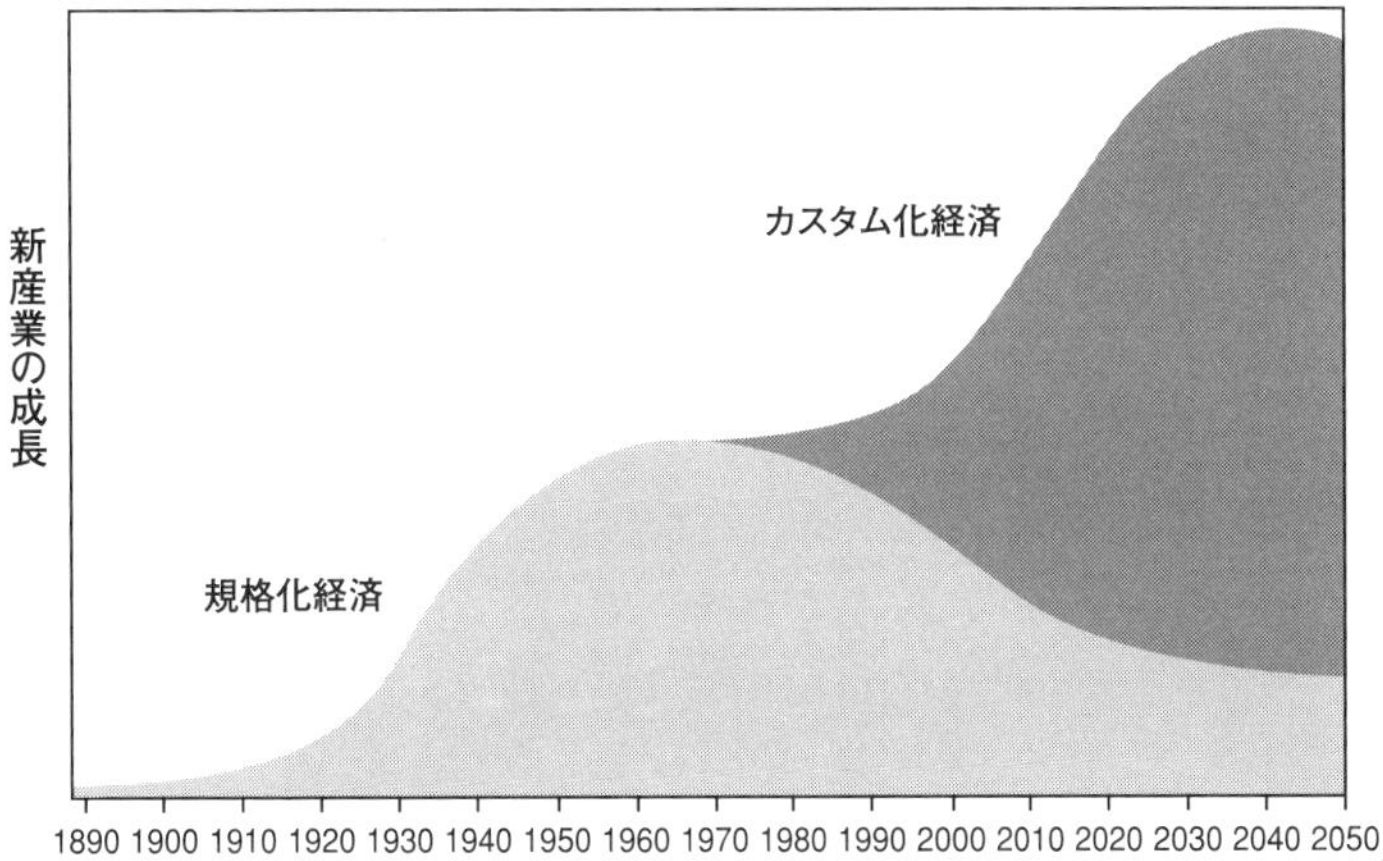

だ。二〇〇九年後半から二〇一〇年半ば頃にベビーブーム世代の支出と生産性のサイクルが完了するとき、初めてこの好況は終わるだろう。

もうひとつの重要な点は、図1−4からもわかるように、二世代ごと、つまり約八〇年サイクルでまったく新しい技術と経済が出現していることだ。一八〇〇年代後半に電気、自動車、電話など多くの重要な新技術が発明されて以来、流れ作業の組立ラインと現代的な企業を中心とするニュー・エコノミーが登場し、製品の規格化により価格帯がマス市場向けにどんどん引き下げられ、工場やオフィスでの雇用と郊外型の生活がもたらされた。

そのニュー・エコノミーは今、製品・サービスのカスタム化を促進しており、消費者主導のボトムアップ型、ネットワーク型のダイレクト・マーケティングと受注生産システムが生まれている。今後二〇〇九年までとそれ以降は、リアルタイム生産からリアルタイムの個別化されたサービスへと進化していくだろう。また、アスペン、マーサズビンヤード島、ヒルトンヘッド、多くの都市の外輪部など、小ぢんまりとして生活水準の高い町に移り住み「準郊外型生活」を送る人がますます増えるだろう。

S字曲線の法則

こうした新技術や新企業は、まず、ニッチ市場に少しずつ入りこむ。そして、個人や世帯への普及率が約一〇%に達すると、一気に主流化が進む。これが、過去の著書でも繰り返し強調してきた「S字曲線の法則」である。

図1−5は新技術や新製品が普及する経過を示したものだ。自動車の場合、都市部における世帯普

図1-5　S字曲線

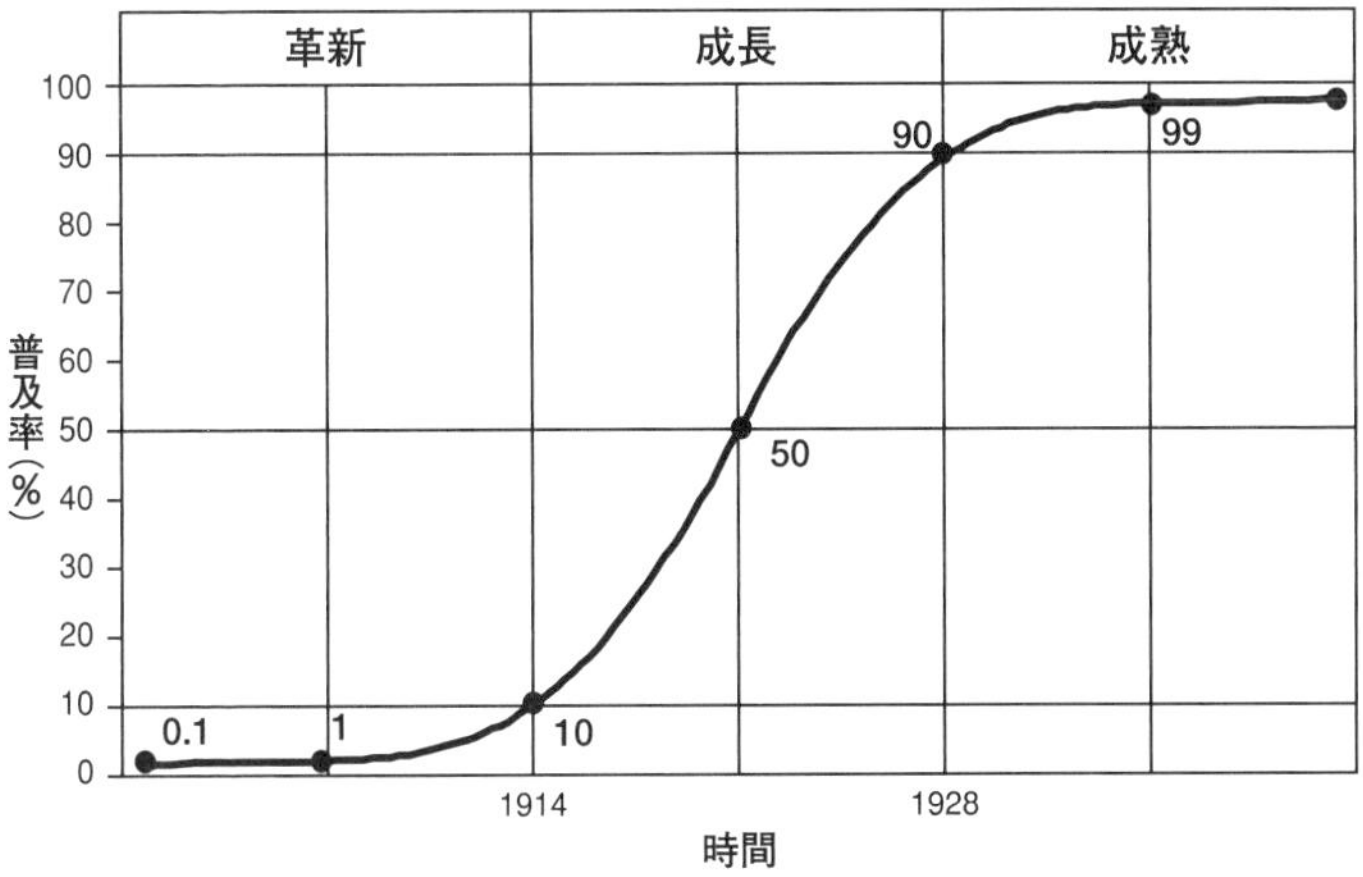

及率は一九一四年に一〇%に達した後、一気に加速し、一九二八年には九〇%に達した。自動車が開発されたのは一八八六年、発売が一九〇〇年頃だったから、発売後一四年でようやく富裕なニッチ市場に浸透したことになる。そして、開発から二八年後に突如、爆発的に普及し始め、そのわずか一四年後には主流化したわけだ。

消費者も専門家もトレンドは未来に向かって伸びる直線だと思いがちだが、「株式投資の収益率は平均一〇%」という説と同じく、現実はそうではない。S字曲線が強力な予測ツールとなる理由はここにある。

インターネットの普及率は、携帯電話や家庭用コンピュータとともに、一九九四～九六年前半に一〇%に達したが、マイクロチップが開発されたのはそれより二八年前の一九六八～七一年だった。今、これらの重要な技術は急速に浸透しつつあり、その普及率は二〇〇七～〇九年には九〇%に達する見込みだ。

自動車の普及率が一九二一年に五〇%に達したように、インターネットや携帯電話の普及率もちょうど八〇年後の二〇〇一年に五〇%に達している。一九二〇～二一年当時も、二〇〇〇～〇一年と同様、当時の「ハイテク」企業の大規模な統合と「ハイテク」株の大幅な調整が起こっている。

だが重要な点は、自動車などの消費者向けの新技術が一九二二年から一九二八年にかけて一気に普及したように、今の新技術も、これからまだ五〇～九〇%までの急速な成長と普及を見込めるということだ。つまり、一九二二～二九年までと同様、ハイテク業界は今後も成長を牽引し、ブームがピークに達する二〇〇八～〇九年頃までは生産性も急上昇し、生活水準やライフスタイルを向上させ続けるだろう。

二〇〇〇～〇二年の株価下落を受けて、われわれに言える二つ目の重要な点は、この技術革命はまだ終わっていないということだ。これがピークを迎えるのは、消費者向けの主要な新技術の大半が潜在市場の九〇%に普及する二〇〇八年後半から二〇〇九年である。したがって、この大好況は二〇〇五年半ばないし後半には再び本格化し、最強にして最終の段階に突入するとわれわれは予測している。

この最終段階は二〇〇九年後半ないし二〇一〇年前半まで続くだろう。新興産業の多くで首位争いに決着がつくのは、一九九〇年代ではなく今後二〇〇九年までの間である。つまり、投資、ビジネス、キャリア向上の最大のチャンスが訪れるのは二〇〇〇年からの一〇年ということだ。今は人生最大の投資機会であるばかりか、来るべき大好況とその後の大不況に備え、自分のビジネスやキャリア――どこで、どんな生活を送るかも含めて――を見直す絶好の時なのである。

本書の各章では、大好況の最終段階を個人が活用する方法を検討していく。だがまずは、一九一九年後半から一九二二年前半の株価下落についてより綿密に調べ、二〇〇〇～〇二年の株価下落との類

図1-6　4段階からなる産業のS字曲線サイクル

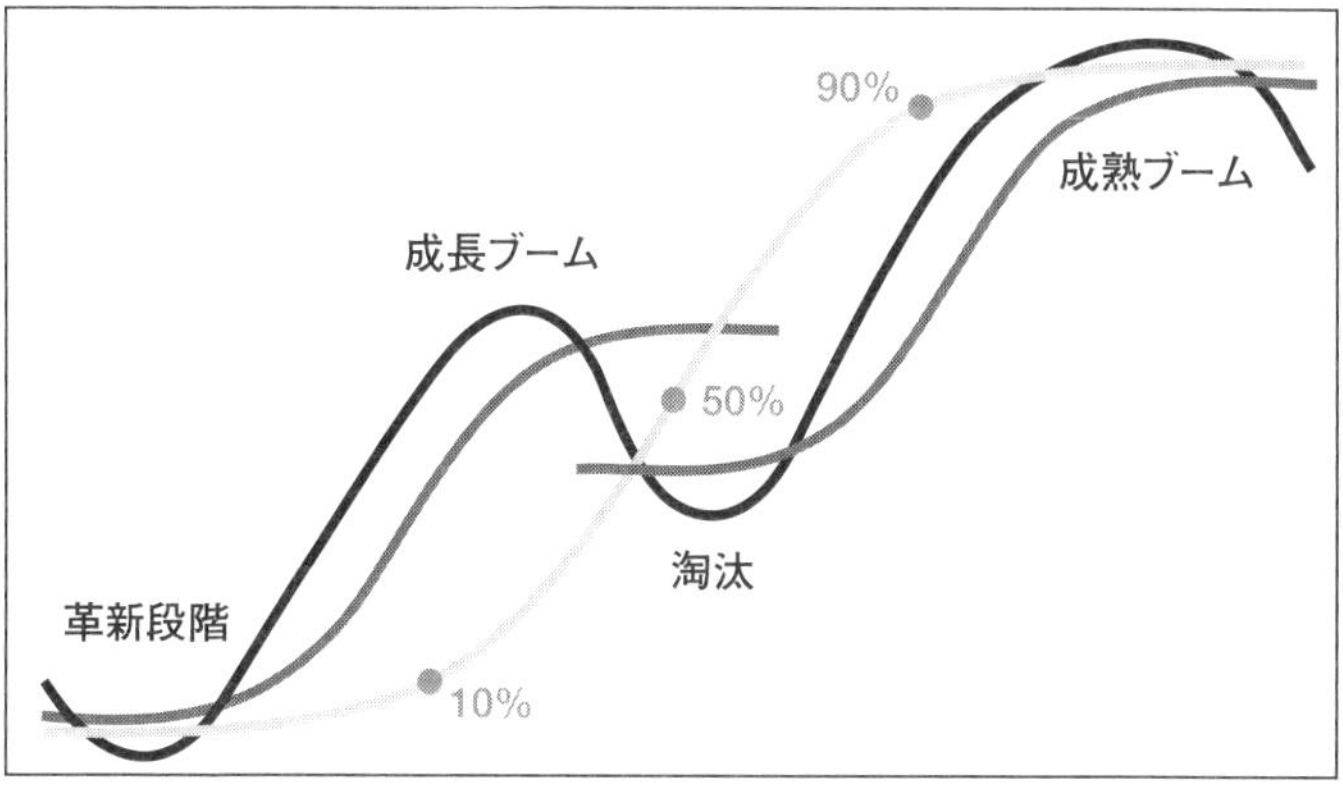

似点を見てみよう。さらに重要なことは、二〇〇二年後半から少なくとも二〇〇九年まで株価が史上空前の上昇を見せ、二〇〇三年後半から二〇一〇年にかけて史上空前の大好況が訪れる理由である。ここ数年、衝撃的な事件が相次いだ後で再び投資に積極的になるには、よほど納得のいく理由が必要だろう。われわれはその理由と、そのための適切な戦略を提供する。

「狂乱の二〇年代」

一九一九年後半から一九二二年前半のハイテク株暴落をより詳細に調べると、二〇〇〇〜〇二年のハイテク株の大幅調整と、それがもたらした史上空前の投資機会に通じる重要な点があることに気づく。

まず、新技術や新産業がS字曲線に沿って台頭する際の景気循環の推移を、別の角度から見てみよう（図１－６）。この過程には全部で四つの段階がある。まず、「革新」段階では、急進的な革新期を経て多くの新興企業が登場する。次の「成長」段階では、それらの新興企業が急成長し、初めて主流化する。

図1-7 自動車のＳ字曲線

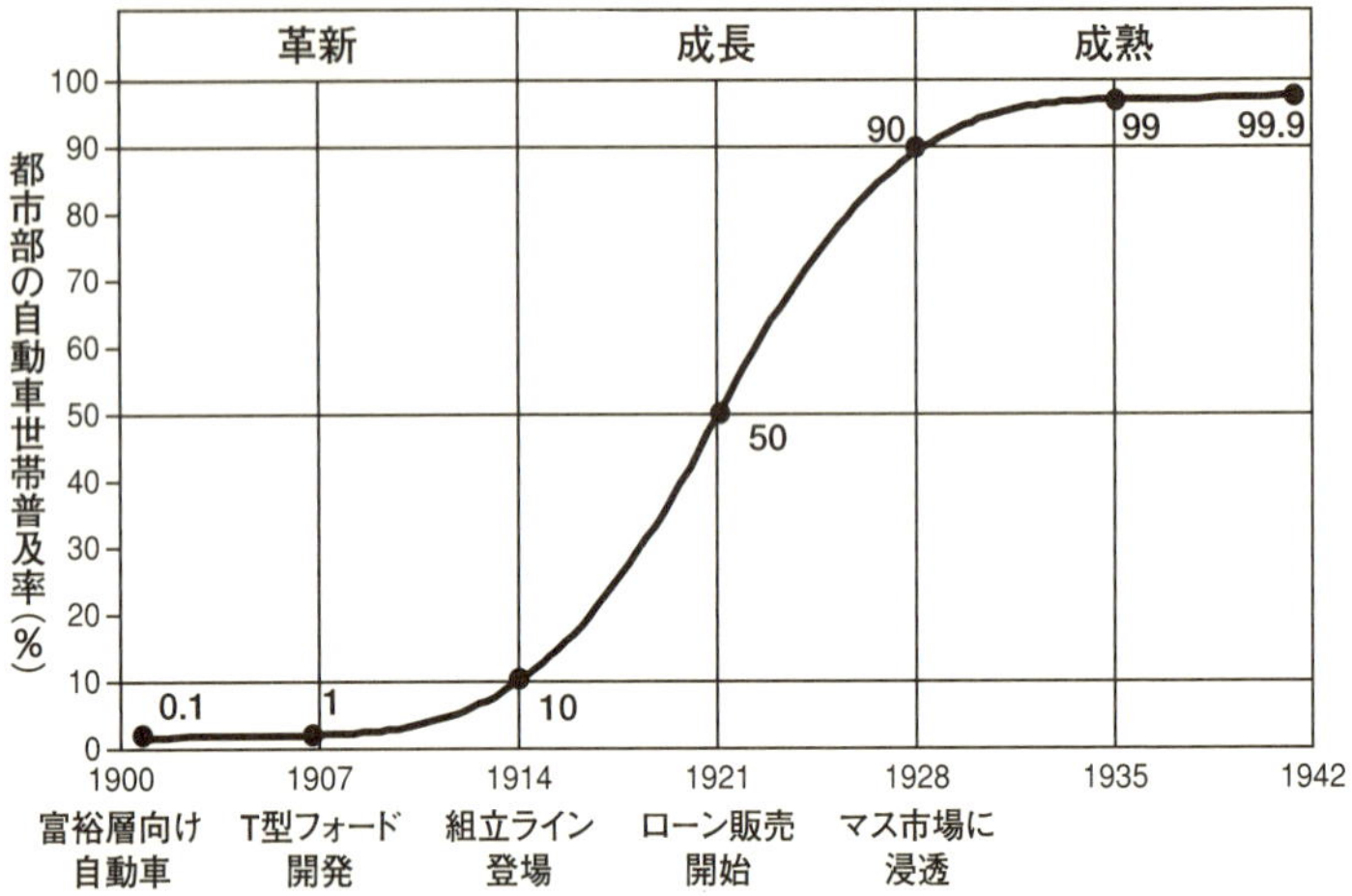

次に「淘汰」段階、つまり調整の時期が訪れる。普及率が一〇％から九〇％へと加速的に伸びる過程の真ん中、すなわち五〇％に近づく頃、行き過ぎた拡大への反動で成長率が初めて鈍化する。その後、淘汰を生き延びた数少ない企業が最後の五〇％から九〇％への成長段階でシェアを奪い合うのが「成熟」段階である。この最後の段階で、新産業はようやく成熟期に入り、その後数十年間の業界リーダーが確定する。

一八八六年に自動車が開発された際には、まず一九〇〇年代前後に自動車メーカー各社が商業化に乗り出した（図1−7）。一九〇四〜〇八年には新会社の設立ブームが起こり、革新段階がピークに達した。その後、自動車産業は急成長期に入り、多くの新会社や新ブランドが参入し、成長ブームが幕を開ける。

だが、成長を加速させる最も画期的な出来事が起こったのは、自動車の普及率が一〇％になろうかという一九一四年だった。ヘンリー・フォード

図1-8　S&P自動車株指数（1912〜19年）

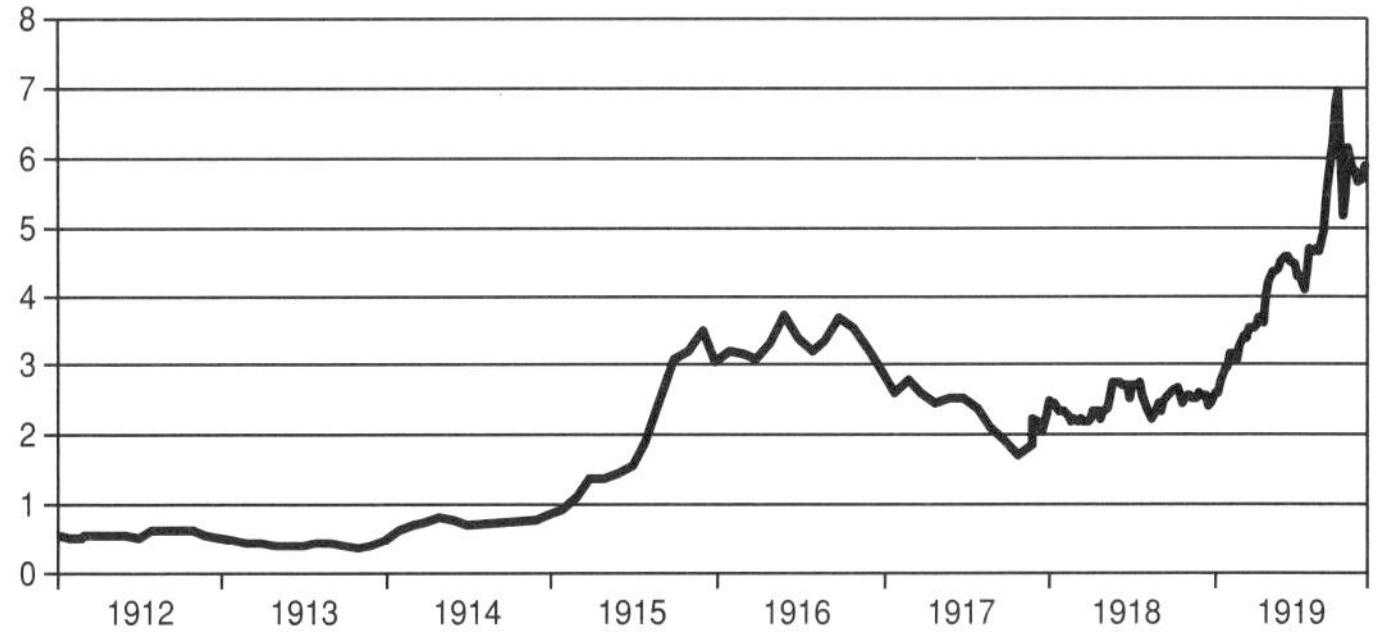

が流れ作業による組立ラインを開発し、その結果、自動車価格が劇的に下がり、一九二八年には自動車は都市部世帯の九〇%まで一気に普及した。ところが、そんな成長ブームも一九一九年後半にはいったんピークに達し、一九二二年前半まで過酷な淘汰が起きている。しかし、一九二一年のローン販売開始など自動車・道路関連の革新が相次いだおかげで、その後も成長ブームは続き、一九二九年に成熟ブームへと転じた。

注目してほしいのは、このように技術が急速に普及していく間、株価は第一次世界大戦があったにもかかわらず上昇を続け、自動車株も高騰していることだ（図1―8）。実際、構成銘柄の多いダウなどの株価指数の評価水準を見ると、一九一九年後半には株価収益率（PER）が二六倍に達し、一九二九年のバブル時の史上最高値二八倍に迫っている。自動車株指数のPERは不明だが、一九九九年のナスダック指数がそうだったように、ダウよりかなり高めだったはずだ。

S&P（スタンダード&プアーズ）自動車株指数は、一九一二年初め（算出開始年）から一九一九年後半の自動車バブルのピーク時までに約一四倍に伸びている。一方、一九九〇年代のナスダック・バブルは驚異的に見えたかもしれないが、一九九

図1-9 過去と現在のハイテク・バブル――80年を隔てたGMとインテルの株価比較

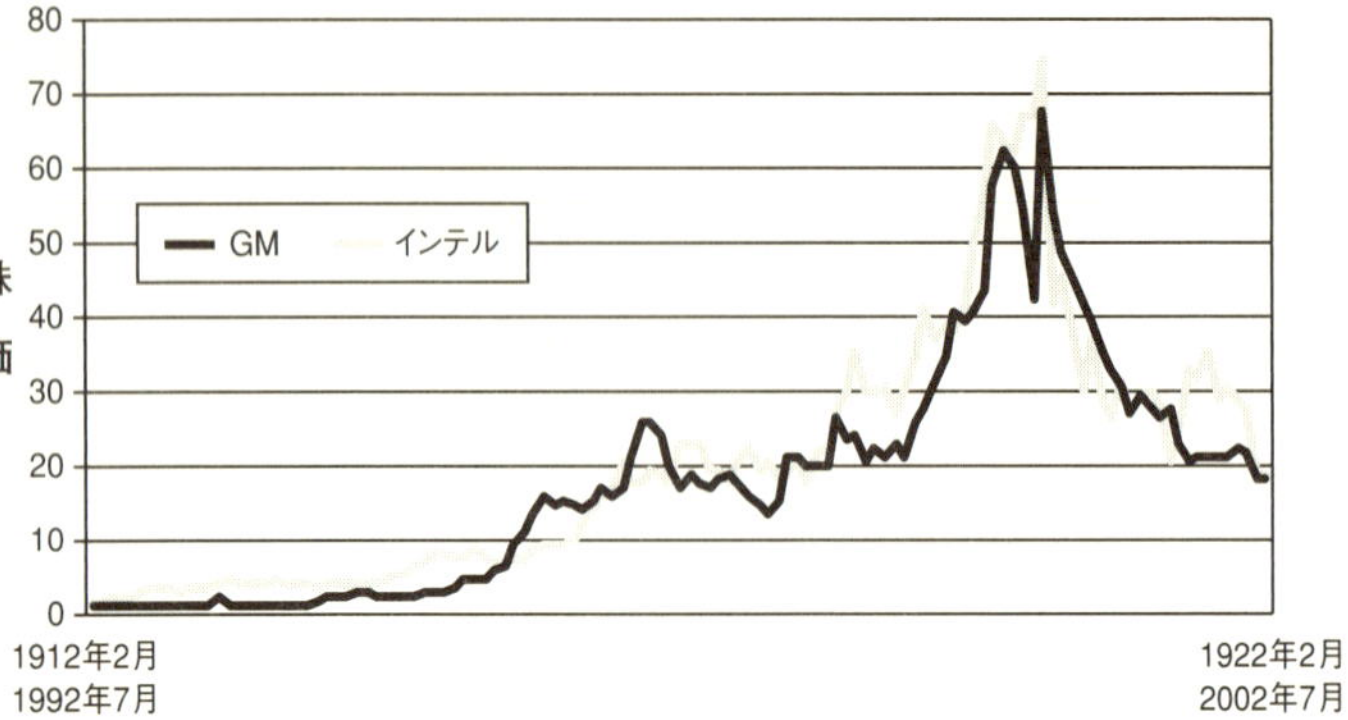

二年半ばからピーク時まで――つまりS&P自動車株指数が一四倍に伸びたのと同じ期間――に一〇倍しか伸びていない。

さらに驚くべき相関関係がある。図1−9は、一九九二年半ば以降のインテル株の推移と、一九一二年前半以降のGM株の推移を比べたものだが、二つのチャートが無気味なほど一致しているのだ。これらの主要銘柄は同じように高騰し、その後、同じように調整している。ニュー・エコノミーが二世代、つまり八〇年サイクルで出現する（図1−3）のと同様、これらもちょうど約八〇年を隔てて一致しているのだ。GMの株価と当時のハイテク株指数がこの後、S字曲線の成熟ブームを迎えて再び急上昇し、バブル化したことについては後述する。だがまずは、淘汰のサイクルと調整をより詳しく見てみよう。

淘汰のサイクルと調整

自動車株や当時のハイテク株のバブルは、一九九九年から二〇〇〇年初めのナスダック市場と同じくらい魅力的だったが、そこに奇妙なことが起きている。一九一九年後半

図1-10　自動車産業における淘汰（1911～35年）

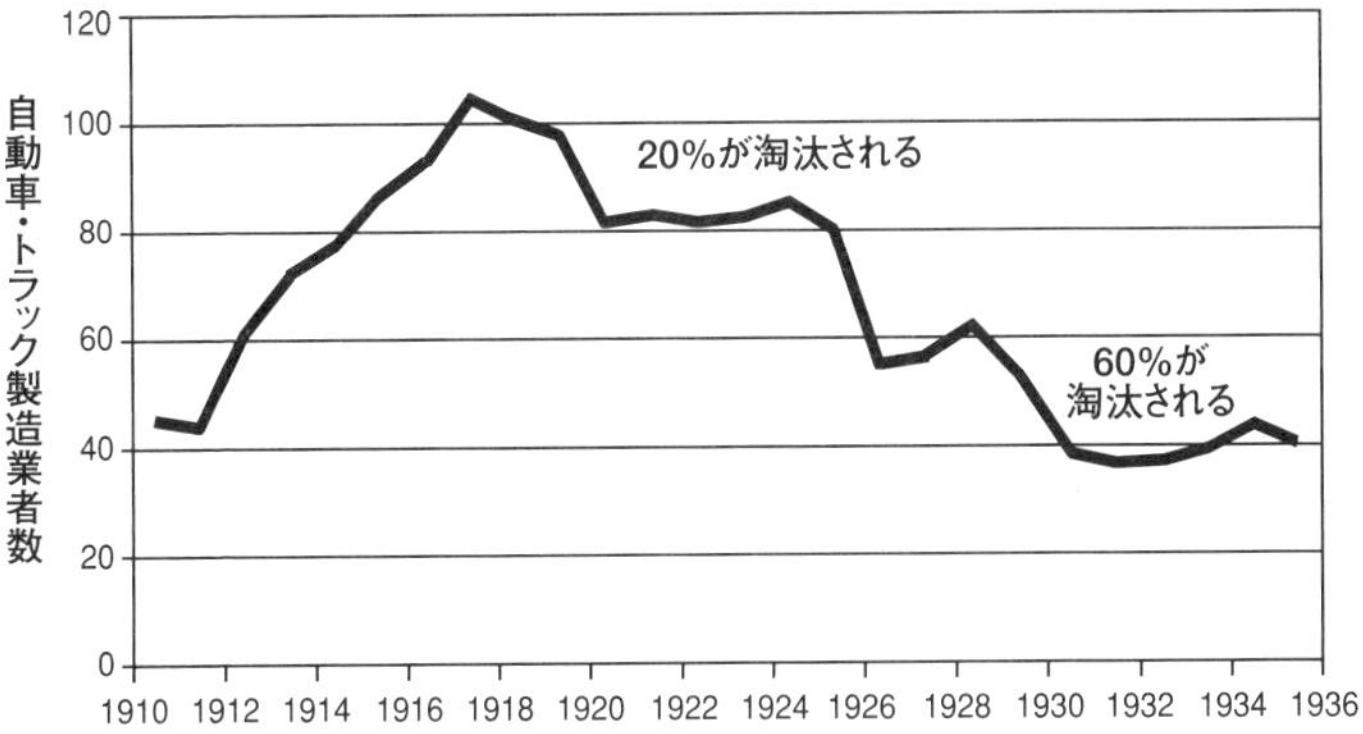

から一九二一年に、自動車をはじめ主な新技術産業の多くで信じがたい「ハイテク株暴落」と淘汰が起きたのである。図１－６で示したように、新しい技術や産業が普及率五〇％に近づくと、淘汰が起きる。いったいなぜだろうか？

それは、普及率五〇％を境に、急成長による行き過ぎた拡大への反動で成長が鈍化するからである。こうした技術はその後も急成長を続け、マス市場へと浸透していくが、実質成長率はだんだん小さくなる。この結果、一時的な低迷と調整が起き、過度の拡大に対する淘汰が起こり、さらなる拡大のための効率改善がなされる。

図１－10を見ればわかるように、一九一七～二二年に自動車のメーカーやブランドの二四％が姿を消している。だが、それは始まりに過ぎなかった。一九二〇年代後半から一九三〇年代前半まで業界首位争いが展開されるなか、企業数は減り続け、一九三〇年代前半の下降局面には未来のリーダーが確定していた。

景気も株価もどん底だった一九二一年、ＧＭの市場シェアはわずか一二％、いっぽう首位のフォードはシェア六〇％で市場を支配していた。だがＧＭは一九二〇年代、ア

図1-11 ダウ工業株平均（1919～21年）

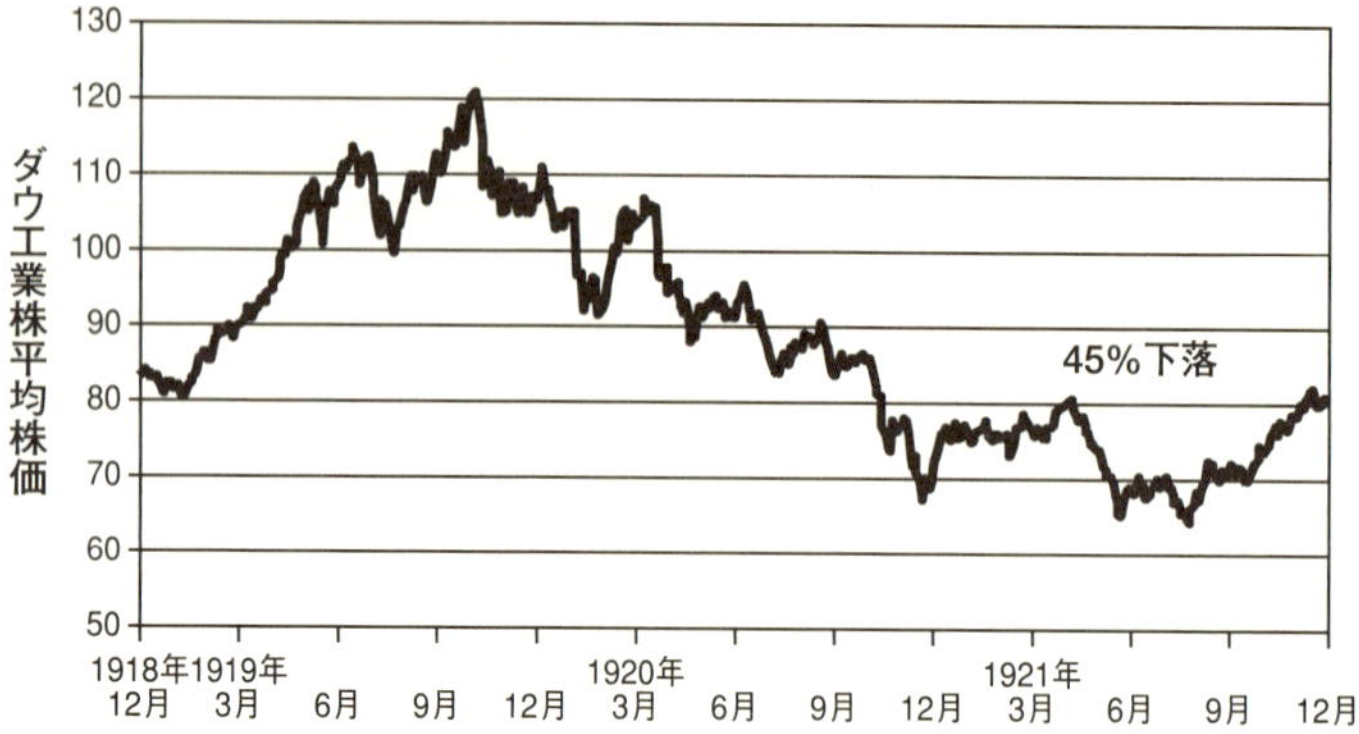

ルフレッド・スローンの優れた指導力の下、現代的な新企業組織の創出というより大きな革命を推し進めただけでなく、当時台頭してきた新世代の経済力の向上に合わせて、シボレーからポンティアック、オールズモビル、ビューイック、そしてキャデラックへと、ワンランク上のブランドを次々と提供した。

同社はさらに、他社に先駆けてローン販売を開始した。一九二九年にブームが頂点に達する頃にはGMの市場シェアはフォードと肩を並べ、一九三〇年代前半にはフォードを抜き、今に至っている。その後の経緯については、読者もご存じのとおりだ。今後二〇〇九年までに、新興の技術、産業、ブランドの多くでリーダーが確定すると私たちが見ているのは、こうした理由からなのだ。

目前に迫った大好況は、ビジネス、キャリア、投資の成功戦略を立てるうえで人生の正念場となるだろう。

ここで再び、一九一九年後半から一九二一年の大規模な株価下落に話を戻そう。この淘汰におけるダウの下落率は四五％で（図1－11）、二〇〇〇～〇二年のダウの下落率に近い。一九二二年前半までにS&P自動車株指数（図1－

図1-12　S&P自動車株指数（1919年1月〜1923年1月）

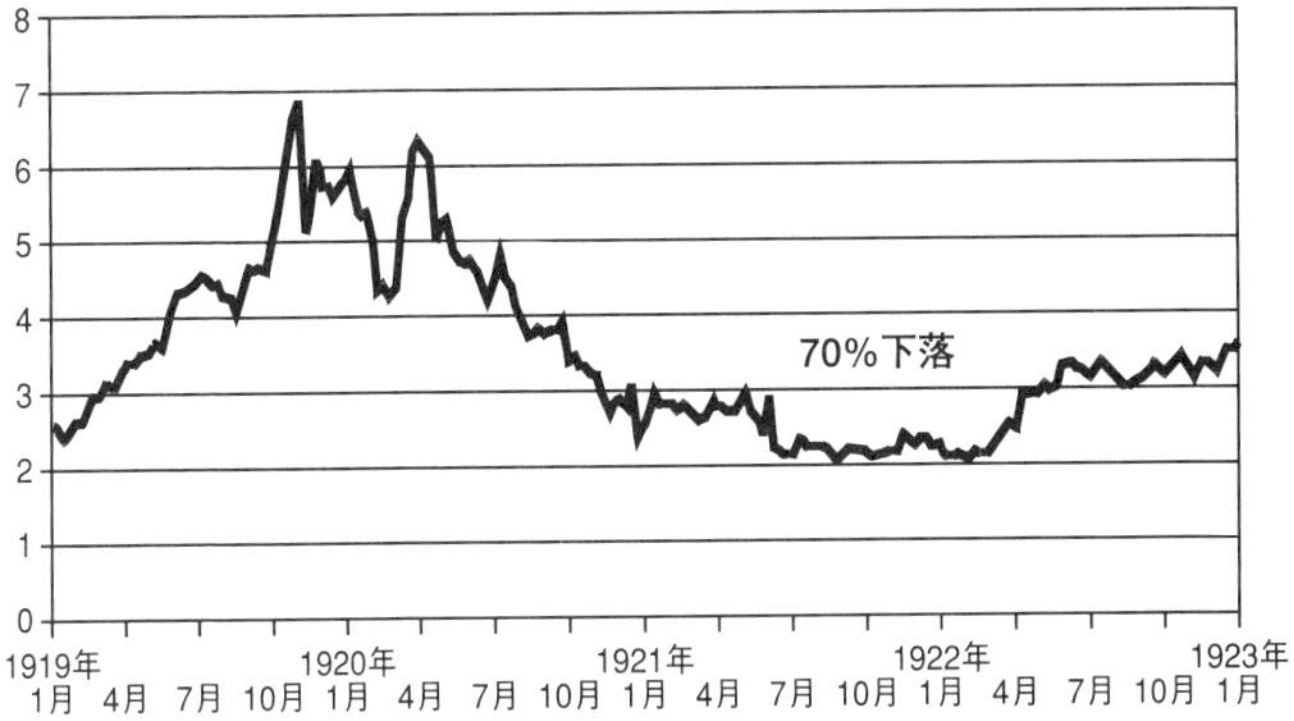

図1-13　S&Pタイヤ・ゴム株指数（1918年12月〜1922年12月）

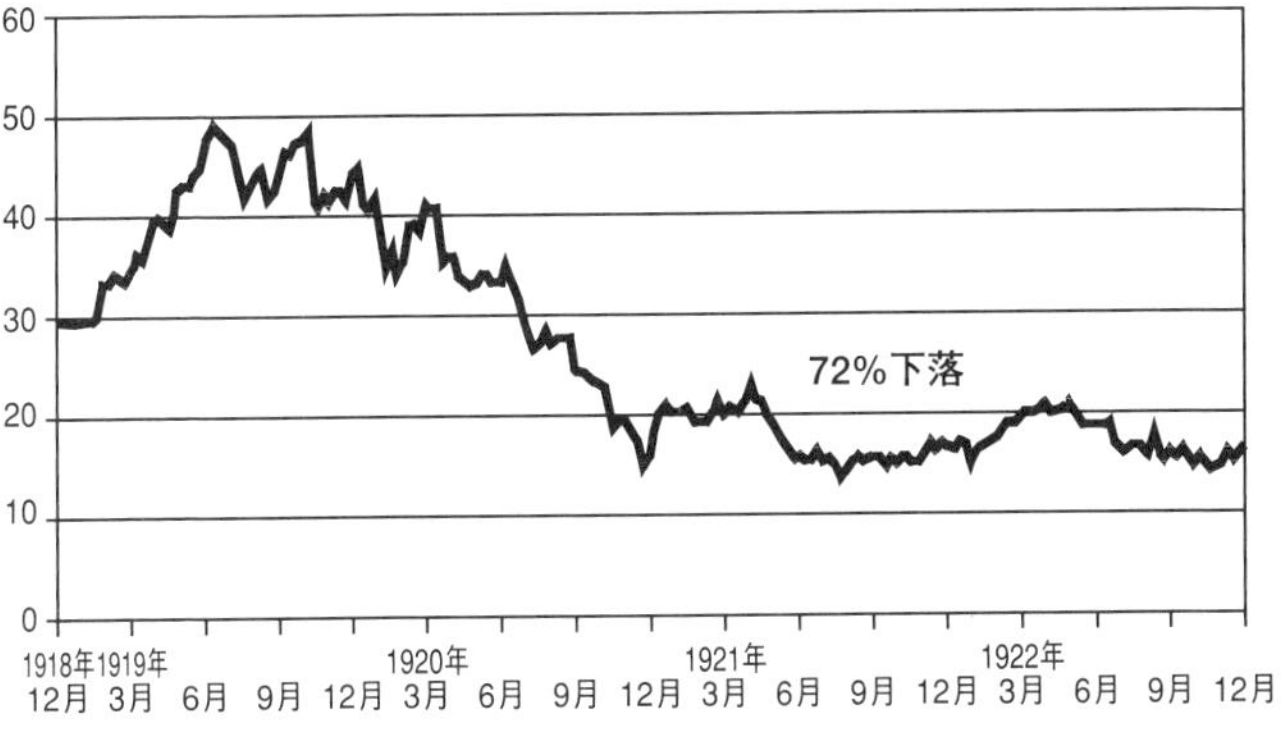

12）は七〇％下落しているが、これも最近のナスダックの下落率七七％に近い。S&Pタイヤ・ゴム株指数は七二％下落し（図1－13）、株式公開していた自動車メーカーとしては最大手のGM（フォードはまだ非公開企業だった）は、この調整期に七五％も株価を下げている（図1－14）。

強気相場において平均株価指数や

図1-14 GMの株価(1918年12月〜1922年12月)

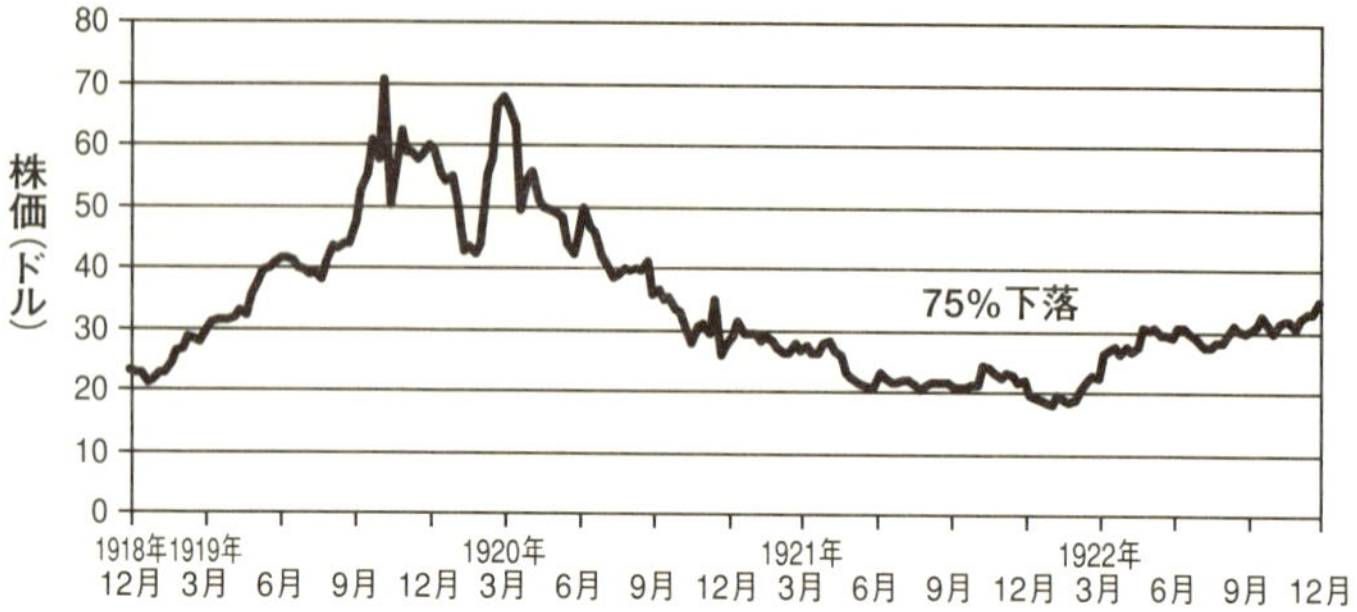

ハイテク株指数の乱暴な調整が見られるのは、S字曲線の急成長段階の真ん中に、こうした必然的かつ暴力的な調整局面があるからだ。二〇〇〇〜〇二年もそうだったが、こうした過激な調整が起きるのは、約八〇年サイクルで訪れる継続的な強気相場の間に、まったく新しい技術の主流化が見られるときだけである。

一九一九年後半から一九二二年前半のアメリカでは、消費者物価および原材料価格が大幅に下落した。急成長中の技術産業に淘汰が起きたため失業率も一二%に達し、二〇〇一年半ばから後半の一時的な景気後退時よりはるかに厳しい状況にあった。一九二〇年代前半は、一九二九年後半から一九三二年の大恐慌の初期と一見よく似ている。ただ違ったのは、これが新技術の爆発的な普及サイクルの途中で起きた淘汰と調整であり、その後も、台頭するヘンリー・フォード世代のおかげで支出と生産性が向上し続けたことだった。人口特性と技術のサイクルを明確に理解していなければ、これが人生最大、二〇世紀最大の買い時であることはわからなかっただろう。

「狂乱の二〇年代」は暴落後にやって来た

その後の経過は周知のとおりだ。この過激な調整の後、アメリ

図1-15　ダウ工業株平均（1919〜29年）

図1-16　S&P自動車株指数（1919〜29年）

カをはじめ世界の多くの国々は立ち直り、二〇世紀全体を通じて最大の好況と最強の相場を迎える。ここにいくつか、驚くべき事実がある。

ダウ（図1―15）は、一九二一年後半の大底から一九二九年後半のブーム絶頂期までのわずか八年間で六倍になり、年平均収益率は二三・八七％に達した。S&P自動車株指数（図1―16）は一二倍になり、年平均収益率は四二・六九％だった。主要大型株のひとつであるGM（図1―17）は二二倍になり、一九二一年後半から一九二二年前半に買った場合の収益率は五八・一七％に達した。歴史上、八年

図1-17　GMの株価(1919～30年)

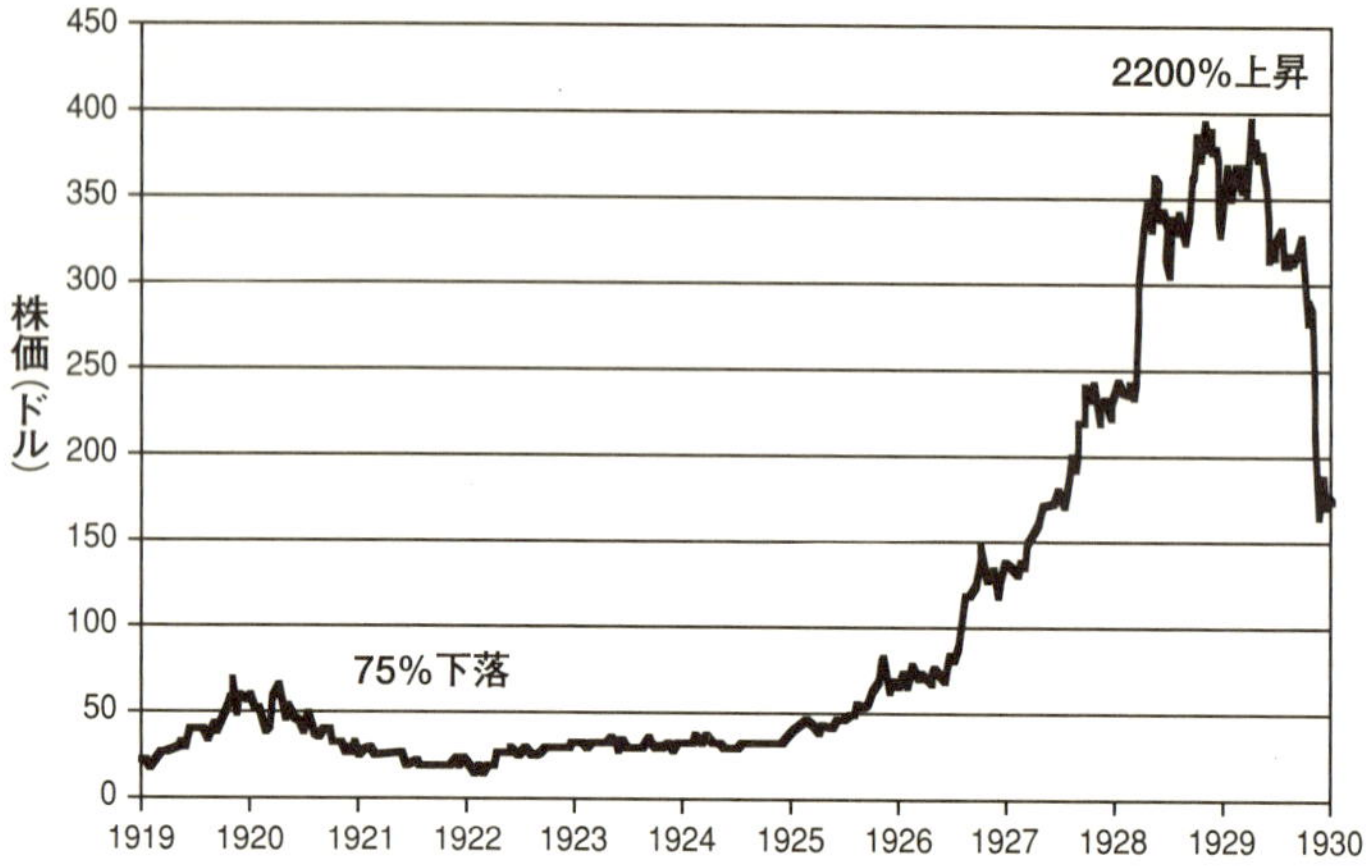

間でこれほどの収益率を実現した時期が他にあっただろうか？　答えは「ノー」だ。われわれがこれを「人生最大の投資機会」と呼ぶのはそういうことなのだ。

ここで、図1―9のインテルとGMのデータをもう一度見てみよう。八〇年を隔てて、両社とも同じように淘汰段階に突入している。インテルも、その後の「狂乱の二〇年代」におけるGMのようにうまく立ち回れば、二〇〇二年の底値の約一五ドルから、ピーク時には二二倍の三三〇ドル程度に達するだろう。これは、二〇〇〇年前半の最高値の四～五倍にあたる。これが、「主要ハイテク株は今回のバブル崩壊後、二度と最高値を更新しない」と見る人々への、われわれの反論だ。

われわれは、インテルの株価が具体的にこうした水準になると予測しているわけではないが、二〇〇〇年からの一〇年間を支配する主要ハイテク株が、相対的にこの程度の収益率と伸びを示すという感触は持っている。インテルは間違いなく、こうした実績を示す企業の最有力候補である。

一九九〇年後半の大底から二〇〇〇年前半のピークに至る一九九〇年代の驚異的ブームにおいて、ナスダック指数の年平均収益率は三三・〇二%、マイクロソフト株は五〇・〇三%、ダウは二〇・〇三%だった。一方、一九八二年八月から一九九〇年七月まで八年続いた強気相場におけるダウの平均収益率は一七・三四%、やはり株価が好調だった一九五〇年代のダウの年平均収益率はわずか一三%だった。株価が最も好調だった一九四八年三月から一九五六年三月の八年間でさえ、平均収益率は一四・八四%に過ぎなかった。

一九二一年九月から一九二九年八月のダウの年平均収益率は二三・八七%で、過去一〇〇年間のどの株価上昇期よりも高い。つまり、一九二一年後半は二〇世紀最大の買い時だったのだ。

第2章の予測を読んでもらえればわかるように、二〇〇二年後半に底値をつけたダウが二〇〇八年後半にわれわれの予想どおり最高値をつければ、その間の年平均収益率は二四%となる。またナスダックが予測どおり一万三〇〇〇ポイントに達した場合の年平均収益率は三九%、二万ポイントまで上がった場合は四七%となる。この強気相場における次の、そして最後の段階には、一九九〇年代と同じかそれを上回る収益率が期待できると、本章の冒頭で予測したのはこうした理由からだ。

二〇〇九年以降、急激かつ長期的な株価調整と景気減速が起きるというわれわれの予測からすれば、これは今世紀最大の、そしてわれわれにとって人生最大の買い時になる。重要なのは、われわれの目標値が実際に的中するかどうかではなく、読者が気づかないうちに、株式市場は再び高騰期に突入しているという事実である。

「狂乱の二〇年代」が、アメリカ史上最高の株式投資収益率をもたらしたのはなぜか？　それは、生産性の伸び率がアメリカ史上最高だったからだ。生産性の伸び率が平均三%を上回ったのは、後にも先にも一九一七〜二九年だけで、この間の生産性伸び率は平均四％に迫る勢いだった。生産性が高いと、企業業績はＧＤＰ（国内総生産）をはるかに上回るペースで伸びる。そして、株式市場は、その時点の業績の成長率を何年も先まで当てはめて株価を評価する。

生産性の伸び率がこれほど高かった理由は二つある。ひとつは、支出と生産性のピーク年齢を迎えるヘンリー・フォード世代の人口がピークを迎えたことだ（当時は人々の学歴も平均寿命も今よりずっと低かったため、ピーク年齢は三〇代半ばから後半だった）。もうひとつは、まったく新しい技術がマス市場浸透のピーク期を迎え、都市部世帯の五〇〜九〇％に一気に普及したことだ。

この時以外にやはり生産性の伸び率が高かったのが、一九六〇年代である。この時期には、ボブ・ホープ世代（ベビーブーマーの親世代）が支出と生産性のピーク年齢を迎えるとともに、家電製品やテレビ、ジェット機旅行、合成繊維などの、革新的とまではいかないが強力な新技術が一斉にマス市場に浸透していった。

二〇〇〇年以降の一〇年間の生産性伸び率は、一九九〇年代後半の三％弱と同じかそれ以上に達し、再び四％に迫る可能性も高いとわれわれは見ている。そうなると、エコノミストの予想をはるかに上回る企業業績の伸びと、「狂乱の二〇年代」に起きたような株式相場の上昇が予想される。

ここで注意したいのは、「狂乱の二〇年代」の好況は何の痛みもなく手に入ったわけではないということだ。一九八二〜二〇〇九年の今の好況は、第二次世界大戦直後の一九五〇年代から一九六〇年代の好況とはまったく異質なものになると、われわれは一〇年以上前から指摘してきた。当時は、その前に生まれた技術、ビジネスモデル、ライフスタイルの革命が成熟する秩序ある時代だった。だが、今回は、こうした分野でまったく新しいトレンドが出現し、アメリカでも他の諸国でも、必然的によ

図1-18 ナスダック指数（1971〜2009年）

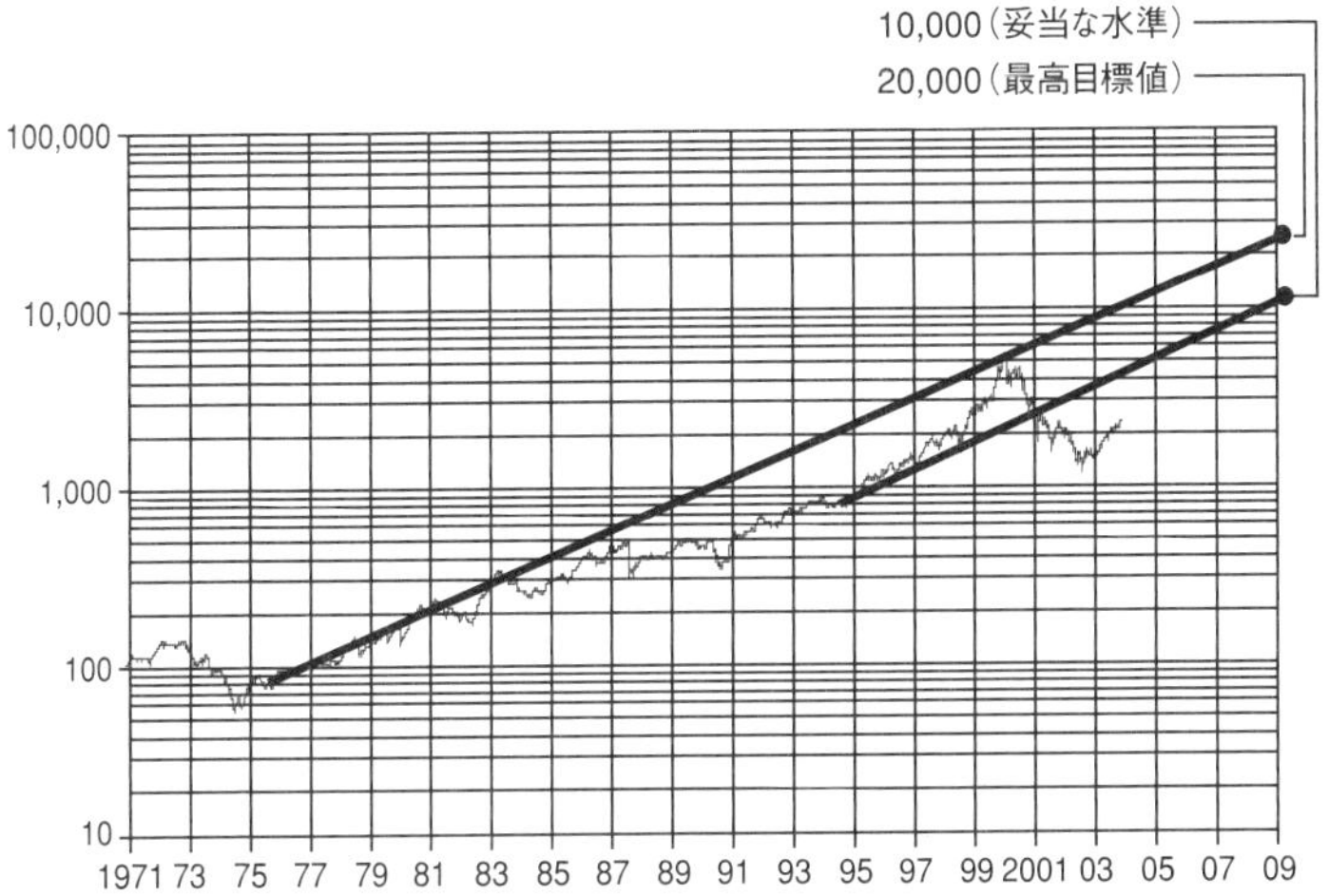

り大きな痛みを伴うことになるだろう。

一九二〇年代前半のイギリスは失業率が最悪の一八%に達し、アメリカよりも回復が遅れた。ドイツは第一次世界大戦の莫大な賠償金支払いにより、一九二二年にマルク相場が急落し始め、翌年には極度のインフレにより経済が崩壊した。つまり、現在、この好況にもかかわらず日本経済が低迷を続け、ロシアや中東、アジアなど世界各地で政治的危機が相次いでいるのも、驚くには当たらないのだ。また、本章ですでに述べたように、一九二〇年代後半にウォール街で最初の現代型テロ攻撃が起き、その直後に強い反移民感情と民族間の緊張が見られたことも、忘れてはならない。

技術のS字曲線と淘汰

図1-18は、一九七一年のナスダック市場開設以降のトレンドを示したものだ。ナスダックが最近、目立った上昇波を示したのは一九九〇年後半から二〇〇〇年前半だった。この間、ハイテク分野は一九

九四年後半から急成長し、一九九八年後半の調整を経て、一九九九年から二〇〇〇年前半に典型的なバブルに突入している。

その一四年前の一九八七年のバブル崩壊がダウや相場全般の終わりではなかったように、今回のバブルも決してこの驚異的なハイテク・ブームと好況の終わりではない。一九一九年後半から一九二二年前半もそうだったように、新技術や新産業の成長過程における淘汰が落ち着き、底が固まるには数年を要する。だが、その後には再び好況が訪れるのである。

このチャートを見ればわかるように、一九九四年以降のバブルの高値と安値の間を通るトレンド・ラインを未来に延長すると、今回のブームの最高値は一万ドル前後になると考えるのが妥当だろう。ただし、相場の極端な過大評価サイクルがもう一度訪れると考え、高値を結ぶトレンド・ラインを引けば、最高値は最高二万ドルに達する。

とりあえず、ナスダック指数が「狂乱の二〇年代」のブーム時の自動車株指数と同じ一二倍になるとすれば、二〇〇二年後半の底値である一一〇八ポイントから約一万三〇〇〇ポイントまで伸びることになる。第2章では、ナスダックを予測するためのチャネル・テクニックを紹介するが、これもナスダックが二〇〇九年までに一万三〇〇〇ポイント前後に達することを示している。

われわれの予測では、ナスダック指数は二〇〇九年頃に約一万三〇〇〇ポイントに達する。ただし、最高二万ポイントになる可能性もある。

それにしても、もしこれが典型的なバブルなら、ハイテク・ブームはピークを過ぎた感があるのに、

図1-19　インターネットのＳ字曲線（1986〜2016年）

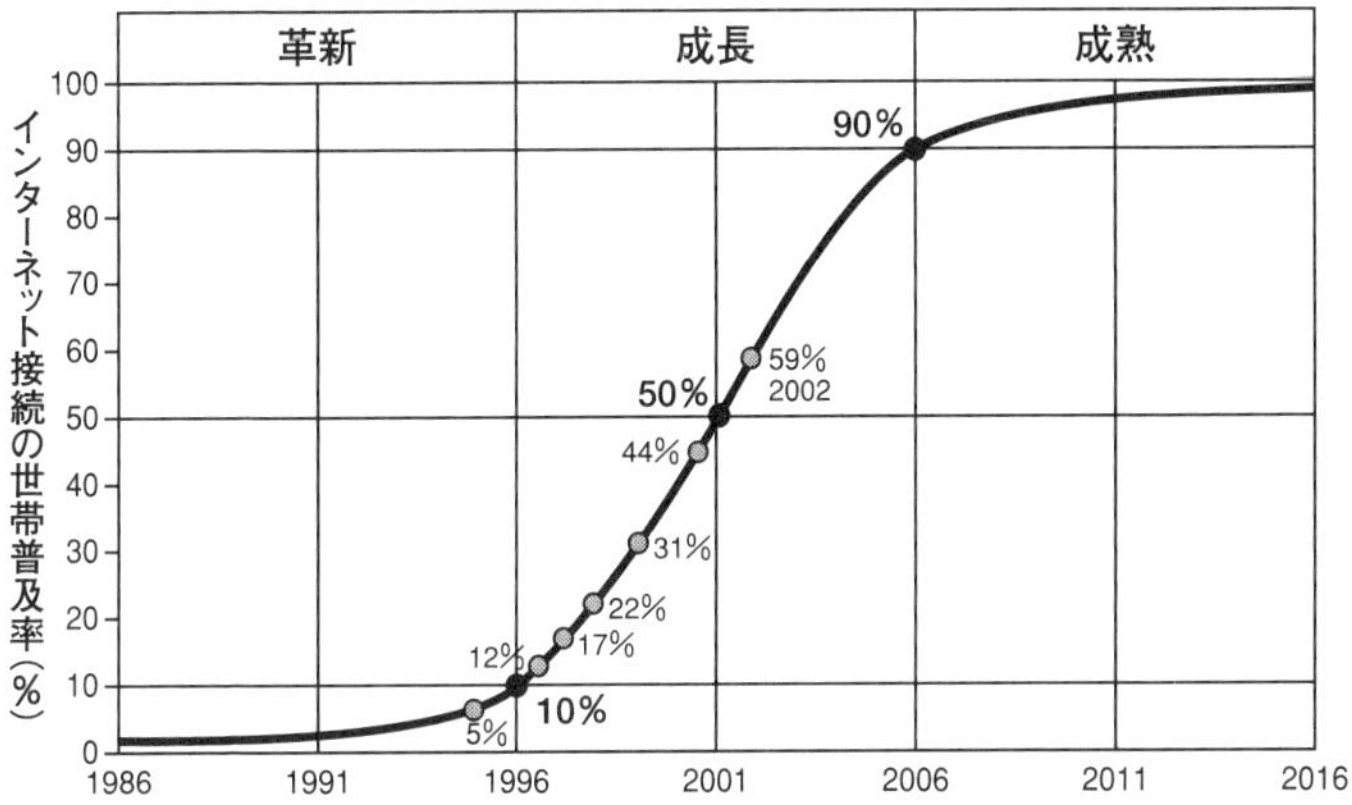

なぜわれわれは「ハイテク・ブームはまだ終わっていない」とこれほど強く主張するのか。

それは、人口統計学から考えれば好況がいつ終わるかがわかるように、Ｓ字曲線を見ればハイテク・ブームの終わる時期がはっきりとわかるからだ。消費者向け主要新技術のＳ字曲線における二〇〇〇年および二〇〇一年時点の市場浸透率は、八〇年前の一九二〇〜二一年、つまり自動車等の消費者向け主要ハイテク株が暴落に向かっていたときの市場浸透率と同じである。

図１―19を見ればわかるように、インターネットの全米世帯普及率は、一九九六年に節目の一〇%に達し、以来、急上昇を続けてきた。そして、一九二一年当時の自動車同様、インターネットも二〇〇一年に普及率五〇%に達した。したがって、インターネット産業で二〇〇〇〜〇二年に起きたような大規模な淘汰が起きることも予想の範囲内だった。

新しい製品や技術が台頭する過程にこうした淘汰サイクルがあることはわかっていたが、その激しさを予測する目安がなかった。一九一九〜二一年の株価暴落時には

図1-20　携帯電話のS字曲線（1980〜2022年）

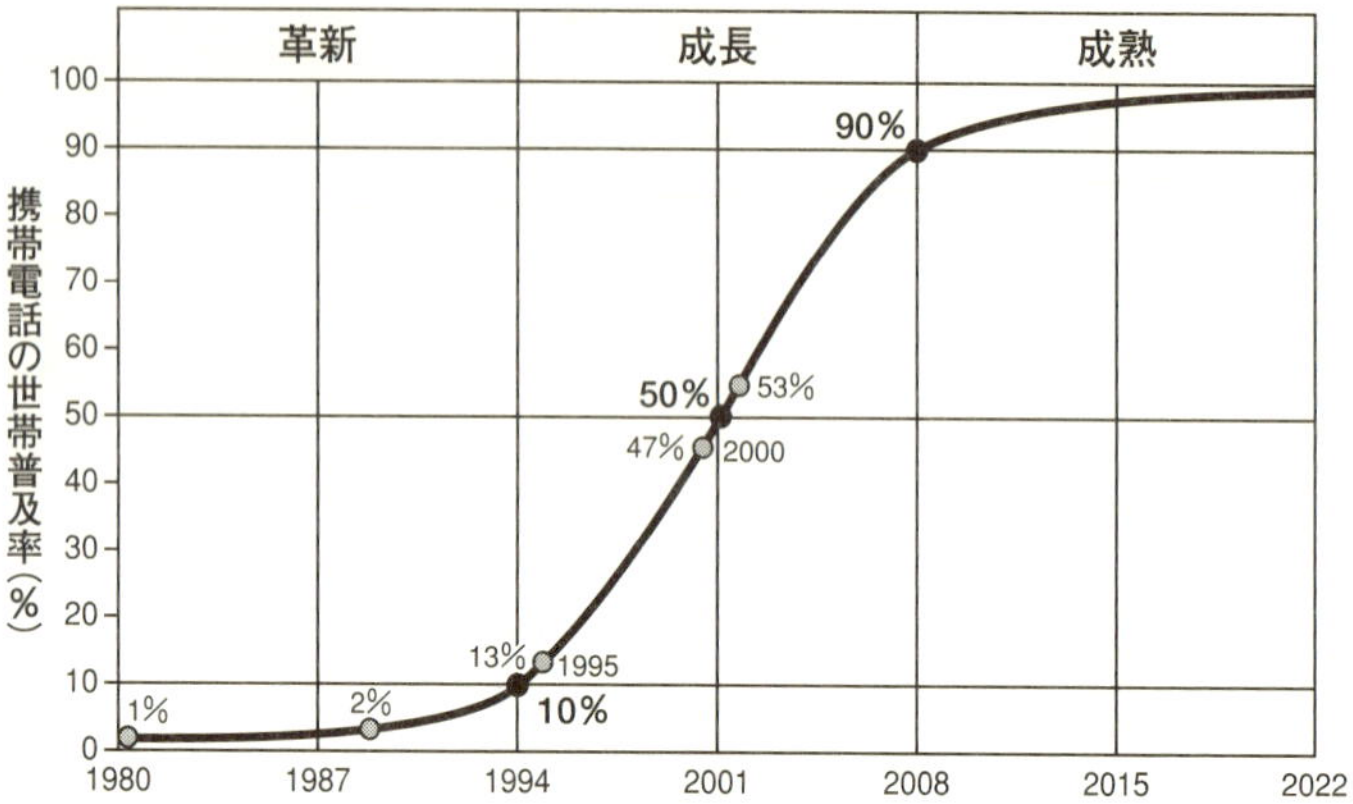

主要技術の株価指数はなかったからだ。だが当時を振り返り、産業別に株価を検討すると、自動車株指数で極端な下落が見られることに気づいた。

エコノミストや歴史家はこうした調整を第一次世界大戦による事業規模の縮小と商品価格の急落によるものとしたが、それよりはるかに大規模だった第二次世界大戦の後に、これほどの影響や景気や株価の崩壊があっただろうか？　われわれはデータをより詳細に調べた結果、株価暴落と景気低迷の中心は、自動車株など当時のハイテク分野だったことに気づいた。

もうひとつの重要な消費者向け新技術である携帯電話の市場浸透率も、一九九四年に一〇％に達した後、二〇〇一年に五〇％に達している（図1−20）。携帯電話は、まさに八〇年の時を隔てて自動車と同じ経過をたどっている。要するに、いったん主流となった新技術は、浸透率九〇％に達するまで、経済成長率をはるかに上回るペースで急成長するということである。

インターネット接続の浸透率は二〇〇六年ないし二〇〇七年までに九〇％に達し、携帯電話やワイヤレス技術も二〇〇八年頃までには九〇%に達すると見られる。テロの脅威は携帯電話の普及にいっそう弾みをつけるだろう。携帯電話は九・一一事件で究極の緊急対応システムであることを証明した。携帯電話のおかげで多くの人々が愛する人と最後の瞬間に言葉を交わせただけでなく、最後のハイジャック機によるホワイトハウス攻撃も、携帯電話のおかげで未然に防がれた可能性が高いからだ。

『2000年資本主義社会の未来』では、これらの新技術やインターネットよる真の消費者革命が起きるのは二〇〇二年ないし二〇〇三年以降と予測した。ただしそれは、その頃にはブロードバンド革命により、テレビ電話や音声操作がマス市場に急速に普及すると見たからであり、新興ドットコム企業がいきなり新たなブランドを次々と生み出し、世界を支配すると予測したわけではない。

ボトムアップの抜本的変革が起きる

前回の革命の主役となった技術やブランドが一八八〇年代、一八九〇年代、そして一九〇〇年代前半に生まれたように、今回の革命を支配する主な技術やブランドも、その大半が一九六〇年代、一九七〇年代、そして一九八〇年代前半にすでに生まれている。われわれは、ビジネスモデルや企業デザインあるいは企業経営に、トップダウンではなくボトムアップの抜本的変革が起こると予測した。第8章でさらに詳しく述べるが、これこそがインターネットあるいはネットワーク革命の真の成果となるはずだ。

図1－21からわかるように、真の革命が起こるのはこれからだ。DSLやケーブル・モデムをはじめとするブロードバンド接続の世帯普及率は、二〇〇一年後半に一〇%に達し、二〇〇四年にはすでに三〇%を超えつつある。デジタルカメラもブロードバンドと同様のS字曲線をたどりつつあるし、

図1-21　ブロードバンドのS字曲線（1993～2017年）

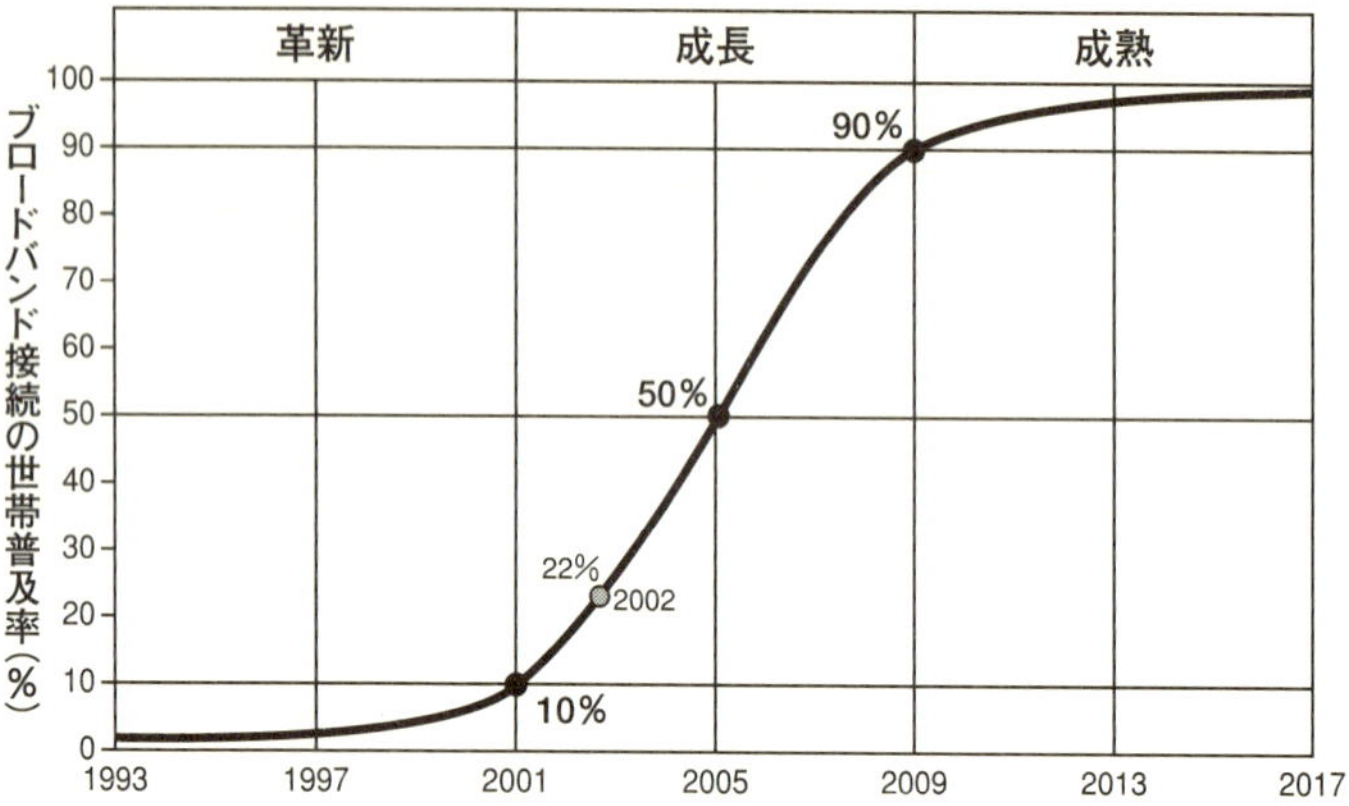

無線ＬＡＮも急速に台頭してきている。ブロードバンドは、淘汰段階に登場し、成熟ブームに向けて加速する第二の、つまり付加的なＳ字曲線の代表格だ。したがって、成熟ブームは二〇〇三年にはっきりとした形で始まり、二〇〇五年に加速することになるだろう。

インターネットはパソコンの倍のペースで一般家庭に浸透したが、ブロードバンドはインターネットの倍のペースで伸びている。一九〇〇年代前半と「狂乱の二〇年代」の好況期にも、新技術とＳ字曲線の同じような加速が見られた。電話や電気などの主要インフラは、比較的早い一九〇〇年頃から一九二八年にＳ字曲線の一〇％から九〇％へと加速した。一方、自動車や初期の家電製品は、一九一四～二八年、つまりその半分の期間で一〇％から九〇％に上り詰めている。ラジオはさらにその二倍の速さで、一九二一～二八年に一気に普及している。

アメリカにおけるブロードバンド革命は、二〇〇〇年代前半には予想もしなかった猛烈なペースで広がり、二〇〇九年には世帯普及率九〇％に達するとわれわれは見ている。『２０００年資本主義社会の未来』で予測したように、ブロードバンド革命は情報、コンピュータ、インターネット革命の最も重要な段階をもたらすだろう。なぜなら、それはテレビ電話機能をもたらすからだ。つまり、互いの顔を見ながらコミュニケーションをとったり、企業から人間味のあるサービスをインターネットを通じてリアルタイムで受けられるようになるのだ。

同時に、この段階では、「半導体チップの集積度は約一八ヵ月で二倍になる」というムーアの法則どおり、半導体チップが高性能化し、音声操作が可能になるだろう。われわれの予測どおりすでに現実化し始めているこの音声操作は、キーボードや複雑なコマンドなしにコンピュータに要求を伝えられる機能である。そうなれば、コンピュータはもっと使いやすいものになるだろう。

『２０００年資本主義社会の未来』において、真の革命、つまり消費者革命が起きるのは二〇〇二～一〇年と予測したのも、こうした理由による（原書一一六～一一七頁）。二〇〇〇～〇二年の株価暴落にもかかわらず、今でもわれわれは、今後数年は史上最大のブームが頂点を迎えるだけでなく、投資家にとって人生最大の投資機会になると考えている。

だが、行動を起こすなら今だ。ぐずぐずしている暇はない。二〇〇二年後半以降、相場はすでに大幅に回復しているが、第3章で紹介する様々なサイクルは、相場のピークが二〇〇五～〇九年であることをはっきりと示している。ただし、同じサイクルからこんな警告も読みとれる。二〇〇六年半ばから後半、場合によっては二〇〇七年後半にかけて大規模な調整が起きる可能性があるのだ。

第3章では、今後の好況で相場がどこまで上がるか、また、その後の大暴落でどこまで下がるかを様々な専門的ツールを用いて予測する。同時に、読者が史上最悪の調整から身を守りつつ、長期的な株式投資が行えるよう、これまでで最も単純な長期投資モデルも紹介する。

来るべき史上空前の大好況と大相場の最終段階に、今すぐ備えよう。われわれはこれと同じことを一九九二年後半にも、その一〇年後の二〇〇二年後半にも指摘して、投資家に利益をもたらした。この夢のような予測が現実になるのを指をくわえて待っていてはいけない。人口統計学の力を使って、史上最大の投資機会に今すぐ乗ろうではないか。

第2章

バブル・ブーム

ハイテク・バブルを生み出す五つの条件

バブルが二〇〇九年まで続く理由

第1章でも述べたように、専門家の大半は、これまでわれわれが見てきたのは典型的なバブルであり、株価ブームはすでに終わり、今後何年も、あるいは何十年も訪れないとしている。だが、われわれは真っ向から反論する。この景気全体がひとつのバブル・ブームであり、一九八五〜八七年に最初の小さなバブルが、一九九五〜二〇〇〇年前半にはそれより大きな二度目のバブルが起きている。これらのバブルとその崩壊の過程は、一九〇二〜二九年の株価上昇期と八〇年を隔ててほぼ一致しており、われわれの言うニュー・エコノミー・サイクルと合致している。

また、当時のバブル・ブームは、一九三〇年代前半の株価暴落にもかかわらず、一九三〇年代以降に一般大衆の所得が史上最大の伸びを記録するための準備段階にほかならなかった。だからこそ、「今回のハイテク・バブルは大きな誤りであり、人々は何年も大きなツケを払うことになる」とする説にも、われわれは反対する。歴史上いつの時代も、ハイテク・バブルは災いに見えて、実は福音だったからだ。

なぜ福音なのか？　それは、ハイテク・バブルが、まったく新しいインフラへの大規模な投資を生み出し、その効果はその後何十年にもわたって続くからだ。ハイテク・バブルがなければ、多くの企業や政府はこれほど大規模で広範囲にわたる投資をすることなど考えもしなかっただろうし、仮に投資をしても利益を数字で示すことはできなかっただろう。その後の株価下落と淘汰では、有効なビジネスモデルを備えた企業だけが実力を伸ばし、資産や市場シェアをどんどん獲得し、次に訪れる成長と拡大の段階で首位に立つ。

だが短期的に見てより重要なことは、一九〇〇年代前半のバブル・ブームにおいて、一九八七年と同様の小さなバブルがまず一九〇七年にあった後、一九一五〜一九年と一九二五〜二九年の二度にわたってハイテク・バブルがあったように、今回も、もう一度大きなバブルが起きるということだ。次の一大バブルは二〇〇五〜〇九年に急速に膨らみ、インターネット、ワイヤレス、ブロードバンドのインフラ資金調達を完了させ、今世紀半ばまでに史上初のミリオネア経済を生み出すだろう（これについては第8章で述べる）。

株価の古典的なテクニカル分析も一大バブル再来説を裏付けている。大型の強気相場は、必ずと言ってよいほど三度の大きな上昇期とその合間の大幅調整を経てピークに達する。これが「エリオット波動」のパターンだ。今回の強気相場では、株価の大幅な上昇はまだ、一九八七年までの一回目と二〇〇〇年前半までの二回目の二度しか起きていないので、もう一度、大幅な上昇と一大バブルが見られるはずだ。

そもそも、今回の強気相場が始まったのは一九七四年後半から一九八二年後半だが、厳密な時期はテクニカル・パターンの評価方法によって異なる。もっと長い目で見ると、実はより長期的な強気相場が一七八〇年頃に始まっており、次に訪れる株価上昇の波が最後の波になる公算が大きい。しかも、これまでどの波も指数関数的に上昇し、前の波より高いレベルに達している。つまり、次のバブルは一九二二〜二九年の「狂乱の二〇年代」と同じか、それ以上の規模になる可能性があるのだ。

二〇〇四年半ばから後半の反落期に株を買うだけの勇気と信念があれば、前回の、つまり一九九九年後半から二〇〇〇年前半の株価上昇の波に乗るよりも、さらに高い年平均収益率を実現できるだろう。われわれはニュースレター「H・S・デント・フォーキャスト」の二〇〇二年一〇月前半号で、重要なファンダメンタルズであるトレンド、サイクル、テクニカル指標の考察にもとづき、これまで最も強い買いシグナルを出した。仮に人口特性トレンドがあまりに魅力的なためにわれわれが気楽に考えすぎているとしても、買っておいて損はないはずだ。

というのは、株価の「一〇年代サイクル」だけを見ても十分、好感できるからだ。株価の「一〇年代サイクル」では通常、五年目と九年目の間に上昇が見られるし、一九〇〇年以降、このパターンは驚くほど一貫している。第3章では、この強力なサイクルをはじめ、様々なサイクルを説明するとともに、長期にわたる最悪の弱気市場と、強気市場における最悪の調整（二〇〇〇～〇二年のような）で損失を出さないための、これまでで最も単純なモデルを紹介する。

ハイテク・バブルと資産バブルはどこが違うか

一口にバブルといっても、その規模や基本的性質は様々である。二〇〇二年八月、「RWTレポート」は、ポール・フィリップが執筆した「あらゆるキャズムの原因」と題する号を出版した。その内容の一部は、ベストセラー『キャズム』（翔泳社刊）の著者で、技術マーケティング・コンサルタントであるジェフリー・ムーアの研究にもとづいている。このレポートによると、バブルには歴史的に見て次の三つのタイプがある。

① 資産バブル
② 構造不安定バブル
③ ハイテク・バブル

資産バブルの例としては、一九八〇年代の日本の土地バブルや一六三〇年代の有名なチューリップ・バブルがあるが、これらはいずれも次の項でとり上げる。この種のバブルは通常、経済への持続的な影響力をほとんど、あるいはまったく持たない。ただ単に不動産やチューリップの価値が高騰し、暴落するだけだ。

不動産バブルでは新たなインフラが生み出され、バブル崩壊後はそれらが値下がりして将来の成長を促すという反論もあるだろう。確かにそのとおりだ。だが不動産価格は、経済が成長すれば必然的に上がるものであり、不動産バブルがなくても、インフラはちゃんと生み出されていく。バブルの最中に生み出された不当に高い資産価値が、バブル後の値下がりによって相殺されるだけだ。やけどをするのはバブルの絶頂期に投資した人々だけであって、経済全体はびくともしない。

同様に、構造不安定バブルは、ある産業が政治的あるいは非経済的な打撃を受け、それを吸収しきれないときに起こる。石油価格の場合、市場の需要は一定していても、OPEC（石油輸出国機構）の方針や中東の政情不安によって急騰することがある。価格が上昇しても、危機や脅威が去ると急落して元に戻り、産業や経済にはほとんど、あるいはまったく変化をもたらさない。一九九〇年代前半と二〇〇〇年代前半の石油価格高騰は、この種の短期的バブルだった。

だがこれを、一九七〇年代に起こったより長期的な石油価格バブルと一緒にしてはならない。当時のバブルは、先の経済革命による驚異的な産業拡大によって、重要な経済資源が長期にわたって不足したために起きたもので、価格が長期的に上昇したことで、次の経済革命に不可欠な石油探査や代替燃料の開発が大きく促進された。実際、このバブルは、性質的にはむしろハイテク・バブルに似ている。

ハイテク・バブルは、通常の経済的インセンティブによって創出されないようなまったく新しいインフラを生み出す点が他のバブルと大きく異なる。歴史を通じて、まったく新しい技術の潜在可能性を見抜いたのは、自動車のヘンリー・フォード、パソコンのスティーブ・ジョブス、インターネットのマーク・アンドリーセンなど、ビジョンを持つ一握りの人々だった。ところが、こうしたビジョンの持ち主には、新しいインフラが例外なく必要とする巨額の投資を行うだけの資本がない。

一方、政府や既存の企業の大多数は、こうしたビジョンを持ち合わせず、まったく新しい技術やインフラへの投資が長期的な利益を生むことに気づかない。投資の額がこれほど大きい割に、利益や恩恵があまりにも不透明なのだから、なおさらである。

このように、ハイテク・バブルとは、経済が欲と不安という人間の予測可能な性向を利用して、人間に非常に長期的な投資をさせるための手段なのである。その結果、経済インフラやビジネスモデルは飛躍的に向上し、結果として人々の所得と富も一気に増える。だが、それがわかるのは何十年も先のことだ。

これが、われわれの八〇年サイクルのニュー・エコノミー・モデルの根拠である。バブルは新しいモデルや技術を主導する国や地域に集中的に起きる。そして、そうしたバブルの多くは、八〇年サイクルの前半、つまり新技術が急速に台頭し、初めて主流化する頃に起きる。

前世紀に鉄道、自動車、道路、映画、娯楽、ジェット機旅行、パソコン、携帯電話、そしてインターネットといったハイテク・バブルの大半が起きたのはどこか？　アメリカだ。今日、世界で最も豊かで強い国はどこか？　それもアメリカだ。産業革命（一七〇〇年代後半）以降に起きた一四のハイテク・バブルのうち、実に一二がアメリカで起きている。

素晴らしいのは、アメリカがこの主導的役割と史上空前の生活水準や政治力を、軍事攻撃も政治的支配による帝国の構築もなしに達成したことである。その代わりにアメリカは、技術と多国籍企業の市場支配力を構築した。今日、テロリストや立ち後れた多くの第三世界の人々が反発しているのは、まさにこの点である。われわれは軍事的に他国を征服してはいない。自由企業システムを保護し、同盟国を守るため防衛的に反応したに過ぎないのだ。

ハイテク・バブルを生み出す原動力

ポール・フィリップは、ハイテク・バブルを生み出す五つの主な力学を明らかにしている。

① 新技術が経済や社会の基盤を変えるまったく新しいものであること。
② 新技術を応用して利益を得る方法を最初は誰も知らないこと（多くの新たな起業家による実験を必要とする）。
③ 共通のインフラ（つまり巨額の新規投資）を要すること。
④ 経済が健全であること（こうした投資を行う余裕がある）。
⑤ インフレ率が低いこと（低利回りの債券より株式投資や投機が好まれる）。

こうしたバブルや革命の多くがアメリカで起きたのは、世界で最も繁栄する自由市場を擁するからにほかならない。ヨーロッパや日本では政府の力が比較的強く、旧制度が保護されているため、起業家精神にあふれた技術革新は制約を受ける。これらの政府は、旧来の経済、社会、政治構造において、最大多数の人々や企業、機関の利益を守ることを仕事としている。主要な政府機関や既存の企業に任せていては、ニュー・エコノミーを実現し、その生産性を劇的に高めるための共通インフラの構築が経済的に正当化されるはずがない。投資とリスクが大きすぎて、現実的な利益がはっきりしないからだ。

幸い、現代経済を動かしているのは政府ではない。アメリカ政府のように、個人や企業が経済を動かせるよう、基本的なインフラと法制度を整えるのが最良の政府である。そうすれば、経済はトップダウンではなくボトムアップで運営される。あとは、ビジョンに満ちた（というよりむしろ非合理的な）直観をもつ起業家や個人投資家が、欲や自分の生活向上という自然な本能に突き動かされて、技術革新を成し遂げてくれるだろう。また、本章で後述するように、アメリカでは歴史上初めて、ごく普通の人々が投資家や企業オーナーになろうとしている。これこそが、第8章で述べるミリオネア・エコノミーを生み出しているのだ。

つまり、ハイテク・バブルが他のバブルと本当に異なるのは、非合理的な思惑が長期的インフラへの巨額の投資を生む点である。こうしたインフラは不動産の場合と違って、経済成長に伴って有機的に発達してくるものではない。ある日突然、こうしたインフラが様々な面で一斉に発達しないことには、革命は軌道に乗らない。自動車と電気、あるいは半導体とソフトウェアなど、単一あるいは少数の技術が主な原動力となることはあるが、多くの新技術がなければ革命は生まれない。このようなバブルが崩壊した後に、初めて真の革命が始まるのだ。以下にポール・フィリップの言葉を引用する。

まったく新しい技術から利益を生むために必要な共通のインフラを構築するだけの誘因がどの

投資家層にも存在しないときには、バブルによってそうしたインフラが構築される。経済的な見返りが得られるようになるのは、暴落のどん底で起業家たちがそうした技術やインフラを利用し、自社の生産性を何十倍にも高め始めたときだ。

それはなぜか？　投資水準が高いと、新たな経済モデルやビジネスモデルを利用しようと多くの革新的な試みが生まれる。そして、小川に湧いて出るオタマジャクシのように、そのうちのほんの一握りだけが生き残る。新技術は最初は斬新すぎて、その使い方が誰にもよくわからない。だからこそ、こうした大量の革新的試みが必要なのだ。

多くのドットコム企業がそうだったように、失敗する試みも多い。しかし、デル、eベイ、アマゾン、アメリカン・オンライン（AOL）、ヤフー、シスコ、グーグルのように、生き残る企業もある。こうした企業が刺激となって次の革命が生まれ、多くの新興企業や既存企業が追随する。そして、ブロードバンドやバイオテクノロジーといった革新的な製品が、まったく新しいS字曲線を描いて一気に普及するのだ。

失敗したコンセプトの多くは、既存の企業がとり入れる。例えば、オンライン食品販売会社ウェブバンのコンセプトは、イギリスのテスコやアメリカの多くの食料品店チェーンがとり入れた。これらの企業は今や、ウェブバン破綻の原因となった巨額の新規インフラ投資をしなくとも、もっと採算のとれるやり方で食品宅配サービスを提供している（ウェブバンに満足する顧客は増えつつあった）。

こうした企業は、倉庫や低コスト調達といった既存のインフラの枠内で、まったく新しい技術を活用することができる。今から数十年後には、ウォルマートがオンライン注文宅配革命の唯一最大の受益者となっているかもしれない。同社は今、インターネット・ベースの低コスト技術を利用して金融サービスに参入しようとしており、同社のキャッチフレーズである「毎日低価格」ならぬ「毎日家計に役立つ」サービスを目指して投資を進めている。

一方、暴落によって倒産した企業が、生き残った企業に吸収合併されるケースも多い。その結果、吸収した側の企業は、インフラや、生産能力、技術を低コストで獲得できる。つまり、こうした企業は実績のあるビジネスモデルの枠内にとどまりながら、革命の第一段階では新しい技術やサービスを購入する経済的余裕がなかったより多くの消費者や企業顧客に、ぐっと低い価格でよりよい選択肢を提供できるのだ。

S字曲線はこうして（第1章で述べた）普及率五〇％前後の淘汰段階から、次のブームとバブルにおける完全な主流化へと進んでいく。そして完全普及に近いレベル（約九〇％）に達したときに初めて、技術革命は減速し、次の段階が始まるのを待つことになる。

既存企業や政府はなぜ、こうした新しい技術やインフラの長期的な恩恵を見抜けないのか？　それは、こうした恩恵が、その時々に成熟しつつある既存モデルとはまったく別のところにあるからだ。最初に電気が登場したとき、流れ作業による組立ラインの出現や大量生産革命を誰が予見しただろうか？　最初に自動車が登場したとき、それがシアーズなどの大手百貨店を通じた小売革命や郊外への大規模な移住を引き起こすなどと、誰が考えただろうか？　最初に鉄道が建設されたとき、シアーズが駅前で家庭用品を売り始めたり、鉄道開通でアメリカ西部の開拓が進むなどと、誰が予想しただろうか？　最初にテレビが登場したとき、それが自動車と組立ラインを中心とした大量生産革命後の、マス・マーケティングや広告にもとづくニュー・エコノミーを生み出すなどと、誰が予想しただろうか？　パソコンが登場したとき、デルのリアルタイム生産やダイレクト・マーケティング・モデルを、あるいはインターネットを誰が予見しただろうか？

デルのダイレクト・マーケティング革命の要となったインターネットは、今後、一九七〇年代に通販企業の登場で始まったより広範な革命の要として活用されるだろう。さらに、インターネットが企業の組織構造全体を変え、労働者一人ひとりが従業員ではなく小さな企業として行動するような時代を生み出すことは言うまでもない。

ここで、歴史上の様々なバブルを、これまでにない建設的な視点から考察してみよう。

株価バブルは繰り返す

歴史上、有名な株価バブルを振り返り、現代史をより長期的な視点で見つめることによって、われわれが今、経済の進化過程のどこにいるのかを考えてみよう。われわれは言うまでもなく、インターネット関連株やドットコム株の極端なバブルと、ハイテク株の相当なバブルを経験したばかりだ。いったんバブルがはじけたら、その後数十年は最高値の更新はないというのが一般的な見方である。だが実際には、そのとおりの場合もあれば、そうでない場合もある。

まず特筆すべき点は、ジェレミー・シーゲル（『シーゲル博士の株式長期投資のすすめ』〈日本短波放送刊〉の著者）も述べているように、今回のバブルが株式市場全般ではなく、主にハイテク分野で起きたことだ。二〇〇〇年に、ダウ工業株平均はわれわれのダウ・チャネルの上限に達し、その後、三八％の調整が起きた。一九八七年の調整はこれよりやや大規模だったが、その後アメリカの株価はうなぎ上りに上昇している。

図2-1　ナスダック指数（1990～2002年）

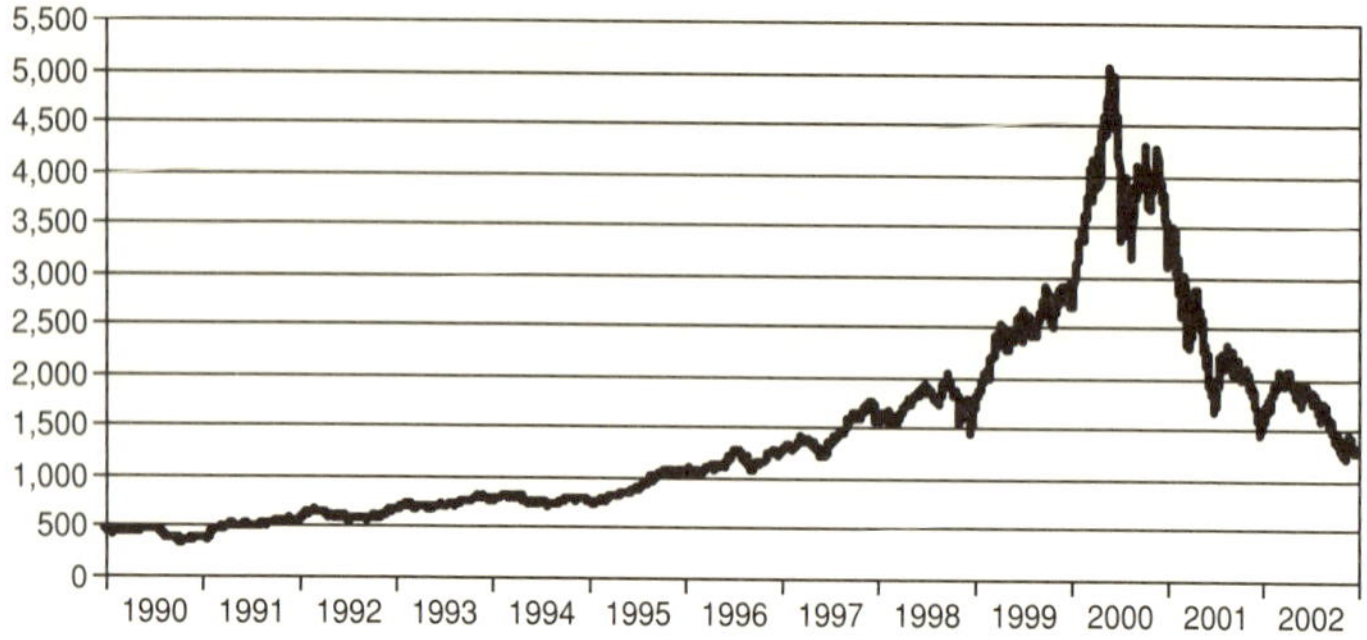

図2-2　GSTIインターネット株指数（1996～2002年）

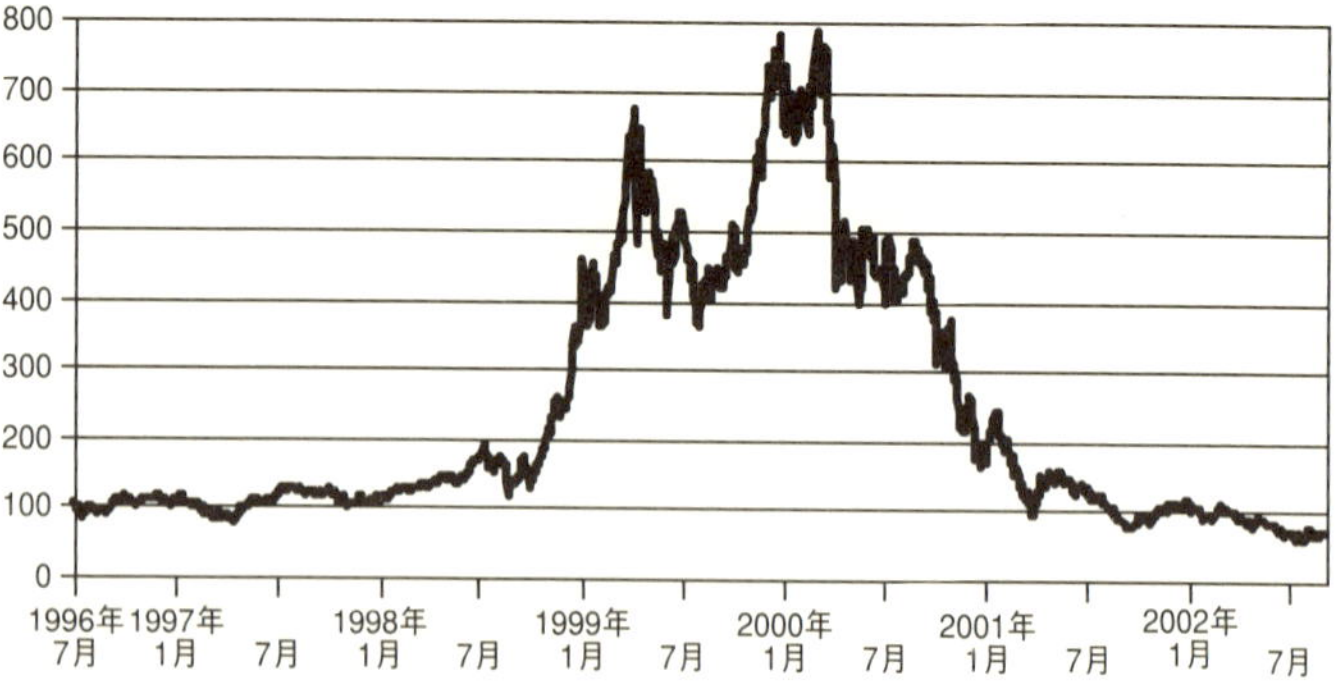

ダウよりもハイテク株の組み入れが多いS&P五〇〇は、四九%調整されている。ところがS&P五〇〇からハイテク株を除けば、一九九〇年あるいは一九九八年と同様、株価上昇期によくある定期的な調整に近い数値となる。二〇〇〇年前半から二〇〇二年後半のハイテク株を除いたS&P五〇〇の下落率は二四%に過ぎない。

株価収益率（PER）が四〇〇倍を上回ったのは、AOLのような花形の大型インターネット株だった。一方、収益の目処も立たずビジネスモデルの有効性も

図2-3　人間的予測モデル

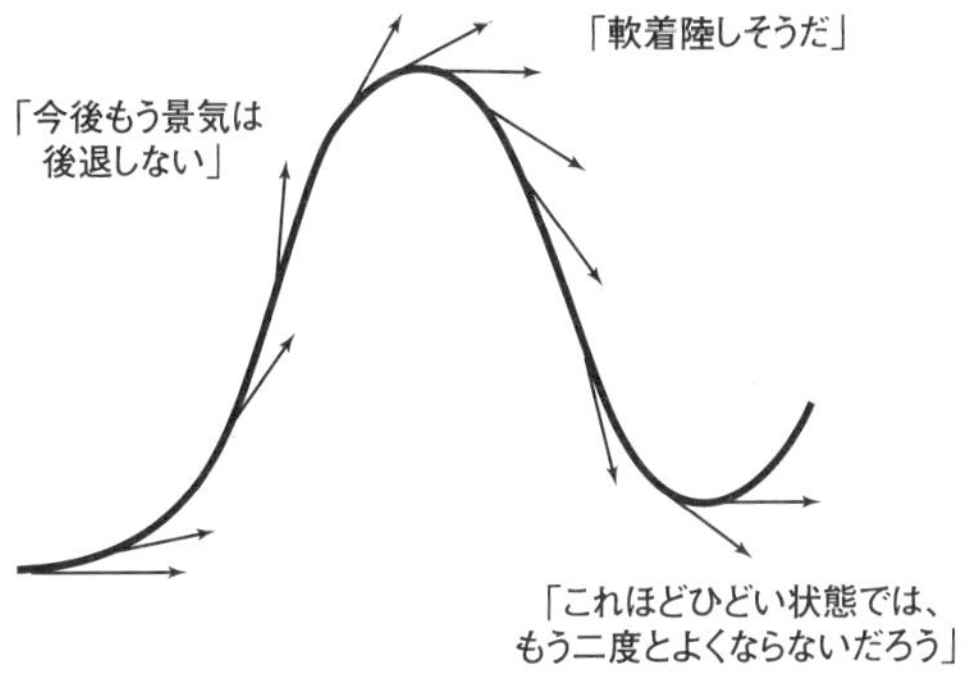
「軟着陸しそうだ」
「今後もう景気は
後退しない」
「これほどひどい状態では、
もう二度とよくならないだろう」

まったく証明されていないのに、きわめて高く評価されたのが新興のドットコム株だった。これこそまさに極端な株価バブルの象徴であり、こうした株はその後の暴落ぶりも甚だしかった。

二〇〇二年後半、ナスダック指数は七八％下落した（図2―1）。また、インターネット株指数は九三％下落し（図2―2）、ドットコム企業の大多数が姿を消した。ルーセントなど比較的大型のハイテク株も大半が深刻な打撃を受け、今後、最高値の更新は見られない可能性もある。だが、われわれは世論に反して、マイクロソフト、インテル、ヤフー、eベイ、シスコなど、強力なビジネスモデルを持ち、業界をリードする比較的大手のハイテク企業の多くは、今後二〇〇九年までに最高値を大幅に更新すると見ている。また、ブームの次の段階で一気に首位に立つ新興企業も出てくるだろう。

まずは、過去に起きた主な株価バブルの歴史とその原因となった心理を考察しよう。実は、経済あるいは好調な主要産業に力強い長期的ブームが起こるたびに、相場は著しく過大評価される。それは、『経済の法則』で紹介した「人間的予測モデル」（図2―3）に起因している。

われわれ人間には、最近のトレンドを直線的に当てはめて未来を予想する傾向が根強いが、現実には、トレンドは周期的あるいは曲線的に推移する。だから、われわれは現実やリスクを大きく見誤ってしまうのだ。トレンドに勢いがあり、長期的に上昇しているときほど、われわれは未来に対して強気になり、リスクを低く考える。また、株式市場は今の業績が何年も先まで続くと予想して株価を評価するので、われわれの直線的な予測傾向はますます増幅されてしまう。

やがて景気が減速すると、過大評価された株価に、今度は過度の調整が起こる。われわれは低迷のどん底では、低成長や後退が何年も先まで続くと思いこみ、きわめて大きなリスクを感じる。と同時に、株価も様々なリスクを織り込んで過小評価される。そのため調整期には、われわれは通常その後に訪れる力強い回復を予想もせず、せいぜいごく低い成長しか期待しないのだ。

要するに、相場は常に、成長期には過大評価され、低迷期には過小評価されるのだ。**バブルとその崩壊はどんな時代にも起こる。問題は、それがどの程度の規模かということだ。**最も甚だしい過大評価すなわちバブル・サイクルが起きるのは、景気が最も力強く加速しているときである。

また、人口特性にもとづく支出トレンドが力強く上昇し、強力な新技術と成長産業がS字曲線のサイクルで初めて主流化するときには、必ずと言ってよいほど景気が力強く加速する。アメリカ経済における最後の大規模バブルが、一九五〇年代から一九六〇年代の第二次世界大戦後景気ではなく、「狂乱の二〇年代」に起きた理由もここにある。

もちろん、一九九〇年代から新技術が再び急成長し、新たな一大バブルが起こったばかりだが、何度も言うようにそれは主としてハイテク株においてだった。現代技術が進歩する過程においては、一九一五～一九年と一九二五～二九年に起きたような二つのバブルが生じる。われわれは二〇〇一年半

図2-4　ゴーダ・チューリップの球根の価格（1634年12月1日～1637年2月5日）

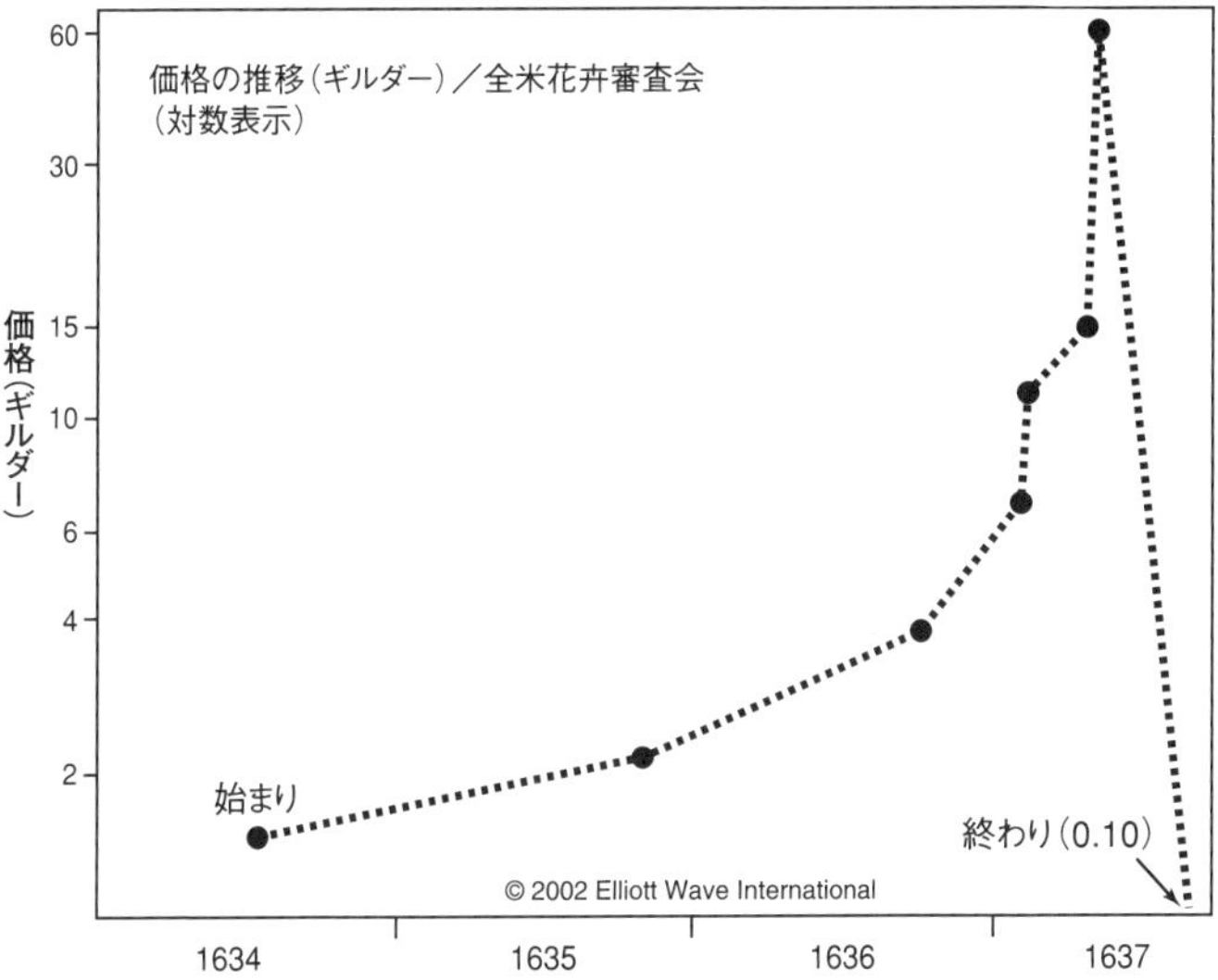

出典：ロバート・プレクター『暴落に勝つ（*Conquer the Crash*）』80ページ

ばから、そう主張してきた。当時のハイテク株である自動車株の最初のバブルがはじけたのは、一九一九年後半から一九二二年前半だったが、結果的に、それは株式全般と当時のハイテク株への最大の投資機会となった。ところが、一九二九年後半から一九三二年前半の第二のバブル崩壊で一大強気相場は終わり、その後一〇年以上も上昇に転じることはなかった。

二つの大型バブル

歴史上、初めて正確に計測された大型バブルは、一六三四～三七年にオランダで起きた「チューリップ・バブル」だった（図2―4）。チューリップの球根一個の値段が当初の約一・二〇ギルダーから、わずか二年強で五〇倍の六〇ギルダーに値上がりし、その後の一年弱で九九・

図2-5 南海会社の株価（1719〜22年）

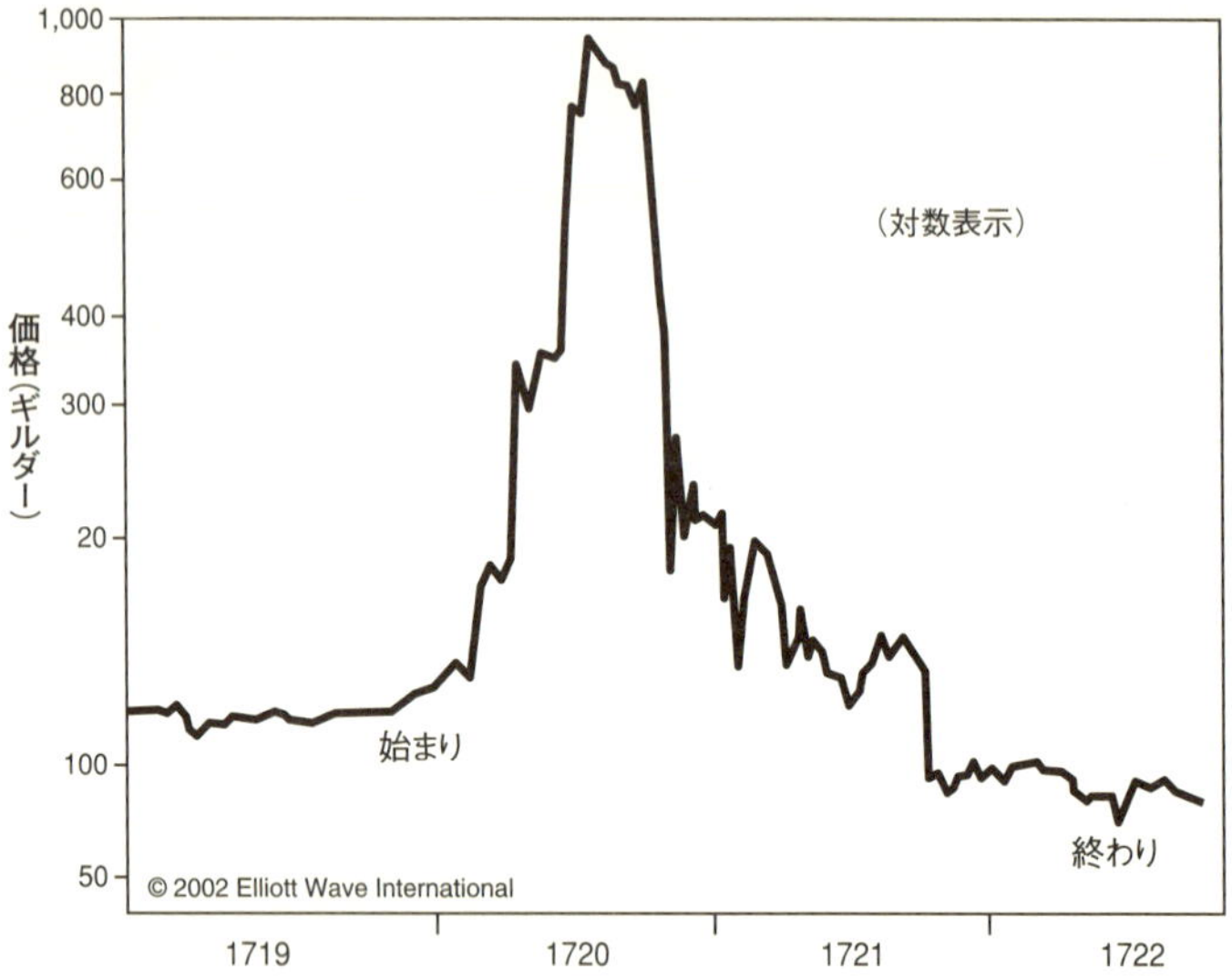

出典：ロバート・プレクター『暴落に勝つ（*Conquer the Crash*）』80ページ
データ提供：グローバル・フィナンシャル・データ

八％暴落して〇・一〇ギルダーとなったのである。

これは、記録が残されているものとしては歴史上最も極端なバブル崩壊劇だった。もちろん、これは重要な新インフラを生み出すハイテク・バブルではなく、小規模な投機的資産バブルに過ぎない。近代史上、最も馬鹿げたバブルだったと言えるだろう。ところが、弱気な歴史家や株価アナリストが最もよく引用するのが、このバブルなのである。だから、大きな誤解が生じるのだ。

二度目の大型バブルは、一七二〇年の「南海会社バブル」である（図２－５）。成長分野の主要な新技術企業の代表格だった南海会社の株価は、一七一九年半ばから一七二〇年半ばの一年間に、一一〇ドルから約九倍の一〇〇〇ドル弱にまで高騰し、その後の二年間で九三％下落して約七〇ドルとなった。このバブルは最近のインターネット・バブルにかなり似ているが、それよりもさらに過激だった。

当時の歴史も興味深い。前回の大型情報革命である印刷機の発明後、一四〇〇年代後半からヨーロッパでは人口の激増と経済成長が続いていた。一四〇〇年代半ばから後半に起こった大規模な技術革命としては、他に火薬と大型帆船、そしてその大型帆船の長距離航海を可能にした航海術の進歩などがあった。

この航海革命によって、アメリカ大陸が発見されただけでなく、利益率の高い香辛料や織物などの対極東貿易も可能になった。この貿易の成功により、一六〇七年に初めて株式公開企業が生まれ、多くの個人投資家に株式が売却された。実質的に、これが株式市場の始まりだった。言うまでもなく、人間の性質が株価バブルが生み出すのも時間の問題だった。詳しいことはわからないし、十分な証拠があるわけでもないが、これに先立って比較的小規模なバブルが何度か起きていたと推測できる。

一七〇〇年代前半には、史上最大規模の景気拡大を促した人口増加も落ち着きを見せ始め、相場は自然と弱気になっていった。図2－6（われわれが好む長期アナリストの一人、エリオット・ウェーブ・インターナショナルのロバート・プレクターが作成）は、イギリスの株価を計測可能な限り（一七〇〇年頃まで）遡り、一七八〇年以降をアメリカの株価につなげたものだ。一四九〇年頃（場合によってはそれ以前）から一七二〇年まで二三〇年以上にわたって続いた強気相場の後、一七二〇年にバブルが崩壊し、六九年にわたる弱気相場が始まった。今のわれわれが見慣れているよりも大規模で長期的な強気相場や、それに続くより長期的な弱気相場が存在するのである。

図2-6 超長期的サイクル――より長期的に見た1780年代以降の強気相場

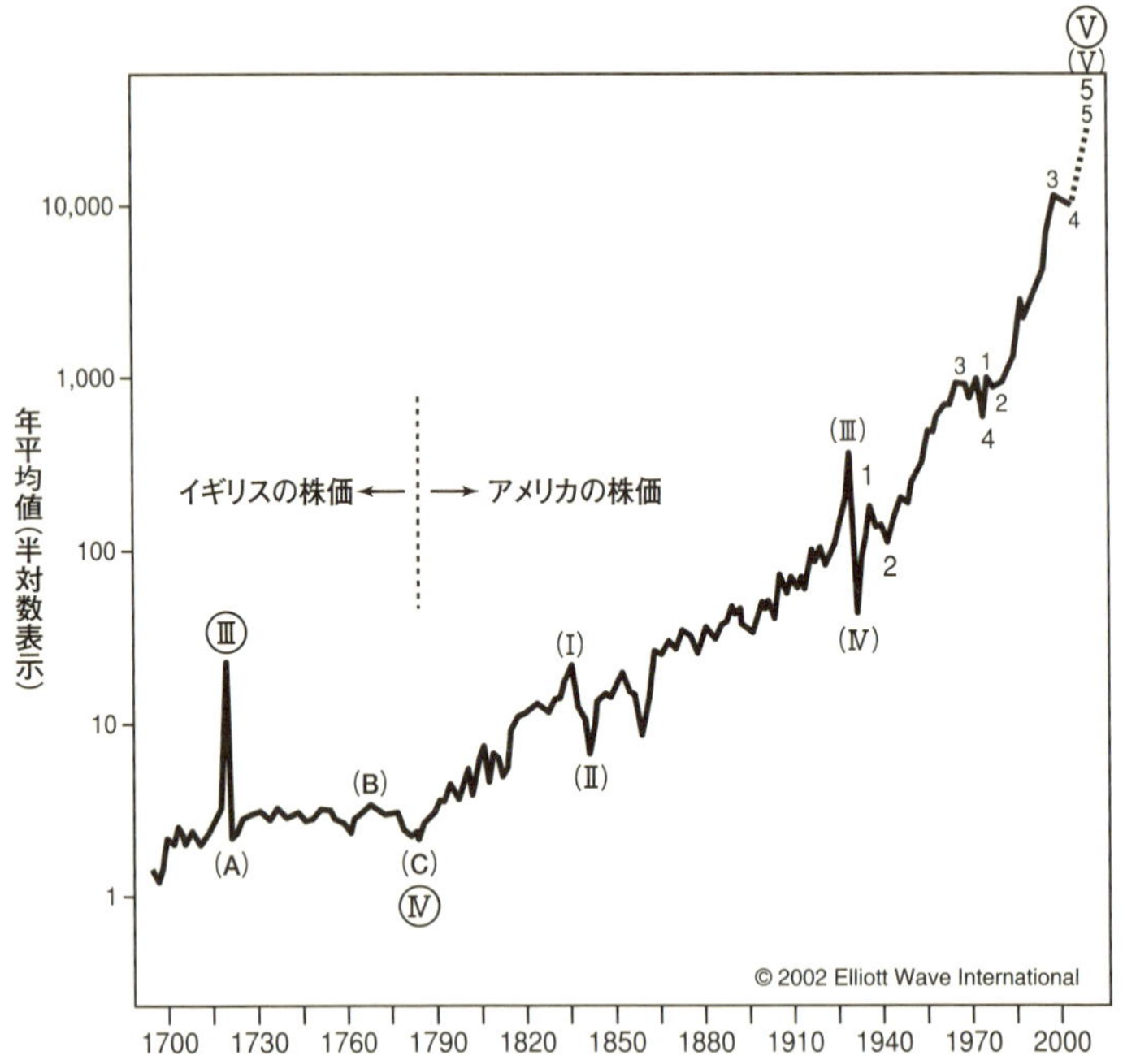

出典：ロバート・プレクター『暴落に勝つ(*Conquer the Crash*)』33ページ

エリオット波動理論

『暴落に勝つ（*Conquer the Crash*）』の著者でもあるロバート・プレクターがここ数十年で証明し普及に努めてきた「エリオット波動理論」（www.elliottwave.com参照）によると、強気相場の多くは、三つの大きな上昇波とその合間に起きる二つの調整波の形をとって進展する。

図2-7に示すように、最初に上昇波、二番目に下降波（通常、最も急激）、三番目に上昇波（通常、最も長く力強い）、四番目に調整波（通常、最も深く落ち込む）があり、五番目の上昇波（通常、最も

図2-7　自然界や市場における「エリオット波動」パターン

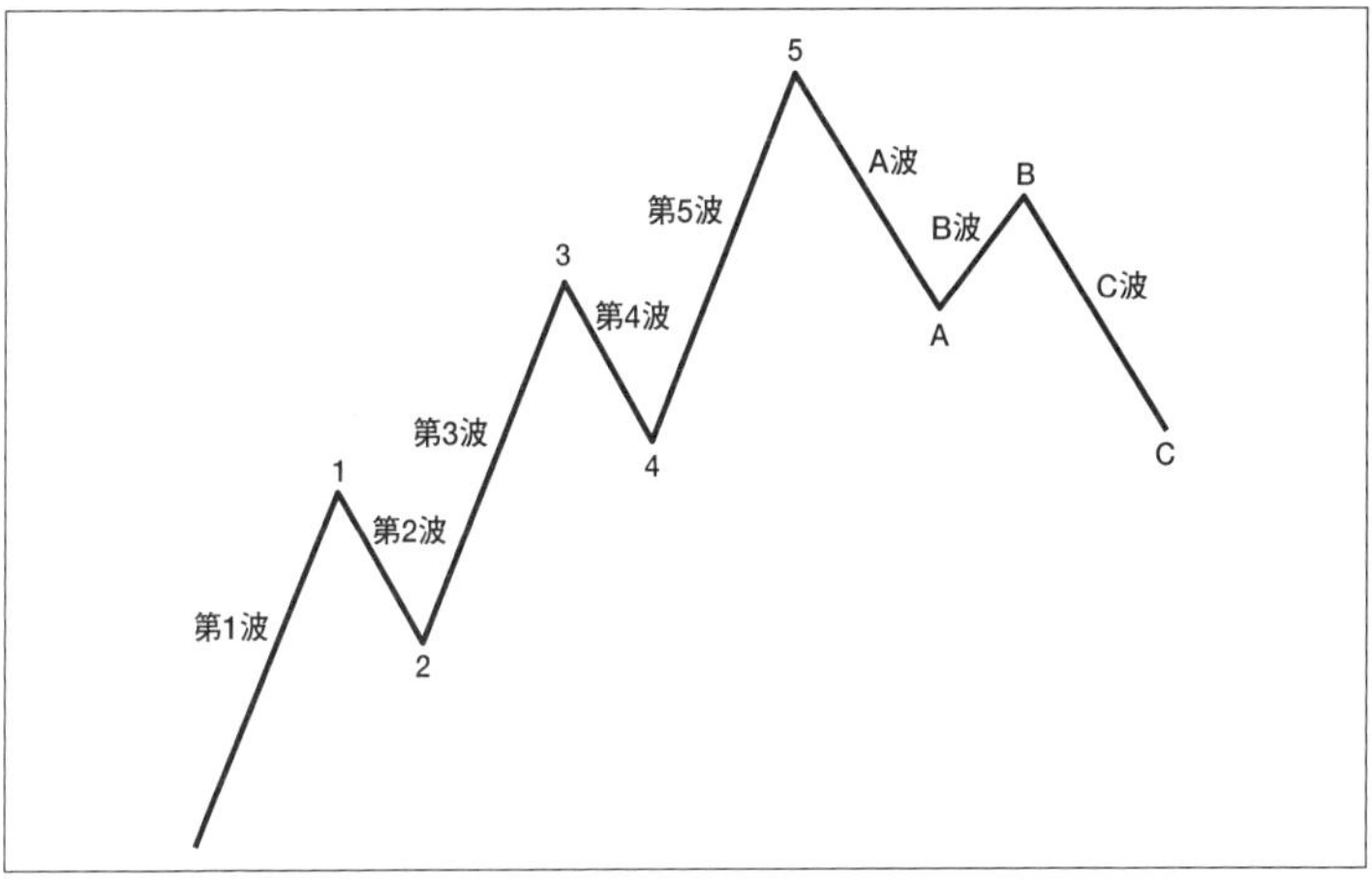

急角度）でピークに達する。その後に訪れるより長期的な弱気相場は、下向きのA波、弱気相場における上昇のB波、そして最後の下降波であるC波という三つの波を通じて進展し、その後、次の強気相場が始まる。

このパターンは短期相場の推移にも、長期相場の推移にもよく見られる。「エリオット波動理論」は、今世紀における唯一最大のテクニカル分析ツールであり、基本的な人口特性サイクルと技術サイクルの予測精度を高めるうえで役立つ。図2－6の一七八〇年以降の強気相場にもこのパターンが当てはまり、また一つひとつの大きな波の中にもいくつか小さなパターンが見られる。

一七八〇年前後に始まった強気相場の長期にわたるエリオット波動パターン（図2－6）を振り返ってみよう。まず第一の比較的大きな上昇波が起きたのは、一七八〇～一八三二年だった。そのピークに向けてかなり大きなバブルが生じた後、第二の強力な下降波が来て株価は暴落し、一八三七年に底を打つ。その後、一八三七～一九二九年に第三の長い上昇波が訪れ、そ

図2-8 「狂気の20年代」のバブル――ダウ工業株平均（1921～42年）

の末期には前回よりさらに強力なバブルが生じている。

この「狂乱の二〇年代」のバブルは、図2―8に明らかだ。バブルが一九一九年後半にピークに達し、一九二一年後半に崩壊した後、ダウは一九二九年後半までの八年間で六倍になり、一九二四年半ばから一九二九年後半の五年間だけでも四倍になっている。最後の一年には、一九九九年のナスダック指数同様、ほぼ二倍に上昇している。

ここで注意すべき点は、このバブルにはチューリップ・バブルや南海会社バブルのような過激さはまったくないことだ。それでも、一九二九年後半から一九三二年前半には、バブル崩壊で相場が八七％下落している。この暴落は二年一〇ヵ月続き、一九二一年後半から一九二九年後半の強気相場における株価の伸びは帳消しになってしまった。これを見れば、株価ブームは終わったと誰でも思っただろう。

調整と暴落

ここで注意してほしいのは、二〇〇〇～〇二年のダウの調整も同じくらい長く続き（二年一〇ヵ月）、歴代の暴落期とほぼ同じ期間にわたっていることだ。だが、この暴落は、そ

図2-9　過去と現在のテクノロジー・バブル——80年を隔てたGMとインテルの株価比較

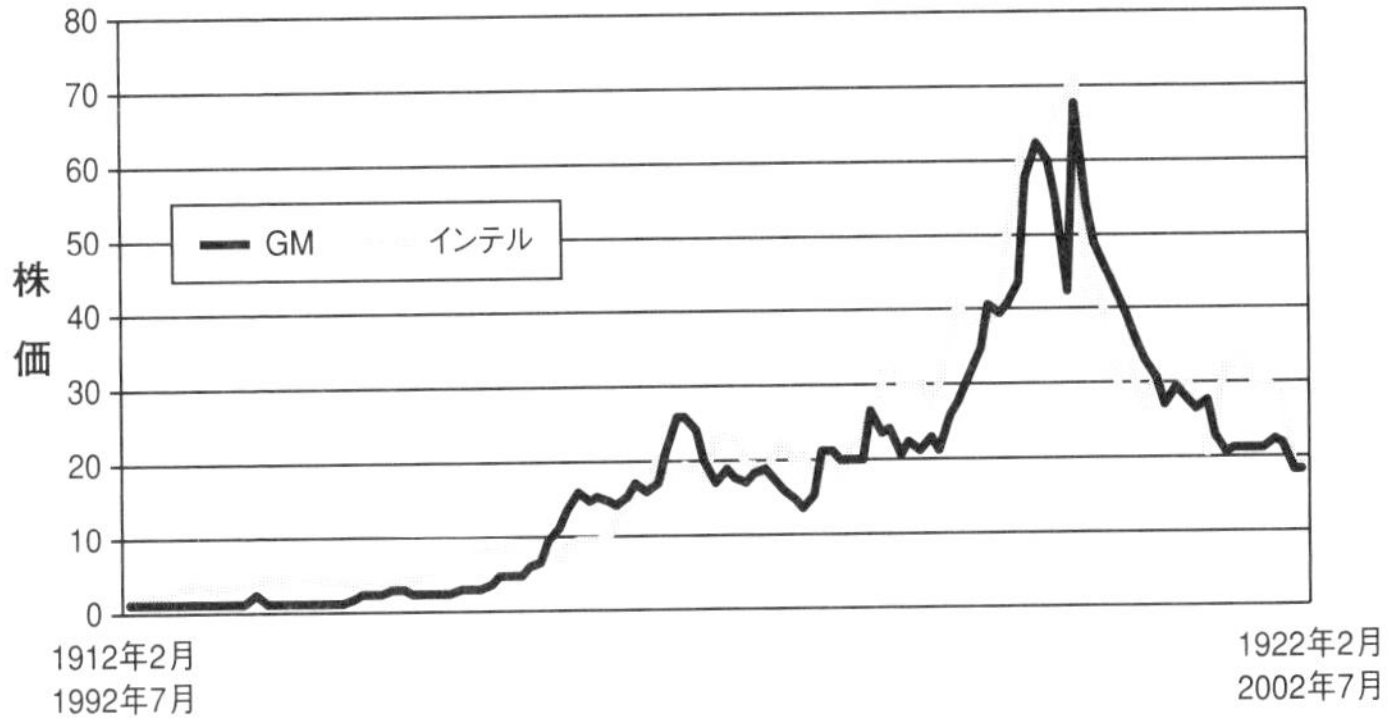

の前の一九九〇年代の強気相場における上昇分をすべて帳消しにするほどではなかった。

　ここで大切なのは、一九二〇年代のバブルは新世代の支出サイクルのピーク前後に生じただけでなく、より重要な点として、新技術革命が台頭し主流化する頃に生じている点だ。われわれはこれを「自動車・大量生産バブル」と呼んでいる。

　第1章でも示したように、当時の中心的な新技術だった自動車の都市部世帯普及率は、大量生産における流れ作業の組立ライン革命に促されて、一九一四～二八年の間に一〇%から九〇%へと伸びている。たとえ人口特性トレンドの後退がなくても、これらの新成長産業では一九二九年までに大幅な減速と調整・淘汰が起きていたはずである。

　ただし、その前にまず、一九一五年から一九一九年後半のS字曲線の成長段階において、当時のハイテク株と自動車株に極端なバブルが生じていることを忘れてはならない。これは、われわれの八〇年サイクルのニュー・エコノミー・モデルと一致しており、一九九五～九九年に起きた最近のハイテク・バブルと経過が非常によく似ている。GMの株価と一九九〇年代のハイテク・バブルにおけるインテルの株価の推移

図2-10　GMの株価（1919～30年）

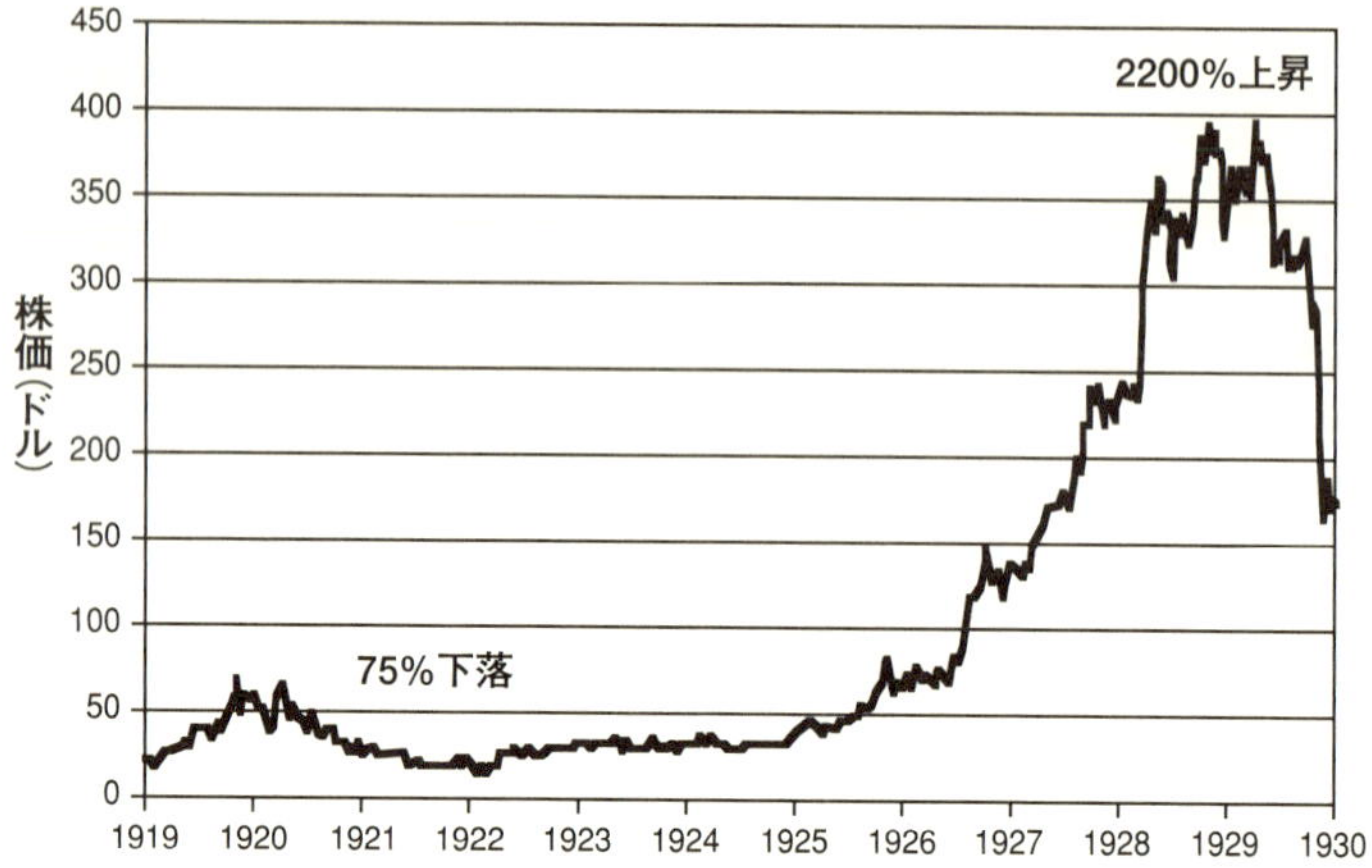

が、八〇年を隔ててほぼ完全に一致している様子を図2−9にもう一度示す。

当時のハイテク株やGM株のバブルと暴落を見れば、「この強気相場は終わった」とアナリストや投資家の大半が思ったはずだ。だが、図2−10（第1章からの再掲）を見ればわかるように、GMは一九二二年から一九二九年にかけて二二倍に値上がりし、この間の年平均収益率は五七％に達した。一九二九年まで続いた第二のバブルは、自動車のS字曲線の成熟ブーム段階において、自動車その他の技術が成長を終える頃に生じ、ヘンリー・フォード世代の支出サイクルのピークとも重なっていた。つまり、一九一九年後半に生じた最初のバブルが、一九二二年前半の崩壊直後に次の大好況と一大バブルをもたらしたのと違って、このバブルは比較的長い弱気相場と景気調整局面の始まりだったのである。

われわれは第1章で、一九二二年前半の暴落後、二九年後半までにダウが六倍、自動車株指数が一二倍、GMの株価が二二倍に上昇したと説明した。新技術革

図2-11 日経平均株価（1982～2003年）

命が台頭する過程で明らかに二つのバブルが生じ、二度目のバブル後は一九二九年後半から一九三二年にわたる、より大規模で長い下降期に突入しているのだ。

一九二二年前半の最初のバブル崩壊は二〇世紀最大の株と技術の買い時を生んだ。一九三二年半ばの暴落後も、ダウは一九三七年までの五年足らずで四・七倍に上昇し、中期的な絶好の買い時となった（図2－8参照）。次にようやく大規模な強気相場が始まったのは、ボブ・ホープ世代（ベビーブーマーの親世代）が支出の波のサイクルに突入した一九四二～六八年だったが、この強気相場はそれほどバブル的ではなかった。というのも、八〇年サイクル、つまり二世代ごとに台頭するまったく新しい技術が、このときには見られなかったからだ。同様に、一九七〇年および一九七三～七四年の下落もかなり強力だったが、急激というほどではなかった。

日本に起きたバブルの性格

大型バブルのもうひとつの例は、一九八九年後半に日本で起きたものだ（図2－11）。日本は一九六〇年代以降、主要国として頭角を現しつつあったが、その拠り所である新世代の支出の波のピークは、アメリカのベビーブームよりも二〇年ほど早く訪れている。

一九八〇年代後半、われわれは、一九九〇年代の日本の人口特性は好感できないし、日本は将来的に主要技術のリーダーとはならない、したがって同国は一九九〇年代の好況から瞬く間にとり残されるだろう、と予測した。日本政府は経済を人為的に操作して主要製造業を優遇し、企業の負債調達コストを引き下げて値上がり中の不動産への投資を促し、株価バブルとともに、近代史上例を見ない極端な不動産バブルもしくは土地バブルを生み出した。

こうした極端な行為にもかかわらず、日経平均株価は一九八二〜八九年の間に、一九二二〜二九年のダウとほぼ同じ六倍近くに上昇している。このバブルは、株価の伸びでは、アメリカの「狂乱の二〇年代」のバブルと非常によく似ていたが、同時に、ある世代の支出サイクルのピークを印し、長期的な弱気相場の始まりとなった。この弱気相場は二〇〇三年前半にようやく底を打った感がある。日本の支出の波は二〇〇三年ないし二〇〇四年まで下降線をたどった後、二〇〇八年ないし二〇〇九年にようやく上昇に転じ、二〇二〇年まで上昇し続けるだろう。

一九九〇年代を振り返ると、日経平均株価が一九八九年後半にバブルのピークに達した後、最初の大規模な下落が一九九二年四月まで二年四ヵ月続き、株価は六二%下がった。その後、一九九六年前半まで小規模な「B波」による高騰が続いた後、再び下落し、二〇〇三年の前半には最高値から八〇%も低い水準に落ち込んだ。日本の長引く弱気市場を下支えしたのは、一九九〇年代に世界の他の国々が好況に沸き、日本の強い輸出産業がその恩恵に与かったことだった。

次のエコーブーム世代（ベビーブーマーの子供の世代）は、前の世代よりはるかに人口が少なく、

図2-12　GSTIインターネット株指数（1996〜2002年）

また二〇〇九年頃からは世界経済が下降局面に入るため、次の強気市場は比較的大きな「B波」にとどまり、前にも述べたように最高値の更新は今後何十年も見られそうにない。

ここで注意すべき点は、日本のバブルがハイテク・バブルではなかったことだ。日本は世界の指導的国家ではなかったし、まったく新しい技術が急速に経済の中心になろうとしていたわけでもなく、単に旧来の技術やビジネスモデルを非常にうまく改良していたに過ぎなかった。

日本の株価バブルは、より大規模な土地バブルを梃子に生まれたものだ。そしてその土地バブルは、政府が企業に新たな生産能力への大規模投資を強いるために（小さな島国のインフラの中でも最も希少な資源、つまり土地を利用して）意図的に作り出したものだった。だからその後、地価と株価が暴落しても、グローバル産業における日本の競争力はおおむね健在だった。とはいえ、日本は新たな成長産業やまったく新しい技術の多くで、いまだに競争力を持たない。

インターネットがもたらす本当の意味

アメリカは新技術革命の先頭に立っている。この革命は一

図2-13 ナスダック指数（1990〜2002年）

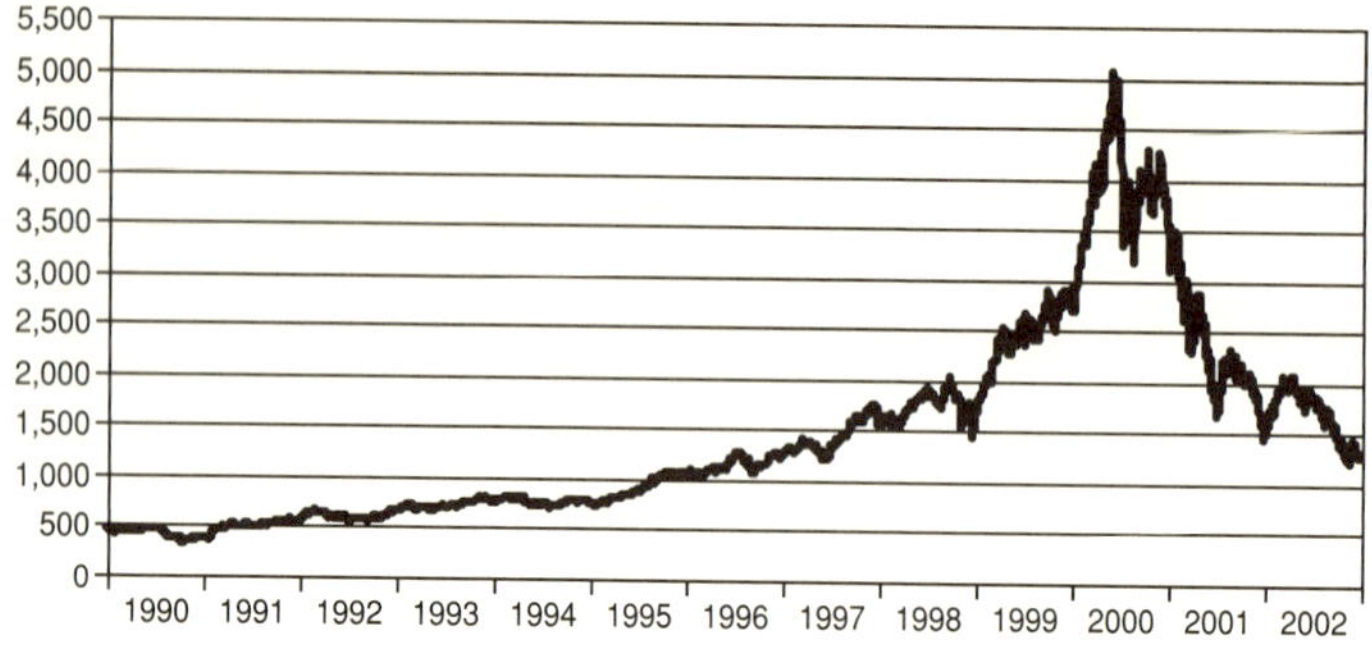

九九〇年代後半、アメリカに最新のバブル、すなわちインターネット・バブルとハイテク・バブルをもたらした（図2―12と図2―13に再掲）。

前述のように、二〇〇〇〜〇二年に起きた最近の株価バブルとその崩壊が、主としてハイテク分野を中心に起きたことを忘れてはならない。なかでも最も大きなバブルが生じたのは、言うまでもなくインターネット産業だった。インターネットの全米世帯への普及率は一九九六年前半に一〇％に達し、インターネット産業が新たな大型成長分野として台頭し始めた。真のバブルが生じたのは一九九八年後半から二〇〇〇年前半で、インターネット株指数はこの一年半でほぼ七倍に上昇している。この過激さは、どちらかといえば一七一九〜二〇年の南海会社バブルに近い（図2―5）。

インターネット株指数は最高値から九三％も暴落し、一九九六年以降の伸びはすべて帳消しになった。小型のドットコム株は姿を消すか、九九％近くも値下がりした。このことからも、バブルは程度の問題だということがわかる。このときは、かなり怪しげなビジネスモデルとほとんど期待できない業績にもとづいて、株価が劇的に吊り上げられた。株価の高騰とその後の暴落の規模から言って、それはチューリップ・バブルに似ていた。

　インターネットの普及率は、二〇〇三年時点で六三％に達しており、二〇〇六年ないし二〇〇七年には九〇％前後に達するはずだが、インターネット株指数が高値を更新することはないだろう。一方、より広範な革命を推進する技術は、半導体チップとソフトウェアだ。インターネットのおかげで、コンピュータと通信機器とコンテンツは大いに梃子入れされた。インターネットは、ニュー・エコノミーの共通インフラとしては最も重要な要素なのだ。

　しかし、過去のこうしたインフラの例に漏れず、インターネット自体は収益性の高い製品でもインフラでもない。だからこそ、こうした新しいインフラに資金を調達するために、バブルが必要なのだ。前述のように、暴落によって前回の強気市場による株価の伸びがすべて帳消しになってしまった場合、一九二九～三二年のダウや自動車株指数、あるいは一七二〇～二二年の南海会社株暴落と同様、相場はその後長期にわたって最高値を更新しない可能性が高い。一方で、eベイやシスコなど、生き延びた少数の有効なビジネスモデルは、次のブームで高値を大幅に更新する公算が大きい。

　ここで、図2－13に示した一九九〇年代後半のナスダック・バブルをより詳細に見てみよう。バブルは一九九五年に始まり、一九九八年後半から二〇〇〇年前半まで飛躍的に上昇している。ナスダック指数は一九九五年初めから二〇〇〇年前半までに六・七倍に、一九九八年後半から二〇〇〇年前半までに三・七倍に上昇している。これは「狂乱の二〇年代」におけるダウの上昇や、一九八〇年代の日経平均株価の上昇より大幅だが、インターネット・バブルや南海会社バブル、チューリップ・バブルほどの極端なバブルではなかった。

　その後の暴落で、ナスダック指数は七八％下落したが、一九九六年の水準に戻っただけだ。一九九九

図2-14 ナスダック・チャネル（1974〜2009年）

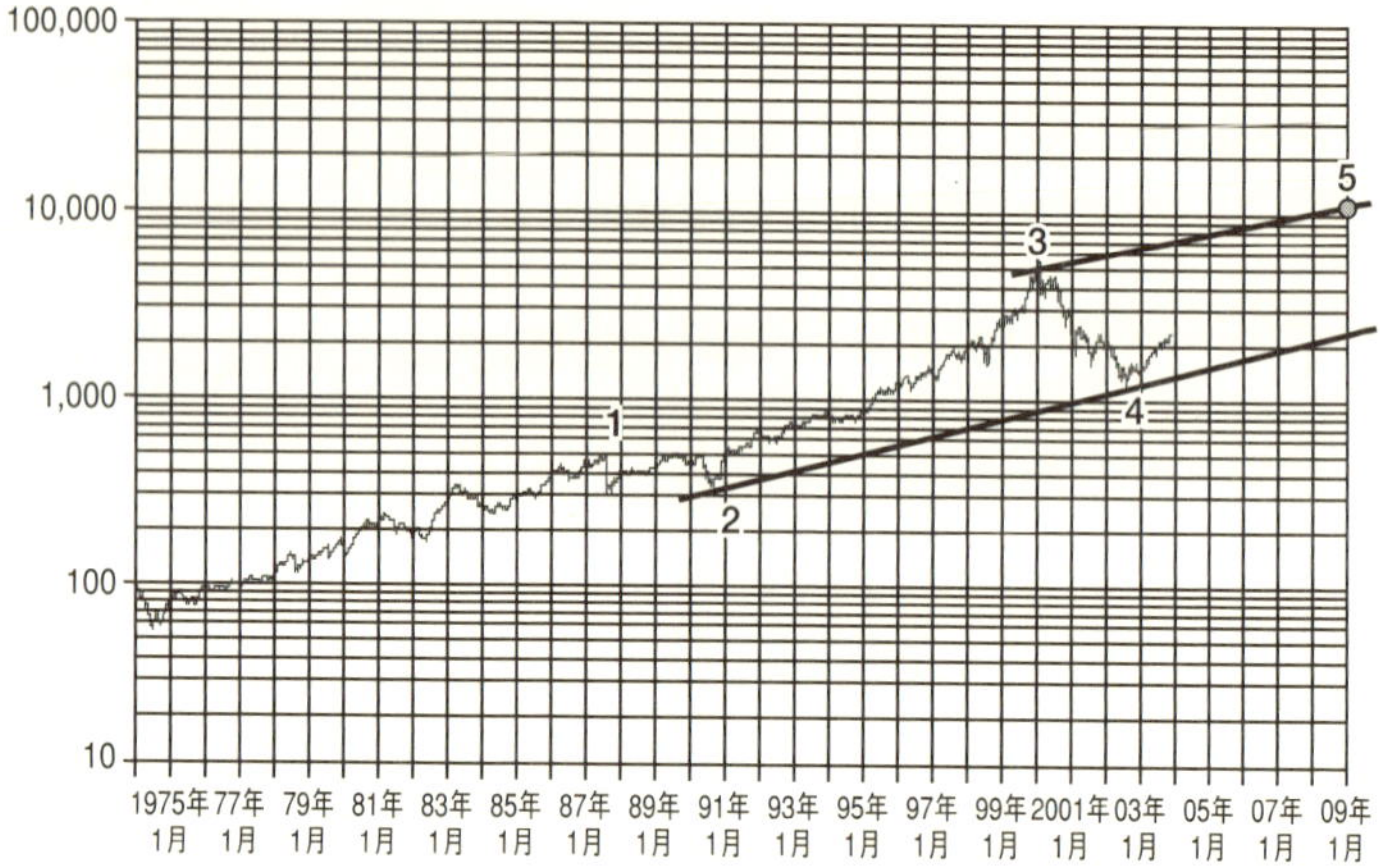

〇年代後半に始まった前回の上昇波における株価の伸びがすべて帳消しになったわけではないし、一九八七年にピークに達した最初の上昇波における利益が吹き飛んだわけでもなかった。つまり、この強気相場には明らかにもう一度、上昇波が訪れる可能性があるのだ。

対数チャートを見れば、この強気相場全体を通じてのナスダック指数の推移がもっとよくわかる（図2－14）。対数チャートは、指数関数的なトレンドを直線に変換するものだ。長期的には、どんなに大幅なパーセンテージの上昇も、すべて一本の指数関数的トレンドに集約される。したがって、有能なテクニカル・アナリストなら誰でも、対数グラフを用いて長期的なトレンドをバランスよく見る。一方、「世界の崩壊」を予言するアナリストの多くは、線形チャートを用いてバブルの極端さを示し、人々を脅して弱気のシナリオを信じ込ませようとする。

最後の大相場を予測する

テクニカル分析において最近、最も注目を集めているのが、ロバート・プレクターの現代的解釈による「エリオット波動」（www.elliotwave.com）である。

おさらいになるが、この理論によると、強気相場の多くは三つの大きな上昇波を経てピークに達する。最初の上昇波に続いて、調整波が訪れ、三番目にまた上昇波が訪れるが、通常これが最も長く力強い波となる。そして四番目にまた調整波が訪れ、五番目に最後の上昇波が来て、より長期的なピークに至る。

このチャートを見ると、ナスダック指数の最初の上昇波は一九八七年に、三番目の上昇波は二〇〇〇年前半に訪れていることがはっきりとわかる。テクニカル要因だけにもとづいてこのチャートを見れば、ダウやS&P五〇〇のような広範な株価指標と同様、ナスダック指数にも五番目の大きな波が来ると仮定できるだろう。ナスダックの四番目の調整波は、最初の波の値上がり分を帳消しにはしていない。もしそうだったら、すでにピークに達したことになるだろう。四番目の調整波は、最も長く力強い三番目の上昇波の後に訪れるだけに、最も急激な調整となることが予想されるのだ。

第1章の図1－18で示したナスダック指数のチャートでは、一九七四年以降のすべての高値を結ぶトレンド・ラインから、二〇〇八年後半までに最高二万ポイントになるとの目標値が得られた。

最高値の目標値を予測する方法はほかにもある。ここではそれを検討してみよう。最後の第五波の目標値を予測する最も良い方法のひとつとして、第二波と第四波の最安値を結ぶ底値のトレンド・ラインを引き、第三波の最高値からこれと並行する直線を未来に向かって引くやり方がある。

このチャネルからは、新技術の飽和とベビーブーム世代の支出のピーク到達によって今回の強気相場が終わるであろう二〇〇八年後半（プラスマイナス一年）頃には、ナスダックが約一万三〇〇〇ポイントに達すると予測される。そうなれば、「狂乱の二〇年代」に自動車株指数が一二倍に上昇したように、ナスダック指数も二〇〇二年一〇月八日の最安値一一〇八ポイントから一二倍に上昇することになる。

ナスダックがそれほど高くなるとは限らないし、逆に、図2－18で示すように、もっと高い二万ポイントの目標値に達する可能性もあるが、二〇〇八年後半までにナスダックが一万三〇〇〇ポイントをつければ、年平均収益率は三九％になる。仮にその半分しか上がらなくても、二〇〇〇～二〇〇二年の調整でひどい屈辱を味わった投資家の多くは有頂天になるだろう。

ダウについても、やはり同じやり方で予測ができる。しかも、この強気相場ではダウの方が秩序だった上昇と調整を見せているので、予測の信頼性も高い。一九九七年以降、われわれは相場全般の主要評価ツールとしてダウ・チャネル（図2－15）を作成し、二〇〇八年後半頃の最高値の目標値を大まかに予測してきた。第一波や第三波の高値など、一連の高値や安値を結んで平行線を何本も引けることから、このチャネルでは大方のツールよりもはるかに優れた予測を立てることができた。二〇〇〇年前半の相場のピークについても、一九八七年以降初めて株価が最高値トレンド・ラインに達したことで、大まかな時期を正確に予測することができた。

このチャネルによると、ダウは二〇〇八年後半までに約三万五〇〇〇ドルに達し、二〇〇九年後半までには四万ドルに達すると予測された。

ところが二〇〇二年七月、このチャネルがわずかに破られた。まず、二〇〇一年九月後半に約八〇〇〇ドルできわめて強い買いシグナルを出した（この価格でもまだ買い時だった）。その後、二〇〇二年一〇月には、一九九八年後半の調整時の強力な下値支持など他の様々なテクニカル指標にもとづ

図2-15　ダウ・チャネル(1982〜2010年)

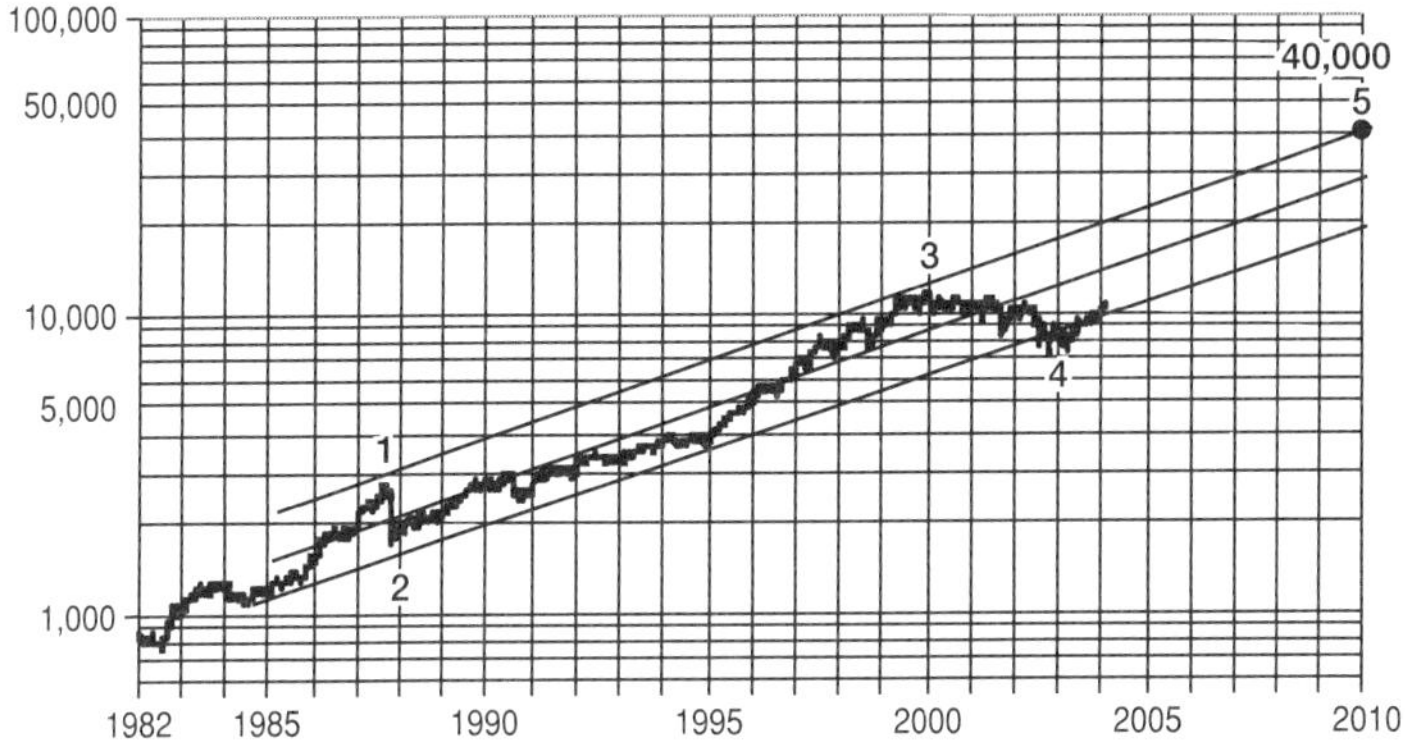

き、七四〇〇ドル前後を目標にそれまでで最も強い買いシグナルを出した。

チャネルの上限や下限がわずかに破られることはあっても、チャネルの有効性に変わりはない。実際、高値を結んだトレンド・ラインを引くだけでも、最終的な最高目標値のよい目安となる。このやり方でも、二〇〇八年後半までの目標値として三万五〇〇〇ドルはやはり有効だ。第四波の最安値がチャネルの下限を下回ると、第五波の最高値もチャネルの上限を同程度上回ることが多い。最も信頼できる優れたチャネルは、図2―15のダウ・チャネルのように、第一波と第三波の高値を結ぶ線と、第二波と第四波の安値を結ぶ線でできたものだが、これは一般的ではない。

二〇〇二年七月に安値トレンド・ラインが一時的に破られた後、このチャネルの精度が保たれなかった場合のために、われわれは代替チャネルを作成しておいた。幸い、こちらもほぼ同じくらい高い目標値を示している。図2―16のチャネルは、より一般的なやり方で作成したもので、図2―14のナスダック指数のチャートで行ったように、第二波と第四波の底値を結んだトレンド・ラインと平行して、

図2-16 修正ダウ・チャネル（1974～2010年）

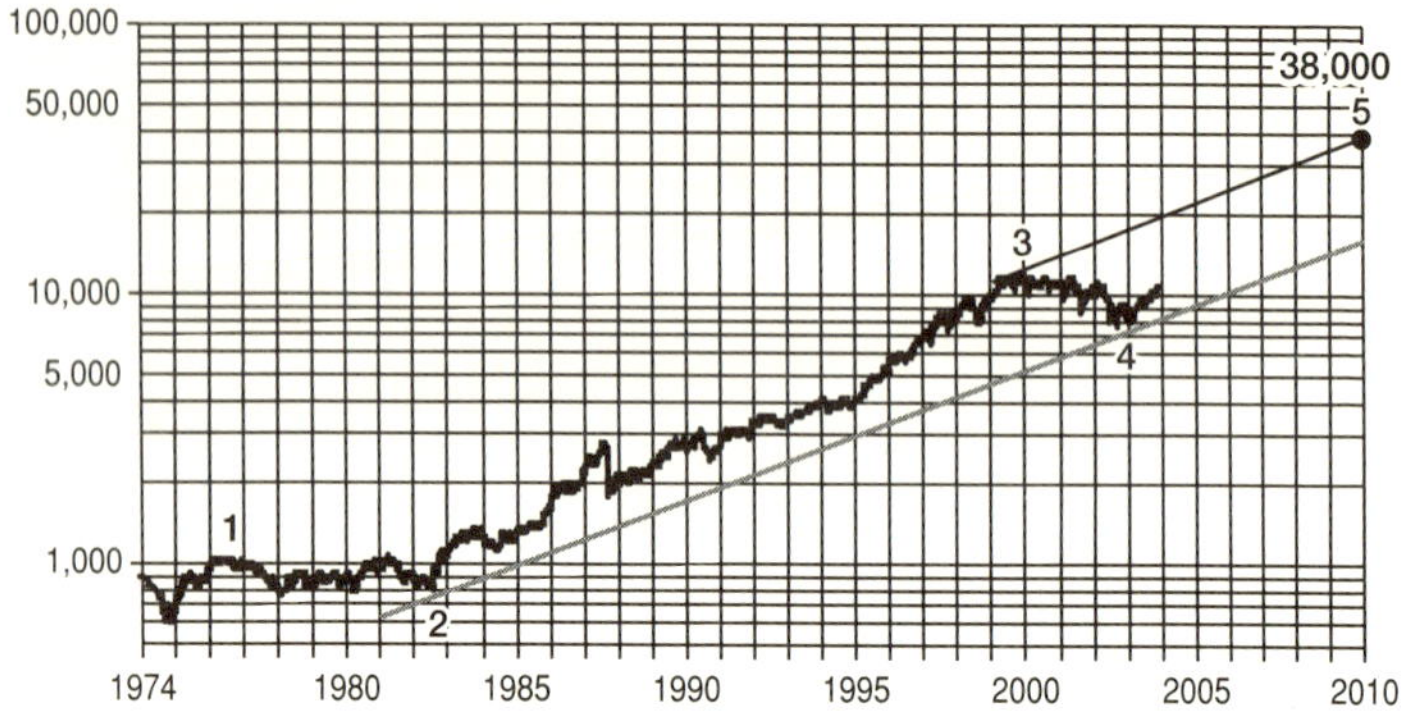

第三波の最高値から未来に向かってラインを引いたものだ。

このチャートによると、ダウは二〇〇八年後半には約三万四〇〇〇ドル、二〇〇九年後半には約三万八〇〇〇ドルになると予測され、元のダウ・チャネルと非常に近い値となっている。いずれのダウ・チャネルでも、二〇〇二年後半の底値から平均年率約二四％の伸びが予想される。この場合の潜在的な収益率は、一九九〇年代の強気相場の初め（一九九〇年後半）に買いを入れ、二〇〇〇年一月の最高値まで保有した場合より高い。

だからこそわれわれは、一九八〇年代前半に始まったこの史上空前の強気相場の最後の波においては、単に最高値が小幅に更新されるのではなく、ナスダックもダウもかなり強力な上昇を示し、結果的にアメリカ史上最良の二〇年間（あるいは、むしろ三〇年間）となると考えるのだ。

一七〇〇年代以降の株価を「エリオット波動」で分析した図2－17（本章前半の図2－6の再掲）を見ると、一七二〇年の南海会社バブル崩壊後、六九年間続いた調整期の後に始まった超長期の強気相場の最終段階にわれわれがいることがよくわかる。第一波のピークは一八三二年、第三波のピーク

図2-17　**超長期的サイクル（1700〜2010年）**

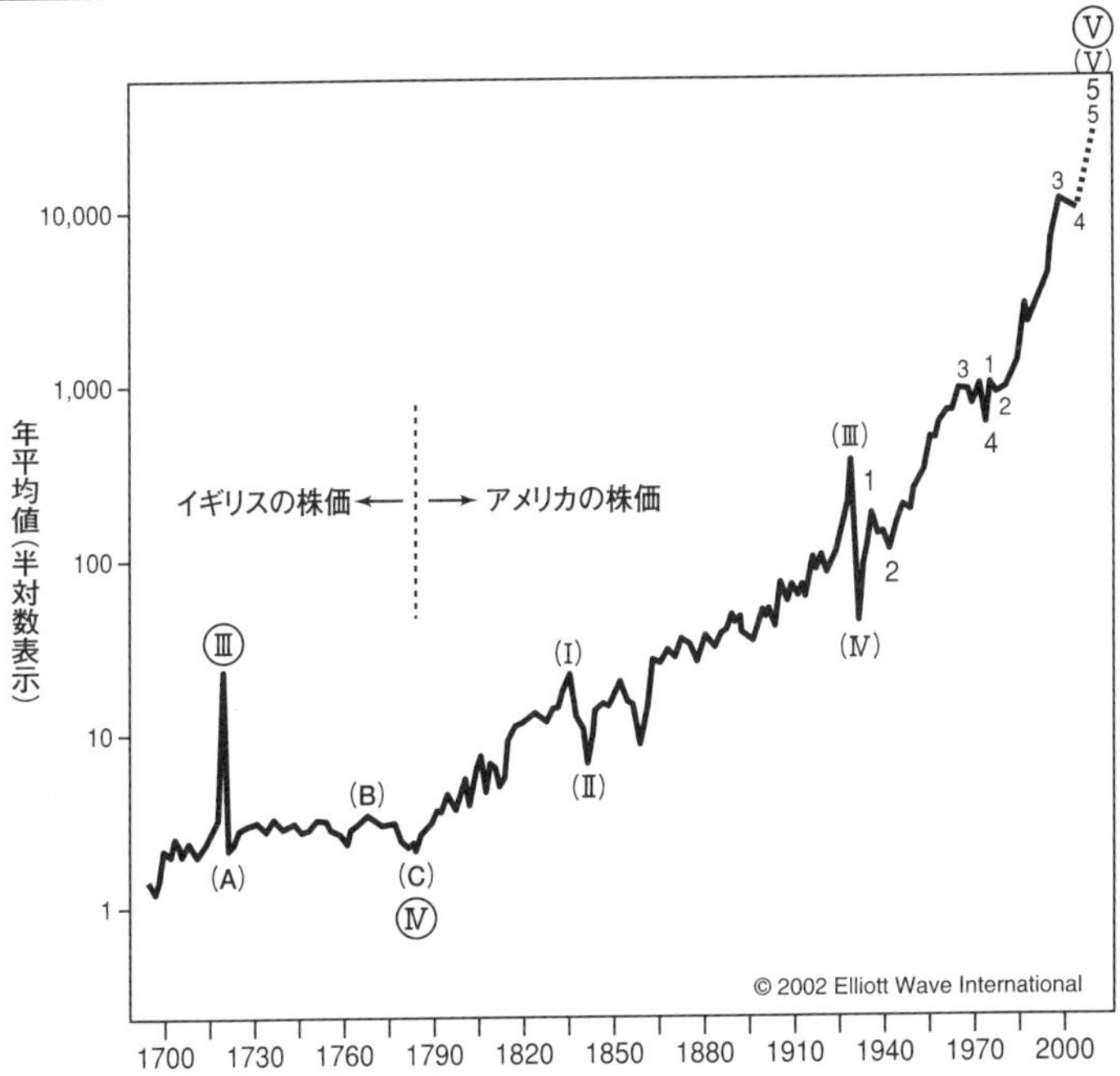

出典：ロバート・プレクター『暴落に勝つ（*Conquer the Crash*）』33ページ

は一九二九年だった。ナスダックのチャート（図2－14）を見ても、ダウのチャート（図2－15）を見ても、われわれは一九三二年に始まった大きな第五波の中の五番目の波、つまり最後の波を迎えようとしているように見える。

実は、図2－16に示したように、ダウについてはこれとは別に、より有効と思われる波の数え方がある。これでいくと、最初一九七四年後半から一九七六年半ばまで短い上昇波があり、続いて一九八二年後半まで二番目の長い横ばいの調整波があった。そして、一九八二年後半から二〇〇〇年前半に三番目の巨大な上昇波が訪れ、二〇〇二年後半に四番目の急激な調整波が訪れた。最後の力強い五番目の波は、これから訪れると見られる。

だが、何よりも重要な点は、この超長期の強気相場が始まった一七八〇年以降（図2―17）、波が来るたびにより大きく長期的なバブルへと加速するトレンドがあることだ。指数関数的トレンドを直線トレンドに置き換える線形グラフにおいてさえその傾向は見られ、どの大きな波も、また五番目の大きな波の中のどの小さな波も、指数関数的にどんどん大型化している。

このように加速してきた長期的な大型バブルの最後の波が、劇的なものにならないはずはない。一八三二年の第一波が最後にピークに達したときも劇的だった。一九二九年に第三波が最後の上昇を示したときは、さらに劇的だった。

一九三二年以降のこの大きな第五波は、すでにそれまでの波より急激な上昇を示しているから、最低でも「狂乱の二〇年代」並みの大きなバブルが到来する――そしておそらく、この大きな第五波の最後の波が訪れる頃には、バブルはさらに大きくなっている――と確信せずにいられない。したがって、ベビーブーム世代による史上最大の支出の波の最終段階におけるシナリオとして最も可能性が高いのは、一大バブルの到来だとわれわれは感じている。

さらに極端な最高値の目標値を挙げるとすれば、どの程度になるだろうか？　ダウは二〇〇二年に元のチャネル（図2―15）の下限を下回ったことから、二〇〇八年後半までに上限も破り、四万ドルに達する可能性がある。強気相場は二〇〇九年まで続く可能性が非常に高く、そうなればダウは四万ドル以上に上昇する可能性もある。

だが、前にも述べたとおり、本当に極端なバブルが起きるのはナスダックだろう。図2―18（第1

図2-18　ナスダック指数（1971～2009年）

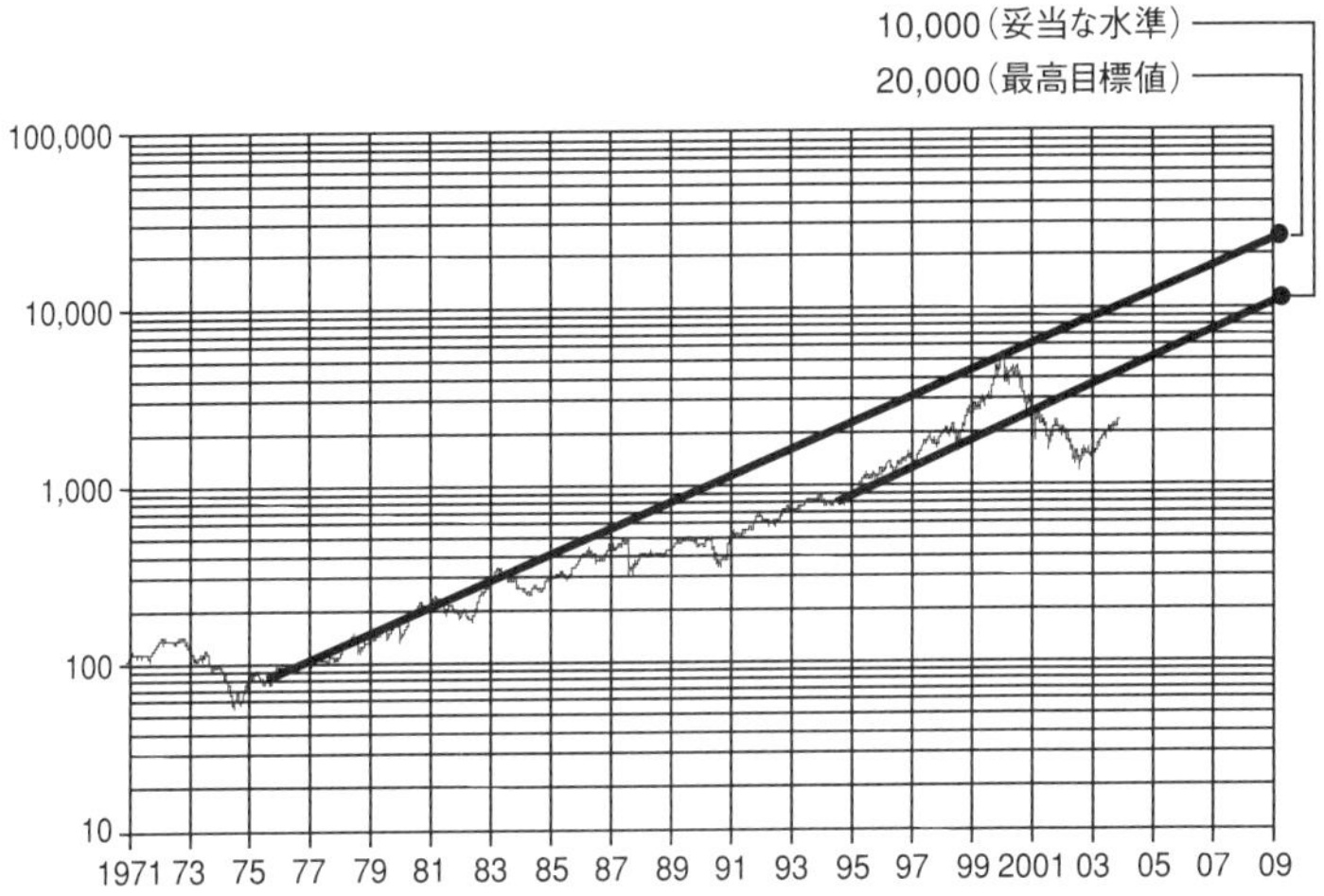

章の図1－18を再掲）に、ナスダックの強気相場が明確に始まった一九七四年以降の、同市場の高値を結んだトレンド・ラインを引いた。このトレンド・ラインは、ナスダックが二〇〇八年後半までに約二万ポイントに伸び、強気相場が二〇〇九年まで続けばそれ以上に伸びることを示している。そうなれば実に驚異的なことで、株価は二〇〇二年一〇月の底値から一八倍に上昇し、平均年率四七％の伸びを示すことになる。われわれとしては、最高値の目標値としては、やはり一万三〇〇〇ポイント程度が妥当だと見ている。

あれほどのバブル崩壊を目の当たりにした直後に、そんなことになるなど信じられるだろうか？　だが実は、株価が急伸して欲に再び火がつけば、多くの人は厳しい教訓もすぐ忘れてしまうものだ。あれほどの暴落後であっても、ハイテク分野が高成長と株式市場全体を上回る株価上昇率をとり戻せば（われわれのファンダメンタルズ指標はそうなることを強く示している）、投資家たちは、今はニュー・エコノミーの時代で、景気は無限に上昇し、技術のおかげで今後も高い成長率と生産性の伸びが続くと思い込む可能性すらある。

そうしたバブルが最も集中して見られるのは、情報革命の次の一大研究分野になると見られるブロードバンド技術とバイオテクノロジーだろう。これが最も可能性の高いシナリオではないかもしれないが、われわれはその可能性を除外しないし、実際にそうなる可能性もあると見ている。

前世紀には、様々な新興成長分野において、多くの短期的バブルと強力な調整が起こり、その後に強気相場が訪れた。まず、一九一五〜一九年と、一九二五〜二九年に自動車バブルが起き、一九一九〜二二年と一九三〇〜三二年に、それが崩壊したことはすでに述べたとおりだ。

航空会社株は一九四五〜四八年に六二％、一九九〇〜九四年に六三％暴落したが、その後は長期的な弱気相場もなく高騰を続け、二〇〇〇年のピーク時まで最高値を何度も大きく更新している。映画産業も七七％暴落したが長期的な弱気相場には入らず、その後は一九七〇年代の弱気相場の後半を通じてさえ高騰を続けている。現在、好調の続いている住宅建設株も、一九八〇年代前半に五八％、一九九〇年代前半には六二％の調整に見舞われた。香港市場は一九七四年以降ずっと力強い高騰を続けているが、六〇％を超える大幅な調整を二度経験した。そのうち、最近の調整は一九九七年後半から一九九八年に起こっている。

要するに、強気相場の最中でさえ、強力な高騰の後には強力な調整が行われるのが普通なのである。ハイリスクなくしてハイリターンは得られない。この単純な法則を忘れた投資家は、バブルのピーク直前に飛び込み、底値近くで逃げ出し、再び投資に踏み出す勇気を何年もとり戻せなくなる。せっかくの大相場なのに、これでは損をするか、ほんのわずかな利益しか得ることができない。

なぜバブル市場なのか？

ここで、この史上空前のブームがバブルによって特徴づけられ、再び目の前にバブルが迫っている理由をおさらいしよう。一九八五～八七年は、実は今回のブームの最初のバブル期で、その後にはアメリカ史上最も急激な短期的調整が行われている。

実は、その八〇年前の一九〇七年にも同様のピークがあり、その後に暴落が起こっている。一九八〇年代のバブル後には、二〇〇〇年代前半までハイテク株中心のバブルが続いたが、その八〇年前にも、やはり一九一九年後半までバブルが起きている。二〇〇〇～〇二年の調整は、今回のブームの主要分野に起きた調整よりも大型で、一九二二年前半の自動車株暴落にほぼ匹敵する期間続いた。

一九二九～三二年、一九七三～七四年、そして一九九〇～九二年（日本）の暴落時と違って、二〇〇八～〇九年までは、人口特性にもとづく支出サイクルと技術サイクルが依然としてかなり力強く上向いている。また、これらの株価暴落時には景気も大幅に悪化したが、今回は、二〇〇〇年後半から二〇〇一年前半にちょっとした景気後退があっただけだ。しかも、その景気後退も大部分は企業の設備投資の大幅削減によるもので、消費の落ち込みによるものではなく、住宅販売は記録的な伸びを示し続けた。

景気はその後回復し、二〇〇三年には再び加速し始めている。つまり、目前に迫った次の強力なバブル、つまり三つ目の上昇波（第五波）によって、このブームの典型的な「エリオット波動」のパターンが完成するのである。前述したように、実際、この史上空前の強気相場では大きな上昇波がいずれもバブル化し、どのバブルもその直前のバブルより急激に膨らんでいる。

最初のバブルは一九八五～八七年に加速し、第二のバブルは一九九五～二〇〇〇年前半に加速した。そして、二〇〇九年後半ないし二〇一〇年前半までの第三の、そして最後のバブルは、直近の二つのバブルよりもさらに大きなものになると、われわれは明確に予測している。この最後のバブルに続く暴落は、さらに急激で長期的なものとなり、規模的には大恐慌に、持続期間では日本の弱気相場に迫るだろう。

次の長期的な弱気相場は、二〇〇九年後半ないし二〇一〇年前半に始まって二〇二二年まで続き、ダウは七〇～八〇%以上、ナスダックは九〇%以上下落するとわれわれは見ている。いずれの市場も、少なくとも二〇〇二年後半の底値まで戻るだろう。このブームが強い「バブル的」性質を持つ本当の理由は、以下のとおりである。

① 八〇年サイクルで見ると、今はS字曲線の加速とともに成長してきた新技術が一気に主流化し、新興の技術や産業において急成長と熾烈な首位争いが起きる「成長ブーム」の段階である。一九〇二～二九年のようなブームは、必ずそれまでのブームより劇的なものとなり、サイクルの進展に伴ってバブルの加速と暴落が起きる。一九一五～一九年には明らかなハイテク・バブルが生じ、一九二二年前半まで激しい暴落が続いた後、一九二五～二九年にさらに大きなバブルが生じた。一九〇七年と一九一四年（第一次世界大戦の始まった年）にも、より強力なピークと暴落が見られた。

こうしたピークとその後の暴落は、どれも八〇年後の一九八七年、一九九三～九四年、二〇〇〇～〇二年に起きたものと酷似している。つまり、今回のブームは一九〇二～二九年の「成長ブーム」と非常によく似ているのだ。一九四二〜六八年のような「成熟ブーム」はもっと秩序正しく、ピークも暴落もこれほど劇的ではない。

② アメリカその他の国々のベビーブーム世代の人口の多さは、技術革新トレンドを拡大し、印刷機の発明以来初の、真の情報革命をもたらし、今回のブームをより強力なものにしてきた。その結果、バブル傾向の強いこの「成長ブーム」においては、ＰＥＲも負債水準もバブルも、すべて膨れ上がっている。

③ 株式委託手数料の値下がりと４０１ｋプランの登場により、株式投資が歴史上初めて主流のトレンドとなった。図2−19は、全米世帯における株式投資の普及のS字曲線だが、これを見ると株式投資の普及率は一九八〇年以降、急速に伸びている。つまり、数多くの経験の浅い投資家が新たに市場に参入したことで、明らかにバブルの形成が助長され、大衆の株式投資熱が高まったのだ。

今後二〇〇九年までには、さらに多くの世帯が新たに株式市場に参入し、アメリカ史においても現代史においても最大となるであろう次のバブルに拍車をかけるだろう。史上最悪のバブルが起きたのは、投資が新しい現象で、投資家の大半が経験不足だった一六〇〇年代および一七〇〇年代だったことを忘れてはいけない。

④ 図2−17で示したように、われわれは今、一七八〇年前後に始まった超長期の強気相場の最後の波を迎えようとしているようだ。株式市場拡大の波は毎回、指数関数的に大きくなっているので、この最後の波が史上最大規模になるのは間違いないだろう。バブルを避けることはまず不可能である。

図2-19 一般大衆による株式投資のS字曲線（1990～2009年）

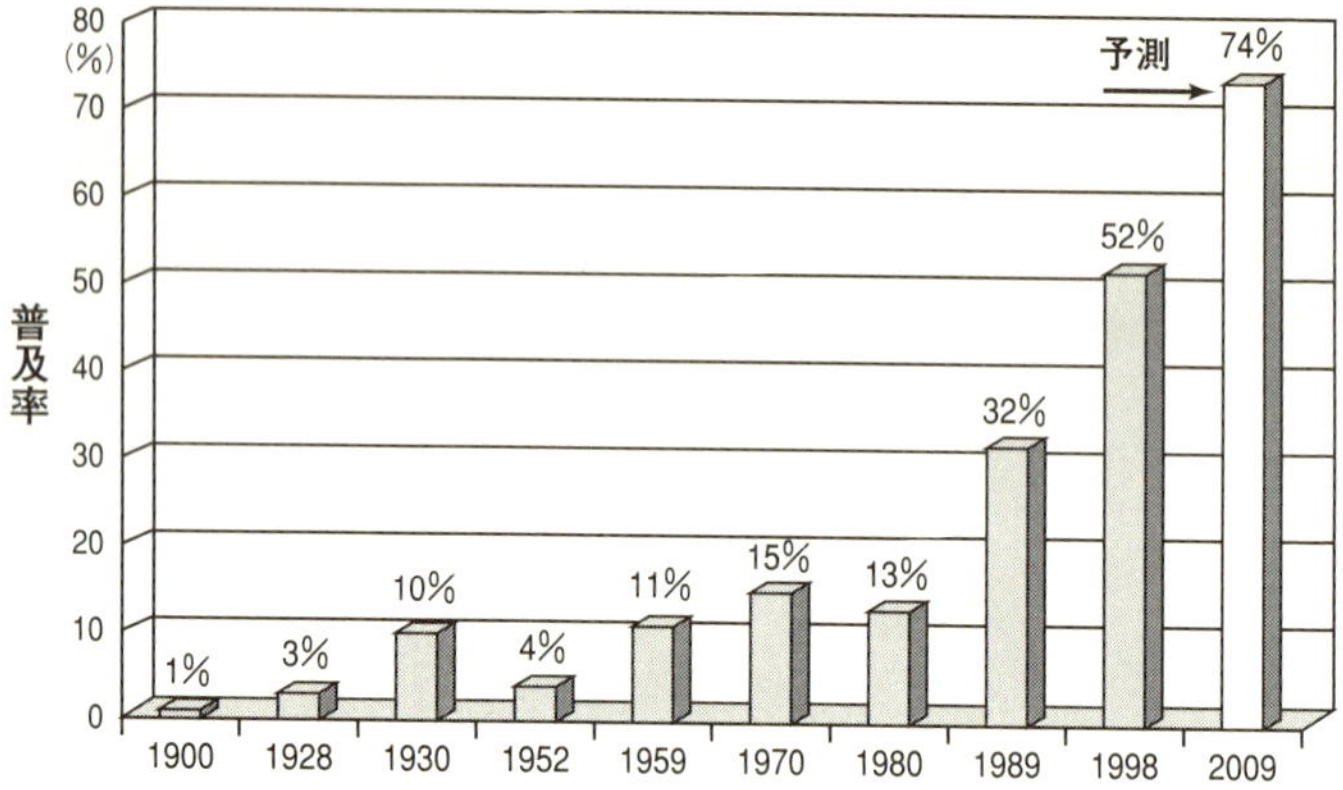

出典：セオドア・キャプロー、ルイス・ヒックス、ベン・J・ワッテンバーグ著
『計測された最初の世紀（*The First Measured Century*）』252～253ページ

バブルに火をつけるのは、一九九〇年代後半のｅトレーダーのように比較的若くて経験が浅く、株価の適切な評価方法をよく知らない投資家たちだ。だが急成長中のこうした投資家層が大きな投資収益をあげるようになると、機関投資家や投資信託のファンド・マネジャーだけでなく、事実上、すべての投資家が参加を余儀なくされる。そうしないと、運用成績で大きく差をつけられるからだ。すべての投資家が参入し、それ以上買い続ける人がいなくなったとき、ようやくバブルは終わる。

ここで一番大切なことは、もう明らかだろう。一九九〇年代に生じたのと同じトレンドが、二〇〇八年ないし二〇〇九年まで続くことを、われわれのファンダメンタルズ指標ははっきりと予測している。ベビーブーム世代の支出の波は、二〇〇九年まで依然として力強く上向いている。主要技術のS字曲線もやはり、二〇〇八年までしっかりと上向いている。また、今後二〇一九年までは、新たな投資家が株式市場に参入し続けるだろう。インフレ率は第6章で述べるように低い水準にとどまるだろう。つまり、本章で前述した五つの基本条件はすべて、今後二〇〇九年まで十分有効と見られるのだ。さらに、テクニカル・チャートからも、力強い最後の第五波が目前に迫っていることがうかがえる。だが、何と言っても最も確実な指標は、信頼できる専門家や予測者が誰一人、今後数年間に強気相場が来るとは見ていないことかもしれない。

これまでのバブルよりも大きなバブルが到来する確率はかなり高い。歴史上、最も意外性の高い強気相場と、その後の、二〇〇〇～〇二年のハイテク株暴落も色あせるほどの暴落に、今すぐ備えよう。

バブル・ブームの良い点は潜在的な収益率が高くなることだ。しかし、一九八七年および二〇〇〇～〇二年がそうだったように、暴落で痛い目にあう可能性もある。これまで以上に変動が激しく予測のつかないバブル・ブームと、その後確実に訪れる未曾有の大暴落を通じて投資リスクを減らすには、どうすればよいのだろうか？

第3章では、株式市場に繰り返し見られる、いくつかのきわめて強力なサイクルを考察する。人口特性モデルや技術モデルを抜きにしても、今後数年間、株価が一定の、あるいは強力な伸びを示すことを、これらのサイクルが示している。また、これらのサイクルは、今後の過激なブームと暴落において大きな利益や損失が見込まれる時期を示してくれるため、リスクの緩和に役立つ可能性もある。

第3章では、これまでで最も総合的な景気と株式市場の予測を示すとともに、一〇年ごとにわずかに手を加えるだけで済むような、これまでで最も単純な長期の株式投資モデルを紹介する。

第3章

サイクルに乗じてリスクを減らす

最も包括的な予測と最も単純な投資モデル

株式投資に適した「季節」

一九八二年後半に始まった今回の強気相場において、史上空前の投資収益率が実現する一方で、ボラティリティ（変動率）とリスクが増していることは今や明らかである。われわれが強調する「ハイリスクなくしてハイリターンなし」の原則から言えば、これは当然のことだ。

とはいえ、リスクを軽減するための体系的な科学的手法は存在する。第7章で紹介する分散投資もそのひとつだが、本章では、株価の上昇と下落にかかわらずリスクの軽減に役立つサイクルについて、いくつか検討しよう。

ただし、これらのサイクルを利用するには、体系的に従うことと、人間的な感情を抜きにして考えることが必要である。なぜなら、これらはどの年やサイクルにも同じように当てはまるわけではないものの、長期的には必ず当てはまるからだ。われわれは過去の著書やニュースレターにおいて、数多くの反復サイクルの存在を訴えてきた。こうしたサイクルの土台となるのは、政治や税金、人間心理など、それ自体、一貫したパターンを長期で繰り返し、効果的な投資戦略の根拠となり得るものである。

振り返ってみれば、投資市場には長期のサイクルだけでなく、四季の変化にも似た季節のサイクルがあることに気づく。これらのサイクルには、実用に適した一年周期や八〇年周期のものから、数千年周期のものまで様々なものがある。ここではまず短期のサイクルから考察し、徐々に長期のパターンへと話を進めていこう。

これらのサイクルは、株価が好調なときに投資し、最悪の時期に手を引くための唯一最良の手段で

図3-1　1年周期の株価サイクル（1950〜2000年）

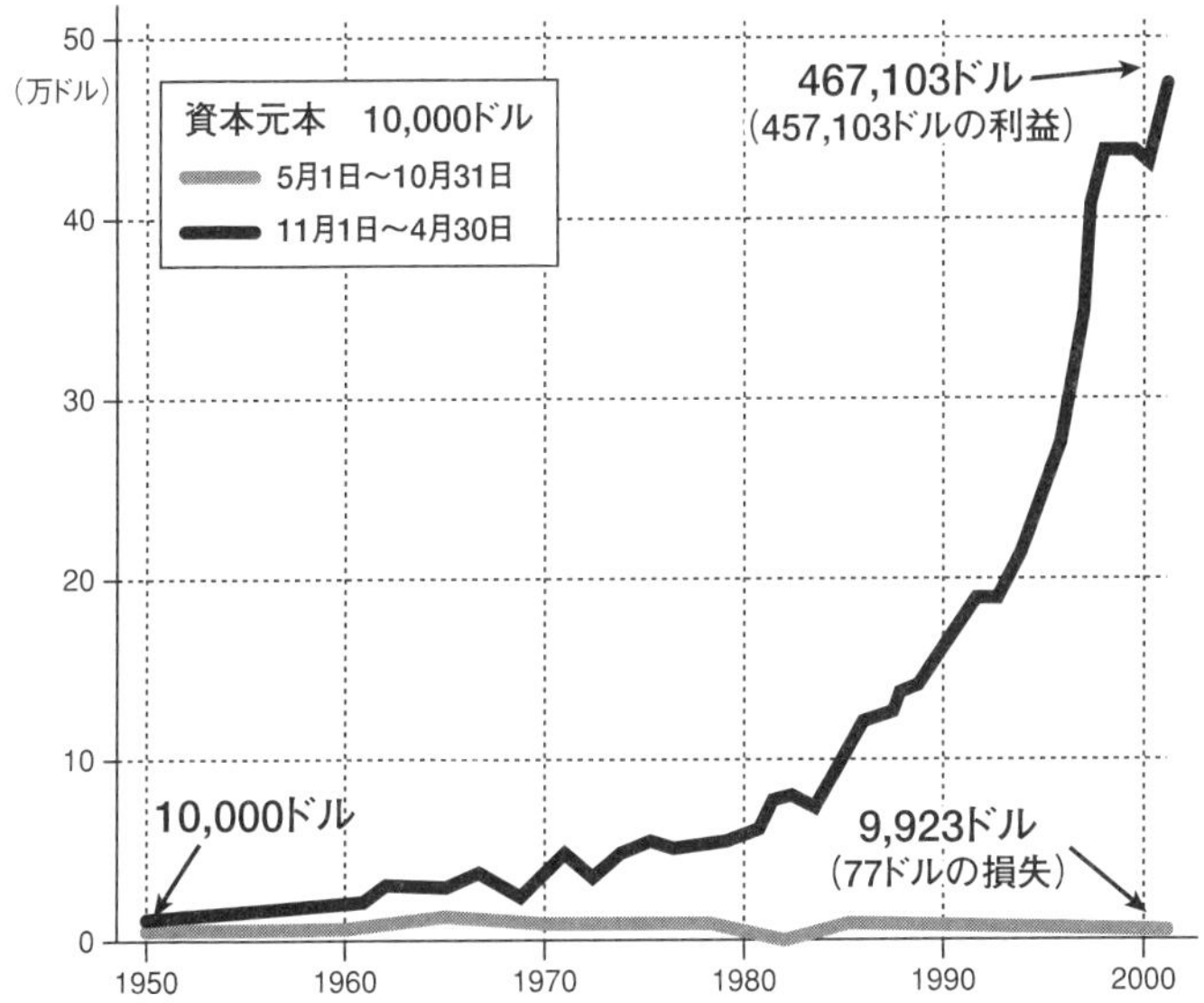

出典：「バロンズ」2002年9月16日号、19ページ、ハーシュ・オーガナイゼーション

あり、これを使えば、ころころと変わるウォール街のアナリストたちの意見に耳を傾ける必要もない。こうした専門家の多くは、市場心理や相場の大きな変化を予測できたためしがないのだ。だが、これらのサイクルを使えば、弱気相場が比較的長く続いても、最もよいタイミングで株を買うことができる。

図３－１は、『株式トレーダー年鑑（*Stock Traders Almanac*）』の著者であるエール・ハーシュが、一九五〇年以降の各年の株価サイクルを単純なやり方で分析した結果だ。これを見ると、各年の株式相場の純増分は、平均して一一月から四月までの六ヵ月間に生み出されていることがわかる。一方、調整の起こりがちな五月から一〇月にしか株を買わなかった場合、利益はまったく得られない。

なぜ株式投資に適した季節があるのだ

ろうか？　九月から一〇月にかけては、課税回避を目的に株が売られるので（値下がり銘柄を売って、値上がり銘柄による利益を相殺するのだ）、株価に下落圧力がかかる。その後、四月までは年末賞与、配当、税金還付などで投資家の購買力が高まり、株が買い戻される。

毎年必ずそうなるわけではないが、反復するバイアスがあることは確かだ。一九九九年のように五～一〇月に株価が上がった年も何度かある。だが一九五〇年以降、五～一〇月に株価が下がった年が二一回なのに対し、一一～四月に下がった年は一二回しかない。だから、何度も言うように、毎年このサイクルのおかげで得ができるわけではなくても、長期的に見れば説得力があるのだ。

図3－1を見ればわかるように、一九五〇年に一万ドルの元本で投資を始め、毎年一一～四月にだけ投資したとすると、二〇〇二年四月には四六万七一〇三ドルに増えていたはずだ。一方、五月から一〇月にだけ投資していたら九九二三ドルに減り、わずかながら損をしていたはずだ。この毎年の季節のサイクルからうかがえることは、二〇〇二年一一月一日までに本格的な株式投資を再開すべきだったということ、そして、まだ警戒心が解けず株式投資再開を見合わせている人も、二〇〇四年一一月一日までには本格的に投資した方がよいということだ。

一九二九年と一九八七年の有名な暴落のせいで、一〇月は一年のうちで株の購入に最も適さないと思っている人が多い。一九九〇年と一九九八年に相場が大底を打ったのも一〇月だった。

だが実は、図3－2に示すように、さらに遡って一八九六年以降の毎月の収益率を平均してみると、最悪の月は九月である。企業の管理職が夏休みから戻ってくる九月は、課税回避目的の株式売却が本格的に始まる月だ。一〇月が不調だった年の多くは、九月以前に始まった株価下落の余波でそうなったのであり、一〇月の大底からの急激な値上がりによって、下落分をとり戻している。他に調整の起

図3-2　1896年以降の各月の好不調

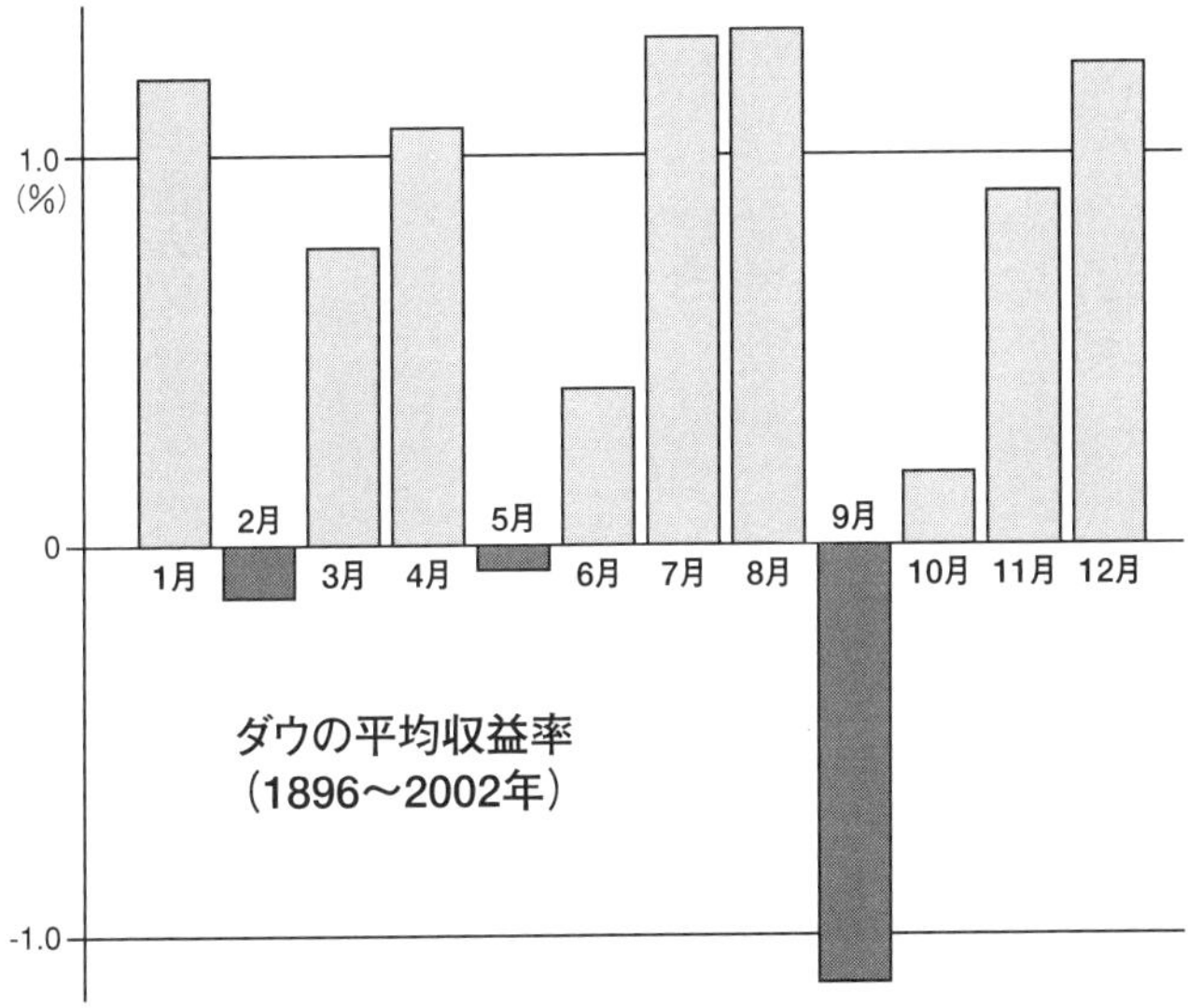

出典：「フォーチュン」2002年9月30日号、186ページ

こりがちな月としては、二月（課税回避売り後の買い戻しで一月に株価が急上昇するため）と五月（六月からの不調期と夏期休暇の始まり）がある。

図3－2を見ればわかるように、平均して一一～四月は、二月を例外として株価の好調な月が続く。これもまた、この時期が株式投資に適しているもうひとつの理由である。五～一〇月は五、六月の調整後に相場が下がる傾向にあるものの、七、八月には夏場の反発もよく見られる。

このサイクルは、これから紹介する他のサイクルほど一貫性がなく、通常、税金（長期投資ならではの課税繰り延べができなくなり、通常の所得税率で毎年納税することになる）や手数料の方が利益よりも大きくなってしまう。したがって、長期投資家がこのサイクルを毎年の売買サイクルに利用することは勧めない。た

図3-3　4年周期の大統領サイクル

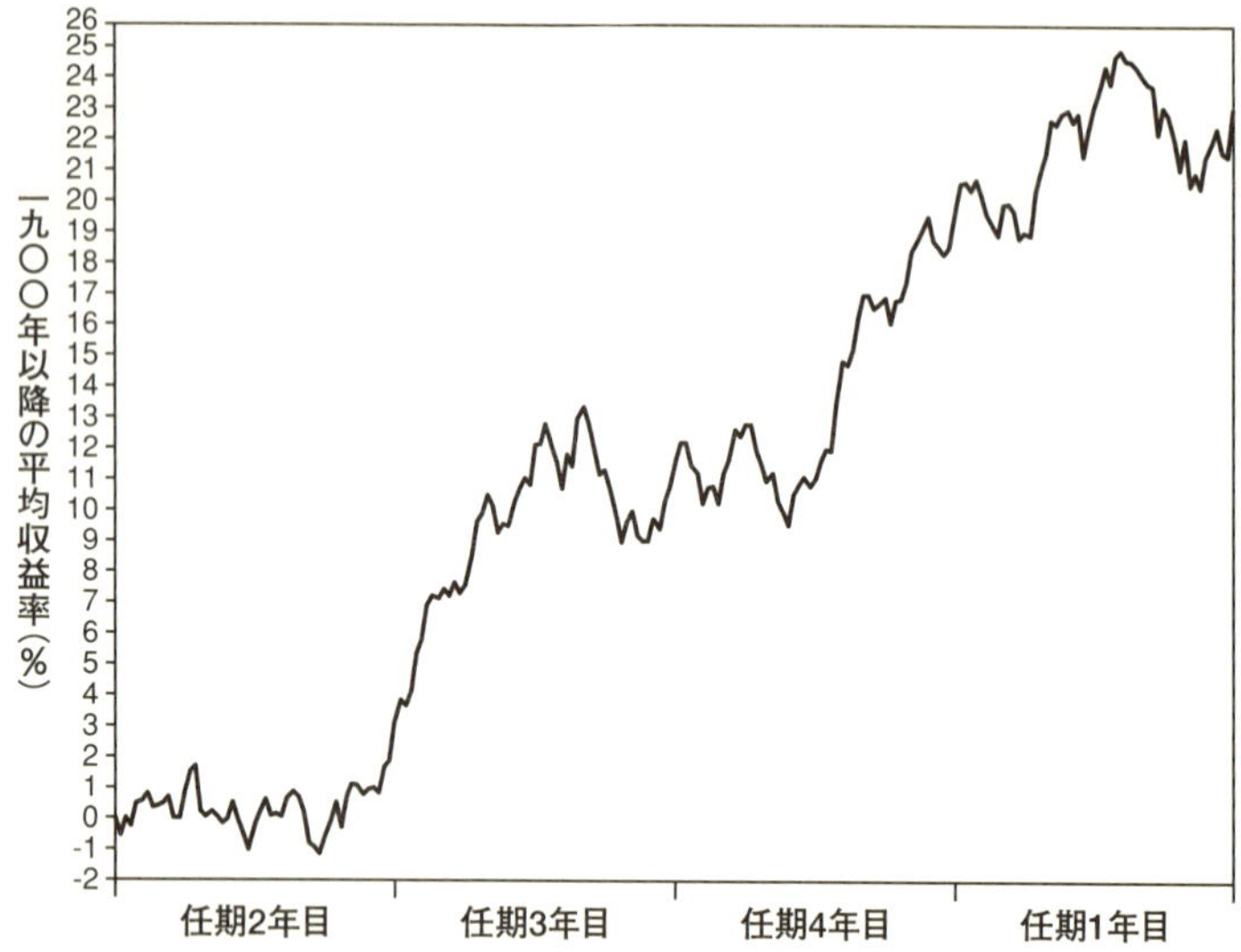

出所：ネッド・デイビス・リサーチ、www.ndr.com

だし、四年周期の「大統領サイクル」などのなかで、いつ株を売り、いつ買い戻すかを決めるのに役立つ。

四年周期の大統領サイクル

四年周期の大統領サイクルは、長期的に見て驚くほど一貫している。図3―3は、ネッド・デイビス（こちらもわれわれの好む長期予測専門家の一人。www.ndr.com参照）が、一九〇〇年以降の大統領サイクルの一年目から四年目についてダウ工業株平均の結果を平均したものである。

ただし、このサイクルは第二次世界大戦以降を対象とした方が、より鮮明になる。任期一年目の後半（ここ数十年は二年目の初めないし半ば）から二年目の後半すなわち中間選挙までは、相場は下落傾向にある。二〇〇二年後半は、まさにこのサイクルが大底に向かっているときだった。これもまた、われわれがあれほど強い買いシグナルを出した理由のひとつだった。そして、二年目後半から三年目後半にかけては、力強い上昇が見られる。ダウもS&P五〇〇も、この上昇期に平均五〇%強上がっている。

つまり、このサイクルは、二〇〇二年後半から二〇〇三年後半に株価が四〇%近く上昇することをはっきり示していた。その後、大統領選および次期大統領の任期一年目までは、通常、穏やかな調整が見られる。これは、再選を確実にするために景気刺激型の財政・金融政策がとられることや、新大統領の就任や二期目の幕開けが期待を呼ぶことによる。

つまり、このサイクルによると、二〇〇四年半ばないし後半から二〇〇六年前半ないし半ばまで強力な相場の上昇が見られる可能性が強い。より具体的には、二〇〇四年六月後半か遅くとも一〇月前半までに、積極的に株に投資することを示唆している。

ただし、八年サイクル（四年サイクルの一つおき）でかなり大幅な反落がある。四年サイクルの調整期におけるダウやS&P五〇〇の調整幅は通常一〇%程度だが、八年サイクルではそれが二〇%になる。図3－4を見ればわかるように、この八年サイクルがより極端だったのが一九七四年、一九八二年、一九九〇年、そして一九九八年だった。

『２０００年資本主義社会の未来』では、このサイクルを利用して、ダウが一九九八年後半までに七二〇〇～七六〇〇ドルに調整されることを、その数ヵ月前に言い当てた（原書二九二頁）。最後に四年サイクルが始まったのは二〇〇二年だが、八年サイクルが次に始まるのは二〇〇六年半ばないし後半である。

図3-4　4年サイクルおよび8年サイクルの調整（インフレ調整後のダウ、1958〜2002年）

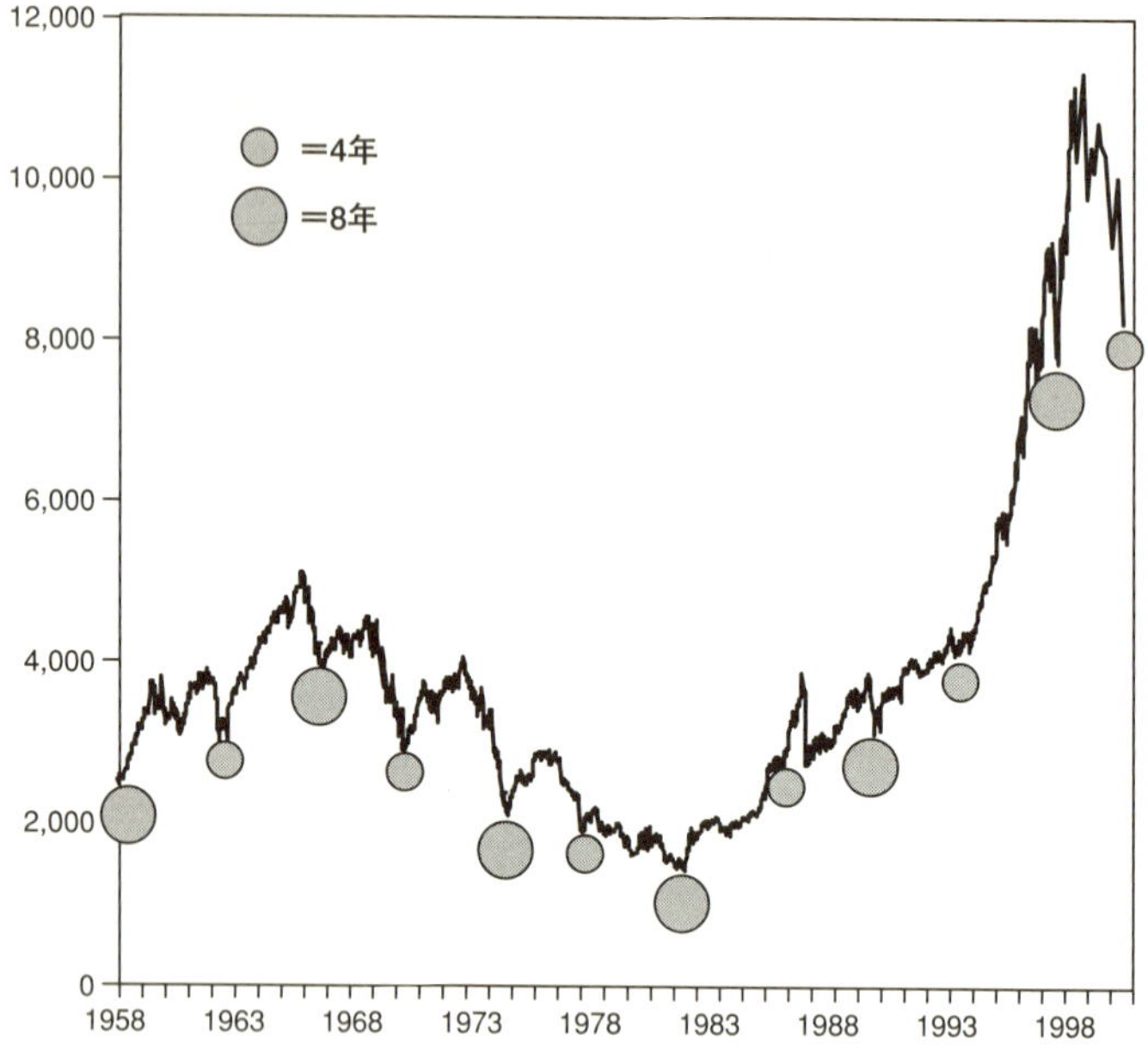

こうした理由から、われわれは、株価は二〇〇二年後半の最安値から力強く回復し、このサイクルで見る限り、次の波には二〇〇六年半ばから後半まで大きな後退はないと予測してきた。これは朗報だ。投資家たちは今後数年間のリスクに不安を募らせているが、一九九四年後半から一九九八年半ばまでと同様、二〇〇二年後半から二〇〇六年前半ないし半ばまでは、さほど激しい株価変動はなさそうなのである。

これは、われわれが観察してきた第二次世界大戦以降のサイクルの中でも、最も一貫性のあるサイクルである。このサイクルだけでも、長期にわたり体系的に従えば、収益率を上げリスクを下げるのに十分な一貫性がある。図3－5は、各大統領サイクルの二年目の株価低迷期、つまり五月から九月に株

図3-5　4年周期の大統領サイクルに従った場合の収益率（1952～2004年）

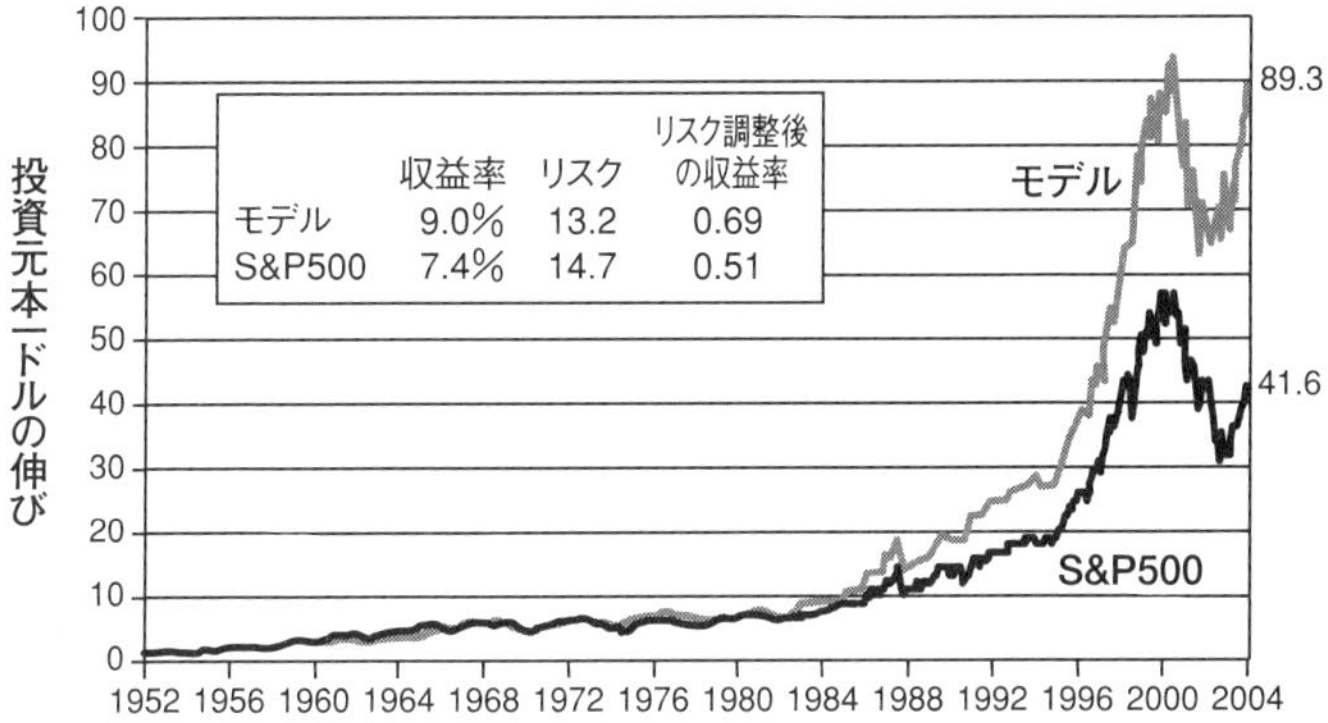

	収益率	リスク	リスク調整後の収益率
モデル	9.0%	13.2	0.69
S&P500	7.4%	14.7	0.51

式投資（S&P五〇〇）から手を引き、代わりに財務省短期証券を買うという単純なやり方で、投資結果にどのくらい差が出るかを示したものだ。

四年サイクルの調整は一〇月まで続く場合が多いが、この月に最初の上昇が見られることも多い。したがって、投資モデルを試すうえでは、一〇月の終わりよりも九月の終わりに株式投資を再開する方がよい。ただし、もっと厳密にタイミングを計れるのであれば、一〇月に入り一、二週経ってから再開するのがおそらくベストだろう。

一九五二～二〇〇二年の五一年間、モデルに沿って投資した場合の元本一ドル当たりの累積収益率（インフレ調整後）と配当の合計額は八九・二九ドルで、S&P五〇〇の四一・六〇ドルの二・一五倍に達した。年平均収益率は九・〇二%で、S&P五〇〇の七・四三%より二一・四%高かった。標準偏差を用いてボラティリティを測ったところ、リスク水準はモデル使用が一三・一五、S&P五〇〇が一四・七〇で、前者が一〇・五%低かった（リスクについては低い方がよい）。

全般的な実績を測るために、平均収益率を平均リスクで割り、リスク調整後の運用実績指標を算出したところ、モデル使用が〇・六九、S&P五〇〇が〇・五一だった。つまり、四年ごとに五月から九月の五ヵ月間、投資を引き揚げるという単純なルールを守るだけで、三五・三％も運用実績が高くなるのだ。

一〇年代サイクル

二〇世紀を通じて反復してきたサイクルが、もうひとつある。それは一〇年代ごとのサイクル（以下、一〇年代サイクル）である。前述のように、各一〇年代の前半には、直前の一〇年代における過度の拡大と過大評価を調整するため、景気の減速と株価の調整が起きがちである。なかでも成長の著しい分野では、この傾向が顕著に見られる。われわれはこれを「一〇年代ごとの二日酔いサイクル」と呼んでいる。

すでに見てきたように、一九一九年まで続いた一大自動車ブームは、一九二〇〜二一年の淘汰と調整で幕を下ろした。一九三〇年代には、一九三〇〜三二年に株価と景気の下降が見られた。一九四〇年代の前半には、一九四〇〜四二年の淘汰と暴落の後に株価が大底を打った。

一九五〇年代は、一九五〇年にごくささやかな調整があっただけで、このサイクルの影響は最も小さかった。これは、このサイクルよりも先に第二次世界大戦が影響を及ぼしたためと見られ、戦争の影響が徐々に薄れた後、四年間にわたる調整があり株価の横ばいが続いた。

その後一九六〇年代にも、一九六〇年と一九六二年の二度調整があった。一九七〇年代は、一九七〇年の急激な調整と景気後退によって幕を開けた。

覚えている人も多いだろうが、一九八〇年代前半には一九八〇年と一九八二年の二度、株価下落と

図3-6　10年代サイクルの調整（インフレ調整後のダウ、1960～2002年）

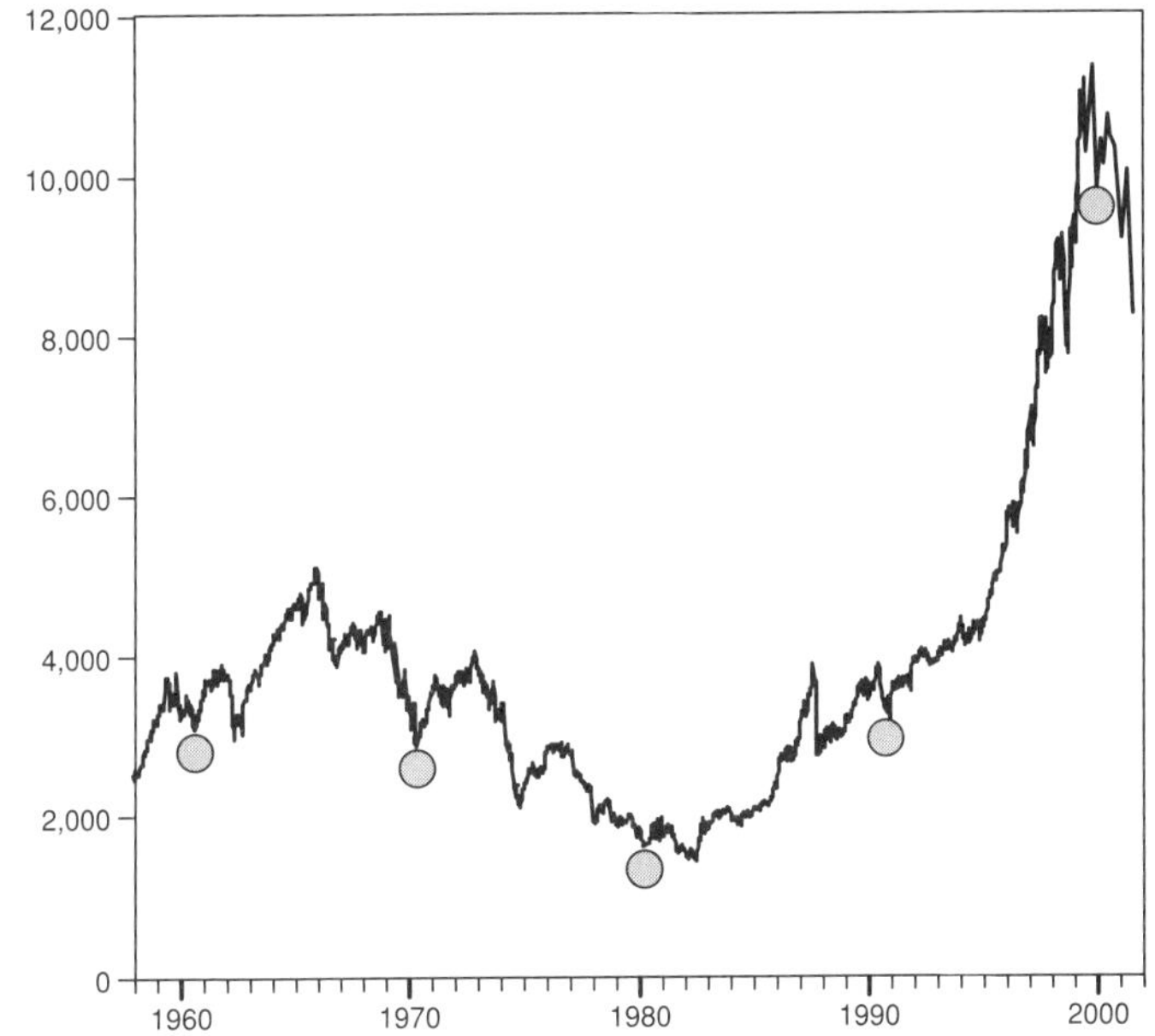

景気後退があった。一九九〇年代は一九九〇年後半から一九九一年半ばの株価下落と景気後退で幕を開けた。そして、二〇〇〇年から大規模な株価下落と景気後退が始まり、それが二〇〇二年後半まで続いたことは記憶に新しい。

こうして見ると、ひとつのサイクルがあることに気づくのではないだろうか？　ほとんどの一〇年代も景気後退と株価暴落で幕を開け、力強い景気と相場の過大評価で幕を閉じている。にわか景気が起こり、特定の主要産業が好感されると、過剰拡大と過剰投資が起きる。次の一〇年代の最初の年またはは初期の数年間にそうしたアンバランスを正してから、次の成長段階に移る必要があることは明白だろう。

図3－6を見ればわかるように、どの一〇年代も最初の年には少なくとも

図3-7 ダウ工業株平均の10年代パターン(週間データ、1900年1月6日〜1999年12月31日)

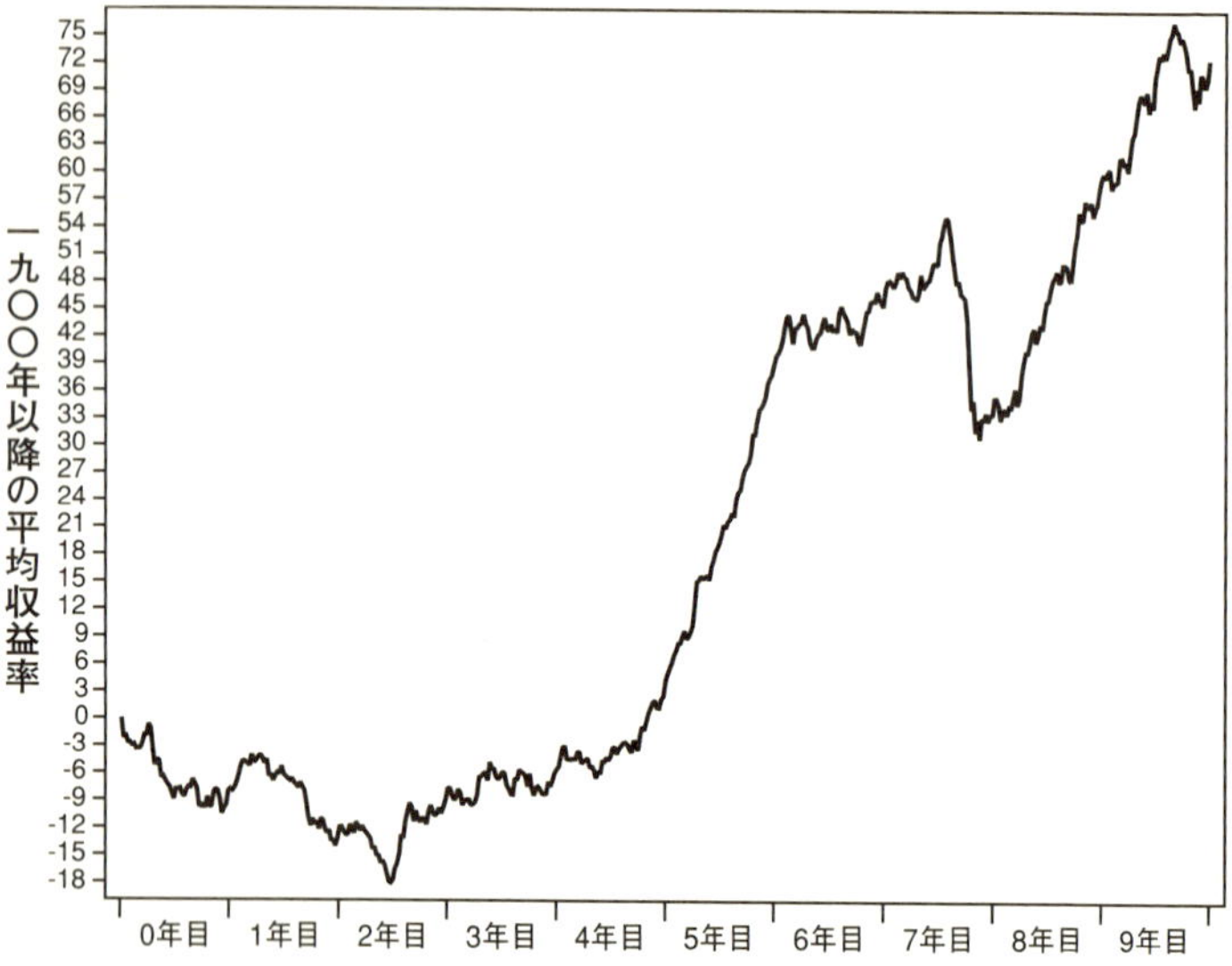

出所:ネッド・デイビス・リサーチ、www.ndr.com

穏やかな相場の調整が見られる。また、一九六〇年代、一九七〇年代、一九八〇年代がそうだったように、このサイクルは最初の年の前半に始まる場合が多い。一九七〇年代のサイクルは、四年サイクルの始まりと重なったうえ、ちょうどボブ・ホープ世代(ベビーブーマーの親世代)の支出の波が下降に転じたため、通常より強力だった。一九九〇年の調整も平均以上だったが、これも四年・八年サイクルによって事前に予測できたはずだ。一方、一九六〇年、一九八〇年、二〇〇〇年は四年サイクルの影響を受けておらず、一〇年代サイクルによってのみ説明できる。

そこには、一〇年ごと、つまりひとつの一〇年代にわたって続く株価のパターンがある。実は、効果的な投資戦略を立てるうえで最も力を発揮するのが、このパターンである。図3－7は、ネッド・デイビスが、四年周期の大統領サイクルの場合と同様、一九〇〇年以降のすべての一〇年代の〇～九年目について相場の伸びを平均したものだ。この結果から重要なことがわかる。

要点をまとめると、平均的に見て、株価の上昇は基本的にすべて各一〇年代の後半、つまり五年目から九年目（例えば一九九五～九九年）に起きている。これは、長期的に見ると、相場の上昇が必ず一一月から四月、つまり一年間の半分に起こるのとよく似ている。一〇年代サイクルが生じるのは、たいていどの一〇年代でも、株価や景気が上昇した後、次の一〇年代の最初の数年にその調整が見られるからだ。

長期的に見ると、このサイクルはそれをはっきりと示している。株式相場は九年目の後半から〇年目（二〇世紀前半）もしくは〇年目の前半から二年目の半ば（二〇世紀後半）に下落し、その後、三年目から四年目まで穏やかに回復して、〇年目から二年目の下落分をほぼとり戻す。そして、五年目から九年目の急上昇で、株価の純上昇分がすべて生み出される。

先述の一年サイクルおよび四年サイクルもそうだったが、もちろん、どの一〇年代も必ずこのような形をとるわけではない。また、同じく先述の四年・八年サイクルと同様、どの一〇年代にも他のサイクルが様々な影響を及ぼしている。

だが長期的に見ると、多くの一〇年代にこのサイクルとの驚くべき相関性がある。そして、各一〇年代の基本的なトレンドの強さがそこにより広範な変動をもたらしている。一九九〇年代は、ベビーブーム世代の支出の波と情報技術のS字曲線の加速が重なり、トレンドの影響を強く受けた一〇年だった。おかげで、〇年目と二年目の下降バイアスは弱かったが、それでも〇年目には相場が下がり、四年目の一九九四年は一年を通じて相場の伸びが鈍かった。その後、一九九五〜二〇〇〇年前半に、相場は平均よりはるかに力強く急上昇した。一九九〇年代の株価の純上昇分の大半が、五年目の一九九五年と九年目の一九九九年にもたらされたのは明らかだ。

逆に、基本トレンドが二〇世紀で最も不調だったのが一九三〇年代だった。一九三〇年代の〇年目から二年目、つまり一九三〇〜三二年に、相場は二〇世紀最大の下落を記録した。その後、一九三七年前半までの五年間は再び力強く上昇し、次の一〇年代の〇年目から二年目、つまり一九四〇〜四二年に再び下落するまで、純上昇分の大半を維持した。弱気だった一九七〇年代でさえ、一九七〇〜七四年には相場は大きく下げたが、五年目から九年目、つまり一九七五〜七九年にはそれなりの上昇を見せている。

他に知識や情報がないのであれば、株を買うのに絶好の時期は、各一〇年代の二年目の半ば（六月末）だろう。そうすれば、五年目から九年目に株価の最大の上昇が見込める。そして、九年目の末に売り、二年目の半ばに再び買い戻す。また、七年目の後半には急激な調整が起きがちだ。一九八七年、一九七七年、一九四七年、一九三七年、一九一七年、そして一九〇七年もそうだった。つまり、一〇回ある一〇年代のうち、六回でこうした調整が起きていることになる。したがって、七年目の八月から一〇月に投資を引き揚げておけば、長期的に見て損はないだろう。

図3—8は、一九〇〇年以降、S&P五〇〇に投資し、〇年目の初めに投資を引き揚げ、二年目の六月三〇日に再投資し、七年目の八月から一〇月に手を引き、九年目の末まで再び投資するというやり方をとった場合、ずっと投資し続けていた場合と比べてどの程度結果に違いが出るかを示したものだ。

図3-8　10年代サイクルに従った場合の収益率（1900年以降）

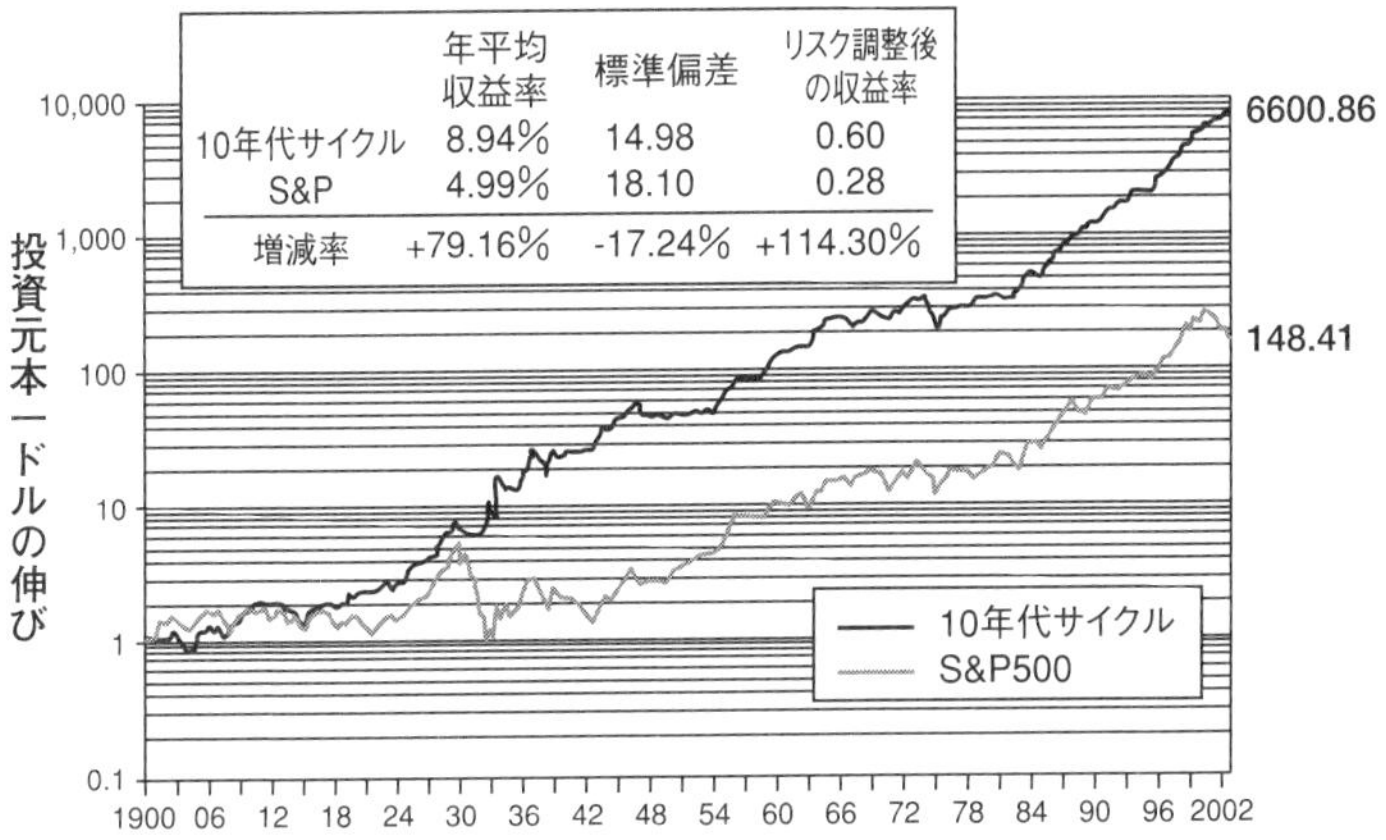

	年平均収益率	標準偏差	リスク調整後の収益率
10年代サイクル	8.94%	14.98	0.60
S&P	4.99%	18.10	0.28
増減率	+79.16%	-17.24%	+114.30%

6600.86

148.41

注意してほしいのは、ここまでデータが古いとインフレ調整はなされていないこと、また配当は加算されていないことだ。したがって、これらの数値は図3－5で試した四年サイクル・モデルの数値とは若干異なる。一九五二～二〇〇二年までを対象として、インフレ調整と配当の加算をした四年サイクルとの比較は、次の項で示す。

四年サイクルと一〇年代サイクル

過去一〇二年間で、モデル使用の場合は投資元本一ドルが六六〇〇・八六ドルに、そうでない場合は一四八・四一ドルに増えており、実に四四・五倍の開きがある。ただし、このサイクルは四年周期の大統領サイクルより強力とはいえ、一九〇〇年以降と対象期間がはるかに長いため、累積収益率が膨れ上がっていることに注意しなければならない。とはいえ、年平均収益率も八・九四％で、S&P五〇〇の四・九九％より七九・二％も高い。

だが、それだけではない。リスク水準（標準偏差を利用）も一四・九八対一八・一〇で、一七・二％も低いのだ。リスクを加味した運用実績は〇・六〇対〇・二八で、一一四・三％も高い。戦略をちょっと変えるだけで、これほどの差が出るとは驚きだ。長期的に従った場合、このサイクルが最も効果的なのは間違いない。

ただし、一〇年代サイクルの方が四年サイクルよりも大きな効果をあげた理由は、もうひとつある。前回の八〇年周期のニュー・エコノミー・サイクルと技術革命において、最も相場の変動が激しかったのは、このサイクル前半の一九〇二～四二年だった。一九二〇年代前半、一九三〇年代前半、一九四〇年代前半の極端な暴落を避けることで、どの時期にこのモデルに従うよりも大きな効果が得られたはずだ。そして今、一九八二～二〇二二年も、それと同じバブル・ブームと暴落の時代なのだ。

このように、このモデルに従えば、長期的に見てはるかに大きな利益が得られたことは明らかだ。しかも、一九〇七年、一九二〇～二一年、一九三〇～三二年、一九三七年、一九四〇～四二年、一九六〇～六二年、一九八〇～八二年、一九八七年、そして二〇〇〇～〇二年など、最悪の株価調整期の多くが避けられたはずだ。

ただし、一九七三～七四年の下落だけは免れなかった。四年サイクルに従っていれば、この下落の一部は免れたはずだ。一九七〇年代は過去一〇回の一〇年代の中で、二年目後半に買い、九年目の末まで持ち続けてもほとんど利益が得られなかった唯一の一〇年代だ。だが、一九七〇年代の弱気相場においてさえ、好調な五年目から九年目、つまり一九七五～七九年には、株価はそれなりに上昇している。一九七〇年代は、人口特性と四年・八年サイクルの強い下降バイアスのせいで、三年目と四年目に相場が大幅に下落したのだ。

このサイクルをよりよく実感するために、一九八〇年代を振り返ってみよう。一九八〇年代は、一九八〇年と一九八二年の二度の調整と景気後退で幕を開け、一九八三年まで堅調に回復し、一九八四年の一時的な後退を経て、一九八五～八九年には、一九八七年の一時的なショックはあったものの飛躍的な伸びを見せた。一九八〇年代は、一〇年代サイクルがほぼ完璧に反映された一〇年代と言える。

一九六〇年代は、一九六〇年と一九六二年の二度、調整があり（四年サイクルのせいで一九六二年の方が強力だった）、その後一九六八年まで着実に伸び、一九七〇年になって初めて大幅な下落があった。一九五〇年代は、ほとんどすべてのトレンドが有利に働いたため、一九五〇年、一九五四年、一九五八年に小幅な調整があったものの（いずれも四年サイクルの影響）、一〇年間を通じて通常以上に堅調な伸びを示した。一九五〇年代は、一〇年代サイクルに従って投資をするよりも、四年サイクル上の低迷期以外は投資を続けた方が得だったもうひとつの一〇年代である。

一九四〇年代は、一九四〇～四二年に強力な調整が行われた後、一九四六年まで上昇し、その後はおおむね穏やかな下降が続いた。そして、言うまでもなく「狂乱の二〇年代」は、一九二〇～二一年の二度の急激な下落で幕を開けた後、最後まで非常に力強く伸び続け、特に一九二五～二九年は、人口特性と技術の基本トレンドが非常に強力だったこともあり、急上昇を見せた。

前世紀を通じて、五年目は必ず株価が上昇している。平均的に見て、五年目は通常、一〇年代の中で最も好調な年である。次に好調なのは八年目で、一〇回のうち八回で相場が上昇している。七年目と九年目は相場が急上昇した後、その年の後半に下落する場合が多いが、実質的にはプラスの伸びが見られる。三、四、六年目も好調な年となる場合が多い。明らかに最悪なのが〇年目で、その次が一年目である。二年目は前半に下げ、後半に高騰するが、平均すると実質マイナスとなる。

この一〇年代サイクル・モデルを一九五二年以降に当てはめ、インフレ調整後の収益率を用い、配

図3-9　10年代サイクルに従った場合の収益率（1952年以降）

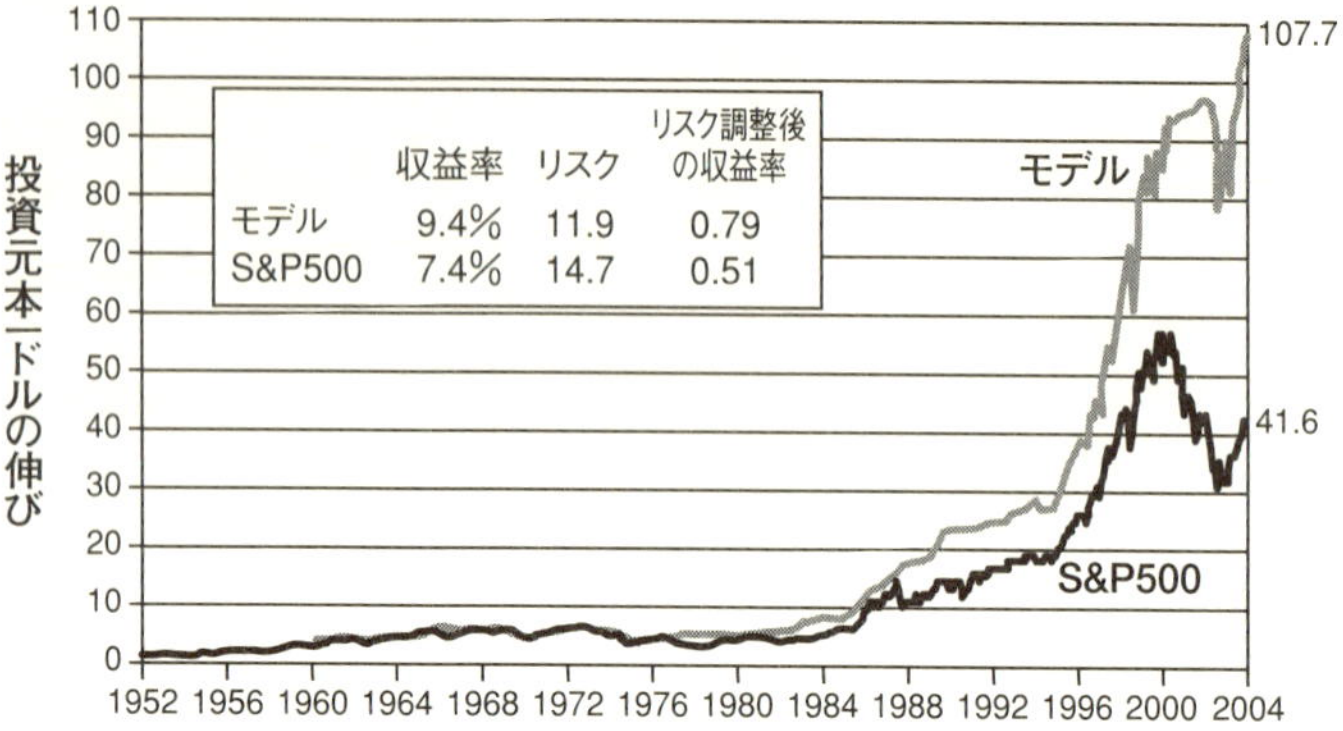

	収益率	リスク	リスク調整後の収益率
モデル	9.4%	11.9	0.79
S&P500	7.4%	14.7	0.51

当を加算してみた場合（図3－9）、やはり四年サイクルよりも効果が大きいことがわかる。一ドル当たりの累積収益率は一〇七・七一ドルで、S&P五〇〇の四一・六〇ドルの二・六倍に達し、四年周期の大統領サイクル・モデルを用いた場合より二一%も高い。収益率は九・四二%で、S&P五〇〇の七・四三%より二六・八%高い。リスクは一一・八六で、S&P五〇〇の一四・七〇より一九・三%低い。リスク調整後の結果は〇・七九対〇・五一で、五四・九%高い。

四〇年サイクル

注目すべき長期のサイクルはほかにもある。約四〇年ごとに新世代が登場することはすでに述べたが、実は株式相場を見ると、そこにはより明確な相関関係がある。四〇年ごとに株価が大底を打つことはすでに述べた（図3－10）。最近では一九八二年と一九四二年に、四〇年目の大底があった。これらはいずれも、新世代が促す強気相場の始まりだった。通常、この強気相場は二六年から二七年続く。大天井も一九二九年と一九六八年、つまりほぼ四〇年の間隔で訪れている（インフレ調整後）。同様に、次の大天井は二〇〇九年後半頃

図3-10　20年、40、80年の各サイクル――ダウ工業株平均（1900〜2025年）*

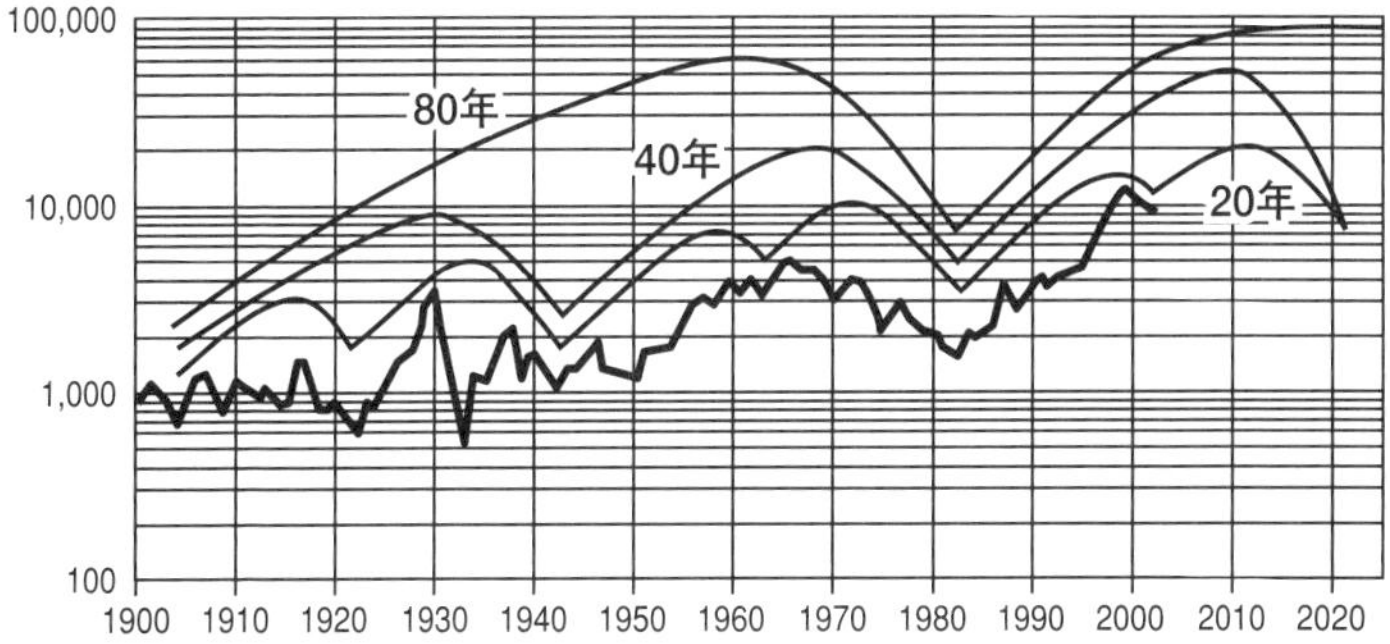

*1998年の物価でインフレ調整済み

に訪れ、次の弱気相場は二〇二二年後半に大底を打つと、われわれは見ている。

この四〇年サイクルの中に二〇年サイクルがあり、一九二二年前半、一九六二年後半、二〇〇二年後半に始まっている。次の二〇年サイクルは、二〇二二年後半の四〇年サイクルの底と重なるはずだ。また、四〇年サイクルは、八〇年ごとにニュー・エコノミー・サイクルの到来と重なる。八〇年サイクルが底を打ったのが一九〇二年と一九八二年だった。次の底は二〇六二年頃で、その頃に今の技術革命、経済革命が終わると見られる。

二〇〇〇〜〇二年の株価下落を受け、今は多くの投資家が非常に大きなリスクを感じているが、今後二〇〇九年までに強力な四年・八年サイクルが下降するのは、二〇〇六年半ばから後半の一度だけだ。これは朗報だ。一〇年代サイクルでは、二〇〇七年後半に急激な短期調整があるかもしれない。われわれは過去二〇年以上にわたり綿密な調査を行ってきたが、二〇〇〇年代の一〇年間ほどサイクルやテクニカル分析のファンダメンタルズ指標が軒並み力強く上昇する例はほかになかった。

一九九二年後半に訴え、二〇〇二年後半以降も言い続けていることを、ここでもう一度述べておきたい。次の大好況、目前に迫った次の大型バブルに今すぐ備えよう。

今後の大好況と大暴落を予測する

これまで述べてきた人口特性、技術、サイクルの各指標を組み合わせ、また、第6章で紹介するわれわれ独自のインフレ指標を用いて、激動の二〇〇〇年代、二〇一〇年代がどのように展開していくかを最大限予測してみよう。

初期の回復：二〇〇三〜〇四年

ニュースレター「H・S・デント・フォーキャスト」の二〇〇二年一〇月号において、われわれはそれまでで最も強い買いシグナルを出し、二〇〇三年に向けて景気と株価は力強い初期回復を見せると予測した。

一九八二年に始まったブーム（そして、一七八〇年代に始まった超長期的ブーム）のフィナーレとなる最後の、そして第五の波における最初の上昇波は、二〇〇四年一月にピークに達した。二〇〇四年、ダウは九八〇〇〜一万七〇〇ドルの間をおおむね横ばいに推移するだろう。第三の上昇波は、本書がアメリカで出版される直前の二〇〇四年八月には始まる公算が大きい。

株価が一万ドルに近づき、最後にして最大の買い時が来るのは、二〇〇四年一〇〜一二月の間だろう。様々なサイクルから見て、最良の買い時は、二〇〇四年一〇月半ばまでだろう。インフレ率は低位にとどまり、二〇〇四年半ばから後半には一〇年物米国債の利回りが下がり始め、現在の五％近くから二〇〇五年後半ないし二〇〇六年前半までには四％以下に戻る見込みだ。二〇〇四年後半には、より多くのハイテク株が牽引役となり、相場は再び急騰し始める公算が大きい。ただし、景気が再び堅調な成長を示すのは、二〇〇五年半ば以降になってからだろう。

急騰期：二〇〇五から二〇〇六年半ば

二〇〇五年半ばまでには、企業の設備投資が急速に回復するため、株式相場も景気もさらに力強く上昇すると、われわれは予想している。ダウは二〇〇五年後半までに最高値を更新し、「バブルははじけ強気相場は終わった」という説に終止符を打つだろう。

二〇〇五年後半から二〇〇六年前半はインフレ率が史上最も低い水準となるので、住宅ローンや事業用不動産ローンの借り換え、事業資金の長期借り入れをするなら、この時期が最適だろう。ハイテク企業は業績の伸びで他の産業を上回り、二〇〇五年からは、一九九五～九九年と同様、ハイテク株が突出した伸びを示すだろう。その後、二〇〇六年にはインフレ率が緩やかに上昇する兆しが見え始め、ＦＲＢ（連邦準備制度理事会）は二〇〇四年以降と比べて、ぐっと厳しい引き締め策に出る可能性が強い。

株価は最初、短期トレンドのこうした変化を無視して力強く上昇し続けるだろう。なぜなら、生産性トレンドの上昇により、企業業績が依然として飛躍的に伸びるからだ。だが、株価の第三の上昇波は二〇〇六年四月から八月の間に終わる公算が大きい。その頃までに、ナスダックは二〇〇〇年三月の最高値五〇五〇ポイントを再び試すかもしれない。

その後、四年・八年サイクル上の最初の大幅な下落が見られるが、二〇〇六年一〇月までには落ち着きそうだ。ダウでは二〇％以上の調整が、ナスダックや金融サービスなどの主要セクターではそれ以上の強力な調整が行われると、われわれは見ている。二〇〇六年には政治的要因やテロの脅威が高まるおそれが強く、大統領の支持率は下がりそうだ。われわれは、五月から八月の間に株の売りシグナルを出したり、より防衛的な資産配分を推奨するだろう。その後、九月後半から一〇月後半には再び強い買いシグナルを出す可能性も高い。景気は二〇〇六年後半にやや失速するかもしれないが、景気後退というほどにはならないだろう。二〇〇六年は一九九八年とよく似た一年になりそうだ。

次の大型バブル：二〇〇七年から二〇〇九年ないし二〇一〇年

二〇〇二年後半に始まった最終波の第五波、つまり次の本格的なバブル期は、ハイテク株主導の非常に力強い株価急騰期となるだろう。この急騰は二〇〇六年後半から二〇〇九年後半、場合によっては二〇一〇年前半ないし半ばまで続きそうだ。四年周期の大統領サイクルが最も高まる二〇〇七年には、急激な株価上昇が見られるだろう。インフレ率は再び緩やかに上昇し始める可能性がある。二〇〇七年後半には一時、株価が急落する可能性がある。特にＦＲＢが次の株価バブルを阻止しようと引き締め策をとった場合には、その可能性が高まるだろう。

ただし、二〇〇六年後半に大幅な調整があった場合は、このサイクルが目立った影響を及ぼす可能性は低そうだ。そうした調整が実際にあった場合、われわれは再び強い買いシグナルを出すだろう。インフレ率が徐々に上昇し、ＦＲＢが引き締め策に出る可能性は高いが、にわか景気とバブルの全盛期が続くなか、ハイテク株は二〇〇七～〇八年にかけて、さらに力強く相場を牽引するだろう。二〇〇四年の大統領選で与党となった政党は、二〇〇八年一一月の大統領選でも難なく勝利を収めるだろう。

ただし、ここから先はシナリオが複雑になり、多様性が出てくる。人口特性面から見たベビーブーム世代の支出トレンドは、二〇一〇年、場合によっては二〇一一年まで上昇を続けそうだ。だが、技術のS字曲線サイクルは、二〇〇八年後半から二〇〇九年後半にピークに達した後、減速する可能性が高い。一〇年代サイクルは二〇〇九年後半までおおむね上昇を続け、二〇一〇年には比較的小さな一〇年代サイクルと四年サイクルが始まるだろう。二〇〇八年後半から二〇〇九年前半頃、ハイテク市場がまずピークに達し始め、最初、下降局面で幾分の変動を生じさせるだろう。ハイテク市場の伸びは、支出全般の伸びより先に鈍化するので、投資家は前回のバブルを思い出し、まずハイテク株や成長株に慎重になり始めるだろう。

だが、相場は好調なので投資家が株を売り切ることはなく、ダウのように幅広い銘柄に資金を振り向けるだろう。したがって、相場全般がピークに達するのは、二〇〇九年後半から二〇一〇年前半ないし二〇一〇年八月になる可能性が高い。二〇一〇年三月というのが、われわれの最良の予測だ。二〇〇四年の記録的な財政赤字は二〇一〇年には解消するだろう。次のバブルがいつ頃ピークに達するかを見極めるために、われわれが今後、観察を続ける様々な指標をざっとおさらいしよう。

大型バブルのピークを見極めるための指標

われわれがまず観察するのは、ダウ・チャネルとナスダック・チャネルだ。二〇〇〇年前半以降、株価が初めてこれらのチャネルの上限に達するのが調整の最初の兆しだ。ナスダックが一万三〇〇〇ポイントを目標値とする最初のチャネル（図2―14）を突破する一方で、ダウがチャネル（図2―15

図3-11 80.5年ずらしたダウ工業株平均

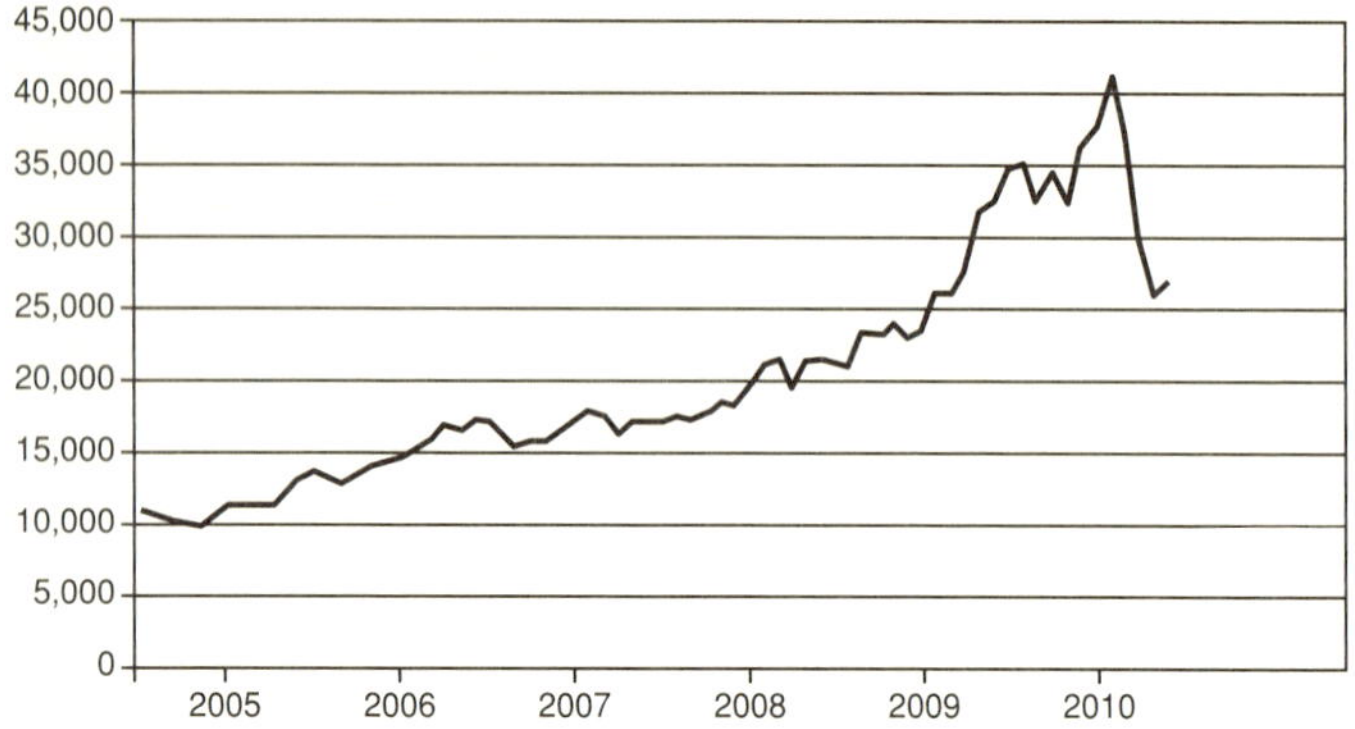

および2―16）の上限を突破しなかったら、ナスダックが一九九〇年代後半を上回る一大バブルに向かう兆しかもしれず、二万ポイントの目標値に迫る可能性もある。

ナスダックが二万ポイントを目指す最も強気なチャネルの上限に到達せず、ダウがチャネルの上限を突破し始めるようなら、それはバブルの最終段階が近づいているということだ。ナスダックがより強気なチャネル（図2―18）の上限である二万ポイントに達した場合には、われわれは警戒態勢に入り、その後、確実に売りシグナルを出すだろう。

図3―11は、最も可能性の高いダウのシナリオの概要を示したものだ。このチャートは、「狂乱の二〇年代」のダウの推移を八〇・五年ずらして二〇〇四年半ば以降に重ねたものだが、これを見ると、二〇〇五年半ばまでに、ダウが一万二〇〇〇ドルの最高値をつけることがうかがえる。ダウは一万六〇〇〇～一万八〇〇〇ドルに達した後、四年サイクルの調整により二〇〇六年後半には一万四〇〇〇ドル前後に値を戻す可能性がある。二〇〇七年後半から二〇〇八年前半に二万ドルに達し、その後、二〇〇九年半ばまでに三万三〇〇〇～三万五〇〇〇ドルに急騰し、最終的に

図3-12　小型株対大型株（1926〜32年）

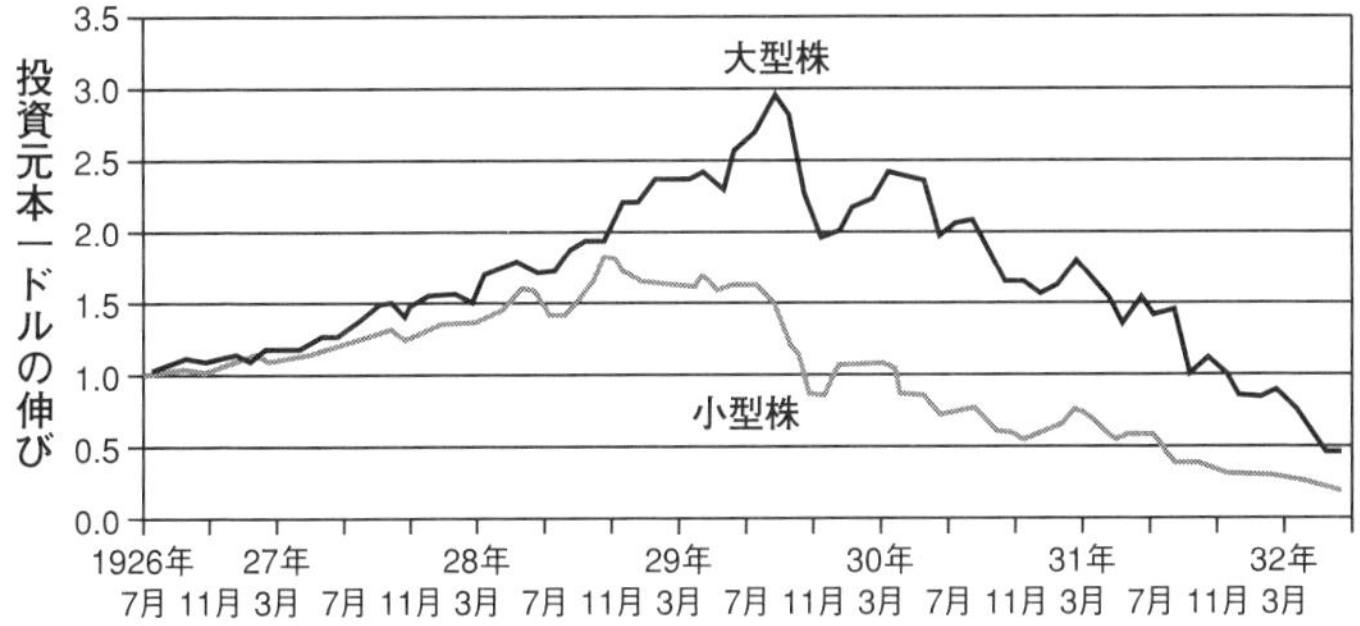

図3-13　小型成長株対小型割安株（1926〜32年）

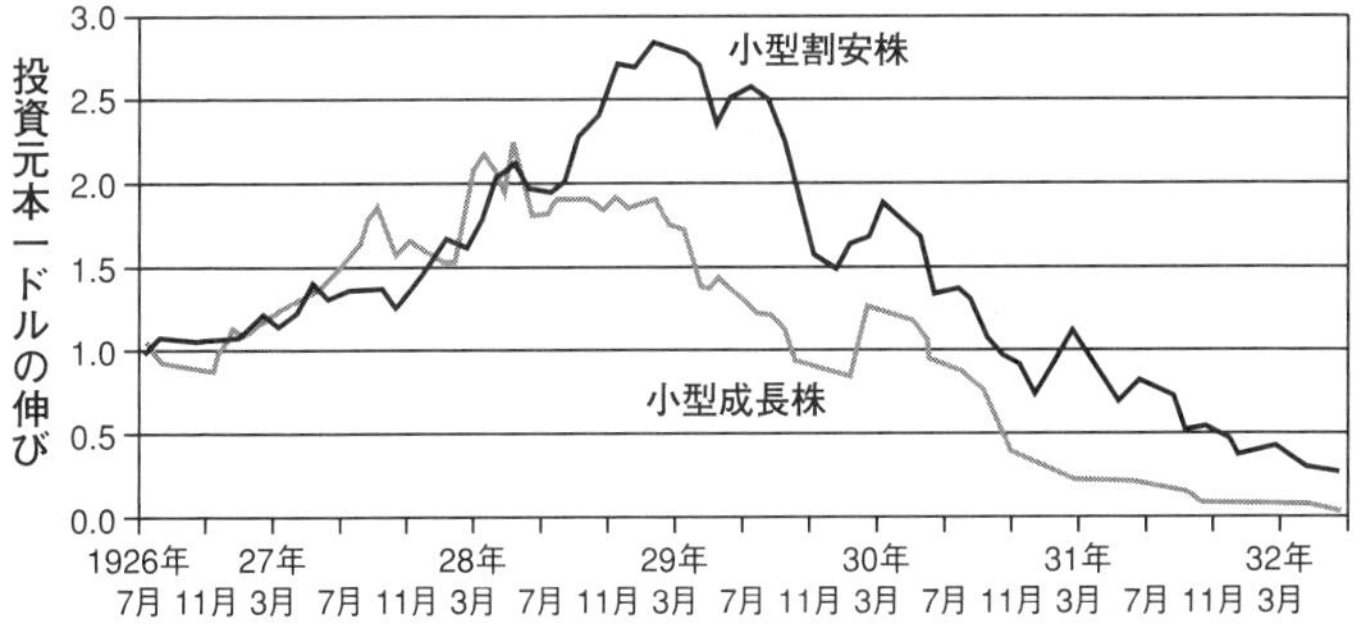

二〇〇九年後半から二〇一〇年前半までに三万八〇〇〇〜四万ドルに達する公算が大きい。

　また、ピークに近づくにつれ、われわれは重要な乖離に目を光らせるだろう。一九二九年のバブル絶頂期に、小型株は大型株よりほぼ一年早い一九二八年一〇月に天井に達し、一九二九年までは下り坂になった（図3―12）。そして実は、小型株の中でも成長株は、小型株全般のピークより六ヵ月早い一九二八年四月に天井に達している（図3―13）。「成長ブーム」段階の首位争いでは比較的大型の株が有利なため、バブルの最後の年に

図3-14 ダウ工業株平均対自動車株（1925〜32年）

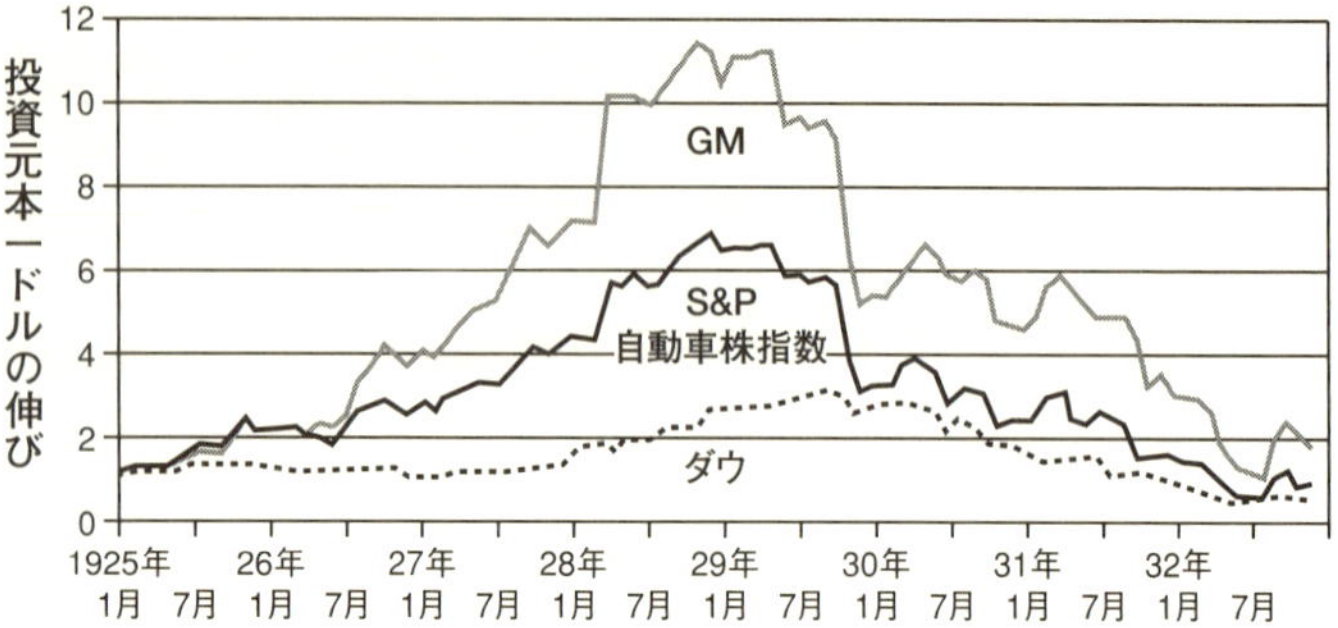

は投資家は分散をあきらめ、最も話題になっている分野の大型株に徐々に投資を集中させていった。

同様に、二〇〇〇年前半のバブルでは、ダウが二〇〇〇年一月に天井に達した後、下降に転じる一方で、ハイテク株は三月まで飛躍的に伸び続けた。このときも投資家は、株式全般に投資しようとはしなくなり、最も話題になっている大型ハイテク株に投資を集中させた。われわれは再びこれら二種類の乖離に目を光らせるが、小型株の乖離の方が先行期間が長くなる公算が大きい。

最も大きな乖離が見られたのは、株式全般より先にハイテク株が天井に達したときだった。これは最近のバブルのピーク時とは逆の現象だ。一九二九年三月、自動車株指数およびGMは、一九二九年九月にダウが天井に達するより六ヵ月早く天井に達し、その後、ダウや大型株全般の相場が上昇を続けるのを尻目に、かなり急激に下落した（図3―14）。

この乖離を引き起こしたと思われる要因は二つある。まず、投資家が一九一九年まで続いた前回の自動車およびハイテク・バブルを思い出し、この分野を早めに警戒して非ハイテク系の大型株への乗り換えを進めた可能性がひとつ。もうひとつは、自動車普及のS字曲線が一九二八年後半までに九〇％に達したことで、人口特性による好況が続いているにもかかわらず成長が鈍化した可能性である。

したがって、二〇〇九年前半から後半にかけて、ナスダックあるいは一部の主要ハイテク分野がダウより数ヵ月早くピークに達することは十分考えられるし、実際その可能性は高い。これは非常に重大な乖離である。例えば、ナスダックが二〇〇八年後半から二〇〇九年前半ないし後半に天井に達し、ダウが二〇〇九年ないし二〇一〇年前半まで上昇を続ける可能性もある。われわれは当然、ニュースレターで次のバブルの経過を考察し、テクニカル指標をとり入れて行き過ぎた強気と過大評価を読みとっていくつもりだ。

今後二〇〇九年までは、来るべきバブルの後の暴落に目を向けないことが、純資産を増やすうえで一番重要なことかもしれない。次の下落の初期段階は、二〇〇〇〜〇二年の下落よりはるかに急激なものとなる公算が大きい。だが、通常、最も株価が伸びるのがバブルの最後の半年ないし一年であることを考えると、あまり早く手を引きすぎるのは考えものだ。ここで、二〇一〇〜二二年の一大下降局面がどのように展開するかに話を戻そう。

最初の大デフレ暴落：二〇〇九年後半ないし二〇一〇年前半から二〇一二年ないし二〇一四年

二〇〇九年後半から二〇一〇年半ばまでのいずれかの時点で次の大型バブルがはじけ、われわれは二〇〇〇〜〇二年の下落時とよく似た状況を再び目にするだろう。ただし、この下落の初期は前回よりも急激なはずだ。

その違いは、今回の下落が一九三〇年代に始まった八〇年サイクルの前回の淘汰段階や、一九九〇年代および二〇〇〇年代前半の日本の弱気相場に似た、より深刻で長期的な弱気相場と大不況を引き起こしそうな点だ。二〇〇九年前半から後半にハイテク株がまず天井に達するにしても、二〇〇九年後半から二〇一〇年半ばに株価全般が天井に達するにしても、株式市場は二〇一〇年半ばから後半までに最初の大きなショックに見舞われるだろう。これは、一〇年代サイクルの影響が出始める時期で（二〇年代サイクルは二〇〇九年後半から二〇一〇年半ばに下降局面に入る）、その後、二〇一〇年五〜一〇月には四年サイクルの影響が、さらに二〇一四年五〜一〇月にはより強力な四年・八年サイクルの影響が出始めるだろう。

つまり、二〇一〇年の四〜九月は、株式相場の最初の急落が起きる可能性が特に高いのだ。技術支出は二〇〇九年中に衰え始め、二〇一〇年まで急激に低下し続けそうだ。個人消費全般は二〇一〇年中に衰え始め、二〇一一年までさらに急激に低下しそうだ。二〇一〇年後半ないし二〇一一年前半には正式に不況入りするが、この不況はこれまでよりはるかに長く、はるかに深刻なものとなるだろう。

最も驚くべきことは、二〇一〇〜一二年の間に、デフレの最初の兆しまたは消費者物価が実際に下落する様子が見られそうなことだ。二〇一一〜一二年には、都市部、郊外、リゾート地の高級住宅地を中心に住宅価格が大幅に下落し始める。だが最も危惧すべき点は、テロ戦争にもようやくおおむね勝利したと思った矢先に、アメリカの特に大都市でテロ活動がエスカレートしそうなことだ。

株式相場、中でもハイテク株が暴落する一方で、景気減速による典型的な「質への逃避」により、高格付けの社債や公債が上昇するだろう。二〇一〇年後半までには株価も一定の反発を見せるが、FRBと議会の強力な刺激策にもかかわらず、二〇一一〜一三年まで景気と株価は急激に悪化し続ける公算が大きい。このときの現職大統領は二〇一二年後半の大統領選では再選されず、フランクリン・

D・ルーズベルトのようなタイプの大統領が、地すべり的勝利を収めるだろう。

二〇一一年には、景気後退によって優良な債券さえも格付けを下げ、債券の額面が一時的に下がって利回りが上がるだろう。ただし、額面が最も大きく下落するのは、リスクの高い高利回り債である。二〇一一年の前半ないし半ばから二〇一二年の半ばないし後半までは、債券よりも財務省短期証券やMMA（マネー・マーケット・アカウント）に投資した方がよい結果が得られそうだ。

この最初の暴落は、二〇一二年半ばから後半に大底に達するだろう。だが、二〇一三年にかけて弱気相場が再び盛り返した後、二〇一四年後半には四年・八年サイクルの影響で相場が再び二〇一二年の底値近くまで下落し、最安値がわずかに更新される可能性もある。ダウは七〇〇〇～七四〇〇ドル程度まで下がる可能性がある。景気は少なくとも二〇一五年前半まで後退を続け、二〇一三年前半から二〇一五年前半には失業率が一五％以上に達し、さらにデフレ圧力がかかりそうだ。

しかし、ＦＲＢによる大幅な利下げと新大統領による強力な財政刺激策により、二〇一五年中には景気がある程度持ち直し、デフレ圧力も低下する見込みだ。税収の激減と社会コストの高騰により、二〇一三～二〇一五年には財政赤字の対ＧＤＰ比率が史上空前の水準に達するだろう。その後、二〇一四年後半には、弱気相場における比較的長い反騰が始まりそうだ。

弱気相場における不規則な反騰：二〇一五～一九年

二〇一五～一九年は、政府が強力な景気刺激策を次々と打ち出すなか、持続的な景気回復への期待が高まり、きわめて複雑だが比較的順調な時期になるだろう。政府の景気刺激策は二〇〇〇年代前半には功を奏したが、一九九〇年代の日本がそうだったように、人口特性が下降する環境下では、さほど効果は発揮しないだろう。

とはいえ、景気回復の一定の兆しは見られ、新大統領が二〇一六年の大統領選で再選される見込みは十分にある。なにしろ大規模な経済危機においては、一貫した指導が求められるからだ。株価はこのように矛盾した兆しを受けて、不規則な反騰を見せる可能性が高い。二〇一五年および二〇一七〜一八年には、弱気相場におけるそれまでで最も力強い反騰が見られるが、その後二〇一八年後半までは、四年サイクルによる後退が見られるだろう。二〇一七年のうちには、人口特性トレンドの短期的な上昇により景気上昇の勢いが増すだろう。

だが二〇一九年後半ないし二〇二〇年前半には、そうしたトレンドも再び衰え、一〇年代サイクルも下降に転じる見込みだ。二〇一五〜一九年は、政府の刺激策にもかかわらず緩やかなデフレ・トレンドが続き、高格付けの長期債に有利に働くだろう。都市部でテロ不安や政治・社会不安が著しく高まれば、ますます多くの人が良質なリゾート地や都市から比較的離れた住宅地への移住を決断するだろう。都市部や郊外の多くで住宅価格が下落または低迷し続けるなか、これらの地域は再び高騰し始める可能性がある。

第二の大暴落：二〇二〇〜二二年

二〇一九年後半から二〇二二年後半の間に、株式相場の最後の暴落が起こり、二〇一五〜一九年に得た利益の大部分またはすべてが帳消しになるだろう。ダウは五〇〇〇〜七四〇〇ドル、ナスダックは一一〇〇ポイント前後で二番底を打つか、最安値を更新する公算が大きい。デフレ圧力は最高に高まり、新たなエコーブーム世代（ベビーブーマーの子供の世代）の家族形成サイクルに伴い、支出の波が再び下降を続けるなか、政府の刺激策にもかかわらず、景気は下降の一途をたどるだろう。

この時期、欧米では、中東発の大規模テロと極東の軍事力（北朝鮮や中国）の脅威が最も高まりそうだ。仮に第三次世界大戦が起こるとすれば（そしてこの時点までに起きていなければ）、この時期に起きる可能性が最も高い。この時期には失業率が再び急上昇し、実際に大規模戦争が起きてそれを相殺しない限り、おそらく二〇一三～一五年と同じかそれを上回る水準に達するだろう。

次の長期的な強気相場が始まる：二〇二三年以降

二〇二三年か、遅くとも二〇二四年には、景気の悪化に歯止めがかかり、デフレ圧力もなくなりそうだ。株式相場は景気より一足早く、二〇二二年後半か早ければ二〇二〇年後半には大底を打ち、上昇に転じる公算が大きい。外国との戦争が起き、エコーブーム世代の支出の波がようやく長期的に高まることにより、再び上昇トレンドが生じるだろう。金利や債券の利回りは上昇に転じ、長かった債券ブームは終わり、次の株価高騰期が始まる。

この強気相場は二〇四〇年以降まで続くが、アメリカでは、一九八二年から二〇〇八年ないし二〇〇九年までの大相場には遠く及ばないだろう。人口特性の変化と技術革新のトレンドはそれほど強力ではなく、中国のように好調な地域の成長率さえ、この頃には衰えを見せ始めそうだ。実際、アメリカの強気相場は二〇〇九～一〇年の最高値を回復するにとどまり、われわれの多くは、それ以上の高値を生きて目にすることはないだろう。

激動の時代における長期的投資——その最も単純な戦略

大暴落が起きるとか、テロや戦争の脅威が高まるといったわれわれの予測に、読者はすっかり怖気づいてしまったことだろう。二〇〇〇～〇二年の株価下落と新たなテロの脅威は、このブームも今の時代も波乱含みであることを人々に気づかせる警鐘となった。一九八七年にも同様の警鐘が鳴らされたが、それまで一〇年以上強気相場が続き、ちょっとした調整が何度か見られただけだったため、ファイナンシャル・アドバイザーや長期投資家のほとんどは「買って保有する」だけの戦略にあぐらをかいていた。

一九九〇年代には、株価が下がったときに買う「押し目買い」が人気戦略となった。だが二〇〇〇～〇二年は、単なる下落というより一九七三～七四年の暴落に似ていた。この暴落は長期的な弱気相場の中で起き、きわめて長期にわたったため、買って保有する投資家の多くは持ちこたえられなかった。

今後五年間の株価の動きは、それに比べればはるかに穏やかだろうが、二〇〇九年以降はもっと変動が激しくなりそうだ。だが最も重要なことは、好不況にかかわらず、八〇年サイクルの前半は後半よりかなり変動が激しいという、単純な事実が明らかになってきたことだ。そこでわれわれは、資金の大半を（各自のリスク許容度や必要な投資収入に応じて）株に投資しながら、株価が下落傾向のときには資産を保護してくれるごく単純なモデルを考案した。

株式相場には、立証可能で単純な反復サイクルが三つあり、それらを投資戦略に体系的に組み込めば、極端なリスクを避けながら今後の大相場で十分利益をあげることができる。ひとつ目の反復サ

図3-15 支出の波——出生数を家計支出のピーク年齢分ずらしたもの

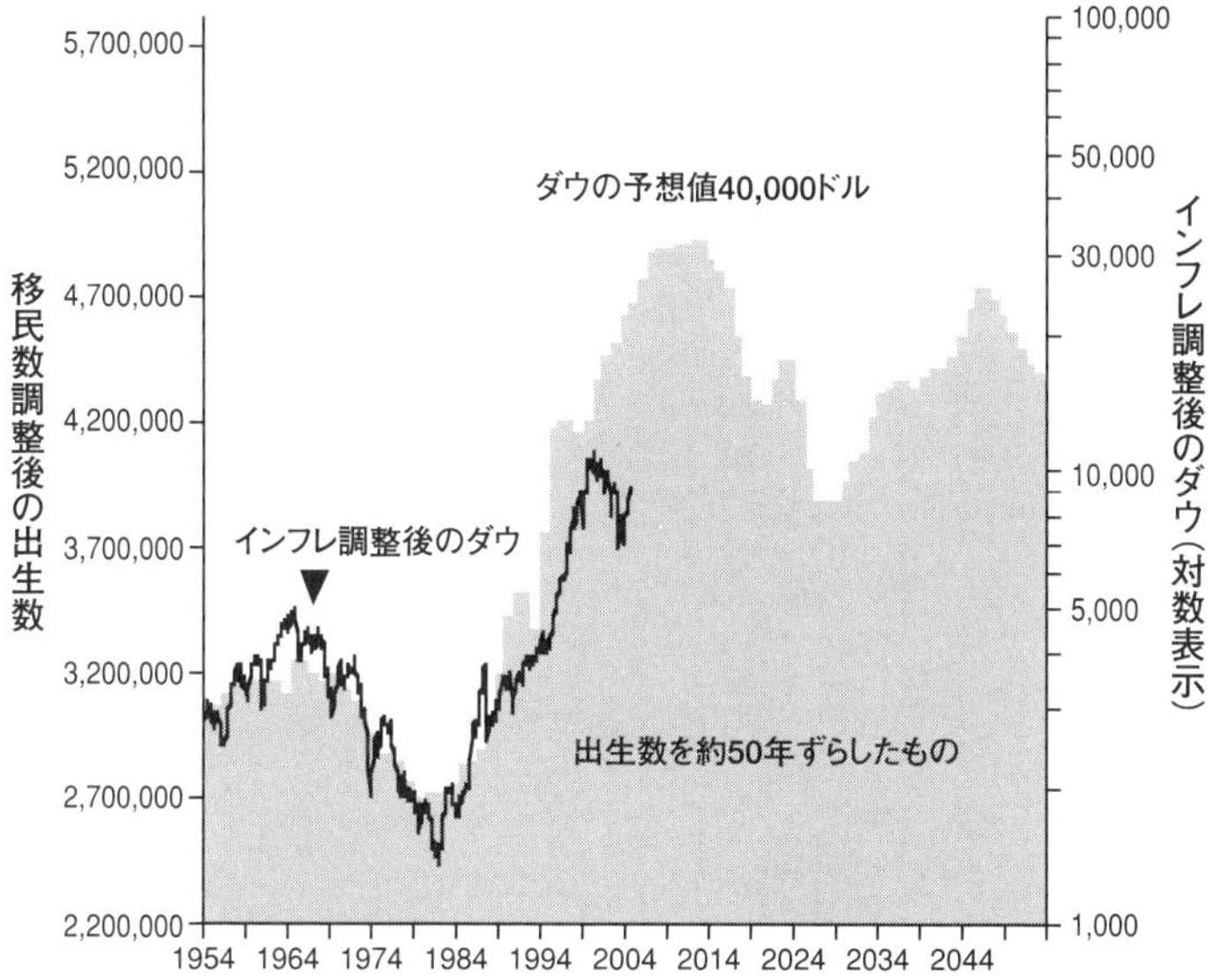

イクルについては、第1章でも述べたように、一九八三〜二〇〇九年のように支出ピーク年齢の人口が増えると、株式相場は絶好調になり、株価全般が上昇する。そして、約四〇年サイクルで低迷が訪れ、一九六九〜八二年や一九三〇〜四二年のように支出ピーク年齢の人口が減ると、全般的にかなり長い下降期に入る。

図3―15で支出の波のグラフを振り返ってみると、支出の波がインフレ調整後の株価の長期の推移と高い相関関係にあることがわかる。これまで常に勧めてきたように、支出の波の上昇時には大型株に集中的に投資し、支出の波の下降時には債券や海外市場、あるいは価格安定性の高い分野への投資を増やすべきだ。

何度も言うように、二〇〇九年後半ないし二〇一〇年前半までに、ダウは最高四万ドルに達するとわれわれは見ている。その後、二〇〇九年後半ないし二〇一〇年から二〇二〇年ないし二〇二二年までは、ダウは急落の一途をたどり、二〇〇二年後半の底値七二八六ドルまで下げるというのがわれわれの読みだ。この投資モデルは、一九六九〜八二年のようなインフレ下の下降局面におけるより、一九三〇〜四二年や二〇一〇〜二二年のようなデフレ下の下降局面における方が、はるかに役立つはずだ。

二番目の反復サイクルは、本章の図3−3に示した四年周期の大統領サイクルだ。各大統領の任期二年目には通常、株価が下がる。そこで、図3−5に示したように、この時期に株から手を引く投資戦略をとれば、資産を二・三倍に増やし（一九五二年以降）、年平均収益率を二・六%上げ、ボラティリティを一〇・七%下げることができる。

三番目の、そして最も強力な反復サイクルが、図3−7に示した一〇年代サイクルだ。このサイクルは三つのサイクルの中で最も影響力が強く、一九〇〇年まで遡って証明されている。図3−8を見ればわかるように、過去五一年間、このモデルに則して投資した場合、単にS&P五〇〇を保有し続けた場合と比べて、資産が四四・五倍に増える。平均収益率は七九・二%高く、リスクは一七・二%低く、リスク調整後の結果は一一四・三%高くなる。他のモデルに合わせて、比較的変動の少ない一九五二年以降に当てはめても、資産は二・六倍、平均収益率は二八・三%増、リスクは一九・六%減となる。

それでは、これら三つのモデルをすべて組み合わせたらどうなるか？　それを示したのが図3−16だ。このモデルでは、支出の波の下降時と、一〇年代サイクルおよび大統領サイクルの下降時には、株から手を引き、財務省短期証券に投資する。

ただし、ひとつだけ例外がある。支出の波が下降していても、他のサイクルが下降していない場合

図3-16　複合サイクル・モデル（1952～2003年）

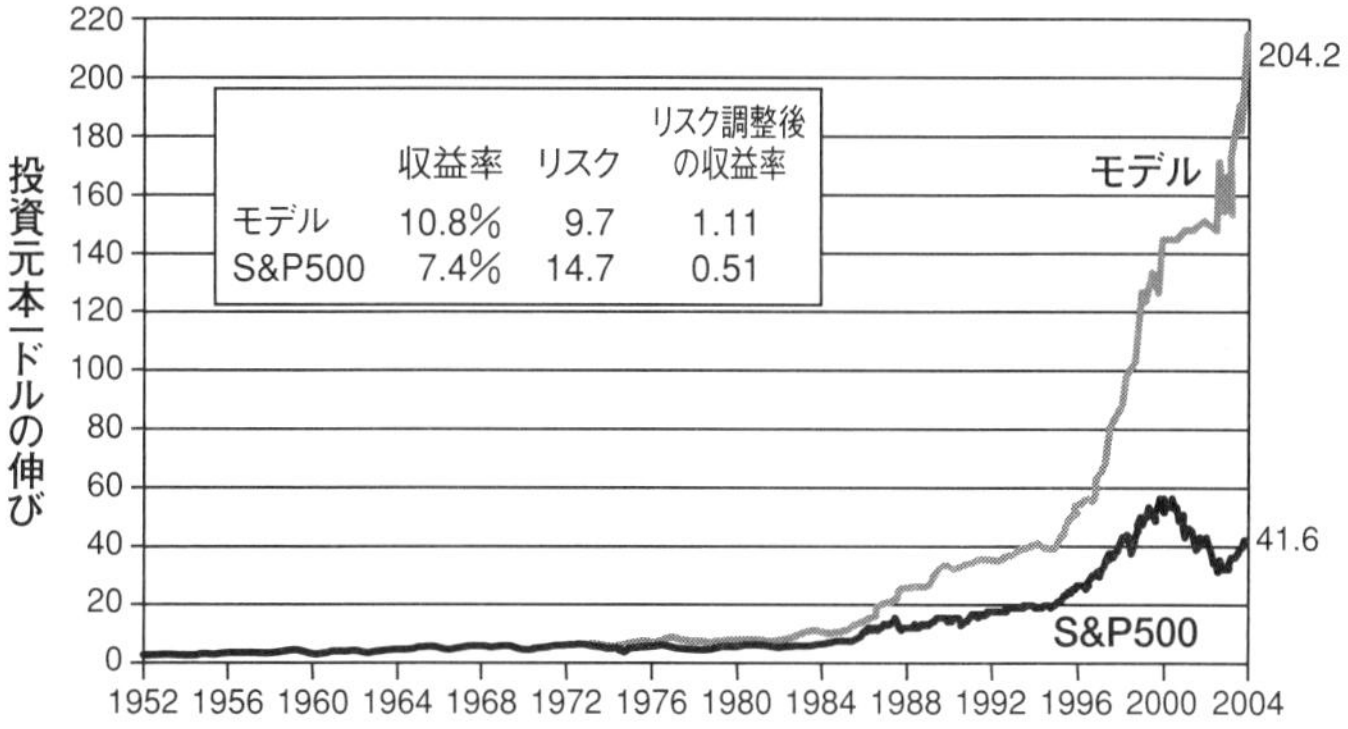

	収益率	リスク	リスク調整後の収益率
モデル	10.8%	9.7	1.11
S&P500	7.4%	14.7	0.51

には、一〇年代サイクルで株価が好調になる五年目と九年目に株に投資する。最初に支出の波のデータが計測された一九五二年まで遡ってこの複合モデルを適用すると、五〇年間、おおむね投資したままのいたって単純な手法だというのに、これまでにも増して魅力的な結果が得られる。投資元本一ドルが二〇四・二五ドルに増え、S&P五〇〇の四一・六ドルと比べてその差は四・九倍に達するのだ。これは本当に驚くべき結果だ。年平均収益率は一〇・七七%で、S&P五〇〇の七・四三%より四五・〇%高く、リスクすなわちボラティリティは九・六九対一四・七〇で、三四・一%低い。リスク調整後の結果は一・一一対〇・五一で、年間で何と一一七・六%も高かった。

　運用成績をさらに的確に測るには、株価上昇分のうち利益として得た割合と、株価下落分のうち回避できた損失の割合とを見る方法がある。このモデルでは、値上がり分の九五・五%を利益として獲得し（つまりとり逃がしたのは四・五%だけ）、値下がり分のうち六二・〇%しか損失になっていない（つまり三八・〇%は回避）。素晴らしいトレードオフである。だが、株価が極端に下落すると、辛くてつい売りたくなる。だが、このモデルでは、長期的な下落時でも損失は最大一六・四%にとどまり、S&P五〇〇の五一・九%より六八・四%もリスクが低い。つまり、モデルを利用した方がずっと有利なわけだ。

だが最も重要なのは、このモデルを利用すれば、将来、潜在リスクが最も高まるとき（第2章で詳述したわれわれの予測によると二〇一〇～一四年と二〇二〇～二二年）に、市場から手を引ける点だ。また、二〇〇六年五～一〇月と、二〇〇七年八～一〇月にも、やはり手を引くことになる。一方、二〇〇二年一〇月から二〇〇九年のそれ以外の期間はおおむね株を持ち続ける。こうして、株式市場で莫大な潜在利益が見込まれるこの時期に資産を築いておけば、その後のアメリカ史上最悪の時期にも、比較的安全な投資をしながら一定の利益をあげ続けることができるだろう。

このモデルは、リスクやボラティリティを最小限に抑えながら、長期的な株式投資で利益をあげたいという一般の人々に適した単純な株式投資戦略となる。第7章では、各景気局面に最適の株式セクターに重点投資し、比較的低リスクでS&P五〇〇よりはるかに高い収益率をあげられるような、もう少し複雑なモデルを紹介する。こちらは、もっと積極的な投資家に適した単純なモデルとなるだろう。

われわれが紹介した単純で体系的なモデルを用いれば、一〇年間に二、三度、投資内容を大幅変更するだけでよい。あとは、株式ニュースを気にする必要もないし、どの専門家の意見が正しいかとか、市場からいつ撤退すべきかといったことをいちいち判断しなくても、リスク調整後の年間運用成績を平均二倍以上に高めることができるのだ。

まとめ

二〇〇〇～〇二年に辛く長い株価下落を経験したにもかかわらず、われわれは今、二〇年前に予測を開始して以来、最も強気の姿勢を打ち出している。われわれはかねてから、二〇〇二年後半から二〇〇四年後半を「人生最大の投資機会」と呼んできた。二〇〇二年後半から二〇〇九年後半ないし二〇一〇年前半には、ダウやS&P五〇〇といった全般的な指標はもちろん、ハイテク、バイオテクノロジー、金融サービス、ヘルスケア、日本以外のアジアなど絶好調の分野で史上最高の年平均収益率が得られる可能性が高いことを基本トレンドやサイクルの分析結果が示している。

第6章および第7章では、ポートフォリオをさらに改良し、今後の一大ブームと大暴落において最もうまみのあるセクターに重点投資する方法を検討する。第7章では、図3－16に示した「複合サイクル」モデルに一定の機能を付け加えるだけで、収益率がはるかに高くなることを示す。その機能とは、各セクターの好調期を予測するモデルに従い、大型株または小型株、長期債または短期債に重点投資することだ。各セクターの好調期については、第6章で予測する。

だがまず第4章では、今後の好不況における不動産価格と住宅価格の見通しを述べる。これらは読者が思うほどバラ色ではないかもしれない。その後、第5章では、景気下降局面において自分の会社や自宅をいつ売却するべきか、子供をいつ大学に行かせるべきか、どこに住むのがベストかといった人生の重要な決断に、人口特性、技術、反復サイクルがどう影響するかを考える。

今後二〇〇九年までのわれわれの予測はいたって強気だが、これが今後数十年間における最後の大相場になると見ている。つまり二〇〇九年までは、資産を飛躍的に増やす最後のチャンスなのだ。ここで資産を増やしておけば、来るべき長い冬をやり過ごせるし、われわれの戦略に従えば、資産をさほど減らすこともなく、それなりに増やし続けることができるだろう。だがそのためには、二〇〇〇~〇二年の下落直後で、多くの人がまだ慎重な今、買いを入れるだけの度胸と先見の明が必要である。

第4章

人口トレンドと不動産価格の関係

不動産の保有に影響を及ぼす要因

二〇〇九年まで住宅価格の伸びは株価や景気を下回る

平均的な世帯では、純資産の約五〇％が自宅または投資用不動産である。したがって、不動産について適切な決断を下すことは、投資ポートフォリオと同じくらい長期資産に対して重大な影響を及ぼし得る。

二〇〇〇〜〇二年は、株価は下がったが住宅価格は上昇し、二〇〇四年前半まで住宅価格はおおむね上がり続けた。そのため、多くの投資家が今後も不動産は買いであると見ていた。ところがその後、二〇〇三〜〇四年に一部の高級住宅地で住宅価格の伸びが鈍化し、下落に転じた。これは流れが変わる警告だった可能性がある。

本章では、過去三〇年間の平均住宅価格の伸びが株価の上昇ぶりに遠く及ばないこと、また、株式市場では少なくとも二〇〇九年後半まで次の強気相場とバブルが続く可能性があるが、住宅価格は今後も伸び悩み、へたをすれば低迷の可能性すらあることを示す。多くの専門家は、二〇〇二〜〇三年に住宅価格が急落すると予測していたが、われわれは二〇〇三年七月のニュースレター特別号において、人口特性トレンドから見た住宅購入のピークは明らかに過ぎており、住宅産業の成長と住宅価格は二〇〇三年以降、著しく伸び悩むと予測した。

好景気と住宅ローン低金利のおかげで大規模な暴落は起きないだろうが、下降局面では高級住宅の相場が下がりがちになると、われわれは警告した。二〇一〇年ないし二〇一一年までは、うまくすれば再び緩やかな成長が続くが、ベビーブーム世代の支出サイクルが完了し、もっと小さな家に住み替え始める二〇一一年頃から二〇一四年までは、不動産市場の大部分で大恐慌以来の大規模な下落が見られそうだ。その後、住宅価格は本格的に暴落し、読者の不動産や生活もその影響を受けるだろう。一九九〇年代前半から二〇〇〇年代前半の日本や、大恐慌時のアメリカと同様、ベビーブーム世代の人口減がようやく底を打つ二〇二三年頃までは低迷が続くだろう。

これは、われわれにとって、これまでで最も包括的な不動産相場の分析である。というのも、最近、米労働省労働統計局の年間消費支出調査によって、自宅用住居と別荘の購入パターンに関するデータがより豊富に得られるようになったからだ。本書の分析は、一九九六～二〇〇〇年の同調査データを独自に、より詳しく分析した結果にもとづいている。本章では、住宅購入（および商業用不動産の購入）に見られる厳然たる人口特性トレンドと、年齢や所得水準によるその変化を徹底的に考察していく。

逆に株価については、われわれは、今後二〇〇九年までベビーブーム世代の支出が増え続けることから、一九九〇年代の強気相場並みの急上昇を予測してきた。さらに、一九一四～二八年に自動車や電気とともにニュー・エコノミーが現れ、「狂乱の二〇年代」まで成長し続けたように、一九九四年から加速的に普及し始めたパソコン、携帯電話、インターネットなどの新技術が二〇〇〇～〇二年の淘汰を経て、二〇〇八～〇九年までに経済の主流となれば、主要技術産業や成長産業は再び急成長し、生産性も向上するだろう。

このように、経済の基本トレンドが少なくとも二〇〇九年まで堅調に推移するにもかかわらず、住宅価格の伸びは株価を大きく下回り、多少下がる可能性さえある。なぜなら、住宅支出パターンを人口特性面からより詳細に見ると、一九九八～二〇〇三年にはすでにピーク水準に達しているからだ。

本章では、冒頭にも触れたように、自宅用住居と別荘のトレンドを重点的にとり上げていく。多くの人にとって、不動産は純資産の大部分を占めるものであり、単なる投資ではなくても、経済的安定や借入能力に影響を及ぼす。読者の自宅がある地域や、住宅購入あるいは引っ越しを考えている地域の不動産評価額については、第5章「人生設計」でも、新たな人口特性データベースを用いて予測していく。

住宅価格が高騰する要因

本章では、住宅や不動産に影響を及ぼす人口特性サイクルの各段階において、住宅の需要や価格に影響を及ぼす主要サイクルをすべて見ていく。住宅の伸びと価格に影響を及ぼす基本トレンドは四つある。

1　年齢と所得から予測される住宅支出トレンド

人口特性にもとづく支出トレンドが、住宅建築および住宅価格の上昇率を長期的に動かす最大の要因であることは明らかだ。本章ではこれを重点的にとり上げていく。人や世帯は年齢が上がるにつれ、ある程度まで住宅支出を増やすが、支出パターンは所得水準に大きく左右される。われわれの調べる人口特性トレンドから予測できるのは、二〇〇三年以降、住宅の伸びが著しく衰え、二〇一一年には住宅需要全般がピークに達し、その後は需要も価格も大幅に下落するということだ。

2　住宅ローン金利と住宅の値ごろ感

インフレ率が低いほど、住宅ローン金利も低くなる。住宅ローン金利が下がれば、より多くの人がより大きな住宅を買うことができ、住宅購入や住宅ローンの資格審査も通りやすくなる。

二〇〇二年後半から二〇〇三年前半以来、われわれは、景気がもっとしっかり回復してくれば、金利も住宅ローン金利も多少は上がると見てきた。だが、第3章で述べたインフレ指標を見ると、二〇〇四年半ばないし後半から二〇〇五年後半ないし二〇〇六年前半まではインフレ率も金利も落ち着き、再び緩やかに低下しそうだ。二〇〇六年以降は、インフレ率のごく緩やかな上昇が見られるだろうが、結果的に、今後二〇〇九年までのインフレ率は〇・五～三・〇％にとどまるだろう。今後、人口特性による低迷が予測されるものの、インフレ率と住宅ローン金利が二〇〇五年まで低い水準にとどまることで、その影響は緩和されるだろう。

3　建設過剰サイクル

住宅開発業者が需要増に反応して引き起こす建設過剰サイクルがある。それは過剰供給を生み、需要のピークより一足先に住宅価格を下落させることも多い。二〇〇四年に生じた住宅の過剰在庫は、二〇〇五年半ばから後半には解消されそうだ。その後二〇〇九年までは、住宅の価格も建設も、それまでよりずっと緩やかな伸びにとどまる。過去数年間の力強い住宅サイクルが、特に中・高価格帯の住宅で建設過剰をもたらしたことは明らかだ。建設過剰は、二〇〇四年以降の住宅価格の伸び悩みや低迷に拍車をかけ、二〇〇五年の終わり頃まで続くだろう。

4　全般的な景気トレンド

人口特性トレンドや住宅ローン金利の影響に加えて、景気全般が拡大し、雇用が伸びているときには、所得が増え、住宅購入やよりよい住宅への買い替え意欲がある程度高まるものだ。逆に景気全般が下降しているときには、消費者の将来の見通しが暗くなり、住宅をはじめとする大型耐久消費財も一定の影響を受ける。人口特性面から予測すると、景気全般は二〇〇三年後半からいっそう力強く回復し、二〇〇五年から二〇〇九年ないし二〇一〇年は低インフレで非常に力強い景気になりそうだ。

住宅需要と住宅価格は、こうした力強い景気トレンドのおかげで、人口特性から予測されるよりは堅調に推移するだろう。だが二〇〇九年ないし二〇一〇年以降は、一九九〇～二〇〇四年の日本と同様、人口の多いベビーブーム世代の人口特性がもたらしてきた全般的な支出の伸びが下降に転じるだろう。しかも、われわれ独自の長期インフレ指標からは、二〇一〇年以降にデフレが予測される。景気低迷とデフレにより、住宅および不動産価格は一九三〇年代前半以来、初めて大幅に下落し、一九九〇年以降の日本と同様、多くの分野がその後何年も低迷を続けるだろう。

住宅価格のトレンド

まず、一九七四年の不況以降の住宅価格トレンドを見てみよう。図4－1に示すように、一九七五年以降のこのブームでは、住宅価格は一九九〇年代初めの例外を除いておおむね着実に上昇を続けてきた。こうしたトレンドは一見、印象的だが、一九七五年以降に住宅の平均価格が四・四倍に伸びる一方で、ダウ工業株平均は一九七五～九九年に二〇倍以上、二〇〇四年まででも一八倍に伸びている。住宅価格の上昇が大きく感じられるのは、住宅ローンの影響である。

もちろん、一般に住宅価格は株価ほど変動しない。時とともに着実に上昇し、相場の下降局面でもさほど急激には下がらない。だが、株なら思い立ったときに簡単に売れるが、不動産の場合、一九三

図4-1　住宅価格の平均値と中央値（1975～2002年）

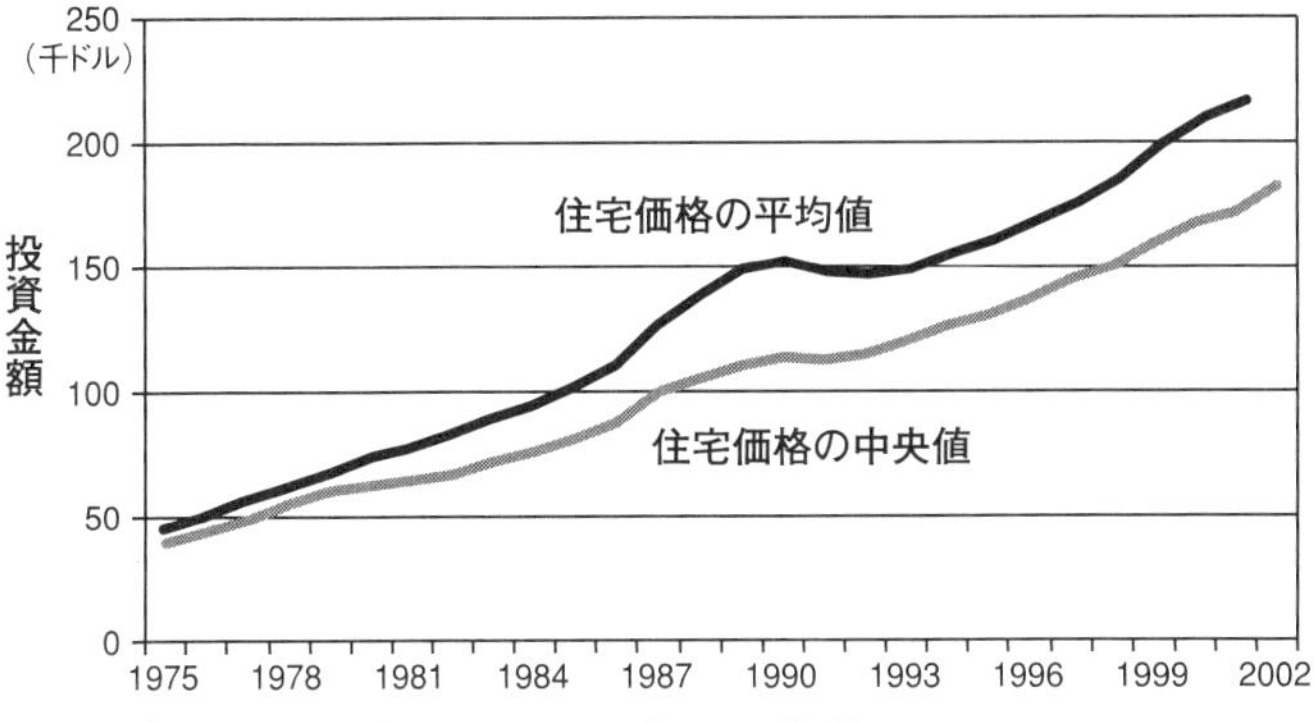

出所：ミルケン・インスティテュート、2002年9月

〇年代前半や一九九〇年代前半のように建設過剰や需要の急速な落ち込みが起きても、そう簡単に処分できるものではない。これらの時期、住宅は罠のように感じられ、一見、着実な価格上昇が見込まれる住宅がリスクの高い投資となった。

また、多くの住宅には多額の住宅ローンが組まれており、住宅ローンは住宅価格の上昇も下落も増幅させることを忘れてはならない。二〇〇三年七月以降のわれわれの予測によると、住宅価格は二〇〇三年後半から二〇〇五年まで横ばいで推移するかやや下がり（下がる可能性の方が高い）、二〇一一～一四年には（おそらくそれ以降も）、大幅に下落するだろう。

人口特性にもとづく需要トレンドから最初に読みとれるのは、今後二〇〇九年までの住宅価格の伸びはこれまでより鈍く、特に二〇〇四～〇五年の間は緩やかに下がる可能性があるということだ。だが、住宅開発業者、住宅ローン業者、住宅購入者、そして投資家にとって、もっと重要なことは、住宅はわれわれが分析する他の多くの支出カテゴリーとは違って、年齢によって需要が単純に変動するわけではないということである。新世代の消費者が年齢を重ね、予測される支出とニーズのサイクルを通過していく間にも、消費者のライフサイクルの中で住宅購入が急増する時期は何度もあるし、高所得層か低所得層か、商業用（オフィス、店舗、ホテルなど）か住宅用（アパート・マンション、自宅、別荘、退職者用住居など）かによっても、購入パターンに大きな違いがある。

住宅価格に大暴落はあるか？

二〇〇二～〇三年は住宅バブルが話題になり、『来るべき住宅相場の暴落（*The Coming Crash in the Housing Market*）』と題する本が出版された。著者のジョン・タルボット（および他の多くの予測専門家）は、二〇〇〇～〇二年の株価下落に遅れて不動産価格が下落すると予測してきた。負債や住宅価格の上昇トレンドに関するデータがあふれるなか、彼はこう論じた――株価暴落直後の一九三〇年代前半のアメリカや、一九九〇年代前半の日本がそうだったように、消費者は株式資産の現実を感じた数年後に、住宅価値の現実を感じるのだ、と。

だが、こうした株価暴落が起こったのは、それぞれの国の全体的な人口特性トレンドが下降に転じた後、しばらくしてからだった。第1章でも述べたように、最近のアメリカの株価下落は、一九二〇年代前半の技術の成長過程における大規模な淘汰とバブル崩壊劇によく似ている。「狂乱の二〇年代」における淘汰とバブル崩壊は、結果的に一九二九年後半までのさらに大規模なブームとハイテク・バブルを生んだ。われわれは住宅価格の暴落はないと見ている。なぜなら、人口特性にもとづく支出トレンド全般と住宅ローン金利は非常に良好な状態が続いているので、景気が好調だからだ。

今後二〇〇九年までは、住宅市場の中では集合住宅、別荘および退職者用住宅、準郊外の各セグメントが、また商業用不動産ではホテルと店舗が比較的順調だろう。二〇一〇年代前半までにベビーブーム世代の支出の波がピークに達し、それに向けて再び建設過剰サイクルが生じると、大半の分野が大幅に下落しそうだ。二〇〇五年から二〇〇九年ないし二〇一〇年に、再び次の株価バブルが起きるとわれわれは見ているが、二〇〇九年ないし二〇一〇年から二〇一二年ないし二〇一四年の間に、二〇〇〇～〇二年よりさらに激しい株価暴落と企業や技術の淘汰が起きれば、結果的に景気と住宅市場の低迷に拍車がかかるだろう。

住宅購入の人口統計学

できるだけ総合的な見方ができるよう、住宅購入を四つの異なる角度から検討することにする。すなわち、年齢別に見た住宅購入総額（買い替えの売却額を除いたベース）、平均住宅購入価格、平均住宅評価額、住宅ローン金利支払額の四つである。そして、これら四つの側面を三つの所得水準、すなわち、上位二〇％、中位四〇％、下位四〇％に分けて検討する。

最初に注意してほしい点は、住宅購入は消費支出の他の分野とは異なるということだ。住宅は耐久年数が長く、新規購入によって住宅総戸数がどんどん増え、土地取得の可能性や環境収容力が逼迫するからである。こうした制約にもかかわらず需要が伸びると、通常は価格上昇トレンドが生まれる。また、ほとんどの住宅は住宅ローンで購入され、長い期間をかけて返済される。したがって、多額の初期費用はかかるが、住宅ローン金利や維持費、固定資産税など大半の費用は、長期にわたって均等に支払われる。このように、住宅購入戸数や住宅評価額の伸びを明確に把握するためには、住宅購入を様々な面から検討する必要があるのだ。

図4-2 住宅購入総額（年齢による推移）

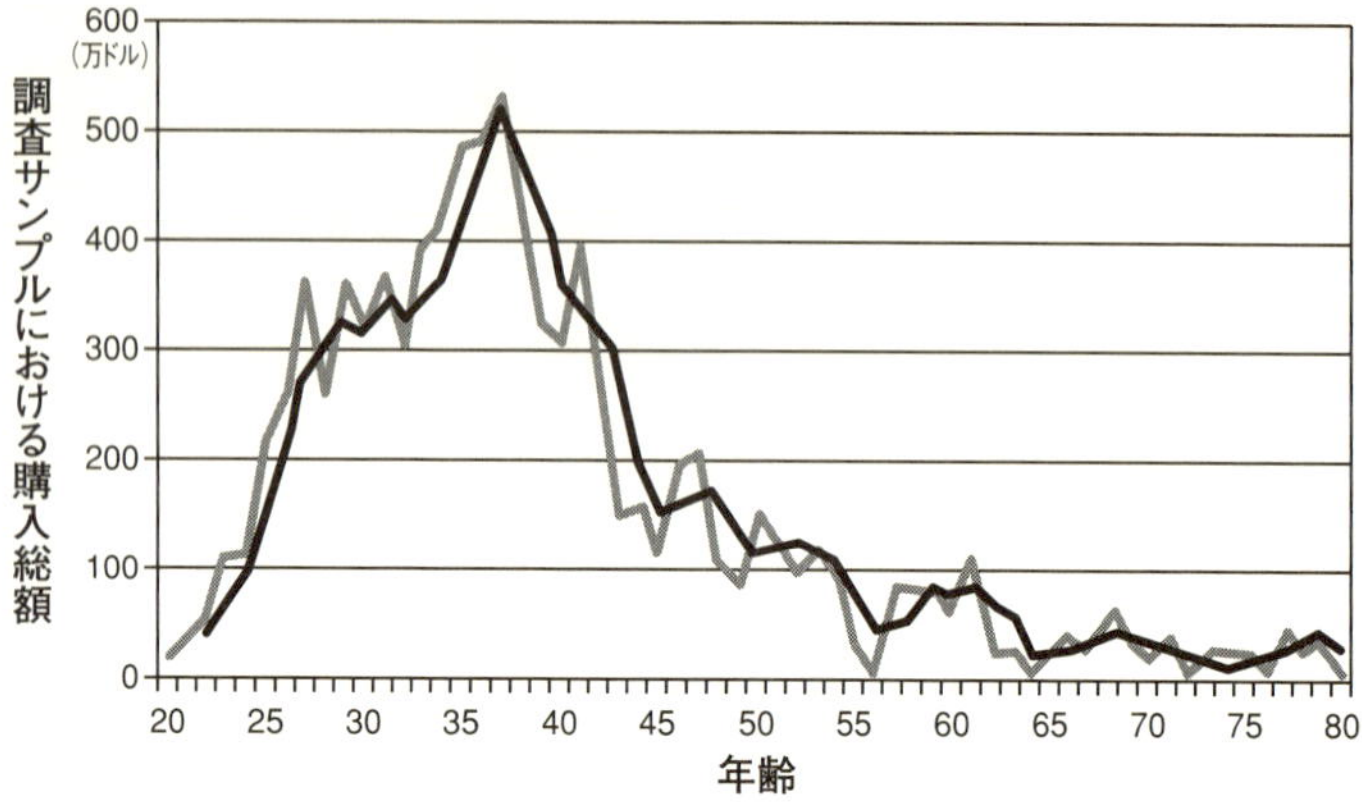

出所：米労働統計局、2000年消費支出調査

現在われわれが米労働統計局の消費支出調査から追跡している一次的なデータは、サンプル調査による一九九六～二〇〇〇年の年齢別住宅購入総額（図4―2）である。このグラフは、ベビーブーム世代が年齢を重ねるなかで毎年生み出される新規の住宅市場規模に最も近いものだ。

ここで注意すべき点は、どのグラフにも二本のラインが示されていることだ。グレーのラインは実際の調査データで、黒いラインは、調査サンプル数がかなり少ないため、三年移動平均をとってトレンドを多少ならしたものだ。図4―2から読みとれることを要約すると、住宅購入が最も多いのは、二六歳（平均結婚年齢および賃借サイクルのピーク）から四二歳の間だということだ。

このグラフを見ると、三七歳に向けて住宅購入が急増しているのがわかる。二八歳から三一歳まで最初の持ち家の購入が急増し、三七歳まで買い替え購入が急増する。それを過ぎると下り坂になり、四二歳を過ぎるとさらに少なくなる。最も人口の多い一九六一年生

図4-3　平均住宅購入価格（年齢による推移）

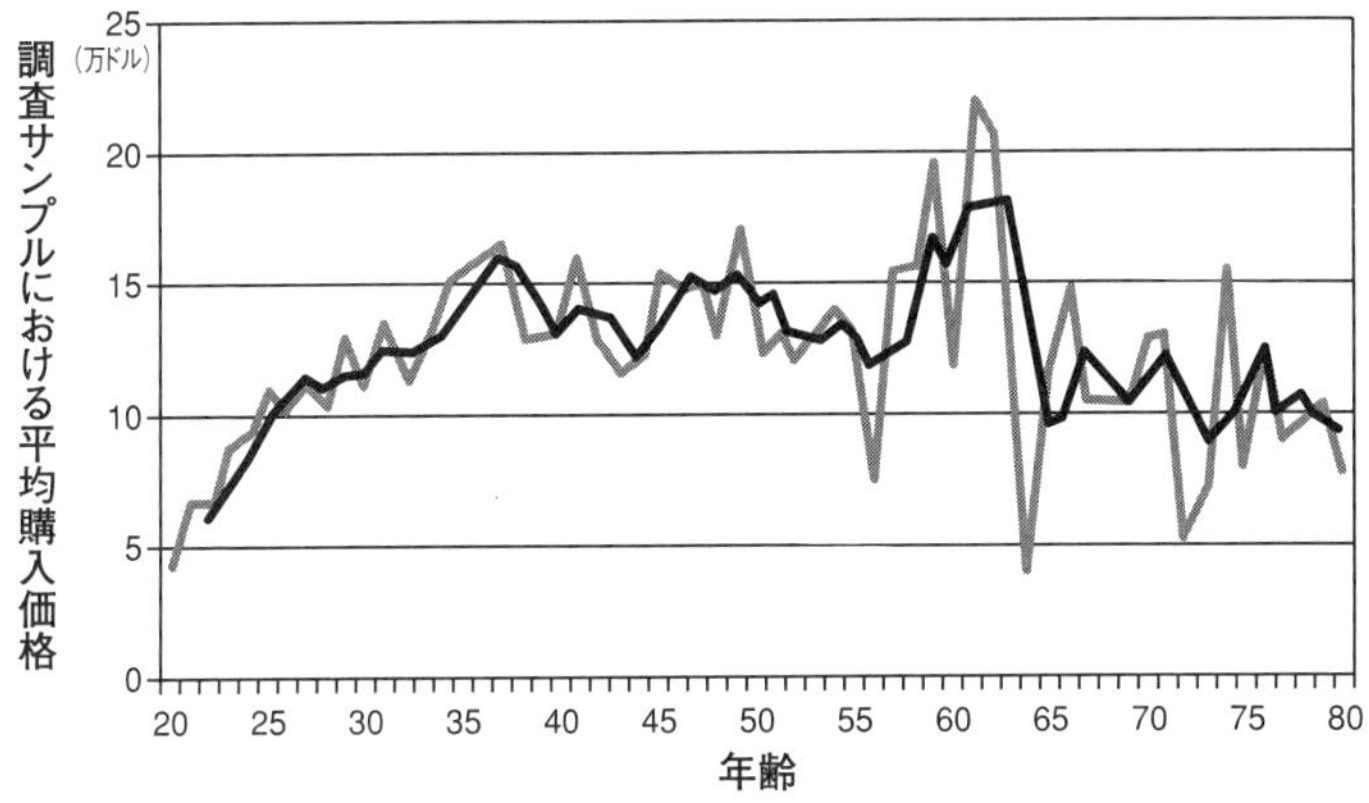

出所：米労働統計局、2000年消費支出調査

まれのベビーブーマーたちは、一九九八年に住宅購入の最初のピークを迎え、二〇〇三年に四二歳で第二のピークを迎えたことになる。

もちろん、だからといって市場全体のピークが過ぎたわけではない。前より減ったとはいえ、住宅が購入されるたびに住宅総戸数は増え続けるからだ。だが、二〇〇四年には明らかに翳りが見え始め、今後もそれが続くと見られる。下り坂の途中、四七歳前後（人口が最も多い一九六一年生まれのベビーブーマーたちがこの年齢になるのは二〇〇八年）と五七歳から六一歳（同二〇二二年）に二度目の急増が見られる。

図4-3に、住宅購入者の平均購入価格を年齢別に示す。このグラフからは、買い替えサイクル、各年齢層の購入価格、価格上昇トレンドについてより深く読みとることができる。

年齢および所得層別のピーク価格に一般的なインフレ率を加味し、二〇〇三年のように建設過剰が明らかな場合はそれを差し引いた数値を出すと、その数値に比例して住宅は大型化する傾向がある。二四〜三一歳

図4-4 平均住宅評価額（年齢による推移）

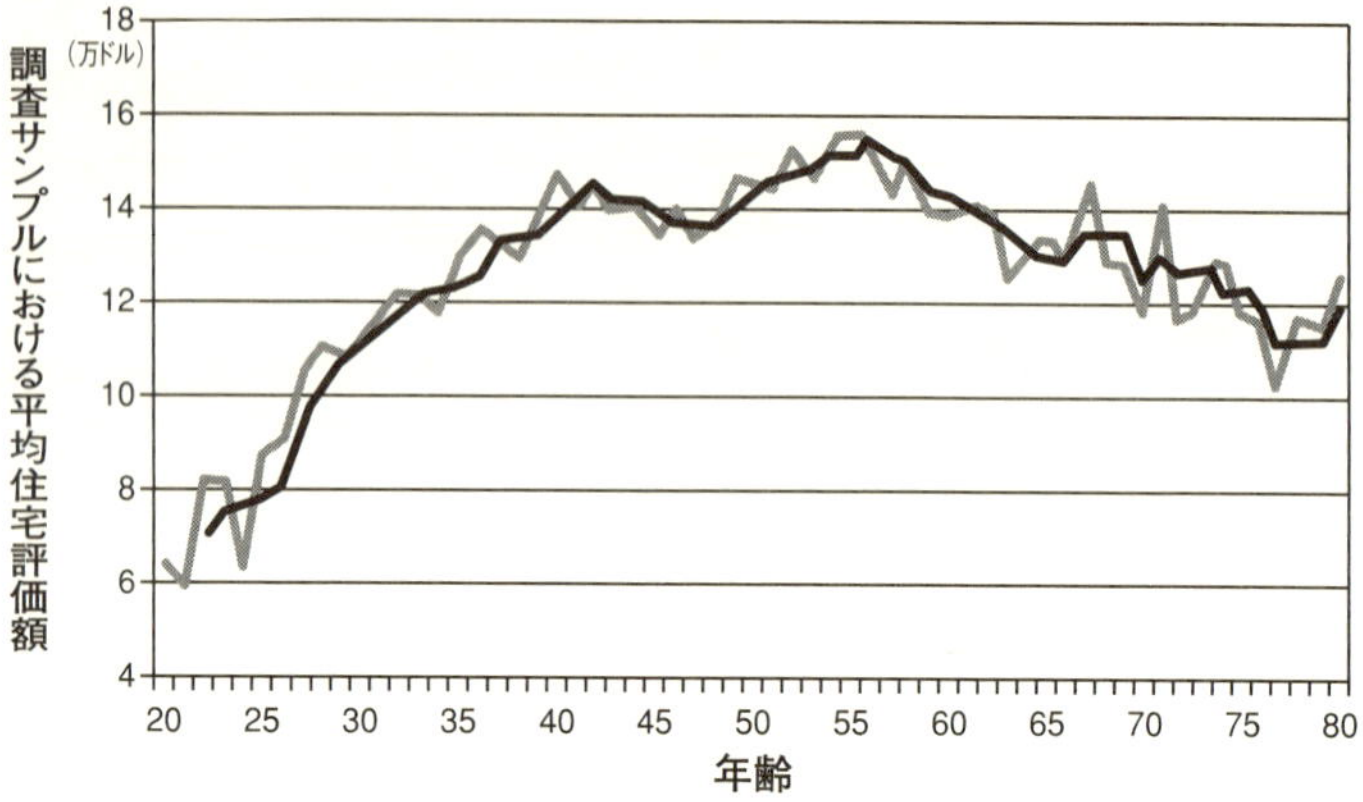

出所：米労働統計局、2000年消費支出調査

の間に、最初の持ち家の購入価格は一〇万ドル前後から一四万ドル近くへと上昇する。その後三七歳で、今度はよりよい住宅への買い替え購入がピークを迎え、四一歳（二〇〇二年）までもう一度急上昇して一七万ドル前後に達する。

買い替えによる急上昇はその後二回あり、四四～四九歳（二〇〇五～一〇年）の間に一七万五〇〇〇ドルに達し、五七～六二歳（二〇一八～二三年）の最大の買い替えサイクルでは約二二万ドルまで上昇する。住宅購入の勢いはすでにピークを過ぎているが、二〇一〇年に四九歳前後の購入価格トレンドのピークが迫るなか、価格トレンドは今後二〇〇九年まで（二〇〇五年までの値下がりを経て）ごく緩やかな上昇を続ける公算が大きい。

図4―4は、年齢に伴う平均住宅評価額の推移を示したものだ。ここにもよりよい住宅への買い替えサイクルが見てとれるが、同時に住宅規模の縮小が始まる時期もわかる。住宅評価額は三九歳まで徐々に上がり、約一四万五〇〇〇ドルでピークに達する。その後、四

図4-5　住宅所有者の人口比率（年齢による推移）

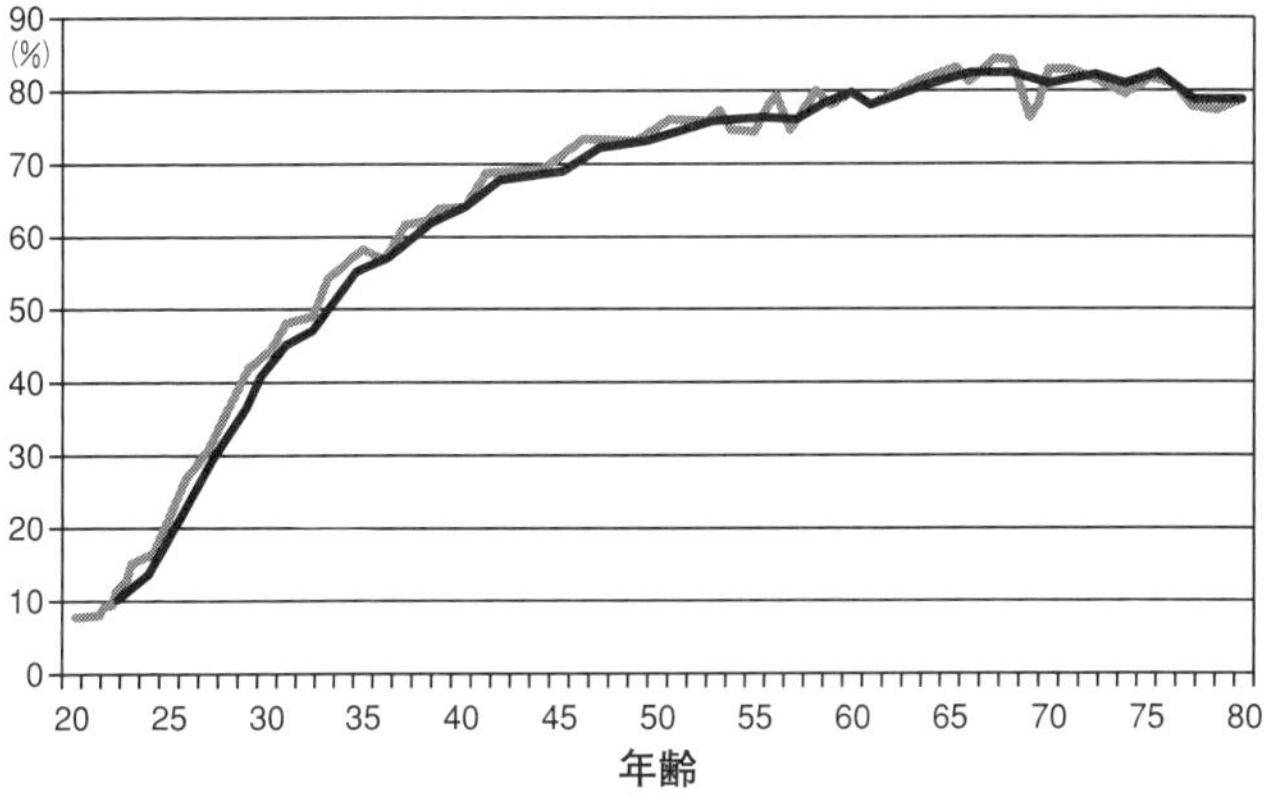

出所：米労働統計局、2000年消費支出調査

七～五六歳頃に再び上昇し、一五万六〇〇〇ドルに達する。五六歳（この年齢のベビーブーマー人口がピークを迎えるのは二〇一七年）を過ぎると、より小さな家に住み替える世帯も出てきて、中・高価格帯住宅を中心に売り圧力が生じる。

図4－3を見ると、平均購入価格が最も高いのは五〇代後半から六〇代前半だが、この年代は住宅購入者のごく一部を占めるに過ぎない。低下する平均住宅評価額（図4－4）と上昇する平均購入価格（図4－3）の乖離が強く示唆しているのは、五〇代後半から六〇代前半で増える住宅所有者の多くは住宅を相続しているということだ。これらの相続住宅の平均評価額は比較的低いが、五〇代後半から六〇代前半で実際に住宅を購入する少数派にとっては、総じてこれが最も高額の住宅購入であり、一般世帯にとってはこれが最終的な買い替えサイクルとなる。

住宅市場における最も基本的なトレンドのひとつは、世帯年齢が上がり経済的余裕が生まれるにつれて、住宅ローン審査に合格して住宅を所有する世帯の割合が

図4-6 住宅ローン金利の平均年間支払額（年齢による推移）

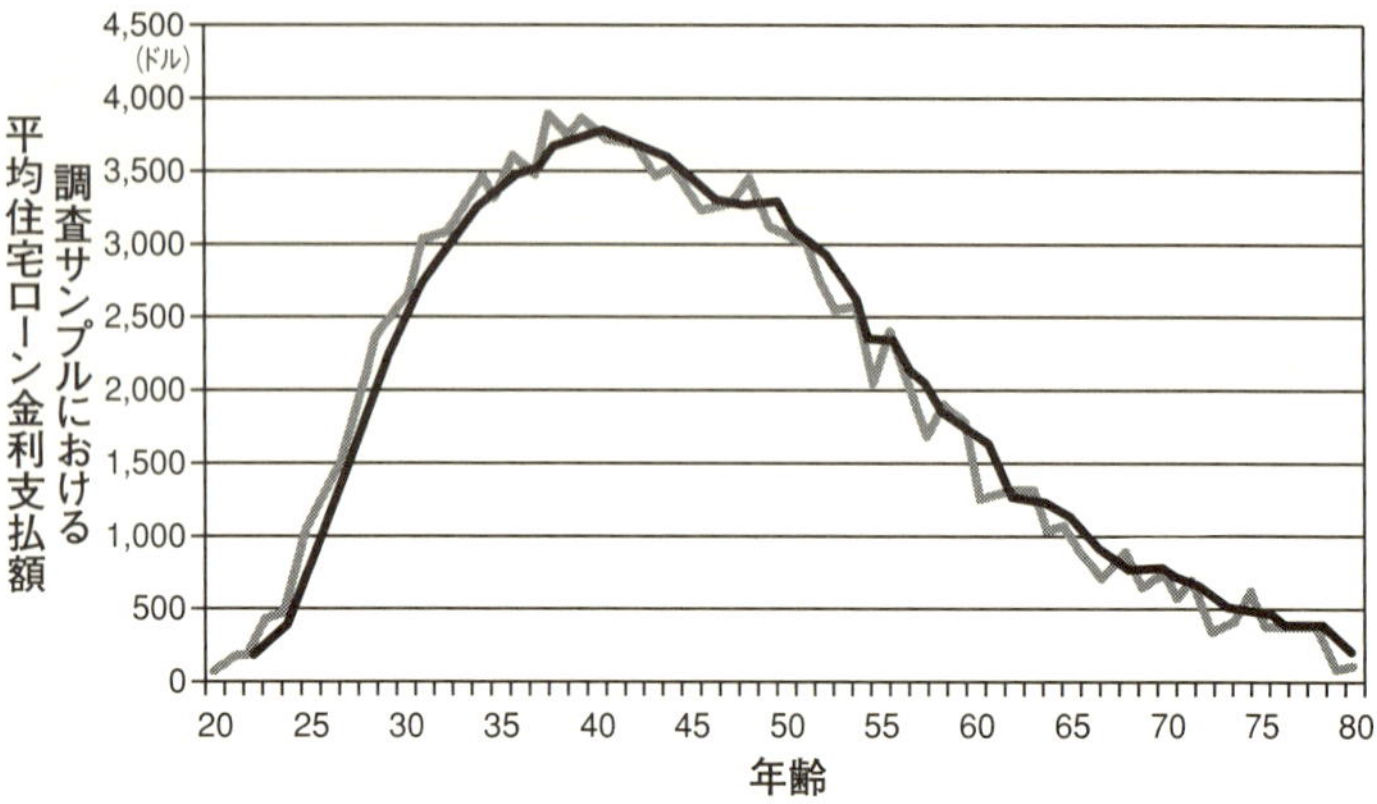

出所：米労働統計局、2000年消費支出調査

上がるということである。図4－5を見ると、持ち家比率は四〇代前半まで急上昇して七〇％に達し、その後六〇代後半まではより緩やかに伸び、八三％でピークに達する。現在、全体の平均は六八％だが、今後数年間は明らかに上昇が続き、高価格帯よりも低・中価格帯の住宅需要が増えるだろう。本章で後述するように、高所得者層は比較的早い時期に一生で最も大きな家を買うが、時とともに低所得者層による住宅購入や住宅相続も増えてくる。

　図4－6を見ると、住宅ローン金利の支払いは四一歳まで徐々に上昇し、その後はライフサイクルを通じて減り続けることがわかる。また、このグラフからは、図4－2のピークが三七歳だったのに対し、全体的な購入気運のピークは四一歳（ベビーブーム世代にとっては二〇〇二年）であることもうかがえる。

　本章で後述するように、三七歳以降は比較的裕福な世帯の住宅ローン金利支払いが激減する。ほとんどの世帯は住宅ローンを組んで、長期にわたって徐々に返済する。しかし年齢が上がると、貯蓄や既存の住宅資

図4-7　住宅ローンを抱える人の割合（年齢による推移）

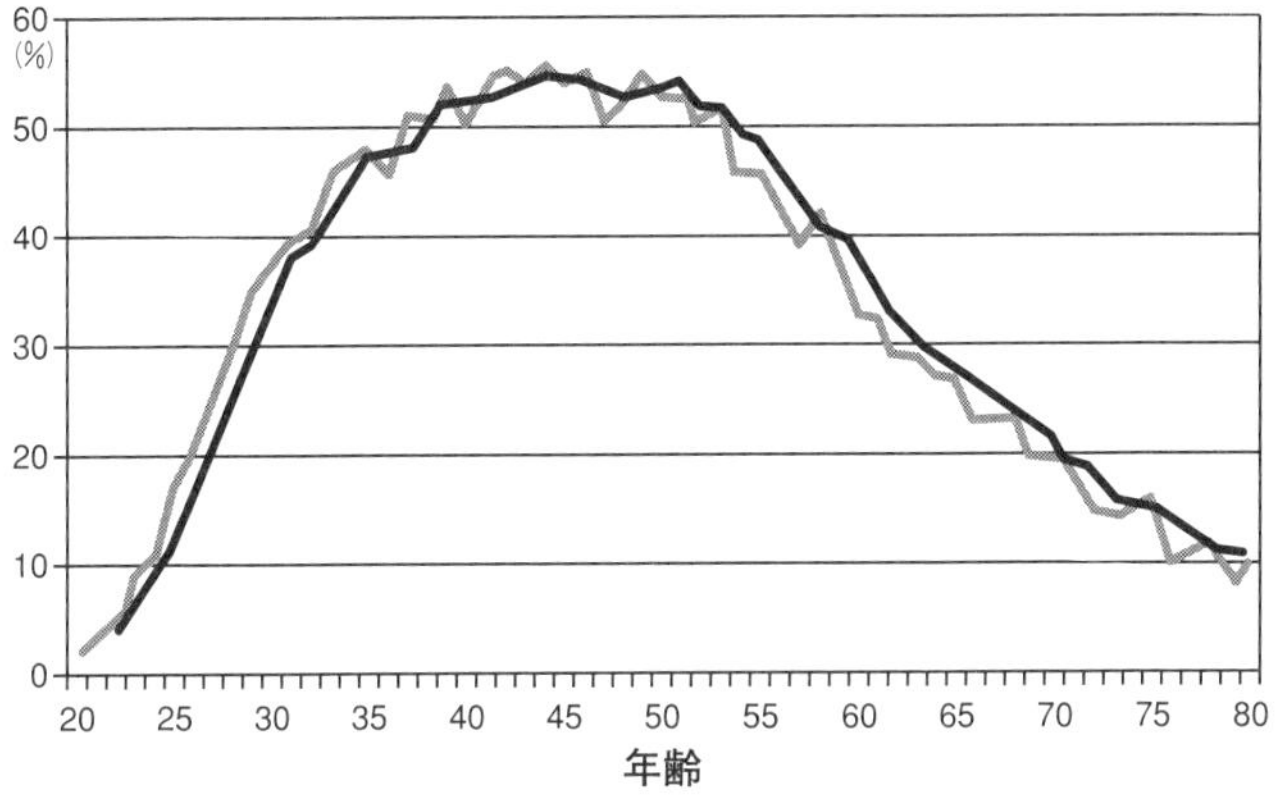

出所：米労働統計局、2000年消費支出調査

産があるため現金で支払う世帯が増えるし、親が支払い済みの家を相続する世帯も出てくる。図4－7は住宅ローンを抱える世帯の割合を示したものだ。こうした世帯の割合は四〇代半ばまで上昇して五五％でピークに達し、横ばいが続いた後、平均住宅評価額がピークに達し住宅規模の縮小が始まる五六歳以降、徐々に低下している。

図4－8では、自宅の初回購入と買い替え購入のサイクルをより詳しく観察できる。このグラフは、全米不動産業協会の調査をもとに、初回購入者すなわち最初の持ち家の購入者と、リピート購入者すなわち買い替え購入者の割合を示している。初回購入者数が最も増えるのは二五～三四歳である。

これらの統計を独自に加工すると、初回購入のピーク年齢は三一～三二歳頃であることがうかがえる。初回購入年齢の中央値は三一歳で、この年齢の前後がピークであることを裏付けている。リピート購入者が最も多くなるのは三五～四四歳で、データを加工すると四〇～四一歳頃になる。リピート購入年齢の中央値は

図4-8 住宅の初回購入者とリピート購入者

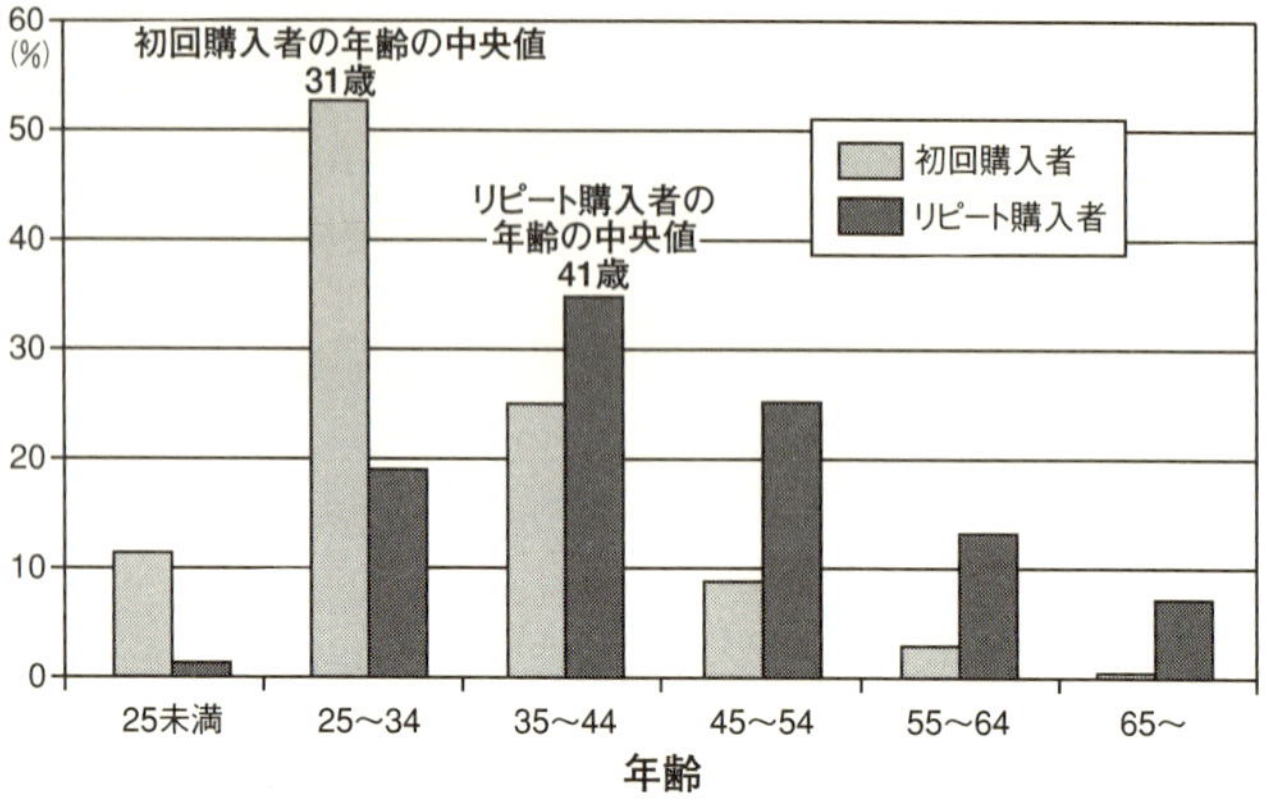

出所：全米不動産業協会

四一歳で、住宅ローン金利の支払いピークが四一歳であることからも、この年齢の前後がピークであることがわかる。

図4―9は、消費支出調査から得た各年齢別の購入者数を示したものだ。このグラフによると、購入者数がピークに達するのは三八歳で、第二のピークは四二歳である。このグラフからも、住宅購入者数が最も増えるのは二六〜四二歳であることがわかる。一九八六〜二〇〇三年まで、ベビーブーム世代の中でも最も人数の多い生まれ年の人々がこのサイクルを通過してきた。

ここで注意してほしいのは、四二歳（この年齢のベビーブーマー人口が最も増えるのは二〇〇三年）から四九歳（同二〇一一年）を過ぎると、住宅購入者数が激減することである。このことから、住宅が二〇〇三年まで過剰に建設されたこと、新築住宅への需要が今後二〇〇九年まで低迷し続けることが、はっきりとうかがえる。二〇〇五年後半には住宅価格が再び緩やかに上昇する可能性があり、建設過剰も解消しそうだ。

図4-9　住宅購入者数（年齢による推移）

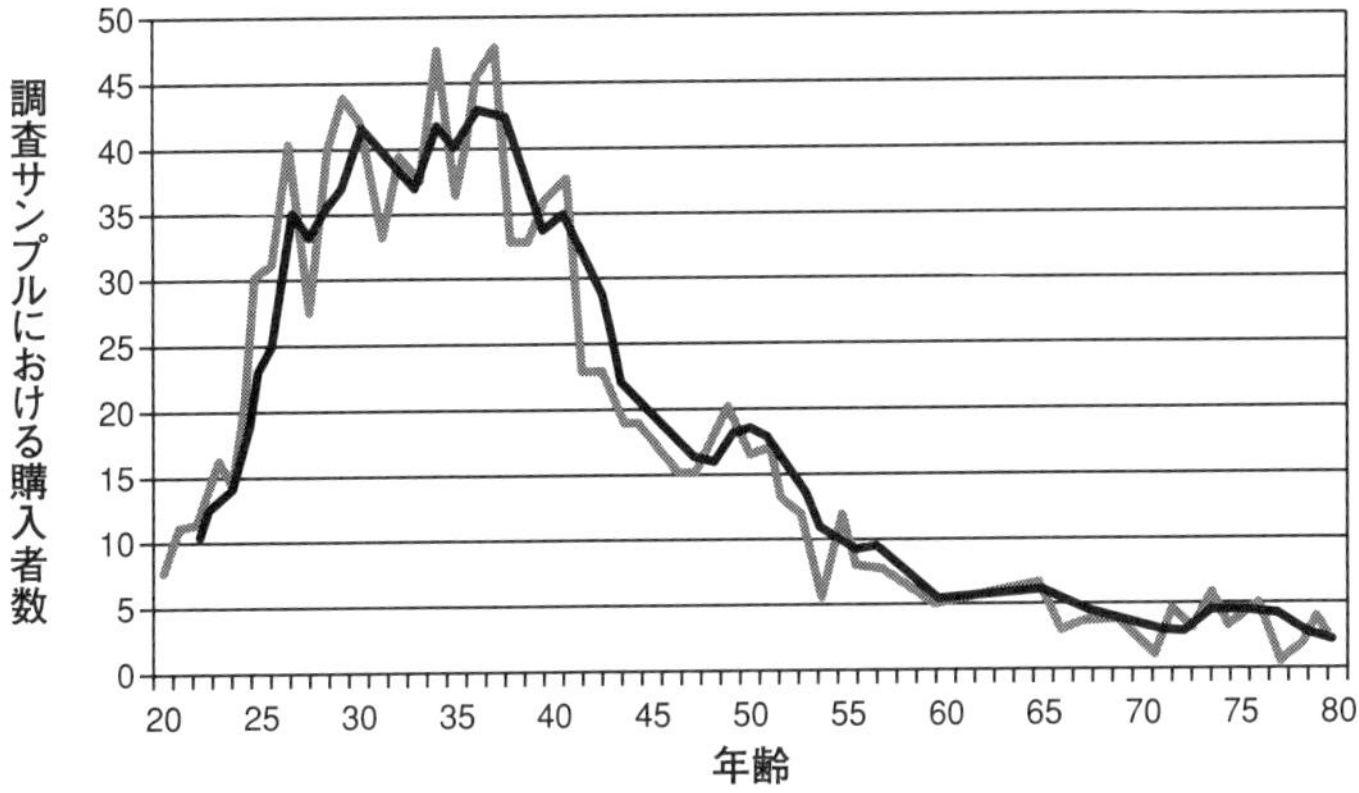

出所：米労働統計局、2000年消費支出調査

だが、平均購入価格も平均住宅評価額も四二歳を過ぎると上がらないため、価格上昇はごくわずかにとどまる公算が大きい。

人口特性トレンドのまとめ

住宅ローン金利で見ても、買い替えで見ても、住宅増加の勢いは遅くとも四一歳か四二歳で明らかにピークに達する。住宅購入者総数が三七歳でピークに達するのは、どちらかと言えば上位二〇％の高所得購入者の影響が大きい。つまり、二〇〇三年後半には、人口特性トレンドから見た成長のピークは明らかに過ぎているのだ。二〇〇三年半ばまで住宅市場と住宅価格が好調に保たれたのは、住宅ローン金利が劇的に低下したおかげでもあったが、そのトレンドもほぼ終わった。住宅価格は二〇〇五年まで横ばい、または低迷を続けるだろう。

二〇〇五年後半ないし二〇〇六年には再び買い替え購入サイクルが訪れ、全般的な人口特性トレンドによる平均購入価格と平均住宅評価額の上昇が起きるため、

図4-10 上位20%の所得層の住宅購入総額（年齢による推移）

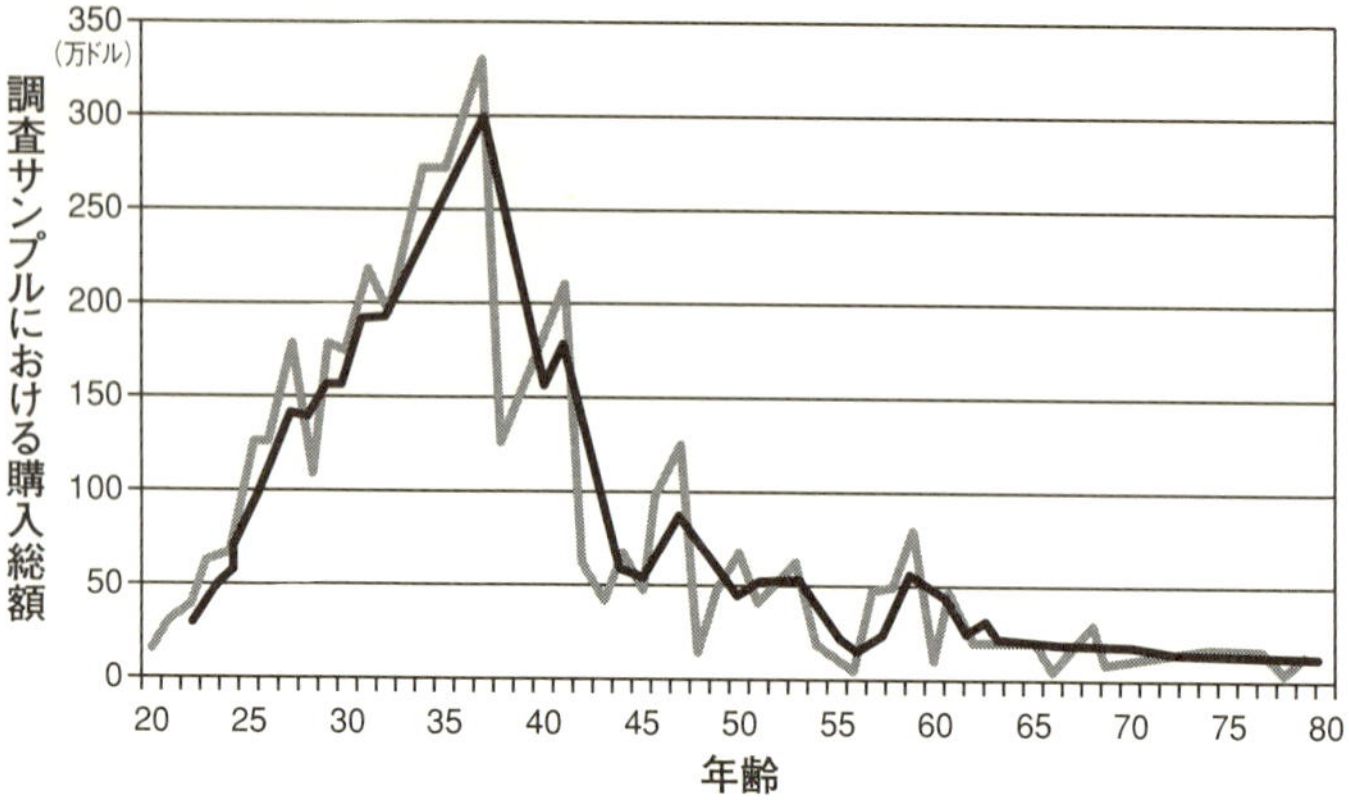

出所：米労働統計局、2000年消費支出調査

二〇一〇年ないし二〇一一年までは穏やかな成長と住宅価格の伸びが見込まれる。しかし、住宅市場と住宅価格の成長が最も著しかった時期は明らかに過ぎ、住宅産業の伸びは今後二〇〇九年まで経済全般の伸びを下回るだろう。住宅建設業者および住宅開発業者にとって、別荘およびアパート・マンション市場が成長分野となることは、本章で後述する。

高所得者層の住宅購入パターン

住宅購入パターンは収入によって大きく異なる。それを理解しておくことは重要である。高所得者層は初回購入も買い替えも比較的早く、比較的高価な住宅を購入するため、購入金額では市場の最大部分を占める。

図4－10は、上位二〇%の高所得者層の年齢別の住宅購入総額である。この層では、住宅購入者数が年齢によって激しく増減する。二七歳まで初回購入者が急増し、その後三七歳まで買い替え購入者が急増する。つまり、ベビーブーム世代で最も人数の多い生まれ年の人々は一九九八年までに高所得者層の購入ピーク年

図4-11　上位20%の所得層の平均住宅購入価格（年齢による推移）

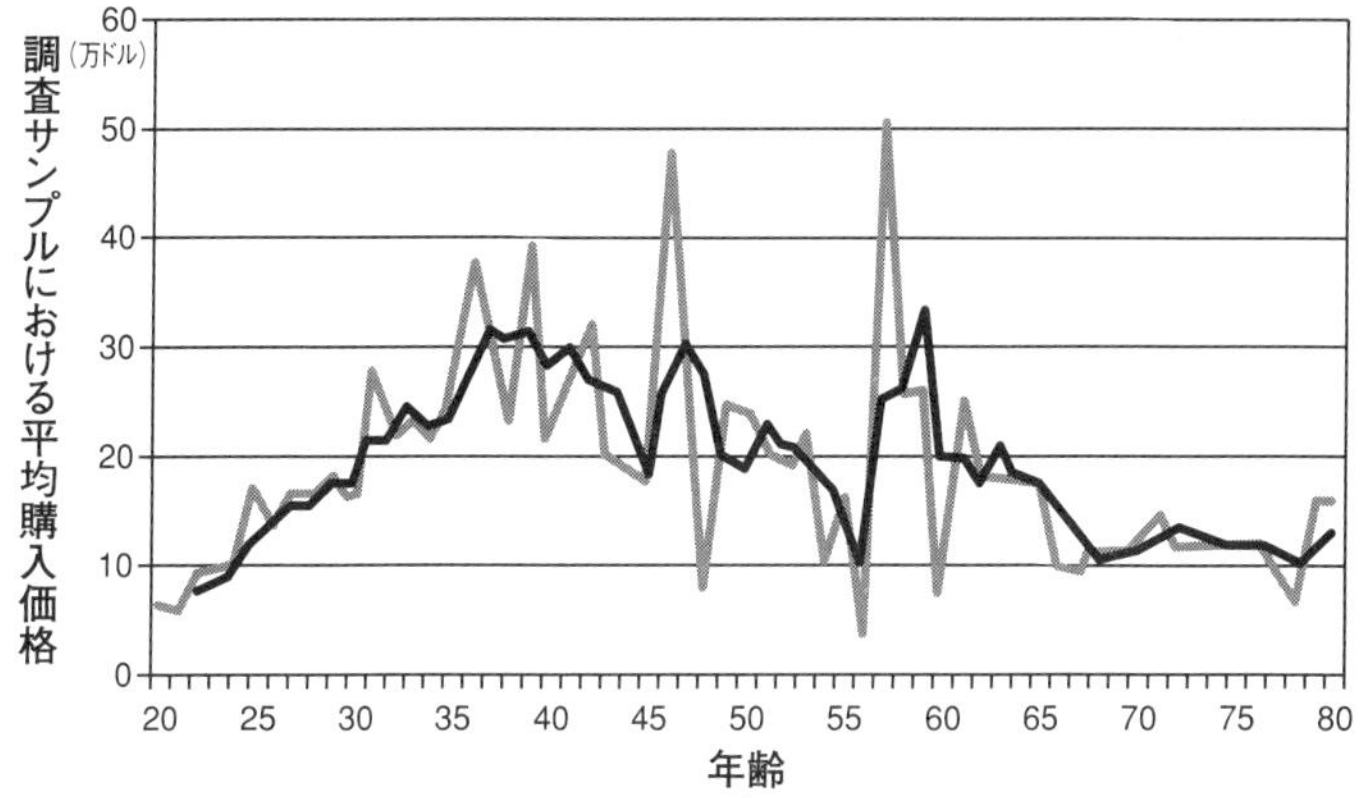

出所：米労働統計局、2000年消費支出調査

齢を過ぎたということである。その後、四一歳（この年齢のベビーブーマー人口が最も増えるのは二〇〇二年）と四七歳（同二〇〇八年）の二度、第二の急増が見られる。四九歳から五九歳（同二〇一〇〜二〇年）までは、住宅購入は低い水準にとどまるが、五四歳を過ぎるとこの層がより小さな家に住み替え始めるので、二〇一六年以降は盛り返す。

図4－11は、住宅購入者における住宅の平均購入価格を示したものだ。平均購入価格は、三九歳（この年齢のベビーブーマー人口が最も増えるのは二〇〇〇年）まで順調に伸びて四〇万ドルに達し、四六歳（同二〇〇七年）前後と五七歳（同二〇一八年）前後で一時的に急増し、五〇万ドルでピークに達する。図4－12を見ると、持ち家の平均評価額は五四歳でピークに達し、子供が巣立った後は住宅規模の縮小が始まることがわかる。この層における住宅ローン金利の支払い（図4－13）は、三五歳で早々とピークに達し、四〇歳以降は大幅に低下する。住宅ローン産業の高所得者市場は、ときどき借り換えが急増する以外は、今後何年

図4-12 上位20%の所得層の持ち家の平均評価額(年齢による推移)

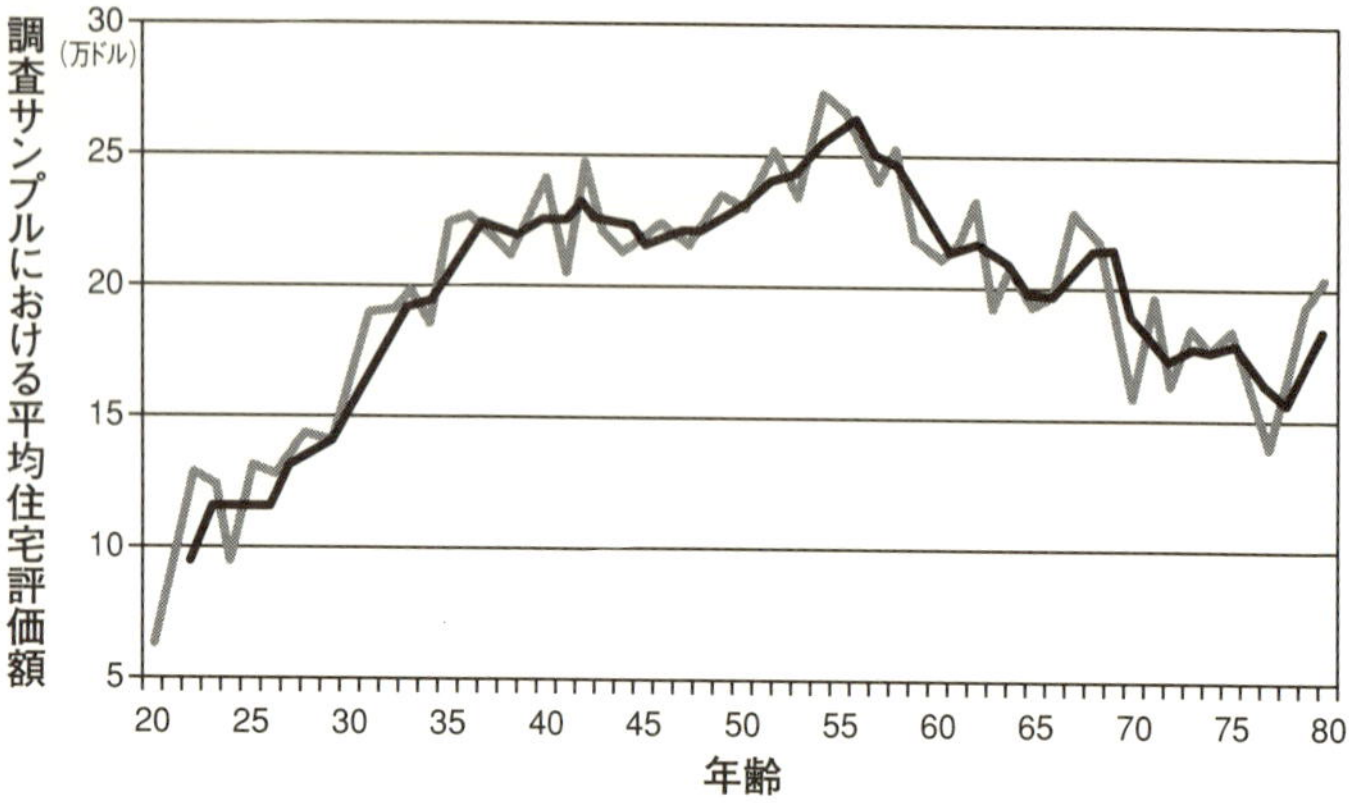

出所:米労働統計局、2000年消費支出調査

図4-13 上位20%の所得層の住宅ローン金利の平均年間支払額(年齢による推移)

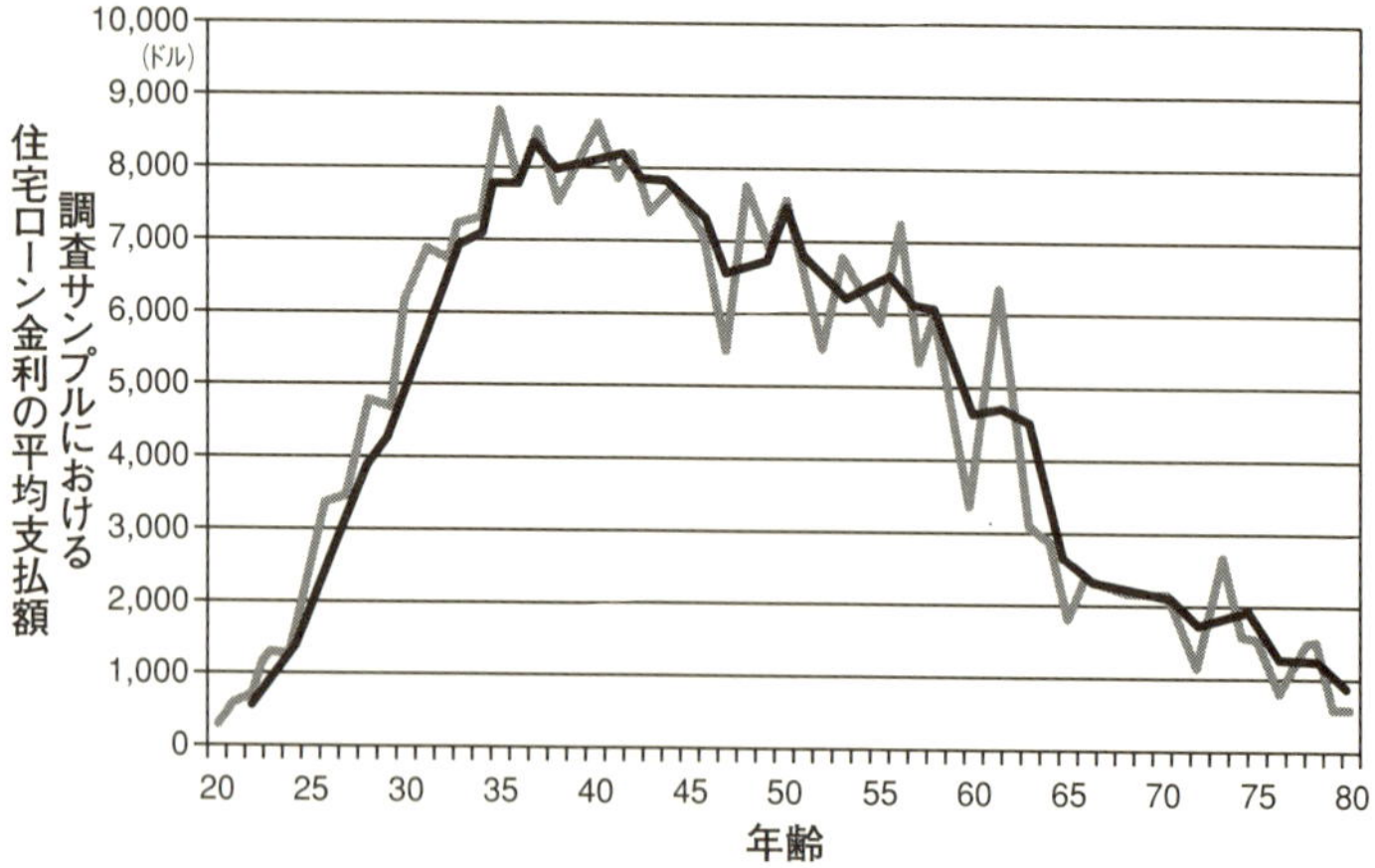

出所:米労働統計局、2000年消費支出調査

も低迷し続けるだろう。

高所得者層において住宅購入者数が最も急速に伸びたのは一九九八〜二〇〇二年だったが、すでに過去の話だ。二〇〇三年までは住宅ローン金利がきわめて低かったことで、高所得者層に限らずあらゆる市場で購入価格が高く保たれた。二〇〇二年および二〇〇三年まであれほど好調だった高所得市場だが、二〇〇四年には最も急激に落ち込み、二〇〇五年半ばないし後半までは低迷が続くと見られる。

この市場は四七歳前後の最後の購入者増により、株価バブルが予想される二〇〇八年ないし二〇〇九年まで再び緩やかに成長する可能性がある。二〇一一年までに景気が下降に転じた場合、住宅用不動産市場の中でも、この分野が最も大きな打撃を受けるだろう。

高級住宅相場は変動幅も最大

高価格住宅のための「大型」ローンは、通常、購入者の所得も信用格付けも高いのに、なぜ金利が高いのだろう。そう不思議に思ったことはないだろうか。それは、高級住宅は上げ相場では値段が急上昇するが、下げ相場での値下がりも急激だと銀行が知っているからである。成長株やハイテク株がS&P五〇〇より高リスクなのと同じで、高価格住宅のリスクも高い。一九九〇年代前半の住宅市場低迷時には、平均価格帯の住宅の値下がり幅が一〇%未満だったのに対し、最高価格帯では四〇〜五〇%も値下がりしたケースもあった。

図4−14は、アメリカ東部の都市部の高級住宅地における価格動向を示したものだ。このグラフと次の三つのグラフは、フィデリティ・ナショナル・インフォメーション・ソリューションズ（FNIS）から得た。同社のウェブサイト（www.fnis.com）には、数多くの有益な論文が紹介されていて、

図4-14 アメリカ北東部の都市部における住宅価格トレンド

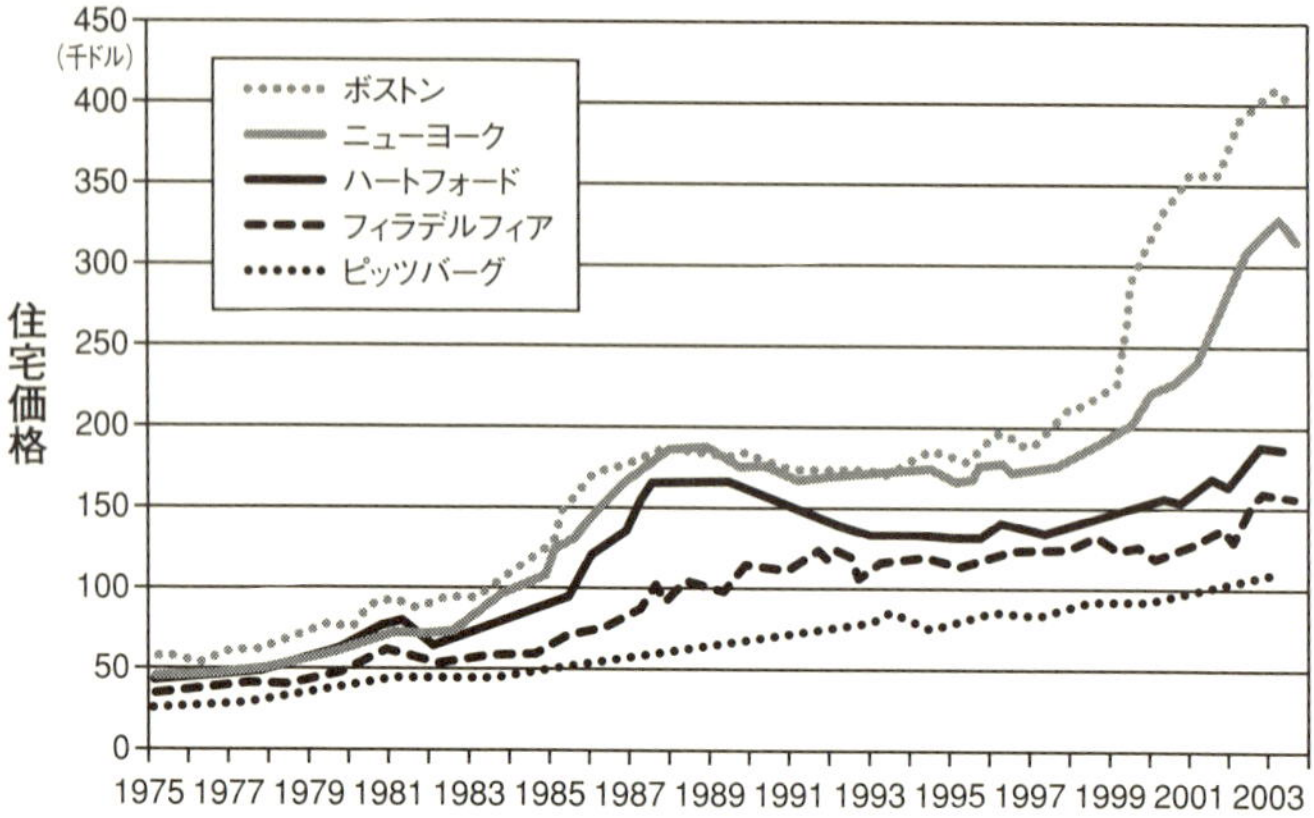

出所：フィデリティ・ナショナル・インフォメーション・ソリューションズの許可を得て使用

無料で閲覧できるほか、有料で利用できる情報も豊富にある。

図4−14を見ればわかるように、東海岸の大都市圏の中で、ボストンの住宅価格の中央値は最も高く、二〇〇三年時点で四〇万ドルだった。二位はニューヨークの三〇万ドル、最も低いのはピッツバーグの一一万ドルだった。要するに、相場が高いほどブーム期の値上がり幅も大きいということである。二〇〇四年もそうだが、価格が頂点に達し伸びが鈍化すると、通常、相場の高い市場の方が暴落するリスクは高い。

図4−15は、カリフォルニア州南部の様々な市場の相場を示したもので、最も高いのがサンタバーバラ、最も低いのがベイカーズフィールドとなっている。このことからも、最近のブームにおいて、サンタバーバラ（最高四〇万ドル）やロサンゼルス（最高三〇万ドル）など最高価格帯市場の相場の伸びが最も急速だったことがわかる。サンバーナディーノの住宅価格は全国平均に近い一八万ドルまでしか上

図4-15 カリフォルニア州の主要市場における住宅価格トレンド

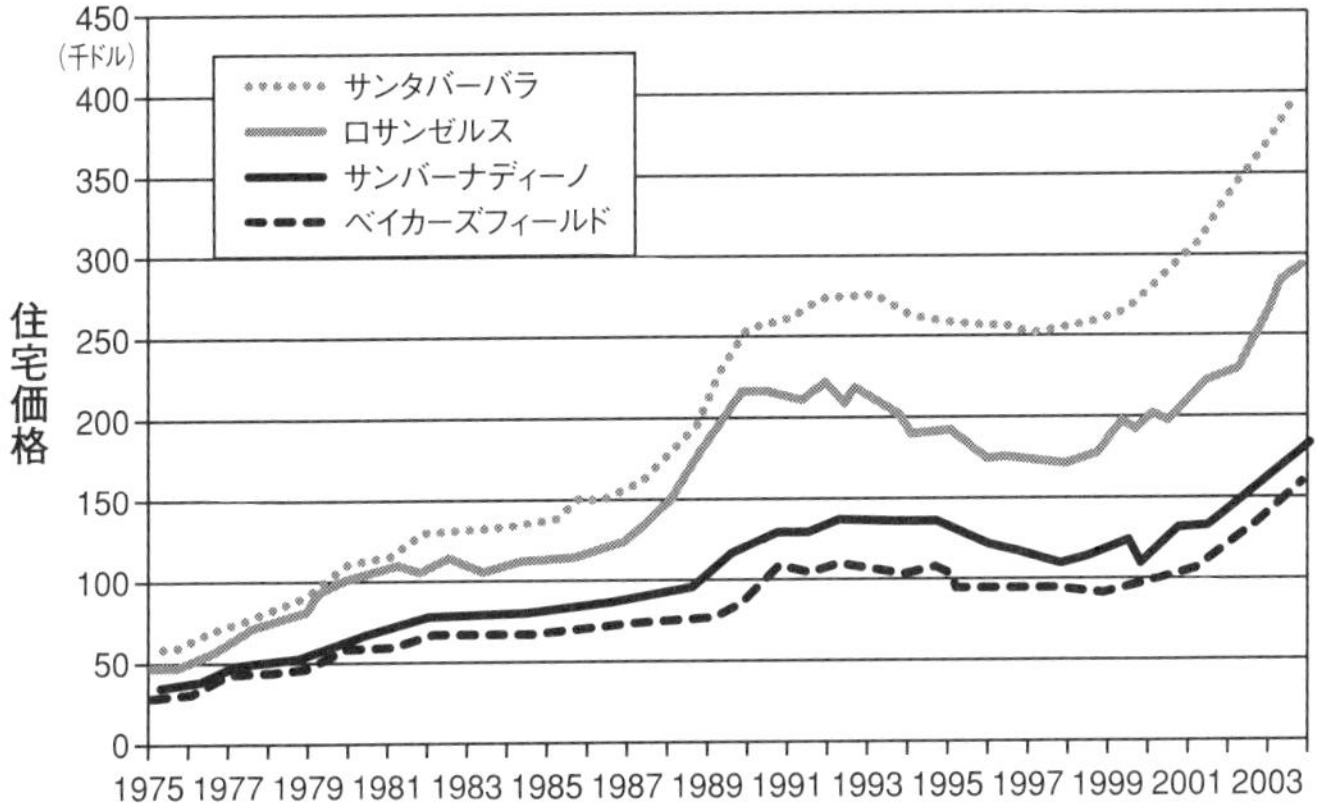

出所：フィデリティ・ナショナル・インフォメーション・ソリューションズの許可を得て使用

がらず、大ロサンゼルス圏でも数少ない手頃な価格のエリアのひとつになっている。都心を離れた渓谷地域に位置するベイカーズフィールドはどこよりも相場上昇が緩やかで、住宅価格も最低の約一六万五〇〇〇ドルとなっている。

図4–16を見ると、住宅ブームにおいては、高価格市場の高級住宅ほど価格が急速に上昇し、より大きなバブルが生じることがよくわかる。このグラフは、ニューヨーク市郊外の最高級住宅地のひとつ、コネチカット州グリニッチの様々な規模の住宅の価格を示している。床面積五〇〇〇～七四九九平方フィートの住宅の中でも最大級の住宅の平均価格は四〇〇万ドルで、最も急速に上昇している。床面積四〇〇〇～四九九九平方フィートの住宅の中で最大級の住宅の平均価格は二九〇万ドルで、こちらも同じくらい急速に上昇している。ところが、住宅の規模や価格帯が下がるにつれ、価格の伸びは緩やかになってくる。

二〇〇四年、住宅価格が低迷するなか、一部の地

図4-16 住宅規模別の住宅価格トレンド――コネチカット州グリニッチ

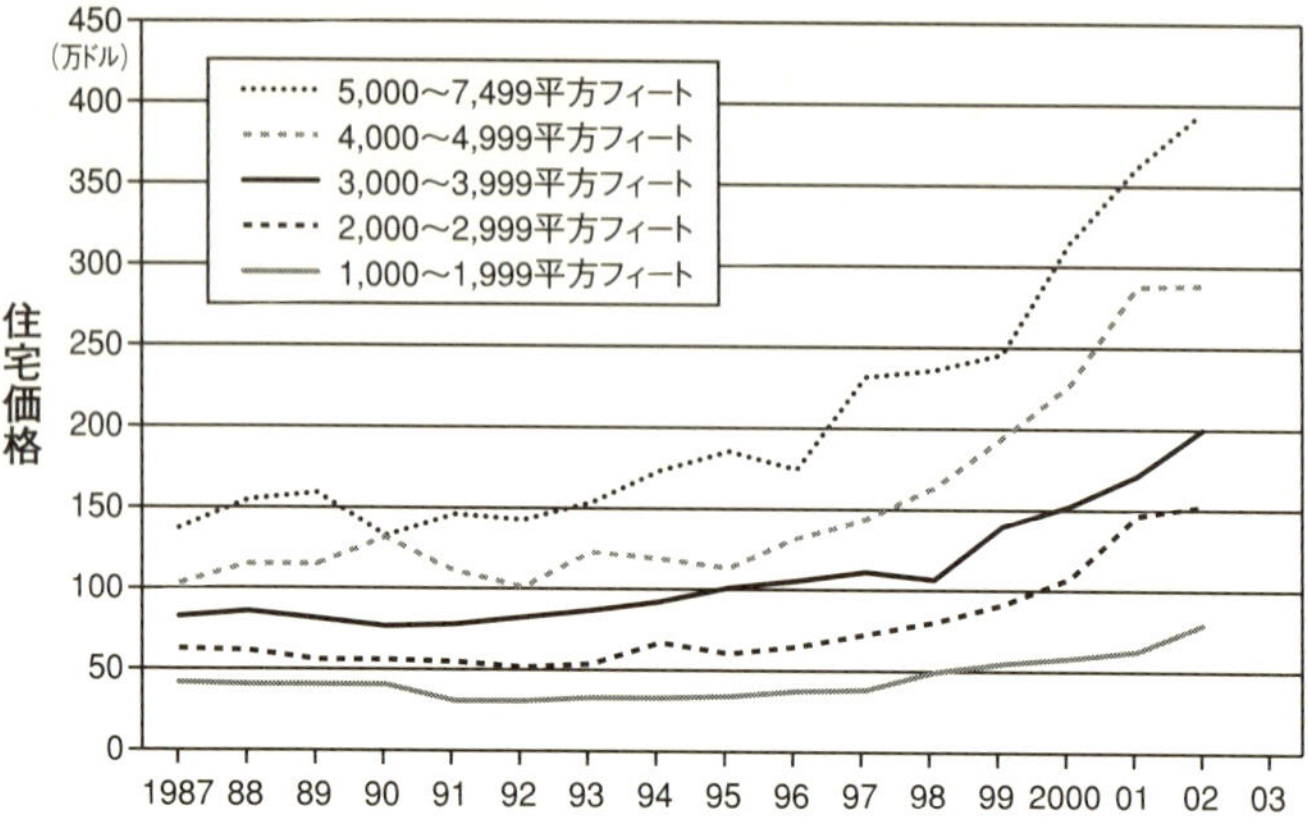

出所：フィデリティ・ナショナル・インフォメーション・ソリューションズの許可を得て使用

域で高級住宅の相場が急落し始めているのも意外ではない。まず、図4―10で示したように、三七歳のピークと四一歳から四二歳頃の第二のピーク後の購入総額の落ち込みは、上位二〇％の所得層の方が急激である。それに、上昇が急激な場合、値下がり時の下落リスクもより大きくなるだろう。

ＦＮＩＳは、読者の住む大都市市場でこうした下落が起きる時期を予測するのに役立つ二つの指標を作成している。そのひとつは「不動産先行指標」で、アメリカの三一六の大都市市場のそれぞれについて作成されている。図4―17は、西部で最も価格が高騰しているサンフランシスコの不動産先行指標を示したものである。この指標は、二〇〇〇年前半以降の価格低迷を事前に警告してきたが、今ようやく、再び穏やかな上昇を見せ始めている。

もうひとつは「売買指標」という、より短期の指標である。この指標は、株式市場や商品市場の「オシレータ」指標と同じように、不動産市場における売買の勢いを測り、転換点を見極めるものだ。サン

図4-17　FNIS不動産先行指標——サンフランシスコ（1986〜2004年）

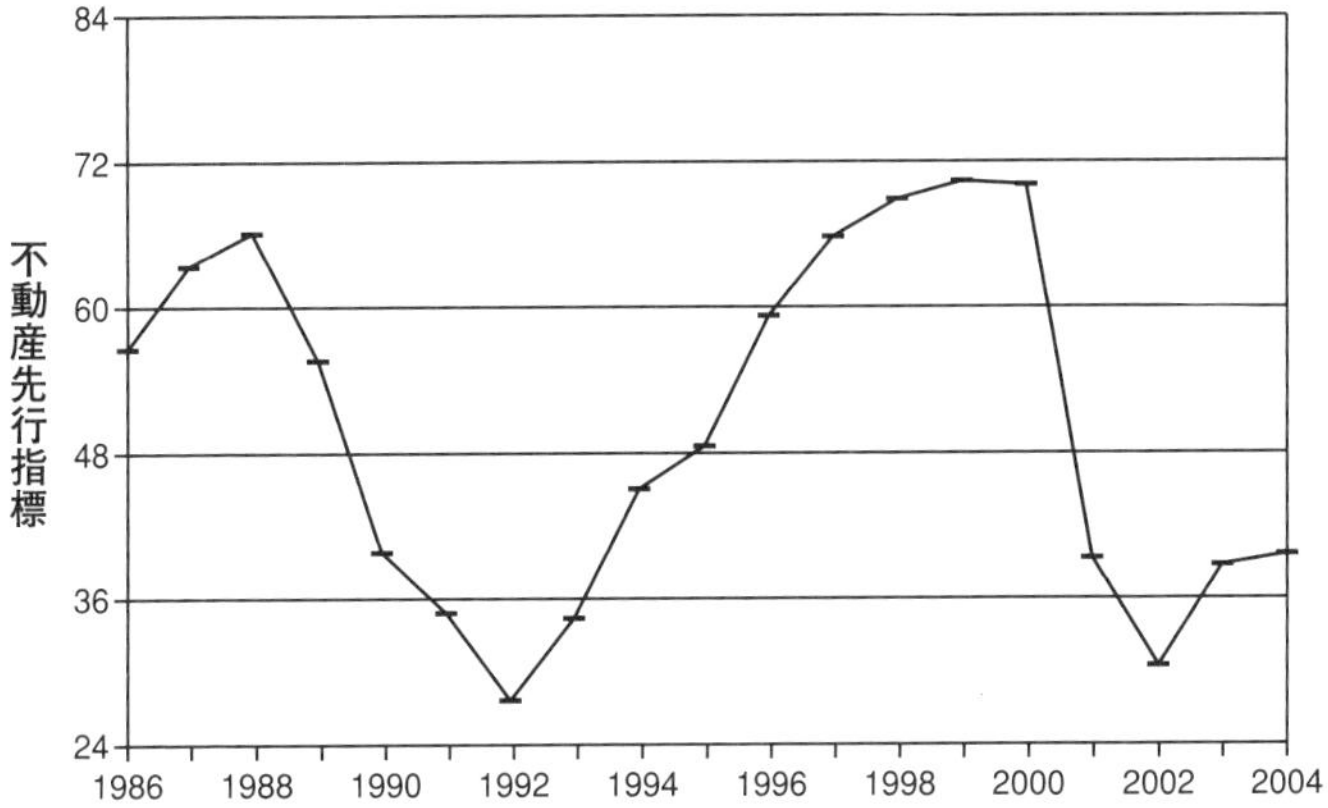

出所：フィデリティ・ナショナル・インフォメーション・ソリューションズの許可を得て使用

フランシスコの売買指標を見ると、二〇〇三年末は売りシグナルを出す寸前の状況だったことがわかる。住宅価格はそれ以降、明らかに低迷しており、多くの高級住宅地で一〇〜二〇％下落している。第5章では、人口統計学を投資ポートフォリオだけでなく人生設計に用いる革新的なアプローチを検討するが、その中で、この二つをはじめとする様々な指標を読者の住む地域に当てはめる方法についても説明する。

中所得者層の購入パターン

中所得市場は、所得の上位二〇〜六〇％までの四〇％を占める「中」ないし「中の上」の所得層である。この市場は、世帯数は高所得市場の二倍だが、住宅購買力はピーク時でも高所得市場の六四％に過ぎない。この層でも購入の勢いはピークを過ぎている。図4−18の住宅購入総額を見ると、初回購入サイクルが三一歳まで、買い替えサイクルが三九歳までとなっている。この層の買い替えサイクルは二〇〇〇年にピークに達したようだ。それ以降、四〇歳

図4-18 中位40%の所得層の住宅購入総額(年齢による推移)

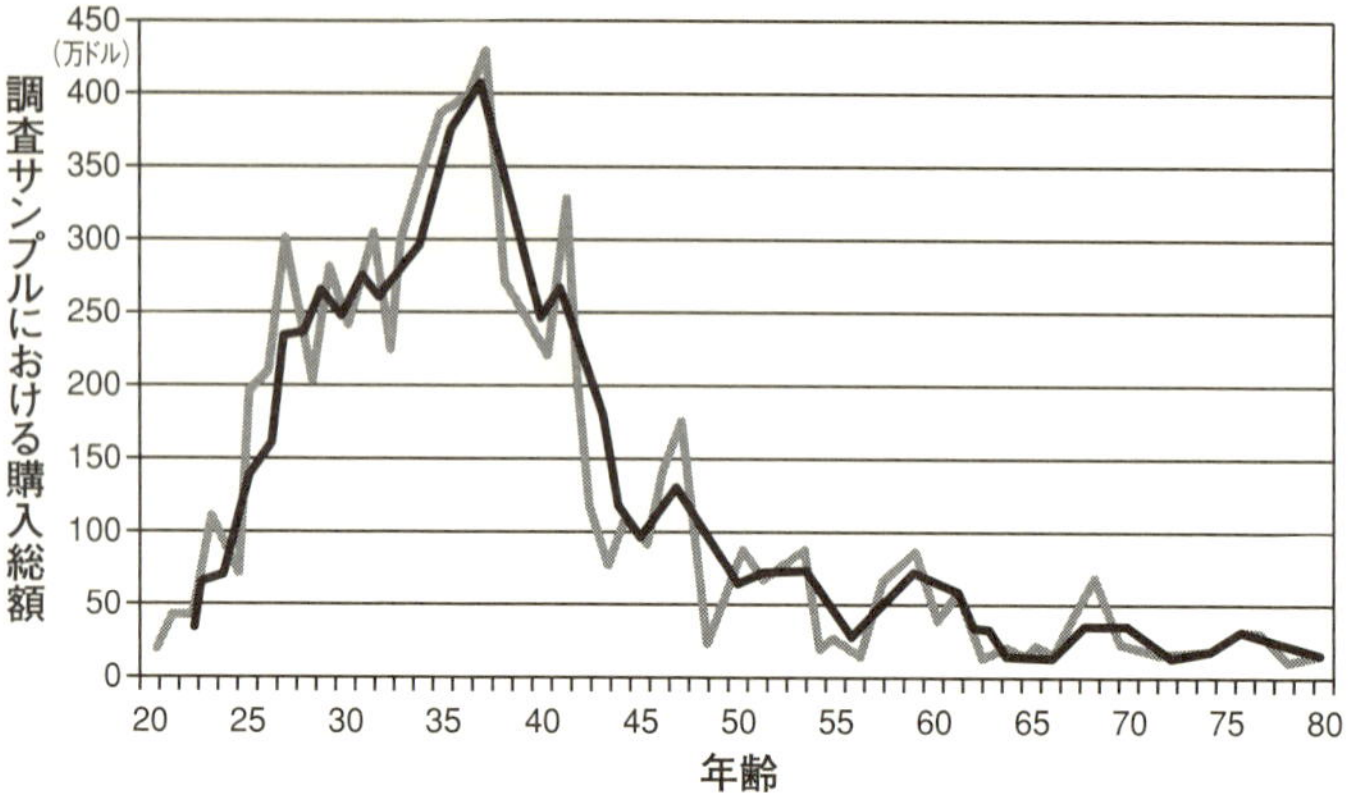

出所：米労働統計局、2000年消費支出調査

図4-19 中位40%の所得層の平均住宅購入価格(年齢による推移)

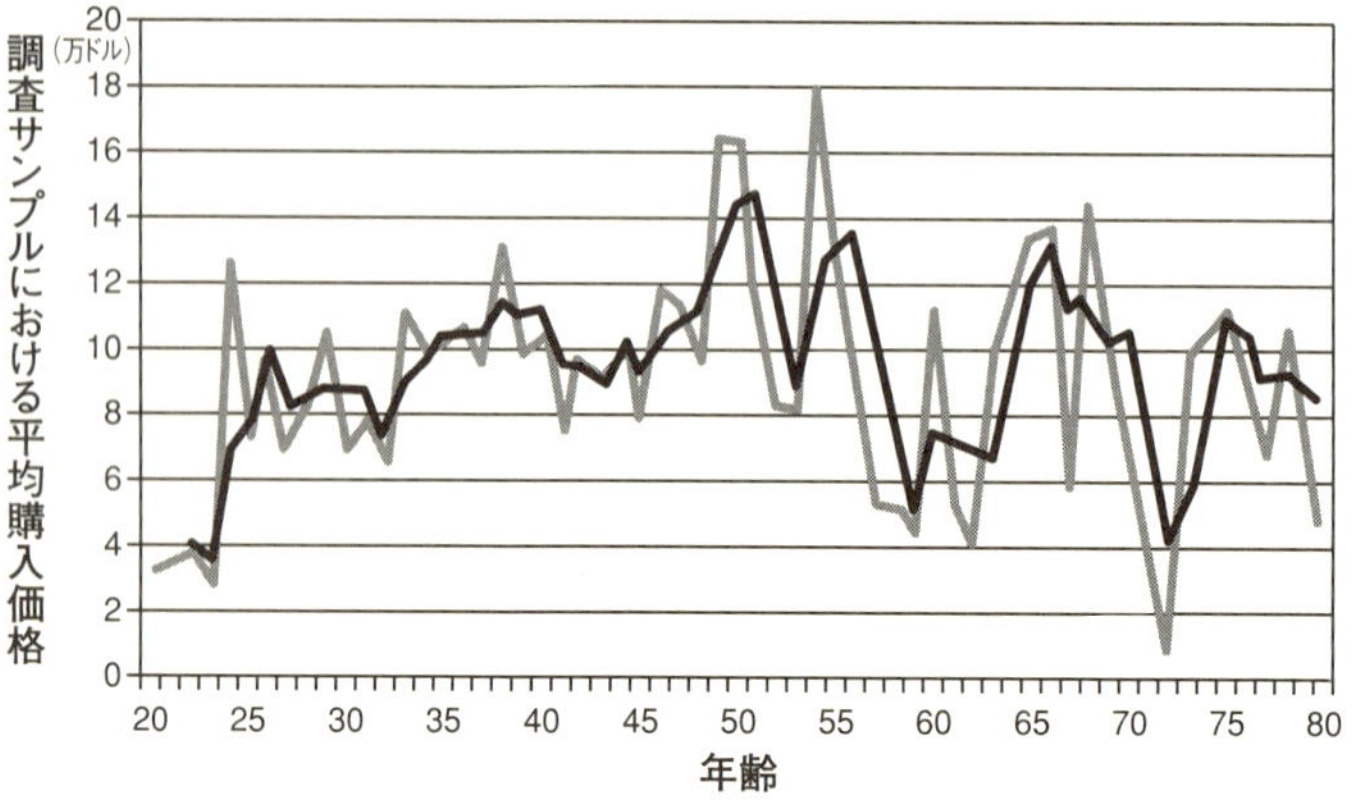

出所：米労働統計局、2000年消費支出調査

図4-20　中位40%の所得層の平均住宅評価額(年齢による推移)

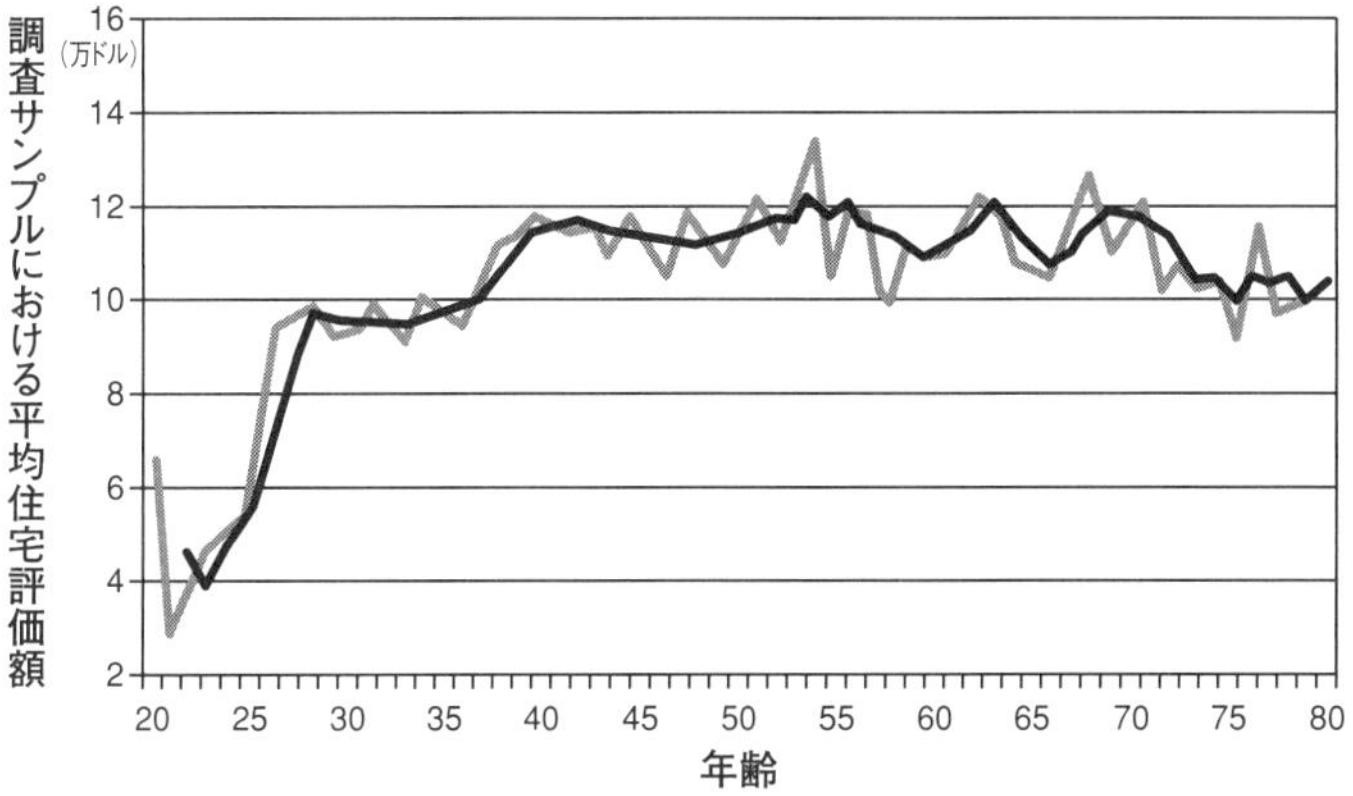

出所：米労働統計局、2000年消費支出調査

から四二歳で購入総額が急激に落ち込んだ後、四三歳頃、五二歳頃、五六歳頃に、買い替えのちょっとした急増が連続して見られる。

図4―19は平均購入価格を示したもので、三八歳まで着実に上昇し、約一三万ドルに達している。ここで注意すべき点は、上位二〇％の高所得者層は、同じくらいの年齢で三倍以上の四〇万ドルの住宅を購入していることだ。その後、四六～五四歳には買い替えによる購入価格の最も急激な上昇が見られ、一九万ドル弱でピークに達している。総括すると、購入総額が最高になるのは三九歳頃、平均購入価格が最大になるのは五六歳頃と考えられる。

図4―20を見ると、住宅評価額は五六歳前後でピークに達し、その後は横ばい傾向にある。この層には、高所得者層ほど強力な住宅規模の縮小トレンドはない。彼らは通常、三〇歳後半までに家を買い替え、引き続き退職後も住むようだ。この層の住宅ローン金利支払い（図4―21）は四〇歳から四七歳で横ばいになり（この年齢のベビーブーマー人口が最も増えるのは二

図4-21 中位40％の所得層の住宅ローン金利の平均年間支払額（年齢による推移）

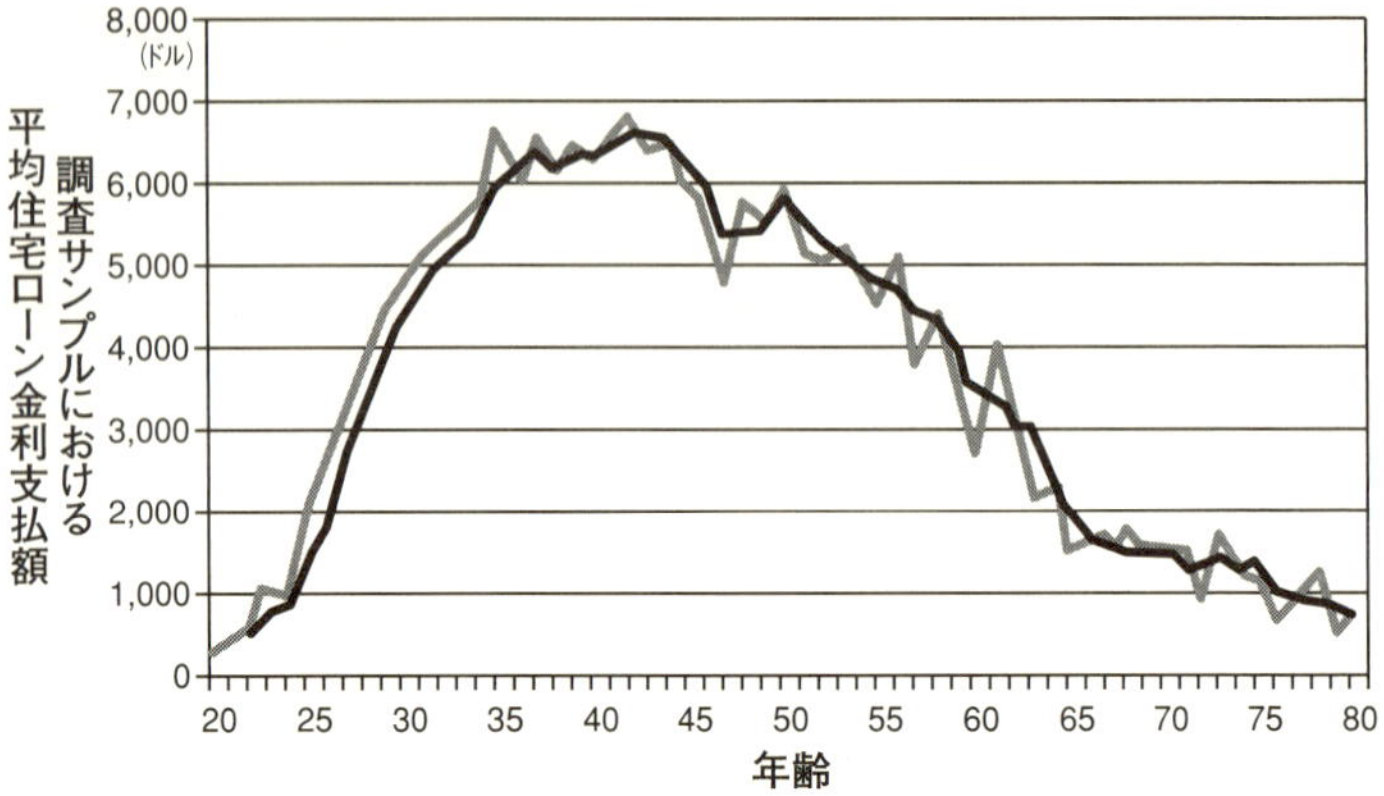

出所：米労働統計局、2000年消費支出調査

〇〇一～〇八年）、その後低下している。この層に向けた住宅ローンは今後も比較的好調と見られるが、今後一年はやや不調が続くだろう。

人口特性トレンドから見ると、この層では、今後数年間、相場が大幅に低迷することがうかがえる。ただし、住宅価格も住宅ローンも、二〇〇四～〇五年の住宅相場の調整期から二〇〇九年に至るまで、高所得市場よりは好調さを保ちそうだ。

低所得者層の購入パターン

この市場は購入額では明らかに最も低く、他の市場と際立って異なっている。低所得者層では、住宅ローン審査の通過者数と住宅購買力が退職まで着実に伸び続ける。この市場の住宅購入金額は、ピーク時でも中所得市場の三八％に過ぎない。購入のピークを見ると（図4－22）、初回購入が三一歳まで急増し、買い替えが三九歳（この年齢の人口がピークを迎えるのは二〇〇〇年）まで急増してピークに達している。

図4-22 下位40％の所得層の住宅購入総額（年齢による推移）

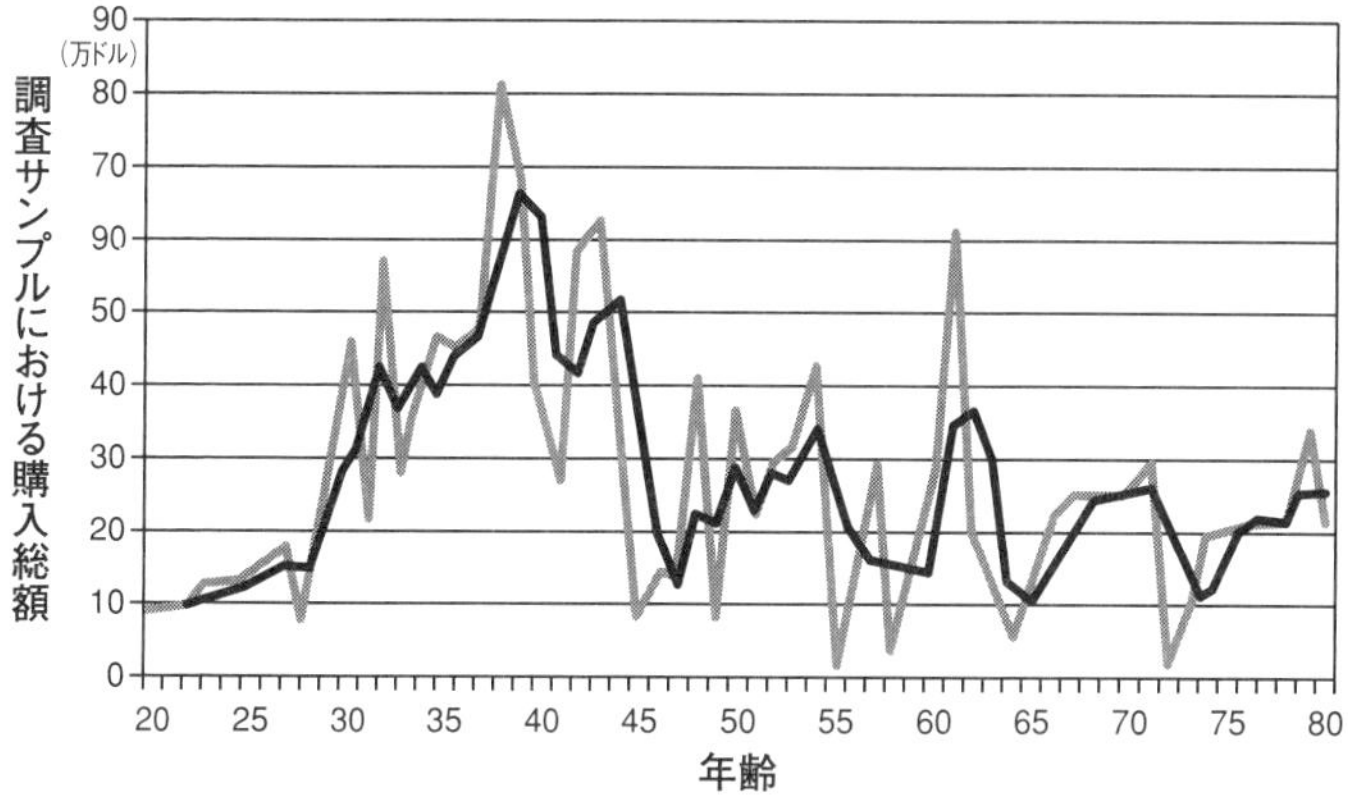

出所：米労働統計局、2000年消費支出調査

ここまでは中所得者層とほぼ同じだが、その後、四四歳（二〇〇五年）、四九歳（二〇一〇年）、五五歳（二〇一六年）前後まで、引き続き買い替えの急増が見られる。その後に買い替えが最も増えるのは六二歳で、他の層よりもかなり遅い。平均購入価格（図4－23）は三五歳で一二万五〇〇〇ドルに達しており、この点では中所得者層と変わらない。ただし、平均購入価格がピークに達するのは六二歳で二〇万ドルである。つまり、中位四〇％の中所得者層と下位四〇％の低所得者層では、購入価格にかなりの重複が見られ、単に低所得者層ではライフサイクルの遅い時期に購入する人が多いということなのだ。

図4－24に示した平均住宅評価額は六七歳まで着実に伸び続けており、この市場の最大の特徴となっている。可処分所得が増えたり、遺産を相続したりで、買い替えは退職まで続く。移民や多様な民族の台頭に伴い、この所得者層の人々はライフサイクルを通じて生活水準を向上させ、「ミドル・クラス」になることに他の層より強い意欲を示し続ける。彼らの住宅ローン

図4-23 下位40％の所得層の平均住宅購入価格（年齢による推移）

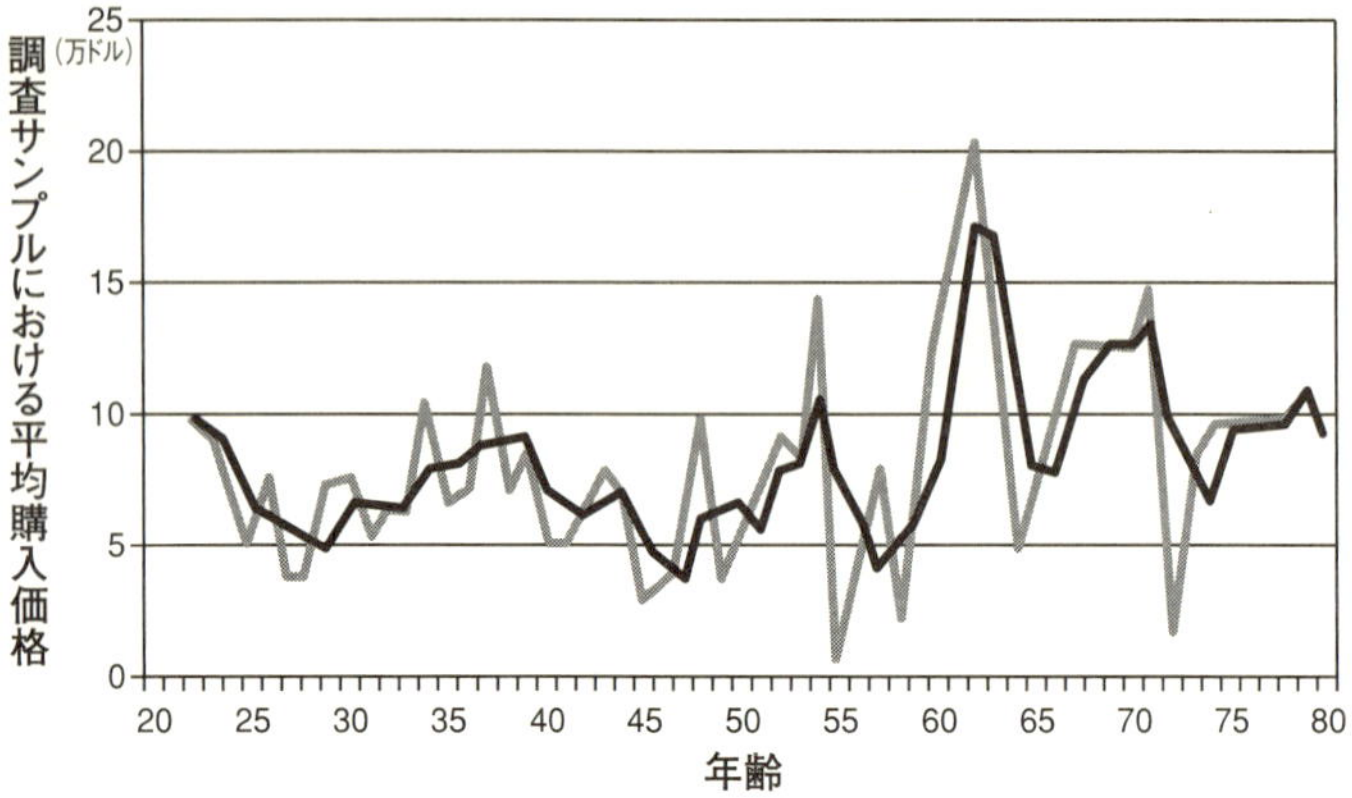

出所：米労働統計局、2000年消費支出調査

図4-24 下位40％の所得層の持ち家の平均評価額（年齢による推移）

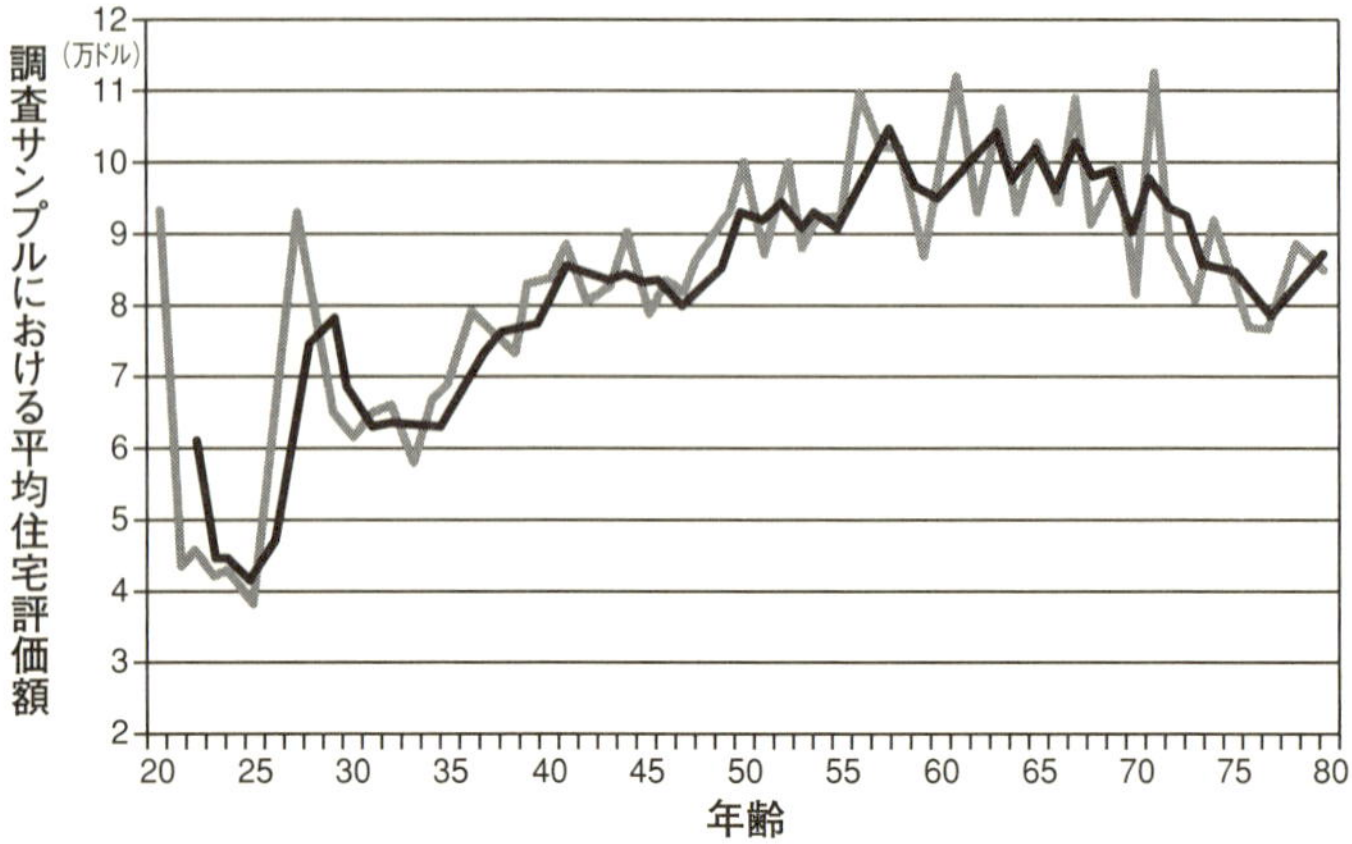

出所：米労働統計局、2000年消費支出調査

図4-25　下位40％の所得層の住宅ローン金利の平均年間支払額（年齢による推移）

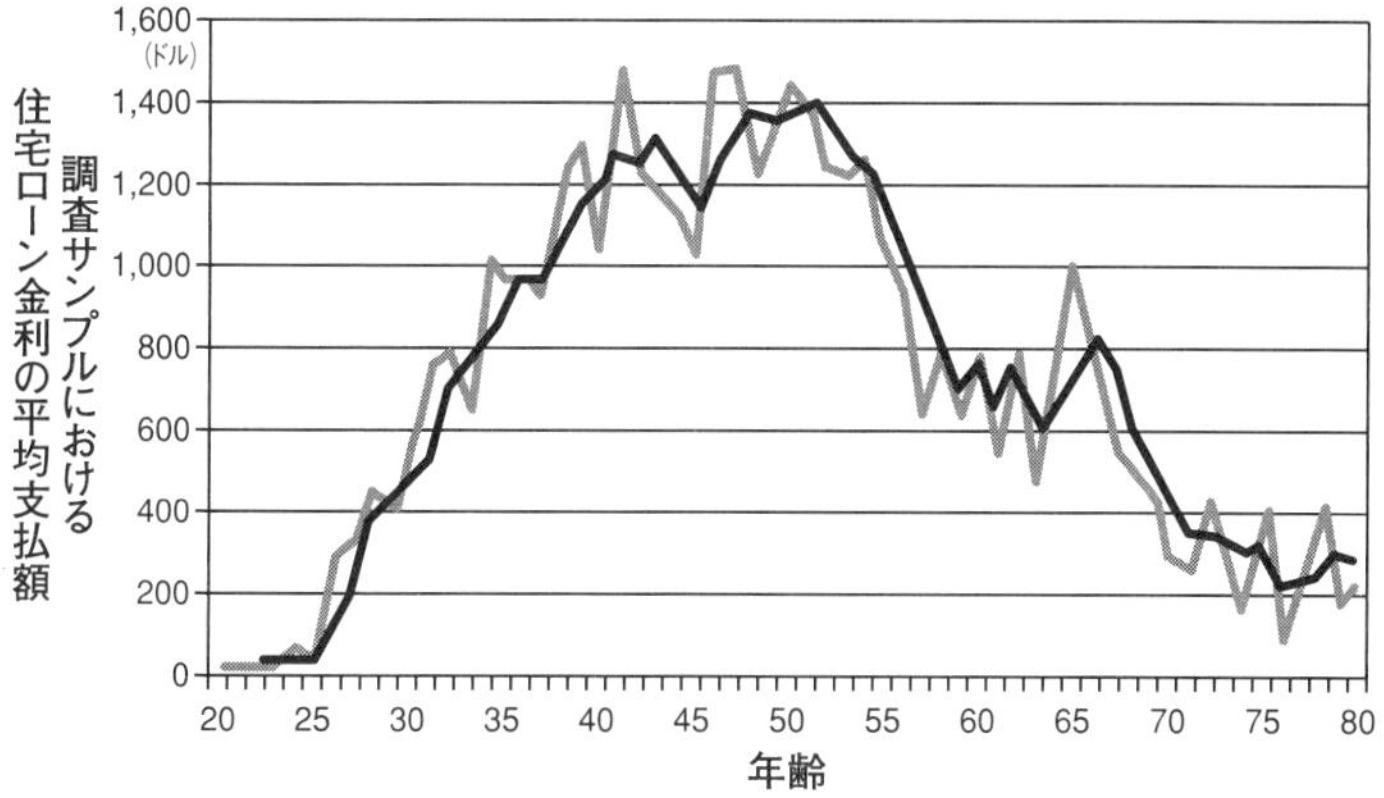

出所：米労働統計局、2000年消費支出調査

金利支払い（図4―25）は、四一歳と四八歳で二度ピークに達し、その後は低下する。

この市場は、最も小規模で購入価格も低く、成長の勢いも二〇〇〇～〇三年にピークを過ぎているものの、新世代が年齢を重ねるのに伴い最も急速に成長しており、将来的には中・高所得者層より高い成長率と価格の伸びを示すだろう。この層のおかげで、住宅市場の中・低価格帯は今後数年間、比較的堅調さを保つだろう。この市場は、エコーブームによる初回住宅購入の上昇波もあって、二〇一〇年ないし二〇一一年以降の景気下降局面には最も勢いのある市場となるだろう。

消費者の負債は持続可能な水準か？

人口特性トレンドから見た場合、住宅需要は二〇〇三年以降、これまでほど強力な伸びを示さなくなるだろう。それでも、われわれは暴落を予測しているわけではなく、単に伸び悩みと緩やかな低下を見込んでいるに過ぎない。ただし、高額住宅市場や過

図4-26 税引前所得、税引後所得、支出（年齢による推移）

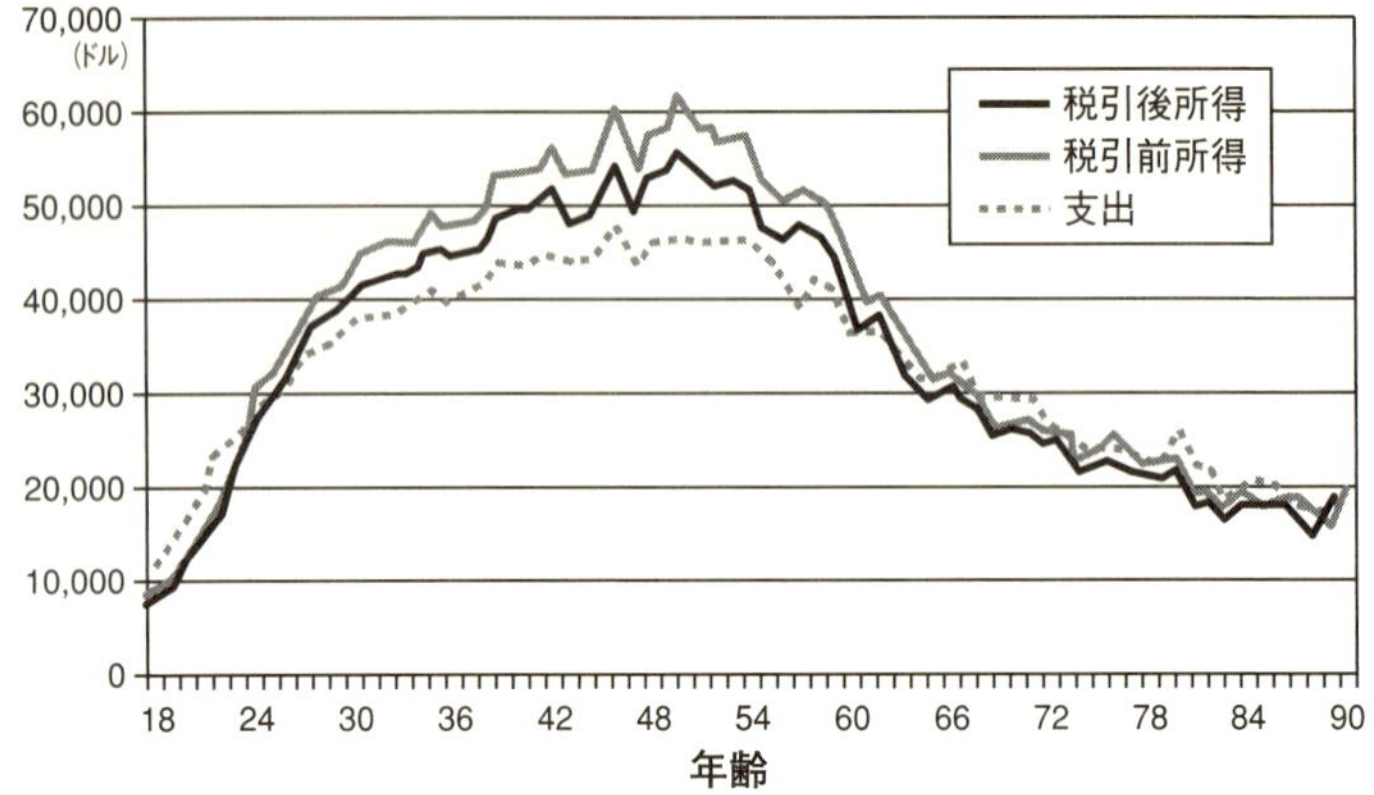

出所：米労働統計局、2000年消費支出調査

大評価が最も著しい地域では、比較的大きな下落を予測している。

忘れてならないのは、われわれが今バブル・ブームの真っ只中にあるということだ。ただ、住宅相場は株式相場ほど変動しない。暴落を予測する専門家たちは、住宅ローン金利が低いため消費者の借入金が増え過ぎており、住宅支出を維持できなくなっていると訴える。だが、今後二〇〇九年までそんな状況が見られることはないだろうし、このところ住宅市場が低迷しているのも、そのような理由からではない。

多くのエコノミストは、消費者は過剰債務に陥っており、今後、今のような消費支出水準を維持することはできないと懸念するが、現時点で消費者の負債の最大の部分を占める住宅ローン金利の支払いは四一歳でピークに達するのだから、今後は、消費者全体の負債や住宅ローン借り入れの伸びは経済の伸びを下回るはずだ。

図4－26を見ると、所得と支出の差は二五歳から五〇歳で拡大する。三〇代後半までは限界税率が上がり、

所得から支出を差し引いた残りのうち税金にとられる部分が増える。その後、三〇代後半から五〇代前半ないし半ばまで貯蓄と投資が増える。今後二〇〇九年まではベビーブーム世代の高齢化が進むため、負債の伸び率は低下する公算が大きく、所得や資産に対する負債水準が上がるとは思えない。

世論には反するが、多くの住宅所有者の住宅持ち分比率［（住宅評価額－住宅ローン残高）÷住宅評価額］は、たいていの専門家が思っているよりもはるかに高い。平均的世帯の住宅持ち分比率は、一九七〇年代後半には七〇％だったが、その後、低下している。当時、ボブ・ホープ世代（ベビーブーマーの親世代）は一九六〇年代半ばまでに住宅購入サイクルのピークを越え、年齢とともに住宅ローンの大部分をすでに返済していた。一方で、ベビーブーム世代が新たな住宅購入サイクルにさしかかり、新しい家を買うために前の世代より多くの借金をした。

さらに、住宅ローン金利は一九八一年のピーク時の一六％から、二〇〇三年には五％にまで低下している。おかげで、住宅ローンの魅力が増し、利用もしやすくなった。だが、こうしたトレンドにもかかわらず、平均的な持ち家世帯の住宅持ち分比率は五七％に達しており、住宅評価額に対する住宅ローンの比率は四三％に過ぎない。また、住宅ローンの借入金が家計債務全体に占める割合は七七％である。実際、住宅持ち分（住宅評価額から住宅ローン残高を引いた値）は、一九九〇年代前半から半ばの住宅不振に伴っていったん低下した後、二〇〇二年には最高値を更新している。つまり、アメリカの消費者の住宅購買力が尽きかけているわけでも、全般的に過剰債務に陥ろうとしているわけでもないのだ（ただし、ぎりぎりの生活を送るごく少数の世帯は例外だ）。

図4－27を見れば明らかなように、ベビーブーム世代が年齢とともに（少なくとも二〇〇二年に四一歳前後で住宅ローン金利支払いがピークに達するまで）支出も借り入れも増え続け、全体的な負債

図4-27 住宅取得能力と新築住宅販売戸数（1975〜2002年）

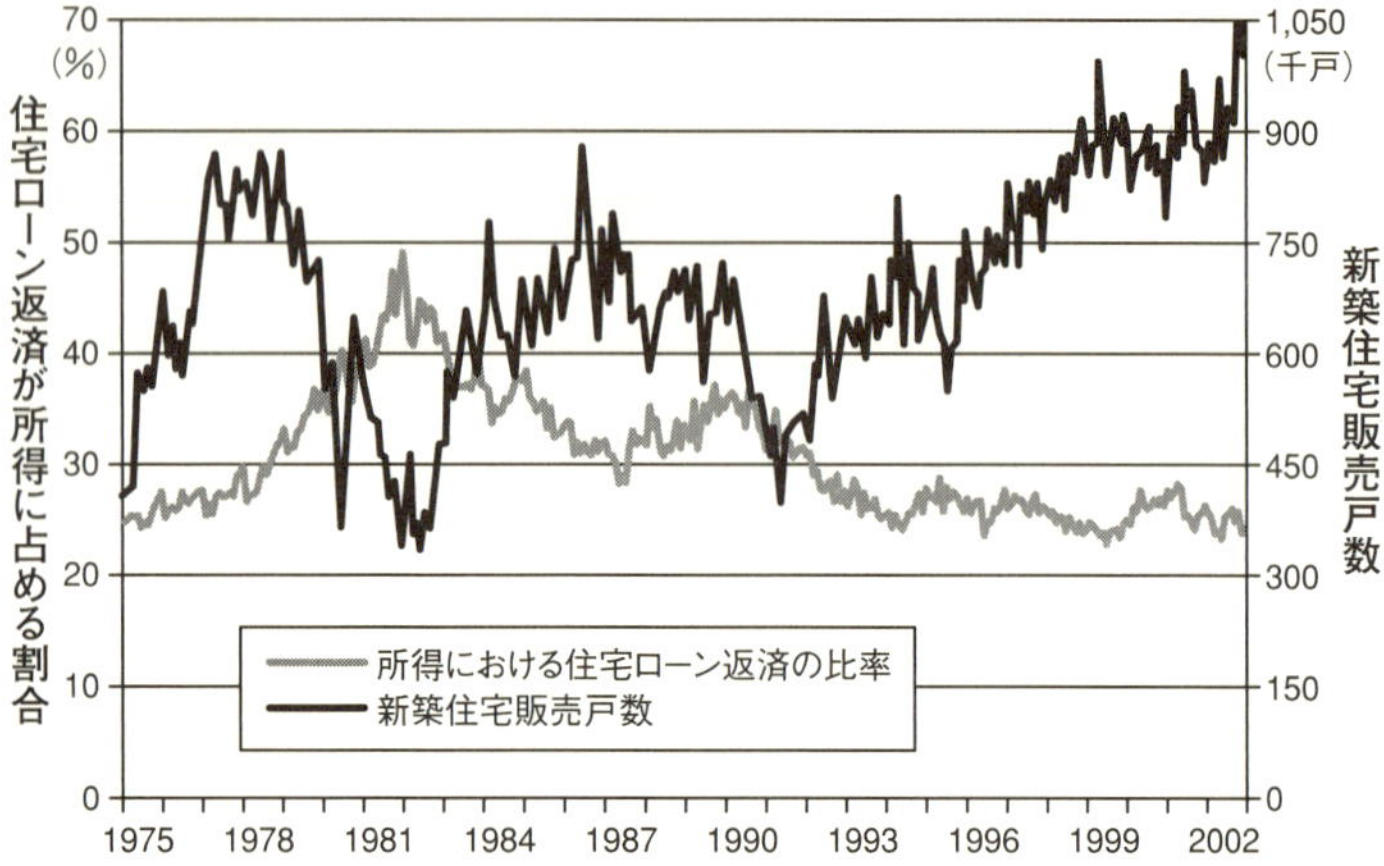

出所：ミルケン・インスティテュート、2002年9月

水準が高まっているにもかかわらず、今回の景気では、主要トレンドである人口特性トレンドの着実な上昇を上回る勢いで住宅市場が伸び続けている。一九八〇年代前半以来、住宅ローン金利が低下し続けていることにより、税引き後の所得に対する住宅ローン返済額の比率は、一九八二年の五〇%から最近では二五%にまで下がっている。このこともまた、平均的な世帯が住宅ローン審査を通過しやすくなり、同じ所得水準でより大きな家を購入できるようになっていることを意味する。

支出ブームが二〇〇九年ないし二〇一〇年まで続くなか、住宅ローン金利が引き続き低い水準にとどまり、平均所得水準は上がり続けることから、所得に占める住宅ローン返済比率は二〇〇九年まで低い水準に保たれるだろう。このことからも、今後、住宅価格が緩やかに上昇しても、一般世帯の住宅購買力に問題が生じるとは思えないし、実際、住宅ローンの家計収入に対する比率は今後、低下していくだろう。所得に対する自動車や家具

図4-28 郊外から準郊外への人口移動（1825〜2075年）

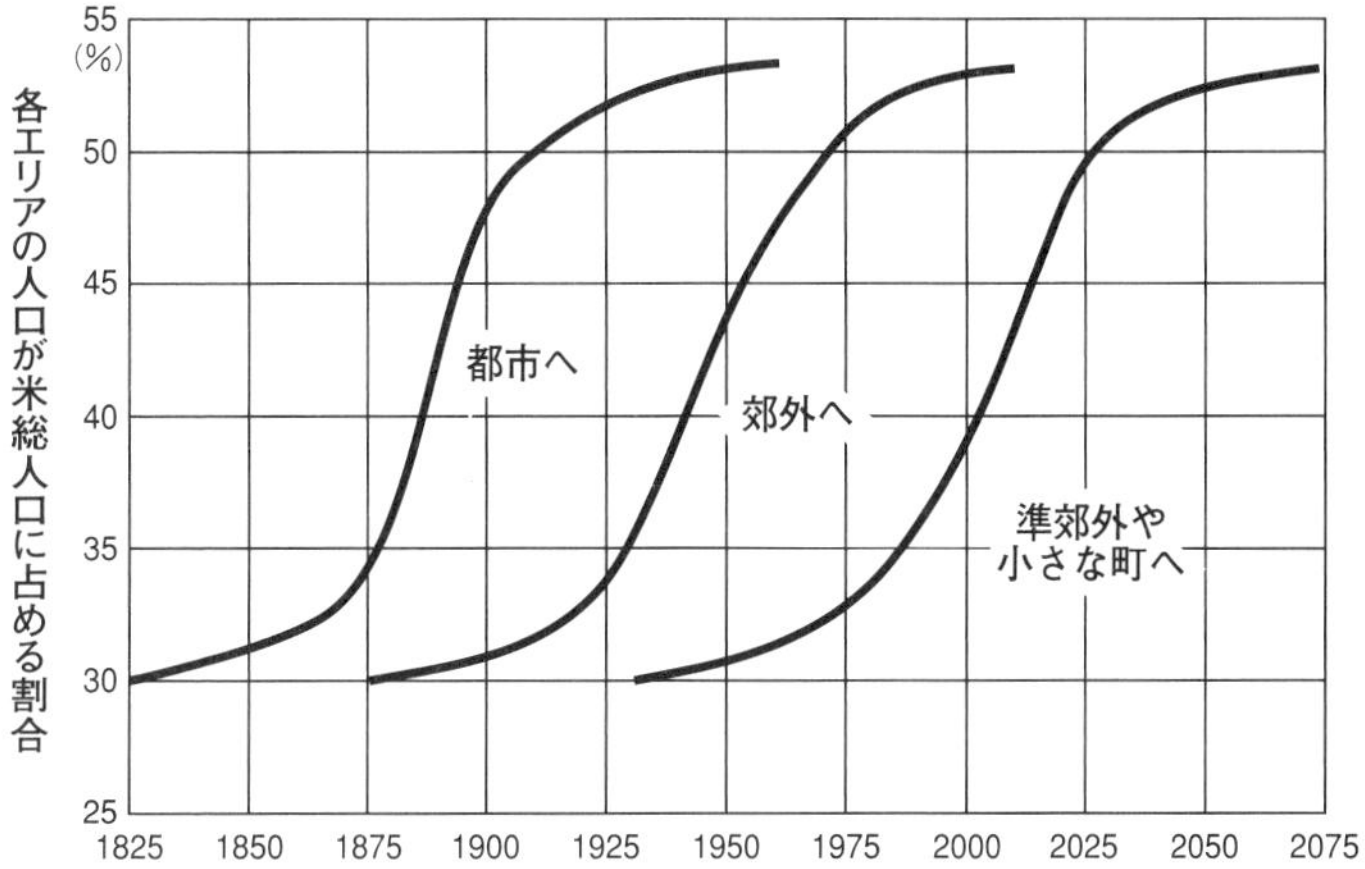

の分割払い債務の比率はやや上昇する公算が大きいが、それが家計債務全体に占める比率は住宅ローンよりはるかに低い。

準郊外への脱出のトレンドは続く

『2000年資本主義社会の未来』の第九章、第一〇章、第一一章では、情報技術のおかげでより多くの人が、質の高いリゾート地や、都心や郊外の外側にある準郊外地域に住めるようになるという長期的な人口移動（図4―28）について詳しくとり上げた（原書）。こうした地域の魅力は、住宅価格の安さ、混雑の少なさ、余暇活動の充実である。大都市近郊地域、別荘地、リゾート地、大学町は郊外よりも急速に成長し、ブロードバンド接続のインターネットを通じた在宅勤務が増え、これらの地域の多くで住宅価格が比較的手ごろな水準にとどまることにより、より多くの世帯をひきつけるだろう。

　このトレンドは、一九〇〇年代前半から一九七〇年代まで数十年にわたって加速してきた都心から郊外へ

図4-29 住宅着工件数（1918～41年）

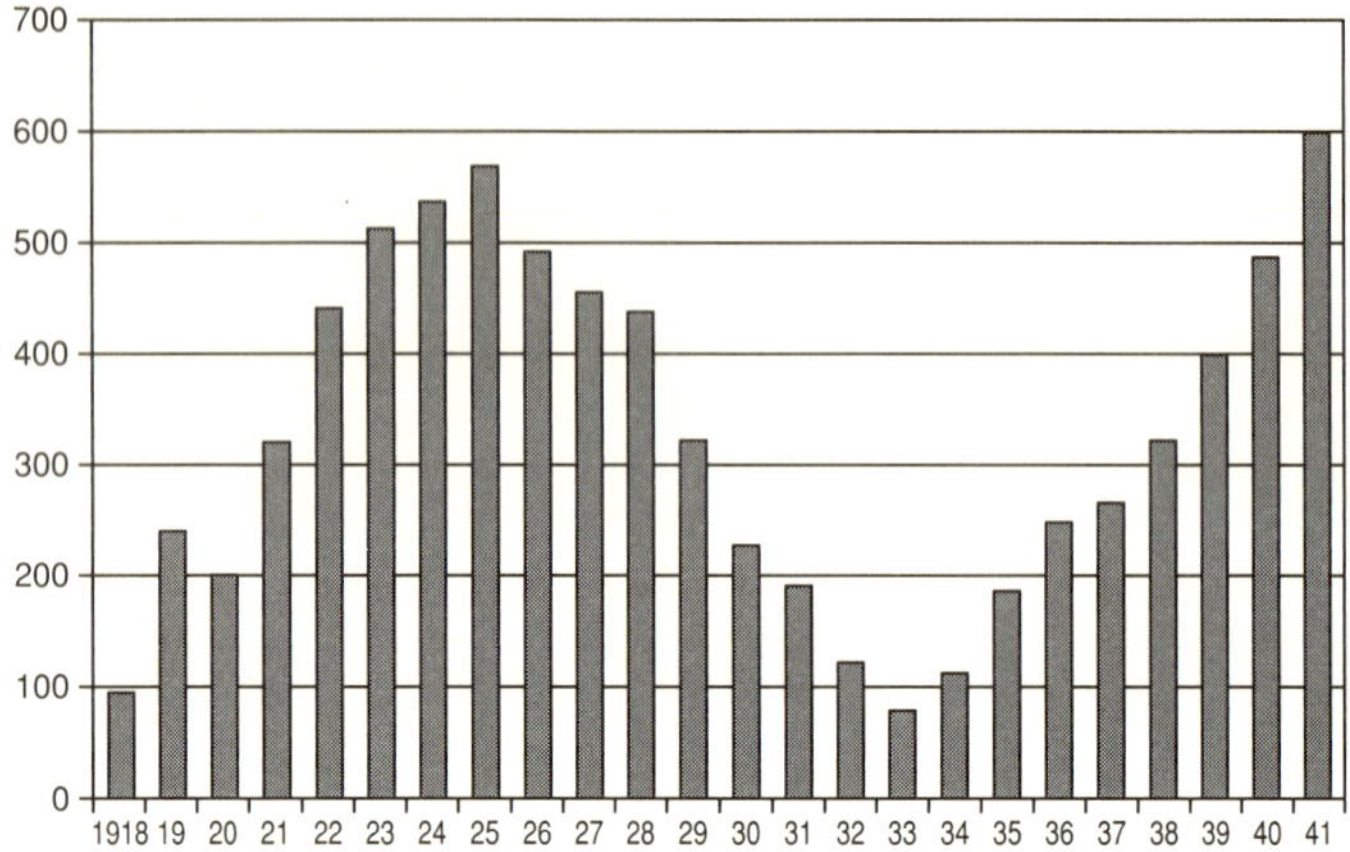

出典：『米国の歴史的統計——植民地時代から1970年まで（*Historical Statistics of the U.S. : Colonial Times to 1970*）』米国勢統計局、1975年

のシフトと同様、広範なトレンドである。住宅購入と住宅価格のトレンドが今後低迷し始めるなか、こうしたトレンドと、別荘および退職者用住居購入の人口特性トレンドが強化されることにより、住宅開発業者にとっても、住宅購入者や不動産投資家にとっても、これらの地域の魅力はますます高まるだろう。これらの地域は二〇一〇～二三年頃までの住宅価格の一大下降局面において、資産避難先としてますます魅力を増すだろう。

住宅と不動産は景気より先にピークに達するか？

「狂乱の二〇年代」のブームの中頃にも、住宅着工件数と住宅価格のピークが起きている。その理由はおそらく今日と同じで、人口統計学的に見て、住宅購入の勢いは支出全般に先立ってピークに達するからだろう。

住宅着工件数（図4－29）は、景気全般が下降に転じた一九三〇年よりも五年早い一九二五年に

図4-30　ワシントンD.C.における既存住宅の提示価格の中央値（1918〜41年）

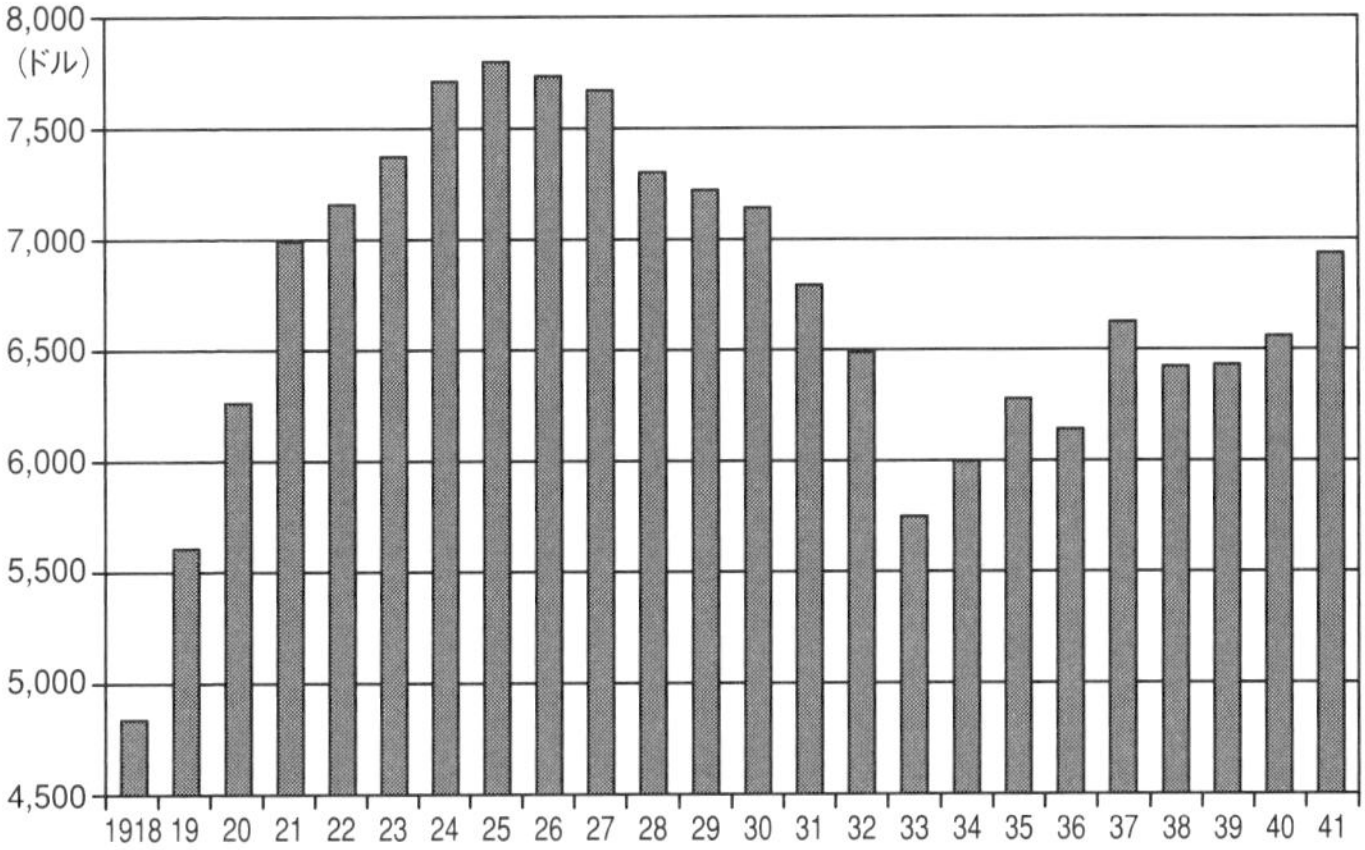

出典：『米国の歴史的統計——植民地時代から1970年まで（*Historical Statistics of the U.S. : Colonial Times to 1970*）』米国勢統計局、1975年

ピークに達し、その後一九三三年まで減少している。住宅価格は景気が好調だった一九二五〜二九年に緩やかに下降し、その後、大恐慌のどん底の一九三〇〜三三年まで、さらに急激に下落した。

当時の全国の住宅価格については、あまりよいデータが手元にないが、最も信頼できるデータを図4—30に示す。これは一九一八〜四一年のワシントンD.C.における住宅の提示価格である。

住宅価格は一九二五年にピークに達した後、一九二九年まで緩やかに低下して約七％下げ、その後、一九二九年から一九三三年までにさらに二一％下落し、一九二五年のピーク時に比べて二六％の下落となった。注意すべき点は、このグラフが提示価格を示していることだ。これほどひどい景気下降局面では、販売価格はこれよりはるかに低かった可能性がある。

また、平均的な住宅の価格が一九二五年から一九三三年までに二六％落ちているのなら、高価格住宅はその間に四〇〜六〇％近くは下落しているはずだ。一九四二年前半に大恐慌が終わる頃には、景気と株価は回復しつつあったにもかかわらず、住宅価格は一九二九年ないし一九三〇年のブーム絶頂期の水準にはまだ戻っておらず、一九二五年のピーク価格よりもはるかに安かった。

一九〇〇年代前半はもちろん、一九六〇年代まで、支出ピークや住宅購入に関する人口特性データはなかった。だが、当時の平均寿命が今よりずっと短く、平均的な支出ピークが今よりずっと早かったことは明らかだ。また、住宅購入と住宅建設の勢いが、全般的な支出や経済活動より約五年早くピークに達したことも明らかだ。

現在の人口特性データを見ると、こうした勢いがピークに達するのは四一歳前後だが、全般的な住宅価格および住宅需要は、むしろ支出全般と同じ四九〜五〇歳頃にピークに達している。つまり、住宅価格は今後二、三年で横ばいか下り坂にさしかかり、その後二〇〇九年までは急速な経済成長にもかかわらず、全体的に緩やかに下降することも考えられる。

とはいえ、本章で紹介してきた人口特性トレンドによると、おそらく住宅価格は今後二年ほどで横ばいになるかやや下落し、二〇〇五年以降は、特に最高価格帯および最低価格帯の市場で緩やかに上昇する公算が大きい。一九九四年以降、持ち家比率は六四％から六八％に上がっている。本章に述べた低所得者層の買い替えサイクルが金額的には少ないが続いていることからわかるように、今後二〇〇九年までに持ち家比率がさらに二〜四％上がって七〇〜七二％になり、今後六年ほどの間に住宅需要が新たに二〇〇万〜四〇〇万軒分増える可能性は十分にある。

ただし、これで勢いづくのはどちらかというと低所得市場であり、中所得市場はさらに横ばいが続くだろう。二〇〇三年後半から二〇〇五年に最も大幅に下落するのは高価格住宅だが、それも二〇〇五～〇九年の株価バブルと、四六～五七歳の買い替え購入の急増によりやや持ち直すだろう。

一戸建て住宅価格のまとめ

全般的な経済トレンドを考慮すると、住宅価格の伸びは今後数年間、現在よりずっと鈍化し、緩やかに低下するおそれもある。最も好調なのは低価格帯市場で、伸び悩みや下落の可能性が最も大きいのは、都心や郊外の高価格帯市場だろう。高価格帯市場は二〇〇五年後半から二〇〇九年のバブル経済期に富裕層がより活性化すれば、穏やかに回復する可能性もある。別荘、退職者用住居、準郊外住宅の各市場は比較的健闘し、住宅市場全体の中で唯一、好調な分野となる公算が大きい。

ただし、不動産市場は局地的であることを忘れてはならない。生活の質の高さや価格の手頃さによって大量の転入者をひきつけている地域や、開発可能な土地に限りのある地域は、全国的な人口特性トレンドが低迷しても、高騰し続ける可能性が高い。一方、ラスベガス、フェニックス、マートルビーチ、フロリダ南部といった売れ筋の市場では、人口特性トレンドの低迷により、まださほどの高騰は見られない公算が大きい。

もしあなたが今後数年以内に自宅の売却を考えているなら、二〇〇九年か、遅くとも二〇一〇年までに売却することだ。

都心または郊外の大型の高額住宅は、二〇一〇～一四年に最も大きな打撃を受け、住宅買い替えの人口特性トレンドが二〇一六年頃まで下り坂で、景気も支出全般の人口特性トレンドのせいで二〇二

図4-31 別荘の購入総額（年齢による推移）

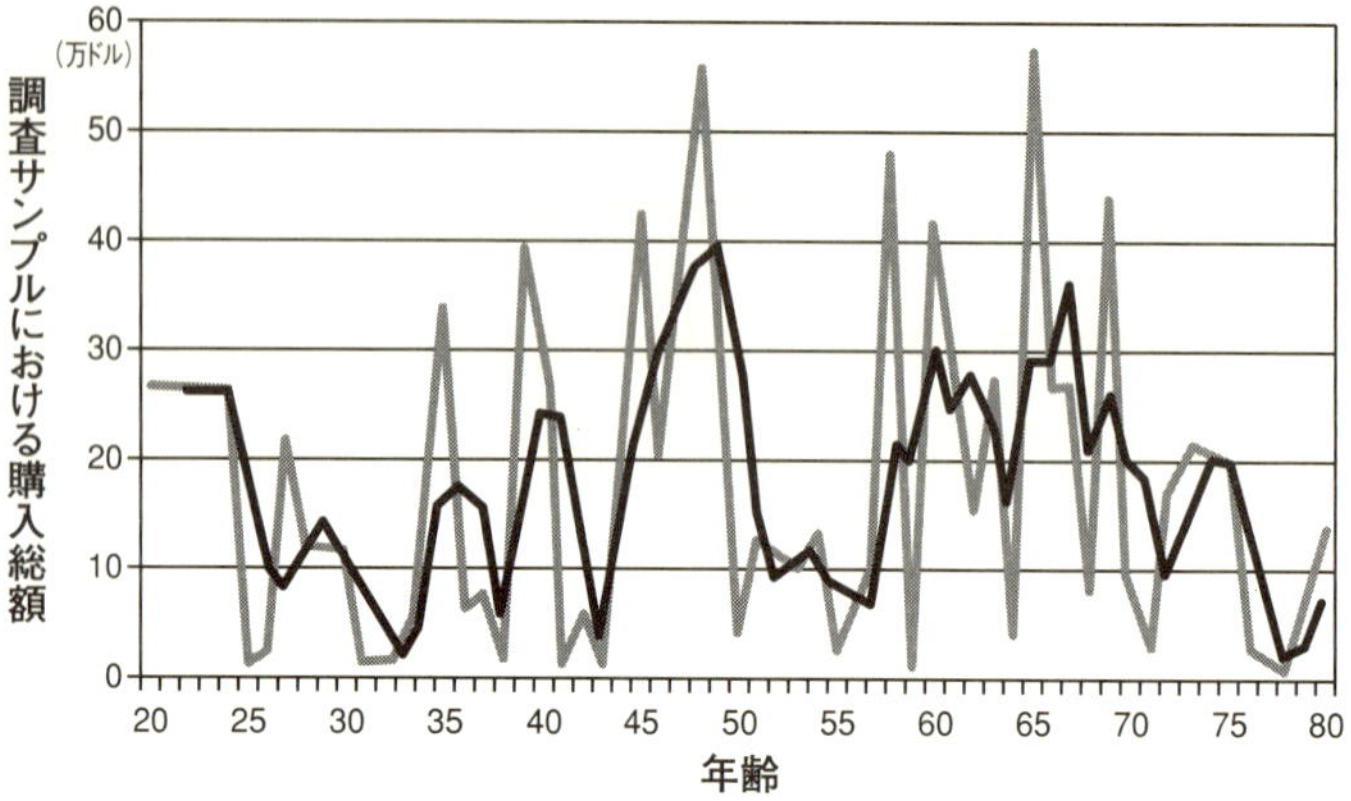

出所：米労働統計局、2000年消費支出調査

三年頃まで低迷し続けることから、その後何年も大幅な上昇は見られないだろう。

別荘地、リゾート地、退職者に人気の地域は今後も好調

別荘が住宅全体に占める割合は六％で、住宅販売に占める比率も高まっている。消費支出調査の新しいデータを見れば明らかなように、別荘購入は（われわれが過去に集めた大まかな統計が示すように）五〇代前半に一度だけピークが来るのではなく二度のピーク期があり、最初のピークが四〇代後半、二度目のより大きなピークが五〇代後半から六〇代前半である。つまり、この市場の今後の人口特性トレンドの伸びは、他の市場よりはるかに力強いのである。

この調査からは、別荘購入者の大半は富裕層ではなく、あらゆる所得層に分散していることもわかる。これはおそらく、タイムシェアリング制の普及によるものだろう。

図4―31は別荘の購入総額を示したものだ。ただし、

図4-32　別荘の平均購入価格（年齢による推移）

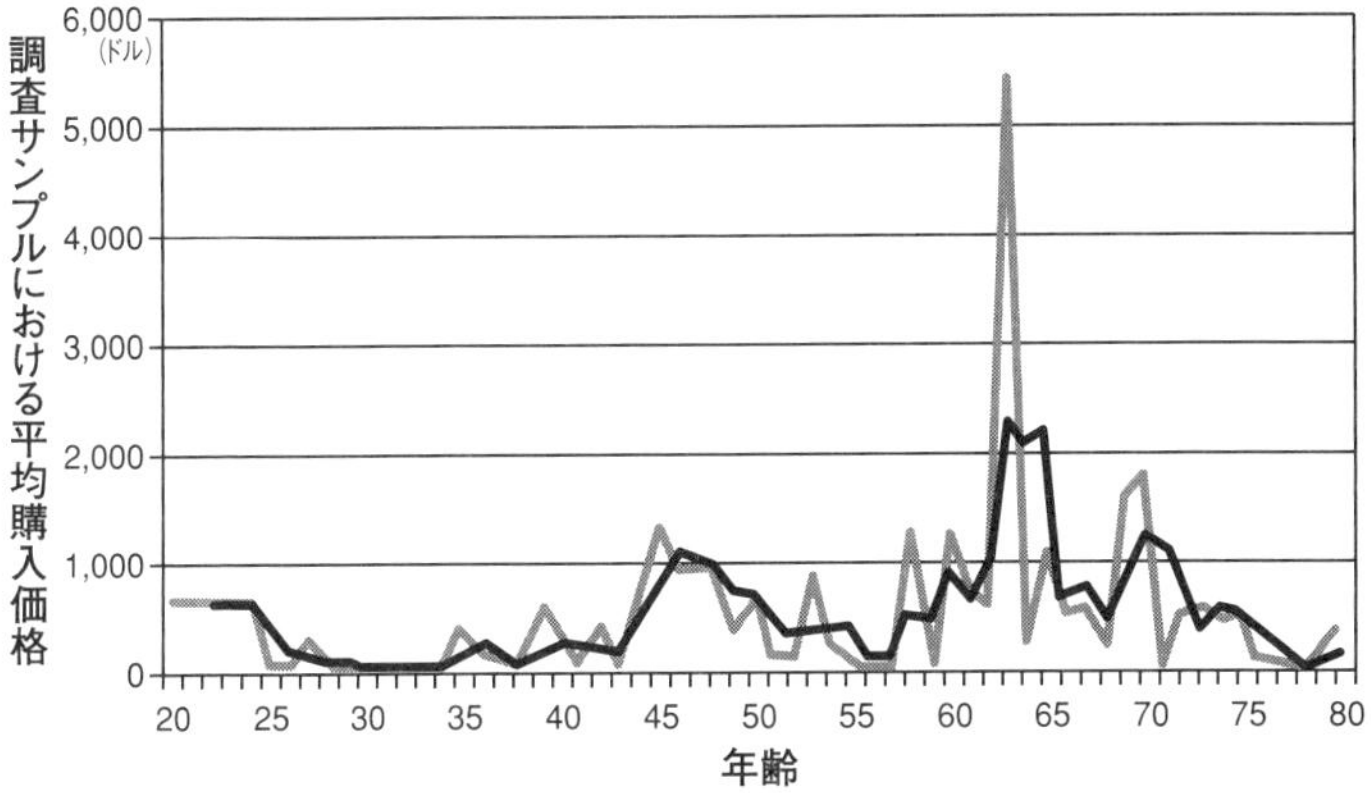

出所：米労働統計局、2000年消費支出調査

購入者の割合が低いため、データは非常に少ない。四八歳（この年齢のベビーブーマー人口が最も増えるのは二〇〇九年）前後に最初の大きな急増が見られ、五八～六五歳（同二〇一六～二六年）に二度目の急増が見られる。つまり、別荘市場は今後二〇〇九年まで好調さを保ち、二〇一〇年前後からは景気や住宅の全般的なトレンドとともにやや不調になり、二〇一五年ないし二〇一六年には再び好調さをとり戻すだろう。別荘を買うなら、住宅ローン金利が非常に低い今か、暴落と下降局面が終わる二〇一三～二〇一四年頃が最適だろう。これを過ぎると、価格は再び高騰する公算が大きい。

図4－32は、人口全体の平均購入価格を示したもので、これを見ると長期的な市場規模の推移がもっとよくわかる。図4－33は、三〇代後半から四〇代前半のベビーブーマー人口がピークのときのデータなので、やや歪んでいる。人口全体の平均購入額が最大になるのは、購入価格が最も高くなるのと同じ五〇代後半から六〇代前半だ。五〇代後半から六〇代前半の市場規

図4-33 別荘の住宅ローン金利の平均年間支払額(年齢による推移)

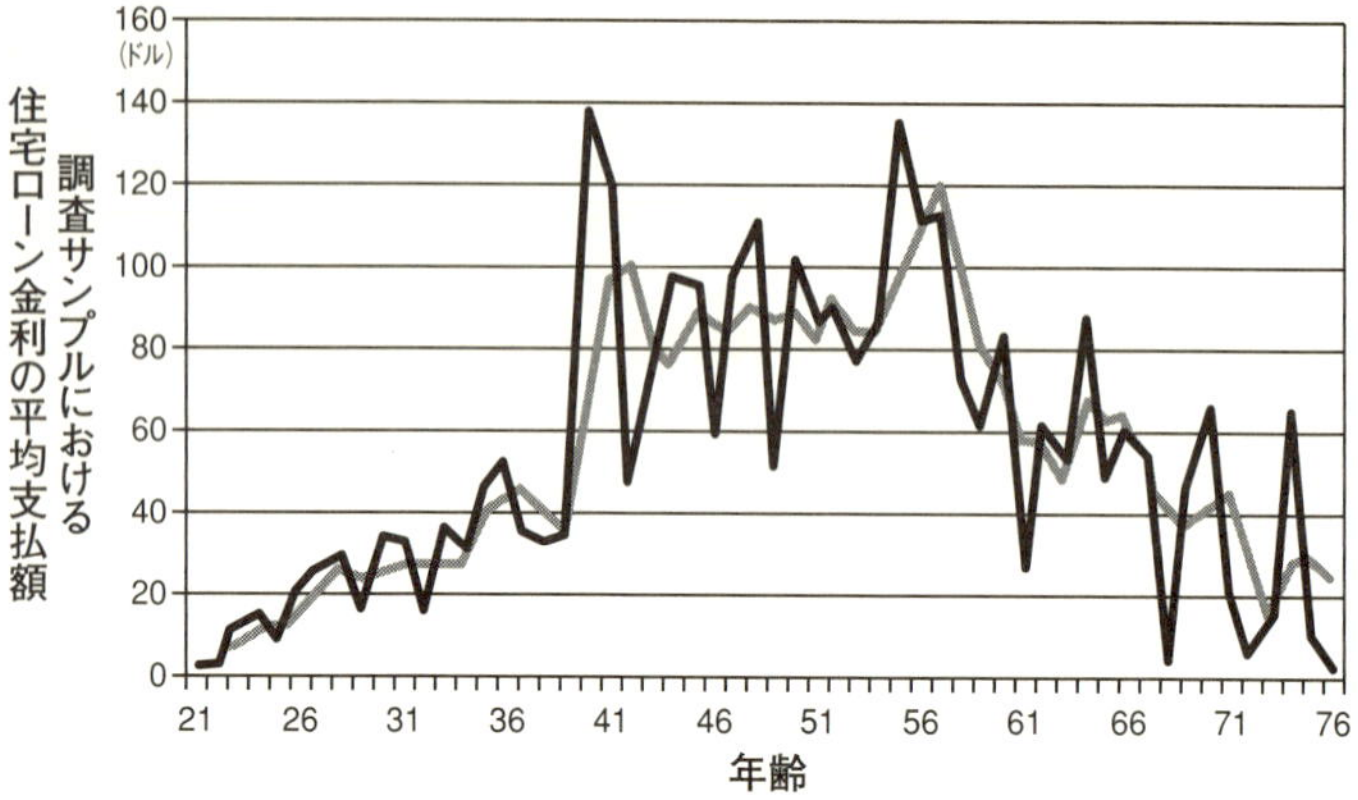

出所：米労働統計局、2000年消費支出調査

模は、四〇代後半の市場規模の約二倍だ。

したがって、この市場は今後の人口特性トレンドから見て、他の市場と最も大きく異なっている。六三歳をピーク年齢と仮定し、一九三七〜六一年のベビーブームによる出生トレンドの高まりを六三年後にずらすと、二〇〇〇〜二〇二四年に別荘購入者数がピークに達することがわかる。

別荘の住宅ローン金利支払い（図4−33）には、四一歳と五六〜五八歳の二度、ピークがある。最近の自宅用住居購入者に占める住宅ローン利用者の比率が九四%であるのに対し、別荘購入者はわずか五二%である。また、別荘購入サイクルのピークにあたる五〇代後半の年配購入者は、遺産を相続済みで可処分所得や貯蓄も多いため、別荘購入資金の借り入れ率はさらに低い。つまり、住宅ローン金利支払いのグラフは、別荘市場の相対的な規模を十分反映しておらず、特に、図4−33にはっきりと示されている五〇代後半から六〇代半ばまでの支出トレンドのピークが低めに表されている。

図4-34 別荘価格の中央値（1989〜2001年）

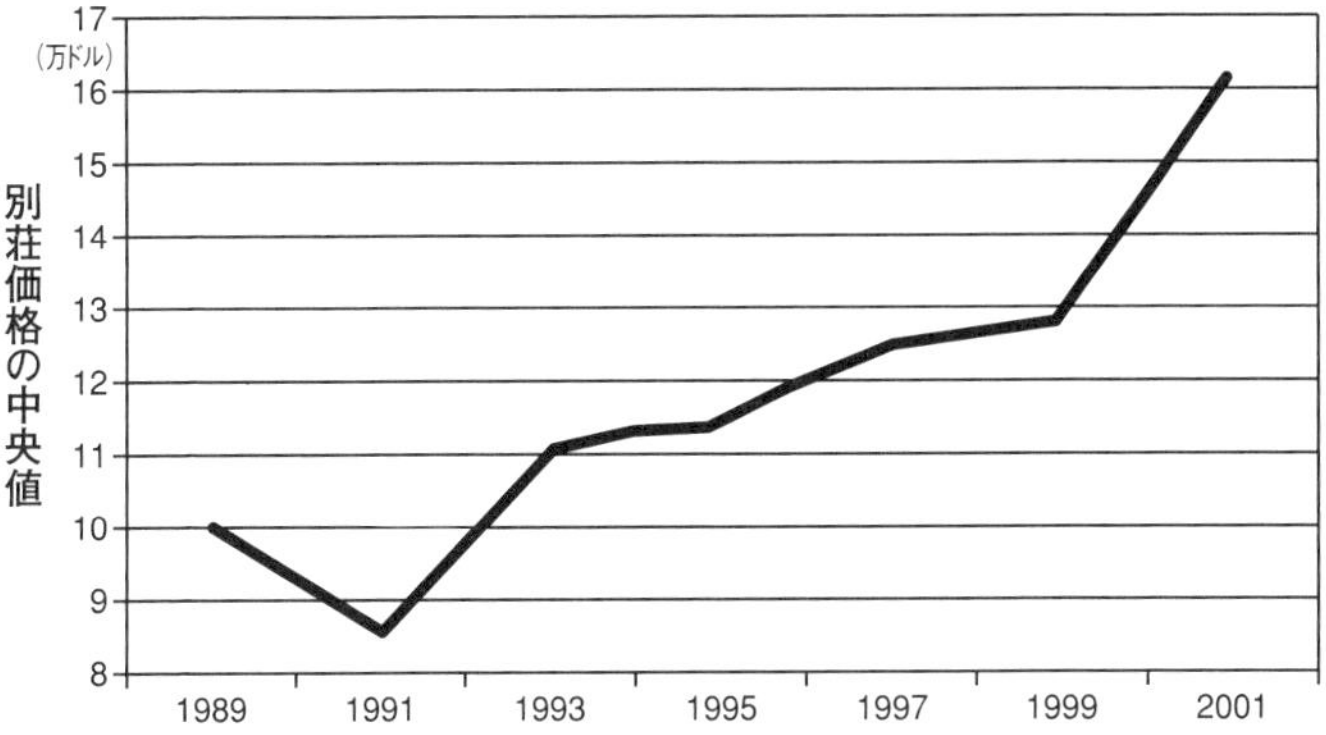

出所：全米不動産業協会

別荘所有者の中央年齢は六一歳で、やはり購入ピークがかなり遅いことを裏づけているが、同時にこれは、別荘をもっと早くに購入したとしても、ほとんどの人は退職後までそれを所有し続けるという事実を反映している。また、二〇〇〇～二四年には、ベビーブーム世代の退職者がどんどん増える。別荘購入サイクルと退職者数の高まる時期、また魅力的な別荘地と退職者に人気のエリアは、それぞれぴったりと重なっている。したがって、退職トレンドはリゾートおよび別荘市場を盛り上げる一方だろう。また、退職者コミュニティや退職者用住宅の開発は、今後何十年にもわたり、不動産開発産業に強力な成長をもたらすだろう。

図4－34は、一九八九年以降の別荘価格の中央値を示したものである。別荘価格は、一九九一年の景気後退および一九九三年までの不動産危機から立ち直った後、一九九五年以降はさらに急速に伸びている。二〇〇〇～〇一年には、出生ウェーブを六三年ずらして得た二〇〇〇～二四年の別荘の支出の波が始まったこともあり、景気低迷と株価暴落にもかかわらず劇的に上昇した。われわ

図4-35　退職者数の伸び（1980～2020年）——移民数を調整した出生数を62年ずらしたもの

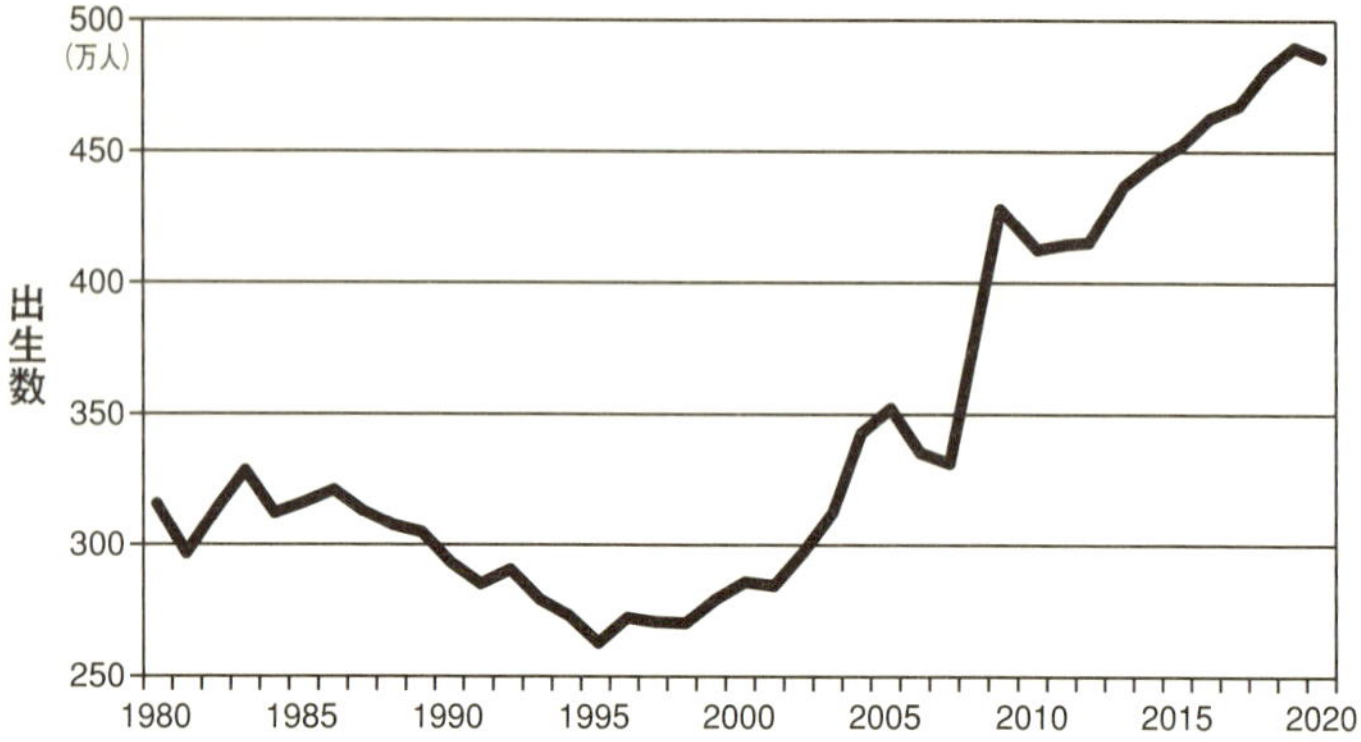

れは何年も前から、今後二〇〇九年までは、住宅買い替え市場よりも別荘市場の方が好調になるだろうと予測してきたが、今のところそのとおりになっている。

二〇〇三年後半から二〇〇五年にかけては、われわれが予想していた住宅市場全般の伸び悩みに合わせるように、別荘と退職者用住居の相場も多くの地域で弱含みになっている。だが二〇〇五年以降は、別荘市場と自宅用住居市場の成長や価格の伸びにどんどん開きが出てきそうだ。二〇〇五～〇九年に予想される株式市場バブルも、別荘の需要を刺激するだろう。人々がより豊かさを実感し、こうした選択的消費をする余裕が増すからである。

別荘が最も多く集中する州（つまり、今後何年かの住宅価格トレンドが他の州より好調な州）は、上位から順にメイン、バーモント、ニューハンプシャー、アラスカ、デラウェア、フロリダ、アリゾナ、ウィスコンシン、モンタナ、ハワイである。

図4―35は、今から二〇一〇年代の終わりまでに六二歳になる人口を示している。出生数をずらしたこの指標は、別荘と退職後住居の購入の伸びを最も的確に表して

いる。別荘と退職者用住居は、二〇〇二～〇三年にベビーブーム世代が家族向け住居の購入ピークを過ぎた後、最も好調さが期待される市場である。グラフを見ればわかるように、この種の住宅の需要の伸びと、別荘地、リゾート地、退職者の好む地域の成長は、二〇一〇年以降に訪れる見込みの一大下降局面でも続くだろう。

第5章では、別荘や退職者用住居への投資に最適のエリアや、こうしたトレンドから恩恵を被る地域市場を、各地域の人口特性データを用いて判断する方法を見ていく。さらに、近所づきあいがうまくいくよう、自分と同じようなライフスタイルを持つ人々が集うエリアを見つけ出す方法も紹介する。

別荘および退職者用住居のトレンドのまとめ

別荘市場は今後、自宅用住居より速いペースで成長を続けるだろう。特に、人口特性面から自宅用住居の需要が伸び悩み、住宅ローン金利の上昇と建設過剰に見舞われる二〇〇三年以降は、その差が顕著になるだろう。二〇〇四年には別荘価格も概して短期的な伸び悩みを見せている。だが、二〇〇五年後半から二〇〇九年には株式市場がバブル期に入り、ベビーブーム世代の第三にして最大の波によって別荘購入の最初のピークが起きるため、需要がより強力に回復しそうだ。

もしあなたが別荘の売却を考えているのなら、値上がりを待ち、しかも次の景気後退の深刻な初期段階を避けることのできる二〇〇八～〇九年が絶好の売り時だろう。二〇一〇年ないし二〇一一年から二〇一二年ないし二〇一四年までにバブルが崩壊し、人口特性にもとづく支出全般が低下すれば、真っ先に打撃を受けるのは、選択的消費の対象である別荘市場、中でも高価格帯市場だろう。別荘の購入や投資をするなら、今すぐか、あるいはブームがピークに達するにはまだかなり間があり、相場がやや下がってくる二〇〇五年までを狙うか、価格は下がるが、二〇一三年後半から二〇一四年頃に購入し、二〇一六年から二〇二四年ないし二〇二六年に予想される第二の別荘購入急増期に向けての需要増を見込むのがよいだろう。

不動産投資および商業用不動産のトレンド

ここでは、居住用というよりも投資ポートフォリオの中の純粋な投資対象となることの多い不動産分野を手短に考察する。具体的には、賃貸住宅、オフィス、工業用不動産、店舗、ホテルが人口特性トレンドによってどう動くかである。

ここでひとつ断っておきたいのは、これらはどちらかというとビジネス用の分野で、地域的な需要と供給、当該分野のより高度な分析が必要となるが、それは本書の対象外だということだ。しかし、これらの不動産分野に関わっている、あるいは投資ポートフォリオにこれらが含まれているという人は、以下を読めば、全般的な人口特性トレンドから見てどの分野が最も有利かがわかるだろう。

次の狙い目は集合住宅と賃貸住宅

エコーブーム世代（ベビーブーマーの子供の世代）は今、家族形成および結婚のサイクルにさしかかっており、それと同時にアパート・マンションや集合住宅への家賃支出がピークに達しつつある。図4―36は、賃貸住宅への支出を示したもので、二四～二六歳にピークが見られる。図4―37を見ればわかるように、集合住宅の数は一九八五年にピークに達し、その後、急速な経済成長や住宅ローン金利の低下にもかかわらず減少している。

図4-36 平均年間家賃支出(年齢による推移)

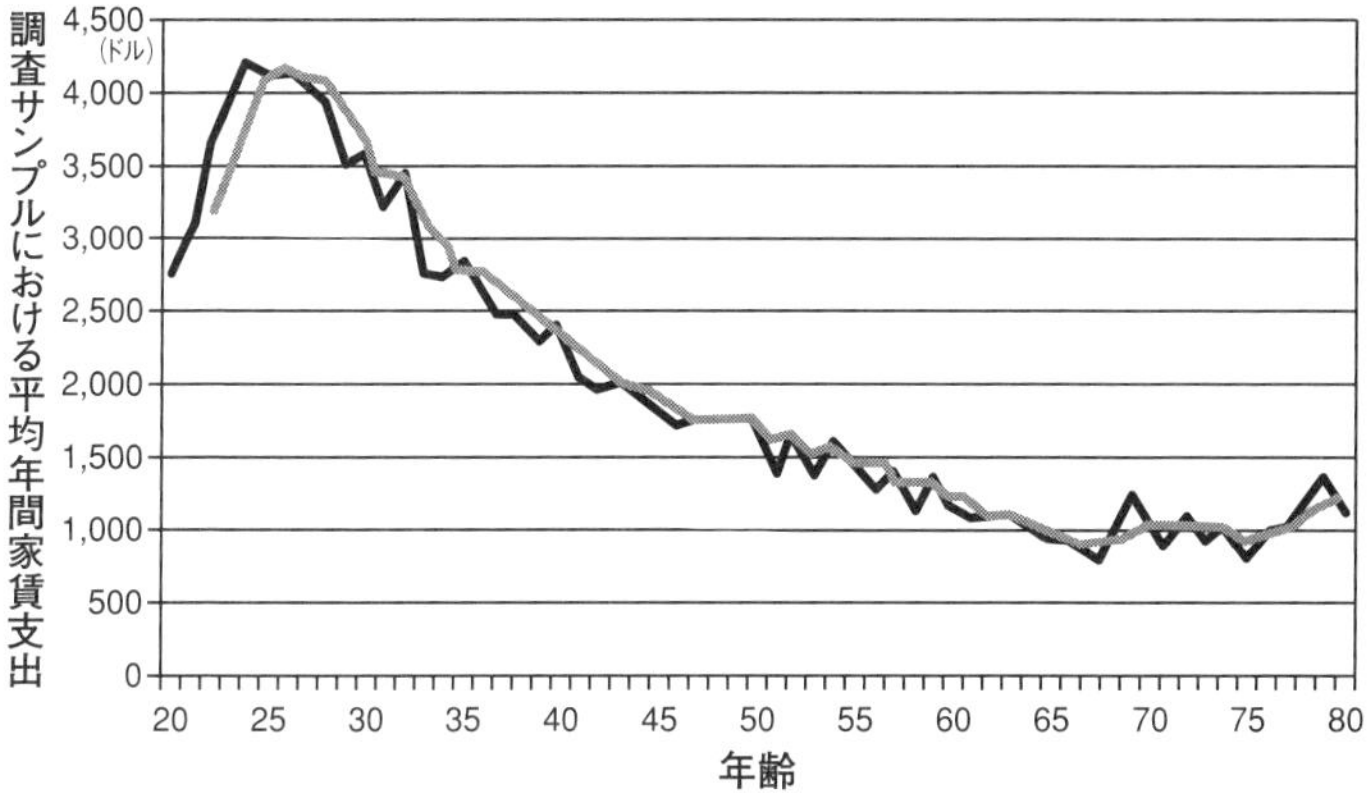

出所：米労働統計局、2000年消費支出調査

図4-37 多世帯住宅サイクル(1969〜2001年)

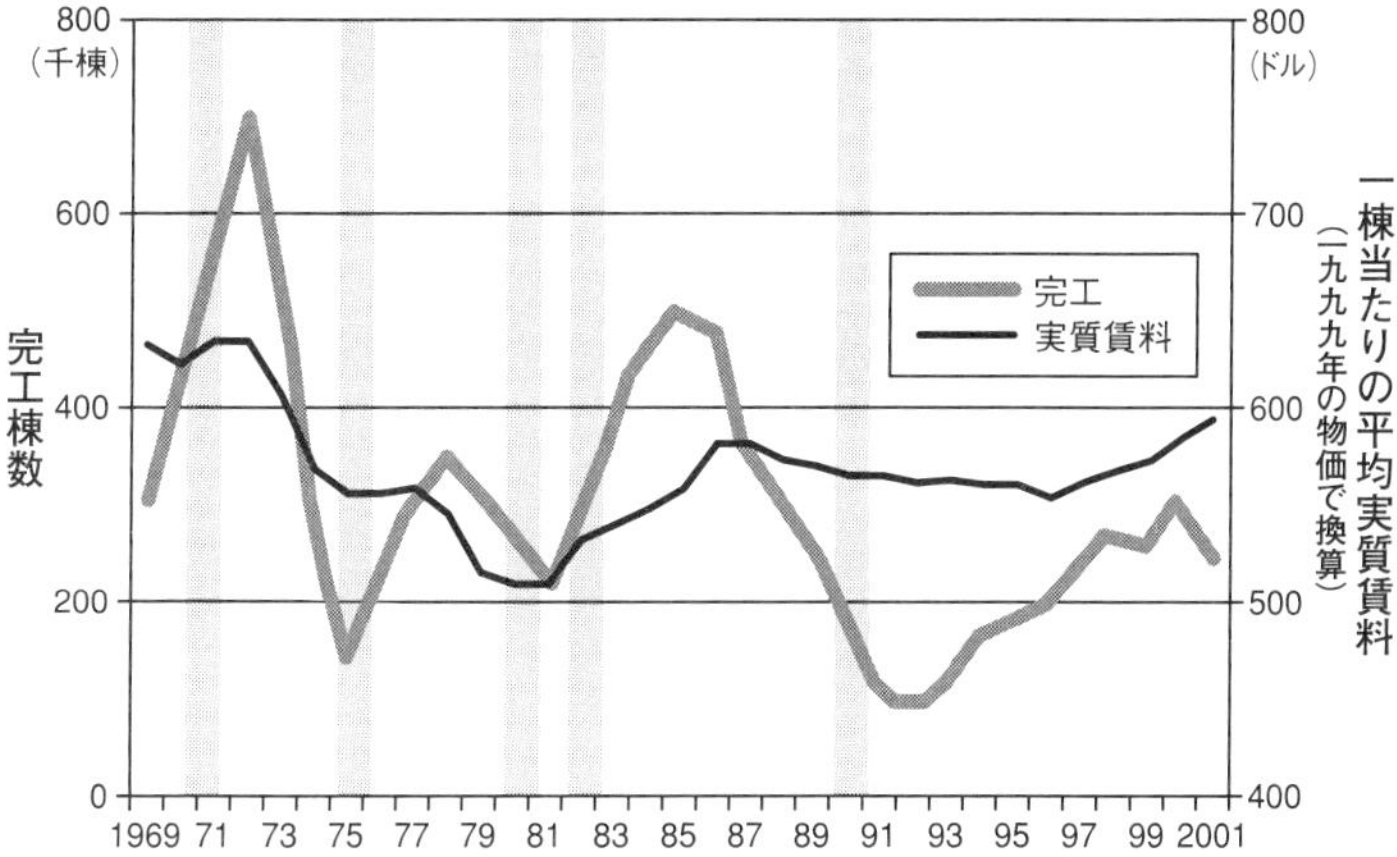

出所：トート・ウィートン・リサーチ（CBリチャード・エリスの独立調査部門）
www.tortowheatonresearch.com

ベビーブーム世代によるサイクルは、一九六一年の出生数ピークから二五年後の一九八六年がピークだった。ここ数年、トレンドはやや上向いているが、今後はもっと力強い上昇が見込まれる。晩婚化を考慮して出生数ピークを二六年ずらすと、二〇〇三年から二〇一六年ないし二〇一七年にはエコーブーム世代による需要増が予測される。景気が続いている間は住宅取得がより容易になることで、こうした成長が妨げられる可能性もあるが、景気下降局面では消費者の住宅購入への自信が損なわれがちなので、逆に賃貸アパート・マンションへの需要が急増するだろう。

アパート・マンションおよび集合住宅のトレンドのまとめ

この市場は、二〇〇九年までのブームでは、住宅販売および住宅価格よりも力強さを示し、二〇一〇～一七年の景気下降局面でも、住宅全般の販売および価格よりもはるかに順調に推移するだろう。景気下降局面においては、二〇一二年以降に安価な賃貸物件を買収または建設し、二〇一三～一七年には、破綻した低価格住宅の開発プロジェクトを買いとって賃貸提供すれば好機となるかもしれない。

オフィスおよび工業用不動産の見通し

オフィスおよび商業用、工業用不動産の市場は、収容する労働者数と、また二次的には景気や雇用率の好調さと相関関係にある。現在の平均就労年齢は二〇・五歳である。ベビーブーム世代の出生数ピークを平均就労年齢分後ろへずらすと、一九八〇～八一年頃がベビーブーム世代によるオフィスおよび工業用不動産トレンドのピークで、その後一九九五年ないし一九九六年までトレンドは低迷し、今度はエコーブーム世代によって二〇一〇年ないし二〇一一年頃まで再びトレンドが上昇すると予測

図4-38　オフィス・サイクル（1967〜2001年）

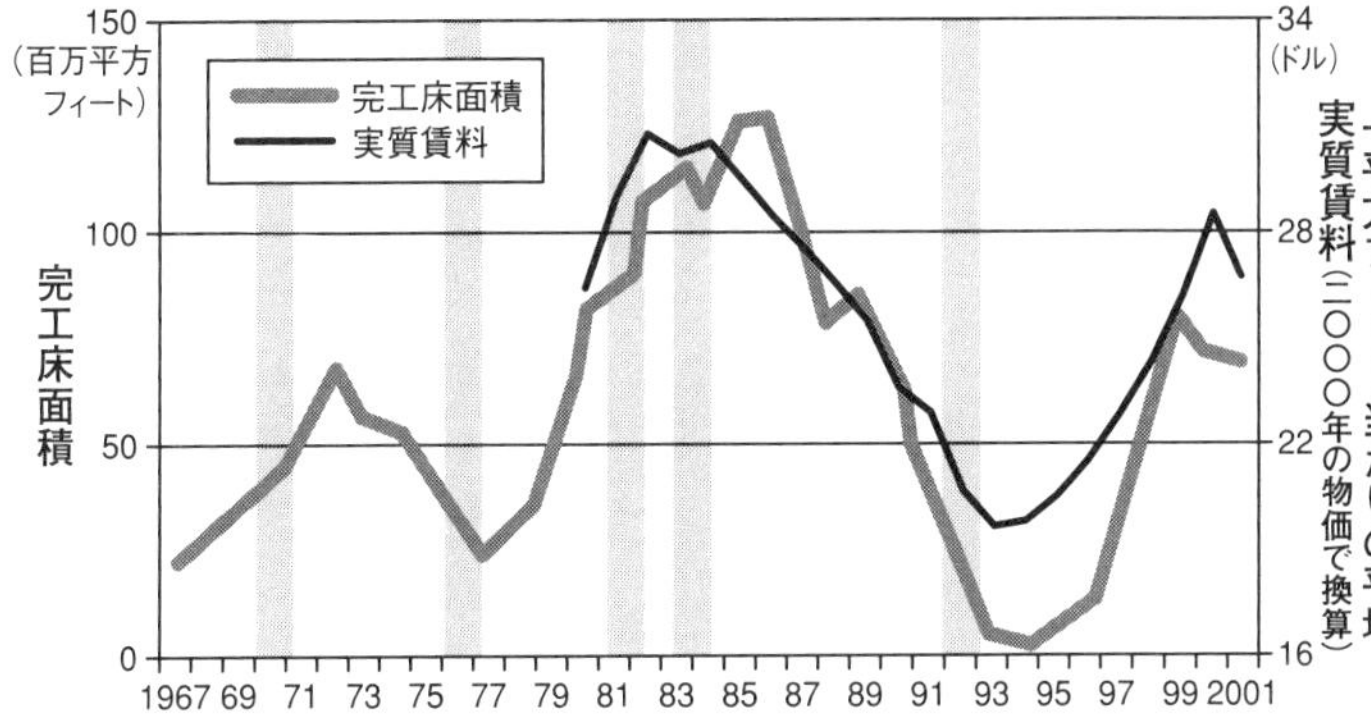

出所：トート・ウィートン・リサーチ（CBリチャード・エリスの独立調査部門）
www.tortowheatonresearch.com

される。

図4−38はオフィスのサイクルを、図4−39は工業用不動産のサイクルを示したものだが、いずれも一九八五年にピークに達している。これは人口特性サイクルから予想されるよりも数年遅いが、一九八〇年および一九八二年の二度の景気後退で深刻な失業問題が生じたことによるものだ。これらの市場は、この景気後退でいったん低迷した後、一九八三〜八五年の景気回復期に雇用率が急上昇したことで、遅れてピークに達した。その後、これらの市場は、景気が力強さを増しているにもかかわらず、人口特性トレンドとともに低迷している。

これら二つのサイクルはいずれも、エコーブーム世代の就労者数の増加に伴い、二〇一〇年ないし二〇一一年まで上昇するが、それに水を差す要因が三つあり、その結果、景気が好調の割には、成長は予想を下回るだろう。

その要因のひとつ目は、ベビーブーム世代の退職者が増え始め、エコーブーム世代による就労者数の伸び

図4-39 工業用不動産サイクル（1967～2001年）

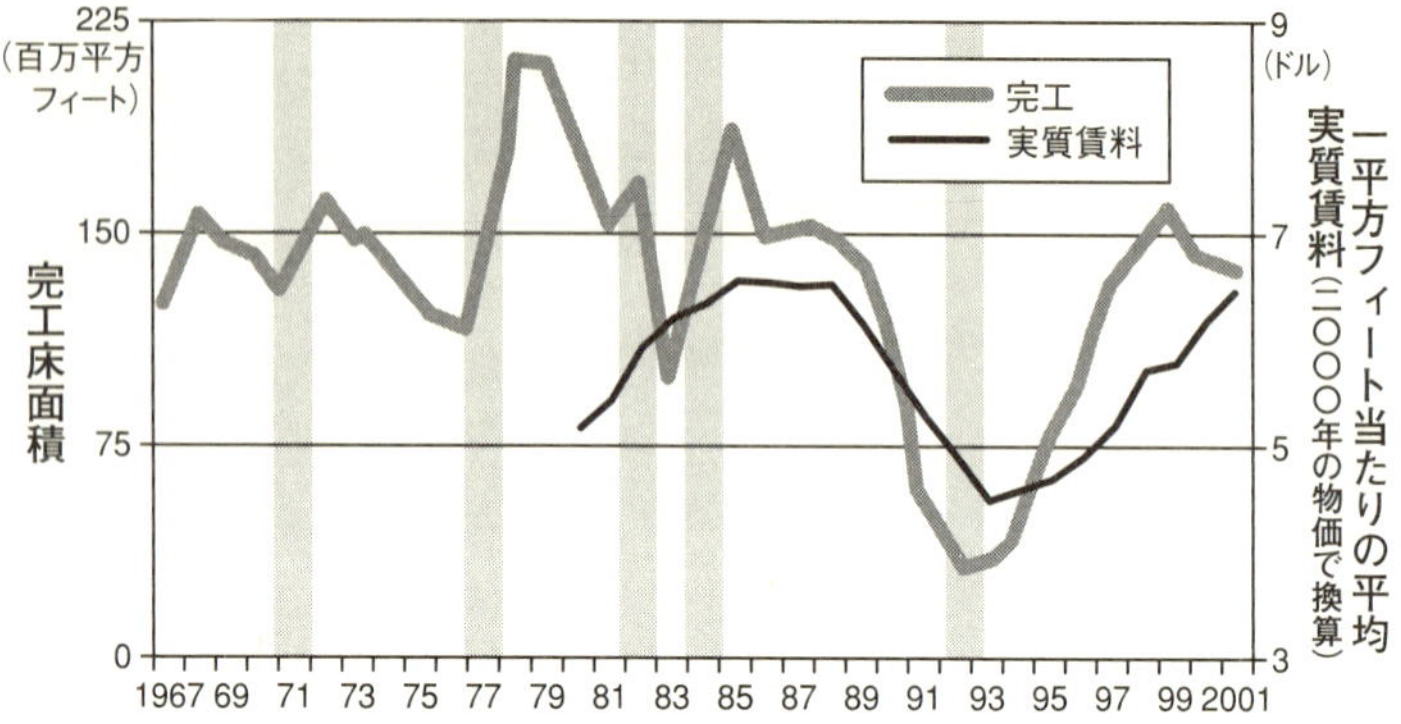

出所：トート・ウィートン・リサーチ（CBリチャード・エリスの独立調査部門）
www.tortowheatonresearch.com

図4-40 労働人口の増加予測（1950～2030年）

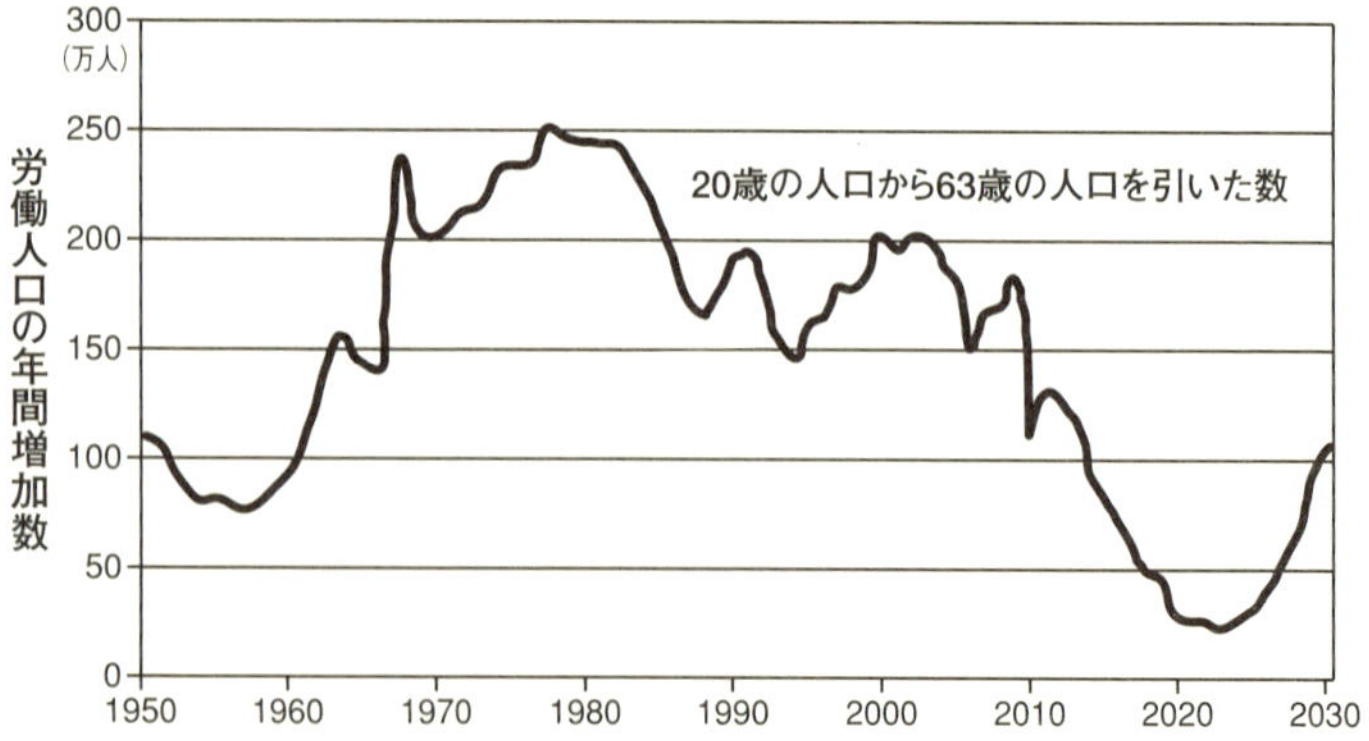

出所：米国勢統計局および米労働統計局

図4-41　出生数を26年ずらした店舗のピーク・トレンド（1937〜2027年）

を相殺してしまうことだ。第6章で述べるわれわれの「長期インフレ予測」によると、単に出生数ピークを就労年齢分ずらすよりも、二〇歳（平均就労年齢を三年前倒しした年齢）の就労者数と六三歳の退職者数から労働人口の増加率を割り出す方が、オフィスと工業用不動産の市場をより正確に予測できると思われる。

図4－41では、商業用不動産市場の潜在可能性を反映するため、これに一点だけ変更を加えている。インフレ指標においては、新たな労働者が生産性を発揮するまでには三年かかると考え、その間に新たな労働者にかける費用をインフレ率に反映するために、平均就労年齢を三年ずらしているが、ここではそれをしていない。図4－40を見ると、オフィスおよび工業用不動産市場は、二〇〇三年後半から二〇〇四年の雇用回復に伴って今より力強く伸びるが、その後の成長は経済成長を下回ると見られる。

二番目の要因は、技術革命とニュー・エコノミーの副産物であるパートタイムおよびフルタイムの在宅勤務が着実に増えていることだ。このトレンドのおかげで、企業は過去の好況時ほどにはオフィス面積を増やさなくても事業を拡大できるようになった。

三番目の要因は、二〇一〇～二三年の景気下降局面に一九三〇年代並みの大規模な淘汰があらゆる産業分野で起き、失業率が急上昇することだ。一九三三年には、大恐慌のどん底で失業率が二五％のピークに達した。失業率が当時ほど高くなることはないだろうが、一九八二年の景気後退期より高くなるのは確実で、二〇〇九年以降の景気下降局面には少なくとも一五％に達するだろう。したがって、オフィスおよび工業用不動産市場は、二〇〇九年ないし二〇一〇年以降の景気下降局面で最大級の打撃を受けそうだ。

店舗およびショッピング・センター

店舗およびショッピング・センター市場は、アパート・マンションおよび集合住宅市場と非常に似ている。なぜなら、人々が二五歳か二六歳頃に結婚すると、新世帯の購買ニーズに応じてこれらの市場も必然的に拡大するからだ。オフィスおよび工業用不動産市場は好景気で雇用が伸びれば恩恵を被るが、これと同じように店舗市場も、支出全般のトレンドが予想どおり二〇〇九年まで人口特性面から上昇し続ければ、支出増の恩恵を被る。

図4－41は、出生数ピークを新世帯が形成される二六年後にずらし、小売店やショッピング・モールのニーズを牽引する特定の人口特性トレンドを大まかに示したものだ。エコーブーム世代は、二〇〇二年から二〇一六年ないし二〇一七年（その頃には平均結婚年齢が二七歳に近づいている可能性が高い）までトレンドを加速させるだろう。

ここでも、二〇〇九年ないし二〇一〇年以降、景気の後退がこのトレンドに影響を及ぼすだろう。

図4-42　店舗のサイクル（1969〜2001年）

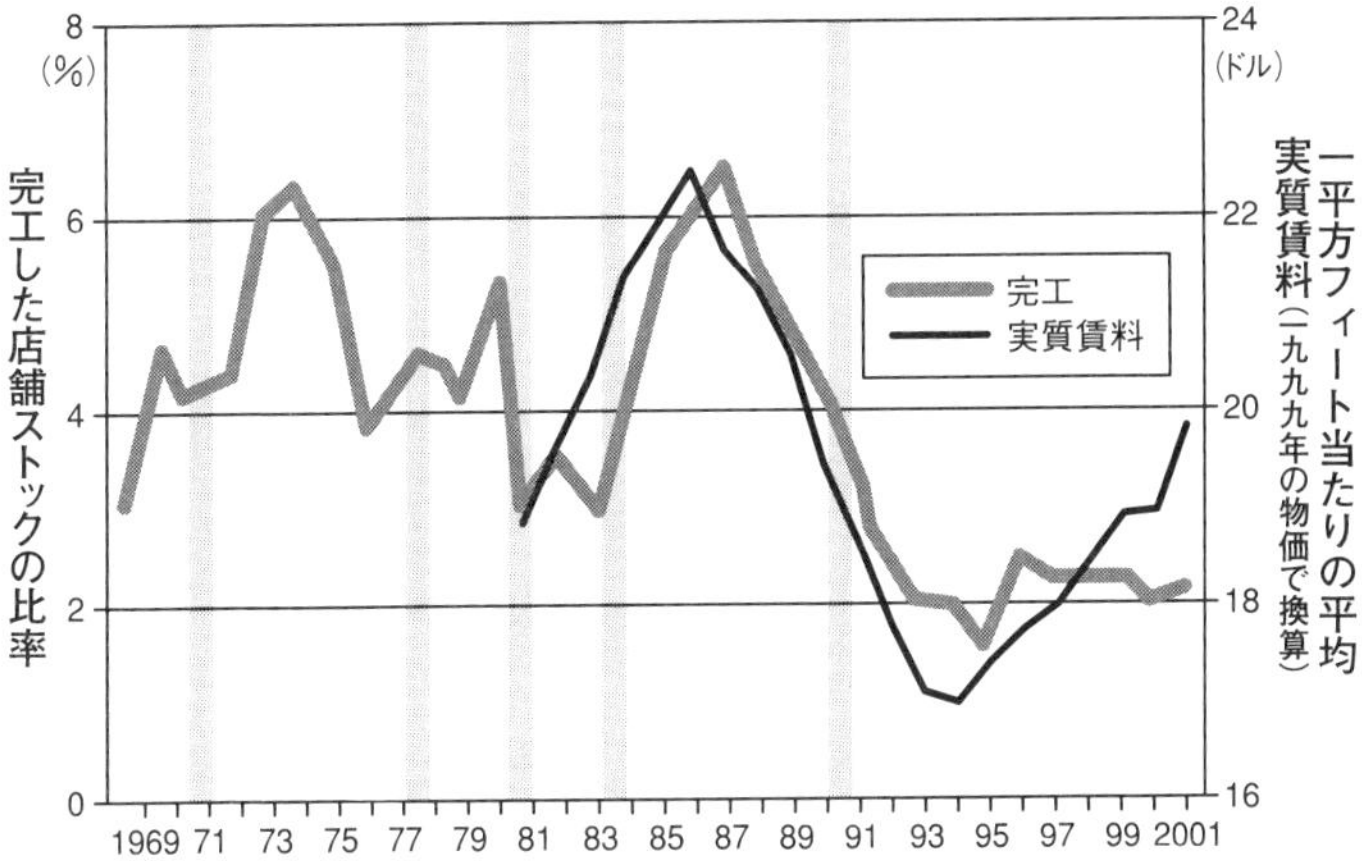

出所：トート・ウィートン・リサーチ（CBリチャード・エリスの独立調査部門）
www.tortowheatonresearch.com.

しかし、少なくとも二〇〇九年までは急速な経済成長が続く一方で、支出や景気の全般的なトレンドも上昇を続けるだろう。

図4―42は店舗用不動産の成長トレンドを示したものだ。このサイクルはまず、ベビーブーム世代の出生数ピークを当時の平均結婚年齢である二五年分後にずらした一九八六年にピークに達している。ここでひとつ注意しなければならないのは、新技術が小売スペースを効率化し続け、インターネット・ショッピングがゆっくりとだが確実に現実の店舗に代わりつつあること、また、この傾向は今後数十年にわたって続き、場合によっては加速することもあり得るということだ（店舗市場の成長が賃貸住宅トレンドの伸びを下回っているのも、このためかもしれない）。

図4-43 ホテルのサイクル（1971〜2001年）

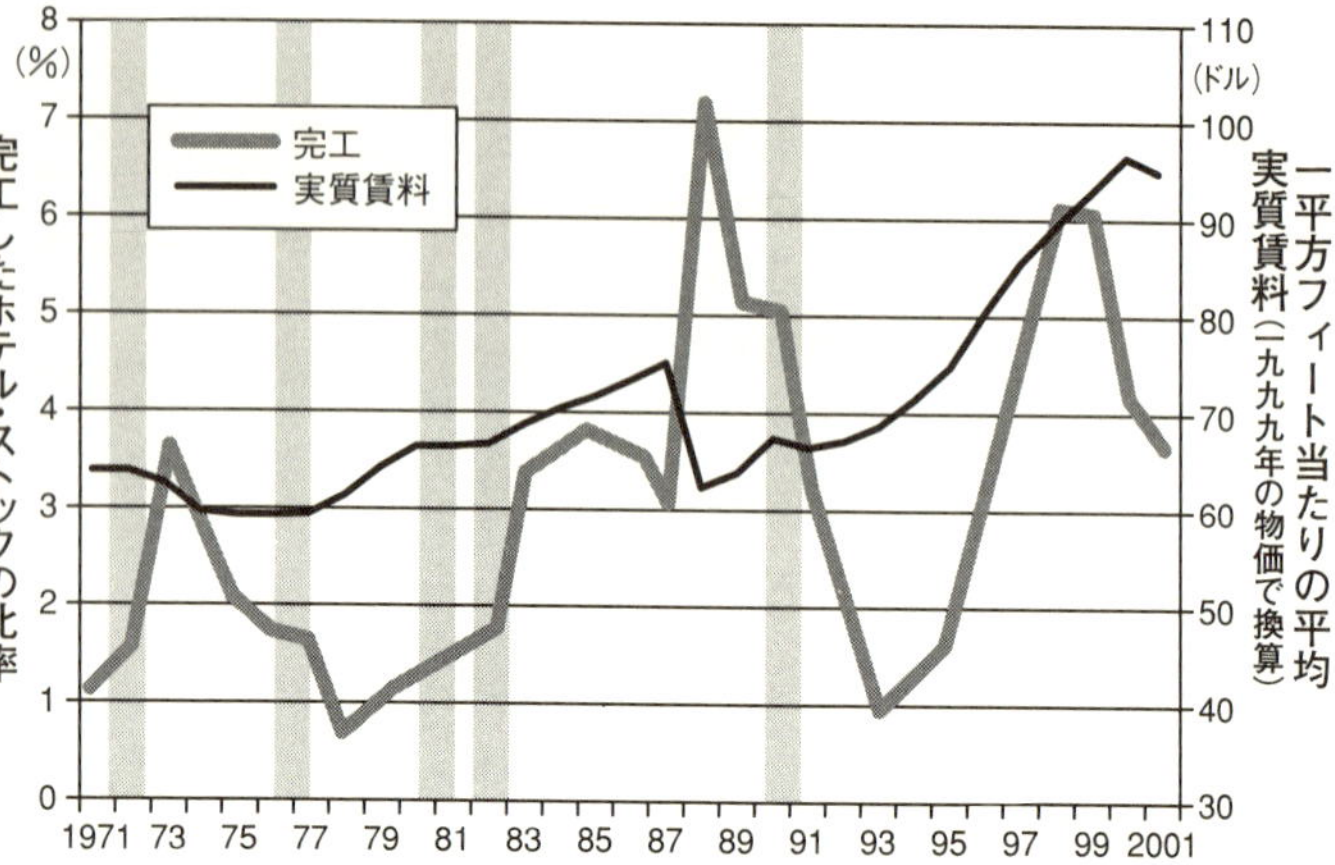

出所：トート・ウィートン・リサーチ（CBリチャード・エリスの独立調査部門）
www.tortowheatonresearch.com.

ホテル

ホテルは通常、単純に景気や支出の波のピークと相関関係にある。ただし、ここではリゾート・ホテルは含まない。リゾート・ホテルは、どちらかと言うと五四歳頃にピークに達する休暇旅行トレンドに密接に相関するからだ。図4−43を見ると、ホテルのサイクルは一九八七年に株価とともにピークに達した後、急落して一九八八年には底を打ち、その後は一貫して上昇を続けている。このトレンドは二〇〇九年ないし二〇一〇年にピークに達し、その後は支出の波とともに二〇二三年頃まで下降するだろう。

リゾート・ホテルは、今後、経済が急成長し、テロ不安の減少により旅行が回復してくれば、二〇〇九年までさらに急成長するだろう。レジャー旅行が五四歳前後でピークに達するため（図4−44）、この分野は二〇一五年ないし二〇一六年頃まで平均以上の好調さを保つはずだ。この分野の勢いは六二歳前後まで続くので、二

図4-44 レジャー旅行支出（年齢による推移）

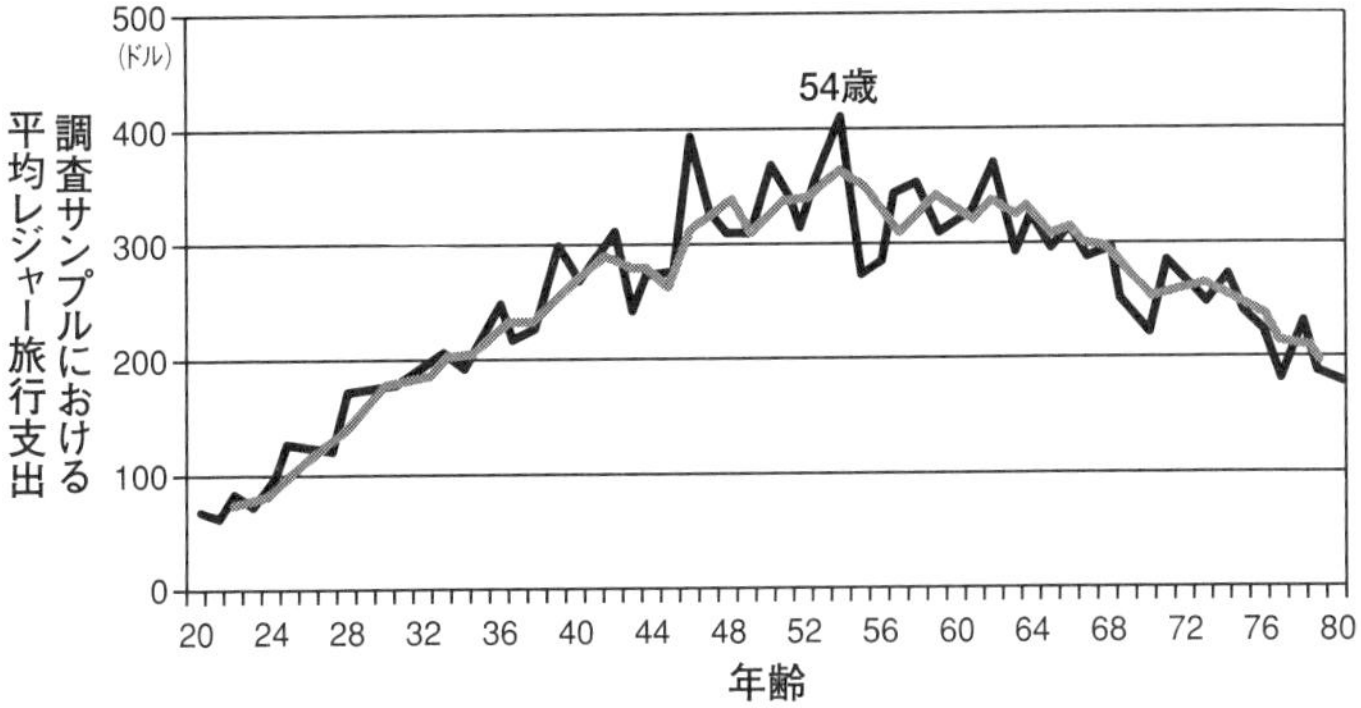

出所：米労働統計局、2000年消費支出調査

〇一六年を過ぎても急激な落ち込みはないだろう。

ただし、二〇〇九年ないし二〇一〇年以降の景気全般の下降は、この分野にも確実に影響を及ぼすはずだ。特に、二〇一一〜一四年の初期段階には大きな影響を及ぼすだろう。世界的に経済環境が悪化するなか、テロの脅威が再び増し、二〇一一〜一三年以降、この分野にさらに打撃を与える可能性が高い。

不動産市場全体のまとめ

二〇〇五〜〇九年は、全般的に見て別荘および退職者用住居市場が最も好調で、その次がアパート・マンションおよび集合住宅と低価格住宅の各市場だろう。二〇〇四年には中・高価格帯の住宅市場が最も低迷したが、二〇〇五年に最も伸び悩むのもこの市場になりそうだ。

高級住宅市場では二〇一〇年まで再びミニ・バブルが見られるが、一大下降局面には最も大幅な落ち込みが予想されるので、二〇〇九〜一〇年前半には売却すべきだろう。

商業用不動産ではホテルが最も好調で、その次が小売店舗となるだろう。オフィスと工業用不動産は、二〇〇四〜〇五年の景気回復期にはかなりの好調さを示し、その後二〇〇九年までの成長は経済成長を下回るが、勢いは保たれるだろう。とはいえ、いずれ失業率が高まれば大打撃を受けるので、オフィスや工業用不動産を今後の投資の中心に置くべきではなく、やはり二〇〇九年後半までには売却すべきだろう。

二〇一〇年ないし二〇二三年頃からの景気下降局面においては、住宅用、オフィス用、工業用の不動産が最も大きく値下がりするだろう。最も好調なのは、手頃な価格のアパート・マンションと低価格の一戸建て住宅だろう。別荘、リゾート施設、退職者用住居は当初、大打撃を受けるが、二〇一四年頃から回復する可能性は最も高い。

下降局面での最良の戦略を二つ挙げるとすれば、別荘・リゾート施設・退職後住居の分野およびアパート・マンション・低価格住宅の分野で投げ売りされた不動産物件を購入すること、そしてより低金利の住宅ローンに借り替えて、景気下降と株価暴落の最悪期が二〇一四年後半に終わったら、価格の反発に乗じて人口特性トレンド上、比較的好調な分野に販売することだろう。

最後に、準郊外とリゾート地は、多くの郊外地域や都心で相場が暴落するにもかかわらず、このブームの最終段階と景気の一大下降局面を通じて成長を続けるだろう。だがこれらの市場も、最初は全般的な下降局面の中で打撃を受けそうだ。いずれにせよ、開発業者も各世帯も、人口特性トレンドのせいで低迷が続きそうな都心や郊外の建設過剰地域よりも、これらの地域を狙った方が得策だろう。

不動産の保有に影響を及ぼす諸要因を検討したところで、第5章では人口特性トレンドにもとづく予測ツールの応用範囲を広げ、読者一人ひとりのビジネス、人生、子供、慈善活動、退職後の生活が、今後のトレンドによってどのような影響を受けるかを見ていく。人それぞれにライフサイクルや人生設計があるように、経済にもライフサイクルとライフプランがあり、読者一人ひとりの人生に大きな影響を及ぼす。次章では、資産設計のそんな新たな側面に目を向けてみよう。

第5章

人生設計

経済のライフサイクルと個人の人生はどう交わるか

経済サイクルが人生と仕事に及ぼす影響

第1章から第3章では、株式相場を含む長期トレンドが、エコノミストたちが言うよりもずっと予測可能性が高いことを証明した。第4章では、それらのトレンドが今後数十年の住宅・不動産投資にどのような影響を及ぼすかを説明した。第6章と第7章では、人口特性トレンドが読者のポートフォリオの各分野や引退後の計画に及ぼす影響を説明し、そこからきわめて重要なことを読みとっていく。だが肝心なことは、これらのトレンドが読者の人生、つまり仕事やキャリア、引退後の住処や暮らし方、住宅の評価額、住む場所、子供の教育や職業選択、趣味、事業の設立・買収・売却の決断、遺産や税金の計画、そして慈善事業への寄付といったことに、どんな影響を及ぼすかということである。

資産を築く醍醐味は、人生の選択肢を増やし、より質の高い生活を送れるようになることである。多くの優秀なファイナンシャル・プランナーがすでに実践しているように、あなたも人生の節目の計画を立てるなら、自分のライフサイクルやニーズだけを考えていてはだめだ。人生の節目の決断は、経済のライフサイクルから大きな影響を受けるからである。本章の主眼は、それを示すことにある。

ひとつ例を挙げよう。仮にあなたが二〇〇四年の時点で四六歳だとする。五四歳になったら会社を売却してコロラド州南部に引っ越し、パートタイムで経営コンサルティングをしながら、ゆっくりスキーを楽しみたいと思っている。そうなれば、すでに大学を出た子供たちも、もっと頻繁に遊びに来てくれるだろう。

ところが、この計画にはひとつ問題がある。それは、あなたが五四歳になるのが二〇一二年だということだ。景気と株価は二〇一〇〜一三年に強い下降トレンドをたどる可能性が高く、二〇一二年といえば株価も不動産価格もすっかり暴落してどん底のはずだ。会社を売るなら計画を四年早め、ブームのピーク直前の二〇〇八年ないし二〇〇九年に売った方がはるかに高く売れるだろう。都心や郊外の家も二〇〇九年までに売った方が、たぶん三〇〜五〇％は高く売れるはずだ。

二〇〇八年か二〇〇九年に会社を売却した後、すぐコロラドに引っ越すか、それともあと数年待つかは、あとから考えればよい。経済サイクルを考慮に入れると、最善策は二〇〇九年までに自宅を売却し、すぐ引っ越すなり、コロラドの新居探しを始めることだ。本当に住みたい場所が見つかるまでは数年借家住まいをして、あたりの様子をうかがうのがベストかもしれない。そして、住宅価格が急落する二〇一二〜一四年に新居を購入する。

二〇一三年ないし二〇一四年まで待てば、リゾート地の新築物件は買い頃になるし、住宅ローン金利も一段と下がるだろう。というのも、第6章で述べるインフレ予測によると、二〇一〇年以降、特に二〇一四年からはデフレと金利の低下が始まりそうなのだ。このように、経済サイクルを考え合わせてライフプランを立てれば、半引退後の資産を二倍から四倍に増やし、夢の新居を五〇％も安く買い、願ってもない低金利で住宅ローンを組めるかもしれない。

経済のライフサイクルは人間とほぼ同じ八〇年

第1章で述べたように、ニュー・エコノミーは、一世代おき、つまり八〇年サイクルで現れる。これは今の人間の平均的なライフサイクルとほぼ同じ長さだ。また、図5−1に示すように、景気には明確な四つの季節がある。すなわち、「革新（インフレ）」、「成長ブーム」、「淘汰（デフレ）」、「成熟ブーム」である。人間で言えば青年期、成人期、中年期、引退後、また季節で言えば春夏秋冬に似て

図5-1　80年経済サイクルの4つのシーズン

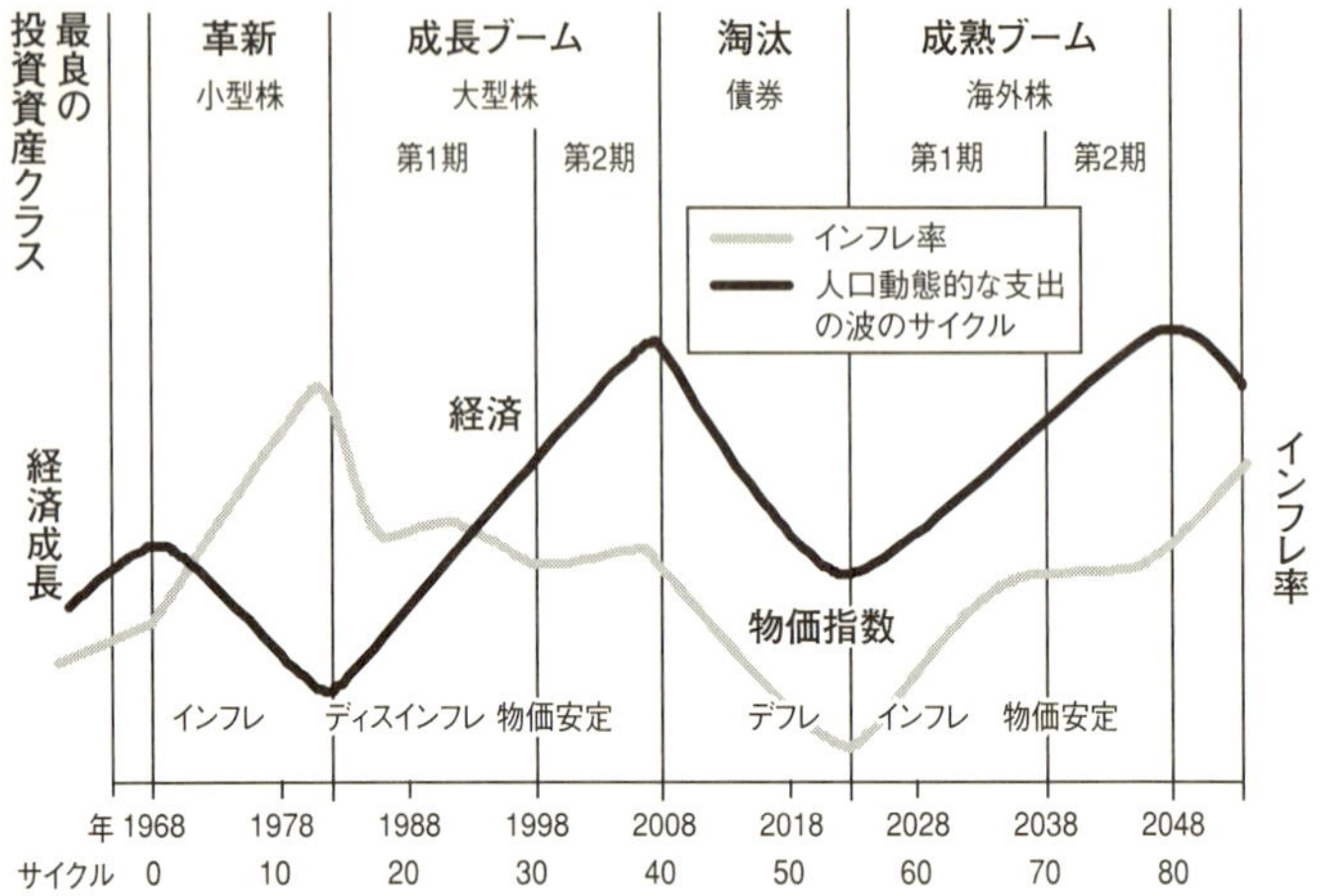

いる。

　こうした長期的な季節や人口特性トレンドが促す各季節内のトレンドは、革新、技術の普及、ＧＤＰ（国内総生産）の成長、インフレ、株式相場の上昇と下落、借り入れ、投資、住宅購入を引き起こし、人生の決断に多大な影響を及ぼす。二〇一〇～二三年頃の「淘汰」、特にその末期は、家や会社を売るには最悪だが、買うには絶好の時期だろう。またこの時期は、子供が大学を出て就職するタイミングとしても最悪だ。株式中心の運用で資産や老後の資金を増やすうえでも、最悪の時期だろう。債券、アジア株、ディフェンシブな株式、格安の賃貸不動産物件に投資した方が、ずっとよさそうである。

　第６章、第７章でも詳しく述べるが、景気、インフレ、大型株（新ブランドや技術を採用する企業）、小型株（革新的な新ブランドや技術を生み出す企業）の各予測モデルは、将来を見据え、よりしっかりと人生の節目を計画するための優れたツールである。だが、本章で人生設計のツールや原則を紹介するのは、人生目標や、資産や収入面の長期的ニーズを明確にすることが、効果的な資産設計の一番大事な一歩だからである。自分の未来を現実的に見つめるには、図5－1に示した各季節の概観と、だいたいの始まりと終わりをしっかり把握しておく必要がある。

「革新」段階の特徴は、革新的な新技術、新製品、新しいライフスタイルなどが生み出され、インフレ率が上昇し、景気が一段と後退することである。前回は一九六九～八二年だった。「成長ブーム」には、こうした革新的なものが普及、主流化し、新産業の支配的企業を決める首位争いが繰り広げられる。特徴は生産性の上昇、好況と株価上昇、インフレ率の低下だ。前回は一九〇二～二九年だった。現在は「成長ブーム」で、一九八二年に始まり二〇〇九年後半から二〇一〇年前半に終わる見込みだ。「淘汰」段階は、最悪の季節である。一九三〇～四二年の大恐慌もそうだった。企業はバタバタと倒産し、レイオフの嵐が吹き荒れ、デフレが起こり、景気は急激に悪化する。次の淘汰が起きるのは二〇〇九年後半ないし二〇一〇年前半から、二〇二二年ないし二〇二三年だろう。一七〇〇年代後半に始まった超長期の景気と株価のブームが、人口特性のトレンドによってピークに達しつつあることを考えると（第2章参照）、次の淘汰段階は史上最悪となり、その後、われわれが生きて株の最高値更新を目にすることはないかもしれない。

今あなたにできる最も重要なことは、今のブームを最大限利用して、今後の過酷な下降局面に備えるためのキャリア戦略や投資戦略を立てること。そして、値上がりした投資資産や不動産の大半を二〇〇九年までに売却することだ。

最後は「成熟ブーム」段階で、多くの人にとって最も安定した実りの時期となる。混乱は落ち着き、淘汰段階を経た革新的な技術や製品が徐々に普及する。インフレ率は緩やかに上昇し、経済のライフサイクルとともに登場した技術、ライフスタイル、ビジネスモデルが花開く。一九五〇年代、一九六〇年代の「幸福な日々」がまさにそうだった。前回は一九四二年後半から一九六八年だった。ちなみに前回の成熟ブームは、最初こそインフレ率が上がり、第二次世界大戦が勃発したが、その後、主流層が繁栄して共有の価値観が生まれ、アメリカ史上最高の時代となった。

次の「成熟ブーム」が始まるのは二〇二三年ないし二〇二四年頃で、短ければ二〇四二年まで、長ければ二〇四〇年代後半ないし二〇五〇年代前半まで続くだろう。これはわれわれの子供世代のブームであり、ここ数十年に登場した様々な新技術や新しいライフスタイル、新ビジネスモデルが次々と受け入れられ、社会や人々のライフスタイルになじんでいく時期である。われわれが自動車に乗り、テレビを見ながら成長したように、子供たちはコンピュータやインターネットとともに育つだろう。

ただし、このブームは経済成長率でも株式投資収益率でも、ベビーブーム世代が突き動かす一九八二〜二〇〇九年のブームには遠く及ばない。最も大きなチャンスが潜むのは、都市への人口流入が著しく、人口特性トレンドも堅調な東南アジアやインドなどの新主要国と人口集中地域だろう。

ここで最も重要な点は、革新、経済成長、インフレのトレンドが、長期の季節ごとに大きく異なるということだ。季節によって有利な投資もまったく異なり、人々のライフスタイルやキャリア、ビジネスにも大きく影響する。長い目で見ると、人生設計や投資計画に、自分自身のライフサイクル以上に大きな影響を及ぼすと言える。なぜなら、経済のライフサイクルの方がはるかに大きな構図の中に位置づけられるからだ。

表5-1　出生率の主な上昇期と下降期

	上昇トレンド	下降トレンド
ボブ・ホープ世代	1909～1914 1920～1921	1917～1919 1924～1933/36
ベビーブーム世代	1937～1943 1946～1947 1951～1957/61 1969～1970	1944～1945 1948～1950 1962～1968 1971～1973/76
エコーブーム世代	1977～1990	1991～1996

「人口統計学的な考え方」を身につける

経済のライフサイクルが人生に与える影響を考察する前に、覚えてほしいことがある。それは、投資、キャリア・プランニング、個人所有の不動産、事業戦略、子供、人生目標など、様々な角度から自分の人生や未来を見つめる際に、「人口統計学的な考え方」ができるようになるための二つの単純なツールである。

四つの季節を基本的に理解したら、今度は、懸案の将来の節目に経済が及ぼす影響を簡単に計算できるよう、二つのことを理解する必要がある。ひとつは、過去数十年間の出生数の主な増減だ。出生率の増減は、将来の経済活動や人間の活動におけるトレンドの上昇や下降を引き起こす。表5－1に主なサイクルを示した。もしあなたが頻繁にクライアントと接するファイナンシャル・プランナーなら、これらの主要出生サイクルは暗記しておくべきだろう。それ以外の読者は、この表を参考にしながら今後の予測を立てればよい。

もうひとつは、最も重要な経済トレンドを動かす人口特性上の人生の節目を知ることである（表5－2）。まず、働き始めると、三年後にインフレが起こる。その後、最も学歴が高く革新的な人々が出生から二三年後に大学を卒業し（この年数をわれわれは「ヤッピー要因」

表5-2 経済に大きな影響を及ぼす主な人生の出来事*

人生の出来事	平均年齢
就職	20
インフレ効果を及ぼす（就職から3年後）	23
革新	23
家族形成	26
初めての住宅購入	31
借入金比率のピーク	32
住居費のピーク	42
負債水準のピーク	42
支出のピーク	48
投資比率のピーク	54
企業や政治における権力のピーク	58
引退（ディスインフレ効果）	63
純資産のピーク	64
慈善寄付のピーク	65

＊これらの年齢の多くは10年ごとに1歳高くなっている。

と呼ぶ）、ライフサイクル、キャリアサイクルに入ると同時に、様々な革新が起こる。二六歳で結婚すると同時に支出が一気に伸び、賃貸アパート・マンションや低価格帯の耐久消費財の購入が促される。通常、二〇代後半で子供が生まれ、生活も支出の優先順位も「家族の価値観」も一変する。

消費者トレンドの専門家フェイス・ポップコーンは、一九八〇年代および一九九〇年代にベビーブーム世代の「コクーニング」トレンド（社会の激変を避けて身を隠すマイホーム主義）を調査・予測して有名になった。だがわれわれは、このトレンドの原因はむしろ、ベビーブーム世代がこの時期に子供を持ち、家族中心の生活を送るようになったことに過ぎないと考えている。

平均三一歳で最初の持ち家を購入し家具を揃えると、負債水準が一気に上がる。三七歳から四二歳にかけて生涯で最も大きな家を購入し家具を揃えると、その直後の平均四二歳に負債水準がピークに達する。経済全般の成長を促す支出のピークを迎えるのは、今日では四六歳から五〇歳、平均四八歳である。年間投資額がピークに達するのは五四歳前後で、累積純資産が最大になるのが六四歳前後。その間にキャリアと権力のサイクルの頂点に達し、五八歳頃には制度やビジネスモデルや仕事を変革する。

今は平均退職年齢が六三歳だが、今後一〇年ごとに少なくとも一年ずつは伸びるだろう。ただし、ベビーブーム世代は自分の寿命が親よりも長いことに気づき、長く仕事を続けたり、パートタイムで働いたり、慈善活動をするなど、より活発な引退生活を送ろうとしている。だから、退職年齢は予想より急速に高まるかもしれない。

こうした重要なトレンドに加えて、自分の業界に関わりのある製品分野の支出ピーク年齢をだいたい予想し、出生数の高まりをその年齢分先にずらせば、経済全般のサイクルだけでなく、自分の事業の好不調期もわかる。インターネットの消費支出調査ページ（www.bls.gov/cex/#data）を見れば、一九〇品目の製品の年齢別支出額がわかる。また、われわれのウェブサイト（www.hsdent.com）では、ほとんどの主要製品・サービスについて、年齢別の主な支出トレンドをより詳細にまとめている。まず「Key Concepts」を、次に「Consumer Product Trends」をクリックしてほしい。

ただし、企業の場合は自社顧客を直接調査し、自社製品の購入ピーク年齢や、所得者層および市場セグメントによるその違い（平均的な統計数値とは異なるかもしれない）をできるだけ正確に把握したた方がよい。また、一般にこうしたトレンドは通常一〇年に一歳ずつ年齢が高くなっていることにも留意する必要がある。つまり、支出ピーク年齢は二〇一〇年には四九歳に、二〇二〇年には五〇歳になっているということだ。

以上をまとめると、こういうことになる。出生数を主な経済トレンドのピーク年齢分先にずらすことで、これらトレンドの上昇期と下降期を数十年先までほぼ把握できる。そうすれば、人生の大きな

図5-2 アパート家賃年間支出額（年齢による推移）

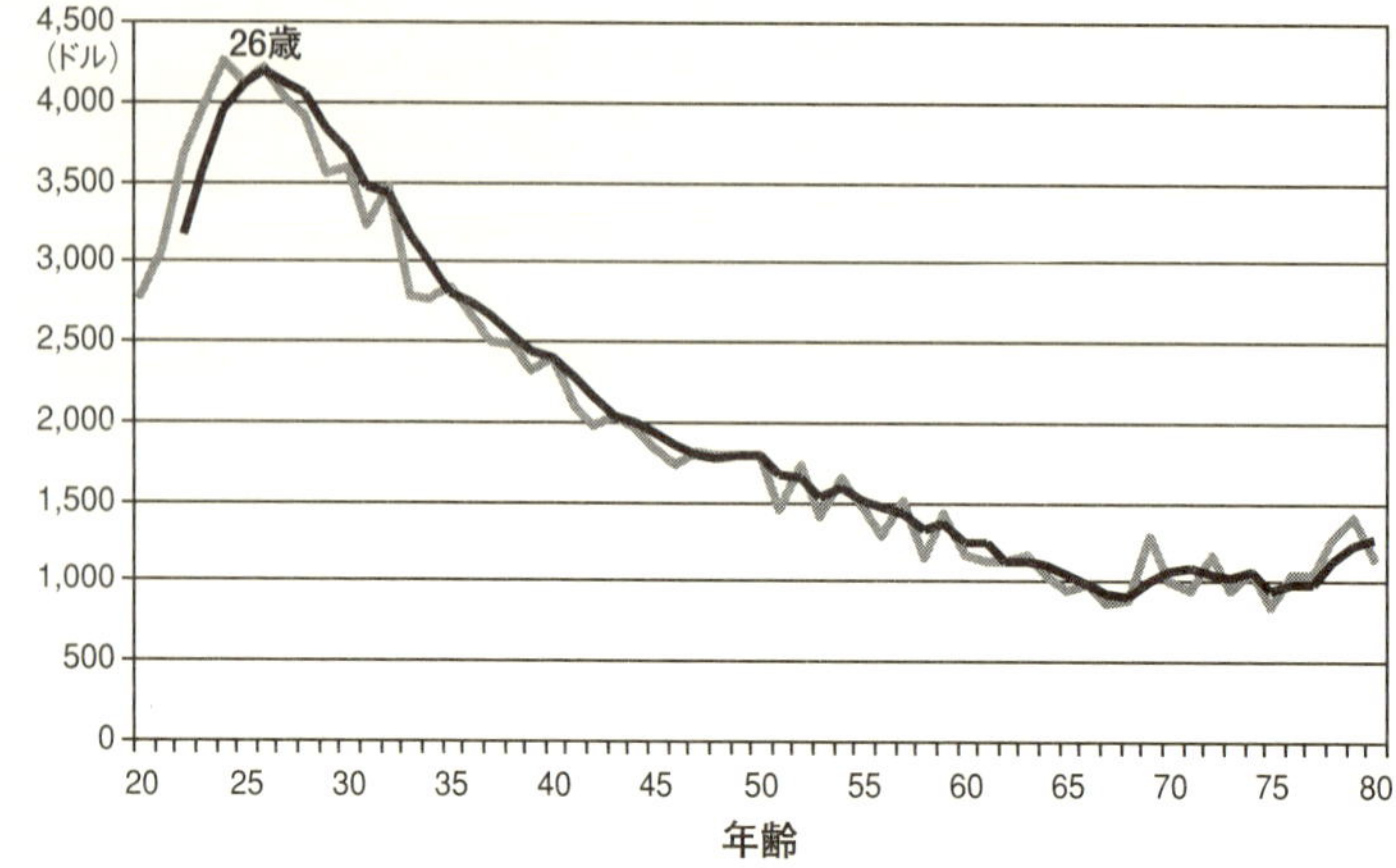

決断や変化が予想される時期に、それらのトレンドがどのような影響を与えるか、また経済トレンドの変化がそうした決断にどのような影響を及ぼすかを知ることができる。

人口統計学と経済のライフサイクルが事業やキャリアに及ぼす影響

これらの単純なツールがどれくらい大きな効果を発揮するかを、別の例で簡単に説明しよう。仮にあなたの会社が若い夫婦向けのアパートを経営しているとする。自社の業績の好不調期を知るには、最近のエコーブーム（ベビーブーム世代の出産ラッシュ）で出生数が急激に伸びた一九七七～九〇年（表5―1）を、家族形成トレンド（表5―2）が高まり家賃の支払いがピークに達する年齢分、つまり二六年先にずらせばよい（図5―2）。そうすれば、二〇〇三～一七年に自社物件の市場が広がり、家賃収入が増えると予測できる。

平均結婚年齢は一〇年ごとに約一歳ずつ高くなって

いるので、今後一〇年を予測するときには家族形成年齢を二七歳とする。つまり、ごく単純に計算すると、一九七七年に二六年を足した二〇〇三年が市場の伸び始める年で、一九九〇年に二七年を足した二〇一七年がおおよそのピークとなる。

だが、そこであなたはこう考える。「二〇〇九年後半ないし二〇一〇年から二〇一三年頃までは、経済全体の支出サイクルがピークに達し、景気が全般的に後退するはずだ。したがって、いくら二〇一〇〜一七年に賃貸不動産のサイクルが上向くといっても、きっと大したことはないだろう」

いたって論理的である。だが実は、失業率が上がると住宅取得能力を持つ人が減るため、賃貸需要は増える可能性がある。ただし、家賃は確かに下がる。景気の悪化と家族形成の失速とがあいまって、二〇一八〜二三年のアパート・マンション市場は悲惨な状況になるだろう。だから、事業を拡大して成長に備え、高収益を期待するなら、チャンスは二〇〇三〜〇九年なのだ。二〇一〇年以降は大きな試練が訪れ、二〇一八年からは業績が落ちる可能性がある。

しかし、二〇〇九年ないし二〇一〇年以降の景気後退で住宅購入能力のある世帯が減ったときに家賃の低い物件を提供できれば、景気下降局面でも繁盛できるかもしれない。この成功戦略をとり、豊富なキャッシュフローを利用して競合会社を安値で買収すれば、こんな時期でも事業と市場シェアを拡大できる可能性すらある。

ただし、この業界では住宅ローン費用が主要コストのひとつなので、インフレ率や金利の見通しも見ておきたい。第6章で説明するインフレ予測によると、二〇〇五〜〇六年前半はインフレ率も長期住宅ローン金利も低下し続け、二〇〇六年前半から二〇〇九年はいずれも緩やかに上昇し、二〇一〇年以降は再び急落すると見られる。つまり、二〇〇四年後半から二〇〇六年前半は今のローンを払い続け、二〇〇六年から二〇〇九年ないし二〇一〇年は比較的金利の低い固定金利型のローンに借り換えた方がよい。二〇〇九年後半に金利変動型ローンに再び借り換えるか、あるいは利益から繰り上げ完済して固定費用を下げ、下降局面での経営維持に備えるかは、そのとき考えればよい。

だが、最良の戦略は、二〇〇〇年代後半には不動産投資を拡大しないことだ。実際、二〇〇九年までに手持ち物件の一部を売却して余裕資金をつくり、バランスシートの流動性をできるだけ高めておくべきである。そうすれば、景気下降局面の初期段階に、その現金と借入能力で賃貸物件や賃貸に転換できる物件を、値下がりを待って購入し、家賃の非常に安いアパート・マンションをエコーブーマーや不況で台所の苦しい人々に提供できる。二〇一八年以降は賃貸市場が再び低迷しそうなので、それらの物件の売却を始めてもよいだろう。また、銀行は下降局面では貸し渋るが、経営の傾いた企業をそのまま破綻させるよりは、財政状態のよいあなたの企業に買収させた方が得策と考えるだろう。このように、チャンスはいくらでもあるのだ。

もしあなたが事業の売却を考えているのなら、二〇〇八年ないし二〇〇九年が売り時である。一方、「人口特性面から賃貸市場が広がれば、景気下降局面でも低家賃戦略で業績を上げ続けることは可能だから、アパート・マンション事業は続ける」という人もいるだろう。この場合も二〇一八年には事業の売却を再度真剣に考えるべきだ。というのも、この年には賃貸需要が下降に転じ、景気も二〇二三年まで伸び悩むか下降を続ける公算が大きいからだ。

もうひとつの例を簡単に説明しよう。仮に、あなたがキャンプ用品会社の経営者で、過去一〇年間で市内に三店舗を持つまでに事業を拡大してきたとしよう。もはや単なるパパママ・ストアではなく、人口特性上、同じ需要を持つ近隣地域への出店はもちろん、全国展開の可能性さえ見えてきた。そん

図5-3　キャンプ用品購入額（年齢による推移）

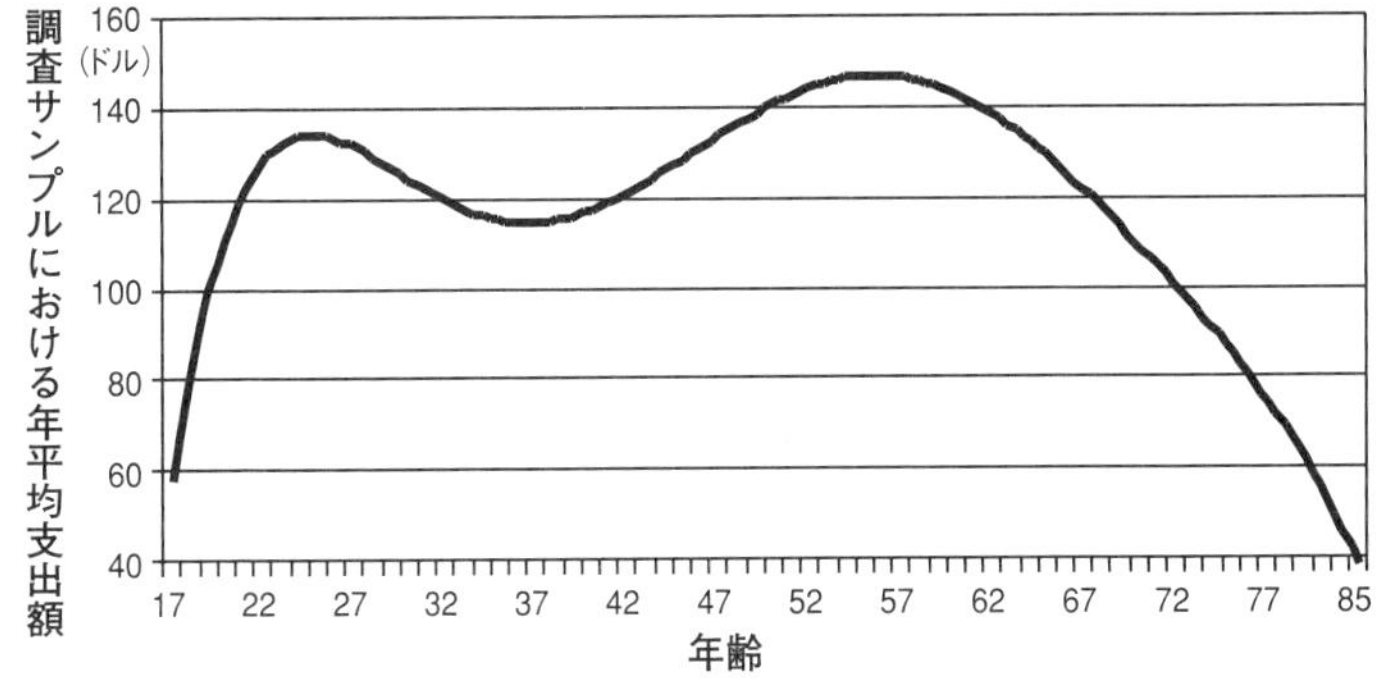

なあなたの事業に、人口特性サイクルはどんな影響を及ぼすだろうか。

図5－3の人口特性サイクルからは、キャンプ用品の売上が二度、急増することがはっきりとわかる。最初は若者がキャリアや家族のサイクルに入って落ち着く前の二三～二四歳で、二度目は熟年世代向けのレジャー旅行のピーク年齢である五四～五五歳である。

あなたの事業は、二つの世代（ベビーブーム世代とエコーブーム世代）の今後数十年の支出サイクルから大きな影響を受ける。ベビーブーム世代が最大の支出ピークである五四歳前後に達するのは一九九一年（一九三七年＋五四年）から二〇一五年、エコーブーム世代が最初の支出急増年齢に達するのは二〇〇〇年（一九七七年＋二三年）から二〇一三年（一九九〇年＋二三年）である。二〇一五年以降は、経済全般と同様、両サイクルとも下降に転じる。だが二〇〇九年ないし二〇一〇年までは景気も上向いている。つまり、二〇〇九～一五年には事業を売却するか、少なくとも業界の大きな冷え込みに備えるべきだろう。

仮にあなたが年をとり、子供にも事業を継ぐ気がないとしよう。その場合には、まだ景気がよく業界も好調な二〇〇九年後半までに事業を売却するのがベストだ。引退して住む場所を考えるのもよいし、山あいに店を開き、そこで引退生活を送る手もある。年をとり、準郊外に別荘や退職者用住居を購入して静かな生活を送るベビーブーマーが増えれば、こうした地域の方が景気下降局面にも伸び続ける可能性が高い。

逆に、事業に携わってきた子供たちに家業を継がせる場合を考えよう。まず、下降局面の初期にはかなりの業績が期待できるかもしれない。だが、二〇一五年以降はベビーブーム世代の購入者が減り、売上が急落する。あなたも子供たちも不況の中で事業を続けるか、好況が終わるまでに事業を売却し、不況期に新事業を始める（あるいは事業を買い戻す）か、難しい決断を迫られる。

アパート・マンション事業の場合と同様、二〇〇九年以降の経済全般の下降は売上に一定の悪影響を及ぼすだろうから、その対策も必要だ。したがって、売り時はやはり二〇〇八年ないし二〇〇九年だろう。しかし、もし事業を長期にわたって続けるつもりなら、前の例と同様、景気下降局面に他のキャンプ用品店を安値で買収して事業を拡大する手もある。

キャンプ用品ビジネスは五〇代半ばに二度目の購入急増期があるため、他の業界より恵まれている。だから、二〇一五年までならある程度の価格で事業を売却するという選択肢もあり得る。ただしその場合には、二〇〇八年ないし二〇〇九年に売却した場合よりかなり安値で売却することになるだろう。

経済のライフサイクルが子供の教育、キャリア、経済力に及ぼす影響

ここで、人生において最も重要な要素である子供や孫について考えてみよう。話を単純にするために、あなたに一人息子がいるとしよう。二〇〇四年末に一六歳になる息子は、翌年には自動車の仮免

許を申請する予定だ（親は心配で仕方がない）。高校を卒業するのは二〇〇七年の半ば。多くの子供たちと同様、大学に行くとすれば、卒業は二〇一一年の半ばになる。

経済のライフサイクルから言えば、就職するのは次の一大下降局面と不況が始まってからになる可能性が高い。つまり、仕事を見つけるのが非常に難しく、とりあえずは見つかってもクビを免れるのに苦労するということだ。企業は一九三〇年代以来、最も過酷なレイオフ（一時解雇）と調整のサイクルの渦中にある。一九七四年の不況や、二〇〇〇〜〇二年のハイテク不況よりもはるかに深刻な状況だ。

これがわかっていれば、あなたと息子（または娘）は違った選択肢を選ぶことができる。一番よいのは、こうすることかもしれない。高校卒業後は息子をあの手この手でその気にさせ、パートタイムか夜間の学生として大学に入ったうえで、規模の大小にかかわらず前途有望な成長企業の仕事を見つけさせる。大企業よりは中小企業の方が、きちんとしたスキルと意欲を持つ高卒の人材を受け入れてくれそうだ。特に、親のあなたが地元にコネを持っていたり、家族で事業を行っている場合にはそうだろう。

企業に就職し、夜間に大学の単位をとりながら、社内に食い込んでいくよう息子に勧める。そうすれば、その会社で成長して、二〇〇九年ないし二〇一〇年までには貴重な人材になっているかもしれない。これなら景気が下降に転じ、レイオフの可能性が高まっても、フルタイム学生として大学へ戻り、会社での昇進に最も役立ちそうな分野を専攻して勉強すればよい。実地の体験を積み、自分の強みも弱みも、最も関心のある分野もわかっているからだ。図5−4を見ればわかるように、二〇〇八年以降は人口特性面から見てエコーブーム世代の大学入学者数が減るため、よい大学に入れる可能性

図5-4 出生数を18年ずらした大学入学者数予測（2003〜18年）

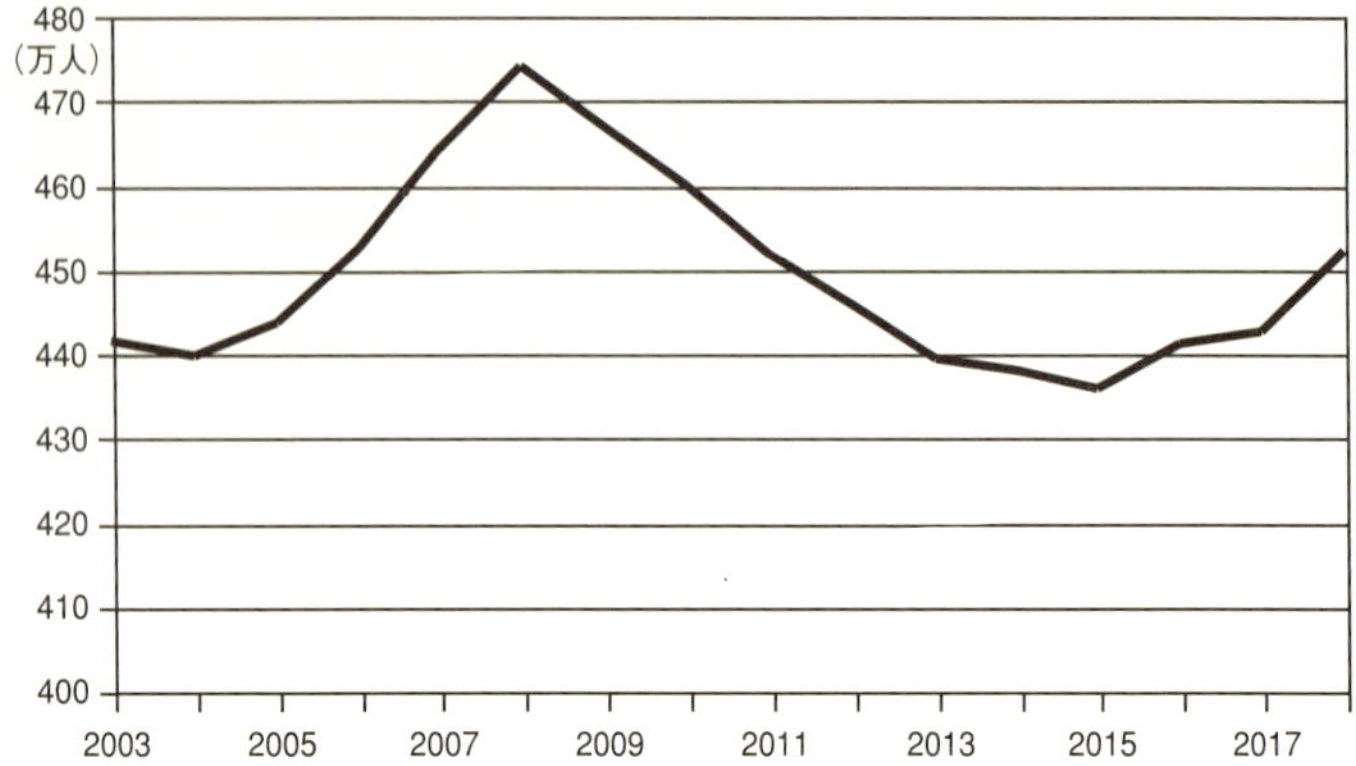

も高まる。

二〇〇九年以降の景気下降局面は、親にとっては大学の学費が下がり、息子にとってはよりよい学校に入れる可能性の高い時期となるだろう。人並以上の企業知識と、数年間、実社会で働いた経験を持ち、関心の幅も広がっているので、学習姿勢も意欲も高く、大学で優秀な成績を収められる可能性が高い。就業経験が、よりよい大学に入るための新たな武器となるのだ。

どのトレンドを見ても、大学入学に最適なのは二〇〇九年の秋以降で、二〇一二年に向けてさらによくなることを示唆している。この時期に入学すれば、（入学前に必要な単位の一部を取得済みとして）二〇一二〜一五年に卒業する頃には、相変わらず景気がふるわず就職難でも、元の会社に戻る気ならかなり有利だ。そして、二〇一五年には景気も長期的に上向くだろう。

さらに素晴らしい点は、関心のある分野の大学院に進む場合、二〇一四〜一五年まで学費がさらに下がる可能性があり、企業負担や奨学金で学費を賄える可能性も高まることだ。修士号を取得する頃には、一九三二〜三三年以来最悪の調整期と下降局面も終わり、二〇一九年ないし二〇二〇年前半には経済活動もようやく本格的に回復するだろう。同じ会社に再就職するにしても、あるいは同じ分野で起業するにしても、この時期の方がはるかに有利だし、二〇二〇～二三年に始まる最後の下降局面に備えて、キャリア戦略を見直したりキャリアの幅を広げることもできる。

大学卒業後、景気下降局面で就職先を探す時には、定評のある大企業よりも小さくても革新的な企業の方が有望だ。というのも、二〇一三年ないし二〇一四年に向けてエコーブーム世代の「革新」段階が始まり、エコーブーム・サイクルが低下する二〇二五年頃まで、革新の全盛期となるからだ。景気がどちらかと言えば不調なこの時期に、人口特性面から最も需要が高まるのはヘルスケアなどの産業だろう。

企業に就職し、経済のライフサイクル上、最もよいタイミングで大学に戻ることで、あなたの息子は教育やキャリアのチャンスを最大限に高め、親や祖父母の学費負担を大幅に減らすことができる。学費が減った分、親にとっても息子本人にとってもずっと軽い負担で、当初予定していたよりも高い教育を受けられる公算が大きい。そして、景気下降局面はたいてい起業をする大きなチャンスなので、二〇〇六～〇九年に就職した業界で会社を起こしたり、コンサルタント契約を結ぶ手もある。つい最近まで、総人口に対して最も多くの百万長者が輩出されたのは、これと似た一九三〇年代の淘汰期だった。

もしあなたに小さな子供か孫がいるなら、彼らを大学や大学院に行かせるのに絶好の時期は二〇一〇～二三年だ。就職や転職に最適な時期は二〇一五年から二〇一七年ないし二〇二三年までだろう。次のブームでは、人口特性にもとづく成長トレンドは、アジアや南米の新興国の方がはるかに勢いがあるので、中国語かスペイン語を学び、新興工業国に重点を置く多国籍企業への就職を検討してもよいだろう。

キャリアの季節をプランニングする

同じことは、あなた自身のキャリア・プランニングにも言える。仮にあなたが三九歳で、比較的大きな企業の情報システム・アナリストだとしよう。まず、確かめることは、自分の会社が二〇〇九年以降に起こる熾烈な首位争いで上位に食い込めるかどうかだ。さもなければ、たとえ経済が急成長していても、解雇通知を受けとるおそれがある。二〇〇〇〜二〇〇二年の不況を市場シェアを失わずに乗り切った会社なら見込みがある。

次に、あなたの業界が今後二〇〇九年までに情報技術、特にブロードバンドのインターネットを活用できそうかどうかを考える。画像通信や音声認識によって、より低コストでより個別化された高水準のサービスを提供できそうだろうか。

自社の製品やサービスは、ベビーブーム世代が高齢化し、四〇代後半、五〇代、六〇代になることで恩恵を受けるだろうか。例えば、金融サービス、ヘルスケア、レジャー・旅行、退職者用の住居やサービス、コンビニエンス・サービス、高級食品・レストランといった業界がそうだ。一方、エコーブーム世代の家族形成サイクルから恩恵を受ける業界もある。賃貸アパート・マンションや、ウォルマート、イケア、ターゲットなどのディスカウント小売店、ステレオ用品などがそうだ。

調査や自社顧客へのアンケートを実施して、自社製品の購入ピーク年齢層を突き止める必要がある。そうすれば、出生数をその支出ピーク年齢分、後にずらすだけで、市場が最も広がる時期を読むことができる。

次に、経済のライフサイクルから考える。もしあなたが二〇〇四年後半に三九歳なら、景気がピークに達する二〇〇九年頃には四四歳になっている。おそらくキャリアサイクルのピークに近づき、平均的なアメリカ人が四〇代半ばから五〇代前半に陥る中年の危機が目前に迫っていることだろう。

この時期には多くの人が生活を変え、第二のキャリアを始めたり、自分の会社を起こしたり、別荘を買ったり、人によってはリゾート地に引っ越したりする。そのためにもっと学歴が必要なら、二〇〇九年以降に休職して勉強し直すのがよいだろう。前にも触れたように、景気下降局面には、大企業は大混乱に陥り統合に忙しいので、成長著しい小さな新市場を開拓する暇もない。つまり、起業には絶好の時期となり得るのだ。

あなたの会社も景気下降局面では、あなたの経験とスキルを確保し続けながら、パートタイムのサービス下請契約を結んで経費を節減することにメリットを感じるかもしれない。そうすれば、そこそこの収入を得ながら起業したり、同様のサービスを同業他社に提供したりするための時間が手に入る。

二〇〇九年頃までには、子供が家を離れるだろう。子供が学業や仕事、家族に忙しくなっても、定期的に会いに来させるには、別荘を買うのが一番だ。誰でも年に一度くらいは、スキーやビーチを楽しみたいだろうし、きっと孫も一緒に来てくれるだろう。

あなたがこんな風に生活を変えようとするときには、当然、景気が大きな影響を及ぼしてくる。企業を所有している人は、景気が下降する前に売却しよう。会社勤めの人は、ピーク直前か景気下降の初期段階にパートタイムのコンサルティング契約への切り換えを会社に交渉しよう。大学に戻る必要がある場合は、景気下降局面に戻ることを勧める。引っ越したいならば、景気が下降に転じる二〇〇八年ないし二〇〇九年までに家を売ろう。新しい家や別荘を買いたいなら、景気が本格的に下降し始める二〇一二～一四年まで待とう。しばらく家賃を払わなければならないが、そうすればずっと安く買えるし、引っ越し先の地域を購入前にゆっくりと吟味することもできる。

引退後の計画

多くの人にとって、引退は資産設計や人生設計において最も重要な時期だろう。この時期には健康上のリスクがこれまでになく高まり、懸命に働く意欲が薄れがちで、かつてないほど大きな安らぎが必要となる。

あなたが二〇〇四年に四〇歳になるという仮定を続けることにする。通常の引退時期は六三歳から六五歳、たぶんその頃には六五歳に近づいているだろう。あなたが引退を考える二五年から二六年後、すなわち二〇二八～二九年には、エコーブーム世代の支出と二〇一〇～二三年の大不況からの順調な回復により、景気は再び急上昇しているだろう。二〇二三年か遅くとも二〇二五～二六年には、このブームを実感できるはずだ。引退生活をできるだけ豊かにするために、検討すべきことはたくさんある。

最初に考えなければならないのが引退までの投資戦略だ。今後五、六年は堅調な強気相場が続き、その間にあなたが四〇代後半になることを考えると、成長株と、ハイテク、金融サービス、ヘルスケア、アジア、旅行・レジャー、不動産（特にリゾート地か準郊外）などの分野を中心に、成長性と多様性のある株式ポートフォリオを組むのがベストだ。

しかし、まだまだ株式投資のリスクに耐えられる年齢とはいえ、二〇〇九年以降、景気が下降に転じたら、不況が収まるまではポートフォリオの大部分を高格付けの長期社債に移すべきだ。二〇一二～一四年に最初の暴落が起きた後なら、アジア株、製薬・ヘルスケア株とミューチュアル・ファンド、もしくは賃貸不動産と公益事業株などのディフェンシブ銘柄にシフトしてもよいだろう。二〇〇九～二二年の間は、一九九〇年から二〇〇〇年代前半の日本とほぼ同じく、株式市場の大半が値下がりする。ただし、アメリカの人口特性の方が急激に下降し、ヨーロッパなど多くの国々でも景気が下降することから、当時の日本より状況は深刻だろう。

二〇二二年頃以降になると、同年代の多くは社債や定額型年金を好むだろうが、国内外のミューチュアル・ファンド、株式、不動産への配分比率を再び増やしてもよいだろう。なぜなら、経済のライフサイクルは、株と不動産の相場の一貫した上昇とインフレ率の穏やかな上昇を強く示唆しており、社債の額面価額が下がる見込みだからだ。その時点で本当に必要な収入額を見極め、その額をインフレの影響を受けない定額型年金や短期債券、定期預金で確保すべきだろう。年齢が上がるにつれ、株式投資の収益を徐々に定額型年金に移行し、収入を確保することも可能だが、株式投資部分がより高い収益を上げるまでできるだけ待った方がよい。

前にも触れたように、二〇〇九年以降はほとんどの地域で不動産所有は勧められない。都心や郊外の家は売却し、必要なら数年間は借家に住んだ方がよい。その後、景気下降局面には、引退後も住めそうな別荘を購入してもよいし、不動産価格と住宅ローン金利が人生始まって以来の低水準となる二〇二二～二三年頃まで待って、引退後の理想の家を買ってもよい。そうすれば、引退生活中にその家の価格が高騰し、年齢とともに資産と純資産が増える可能性もある。少なくとも二〇四〇年までは、購入時より高い値段でその家を売ることができるだろう。

引退後にパートタイムで仕事をしたければ、二〇一四～二三年なら、小企業を非常に安く、おそらく頭金なしの長期ローンで買収できるだろう。そうすれば、その企業の収益と価値が上がり、引退して年をとっても資産を増やせるかもしれない。投資、住宅、パートタイム・ビジネスでうまくやれば、引退後も必要以上の収入を得ることができるし、死ぬときには引退時より多くの純資産を持ち、子供や孫などの愛する人に遺産を残すことができるだろう。

相続対策と税務対策

仮にあなたが五〇代後半だとしよう。高所得の人々が相続対策に一番精を出す時期である。なぜそれがわかるかというと、もちろん人口統計からだ。上位二〇％の所得者層は、五〇代後半に最も多額の生命保険を契約する。この時期、比較的裕福な層はまだ可処分所得も多く、引退の時期が近いことを感じ始めている。図5－5を見ればわかるように、ちょうどこの頃、税金や遺産相続税の支払いのため、所得と資産の大部分を保護する必要性が出てくるのである。

ブッシュ政権では限界税率が下がり、相続税も低くなるため、今後は富裕層にとっても以前ほど税務対策が重要でなくなるとあなたは思っているかもしれない。だが、八〇年周期の経済ライフサイクルは、そうではないことを示している。

今のニュー・エコノミー・サイクルによるブームの八〇年前に起きた「狂乱の二〇年代」のブームでも、経済が急速に成長し、税収増で財政黒字が増えたため、税率が下がった。しかし、一九三〇年代に大恐慌すなわち「淘汰の季節」が始まると、限界税率は二〇年間にわたってかつてない急上昇を続けた。なぜなら、急激な景気下降局面では、政府の税収はそれ以上に急激に下がり、社会福祉コス

図5-5　生命保険料の年間支払額の年齢による推移（所得水準別）

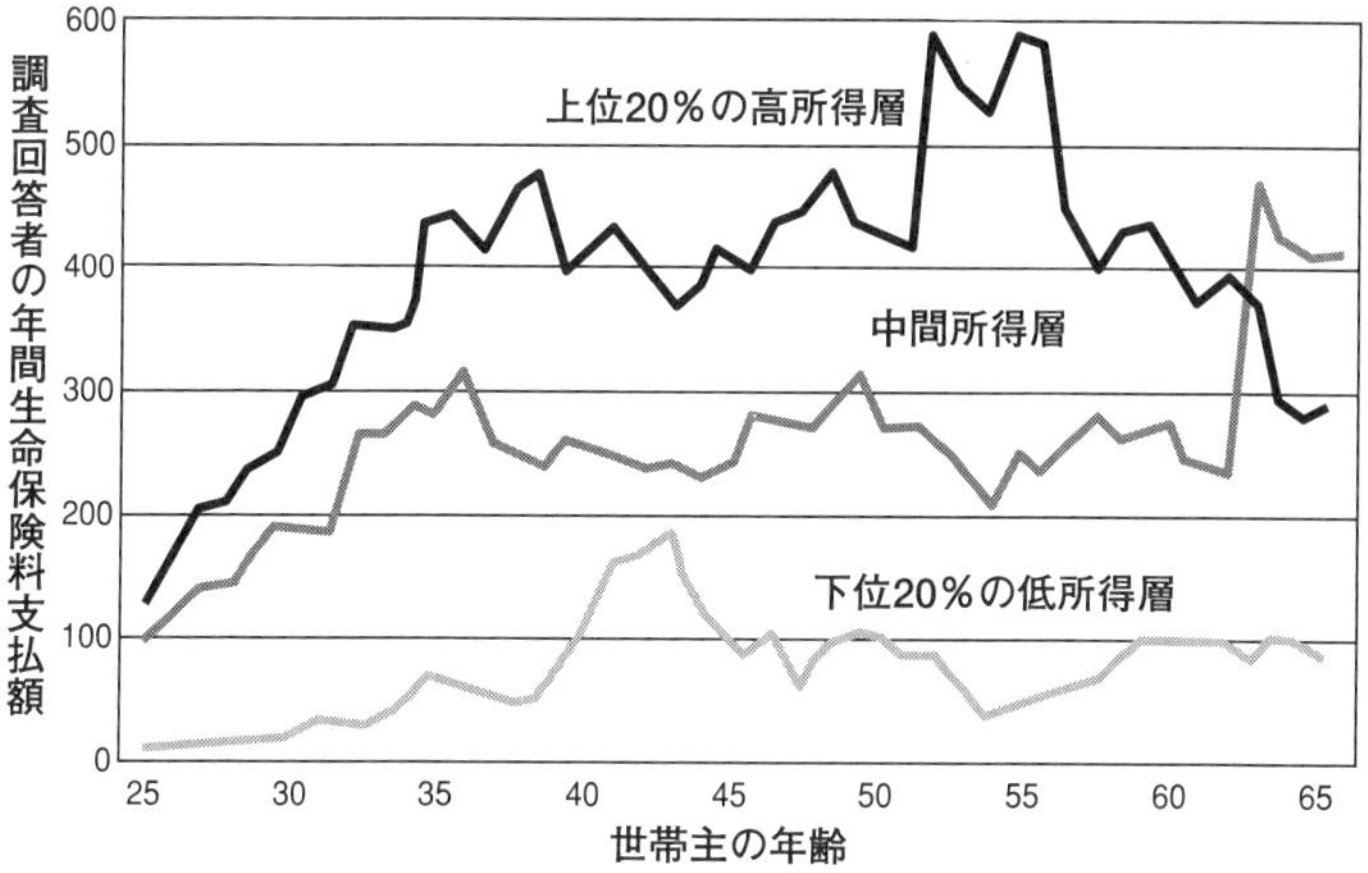

トは飛躍的に高まるからだ。

とはいえ政府も、賃金が減り、レイオフが増えているときに庶民の税金を上げることはできない。だから、富裕層から税金をとるしかないのだ。さらに、大恐慌末期の一九四〇年代前半に始まった第二次世界大戦は、政府にさらに大きな支出を強いた。この後すぐ述べるように、われわれは二〇一八～二五年頃に、再び同じような軍事危機あるいは政治危機が起こると予測している。

図5－6を見ればわかるように、一九三〇年代前半から一九四〇年代半ばには政府支出の対GDP比が最大になり、必然的に財政赤字の対GDP比も最大になった。図5－7からわかるように、この時期、限界税率はアメリカ史上最も高い九〇％に達している。したがって、計画では、限界税率は二〇〇九年ないし二〇一〇年まで下がり続ける予定だが、その直後には再び急上昇するとわれわれは予測している。そうなると、相続税も上がり、寄付金控除など富裕層向けの税金控除は今より制限されるかもしれない。

図5-6 米財政黒字または赤字のGDPに占める割合

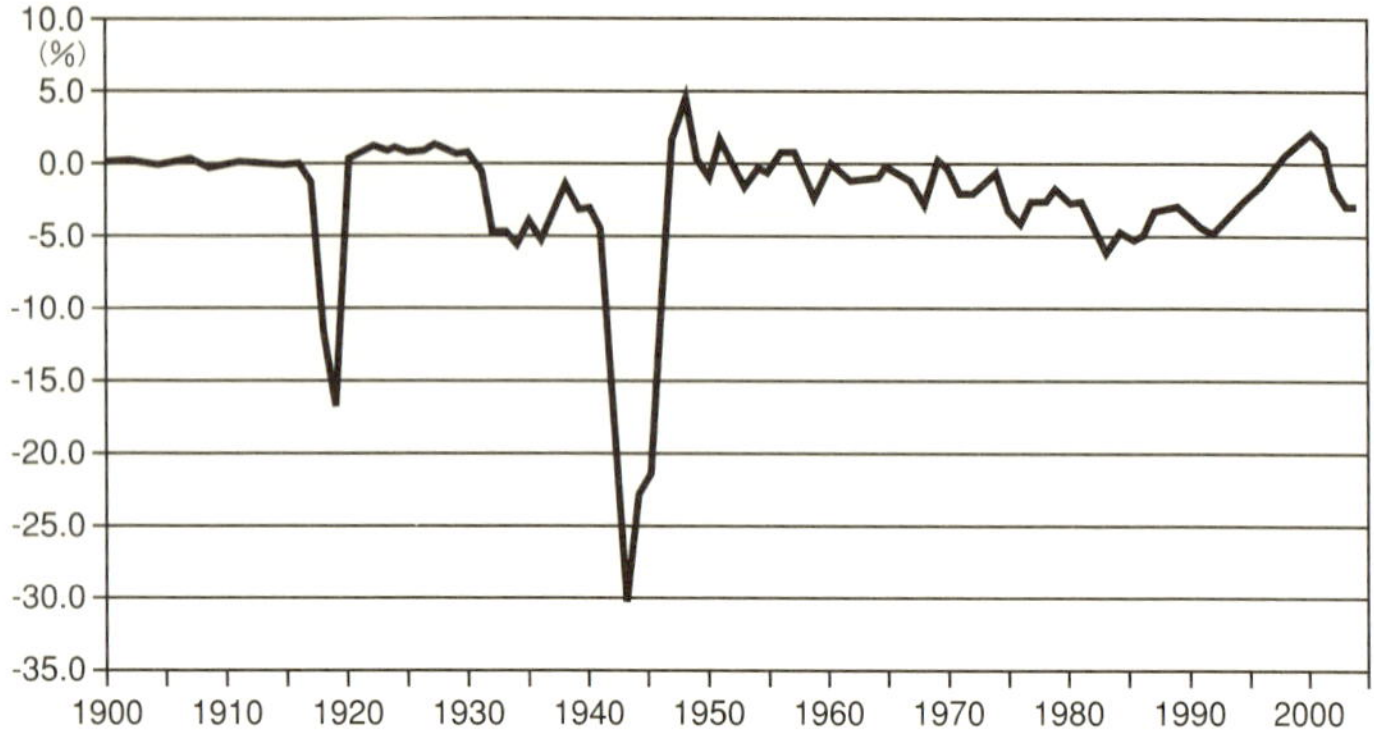

出所：米連邦政府行政管理予算局、米連邦政府予算

もしあなたが今四〇歳なら、増税に備えて事前に計画を立て、遺産や税繰り延べ型投資や保険を二〇一〇年までに確定して課税を避けるべきだ。そのためには、相続対策や税務対策に精通した有能なファイナンシャル・アドバイザーに今から相談しておくしかない。

こうした理由から、われわれは富裕層には、二〇〇九年まで税繰り延べ型や非課税の投資を最大限増やすようアドバイスしている。また、忘れてはならないのが、この好況のピークまでには年収一〇万ドル以上、純資産五〇万～一〇〇万ドル以上の層が急増すると予測されることだ。つまり、こうした問題に取り組む必要のある人は今後、増えていくのだ。それでは、今後の人生における相続対策や税務対策をどう考えればよいのか。

二〇〇九～一〇年までは、年齢に関係なく税率は比較的低い水準にとどまるだろう。だがその後、税率が上がるのは間違いなく、おそらく二〇一一年ないし二〇一三年から、二〇二五年ないしそれ以降まで急激に引き上げられるだろう。

その後、税率は落ち着き、最終的には下がり始め、二

図5-7 限界税率（1913〜1999年）

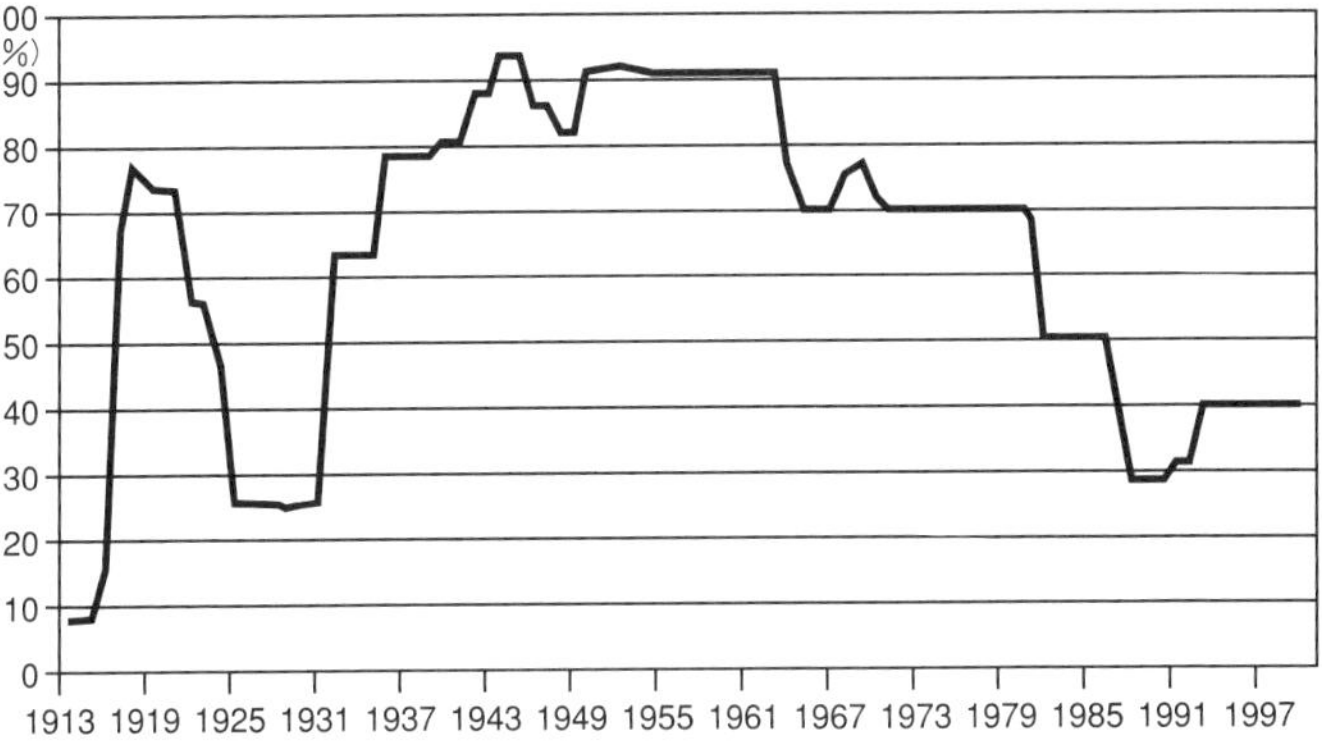

〇二三年から二〇四〇年代前半もしくはそれ以降の好況まで下がり続けるだろう。ここでもう一度、三九歳の事例を見てみよう。あなたは二〇〇八年ないし二〇〇九年までの好況を最大限に活かすために株式中心の投資をしている。税率は穏やかに下がり続け、株式投資に対するキャピタルゲイン課税も引き続き緩やかだろう。自分自身と従業員のために、４０１ｋ（確定拠出型企業年金制度）、ＩＲＡ（個人退職年金制度）、自営業者向けの年金基金制度には、もちろん最大限の負担金を支払うべきだろう。これらの制度は最大のタックス・シェルターとなる。というのも、そもそも収益の中でこれらの制度に払い込んだ部分は課税控除されるし、退職時に年金を引き出すまで非課税で運用されるからだ。

これらの制度への払い込み限度額は上がりつつあるとはいえ、明確な制限がある。投資に回せる余剰収益があるなら、変動型年金保険やユニバーサル保険を購入してもよいだろう。これらは生命保険に株式ミューチュアル・ファンドを含む幅広い投資を組み合わせたものだ。生命保険なので投資収益にかかる税金は繰り延べられるし、長期債に投資する定額型年金と違って、「変動型」なのでリターンが固定されていないミューチュアル・ファンドにも投資できる。

これらの商品には追加費用もかかるので検討が必要だが、こうした商品を利用すれば、今後のブームで債券や定額型年金よりもはるかに高い投資収益が期待できるし、所得税もかからない。さらに、二〇〇九年以降、景気が下降に転じ、ほとんどの株式ミューチュアル・ファンドが価値を下げたときには、株式ファンドから債券ファンドに切り換え、下り坂の景気とデフレ・トレンドの恩恵に授かる手もある。

理解していない人が多いが、変動型年金保険の本当の秘密はここにある。つまり、経済の季節が移り変わったときに、過去の投資戦略で得た利益の税金を払うことなく、投資戦略を大幅に変更できるのだ。投資戦略家の多くはこんな風に言うだろう。変動型年金保険の保険料は高いから、そんなものを支払うよりも大型株に投資して退職まで保有し、売却時に一度だけキャピタルゲイン税を支払えばいい、と。だが、こうした株を二〇一〇〜二〇年まで持ち続けていたら、大変なことになってしまう。

そのような戦略の真の代償は二つある。ひとつは、こうした株の一部は好況下でも値を下げる可能性があり（エンロンの例は記憶に新しいはずだ）、そうなれば、しかたなく売却するか、大きな損失を抱え込むか、かろうじて得た利益に課税されることになりかねない。

もうひとつは、八〇年周期の経済ライフサイクルと人口特性にもとづく支出トレンドから見ると、これらの優良大型株は、アメリカで一九二九年後半から一九四二年と一九六八年後半から一九八二年後半に、また日本で一九八九年後半から二〇〇三年前半に起きたように、一〇年以上にわたって急激に値を下げる公算が大きいことだ。

こうした値下がりを避けるために、これらの株を二〇〇八年ないし二〇〇九年に売却したとしたら、連邦政府に二〇%のキャピタルゲイン税を、州には所得税をまるまる支払うことになる。しかも、カリフォルニアやニューヨークなど州によっては、所得税率が九%あるいは一〇%と非常に高い。平均二〇~二五%の節税ができるのなら、変動型年金保険にちょっとした保険料を支払っても十分お釣りがくる。

そして、二〇二二年後半頃に株価が再び長期的な上昇に転じたら、株式ミューチュアル・ファンドに戻し、収入や臨時の入り用に必要なだけを債券に投資しておけばよい。こんな風にポートフォリオを大きく変更しても、やはり税金はかからない。この方法なら、大好況では利益を最大限に増やしつつ保護し、大不況では債券投資で引き続き利益を増やし、二〇二三年以降は可能な限り株に戻すことができる。４０１ｋと同様、投資利益は収入として引き出すまで完全に課税を免れる。だが、税務対策はこれで終わりではない。

変動型のユニバーサル保険が力を発揮するのは、ここなのだ。説明すると長くなるが、要するにこの種の保険では、投資利益を退職後の収入として引き出すまで税金が繰り延べられるうえ、生命保険の時価を担保に借り入れをすれば、退職後の収入さえも非課税にできる。ここで注意すべきことは、変動型ユニバーサル保険も変動型年金保険も、比較的複雑な投資商品であり、追加利益に対して年間一%以上のコストがかかる点だ。だが、適切なスキルを持つ限界税率の高い投資家が長期的に運用を行う場合には、こうした費用を支払う価値は十分にあるとわれわれは考える。

われわれの分析によると、こうした商品の最大のリスクは保険料が少々高いことではない。そもそも限界税率の方がそれ以上に高いからこそ、年金保険を長期的に保有して税金繰り延べの恩恵に与かろうとしているのだから。むしろ最大のリスクは、二〇一〇～二二年に予想されるような長期的な下降サイクルでは、変動型年金保険の中の株式ミューチュアル・ファンドの利益が、期待外れに終わるおそれがあることだ。変動型年金保険の場合には、そのせいで退職金が予想を下回るかもしれない。一方、変動型ユニバーサル保険では、利益が期待を下回った場合、不景気で最も財布の苦しいときに、保険契約を維持するための追加保険料を支払うはめになりかねない。

リスクとコストとリターンを評価する際には、当然ながらこの分野の経験が豊富で有能なファイナンシャル・アドバイザーに相談することを勧める。そうした問題へのはっきりした答えを持たずに、この手の投資を始めるべきではない。最も重要なことは、第7章で述べるわれわれのポートフォリオ戦略に従い、景気や投資環境の変化を考慮した長期的投資戦略をファイナンシャル・アドバイザーに立ててもらうことだ。

慈善事業への寄付

多くの人は社会やコミュニティに何らかの恩返しをしたいと思っている。特に、年齢が上がって資産が増え、日常の出費義務が減ってくるとそう思うものだ。アメリカ経済の好不況が慈善事業への寄付に与える影響を考える金融専門家などほとんどいない。せいぜい、景気が悪化すると多くの人が収入や資産に不足を感じ、景気が上向くと気前がよくなるという、当たり前のことを考えるだけだ。

人口統計から、多くの人が相続対策や税務対策を行うピーク年齢が予測できるように、多くの人が慈善事業への寄付を行うピーク年齢も予測できる（図5−8）。平均すると、六五歳前後がそのピークとなる。つまり、ベビーブーム世代が一斉に高齢化する二〇〇二年（一九三七年＋六五年）から二

図5-8　慈善寄付の年間支出額（年齢による推移）

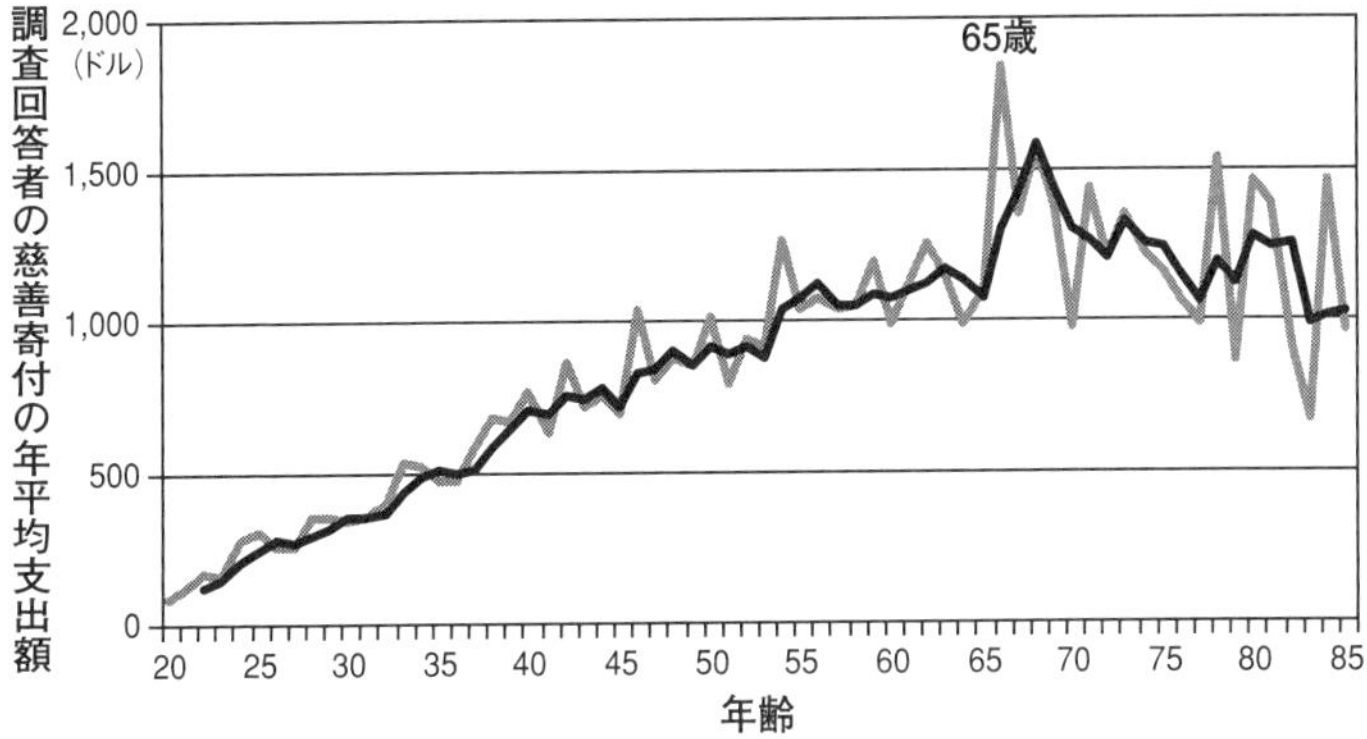

〇二六年（一九六一年＋六五年）には、慈善活動が史上最大の盛り上がりを見せそうなのだ。

仮にあなたが二〇〇四年に六〇歳で、養育費がかかる時期も過ぎているとしよう。使い切れないほどの収入があり、投資ポートフォリオも軌道に乗って老後の資金にも目処がついたので、あなたはお気に入りの慈善事業に寄付を始める。実際やってみると、家族を養うのにも似た大きな喜びを感じられる。

もうおわかりのように、あなたの慈善事業への寄付への意欲が最も切実に高まるのは、六五歳になる二〇〇九年頃、つまり退職して投資収入の大半が生活費として必要になるときである。最初は残念に思うかもしれないが、経済のライフサイクルを考慮すれば、今は寄付を控えて代わりにそれを五、六年投資し、二〇一〇年以降に必要性を感じたときに、より多額の寄付をするべきだとわかる。

慈善団体が誰かをよこし、われわれを縛って猿ぐつわをかませる前に、なぜその方がお目当ての慈善団体にとっても、あなたの税務対策にとってもずっと有利かを説明させてほしい。まず、こう自問してほしい――多くの慈善団体で資金や活動のニーズが高まるのは、好況期か不況期か。貧困から家族の虐待、第三世界における環境搾取まで、あらゆる問題が深刻化するのは二〇一〇～一三年のように景気が悪化し、失業率が高まるときだ。慈善団体の活動が最も活発化し、最も多額の資金が必要なときに寄付した方がよいのではないだろうか。二〇〇〇～〇二年に短期的に株価が下落したときにも、慈善団体は資金に飢えたが、二〇一〇年以降に予想される景気下降局面では、資金の枯渇がさらに深刻化するのではないだろうか。

次にこう自問してほしい。この大好況の間、慈善団体の多くは寄付金をどのように投資するのか。債券か、定期預金か、せいぜい保守的な株式ポートフォリオといったところだろう。こうした団体は受託者責任や規制に縛られているので、三～一〇％の収益率が実現できればよい方だろう。だが、二〇〇九年までは経済のライフサイクルが好調なので、あなたならそれよりはるかに高い投資利益をあげられる。そして、数年後に景気が下降に転じ、慈善団体の資金源が減りニーズが高まったときには、今よりはるかに多額の寄付ができる。そうすれば、慈善団体もその受益者も、あなたの寄付にいっそう感謝するだろう。

さらにもうひとつ自問してほしい——慈善団体がコストを抑え、寄付金をより効果的に使う可能性が高いのは、好況期か不況期か。企業だけでなく慈善団体も、運営が最も効率化するのは、寄付が減り、活動の必要性が高まる景気下降局面である可能性は高い。だから今後数年は、寄付金を投資基金か慈善剰余基金か援助者推奨基金に回して投資し、慈善団体が最も資金を必要とする二〇〇九年以降に、そこで得た利益を寄付するよう勧める。そうすれば、最も必要とされるときにより大きな貢献ができるし、自分が重視する運動に最も力になれる。それは、今後のせっかくの好況期に何も施さないということではないのだ。

ただし、もうひとつ考えなければならない問題がある。自分にとって寄付金の税金控除のメリットが最も高まるのはいつか、ということだ。本章の「相続対策と税務対策」の項でも述べたように、税金は好況期に下がり、不況期にはしばしば劇的に上がる傾向がある。比較的裕福な層なら、税金が何年にもわたり上がり始める景気下降局面の方が、寄付金の税金控除の効果が増すだろう。それに、景気下降局面には、たとえわれわれの助言通り社債など資産の目減りを防ぐ投資に切り替えたとしても、継続的投資による潜在的な収益率が下がる。したがって、多くの人にとって二〇一〇〜二三年が慈善団体への寄付に最適な時期となるだろう。

重視している慈善プロジェクトが緊急に資金を要している場合は別だが、そうでなければ、少なくとも今後の経済ライフサイクルを考慮して様々な選択肢を検討することはできるだろう。なにしろそれは、慈善団体にもあなたの税務対策にも多大な影響を及ぼし得るのだから。

さて、本章の次の項では、今後の人生設計にとって最も重要な問題をとり上げる。それは、次の大不況期にどこに住むかという問題である。次の大不況には、社会と経済が不安定化することは避けられず、二〇〇一年後半に急浮上したテロの脅威がかつてないほど高まりそうだ。

テロの脅威と政治の不安定化が人生設計に及ぼす影響

二〇〇一年後半、われわれは「テロ攻撃」と題する特別レポートを発行した（ウェブサイトwww.hsdent.comで閲覧可能）。このレポートで、われわれはこの非常に深刻な危機について、世間とはまったく逆の見方を示した。短期的に見た場合、テロリストが最も過激な攻撃を仕掛けてくるのは、われわれが最も慢心しているときである。

テロの脅威のサイクルは、湾岸戦争から一九九三年の世界貿易センター爆破事件にかけて高まったが、その後はいったん衰えた。二〇〇一年以降、われわれは再び全面的な警戒態勢をとり、テロリストは様々な陰謀を企てながらも、大規模な攻撃はできずにいる。つまり、今後もテロ攻撃は起こるだろうが、それはさほど劇的なものにはならないということだ。なぜなら、われわれは対テロ戦争に負けてはおらず、むしろ勝利しているように見えるからだ。こうした事件が起きれば、株式相場は短期的に下落する可能性が高いが、それは、われわれのサイクルを理解する賢明な投資家にとっては、売り時ではなく買い時となるだろう。

われわれは今後の好況期に、テロの脅威によって景気や相場の基本トレンドが帳消しになるとは思っていない。八〇年の経済ライフサイクルを見ると、「狂乱の二〇年代」の好況期も同じ状況だった。八〇年前、アメリカは初の現代的なテロの脅威に晒された。一九二〇〜二一年のハイテク不況の最中、ウォール街のJ・P・モルガン社で爆破事件が起きたのだ。これを契機に反移民の流れが生まれ、一九二四年にはKKK（クー・クラックス・クラン）団員の人口比率が史上最高に達した。さらに、多くの旧型企業が衰退し、代わって多くの成長産業が台頭し、禁酒法と「街頭ギャング」が登場した。富裕層と貧困層の所得格差は広がる一方だった。

だが、この激動の社会的、政治的トレンドが「狂乱の二〇年代」の景気と株価のブームを阻むことはなかったし、二〇〇一年九月一一日のテロ攻撃が今回のブームを阻止することもなかった。われわれの技術インフラをすっかり弱体化させるような過激なテロ事件が起きない限り、テロの脅威が今後の驚異的なブームを妨げることはないだろう。

それに、われわれが全面的な警戒態勢をとり、これらの独創的な小規模テロ組織よりはるかに強大な力を持つ現在、今後数年間にそうした事件が起きる可能性はそれほど高くないと、われわれは見ている。テロの脅威のサイクルは、大型株と小型株のサイクルとよく似ている。支出の波のサイクルがピークに達し、非常に実力のある既存企業が慢心しているうちに、次の若い世代による新たな革新のサイクルが始まり、革新的な新興企業に市場シェアを奪われるのだ。

現在、第三世界が伸び始め、アメリカに代表される先進諸国はローマ帝国以来の繁栄の絶頂にある。紀元四〇〇年代にローマ帝国が没落する直前にはすでに、その後何世紀も続く「暗黒時代」が始まっていた。だからわれわれは、二〇〇一年後半に高まったテロの脅威が今後数年間に及ぼす影響を恐れる必要はないと考えるものの、こうした脅威は経済やライフスタイルに今後数十年間にわたり影響を及ぼす長期的なトレンドであると感じている。脅威が最も高まるのは、アメリカをはじめ第三世界の多くの国々でも経済環境が悪化する二〇一〇～二三年の不況期になるだろう。一九九〇年代には、経済が急成長し、対テロ戦争の激化が予想された。だがその後の二〇〇〇年代前半、われわれは慢心していた。今回の好況の絶頂期には、再びわれわれは今以上の慢心に陥るだろう。

アメリカの文化と資本主義に激しい反発が起きていることは意外ではない。前世紀、世界人口の大半がまだ貧困ライン以下の生活をし、多くの国がますます取り残されていく一方で、アメリカや世界の多くの国々の生活水準は驚異的に向上したからだ。

だが最大の問題は、われわれのより民主的で自由市場主義的でリベラルなライフスタイルが、世界中のきわめて原理主義的な文化の多くにとって、直接の脅威となっている点だ。これらの文化では、人々は非常に制約の多い道徳的規範に沿って生きている。彼らは欧米のテレビや消費者フランチャイズの世界を自分たちの文化、特に子供たちへの誘惑と見なしている。だが、こうした欧米文化に対して自分たちの規範を弁護するのは容易ではない。それに、われわれがこれほど豊かで、自分たちがそうでない理由も理解できない。ただただ納得がいかないのだ。

アメリカの資本主義に対する聖戦が起きた理由は、ここにある。世界中の多くの原理主義的文化や、至高の宗教原理のためにわれわれを完全に破壊すべきだ、と信じるアルカイダやウサマ・ビン・ラディンのような最も過激なグループや個人にとって、われわれは敵なのだ。第三世界の多くの国々が台頭し、より豊かな先進諸国が成熟期を迎える中、こうした紛争が起きるのは歴史的に見て不可避だった。

また、第3章でも触れたように、東南アジアと中国は今後、人口特性トレンドが上向き、新興工業国として成長していく。新たな経済、政治、軍事大国が登場すれば、既存の大国との衝突は避けられないことも歴史が証明している。したがって、今後数十年、中国のような国々との間に経済紛争や軍事紛争が起きる可能性は非常に高いとわれわれは見ている。八〇年サイクルによると、それが起きるのは第二次世界大戦の八〇年後にあたる二〇一八～二五年頃である可能性が高い。

大型の「成長ブーム」サイクルがピークを迎え、その後に「淘汰の季節」が訪れること、そしてより長期的には、十字軍とルネサンスの間に始まったより広範な西洋文明ブームがピークに達する可能性があることを考えると、低迷する第三世界諸国からはテロの脅威が、新興工業諸国からは軍事的脅威が迫るおそれがある。つまり、多くの人が思っている以上に、不況は人々のライフスタイルを脅かす可能性があるのだ。仮にそれほど脅かされることはなかったとしても、これほどの不況を目の前にすれば、今後の大不況期に自分はどこに住みたいかという、ライフスタイル戦略上の究極の問題を考えざるを得ないだろう。

今後の不況期にどこに住むか

二〇一〇～二〇二三年頃は、まずアメリカで、そして世界各国で景気が後退するだろう。東南アジアやインドなど一部の国は例外だが、こうした輸出主導型の地域でさえ、成長と繁栄の中で多少の景気後退を経験するだろう。世界が今より住みにくい場所になることは間違いなさそうだ。こうした時期には、不満、テロ、反対論が芽生えがちだ。「狂乱の二〇年代」には誰もが企業と資本主義を愛したが、一九三〇年代には誰もがそれを憎んだ。一般庶民を景気の変動から守るために反企業政策とニューディール政策が進められ、社会保障制度が確立されたのもこの時期だ。

一〇年後には国内でこうした感情が芽生えるばかりか、第三世界の原理主義文化からの反発も高まるだろう。「自由市場資本主義とグローバル化が一大バブルを引き起こしてわれわれの文化を脅かした挙句、未曾有の大不況をもたらした」と彼らは叫ぶだろう。彼らは今よりさらに厳しい経済状況に置かれ、アメリカとその文化や経済・軍事政策に反抗する理由は一段と大きくなる。

想像してみてほしい。対テロ戦争にようやく勝ちそうだと思った矢先に、失業率と国際情勢への不安が急速に高まり、テロ攻撃が激化。その結果、国内情勢が不安定化する。そして、景気後退の最終段階では、中東諸国だけでなく北朝鮮、インドネシア、さらには中国といったアジアの主要国との間にも、ある種の軍事的または政治的対立が起こる可能性がある。さて、あなたはどこに住みたいだろうか？　われわれの答えは単純明快だ。生活の質の高い準郊外地域、それも最も大きな脅威に晒される大都市の外側か、アスペンやパームビーチなどの超有名リゾート地の外側に位置する場所に住めばよい。

西洋社会の根幹への攻撃をもくろむテロ組織やテロ国家の立場に立って、考えるのだ。アメリカで最も標的にされそうな場所はどこか。おおよその可能性が高い順に挙げてみよう。

①ニューヨーク市とその周辺部
②ワシントンD.C.
③サンフランシスコとシリコンバレー
④ラスベガス（アメリカ型レジャーの縮図）
⑤ロサンゼルスとハリウッド
⑥シカゴ（中西部の中心、多くの高層ビル）
⑦テネシー州ナッシュビル（カントリー音楽発祥の地）
⑧コロラド州アスペン（富裕層御用達の別荘・リゾート地）
⑨フロリダ州南東部（ユダヤ系住民が多く住む都会的な高級住宅地）

今すぐにせよ、景気後退の初期段階にせよ、夢の別荘や退職者用住居の購入は人生最大の決断かもしれない。インターネットとブロードバンドの技術の進歩が続ければ、都心よりレクリエーションが多く気候も快適な大都市外部の良質な地域でも、仕事や通信がしやすくなる。こうした地域は今後、富裕層をはじめ多くの人をひきつけるから、レストランや娯楽の選択肢も増えてくる。

では、子供にはどこに住んでほしいだろうか？　家族形成サイクルやキャリアサイクルの真っ只中にいる子供たちに、こうした地域への引っ越しを説得することは難しいかもしれない。だが、大都市

図5-9　人口移動の3つの波（1825～2075年）

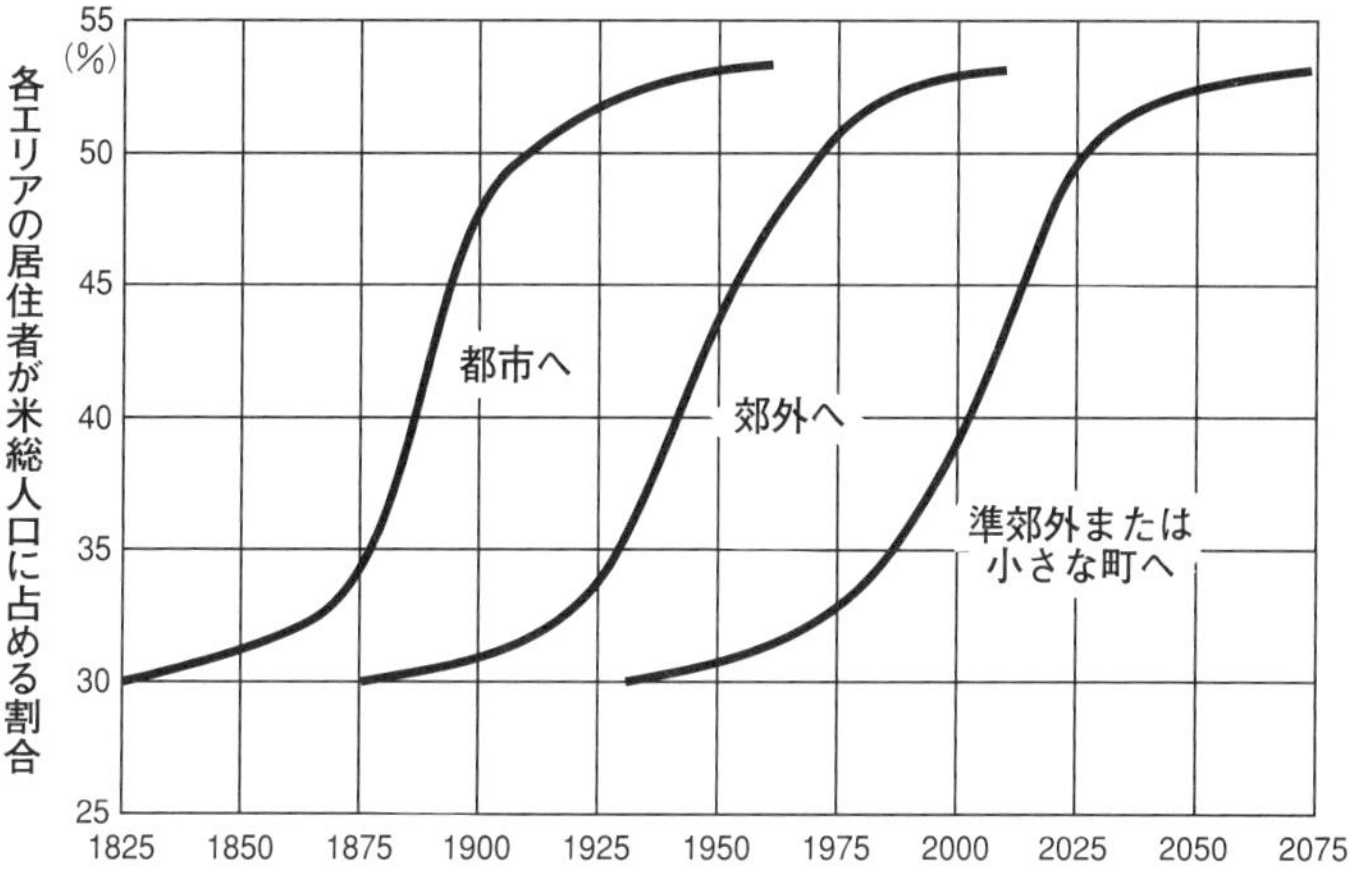

や郊外が脅威に満ちた場所となったときに、そこから子供たちを呼び寄せられる場所に自分が住むことはできる。それでは、売却の時期や引っ越し先とその時期は、どのようにして決めればよいのだろうか。

良質な準郊外やリゾート地への大量移住を引き起こす長期的なサイクルがもうひとつある。このサイクルについては、『2000年資本主義社会の未来』の第九章と第一〇章で詳しく述べた（原書）。図5－9に示すように、経済革命が起きるたびに様々な技術が生まれ、その技術のおかげでより低コストで生活の質の高い新たな生活圏が開かれる。鉄道、発電所、電報のおかげで、人々は農村部から都市に移り住むことができた。その後の自動車、電話、電気革命により、都市から郊外への移住が可能になった。

今後は、インターネット、パソコンやエンターテインメント機器、高機能携帯電話、ブロードバンド（有線および無線）が急速に促す情報革命によって、より多くの人々が郊外のすぐ外側の準郊外や生活の質の高いリゾート地や大学町に住みながら、仕事や通信を行えるようになるだろう。

ここへきて、農村部が再び流行の最先端になるわけだ。アメリカで最も不動産価格が高いのはどこだろう？　サンフランシスコか、それともニューヨークだろうか。答えはそのどちらでもなく、コロラド州アスペンとフロリダ州ジュピターだ。これはわれわれの生涯を通じて拡大する長期的なトレンドであり、不動産における最大の長期トレンドとなる。

以上から読みとれることをまとめてみよう。近い将来、別荘や退職者用住居の購入を考えているなら、二〇〇九年頃までに買えばよい投資になるだろう。その後、二〇〇九〜一〇年までに売却してもよいし、長期保有や退職後に住むことを考えている場合には、不況を通じて持ち続けてもよいだろう。今後数年間の高騰で、二〇〇九年以降の下落は相殺できるはずだ。その後、景気後退の最初の数年以降、つまり二〇一四年後半頃からは、これらの地域に移り住む人が増えるため、全体的な経済環境は厳しくても値上がりの可能性が高まりそうだ。

もし二〇〇九年までに別荘やリゾート物件を売るつもりなら、価格が下がるか少なくとも上げ止まった後の二〇一二年半ばから二〇一四年後半がよい。それも、再び好感の持てる準郊外地域での購入を前向きに検討すべきだ。最初の値下がりから数年間は、質的にトップクラスの地域が一番好調だろうが、下降局面では快適で治安のよい中流の小さな町でさえ、安全な投資先になる。好況サイクルの後半、例えば二〇〇五年以降に別荘を買おうと思っているなら、しばらくは気に入った場所で借家住まいをし、二〇一二年から二〇一四年頃まで待って買う方がよい。

不動産の地域市場

第4章で紹介した不動産の売り時と買い時の判断に役立つ人口特性サイクルの他に、各地域の市場の成長トレンドと評価額トレンドの見極めに役立つ新しいウェブサイトが二つある。www.fins.com/productsでは、フィデリティ・ナショナル・インフォメーション・ソリューションズのマイク・スクラーズが開発した三一六の地域市場における住宅価格の分析モデルが紹介されている。「Value Your Home」をクリックしてほしい。

また、ジョン・バーンズ・リアル・エステート・コンサルティングは、四五歳から六四歳の別荘および退職者用住居の購入者が魅力を感じ、今後、最良の市場となりそうな州や国を見極めるための人口特性モデルを用意している。バーンズのウェブサイトはwww.realestateconsulting.comだ。地域レポートは九五ドルから、全国データベースは四九九五ドルで販売されている。われわれのウェブサイトwww.hsdent.comでも、オンラインストアで特別レポート「不動産の人口特性トレンド（Demographic Trends in Real Estate）」を販売している。このレポートでは、上記のようなデータベースを用いて、自分の地域の住宅価格が持続的に上がりそうか過熱気味かを分析する方法も述べている。

第6章では、人口特性指標を見れば、債券、大型株、小型株、外国株などの金融資産投資のうちどれが好調になるかを数年先、数十年先まで予測できることを詳述する。また、インフレと金利のトレンドを予測する方法も見ていく。第7章では、八〇年ごとの経済のライフサイクルの各季節でリスクとリターンがどう変わるか、また、今後の好況とその後のより長期の景気後退期に最も適した分散型ポートフォリオをどう組むかを見ていく。

第6章

最も有望な投資分野はどこか

株式か、それとも債券か

来るべき好況に備える

次の大不況の厳しい現実を述べたところで、今後五、六年の明るい見通しに話を戻そう。次の大好況に突入したとき、どの投資分野が最も好調になるのか。ハイテク、バイオテクノロジー、金融サービス、ヘルスケア、旅行・レジャー、エネルギー、多国籍企業、アジア、それともヨーロッパだろうか。

大型株に投資すべきか、それとも小型株か。一九五八〜八三年は小型株が大型株よりはるかに高い収益率を示したが、一九八四〜九九年は大型株が徐々に有利になった。二〇〇〇年代前半には大型株が極端に過大評価された挙句、淘汰段階に突入した。その直後の現在、小型株は再び大型株を大きく上回る収益率を示すのか。いつ成長株に投資し、いつ割安株に投資すべきか。

ウォーレン・バフェットなど多くの人々が予測しているとおり、二〇〇〇年代前半は割安株の新時代となるのか。長期債の価格や利回りがよくなるのはいつか、また、短期債にはいつ投資すべきか。一九八一年以降は長期債が短期債を上回る収益率をあげたが、一九七〇年代は短期債の方が好調だった。先の読みにくい変化の時代を読み解き、長期投資戦略を立てるにはどうすればよいのか。

ある投資分野が絶好調だと思っていると、突然、別の分野が好調になってくる。たいていの人は過去数年間の収益率が最も高かった投資分野を買うが、その頃には、その分野は落ち込んでくる。この頑迷な投資観こそ、われわれが間の悪い過ちばかり犯す元凶だが、これを克服するにはどうすればよいのか。

本書の冒頭でも触れたとおり、人口特性トレンドの影響の研究を続けていると、投資に影響を及ぼす重要なトレンドはすべて数十年先まで予測できることがわかる。エコノミストの多くはそれを理解不能と見なしているが、われわれの説明を受けたファイナンシャル・アドバイザーや投資家の多くは、人口特性トレンドはわかりやすく、こうした長期的なトレンドを予測するうえで信頼できると考えてくれている。

トレンドに次の大きな変化が起き、資産が崩壊したり、現行の投資戦略が役立たずになりそうなときに、何の手がかりもなく、のんびりしていられる投資家などいないだろう。本章ではまず、リスク調整後の実績が最も高く、多くの投資家に好まれている長期投資分野である大型株について見ていこう。

大型株は経済成長で伸びる

大好況が目前に迫っていることは、もうおわかりいただけたと思うが、一番重要な問題は「景気が最もよくなるのはいつか」、そして「最良の投資先はどこか」ということだ。忘れてはならないのは、二〇〇〇～一〇年が、「狂乱の二〇年代」と同様、社会が激変し、様々な政治的事件が起こり、亀裂の生じる激動の一〇年になるということである。激変期になることは予測できても、いつ、どんな政治事件、社会事件が起きるかまで正確に読めるとは限らない。

だが、これまでに紹介してきたサイクル分析を通じてなら、それが可能だ。二〇〇一年後半に始まった一連のテロ事件や、二〇〇三年の邪悪な独裁者たちとの対決は、今後数十年にわたり多くの影響を及ぼしそうだ。したがって、数十年先のトレンドを読むときには、それも考慮する必要がある。今後数年間、テロの脅威は多くの人が思っているほど深刻にはならないと、われわれは見ている。むしろ脅威が高まるのは、好況後の景気後退期だろう。

投資において最も重要な点は、大型株は景気と支出の波に追随するということだ。これがわれわれの大型株に関する指標であり、予測ツールである。実際、長期で見た場合、大型株への投資とは経済成長を梃子とする投資だ。一九九〇年以降、GDP（国内総生産）は個人消費に牽引される形で平均五・五％、インフレ調整後で三・四％の成長を示してきたが、これに対し、大型株（S&P五〇〇）の伸びは九・九％、インフレ調整後でも六・六％と、名目ベースでも実質ベースでもGDP成長率の約二倍に達している。

一九八二～二〇〇〇年のブームにおける株式相場の伸び（一六・五％）は、GDP成長率（六・二％）の二・七倍だった。インフレ調整後の株価の伸びは一二・七％で、GDP成長率三・二％の四倍だった。つまり、長期的な好況下では、当然ながら株価は一段と伸びるし、好況下ではGDP成長率と比べて飛躍的に伸びるということだ。株価は長期的に見た場合、経済成長やその後の企業収益の成長と相関関係にあるのだ。

このように、株式投資とは本質的に経済と個人消費の伸びを梃子とする投資である。個人消費が伸びているときには、それが向こう数年間続くと見なされるため、株価は急激に伸び、経済成長の頂点で過大評価されることになる。その後、一九三〇年代のアメリカや一九九〇年代の日本のように、経済成長と個人消費がともに低下すると、株価は急激に下落する。支出の波（図1－2を図6－1に再掲）を見れば、好不況の時期を五〇年先まで予測できるが、ここで重要なことは、大型株は、インフレ調整を施し支出の波と同じ対数表示で見た場合、支出の波のトレンドにほぼ沿って推移しているということだ。つまり、ダウ工業株平均やS&P五〇〇といった大型株市場のトレンドは、五〇年先ま

図6-1　支出の波――出生数を家計支出のピーク年齢分ずらしたもの（1954～2050年）

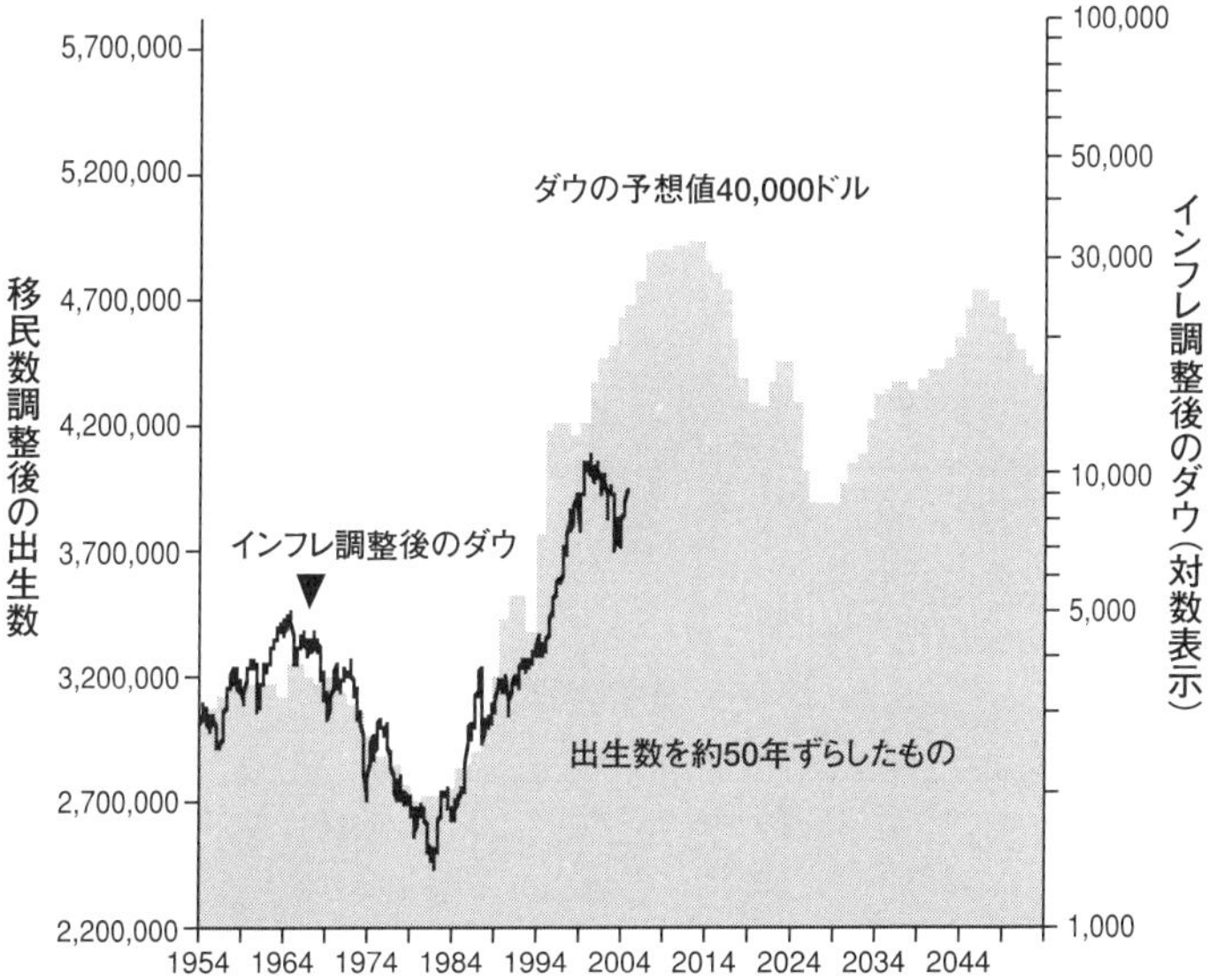

で予測できるのである。

考えてみれば、これは驚異的なことである。だが、何も新しい指標ではない。われわれは一九八八年から用いており、景気も株価も、一九八七年や二〇〇〇～〇二年のような一時的な過大評価と大暴落の時期はあっても、それ以外は一貫してこれに従ってきた。だがここではまず、「株価は二〇〇九年以降の景気下降局面でも下がらない」と言う人がいたら、一九八九年後半以降の日本の不振を見てほしい。図6―2を見ればわかるように、一九九〇～二〇〇二年の日本は個人消費が株価に先行して低下し、株価と相関関係にあった。われわれは個人消費の人口特性が二〇〇〇年代前半まで低下することを根拠に、日本の低迷を一九八〇年代後半に予測した。

実は、アメリカの支出の波には二つの構成要素があり、それによって経済成長の先

図6-2 日本の株価暴落（1990〜2003年）――日経平均株価と消費支出（1987〜2003年）

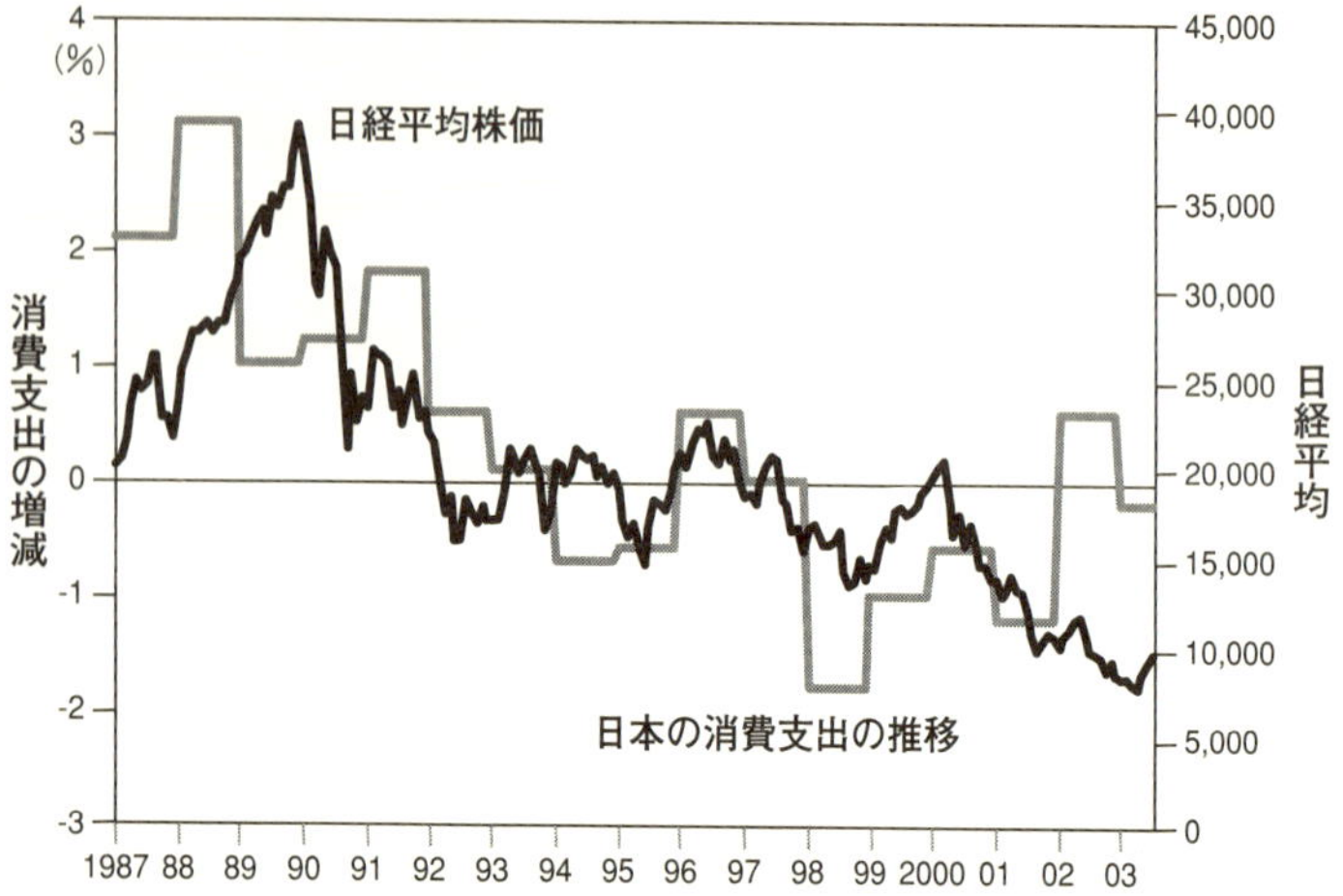

行きをより深く見抜くことができる。ひとつは、出生数（移民数調整後）を今日の支出ピークの平均年齢である約四八歳分、後にずらしたサイクルで、影響力はこちらの方が大きい。支出ピークの平均年齢は一〇年ごとに一歳高くなっており、二〇一〇年には四九歳になる。もうひとつは、出生数を今日の平均結婚年齢である二六歳前後の支出急増に合わせて後にずらしたサイクルだが、前者ほど頻繁には用いられない。こちらの平均年齢も一〇年ごとに約一歳高くなっている。支出が最も増えるのは、人々が家族を形成する二〇代半ばから後半である。

図6―3はこれら二つの要素の推移と影響力を示したものだ。出生数を支出ピーク年齢分ずらしたものを見ればわかるように、人口の多いベビーブーム世代は、一九八二年後半に始まった今の驚異的ブーム（大型株の高騰も含む）を陰で後押ししてきた。図6―3の二つ目のトレンドを見れば、家族形成に合わせて出生数をずらしたこのトレン

図6-3　家族形成と支出ピークのサイクル（1954〜2050年）

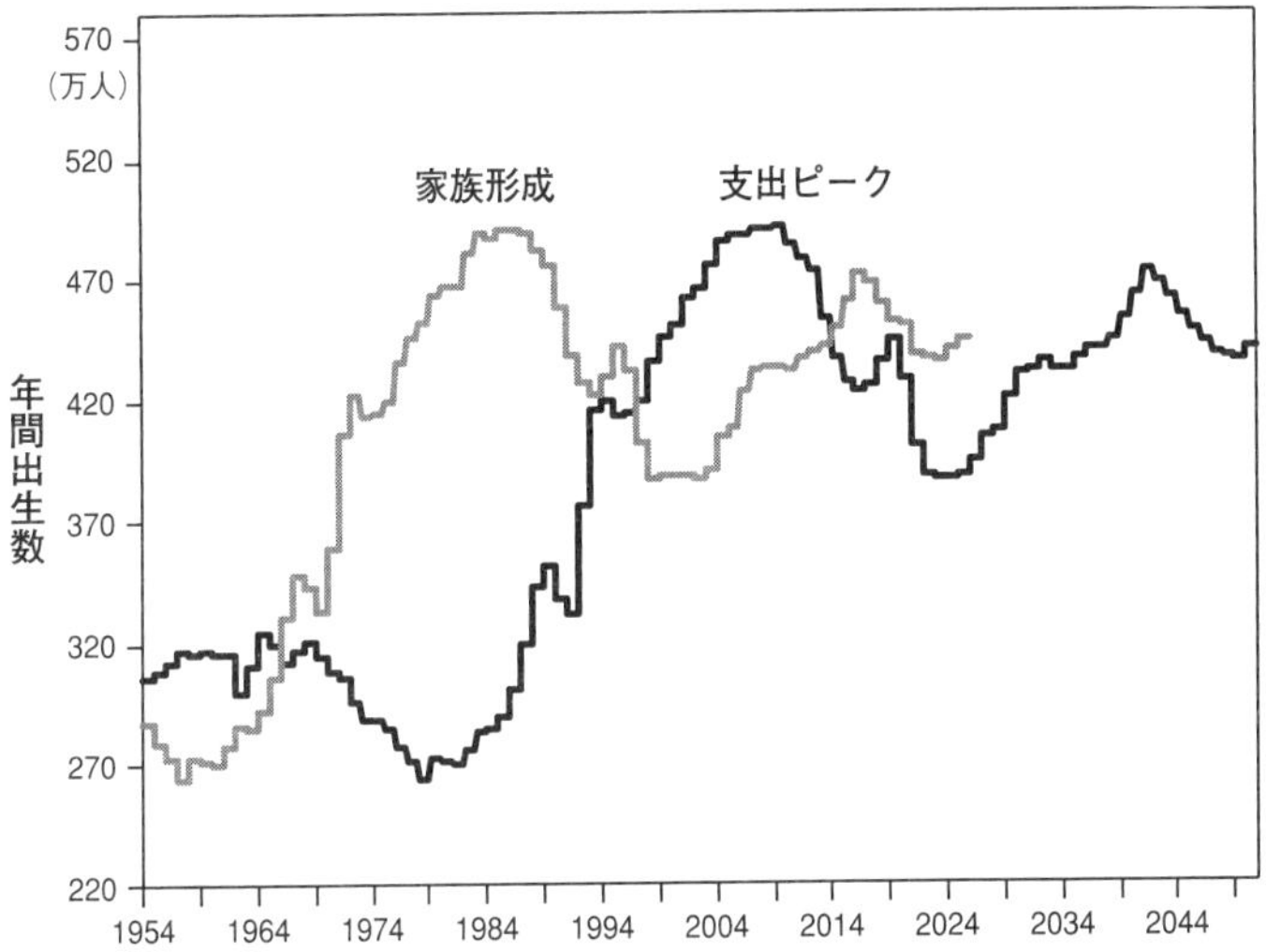

ドが、一九五〇年代後半から一九八六年の経済にプラスに働いたこと、そして二〇〇三～一七年も再びそうなることがわかる。われわれが景気は二〇〇三年時点の予測より力強く回復すると考えるのは、こうした理由もあるのだ。

支出ピーク・サイクルと家族形成サイクル

ボブ・ホープ世代（ベビーブーマーの親世代）の支出ピークは一九五〇年代後半から一九六五年に衰え、横ばいに転じた。特筆すべき点は、今より大型株の構成比率が高かったダウ（インフレ調整後）が、実は一九六五年後半にピークを迎えていることだ。だが、一九五〇年代後半以降、ベビーブーム世代による大型の家族形成サイクルが始まると、経済成長が促され、小型株と中型株が急騰した。一九六〇年代後半から一九八〇年代前半の景気後退は、この家族形成サイクルの力強い上昇が続いていなかったら、かなり深刻化していただろう。

一方、一九八七～九八年は、ベビーバスト世代（ベビーブーム直後の出生率が急落した世代）の家族形成サイクルが、ベビーブーム世代のトレンド全般とは逆に下降傾向にあった。そのため、この時期には好況が続いていたにもかかわらず、何度も大幅な調整が行われた。

一九七〇年代から一九八〇年代前半に不況が深刻化し始め、大型株が全般的に下落し続けた（インフレ調整後）ことから、二つのサイクルのうち支出ピーク・サイクルの方が、明らかに影響力が大きく重要なことがわかる。同様に、一九八六年以降に家族形成サイクルが急激な下降に転じた後も、景気と株価は伸び続けた。だが幸い、家族形成サイクルは二〇〇二年にごくゆっくりとだが上昇に転じ、二〇〇三年には再び加速し始めた。

なぜそれがそんなに重要なのか。どちらのサイクルも二〇〇三年に比較的力強く上向き、二〇〇〇～〇二年の景気後退からも比較的力強く回復した。二〇〇三年は今後数十年の中でもかなり力強い経済成長を見せた年、そして株式相場の伸びから言えば上位三、四位以内に入る年となりそうだ。

だが、それより重要なのは、一九五〇年代後半から一九六〇年代半ばのボブ・ホープ世代の支出サイクルと同じく、ベビーブーム世代の支出ピーク・サイクルも今後、横ばいに転じ、二〇〇五年後半ないし二〇〇六年前半から、二〇〇九年後半ないし二〇一〇年前半まで下降すると見られることだ。この好況の最後の数年に、景気が最も必要としている刺激をもたらすのはエコーブーム世代（ベビーブーマーの子供の世代）だろう。つまり、二〇〇五年ないし二〇〇六年から、二〇〇九年ないし二〇一〇年は、エコーブーム世代の加勢により、ベビーブーム世代だけでは無理だった力強い経済成長が期待できるということだ。特に、両方のサイクルが再び力強く上昇する二〇〇七年半ばから二〇〇九年半ばには、相乗効果が期待できる。

家族形成トレンドは、二〇〇九年半ば頃にベビーブーム世代の支出がピークを超えた後も景気に拍車をかけ続ける。このトレンドは二〇一八年頃まで、急激な景気後退を緩和する役目を果たすが、その後、二〇一九年から二〇二三年ないし二〇二四年にかけて再び下降するだろう。だが、過去の例から見て、このトレンドも二〇一〇年までに始まる大規模な景気後退と株価下落を防ぐには至らないだろう。なにしろ、エコーブーム世代はベビーブーム世代よりずっと人口が少なく、また、技術の爆発的普及が落ち着けばバブルははじけ、株価と景気に強力な下押し圧力をかけるからだ。

二〇〇〇～〇二年の株価下落時に景気がわずかしか後退しなかったのは、ベビーブームの支出トレンドがまだ急上昇中だったのに加え、家族形成サイクルの下降トレンドも底入れしつつあったからだ。結局、この株価下落では七兆ドルもの資産が失われ、過去数十年間で最悪の政治的事件がいくつか起きたが、それでも消費ニーズは衰えず、住宅や自動車では一定の需要が保たれ、金利低下のおかげで販売数も維持された。われわれは依然、第3章で予測したように、株価は二〇一〇～一二年まで、あるいはおそらく二〇一四年後半まで急落すると見ている。その後、一九三〇年代前半と同じように、企業の淘汰で失業率が急上昇するだろう。そして、二つの指標がいずれも下降する二〇二〇～二三年には、経済成長は再び減速するはずだ。

このように、支出の波にエコーブームの家族形成による調整を加えたとしても、やはり二〇一〇年以降までは下降トレンドが予測される。むしろ、家族形成サイクルのより重要な影響は、それが一部の業界に有利に働く点だ。小売業では二〇〇五年まで高額消費が急伸するが、二〇〇三～一七年にエコーブーム世代の新世帯が初めて賃貸住宅に入居し基本的な家財を購入すること、また二〇〇九年以降は景気後退により、消費者が価格にさらに敏感になることから、ウォルマートやイケアなどのディスカウント店の方が好調だろう。

これら二つの指標を組み合わせれば、二〇〇二〜〇九年の経済成長を予測するより優れた複合的尺度となる。二〇〇三年半ば以降、ベビーブーム世代とエコーブーム世代が原動力となり、消費は急上昇している。景気が二〇〇〇〜〇二年の低迷から最初に立ち直った後、より本格的な回復を見せ始めたのはこの頃だった。二〇〇三年下半期は史上有数の経済成長期だったと言えるだろう。二〇〇四年も堅調な回復は続くが、前年ほどの勢いはなく、景気が一段と加速するのは二〇〇五年半ば以降だろう。二〇〇六年は後半にいったん成長が鈍化するが、この頃から株価がきわめて好調になることもあり、二〇〇七年から二〇〇九年後半ないし二〇一〇年前半頃には、より急速な成長が見られるだろう。

このように、このブームの後半には支出の波から予測されるよりも高い成長が見られ、二〇〇五年から二〇〇九年ないし二〇一〇年前半は安定成長期となりそうだ。だが、それにはもうひとつ理由がある。二〇〇〇年の国勢調査で、アメリカの年齢分布の最新データが発表された。そこでわれわれは、移民総数を含めて出生数の波を作成し直し、それをずらして新しいバージョンの支出の波を作成した。

この修正モデルからわかったことは、ベビーブーム世代の終盤の出生数が元のサイクルよりかなり増えるということだ。つまり、成長は鈍化するどころか、力強い上昇トレンドが続くのである。これは移民のおかげだ。一九九七年、われわれは支出の波を移民数で調整し始めた。過去の年齢分布を分析して、移民の平均年齢曲線を作成する。そして、各年の移民数を生まれ年に再分布させ、移民数調整後の出生曲線を作成したのだ。

図6－4は、二〇〇〇年の国勢調査をもとに作成した新バージョンの支出の波で、コンピュータ・モデルよりも正確に、年齢別の移民数を加算している。これを見ると、コンピュータ・モデルが考慮

図6-4　2000年国勢調査にもとづく支出の波（1982～2050年）

に入れていなかった変則的な要素がひとつあることに気づく。一九八六～八九年、アメリカ政府は不法移民を対象に期間限定の恩赦プログラムを実施した。不法滞在者が申告すれば、合法的な移民になれるというものだ。その結果、図6―5からもわかるように、申告移民数が、特に一九九一年にかけて一時的に急増した。

これは既存の不法移民による申告が相次いだせいでもあるが、同時に、この制度を利用しようと短期間に新たに若い移民が大量にやって来たからでもある。短期間に押し寄せた新たな移民の生まれ年は、ベビーブーム後半の一九六〇～六一年に集中している。おかげで「二〇〇〇年国勢調査による支出の波」の最後の数年には、もとの「支出の波」より力強い上昇トレンドが見られる。これと比べると、図6―1の「支出の波」のトレンドはもっと平板だ。

以上をまとめてみよう。この好況の後半は、恩赦による移民の一時的急増とエコーブーム世代の家族形成サイクルのおかげで、ベビーブーム世代の出生数や支出パターンから予想されるより好調になるだろう。ただし、逆

図6-5 移民数（1820〜2002年）

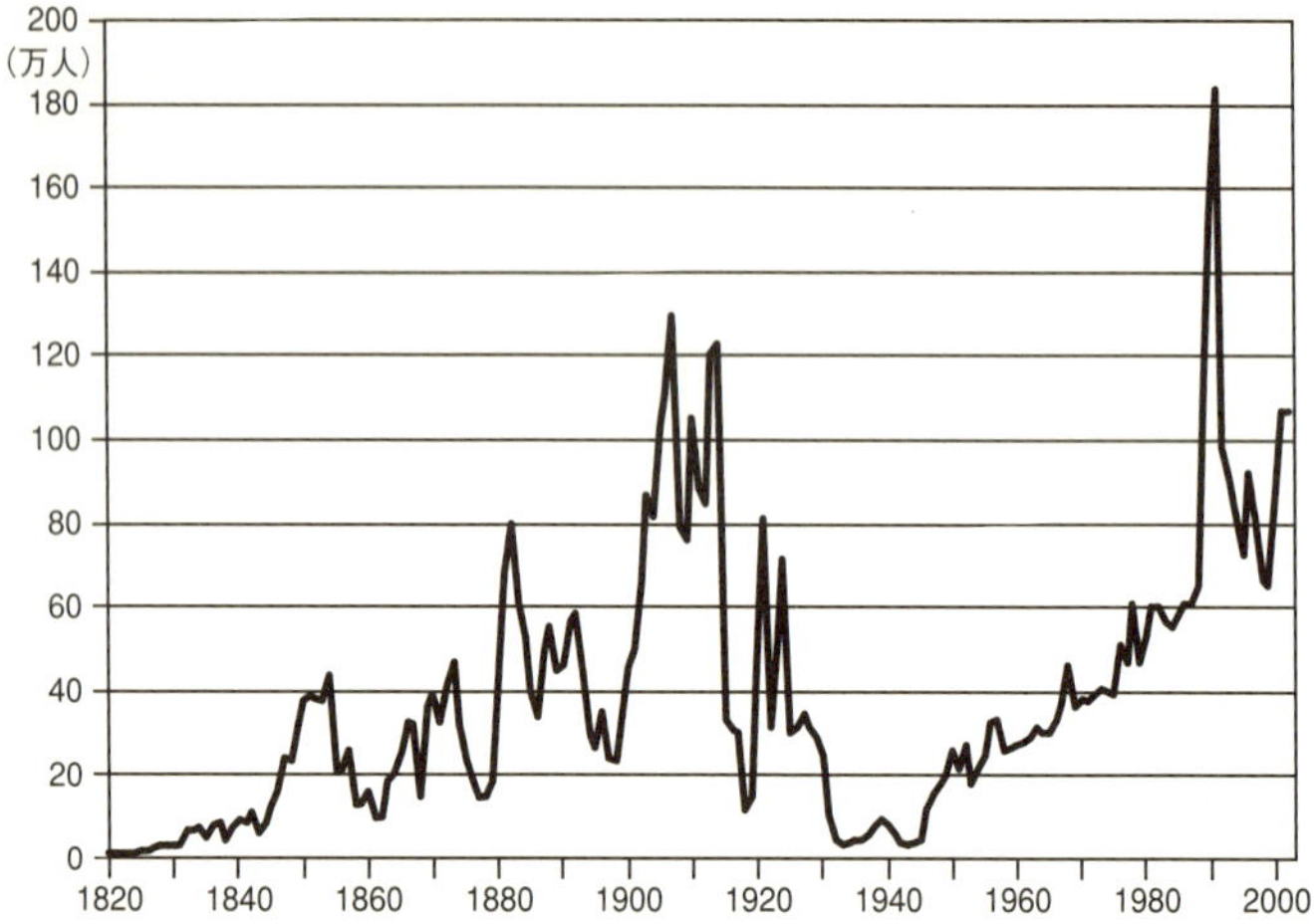

もまた真である。図6－4を見ると、二〇〇九年以降の支出の落ち込みがより急激なことがわかる。恩赦による移民急増の影響がおさまると、最初に急上昇した分、急激に落ち込むのだ。つまり、二〇一〇年以降はハイテク・バブルと株価バブルが最終的にはじけるだけでなく、景気の最初の急激な落ち込みが見られそうである。

　ＧＤＰ成長率が最も高まるのは、二〇〇三年半ばから二〇〇六年半ばと、二〇〇七〜〇九年だろう。二〇〇九年後半から二〇一〇年半ば以降、成長率は低下し始める。特に最初は急激に落ち込み、ベビーブーム世代の支出の急速な落ち込みに伴い、少なくとも二〇一五年前半まで下り坂になるだろう。二〇一〇〜一二年と二〇一四年から二〇一五年前半は、景気後退の初期段階の中でも最も急激に景気が落ち込む数年となりそうだ。

　失業率は二〇一三年前半から二〇一五年前半にようやく底入れする。二〇一七年には景気が多少持ち直す可能性もある。二〇一八年ないし二〇一九年には、ベビーブーム世代の支出の最後の小さな波が始まるうえ、ＦＲＢ（連邦準備理事会）の大規模な景気刺激策や政府の公共事業計画も実施されるため、より力強い回復が見られるだろう。その後、二〇二〇年前半から二〇二三年は、二つのトレンドが同時に急降下するため、再び急激な後退が見られるだろう。したがって、二〇一〇～一二年と二〇二〇～二二年は、株式市場にとって最悪の時期になりそうだ。

また、アメリカ経済にとっては、二〇一一～一三年と二〇二一～二三年が、一九三〇～三三年以来の最悪の時期となりそうだ。この時期には失業率も最悪となり、アメリカでは一五％以上に達するだろう。歴史に照らしてみると、二〇二〇年代前半に大規模な戦争か敵対的な政治サイクルが始まる可能性が高いが、もしそうなれば、失業率は二〇二三年前半までに底入れするだろう。株式相場と景気が唯一持続的に伸びるのは、二〇一四年後半から二〇一九年後半になりそうだ。

以上をまとめると、経済成長と大型株が最も好調になるのは、二〇〇四年後半から二〇〇六年半ばと、二〇〇六年後半から二〇〇九年後半ないし二〇一〇年前半だろう。その後、二〇〇九年後半ないし一〇年前半から早くて二〇一二年半ば、遅ければ二〇一四年後半まで急激な下降局面となり、その後、二〇一七年後半ないし二〇一九年までは急上昇する。二〇二〇年から二〇二二年後半は再び急激な下降局面となるが、その後、景気と株価の次の長期的上昇が始まる。この上昇はさほど急激ではないが、かなり規則正しいものとなるだろう。

小型株は若年層のイノベーションに追随する

ジェレミー・シーゲルは著書『シーゲル博士の株式長期投資のすすめ』において、一九二六～九七年の小型株の平均収益率は一二・五％、大型株は一一・〇％で、小型株の方が高かったとしている。ならば、小型株に投資した方が得だったのだろうか。本書の第7章では、一般に小型株のリスクやボラティリティ（変動率）を考えると、大型株をやや上回る程度の収益率ではまったく割に合わないことを説明する。

しかし、ここでより重要なことは、長期的に大型株の方が好調なときもあれば、小型株の方が好調なときもあり、その違いは人口特性トレンドによって決まるということだ。ジェレミー・シーゲルによると、小型株の収益率が大型株を上回ったのは、主として一九七五～八三年の八年間だけだったという。

つまり真の問題は、なぜ一九七五～八三年は小型株の収益率が大型株を大きく上回ったのか、ということだ。これには理由があるはずだ。この時期に限り小型株に投資すべきだと、事前に知る方法はあったのだろうか。一九七五～八三年の小型株の年平均収益率は三五・三％で、累積収益率は大型株の四倍、年平均収益率は二・二倍に達している。だが、それはこの八年間だけではない。われわれは『狂乱の二〇〇〇年代の投資家』で、一九五八～八三年の二五年間における小型株の累積収益率が大型株の約七倍に達していたことを示した（図6－6）。

この二五年間は、小型株に投資する方がはるかに得だった。一九五八～八三年の小型株の年平均収益率は一七・三一％で、大型株の九・五六％より八一％も高かった。リスク（年率）の標準偏差は二三・六〇で、大型株の一五・一二より五六％高かった。積極的な投資家にとっては、十分好ましいリスクとリターンのトレードオフである。この異例の時期に限っては、比較的リスクの高い小型株に投資するだけの価値があったということだ。その理由は何か。それは、人口の多いベビーブーム世代が

図6-6　小型株と大型株の比較（1958〜83年）

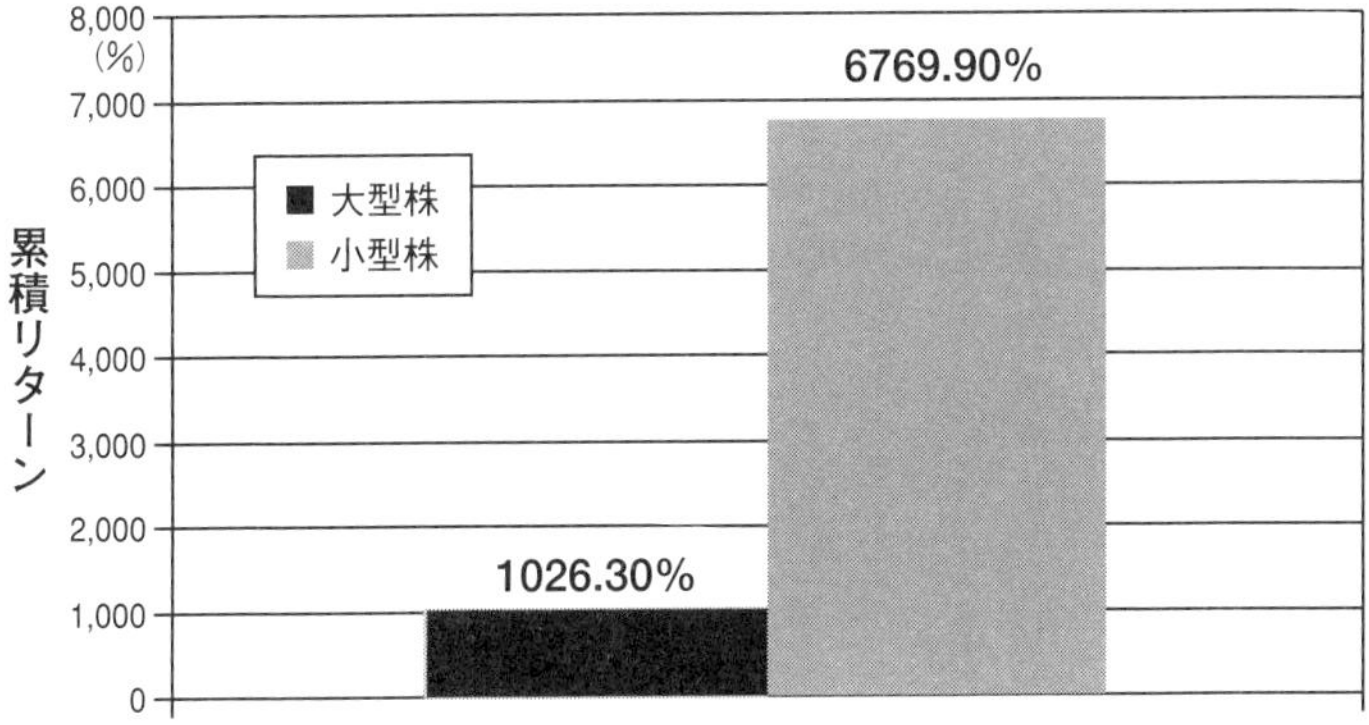

出所：イボットソン＆アソシエーツ

若年期の革新段階に突入したことだった。

小型株は大型株とはまったく異なるサイクルで推移する。もちろん、大型株も小型株も経済成長に伴って動くし、その経済成長を決めるのは支出の波、すなわち出生数を消費支出のピークに合わせて後ろにずらしたものだ（図6—1）。だが小型株はそれだけでなく、技術革新や新製品のニッチ市場への台頭によっても伸びる。こうしたニッチ市場では、小企業の方が大企業よりも競争力があるからだ。こうした革新を推し進めるのは若年層である。われわれはこれを「ヤッピー効果」と呼んでいる。新卒の富裕層が働き始めると、彼らは技術、製品、ライフスタイルの重要な推進力となる。

一九五八〜八三年は、ベビーブーム世代の出生数を大学卒業年齢である二二歳分、後ろにずらした時期、すなわち史上最大の革新段階にほかならなかった。この時期には、エルビス・プレスリー、ビートルズ、ジミー・ヘンドリクスらの新しい音楽や、セックス革命、ヤッピーの新ライフスタイルが生まれ、半導体からマイクロチップ、パソコン、ＯＳに至るあらゆる技術が進歩した。ま

図6-7 小型株指標*（1954年1月〜1999年1月）

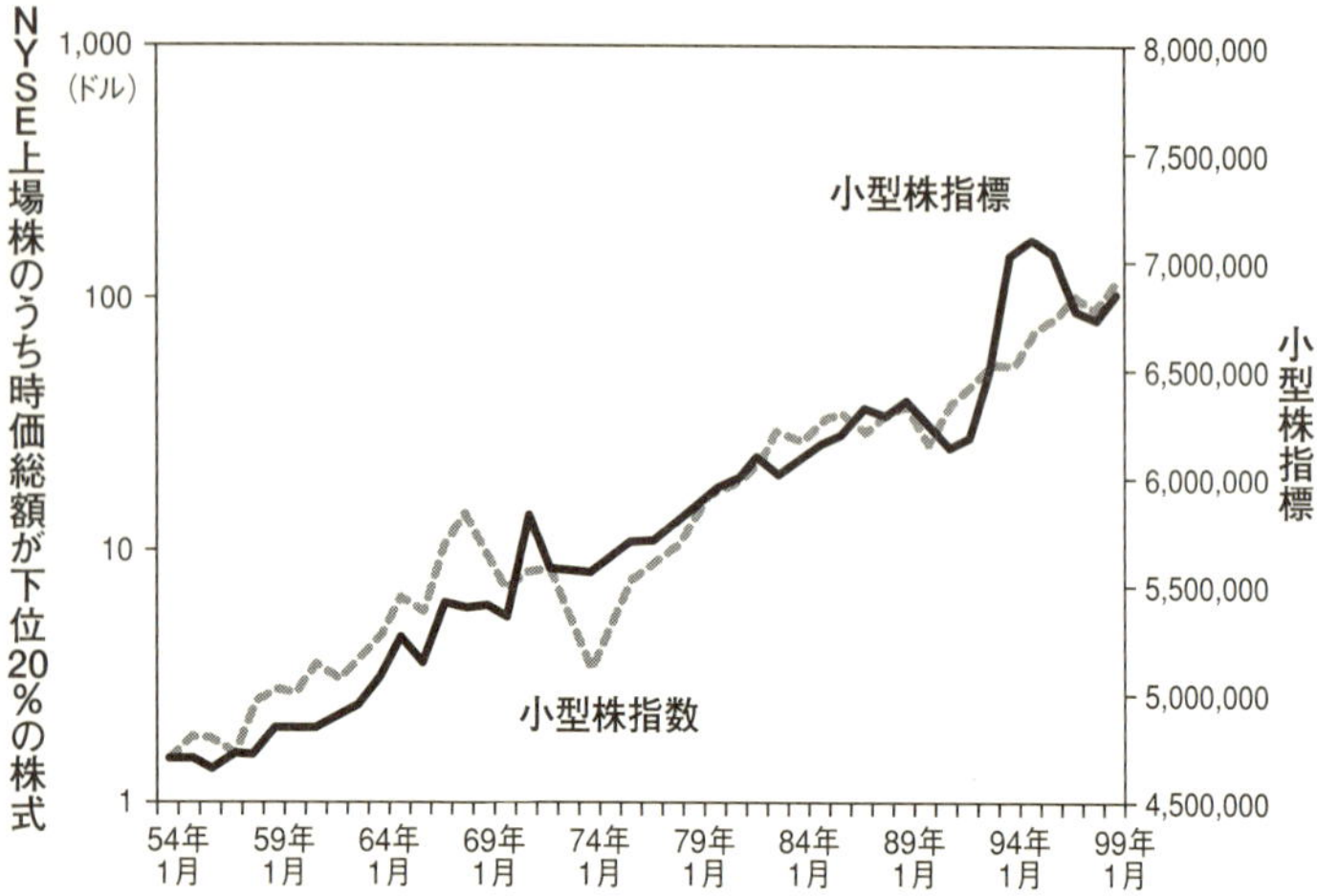

＊この指標は２つの指標を組み合わせて求めた。ひとつは出生数を23年ずらしたイノベーション人口に75%の加重をかけたもの。もうひとつは経済成長を示す支出の波に100%の加重をかけたものだ。

た、スターバックスやアルマーニなどの新製品や、シャーパー・イメージやウォルマート、チャールズ・シュワブといった新しい個人向けサービスも生まれた。ＢＭＷ、メルセデス、レクサスが台頭し、キャデラックとリンカーンは落ち目になった。

こうしてわれわれは、小型株の実績と最も強い相関関係にあるのは、出生数（移民数調整後）を二三年後にずらしたサイクルだと気づいた。二三年としたのは、ピーク年齢の多くは長い目で見るとたいてい上がってくるからだ。こうすれば、新米ヤッピーたちは大学卒業後のその一年間に、新たなキャリアや支出パターンをしっかりと確立させることができる。

われわれは、小型株の値動きを予測するための単純だが効果的なモデルを開発した。このモデルを用いれば、小型株に投資すべき時期を予測できる。このモデルは、支出の波を用いて景気の上昇期と下降期を一〇〇％加重で反映し、それに出生数を二三年後にずらした革新のピークを七五％加重で組み合わせたものである。図6-7にこの「小型株指標」と、一般によく使われる小型株指数との一九五〇年代前半以降の相関関係を示す。小型株指数はNYSE（ニューヨーク証券取引所）の最小規模二〇％の企業によって構成される。小型株指数といえば、今日最も広く用いられているのはラッセル二〇〇〇指数だが、一九八〇年以前にはこの指数はなかった。

小型株指標の予測数値が小型株指数から大きくかけ離れているのはわずかに二回だけである。最初は一九六九～七四年だ。これまで何度も述べてきたように、長期的な景気下降局面の最初の数年は小型株が不調になる。一九七〇年と一九七三～七四年の株価暴落で大企業が深刻な打撃を受けたとき、小型株は出生数を二三年ずらした革新サイクルの上昇期にあったにもかかわらず、大型株よりも深刻な打撃を受けた。大恐慌へとつながった一九三〇年代前半の暴落のときもそうだった。投資家の心理としては、大企業でさえおぼつかなく見えるときには、より小規模な企業にはいっそう不安を感じるものだ。

小型株は一九五八年以降、大型株を凌ぐ実績を示していた。大相場の頂点では必ず最も好調な投資分野がバブル化するが、一九六八年後半のピーク直前にも、ちょっとしたバブルが起きた。ちなみに、より広範なS&P五〇〇（インフレ調整後）から見ると、一九六八年は前回の長期的な強気相場のピークだった。S&P五〇〇は小型株が好調だったおかげで一九六五年にダウがピークに達した後も伸び続け、その三年後にようやくピークに達した。だがその後、一九七〇年と一九七三～七四年の二度の暴落時には、小型株は指標から予測されるよりも深刻な打撃を受けている。

いま一度、予測値の乖離が見られたのが一九九〇年代半ばだ。第二次世界大戦後、ごく短期間だが急激な出生数の上昇があったからだ。だがこの短期的上昇は、一時的な異常に過ぎず、すぐ収束したため、景気にも大型株や小型株の指数にもそれほど影響しなかった。支出の波や人口特性指標のごく短期的な変動が、短期的にはそれほど重大な影響を及ぼさないことは以前からわかっている。それよりも重要なのは、支出と株式相場の長期的なトレンドだ。

支出の波から大型株の値動きが正確に予測できるように、この指標もこれらの例外を除けば、小型株がいつ、どの程度の好調さを示すかをきわめて正確に予測している。そして、この指標が最も大きく上昇したのが、一九五八〜六八年と一九七五〜八三年だった。

一九九九年以降、エコーブーム世代が出生から二三年後の革新段階にさしかかりつつあるとはいえ、今後、小型株がこれほどの成果をあげることはないだろう。だが、一九九〇年代よりは、はるかに好調になりそうだ。一九八四〜九八年は、ベビーバスト世代の革新トレンドが不調だったため、小型株の実績が大型株を下回った。だが一九九〇〜二〇〇二年までは、小型株の方が大型株より好調だった。

多くの専門家はこれを、一九七〇年代と同様、小型株が優位になり大型株が衰退する新時代の幕開けと見ている。だが、もちろんわれわれはこれに反論する。一九七〇年代と今後とでは、人口特性と技術のサイクルがまったく異なる段階にあるからだ（それに、迷ったときには「専門家」の意見に反対しておけば、たいてい得をするものだ）。

これからは大型株の優位が高まる

われわれの指標によると、一九九九〜二〇〇九年の小型株は、一九九八年以前よりは好調になりそうだが、それでも大型株の方が有利だ。特に、リスクとボラティリティを調整した場合には、二〇〇二年後半から二〇〇九年ないし二〇一〇年前半まで、大型株の優位性が高まる。なぜなら、一九七〇年代と違って好況がまだ続いているし、（一九二〇年代と同様）未来の主要産業の支配的企業を決めるS字曲線上の首位争いも、まだ続いているからだ。新技術の普及率が一〇％から九〇％に急伸する間は、当然、大型株の方が有利になる。ただし、その中ほどに起きる淘汰期は別だ。二〇〇〇～〇二年が、まさにそうだった。

二〇〇〇～〇二年に株価が下落したとき、長年、それまでずっと不調だった小型株は、かなり過小評価されていた。一方、大型株は、特に一九九五年から二〇〇〇年前半まできわめて高い収益率を残していたため、非常に高く評価され、史上例のない過大評価状態にあった。したがって、評価の是正を主眼とするこうした過激な調整において、大型株の方が深刻な打撃を受けるのは当然だったのだ。

ただし忘れてはならないのが、エコーブーム世代はベビーブーム世代ほど人口が多くないということだ。小型株が今後、一九六〇年代から一九七〇年代に示したような目覚ましい実績をあげると思えないのもこのためである。今後二〇〇九年までは小型株も大型株に迫る収益率を示すだろうが、第7章で説明するように、リスクがそれを上回るだろう。

何度も言うように、大型株は小型株とは異なる要因に追随する。大型株は単に、経済全般の成長およびその原動力である新世代の支出ピークと相関関係にある。こうした新世代は、年齢が上がり四八歳前後で支出が最も増える頃になると、若かりし頃の革新の成果（最初は小型株によって支配されている）をマス市場にどんどん普及させる。すると結果的に、大型株が支配力を増してくる。だから、図6-1でも示したように、ダウやS&P五〇〇のような大型株指標（インフレ調整後）は、出生数を四八年後（二〇〇九年には四九年後に延びる）にずらした指標（インフレ調整後）に追随する。わ

図6-8 大型株指標と小型株指標の比較（1954年1月～2029年1月）

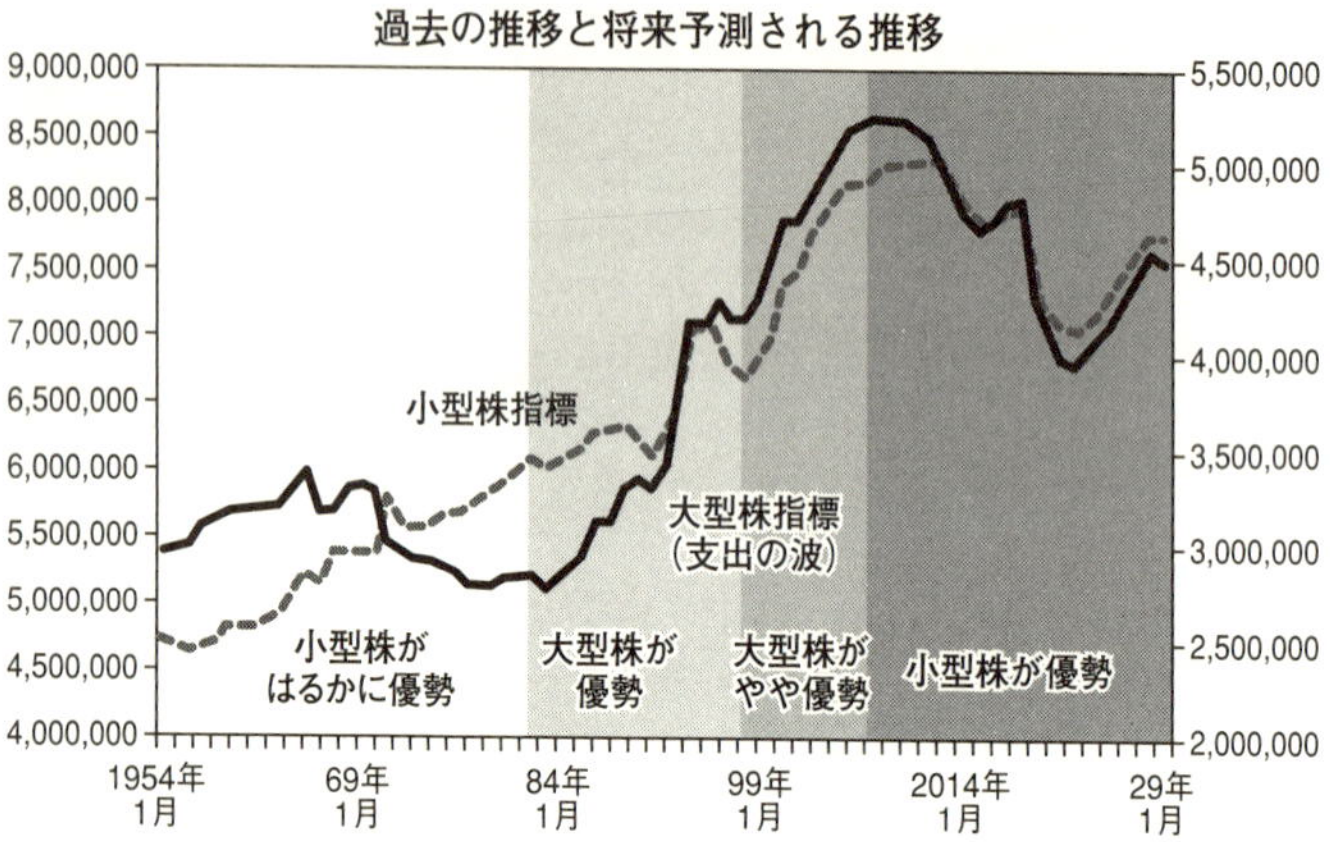

れわれはかねてから、これを大型株投資の主要指標としてきた。

大型株は、投資家の多くが集中し、リスク・リターン比率が最もよい投資先だ。ベビーブーム世代の規模が大きいことと、二〇〇〇～〇二年の株価下落後は大型株の方が過小評価されていることを考え合わせれば、二〇〇二年後半から二〇〇八年ないし二〇〇九年は、大型株の方が小型株よりもリスク調整後で高い収益率を示すだろう。だが幸い、大型株も小型株もともに好調で、一九九〇年代のように小型株が大型株に大きく水をあけられることはないだろう。したがって、小型株をポートフォリオに追加して分散を図ることは可能である。だが、われわれとしてはやはり大型株に重点を置くか、それに専念することを勧める。

図6－8に、過去と未来における大型株モデルと小型株モデルの比較を示した。図からわかるように、これらのモデルを用いていれば、一九五八～八三年は小型株の収益率が大型株を大きく上回り、小型株投資に絶好の時期となることが事前に予測できたはずだ。ま

図6-9 大型株の評価――ダウ・チャネル（1982〜2010年）

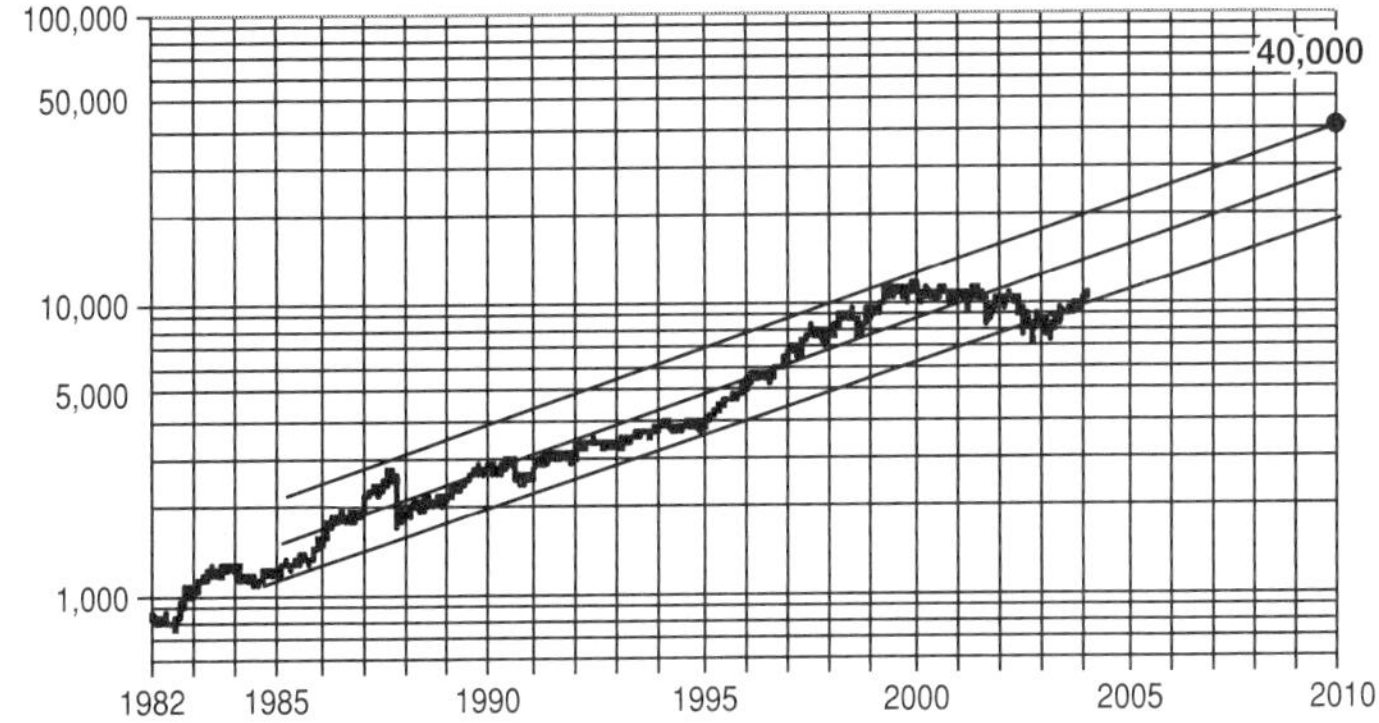

た、一九八四〜九八年に大型株の収益率が徐々に小型株を上回ることも読めたはずである。一九九九〜二〇〇二年までは、実際には小型株の方が大型株より好調だったが、二〇〇三年から二〇〇九年ないし二〇一〇年は大型株の収益率の方がややよく、リスク水準も低くなりそうだ。また、前にも述べたように、大型株は現在、二〇〇〇〜〇二年の株価下落のせいで過小評価されているので、今後は大型株の収益率がいっそうよくなるだろう。

大型株の評価水準を予測するうえで、われわれにとって最良の尺度となるのが図6－9のダウ・チャネルである。一九八七年までと同様、一九九九年半ばから二〇〇〇年前半のダウは、評価チャネルの上限に達していた。『狂乱の二〇〇〇年代の投資家』で、一九九九年の第4四半期から二〇〇〇年の第1四半期までダウがこのチャネルの上限に達し、その後、急激な調整が起きる可能性が高いとわれわれは予測した（二一六〜二一七頁）。

だが、過去のトレンドにもとづく当初の予想より早く、二〇〇二年後半にチャネルの底が試された。それはテロ攻撃によるパニック売りの直後だった。つまり、極端な過小評価が行われているという合図であり、一九八七年のピーク後の一九九四年後半にチャネルの底が試された時以来の買い時になることは明らかだった。

二〇〇一年九月、われわれはニュースレター「H・S・デント・フォーキャスト」で、八一〇〇～八三〇〇ドルを目標圏に最大の買いシグナルを出した。その後、二〇〇二年七月に再びダウ・チャネルの底が試され、このときは底を割った。二〇〇二年一〇月前半、われわれは一九九八年の底値に次ぐ強力な下値指示線の七四〇〇ドル前後を目処に、強い買いシグナルを出した。われわれはこのときも、これを今世紀最大の買い時と呼んだ。そのあらましは、特別レポート「人生最大の買い時（*The Buy Opportunity of a Lifetime*）」に述べたとおりだ。

こうして二〇〇二年にダウ・チャネルの下限が一時的に破られたにもかかわらず、われわれは依然『2000年資本主義社会の未来』で予測したとおり、ダウは二〇〇八年後半までに三万四〇〇〇～三万五〇〇〇ドル、二〇〇九年後半から二〇一〇年前半までに最高四万ドルに達すると予測している。つまり、二〇〇〇～〇二年の急激な調整のおかげで、史上最強の強気相場の次なる段階に、予想をはるかに超える収益率をあげるチャンスが生まれたのだ。

一方、T・ロウ・プライス（資産運用会社）が開発した小型株と大型株の株価収益率（PER）対比指標によると、小型株の評価（図6－10）は一九九八年のきわめて低い水準から着実に上昇し、二〇〇三年には再び妥当な価格に近づいている。つまり、大型株はわれわれの大型株・小型株指標から見て収益率が小型株よりやや高いだけでなく、評価水準もまたやや高めだが、それは長くは続かないおそれがあるのだ。

したがって、引き続き大型株とミューチュアル・ファンドに、資産のすべてまたは大部分を集中さ

図6-10　小型株の評価——T・ロウ・プライスの指標（1990〜2000年）

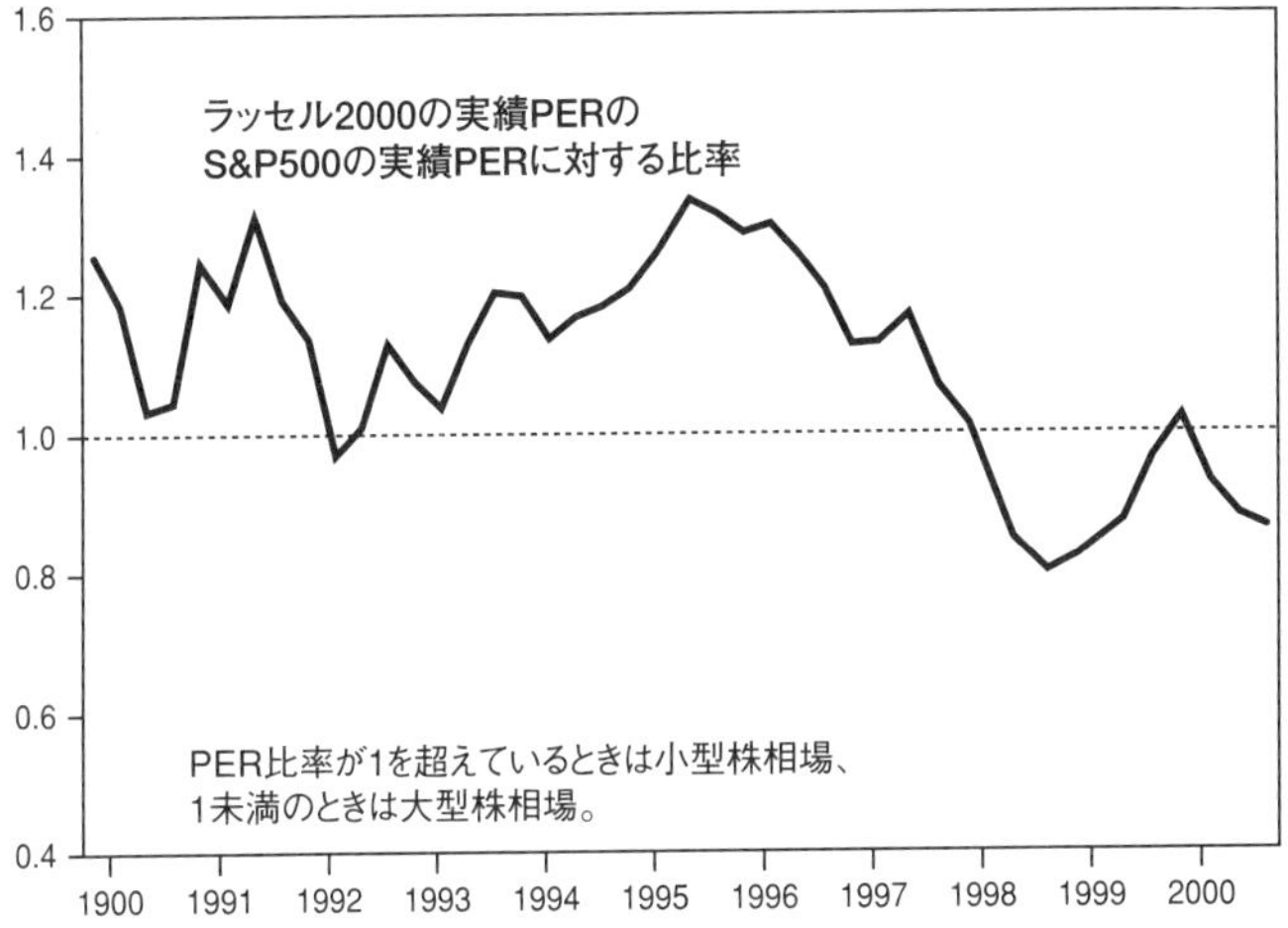

出所：T・ロウ・プライス・アソシエーツ、データはS&P、フランク・ラッセル・カンパニー

せることを勧める。大型株の方が、見つけ出すのも値動きを追うのも評価するのも簡単だし、リスク水準は比較的低く、リスク調整後の結果も比較的高いことは歴史的に明らかである（これについては第7章でさらに詳しく述べる）。

二〇〇四年後半から二〇一〇年前半は、一九九四年後半から二〇〇〇年前半と似たような状況になるだろう。これは、新技術のS字曲線の加速と一九九四年に始まった新市場の支配権をめぐる競争が、少なくとも二〇〇八年までは続きそうだからである。淘汰前の急成長段階前半だった一九九四〜九九年は、大型株が小型株より好調で、年平均収益率は大型株が二三・四六%、小型株が一五・六一%だった。

第7章では、大型株のなかでも成長株がひときわ好調だったことを示す。単に収益率が高かっただけでなく、リスク（年率）も標準偏差でわずか七・七九と、収益率の割にはきわめて低く、小型株の一六・三六の半分以下だった。一九九四〜九九年の間、大型株ほどよい投資先はなかったのである。二〇〇四年後半から二〇〇九年ないし二〇一〇年前半には、S字曲線上の普及率が五〇%から九〇%に伸びる急成長段階の後半に入るため、このシナリオの再現が予想される。

一九二〇年代後半もそうだったが、このブームのピークまでは大型株にいっそう投資が集中するだろう。われわれの手元には、一九二六年まで遡った大型株と小型株の比較データがある。一九二六〜二九年の間に、大型株に投資した元本一ドルは二・〇八ドルに増え、小型株に投資した一ドルは八二セントに減っている。リスク水準は大型株が一二・一八%、小型株が二五・三四%だった。

小型株は一九二八年後半に天井に達したが、その後、首位争いが熾烈化し、一九九九年後半から二〇〇〇年前半にハイテク株に投資が集中したように、投資家が最後のバブルで大型株に群がったため、小型株は大型株よりも一年早く下降に転じた。だが将来的には、エコーブーム世代の革新段階が二〇一三年頃まで続くため、小型株は一定の優位に立ったまま二〇〇九年以降の次の一大下降局面を迎えるだろう（図6−8）。

この過激な下降局面では、小型株が明らかに最良の株式投資セクターになるだろう。だが、エコーブーム世代の出生サイクルはベビーブーム世代よりも短期で小規模なため、下降サイクルなのに次世代の革新段階が小型株ブームを生まないという初の事態となり、同時に大型株も低迷するだろう。したがって、一九三〇年代と一九七〇年代の下降局面で小型株が初期の暴落後に好調に転じたのと違って、二〇一〇〜二三年の下降局面では、大型株も小型株も下降トレンドをたどるだろう。

また、小型株に目を向けるとしても、実際に投資をするのは、われわれが常にアドバイスしているように、人口特性の影響で長期的な景気下降局面に入り、大型株が暴落するのを見届けてからにした方がよい。これは、小型株指標と並ぶ確固たる指針である。第7章で紹介するわれわれのモデルによると、積極的な投資家なら二〇一二年、確実に増やしたい投資家なら二〇一四年後半まで待ってから、一番好調な株式分野に目を向けた方がよい。その後二〇一九年までは、大型株だけでなく小型株も選択肢に含めてよいだろう。

ボブ・ホープ世代が革新段階のピークにあった一九三二〜四六年にも、小型株は大型株を凌ぐ収益率をあげ、累積収益率は大型株の六倍に達した。ただし、その前には一九二九〜三二年の暴落があり、小型株は大型株より一年早く一九二八年に天井に達したばかりか、大型株以上の急落を示している。同様に、一九七五〜八三年に小型株の収益率は大型株を史上最も大きく上回ったが、その前の一九七四年には小型株の急落が起きている。

小型株は一九九九年から二〇〇三年まで一時的に急激な回復を見せたが、われわれは依然、二〇〇四年後半から二〇〇九年ないし二〇一〇年前半は、大型株の方が特にリスク調整後で優位になると見ている。とはいえ、小型株も一九九〇年代よりは高い収益率を示すので、ポートフォリオの分散化にある程度利用しても、一九九〇年代ほど全体の収益率が下がることはないだろう。二〇一〇年から少なくとも二〇二二年までの一大下降局面においては、大型株も小型株もともに下落するが、市場全般およびアジアで大暴落が起きた後は、小型の割安株が物色買いの最大の狙い目となるだろう。

分散先として有望な外国株

株式とミューチュアル・ファンドの分散先として有望な、もうひとつの投資分野が外国株である。

先進国も新興工業国も含めた世界各国の人口特性トレンドを考察すると、最大の成長トレンドが見込まれるのは中国、東南アジア、インドである。ヨーロッパは国によって異なるが、二〇〇九～一一年まではおおむねプラスの成長トレンドを見せ、スペインやポルトガルなどの国々では、それ以上に力強い成長が二〇二〇年頃まで続く。最も力強いトレンドが見込まれるのは南米だが、新興工業国のパラドックスに悩まされるだろう。

ここで最も重要なことは、個人消費や自由市場企業の人口特性は、中流の工業化経済を支える政治基盤、経済基盤が構築されるまでは、経済の主たる推進力とはならないということである。したがって、政治がある程度安定し、新興工業国の段階に達したと言い切れない国には投資を勧めない。そこには中南米のほとんどの国、インドネシア、マレーシア、フィリピンなどのアジア諸国、インド、パキスタンも含まれる。アフリカ諸国はほとんどが論外である。

われわれが勧めるのは、東南アジアでも比較的開発の進んだ国・地域への投資である。そこには香港、台湾、韓国、シンガポール、中国都市部が含まれ、将来的にはインドも含まれるだろう。日本は勧めない。同国の支出の波は一九九〇年以降、一三年間、下降し続けており、二〇〇八年ないし二〇〇九年まで上昇が見込めないからだ。日本を含むアジアは、アメリカとヨーロッパのほとんどの国で大好況がピークに達した後の、株式投資の分散先としては格好の対象だろう。

一九九四～九九年もそうだったが、二〇〇四年から二〇〇九年ないし二〇一〇年前半は、大型の成長株が再び最良のリスク・リターン比率を示すと見られる。大型成長株はその後、二〇一〇年から少なくとも二〇二二年まで一〇年以上にわたり不振が続く。二〇〇九年以降に最高の収益率を示すのは、格付けの非常に高い債券、定期預金、財務省短期証券だろう。また、二〇〇九年以降もアメリカの株に投資するのであれば、きわめて好調な小型割安株や、ヘルスケアのように人生の後半で支出が伸びる業種がベストとなる。ただし、実際の投資は二〇一二年半ばから二〇一四年後半の暴落後まで待つべきだ。

日本、中国、韓国を含むアジアの多くの地域は二〇〇九年以降も成長が続き、大型株投資には絶好の場となるだろう。アジアに投資するなら、少なくとも国際市場で初の大規模調整が起こる二〇一二年半ばないし二〇一四年後半まで待った方がよい。二〇〇九年後半から二〇一〇年前半は、大型、小型にかかわらずアメリカの株式への投資を縮小し、高格付けの社債に切り換えるのが最善である。

インフレ・トレンドを予測する

シーゲルの本は題名どおり、長期的には株式の運用成績が債券を大きく上回ると明言している。一九二六～二〇〇〇年における大型株の年平均収益率は一〇・九一%、リスク水準（年率）は二〇・七三%（標準偏差）だった。これに対し長期債券の利回りは五・三四%、リスク水準（年率）は八・〇七%だった。二〇世紀全体を通じて、株式は長期債の約二倍の収益率をもたらしたが、リスクも二倍強あった。ここまでは、予想どおりの内容だろう。

だが同書は、リスク調整後では債券の方がわずかに優れた投資先であるとも述べている。それに、当然ながら株式は短期的な人生目標を達成するには、やや収益率の予測性に欠ける。だから多くの投資家は、近い将来に必要となる大学の学費や老後資金のために債券を必要とするのだ。さらに、差し迫って投資収入が必要でない場合でも、単にポートフォリオのリスクとボラティリティを下げるため、債券を用いる場合もあるだろう。

債券には償還期日や裏づけとなるローンのリスク水準によって幅広い選択肢があり、それによって投資上の様々な長所や短所が生じることを知っておくべきだ。短期債と長期債、高利回り（ジャンク）債券と低利回り（高格付け）債券の収益率を比較する場合、景気トレンドの変化、インフレ率の高さ、成長率の高さによって、結果が大きく違ってくる可能性がある。例えば、一九八二～九七年の好況時には、長期国債のインフレ調整後の利回りが九・六％で、短期債の二・九％を上回った。かなりの差だが、それはこの好況の間、インフレ率がおおむね下がり続けていたことと、表面利率の高さと金利低下による価格上昇が長期債に有利に働いたことによる。

債券投資について言える最も単純なことは、インフレ率下降時には長期債券の方が有利、インフレ率上昇時には短期債券の方が有利だということである。そのインフレ率がだいたいいつ頃上下するかは、人口特性トレンドによって二〇年先まで予測できる。もうひとつ言えることは、景気が好調なら高リスクすなわち高利回りの債券の方が有利、景気が不調なら低リスクすなわち低利回りの債券の方が有利ということだ。景気の好不調の時期は、支出の波を見れば約五〇年先まで予測できる。

図6－11は、過去の著書で紹介したわれわれ独自のインフレ指標の最新版である。更新にあたっては、より多くの年のデータを用いるとともに、より長い時間枠にもとづいて再計算し、過去数年間のように労働力を二年後にずらすのではなく、当初（一九八九年に初めてこの指標を発見したとき）のように三年後にずらすことにした。

われわれのインフレに対する考え方は、エコノミストとはかなり異なる。われわれはインフレを「貨幣的現象」――多すぎるドルが少なすぎる財を追い求める――とはとらえていない。インフレは単なる症状に過ぎない。われわれはそれを、若年層を育成・教育して労働力に組み込むためのごく基

図6-11　インフレ指標（1959〜2006年）

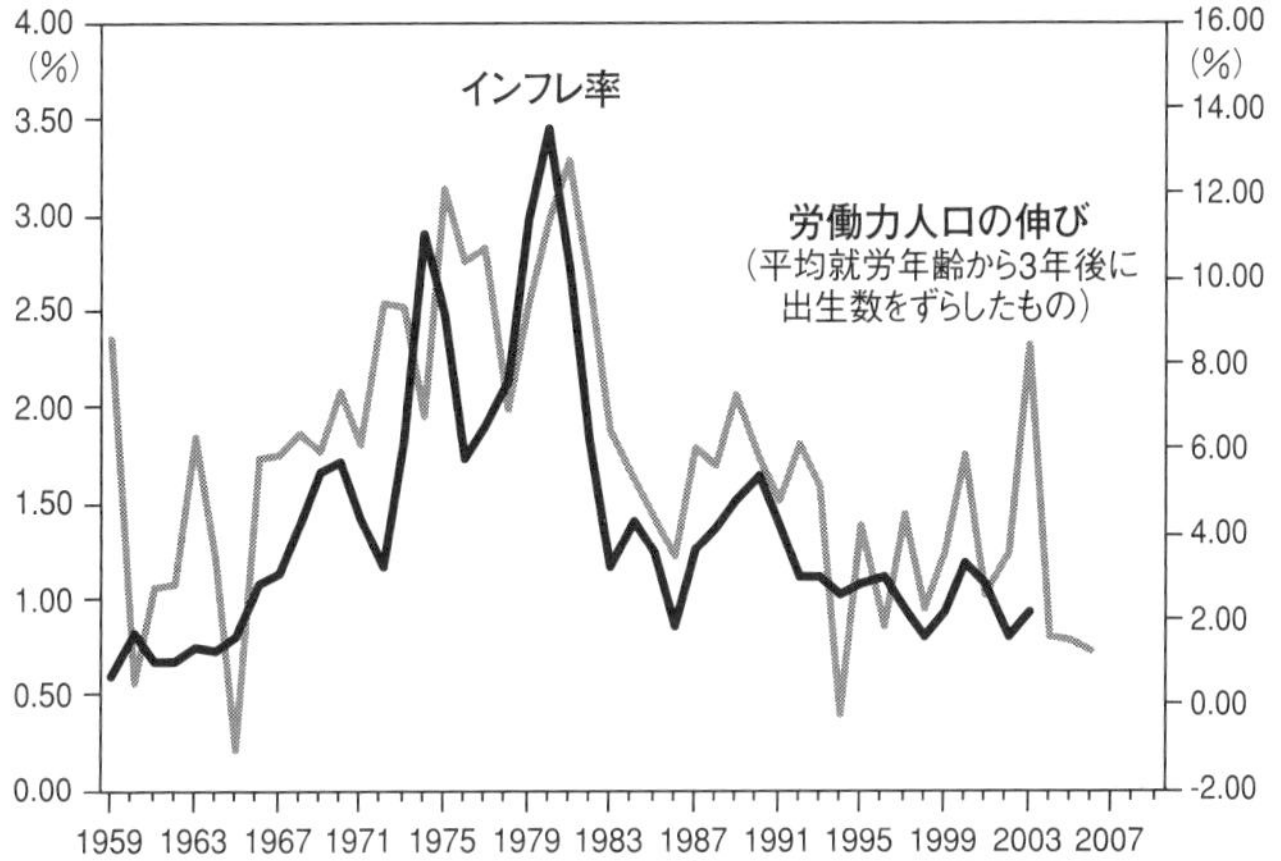

本的な費用とみなしている。

歴史上、インフレ率が大幅に上昇した時期というのは、決まって、戦争費用や若年層を経済に組み込むための費用が上昇し、（こうした若年層のせいで）生産性が低下したり、（戦争中に）消費財の生産が減ったりしている。

インフレ・トレンドを予測するうえでわれわれが見出した唯一の信頼できる指標が、労働力の成長を三年後にずらしたものである。これは、大規模戦争中を除いて信頼できる指標だ。石油価格、物価、成長率の上昇や下降、財政赤字、貿易赤字、為替レートなど、長期的に激しく変動し得る変数が多いにもかかわらず、この長期指標と実際のインフレ・トレンドの推移に驚異的な相関関係が見られることに注目してほしい。

実際、この指標が唯一実態からかけ離れたのは、一九七四〜七五年のかなり急速な景気後退のせいで、指標から予測されたインフレ率低下の時期より早く、需要圧力が急激に低下したときだった。同様に、急速に景気が回復すると、需要圧力の方がインフレ率より早く上昇したが、これは短期的な乖離に過ぎなかった。この指標はインフレ率の上昇期と下降期を基本的に正しく予測し、重要な転換点をほぼすべてとらえている。

債券に投資すべき時期

これにより、ポートフォリオ戦略に役立つインフレ・トレンド上の基本的な季節と、長期債と短期債に投資すべき時期がわかる。一九六〇年代後半から一九七〇年代後半のインフレ・トレンド急上昇期には、短期債が最も有利だった。しかも、支出の波からその後の景気の後退が予測されていたため、最も高格付けの短期債券（財務省短期証券と優良銀行の定期預金）の方がさらに有利だった。これらに投資すれば、少なくとも多少はインフレを先取りし、非常に予測性の高い収入フローを獲得し続けることができた。

一方、三〇年物の国債や二〇年物の社債を購入していたら、常により低い利回りで確定することになり、将来的な収入フローを損なうだけでなく、一九八〇年から一九八一年までのインフレ率と金利の上昇時には元本の価値が下がることになっただろう。

ベビーバスト世代が比較的ゆっくりとしたペースで労働市場に参入し、若手のベビーブーム世代の労働生産性が上昇してくると、トレンドは劇的に変化した。インフレ率は二度、急激に低下している。一度目は一九八〇〜八六年、二度目は一九九一年前半から一九九八年後半である。これらの時期は、短期債の利回りが時間とともに低下する一方で、長期債は高い金利収入を確定できる強みを発揮し、価格も大幅に上昇した。ベビーバスト世代が労働市場に参入した一九八〇年代から一九九〇年代にも、おおむね同じことが起きた。

一九八〇年代前半から半ばの債券は、大型株よりリスクは低く、リターンはほぼ同じだった。実際、一九八一～八六年は、長期債券にとって史上最良の五年間だった。一九九〇年代には株式の収益率がぐっと上がり、ディスインフレが落ち着いてきたため、債券の株式に対する優位性は衰えたが、それでもこの時期は歴史上、長期債券が比較的有利な時期のひとつだった。

今後二〇〇九年までは、株式の収益率が債券を大きく上回るだろう。長期債投資のリスクとリターンが一九三〇年代や一九八〇年代のように再び最良になるのは、二〇一〇～二三年の景気後退期だろう。だがそれ以前であっても、短期の人生目標のための固定収入を得たり、ポートフォリオのリスクとボラティリティを減らしたい場合には、債券市場で興味深い投資ができるだろう。

何度も言うように、短期のインフレ・トレンドは、労働力人口の月間成長率を三年後にずらすことによって、より正確に予測できるようになった（図6－11）。この後説明する方法で新世代の労働市場への出入りを大まかに予測することもできるが、労働力人口の実際の増減数も入手可能である。この労働力人口の増減数は景気の短期変動に影響を及ぼす。例えば、二〇〇〇～〇二年の景気減速は、人口特性トレンドではなく、一九九〇年代後半の技術の淘汰と企業の過剰拡大が原因だった。

図6－11を見れば、インフレが再燃し始めたとき、インフレ・トレンドが一九九九年より上昇していたことがわかる。二〇〇二年まで徐々に上昇していてもおかしくはなかったインフレが、二〇〇〇～〇二年の景気後退によって緩和されたのだ。二〇〇〇年および二〇〇一年後半から二〇〇二年の景気減速により、二〇〇三年から二〇〇四年前半の回復期にはインフレ圧力はすでに低下していた。二〇〇四年後半から二〇〇六年前半頃は、さらに低下を続けるか横ばいになるだろう。また、図6－11のインフレ指標は、二〇〇二年から二〇〇三年ないし二〇〇四年まで、インフレ率が大きく下がるこ

図6-12 長期インフレ予測モデル（1950〜2030年）

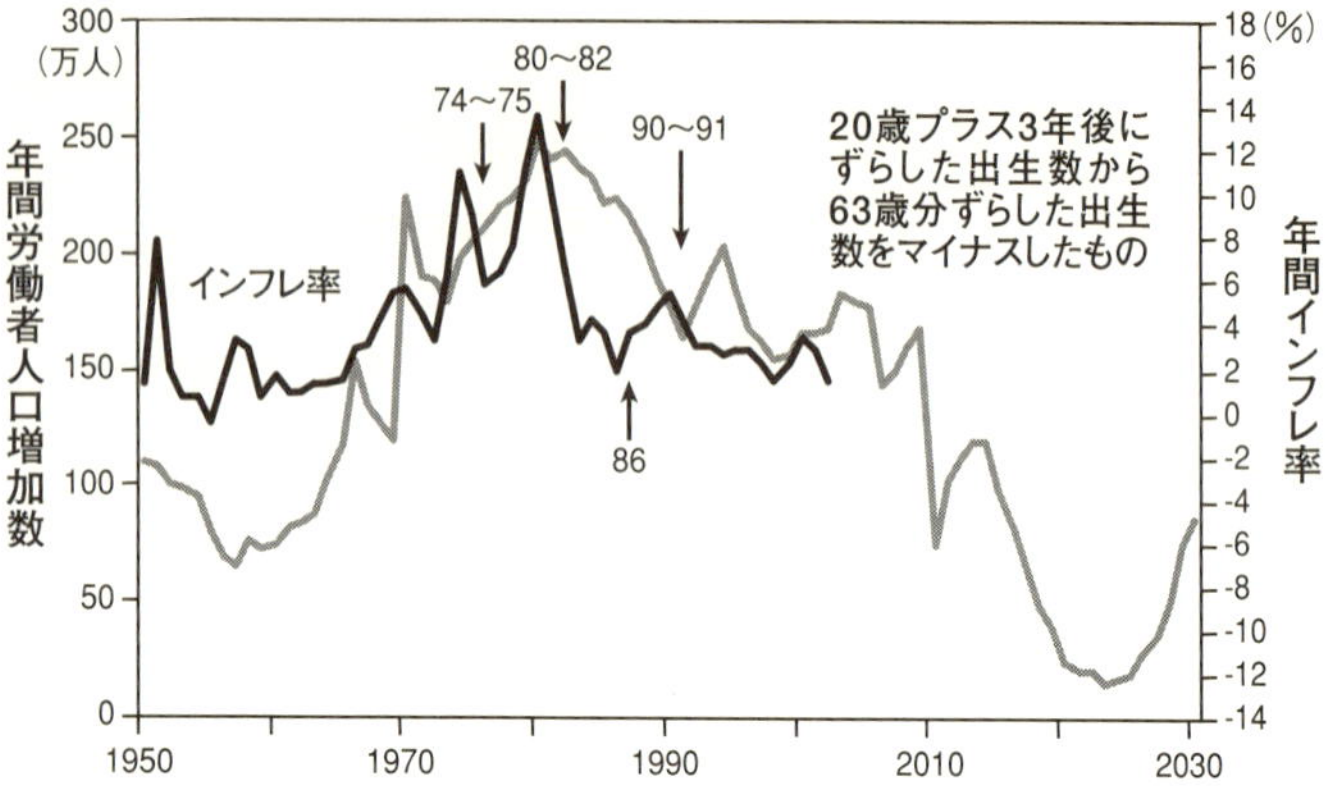

とを示している。

つまり、二〇〇三年後半以降、景気と株価がいっそう力強く回復してくるのを見て、ＦＲＢが短期金利をわずかに上げれば、インフレ率は二〇〇四年半ばから後半までに再び低下し始めるということである。二〇〇四年半ばから後半は、再び長期の国債と社債で利回りを確定し、金利の低下に伴う高騰の恩恵を受ける素晴らしい時期である。住宅ローン金利は二〇〇四年半ばまでわずかに上昇した後、二〇〇五年後半ないし二〇〇六年前半まで再び下がり、二〇〇六年から二〇〇九年ないし二〇一〇年前半には、また徐々に上がり始めるだろう。

われわれは、労働力人口の月間成長率を三年後にずらしたもので予測できるインフレ・トレンドよりも、さらに先のインフレ・トレンドを予測するために、新たな指標を開発した。それが図6―12の長期インフレ予測モデルだ。これは、今後二〇二〇年までの、新規就労予定者数と退職者予測数から割り出したものだ。

労働力人口の成長率を予測する

これまでわれわれは、人口統計予測を組み込んだ政府の労働力人口成長率予測を用いてきたが、多くの経済モデルがそうであるように、他の多くの要因が実態をわかりにくくしている。人口統計調査によると、今日の新規就労者の平均年齢は約二〇歳、平均退職年齢は六三歳である。就労年齢の上昇はごくゆっくりとしたペースだが、退職年齢の方は、ベビーブーム世代が寿命の伸びとより活動的な老後を意識するなか、一段と上がる可能性がある。ただし、まだその段階に達してはおらず、二〇〇〇年にベビーブーム世代の最年長者層がようやく引退生活に入り始めたところだ。

新規就労者の影響は三年遅れて現れる。オフィス・スペースへの投資や設備費および教育費の増加分が、生産性の上昇で相殺されるのが三年後だからだ。一方、退職者はオフィスや設備を即時明け渡すことにより、ただちに影響を及ぼす。したがって、われわれの新しいモデルでは、移民数調整後の出生数を二〇年後にずらし、さらに生産性が上がるまでの三年分後ろに遅らせ、そこからちょうど六三年だけ後にずらした出生数を引くことによって、労働力人口の成長率を予測している。

この指標から予測されるのは、エコーブーム世代が労働力に参入するより先に、ベビーブーム世代の最初の波が労働力から退出し始めるということだ。特に二〇〇三～〇五年はそれが顕著になるだろう。その後二〇一〇年までに第二の波が退出し、労働力人口が激減する。二〇一四年ないし二〇一五年頃から二〇二六年は、第三の最後の波が退出する。つまり、より正確な三年遅れの労働力人口月間成長率の二〇〇五年後半ないし二〇〇六年前半までの推移からだけでなく、ベビーブーム世代の退職者が二〇〇五年まで加速度的に増えることからも、今後、ディスインフレが続く可能性は高いということである。二〇〇五年から二〇〇六年前半は、インフレ率がゼロ近くに下がるか、わずかなデフレになる可能性もある。

二〇〇四年半ばから後半と二〇〇五年後半から二〇〇六年前半は、長期債券が短期債券よりもはるかに有利になるだろう。この時期は株式の方がさらに有利だろうが、一定量の債券を保有するのなら、長期債券にシフトすべきだろう。また、景気の拡大によって、高利回り・高リスクの債券にシフトする余裕も出てくるだろう。その後、二〇〇六年前半から二〇〇九年後半ないし二〇一〇年前半は、インフレ圧力が再び緩やかに上昇し、短期債券が有利になるだろう。しかし、その後数年間、インフレ圧力は急激に低下する。二〇一〇年前半以降、二〇二二年から二〇二三年頃までは、全般的なリスクとリターンから見て高格付けの長期社債が最良の投資先となるだろう。

ただし、ひとつだけ警戒すべき点がある。経済成長が最初に本格的な打撃を受ける二〇一一年から二〇一二年頃は、かつてデフレ下で景気が後退した一九三一年半ばから一九三二年半ばと同様、企業業績の急激な悪化により社債の格付けが下がる可能性が非常に高い。したがって、財務省短期証券または定期預金に投資した方がよいだろう（図6－13）。

図6－13は、一九二八年後半から一九三二年半ばに、社債の相場が平均三〇％近く下落したときの様子を示している。最も急激な下落が見られたのは、株式相場が暴落し底入れしつつあった一九三一年半ばから一九三二年半ばだった。

図6－14を見ると、格付けの低い債券ほど、落ち込みが激しかったことがわかる。利回りが上がると、債券の価値は下がる。格付けＡａａの二〇年物社債の利回りは、一九三一年半ばから一九三二年半ばに四・二％前後から約五・七％に上がった。一方、格付けＢａａの債券は、一九三〇年半ばから

図6-13 ダウ・ジョーンズ40種債券平均（1915～33年）

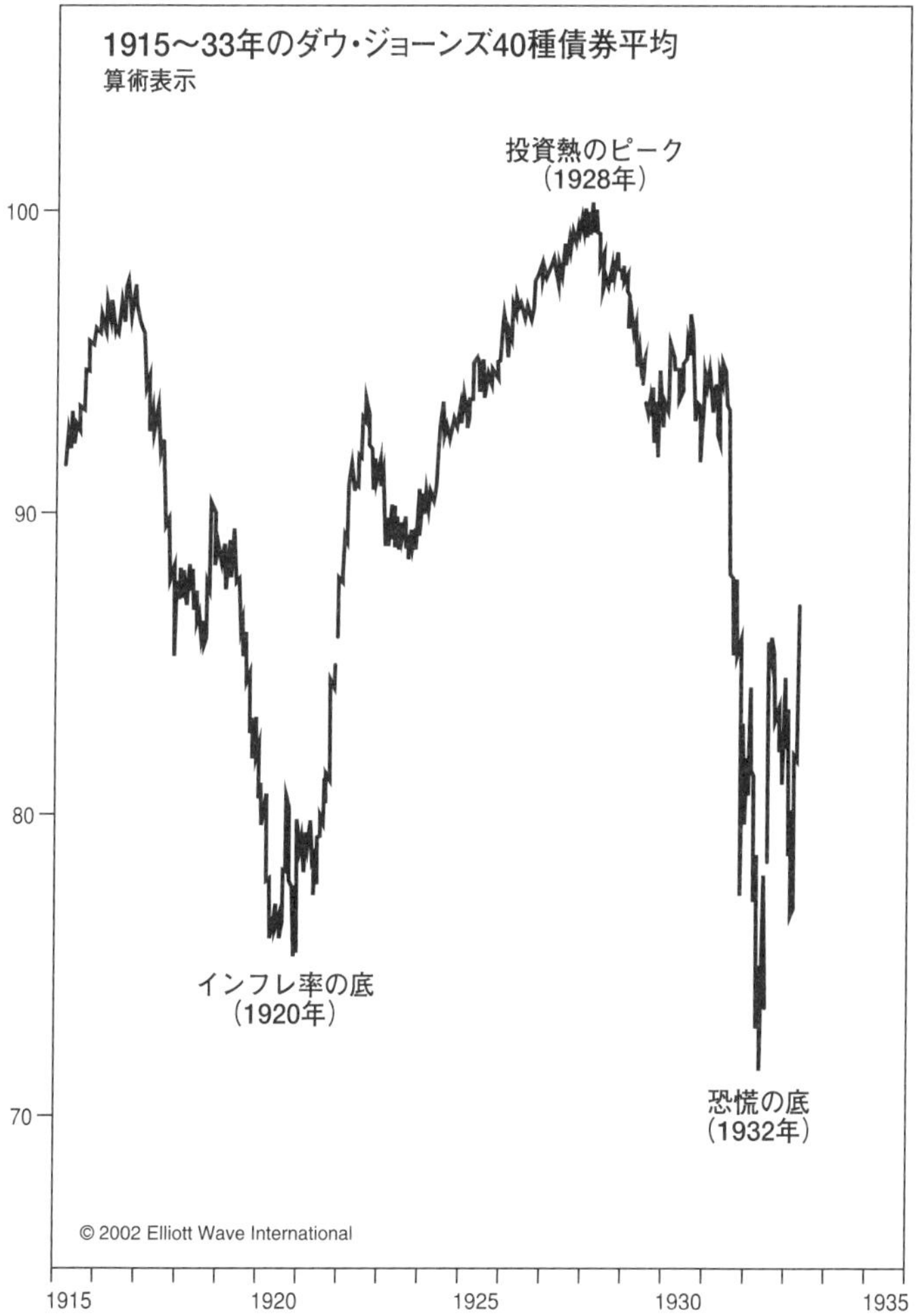

出典：ロバート・プレクター『暴落に勝つ（*Conquer the Crash*）』2002年、146ページ

図6-14 ムーディーズ社債利回り(1929〜32年)

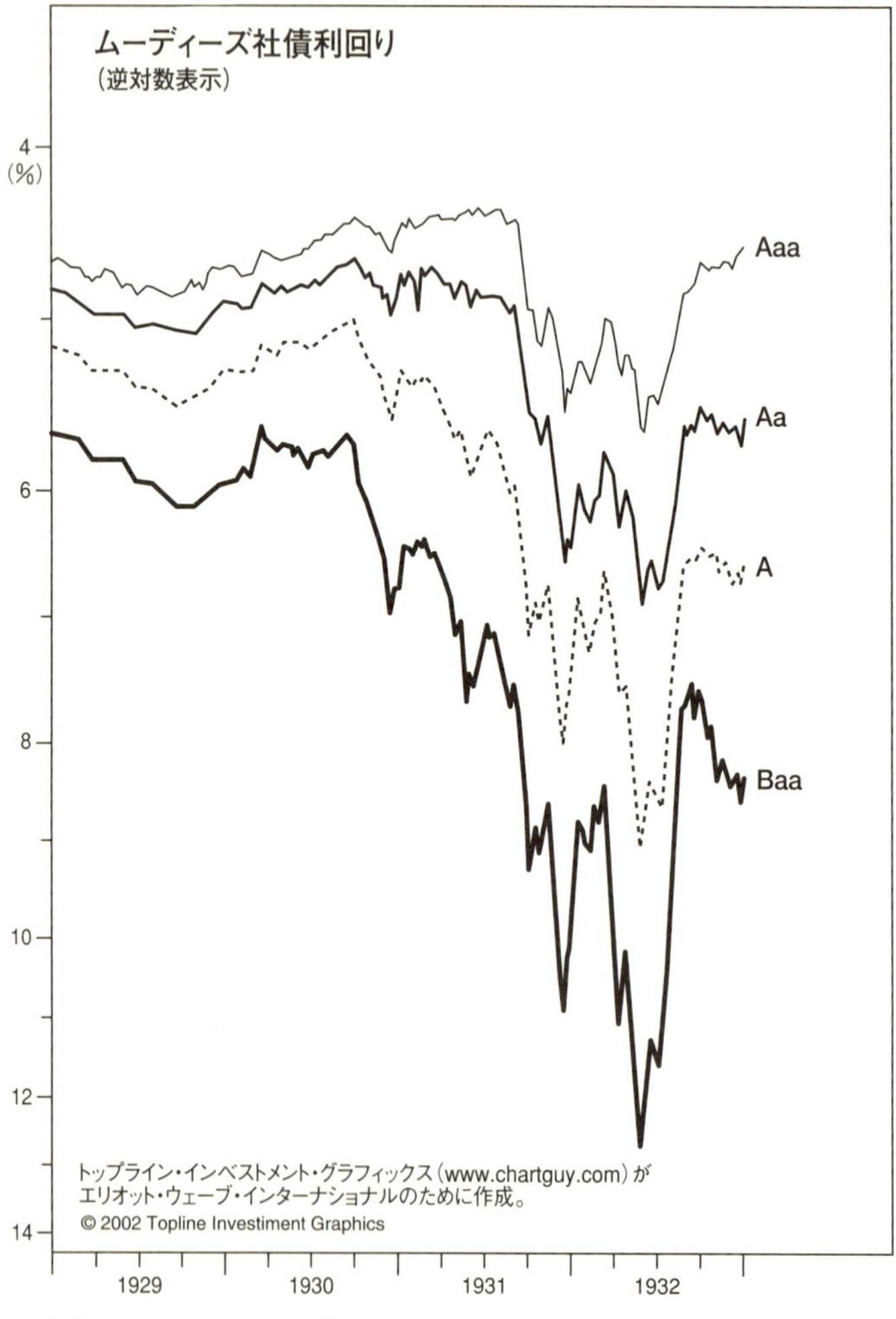

出典：ロバート・プレクター『暴落に勝つ(*Conquer the Crash*)』2002年、144ページ
データ提供：グローバル・フィナンシャル・データ、マーケット・タイミング・レポート

一九三二年半ばにかけて、五・八％前後からほぼ一三％にまで上がっており、利回りと価格の変化がはるかに劇的だった。一九三二年末までには、Ａａａの社債の価格は、すでにほぼ値下がり前の水準まで回復していた。

二つの教訓

したがって、ひとつ目の教訓は、できるだけ格付けの高い社債に投資した方がよいということ。二つ目は、これほど格付けの高い債券でも、暴落のどん底では一時パニックが起きるので、その後一年ほどは、一時的に財務省短期証券か優良銀行の短期定期預金に投資するのが得策だということだ。二〇一〇年には、一九三〇年代以来の本格的なデフレの兆しが見られる可能性があり、その後、二〇一四年から二〇二三年ないし二〇二四年まで大きなデフレの波が来るだろう。それは、二〇〇九年以降、すでに急速に低下している支出だけでなく、収益と雇用にも壊滅的な打撃を与えるだろう。

株式市場に最悪の調整が起こる時期と、支出が最も急激に低下し、デフレが最も進む時期が重なる可能性が高いのだ。これが起きるのが、二〇一〇～一二年、二〇一四年、そして二〇二〇～二二年だろう。二〇一〇～一二年の最初の暴落で株価が底を打つのは、二〇一一年の半ばから後半と二〇一二年の半ばから後半になりそうだ。こうした最悪期には、財務省短期証券と優良銀行の定期預金が最良の防衛策となるだろう。

一方、二〇一〇年から二〇二二年ないし二〇二三年の間の上記以外の時期は、一九三〇年代や四〇年代前半とよく似た展開となり、高格付け債券が最良の投資先となるだろう。ただし、長期国債は勧めない。失業率や社会保障費用の上昇と、個人税収や法人税収の激減が大きな圧力となって、アメリカの財政赤字が法外に膨らみ、それを補うために国債の発行が増えるからだ。その結果、大不況を生き延びた企業の中で最も安定した大企業の債券の方が、国債よりまだ魅力的ということになる。

以上をまとめてみよう。二〇〇四年半ばから二〇〇五年後半ないし二〇〇六年前半は、一般に長期の社債と国債を勧める。その後、二〇〇六年前半から二〇〇九年後半ないし二〇一〇年前半は、ポートフォリオに組み込むべき債券の比率に応じて短期の定期預金と財務省短期証券を購入するとよい。二〇一〇年以降は、きわめて格付けの高い長期社債を勧めるが、二〇一一年半ばから二〇一二年後半は、財務省短期証券および優良銀行の定期預金に切り換える手もある。二〇一三〜二〇二〇年は、再び長期社債が最良の投資先になる。

その後、二〇二〇〜二二年は、再び財務省短期証券と定期預金を勧める。二〇二二年ないし二〇二三年前半以降は、一九四〇年代前半から六〇年代までと同様、インフレ・トレンドが緩やかに上昇するため、長期債券は人気薄になるだろう。二〇二二年以降は、定期預金や、ポートフォリオに債券を組み込むなら短期の債券を用いるとよい。

これまでは様々な投資分野とそれらの好不調期について考察してきたが、第7章では、人口特性や技術のトレンドが生み出す経済の季節によって、各投資分野のリスクとリターンが劇的に変わる様子を示す。また、人口特性トレンドが有利に働かない投資分野を避け、最良の分野に投資を分散したポートフォリオの組み方を見ていく。

また、われわれは大型成長株を今後の大好況で最も重視すべき優良分野と見ているが、その中でもどの分野が最良かを見ていく。さらに、大恐慌以来最悪の景気下降局面における基本的な投資戦略の概要を示す。最後に、第3章の図3-16で紹介した単純な株式投資モデルをベースに、より目的を絞りこんだ各種モデルを作成する。こうしたモデルを用いれば、過去五〇年間のS&P五〇〇のリターンを二倍にし、しかもリスクをやや低くすることができるだろう。

第7章

最適ポートフォリオ戦略

季節ごとのリスクとリターンを理解する

投資の基本方針

二〇〇〇〜〇二年の株価下落から得られた最大の教訓は、ひとつのシステムに従って分散投資をせず、人気の投資分野だけに投資を集中させてはならない、ということだろう。多くの投資家がリスクについて重大な誤解をしている。われわれは投資対象が長期にわたって値上がりしたり、期待以上の運用成績を示すと、将来もそれが続くと思いがちである。逆に、長期にわたって値下がりすると、将来も下げ続けると考える。多くの場合、こうした考え方は完全な誤りであり、それが投資の最古の成功原則である「逆張り思考」の根拠となっている。

図7—1（第2章からの再掲）で「人間的予測モデル」を簡単におさらいしよう。われわれはトレンドを過去のまっすぐな延長線として予測するが、現実には曲線的あるいは周期的に動いている。そのため、われわれは周期が頂点に達するとこの上なく楽観的でリスク受容的になるが、実際にはそれはリスクが最も高まり、将来的に損が見込まれるときである。一方、周期の底では人間はこの上なく悲観的でリスク回避的になるが、そのときには相場は底入れし、最悪のリスクも織り込みずみで、通常はその後、最も長期にわたって高い収益率が見込まれるものである。

直近の状況を将来に当てはめるこうした傾向こそ、われわれの多くを投資下手にしている元凶であり、一九八七年や一九九九年がそうだったように、絶好調の相場がピークに達する直前にバブルを引き起こす原因である。非現実的な評価によって最も大きくバブルが膨らむのは、当然、サイクルの上昇期に最も好調だった分野だ。多くの投資家は人気分野をどんどん買い、それまでリスク分散のためにポートフォリオに入れていた分野をどんどん切る。

図7-1　人間的予測モデル

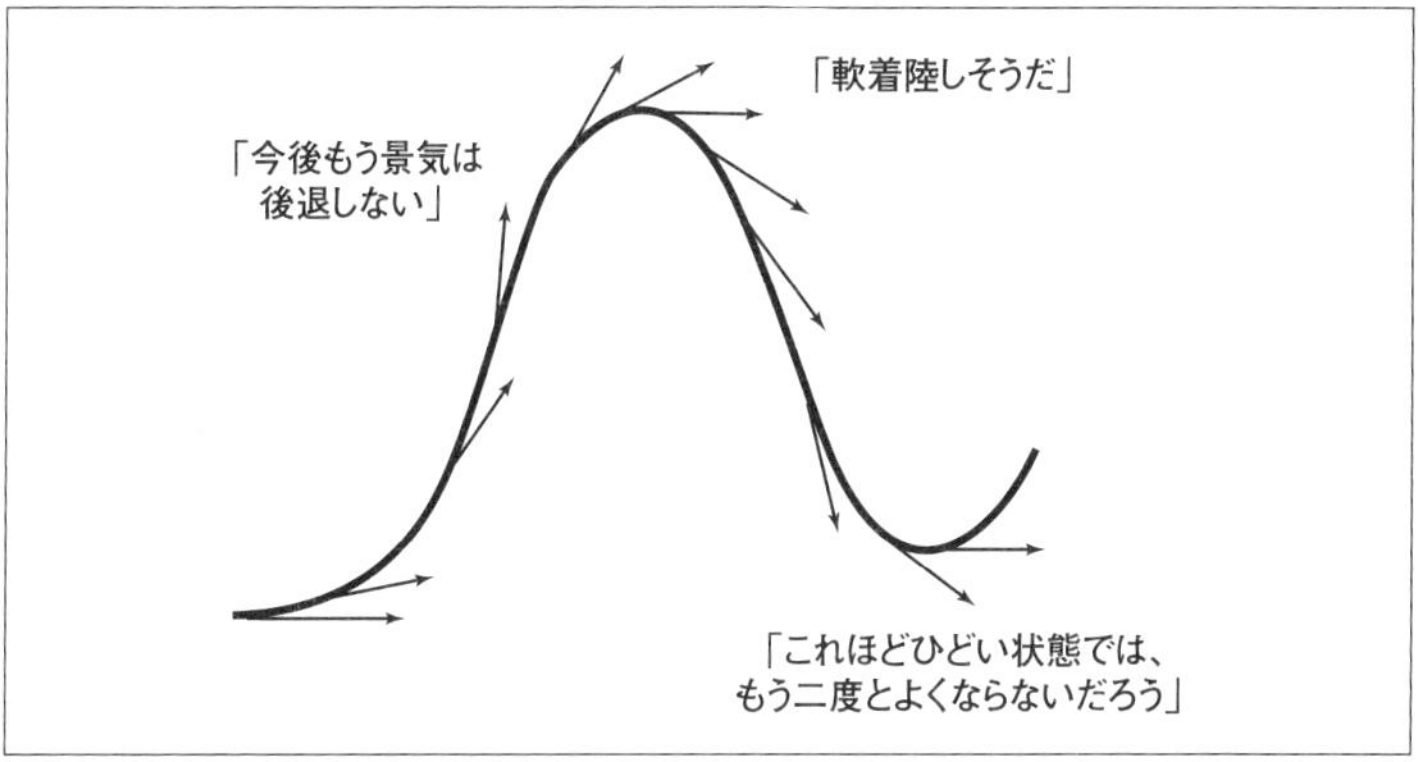
「軟着陸しそうだ」
「今後もう景気は
後退しない」
「これほどひどい状態では、
もう二度とよくならないだろう」

こうして、リスクを減らしながら長期的に高リターンを狙う唯一最良の方法である分散投資の原則を捨ててしまうのである。その結果、大規模な調整が起きる直前に最も高リスクなポジションを張り、下降局面で最大の損失を被ることになる。そして、売り尽くして最も低リスクのポジションを張った矢先に、次の回復期が訪れ、高リターンをとり損ねるのだ。

分散投資の原則は何よりも重要である。いくつかの分野（通常は四つか五つ）に投資を分散すれば、長期的にはそれらの分野の累積収益率が実現し、短期的な調整によるボラティリティ（変動率）やリスクは減る。なぜなら、各分野はそれぞれ異なる時期に異なる度合いで上下変動するので、様々なサイクルが影響を及ぼしたとしても、多くの場合、大部分が相殺されるからである。つまり、相関関係が低く、長期的な値動きのパターンが異なる優良な分野を選ぶ必要があるということでもあるが、これについては本章の後半で説明する。

ここでは少し立ちどまって、人間の性向の実態とそうした性向に打ち勝つために必要な投資の基本方針をまとめてみよう。

人間の七つの投資実態

①市場はその性質上、周期的、累進的（指数関数的）に動く。

②人間は直線的に推測するため、現実とリスクを大きく見誤ってしまう。

③人間には、リスクが最大となるピーク直前にリスクを低く見なし、リスクが最低となる大底直前にリスクを高く見なす性向がある。

④人間は最も売れ筋の業種、ファンド、株式を追いかけ、最高の収益率を達成するにはこの戦略しかないと考える。だが、それが失敗することは証明済みだ。というのも、売れ筋のときに買い込み、売れ筋でなくなったときに売るからだ。その結果、あまり大きな利益を実現できず、へたをすれば損失を出す。

⑤長期的な強気相場においても、大規模な調整は起きる。特に今回のバブル・ブームにおいてはそうである。

⑥高リスクなしに高リターンは得られない。直近の上昇局面で最も大きく伸びた分野は、通常その後の調整局面で最も大きく下がる。こうした本質的リスクをかなりの部分まで埋め合わせることができるのは、システムに従った投資戦略だけである。

⑦市場は友人ではない。「市場を信じ自分を信じる」。市場は常に、最高値の直前に買わせ、大底直前に売らせようとする。その結果、長期的なリスクが増し、長期的なリターンが減る。賢い投資家はひとつのシステムに従って安値で買い、高値で売る。

投資における七つの基本原則（人間の癖に打ち勝つために）

①　感情を排し、常にひとつのシステムに従う。
②　システムから外れないよう導いてくれる客観的なファイナンシャル・アドバイザーかコーチを利用する。
③　逆張り思考を身につける。高値のときはそれ以上買わず、安値のときはそれ以上売らない。
④　収益率だけで判断し、一番人気を追いかけない。各投資分野の過去のリターン対リスクと、それが景気サイクルの変動によってどう変わるかを理解する。
⑤　上昇相場でも下落相場でも相関関係が比較的小さい投資分野を四つ以上選び、その中で常に投資を分散化する。
⑥　自分のリスク許容度と収入上のニーズを認識する。自分のリスクの限界を超えるおそれのあるポートフォリオ戦略はとらない。
⑦　計画対象期間内に予測される中長期のトレンドが有利に働く様々な分野に分散投資を行う。

これらの原則は前著でもとり上げ、二〇世紀に成功した投資戦略家や専門家たちにおおむね支持されてきた。だが、われわれの研究に利用できる最も重要な原則は、第七の原則、つまり「計画対象期間内に予測される中長期のトレンドが有利に働く様々な分野に分散投資を行う」ことである。

われわれの予測ツールならではの利点は、第1章で説明した人口特性トレンドや技術、製品、産業、ニュー・エコノミーのライフサイクル（S字曲線）・トレンドが計測しやすく、予測もしやすいことである。研究の中で気づいたことだが、予測しにくい政治事件や投資家心理の揺れ（欲と不安）の影響をまともに受けやすいのは、実は市場の短期トレンドである。専門家の多くは短期トレンドがあまりにも散発的なのを見て、長期トレンドの予測も不可能だと考える。

だが実は、長期トレンドは非常に基本に忠実であり、因果関係によって動くため、何十年も先まで比較的正確に予測することができる。これまで本書で紹介してきた指標や予測は、今後どの業種や投資分野に投資するのがベストか、どの時期に手を引くべきかを判断するのに役立つはずだ。つまり、分散投資を行うだけでなく（第五原則）、すべての好調なセグメントを網羅する（第七原則）ポートフォリオが組めるのだ。

これこそ、長期的なポートフォリオを設計するうえで最も役立つ点にほかならない。なぜなら、一般に受け入れられている分散投資戦略は、ありとあらゆる投資分野にランダムに分散するものだが、そうした分野の半分は、長期的に期待外れの収益率が続き、必要以上に運用実績を下げることになるからだ。

われわれの手法なら、それぞれ異なるパターンで動き、揃って期待以上の収益をあげている分野を選ぶことにより、リスクを下げると同時に高リターンの分野を網羅できる。つまり、二兎を得ることができるわけだ。それでは、その方法を見ていこう。

資産配分の秘訣

一九四六年のコンピュータの発明に始まる情報革命において、投資運用に起きた最大の革新は、科学的かつ計量的なアプローチによって効果的な分散投資を実現する資産配分の実践である。ハリー・マーコウィッツが、この手法の背景となる理論を最初に打ち立てたのは一九五〇年代前半だった（彼はこの功績により、一九九〇年にノーベル経済賞を受賞している）。

ここでも原則は、いたって単純だ。いくつかの異なる分野に投資を分散すれば、長期的にはそれぞれの分野の累積収益率に等しい収益率を達成できる。一方、各分野が時間とともにそれぞれのパターンで上昇下降する限り、短期的な相場変動におけるボラティリティとリスクは大幅に緩和される。したがって、重要なのは、様々な投資分野の過去のデータを分析し、その変動パターンを比較して、短期的、長期的な値動きの相関性が最も低い分野をいくつか見極めることだ。

以上をまとめてみよう。こうした相関性の低い投資分野を四つか五つポートフォリオに入れることで、市場の短期変動におけるポートフォリオの価格変動が押さえられるうえ、自分の投資ニーズやリスク許容性に合った累積収益率や平均収益率を目指すことができる。これは投資リスクを減らす唯一最良の手法である。

だが、多くの投資家は、最も好調で安泰に見える投資分野を買い込み、調整が起きそうになると慌てて手を引くのが最良の手法だと思っている。こうした手法を用いる投資家の大多数は、不安と欲に駆られて損を出すことになる。だが前にも述べたように、そうした不安と欲は、現実的なリスク認識にもとづいてはいない。

強気相場の流れがいつ終わるかを正確に予測するのは、きわめて困難である。たいていの人は、手を引くのが大幅に早すぎたり、遅れたりする。また、底値を言い当てるのも難しく、多くの場合、買い戻すのが早すぎたり遅れたりしてしまう。ほとんどの人が短期的な相場のタイミングを計ろうとして損をし、おまけに課税額まで引き上げてしまう。

われわれは、一〇年代サイクルや四年周期の大統領サイクル（四年サイクル）といった強力な反復サイクルの影響を受ける場合を除き、ほとんど投資したままでいることを勧める。もちろん、一九九〇年代の日本や一九三〇年代および一九七〇年代のアメリカのように、通常、人口特性トレンドが下降しているときには株式から手を引く。

しかしながら、現代的な資産配分手法には重大な欠陥がある。それは効果がないわけではないし、計測しやすく科学的なのだが、投資のリスクやリターンの平均値を出すのに用いられてきた時間枠に問題があるのだ。学者や専門家は、できるだけ長い時間枠、つまり、大型株、小型株、短期および長期の債券など主要分野のデータが十分揃っている一九二六年以降を計算の対象としている。

それは、しごくもっともなように見えるが、七〇年以上という時間枠は、事実上、どの投資家の投資期間とも一致しない。それを考えると、あまり理にかなってはいないのである（平均的な投資期間は五年から一〇年、長くても三〇年といったところだ）。それに、経済には人口特性の盛衰や新技術、ニュー・エコノミーのライフサイクルにもとづく様々な季節があることを考えれば、もはや何の意味もなくなるだろう。

要するに、専門家がしてきたことは、狂乱の一九二〇年代、大恐慌、第二次世界大戦、一九五〇年代と一九六〇年代の戦後景気、そして一九八〇年代と一九九〇年代の驚異的な好景気という、一九二六年以降の現実世界に起きた極端な景気循環を平均することなのだ。

第1章で示したように、一世代おきにニュー・エコノミーが台頭し、成熟する約八〇年周期のサイクル（八〇年サイクル）がある。図7−2は、このサイクルが第1章のS字曲線の発達で示したのと同じ四つの特徴的な段階から成り立っていることを示したものだ。これらは、われわれが経済の「季節」と呼ぶものを生み出している。ニュー・エコノミーのサイクルは、まったく異なる二つの好況期

図7-2　今の経済の4つのシーズン（1968〜2048年）

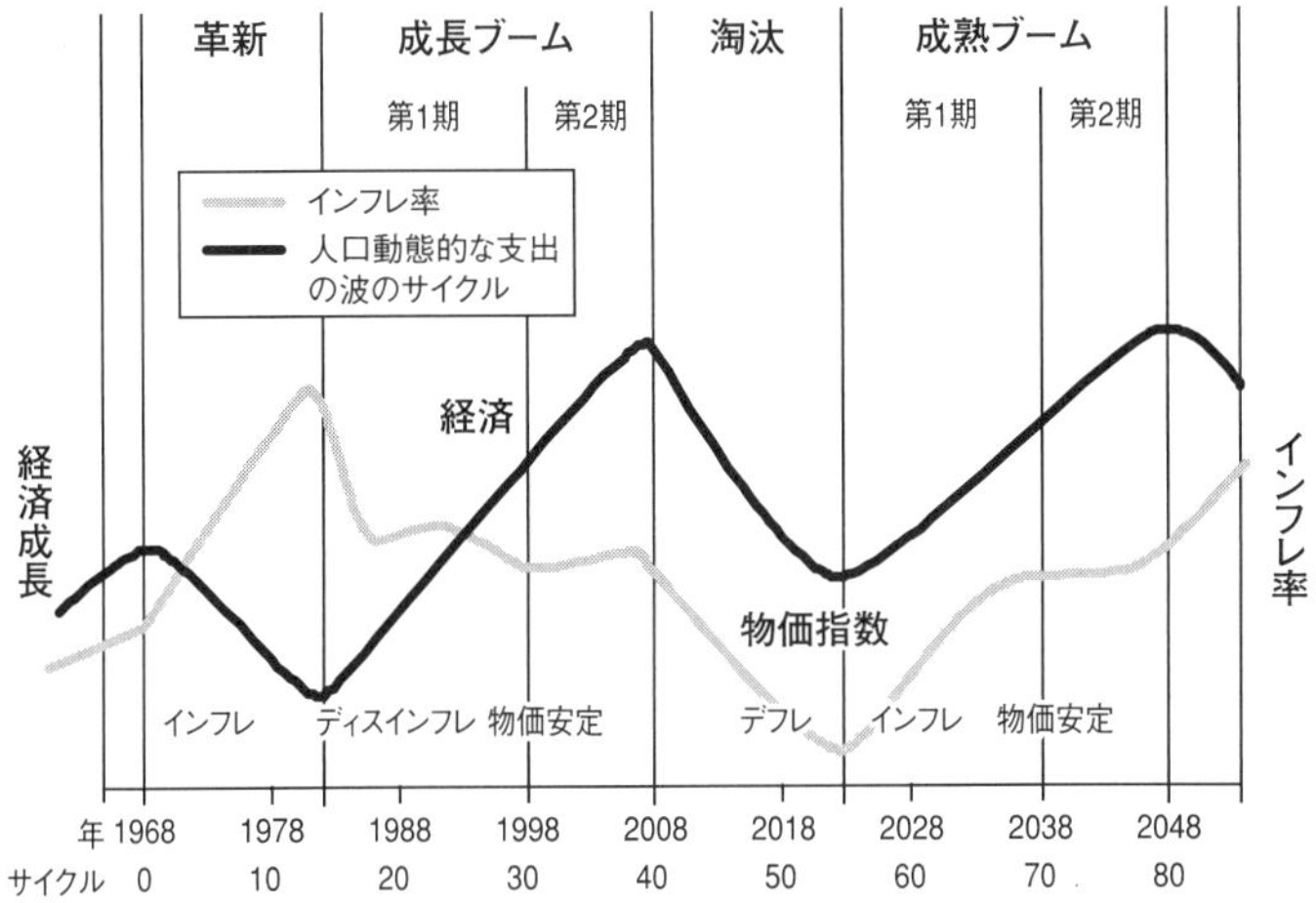

とまったく異なる二つの不況期によって構成され、新製品や新技術と同じく四段階のライフサイクルをたどる。さらに、好況期には二つの下位段階があり、それぞれにインフレ率が上昇、下降、または安定する。こうした四つの「季節」はどれも長期にわたり、その中では基本的な景気トレンドは、おおむね同じ方向に進む。

ここで最も重要なことは、これらの季節のトレンドは、明らかに一部の投資分野に有利に、それ以外には不利に働くということだ。それなら、長期的に下降トレンドにある投資対象に分散してもしかたがない。

前の「季節」は一九六八年後半から一九八二年前半までで、今のサイクルの最初の季節、つまり「革新」段階だったため、インフレ率が上がり景気が後退した。マイクロチップからパソコンまで、次の技術や経済革命を生み出すのに必要不可欠な革新的技術が登場したのは、この時期だった。大型株と長期債券は低迷し、小型株、不動産、多くの外国株が好調だった。小企業は新しい世代のライフサイクルの前半に起きる革新の恩恵を受けるので、小型株が最も好調な分野となった。

「成長ブーム」段階には、新世代が家族サイクルやキャリアサイクルに入り、革新段階に自分たちが開発した新製品を採用する。したがって、経済は持続的に急成長し、株式相場は上昇し、生産性の向上と新規就労者数の減少により、インフレ率は低下する。一九七〇年代とはまったく逆のトレンドとなり、その多くがやはり一部の投資には有利に、その他には不利に働いた。一九八二年に始まり、今も続くこの「成長ブーム」段階では、大型株と長期の債券が最も好調で、外国株、小型株、不動産の各分野は、それぞれある程度の伸び悩みを見せている。

その後に「淘汰」段階が訪れる。前の経済のライフサイクルにおいては、「狂乱の二〇年代」(「成長ブーム」の絶頂期)の後に起きた大恐慌がそれだった。デフレ、大量失業、極端な株価暴落、不動産価格の下落、新産業の成長を伸ばすより緩やかな技術革新が、この時期のトレンドである。この時期には、高格付けの社債が最良の分野となる。二〇一〇〜二〇年の中国、日本、韓国のように人口特性トレンドが伸びている国々は別として、この段階には株式市場や不動産市場の大半が最も大きな打撃を受ける。

その後ようやく、新技術と新産業が「成熟ブーム」段階に入る。次世代の革新によって経済が成長し、デフレを脱して緩やかに上昇していたインフレ・トレンドは、次世代の生産性が高まるにつれて落ち着いてくる。成熟しつつある成長産業の多くが、少数の大企業によって支配される。次の成熟ブームは二〇二三年から二〇四〇年代で、この時期には外国株と大型株、小型株が最良の分野となり、長期債は最も不調な分野となるだろう。

重要なことは、中長期的に有利な分野の見極めには経済の季節の理解が必要不可欠ということだ。資産配分の秘訣は、経済の季節が有利に働く好調な分野を選び、どの分野同士を選べば相関関係が低く、効果的な分散ができるかを見極めることだ。そうすれば、比較的低リスクで、可能な限り高リターンが実現できる。超長期的に見て相関関係の低い分野をランダムに選んではならない。資産配分の古典的アプローチでは、リスクは低いが、リターンもさほど高くない。なぜなら、超長期的なデータからは相関関係が低く見えるからだ。しかし、われわれの調査結果によると、実際の収益率、相関関係、リスクは各季節の中でも大きく変動している。これについては本章で後述する。

専門家は、過去七〇年以上の間こうした極端な季節をすべて平均して、リスクとリターンのバランスが最もよいポートフォリオは、大型株、小型株、外国株、債券の四つの大まかな投資分野に等しく分散されたポートフォリオだという結論に達した。これらの分野の相関関係は確かに低いが、その最大の理由は、長期的な季節における各分野の実績は大きく異なるからだ。だが、短期的な調整においては、そうとは限らない。こうした時期には相場が底入れし、つい売買したくなる。

ここでもまた、われわれはあることに気づいた。それは、多くの季節でこれら四つの分野のうち二つが好調になり、残る二つは好況でも伸び悩み、不況なら下手をすれば大きな損失を出すということだ。この古典的アプローチは、ある程度の分散を実現し、リスク対リターンの比率も比較的低いので、「よい」投資手法とは言える。だが、それが最適な投資手法でないことは明らかだ。なぜなら、この手法を用いた場合、季節ごとに見れば、リスクを抑えるのに必要な以上にリターンを諦めることになるからだ。

専門家はまた、株は長期にわたってひたすら持ち続けるべきだという。長期的に見れば最高のリターンをもたらすのは株であり、長期にわたって投資し続ければ株価は必ず回復するというのだ。彼らによると、投資期間はふつう一〇年もあれば十分で、たいていの人の投資目的はそれで満たされるという。

だが、これにもわれわれは反論する。経済の季節や景気循環のどこにいるかによって、状況は大きく異なるからだ。少し実例を挙げてみよう。これを読めば、長期的に株を持ち続ける気はしなくなるだろう。もしあなたが一九二九年に優良株を購入していたら、一九三二年半ばまでに八九％の損を抱えていたはずだ。株価は一九三七年まで短期的に上昇したが、それでも次の好況期が始まった一九四二年には、まだ約八〇％の損失（インフレ調整後）を抱えていたはずだ。ようやく収支が合うのは、なんと二四年後の一九五三年になってからである。

同様に、もし一九六五年にダウ工業株平均を買っていたら、一四年後の一九八二年後半にはインフレ調整後で七〇％の損失を抱え、ようやく収支が合うのは二八年後の一九九三年だった。あるいは海外では、一九八九年に日本で日経平均を買っていたら、一九九二年までに六七％、一三年後の二〇〇三年前半には八〇％の損を抱えていただろう。

日本の人口特性を見ると、二〇〇三年ないし二〇〇四年頃から二〇二〇年には日経平均が上昇しそうだが、そのトレンドはさほど力強くはなさそうだ。今後数十年の間、一九八九年の最高値が更新されることはないだろう。つまり、たまたま日本で株を買い、長期的に保有した場合、生涯、収益を得られないかもしれないのだ。しかも、恐ろしい現実がある。ほとんどの投資家は感情に左右され、最高値が近づくにつれ買い込むのだ。

なぜ専門家たちは、われわれの時間枠とも、長期的な経済のライフサイクルの現実とも相容れない長期的なアプローチをとるのだろうか。それは、実績ある長期トレンド予測ツールを持たないため、「ランダム・ウォーク（千鳥足）」が世界観となっているからである。短期的な政治トレンドやランダムなトレンドの方が、われわれが予測しやすいことを示している長期トレンドよりも重要だと信じているのだ。

したがって、われわれの研究によると、長期トレンドは短期トレンドの変動に関係なく出現するのだが、彼らは将来何が起こるかさっぱりわからず、短期トレンドの変化が長期トレンドを大幅に変えるかもしれないと考える。そこで、彼らは未来を予測する最良の方法は、長期にわたる過去のデータを平均することだと考える。その結果、今後二〇〇九年まで大した収益もあげられないポートフォリオを組むことになる。

それでは、なぜ彼らはランダム・ウォーク理論によって現実を見ようとするのか。それは、基本トレンドを予測する方法が、経済理論にも経済史にも「コンドラチェフの波」（五五～六〇年の周期）のように信頼性が低く計測しにくい長期サイクル以外になかったからである。だが、それも一九八〇年代までのことだった。一九八〇年代前半には、アメリカ政府が経済活動と支出における人口特性トレンドの追跡を開始し、それをコンピュータで分析できるようになった。こうした人口統計データはこれまで主として消費者マーケティングにおいて、消費財・サービスとその広告のターゲットの絞り込みに活用されてきた。

私の戦略計画とマーケティングの実務経験に由来する研究のおかげで、われわれは人口統計学という新技術を、より長期的な予測に応用できるようになった。「プロローグ」でも述べたが、われわれが言いたいのは、この新たな手法は新情報革命の一部にほかならず、前世紀における航空機や宇宙船のように、ビジネスや投資戦略をそれまで到達できなかった新たな有効性の高みへと押し上げているということだ。実は、あらゆる新技術や新理論のS字曲線がそうであるように、多くの人々がこうした新研究や新手法の潜在可能性を認識するのには何十年もかかる。だからこそ、今すぐ使えば武器になるのだ。

われわれが読者にわかってもらいたいことは、ただひとつ、史上最大の好況が終わってしまう前に、この非常に科学的で定量化しやすい新手法を利用しなさい、ということである。われわれが最初にこの手法を見出した一九八〇年代後半以降、すでに多くのビジネスマンや、ファイナンシャル・アドバイザー、投資家が利用し、大きな利益をあげている。

ここで、様々な投資分野の長期的な運用成績を新たな目で考察し、季節によってリスクとリターンがどれほど異なるかを見ていこう。と同時に、過去七〇年以上のリスクとリターンの平均値をもとに今後の予測を立てることが、なぜ無意味かを見てみよう。リスクとリターンは、経済の今の季節や過去の同じ季節における実績と比較すべきである。今日の投資実績を一九七〇年代のインフレと景気後退の最中のそれと比べても仕方がないし、一九五〇年代や一九六〇年代の好況でさえ比較対象にはふさわしくない。まして一九三〇年代の大恐慌と比べても意味はない。

定量化と予測のしやすい基本的な人口特性サイクルと、新技術およびニュー・エコノミーのライフサイクルを明確に理解すること――それは、二〇〇九年ないし二〇一〇年前半まで続く史上最大の好況の最終段階に最大の利益をあげ、二〇一〇年から二〇二二年頃まで続く未曾有の不況で資産を温存するうえで最大の武器となる。われわれの助言は、専門家の助言とは正反対だし、二〇〇九年後半にも彼らとは正反対の助言をしているだろう。これこそが、長期的なタイミングを計り、逆張り思考を

表7-1　規模別に見た株式のリスクとリターン

規模	年平均収益率	リスク（年率）	リスク調整後の運用実績指数
上位10%（最大）	9.84%	18.9%	.52
10〜20%	11.05%	22.4%	.49
20〜30%	11.49%	24.2%	.47
30〜40%	11.63%	26.7%	.44
40〜50%	12.16%	27.5%	.44
50〜60%	11.82%	28.5%	.41
60〜70%	11.88%	31.0%	.38
70〜80%	12.15%	34.8%	.35
80〜90%	12.25%	27.3%	.45
90〜100%（最小）	13.83%	46.5%	.30

出典：ジェレミー・J・シーゲル『シーゲル博士の株式長期投資のすすめ』（笠原高治訳、日本短波放送）

実践するための究極の戦略である。

長期的な投資トレンドの見直し

ここでもまず、最も重要な株式投資のトレンドから見ていこう。最初に、現在の最良の長期分析をとり上げ、われわれの経済モデルから新たにわかることを詳細に見ていく。長期データの分析結果からは、株式が債券などの主要投資分野を大きく上回る収益率を示していること、また小型株が大型株を大きく上回る収益率を示していることがわかる。株式は債券よりリスクが高く、小型株は大型株よりもリスクが高いことを考えれば、それも納得できるだろう。

本章ですでに紹介した「人間の七つの投資実態」の六番目の項目を覚えているだろうか。そう、「高リスクなしに高リターンは得られない」である。表7−1は、ジェレミー・シーゲルの刺激的な著書『シーゲル博士の株式長期投資のすすめ』から引用した一九二六〜九六年の大型株と小型株の比較を示したものだ。

最初に特筆すべき点は、下位一〇％の最小規模小型株の年平均収益率は一三・八三％で、上位一〇％の最大規模大型株の九・八四％より四〇・五％も高かったということだ。それなら、小型株をひたすら長期的に持ち続けていればよいのではないか？　だが、リスク（年率）の差に目を向けると実態が浮き彫りになる。このリスクとは、投資家がどの程度の上下変動に耐えなければならないかを測ったものである。

最小規模の小型株のリスクは四六・五％で、最大規模の大型株のリスク一八・九％と比べると、ほぼ二・五倍になる。収益率を四〇％高めるために、リスクを一五〇％高めるのが得策でないことは天才でなくてもわかるはずだ。そんなことをしたら、増えた分の利益を全部、胃薬代につぎ込んだ挙句、底値近くで売ることになり、結局、利益の大半を失ってしまうだろう。

われわれは全体像をもっとはっきりさせるために、この表の右端に項目をひとつ追加した。年平均収益率をリスク（年率）で割った単純なリスク調整後の運用実績の指数である。この表の本当に重要な事実は、リスク対リターンの比率が最もよいのはこの指数が〇・五二の上位一〇％の大型株だということである。企業規模が小さくなるにつれ、指数も低下している。だが、ひとつだけ例外がある。下位一〇％のすぐ上の小型株では、指数が〇・四五に跳ね上がるのである。それは、こうした株のリスク（年率）が、もっと小さな企業やこれより上の大企業と比べてはるかに低いからだ。

ここからわかるのは、新市場で熾烈な成長競争を生き延びた小規模な成長企業が、成熟しつつあるニッチ市場において、より支配的で、長期的に維持できる競争上の地位を確立しているということだ。この経緯を考えると、小型株の高リターンを追求するのであれば、小型株の中でもできるだけ大きな企業に投資した方がいい。

小企業とは通常、ニューヨーク証券取引所上場銘柄の下位二〇％（つまり表7－1の「～九〇％」と「～一〇〇％」）と定義される。長期投資においては、上位の「～九〇％」、つまり小型株の中でも比較的大きな一〇％の方が明らかに魅力的である。ただし注意しなければならないのは、リスク対リターンの比率は、依然として上位三〇％の最大規模の大型株の方がよく、上位一〇％ではさらによいということだ。

シーゲルが小型株について強調している重要な点がもうひとつある。小型株の収益率が大型株を上回ったのは、おおむね一九七五～八三年の八年間だったということである。これについては、すぐ後で詳しく述べる。だが、この八年間を除けば、実は過去七一年間、小型株の収益率は大型株を下回り、しかもリスクは小型株のほうがはるかに高かった。大多数の投資家にとっては、ほぼどのような時期にも、大型株の方が長期投資の対象としてはるかに優れている。それは鉄則に等しい事実なのである。

成長株と割安株の違い

投資家にとって重要な選択肢がもうひとつある。大型株もしくは小型株の中でも、割安株と成長株のどちらに重点を置くべきか、またそのタイミングはいつかということだ。長期的に見ると、成長株と割安株のサイクルは異なり、好不調の時期も異なる。また、中長期的な季節もある。長期的には割安株が有利だが、それは、投資家も人間だから、好不況のサイクルに過剰反応する性癖があるからである。

二〇世紀を通じて、グラハムやドッド、テンプルトン、バフェットといった名だたる長期投資家の多くが、好んで割安株に投資した。それほど実績のある戦略ならぜひ模倣をしたくなるが、残念ながら現実にはそんな度胸のある人はそういない。有名な格言に「町で血が流れたら買え」というのがあるが、それほど先行きが暗いのに、株や不動産を買おうという投資家はまずいない。前にも述べたように、われわれ人間は、高値で買い安値で売るようにプログラミングされているからだ。

ここでもまた、人口特性サイクルが非常に役に立つ。人口特性サイクルを推進力とする経済の様々な季節の影響で、小型株と大型株、そして成長株と割安株のリターンとリスクに大きな差が生まれる。だが最も重要なことは、基本となる成長トレンドがまだかなり有利だとわかっていれば、たとえ「町で血が流れ」ても、かなり安心して買えるということである。ただし、一九三〇〜四二年と一九六九〜八二年のような状況では割安株の方が明らかに好調である。それは、たとえ基本的な成長トレンドが有利でなくても、次の若い世代の革新が起これば、小型株がおおむね好調になるのと同じだ。

一方、一九〇二〜二九年、一九四三〜六八年、そして一九八三〜二〇〇九年のような長期的な好況期には、大型株と成長株の方が好調になることが多い。例えば、一九八三〜九九年の成長株の年平均収益率が一九・五四%だったのに対し、割安株は一七・三四%だった。また同じ時期、大型株の年平均収益率が一三・九三%だったのに対し、小型株は九・九七%だった。この戦略を用いれば、少なくともポートフォリオを正しい方向に傾けることはできる。

今回のような好況時でさえ、非常に明確なサイクルがある。「一〇年代ごとの二日酔いサイクル」と「一〇年代サイクル」については第3章で述べた。それらがここでどのような意味を持つかというと、一〇年代の最初の数年は、株価が下がる傾向にあるが、割安株は比較的好調だということだ。

一九八〇年代には、割安株が有利になる景気下降局面や調整局面が立て続けにあったため、おおむね割安株の方が成長株よりも好調だった。これは長期的な好況の最初の数年によく見られることで、一九四〇年代もそうだった。前の長期的な下降局面で大きな打撃を受けた株に、投資家たちは最初、なかなか手を出そうとしないのだ。だが、一九八〇年代後半になると成長株が本領を発揮し始め、一

図7-3　成長株と割安株（1990～99年）

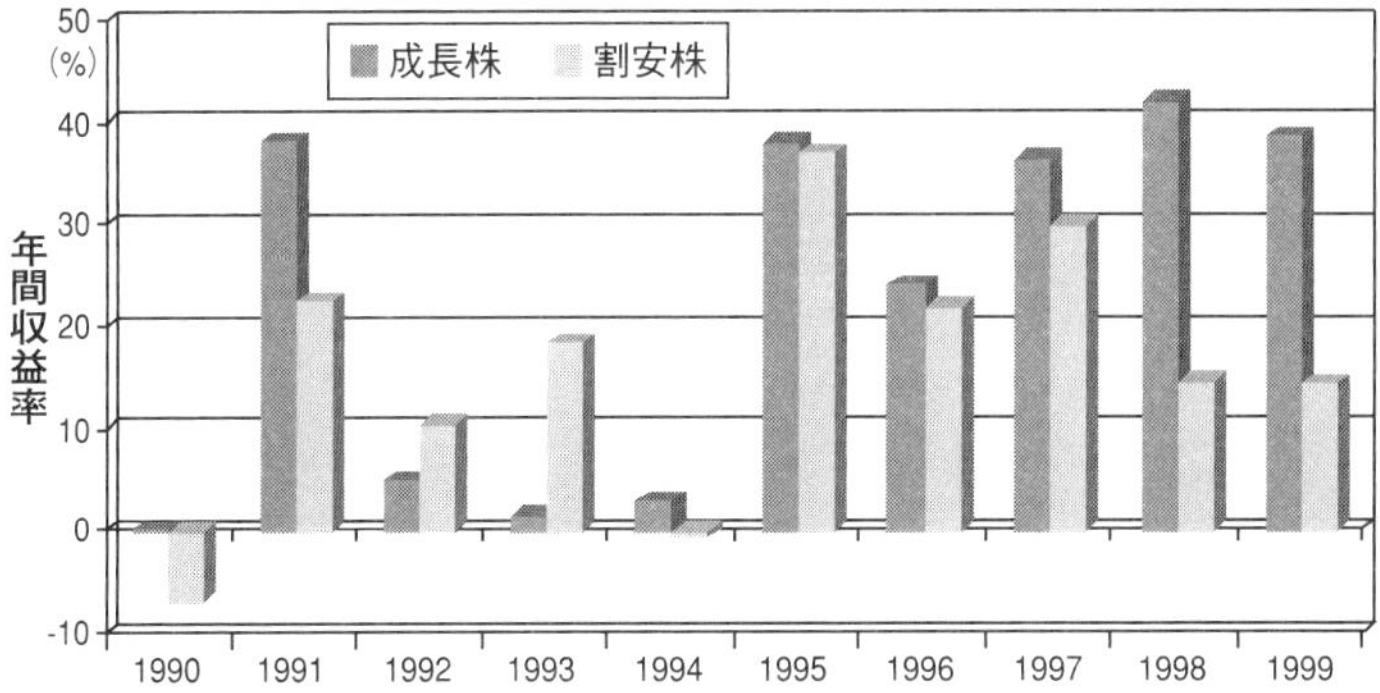

九九〇年代前半の「一〇年代ごとの二日酔いサイクル」が始まるまでは成長株の好調が続いた。

同様に、一九九〇年代前半の「一〇年代ごとの二日酔いサイクル」の後、一九九二年と一九九三年は、割安株の収益率が成長株を上回った。だが、図7―3に示すように、同じ一九九〇年代でも他の年、つまり一〇年のうち八年は、成長株の収益率の方が高かった。一九九〇年代の成長株の年平均収益率は二一・五六％、割安株は一五・五三％であった。つまり、リスク水準は二九・九％高いだけなのに、収益率は三八・八％も高かったのである。

このように、リスク調整後でも成長株の収益率の方が高い。一九九〇年代のS字曲線の加速は、大型株に有利に働くと同時に、成長株にも有利に働いた。特に、携帯電話などの消費者向け技術のS字曲線が始まった一九九四年以降は、成長株がよりいっそう有利になった。

二〇〇〇～〇二年は再び割安株の収益率の方が高かったが、二〇〇三年は成長株も割安株も収益率はほぼ同じだった。だが、二〇〇四年半ばないし後半から二〇〇九年ないし二〇一〇年前半は、一九九四～九九年と同じように、成長株が再び大きくリードするとわれわれは見ている。

われわれのモデルでは、今後二〇〇九年までは、小型株よりも大型株の方がやや好感される。したがって、今後最良の分野は、一九九四〜九九年と同様、大型の成長株だろう。S字曲線の普及サイクルが一〇%から九〇%に進むにつれ、大型の成長株が優勢になる場合が多い。ただし、一九一九年後半から一九二二年前半や二〇〇〇年前半から二〇〇二年後半のように、S字曲線で普及率が五〇%前後に近づいた頃に起こる三年間の淘汰期は別である。

大型株と小型株における成長株と割安株の対比

成長株か割安株かという問題がぐっと興味深さを増すのは、大型株と小型株の長期的な違いに目を向けたときである。成長株と割安株の差は小型株の方がはるかに大きい。長期的に見ると、明らかに割安株の方が有利で、成長株は実のところかなり魅力に乏しい。われわれはこうした小型の成長株を「ゴールドラッシュ株」と呼んでいる。大型株では、長期的には割安株の方がまずまず有利だが、好況期には成長株の方がやや好調となる。大型株では長期的に見て、成長株と割安株のリスク調整後の結果にそれほど差がない。

表7−2で注意すべき点は、小型株では、最も割安な株の過去七三年間の年平均収益率が一六・二八%で、最も成長率の高い株の〇・五九%を大きく上回っていることだ。これは実に驚くべき格差である。しかも、小型成長株のリスク水準は四〇・三七で、割安株の三三・三五を二一%も上回っている。本章ですでに述べたように、同じ小型株でも規模が上位半数の企業の方が比較的好調だが、同じように、同じ小型株の中でも割安株の方が明らかに好調なのだ。

表7-2　大型、小型の別に見た成長株と割安株の比較のまとめ（1926～2000年）

	年平均収益率	標準偏差	リスク調整後の運用実績指数
小型成長株	0.59%	40.37%	.01
小型割安株	16.28%	33.35%	.49
大型成長株	10.39%	20.66%	.50
大型割安株	13.76%	26.81%	.51

その最も簡単な理由はこうだ。新市場が出現すると、成功を目指す数多くの「オタマジャクシ」の間で激しい成長競争が繰り広げられるが、最近のドットコム株暴落のときがそうだったように、こうした新興企業のほとんどは結局、革新段階やその後の小企業淘汰段階で姿を消してしまう。大企業の淘汰が、普及率が一〇％から九〇％に伸びる成長段階の中ほどで起きるように、こうした小企業の淘汰は、新たなＳ字曲線で普及率が〇・一％から一〇％に伸びる革新段階の中ほどで起きる。

　こうした企業が軌道に乗り始めると、最初はきわめて高い成長を示し、結果的にＰＥＲも非常に高くなる。だが生き残る企業は稀で、二〇〇二年にｅコマース・バブルがはじけた直後のように、小型成長株市場は血なまぐさい戦場と化す。一方、小型株の熾烈な競争と激変の結果、痛手を受けながらも生き延びたり、黒字転換して大きな利益をあげる銘柄を買うチャンスも生まれる。小型割安株への投資が、大きな利益をもたらす理由はここにある。

　大型株に目を向けると、長期的には割安株の方が好調で、一九二六～二〇〇〇年の年平均収益率は、割安株が一三・七六％、成長株が一〇・三九％だった。ただし、成長株のリスクの標準偏差は二〇・六六で、割安株の二六・八一と比べて三三％も低い。その理由もまた単純だ。景気後退期には割安株の方が好調だが、そうした時期は比較的短いからである。

　一方、こうした景気後退期にはボラティリティが大幅に高まる。中でも、一見、問題を数多く抱えながら、その後黒字転換する銘柄はかなりの変動を見せることになる。リスクの低い持続的な拡大期には成長株の方が好調になる。リスク調整後の運用実績の指数は、大型成長株が〇・五〇二、大型割安株が〇・五一三でほとんど変わらず、大型割安株の方がごくわずか高いだけだ。

以上をまとめると、長期的には大型の成長株と割安株のリスク調整後の結果は、ほぼ同じである。とはいえ、実際には、一九三〇～四二年および一九六九～八三年のような長期的な景気後退期と、多くの一〇年代あるいは長期的な成長ブームの最初の数年間には、大型割安株の方が好調になる。支出の波が下降しているときには、大型割安株に投資する方が得策である。

だが、われわれの戦略では、むしろ景気後退期には大型株にはまったく投資しないことを選ぶ。というのも、大型株は経済成長に追随するので、好況期の結果は申し分ないが、不況期の結果は最悪だからだ。われわれがこうした景気後退期に選ぶのは、たいてい債券、小型割安株、または人口特性が有利に働く外国株や、ヘルスケアのように人生後期に支出が増える業種である。

大型の成長株と割安株の収益率の差が、これほど小さいのはなぜか。超大企業の多くはすでに首位争いに勝っているので、いきなり破綻する可能性はさほど高くない。経営陣の慢心や市場の変化により、短期的に嫌気されて株価が下がることはあるが、そうした過小評価の後、株価が好転してくると、よい買い物となり得る。この結果、割安株の方がやや好調になる。大企業の息の根を止めるのは難しいのだ。

ただし、こうした企業もまず定評を得て、その後、支配力を維持するためには、成長し続ける必要がある。一九一四年後半から一九二八年あるいは一九九四年後半から二〇〇八年ないし二〇〇九年のような技術の急拡大期に、大型成長株の方が好調になるのはこのためだ。

このように、長期的に見た場合、大型株では割安株投資の方がごくわずかに有利なだけだが、小型株では割安株投資の方がとてつもなく有利になるという矛盾がある。だが、新興マス市場の支配をめぐって大企業の首位争いが過熱する長期的な好況期、特にその後半においては、成長株が明らかに好調になることが多い。

ただし、好調な成長株の多くは大型株に集中し、小型成長株が本当に力を発揮するのはごく短期間である。長期的に見て、最も収益率が低いのは小型成長株で、リターンはかなり低く、リスクはかなり高い。小型成長株はギャンブラーか愚か者の株である。

だが、革新的技術の台頭期やS字曲線の初期段階には、小型成長株が非常に好調になることもある。例えば、一九五八〜六八年（ベビーブーム世代の最初の革新の波）と一九七五〜八〇年（ベビーブーム世代の革新のピーク）がそうだった。われわれは、二〇〇三〜〇八年には小型成長株が好調になるが、リスク調整後の結果は大型成長株ほどよくないと見ている。

表7−3に示すように、大型成長株、大型割安株、小型成長株、小型割安株の各サイクルを深く掘り下げて見ると、さらにいろいろなことが読みとれる。この表にはケネス・R・フレンチ（ダートマス大学タック経営大学院のファイナンス学教授）とユージーン・F・ファマ（シカゴ大学ファイナンス学教授）の革新的な研究成果を用いた。この研究では、大型、小型の成長株と割安株の年平均収益率を他の誰よりも過去に遡って推定している。このデータは、イボットソン・アソシエイツ社の調査結果と比べて正確さと信頼性に劣るが、入手できる最良のデータなので、最近はイボットソンもこのデータを用いている。

表7-3 小型成長株、小型割安株、大型成長株、大型割安株の別に見た時価総額加重による年平均収益率(1927～2000年)

	小型成長株	小型割安株	大型成長株	大型割安株
1927	53.39	39.16	46.52	29.53
1928	10.39	79.54	48.4	56.41
1929	-51.41	-45.38	-22.13	7.41
1930	-51.78	-49.81	-26.38	—
1931	-79.18	-50.4	-35.48	—
1932	-3.98	17.52	-9.98	120.85
1933	5.57	138.25	42.78	43.63
1934	24.46	19.2	12.77	-20.96
1935	53.65	80.01	43.56	90.84
1936	27.83	67.19	27.05	36.74
1937	-65.31	-53.79	-33.64	-41.31
1938	25.39	0.94	34.13	28.66
1939	-13.16	-3.3	4.61	-18.75
1940	-26.88	-10.6	-10	-10.46
1941	-52.61	-5.02	-11.55	-5.1
1942	14.64	36.58	15.48	47.54
1943	14.5	120.57	18.41	41.14
1944	71.79	64.07	16.72	59.73
1945	80.49	91.21	30.17	40.45
1946	-11.68	-12.92	-8.12	-11.43
1947	-7.28	8.53	5.68	8.24
1948	-8.76	-0.3	4.33	6.15
1949	14.48	22.89	25.98	14.65
1950	22.3	54.91	24.64	48.7
1951	14.53	7.23	20.43	16.81
1952	-14.95	5.51	12.72	24.56
1953	-15.15	-5.55	3.84	13.04
1954	29.83	70.41	48.36	72.64
1955	10.17	27.5	30.09	23.82
1956	-5.65	8.54	5.07	-3.64
1957	-14.31	-14.77	-8.87	-22.64
1958	78.76	70.41	40.33	76.95
1959	7.96	20.46	16.48	7.4
1960	-24.51	-6.43	-2.89	-7.8
1961	31.58	26.65	23.2	20.38
1962	-8.64	-9.85	-14.33	2.02
1963	32.07	31.36	23.66	34.03
1964	14.88	26.91	17.61	17.34
1965	31.23	47.7	16.4	15.26
1966	-4.56	-5.91	-11.58	-12.84
1967	134.89	88.03	30.76	25.95
1968	39.06	59.16	2.37	25.08
1969	-33.64	-32.6	7.98	-18.11
1970	-32.74	-0.22	-8.32	9.21
1971	21.71	15.07	23.19	20.62

(次ページに続く)

	小型成長株	小型割安株	大型成長株	大型割安株
1972	-6.26	10.65	24.61	10.12
1973	-52.35	-31.15	-18.84	2.19
1974	-31.68	-17.82	-30.6	-32.54
1975	63.74	61.37	30.61	38.63
1976	44.29	56.61	12.47	44.11
1977	23.2	30.93	-11.49	-2.39
1978	25.19	26.12	7	-1.48
1979	54.67	38.29	7.99	17.16
1980	64.4	25.6	32.49	16.47
1981	-25.96	14.81	-6.89	16.58
1982	17.73	39.23	22.33	20.58
1983	12.59	57.29	16.94	23.39
1984	-24.96	5.56	0.56	26.08
1985	19.03	23.4	31.89	32.53
1986	-3.53	7.48	14.55	26.96
1987	-25.44	-2.59	9.02	-0.51
1988	9.92	25.28	11.11	27.29
1989	7.69	10.91	37.5	28.25
1990	-28.46	-30.1	6.9	-14.02
1991	60.87	42.77	48.78	19.41
1992	-5.5	38.8	2.52	35.96
1993	0.04	39.68	-4.76	31.04
1994	-22.01	2.14	4.35	0.81
1995	32.82	35.32	37.53	44.17
1996	-0.31	24.97	23.44	15.74
1997	2	38.5	33.85	28.2
1998	-9.1	-4.27	47.85	15.59
1999	67.08	24.15	25.08	-12.71
2000	-36.2	3.41	-14.25	21.98

出所：ケネス・R・フレンチ、ユージーン・F・ファマ、mba.tuck.dartmouth.edu/pages/faculty/ken.french

長くて細かい表なので要点だけを述べよう。一九二七〜二九年は、大型成長株が最も高い収益率を示した。一九三〇〜三二年の暴落期には、大型割安株が最も好調だった。一九三三〜四六年は小型割安株が最も好調だったが、一九三八〜四〇年は例外的に大型成長株が最も好調だった。一九四七〜五七年は大型成長株と大型割安株がともに好調だったが、徐々に大型割安株の方が有利になっていった。

一九五八〜六八年は小型割安株と小型成長株が最も好調だったが、ベビーブーム世代の革新段階が始まったことで、やはり割安株の方が有利になっていった。一九六九～七二年は大型成長株が最強だった。一九七三～七四年の暴落期には、大暴落期の例に漏れず、大型割安株が最も高い収益率を維持し、小型成長株は最悪だった。

ところが、一九七五～八〇年になると、小型成長株が異例の実績を示す。その後、ベビーブーム世代の革新の波がピークに達しつつあった一九八一～八三年は、小型割安株が優勢だった。新しいブームに入った後、一九八四～八八年には大型割安株が初めて最高の収益率を示し、一九八九～九〇年は再び大型成長株が好調になった。

その後、一九九一～九三年は、再び小型割安株が優勢だったが、続く一九九四～九九年は、大型成長株にとって史上最大の好調期のひとつとなった。これは、一九一四～二八年以来、初めて新技術のS字曲線が最も急速に進展し、新技術が主流化する時期の始まりだった。そのサイクルの中ほどで起きた二〇〇〇～〇二年の淘汰は、小型割安株に有利に働いた。この時期に、エコーブーム世代の新たな革新サイクルが始まり、かなり高まっていた大型成長株の評価が厳しく試されることになった。今後二〇〇三年から二〇〇八年ないし二〇〇九年については、われわれのモデルでは大型成長株と、やや程度は落ちるが小型成長株も好感される。

表7－4は、一九七四年の暴落から現在まで（この期間にはわれわれの投資体験のほぼすべてが凝縮されている）のリターンとリスクの比較を示したものだ。これを見ると、最も高い実績を示す最良の資産クラスに投資するメリットがわかる。

特筆すべきは、その時々に最も高い実績を示している分野は、年平均収益率が非常に高いだけでなく、リスクも比較的（場合によってはきわめて）低いということである。これは、高リターンには高

表7-4　最良の資産クラス（1975〜2001年）――1974年の株価暴落以降、最良の分野に投資し続けた場合の優位性

	年平均収益率	標準偏差	リスク調整後の運用実績指数
1975〜80年小型成長株	43.12%	11.45%	3.77
1981〜86年小型割安株	31.81%	13.41%	2.37
1987〜90年大型成長株	13.11%	16.00%	0.82
1991〜93年小型割安株	27.94%	11.21%	2.49
1994〜99年大型成長株	29.40%	7.90%	3.72
2000〜01年小型割安株	8.34%	7.62%	1.09
最良分野を選んだポートフォリオ	25.61%	17.66%	1.45
S&P500種	14.64%	13.59%	1.08

リスクがつきものという基本原則に反している。この基本原則は長期的には正しいが、ある投資分野が絶好調のときには、最高のリターンを最低のリスクで得ることができるのである。ただし、こうした期間は通常、三〜六年しか続かない。

表7―4の中でも最も際立った例を見てみよう。小型成長株が絶好調だった一九七五〜八〇年にかけて、収益率は年四三・一二%の驚異的な高さを示し、リスク水準は一一・四五と非常に低かった。小型成長株の好調は一九八三年まで続き、小型割安株との差はわずかだった。

なぜこれほど驚異的な結果が実現したのか。小型株は、人口の多いベビーブーム世代の出生数を二二年後にずらした革新段階のピークを迎えていた。さらに、長期的な人口特性低下の初期に起きたパニック的暴落から、人々はようやく立ち直ろうとしていた。この暴落では小型株が打撃を受けており、われわれの原則から言って、それは小型株の最大の買い時だった。

極端に高いリターンときわめて低いリスクの組み合わせが実現したバラ色の時期がもうひとつある。一九九四〜九九年だ。この時期、大型成長株は七・九〇というきわめて低いリスクで二九・四〇%もの収益率をもたらした。リスク調整後の運用実

表7-5 資産クラス別の運用実績（1994〜99年）

	年平均収益率	標準偏差	リスク調整後の運用実績指数
大型株	23.46%	7.79%	3.01
大型割安株	16.33%	10.36%	1.58
大型成長株	29.40%	7.90%	3.72
小型株	15.61%	16.36%	0.95
小型割安株	9.98%	14.33%	0.70
小型成長株	16.16%	17.48%	0.92

績の指数は三・七二とおよそ最高で、一九七五〜八〇年の小型成長株の結果指数三・七七に迫る勢いだった。

なぜこんなことが起こったのか。このときも今も、大型成長株に最も有利な成長ブームの季節だし、一九九四年以降は新技術のS字曲線が加速し、大型成長株に特に有利な首位争いを生み出している。表7―5を見ると、一九九四〜九九年のこの急成長期には、株式市場の各投資分野が、それぞれまったく異なる結果を示していることがわかる。

大型株の収益率は小型株を五〇％上回ったが、リスク水準は半分以下だった。だが、本当に好調だったのは、明らかに大型の成長株だった。大型割安株の収益率は小型株よりやや高いだけだったが、リスク水準ははるかに低かった。

特筆すべきは、小型成長株の収益率が小型割安株より六二％も高かったことだ。収益率が最も高かった大型成長株と最も低かった小型割安株を比べると、大型成長株がほぼ三倍で、リスクは四五％低かった。大型成長株のリスク調整後の指数は、小型割安株の五・三倍だった。これは実に驚異的な差である。ただしここでは、指標からおおむね予測できる経済の季節や各季節内の時期によって、リターンとリスクがどれほど違ってくるかを示そうとしているに過ぎない。

われわれは、二〇〇〇〜〇二年の淘汰の後も、二〇〇五〜〇九年までと同じく大型成長株の支配期が続くと見ている。というのも、大型株に有利な「成長ブーム」段階が依然として続き、S字曲線が五〇％から九〇％へと加速し続けることが、成長株に有利に働くからだ。さらに重要なことは、多くの新技術と成長産業で今後二〇〇九年までに首位が確定することである。われわれは第8章で、読者の事業に持続的な成長優位をもたらす企業戦略について検討する。

二〇〇二年後半から二〇〇九年後半ないし二〇一〇年前半は、ハイテク、金融サービス、バイオテクノロジー、ヘルスケア、日本以外のアジアといった大型成長株に投資を集中させ、その中で分散することを強く勧める。これらは、一九九四～九九年に高い結果を示した後、二〇〇〇～〇二年の暴落と淘汰で大打撃を受けた分野だが、そのおかげで今また魅力が増しているのだ。

今後数年間に好調な株式分野の二番手は小型成長株で、その次が大型割安株、次いで小型割安株となりそうだ。とはいえ、大型成長株にできるだけ、あるいは完全に投資を集中させた方がよいだろう。本章で後述するように、大型成長株の中の多様な分野に投資を分散するのがきわめて効果的である。ただし、小型株、外国株、あるいは不動産と債券をある程度組み入れたり、リスク低減と金利収入のために債券を買うことは考えられる。

だが、われわれのサイクルや指標からは、最高のリターンを最低のリスクで得られるのは、投資家がここ数年コレラ菌か何かのように避けている大型成長株であることがはっきりとわかる。

このようにかなり複雑な説明をしたのは読者を混乱させるためではなく、これら四つの選択肢には、二、三年から数年の期間ごとに、結果がよくなったり悪くなったりする明確なパターンがあることを示したかったからだ。

各選択肢に投資を集中させるべき時期は、われわれの他のモデルからも知ることができる。すでに述べたように、一〇年代サイクルからは、各一〇年代の最初の数年は、そのときにどの世代サイクルが優勢かによって、大型割安株もしくは小型株のいずれか一方が有利になることがわかる。第3章で紹介した単純なモデルに従うなら、こうした時期には債券か短期金融商品に投資することになるが、あくまで株式投資を続けたければ、大型もしくは小型の割安株に切り換える手もある。

とはいえ、投資家の中には「二、三年のサイクルに合わせてポートフォリオを変更するのは大変だし、投資先を頻繁に変えると一定の取引手数料がかかるうえ、税金もばかにならない」という人もいるだろう。そこでわれわれは、もうひとつの単純なモデルを第二の選択肢として提案する。それは、トレンドのなかでも重要性の高い長期的変化に着目するだけで、S&P五〇〇を大幅に上回る収益率を、より低いリスクで得られるモデルである。

経済の四季における長期の投資トレンド

八〇年サイクルで繰り返す経済の四季を、図7―4でもう一度見てみよう。専門家がポートフォリオの設計に用いる主な資産クラスや大まかな投資カテゴリーは、これらの季節のうちどれかひとつで優勢になることが多い。「革新」段階には小型株が最も好調で、もしこの季節の間じゅう一分野に投資するのなら、小型株の中でも割安株に投資した方がよい。通常、次に好調なのは外国株で、大型株と債券は不調だ。「成長ブーム」段階には大型株が優勢になり、どれかひとつを選ぶなら大型成長株がベストだろう。ディスインフレのため、特に前半は債券も好調になる。小型株と外国株は出遅れるが、景気が順調なため、まずまずの好調さを示す。

「淘汰」段階は債券が最も好調で、長期社債が唯一最良のカテゴリーとなる。通常、次に好調なのは、

図7-4　経済サイクルと投資戦略（1968～2048年）

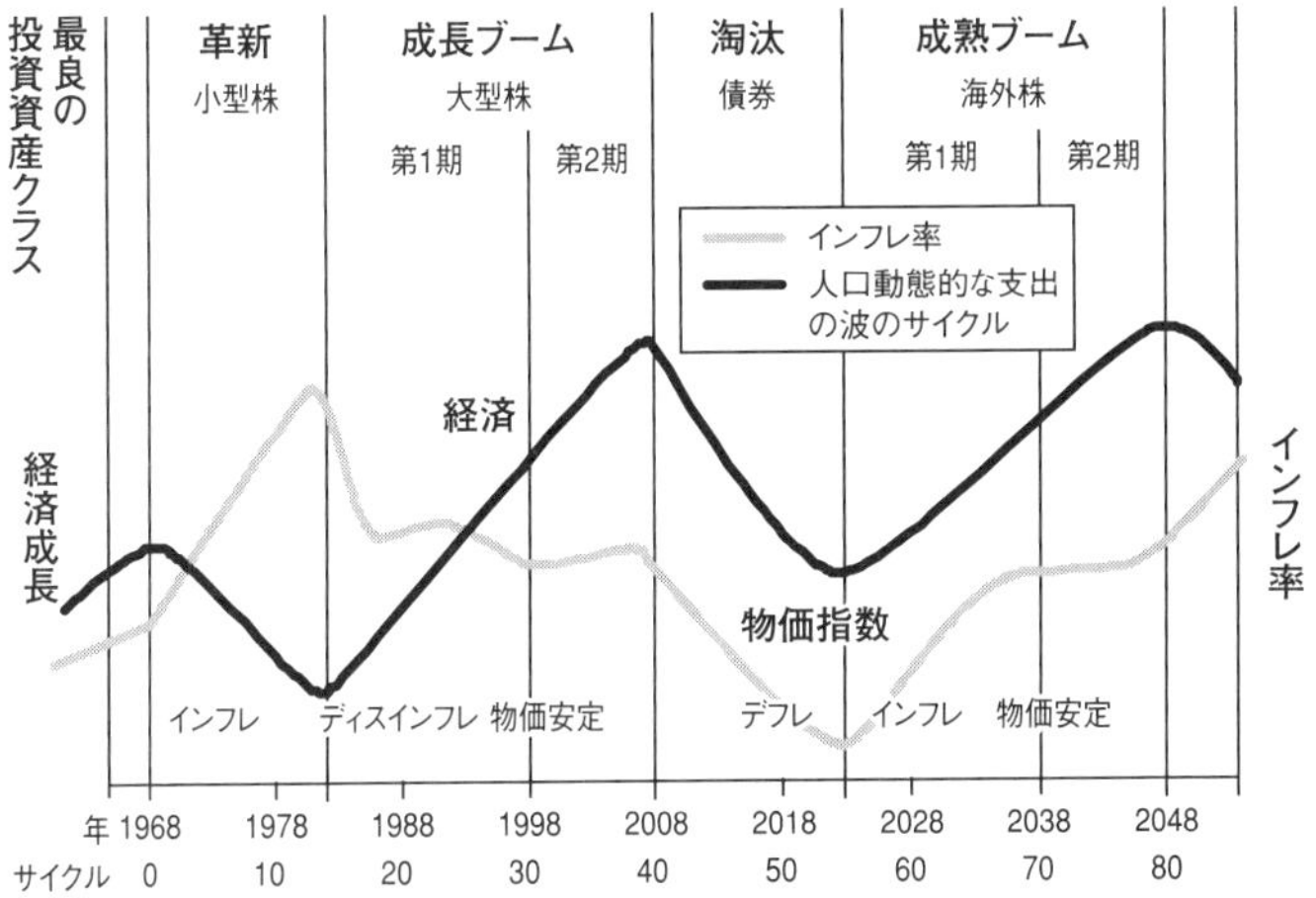

小型割安株と人口特性の好調な地域を厳選した外国株だ。ただし、この段階では何に投資しても、さほど収益率は上がらない。ほどほどの利益をあげながら資本を保全することが最大の目標となり、高格付けの債券がそれを達成する最も簡単な方法となる。今のサイクルの「成熟ブーム」段階、つまり二〇二〇年代前半から二〇四〇年代前半には、アメリカの人口特性トレンドが勢いを失い、産業革命と情報革命はアメリカよりはるかに大きな市場を持つ新興工業諸国へと広がっていくので、外国株と多国籍企業が最も好調になるだろう。

どの季節も、ある投資クラスが最も好調になり、別の投資クラスがまずまずの好調さを見せる一方で、他の二つは伸び悩み、深刻な不振に陥ることもある。したがって、われわれの単純な指標から長期的に不振が予測される分野に投資を分散しても、意味がない。

表7―6は、これら四つの大まかな投資クラスのそれぞれが各季節に示した結果をまとめたものだ。

表7-6 各季節における資産クラスごとの結果（1926～99年）

	大型株	小型株	長期債券	外国株
1926～1929	108.40%	-13.20%	31.99%	—
1930～1941	-11.10%	11.56%	127.28%	—
1942～1957	482.01%	893.03%	-25.71%	—
1958～1968	195.08%	724.93%	-4.03%	—
1969～1982	-3.00%	67.10%	-17.84%	-3.03%
1983～1999	817.86%	403.05%	210.73%	643.75%

	大型株		小型株		長期債券		外国株	
	年平均収益率	標準偏差	年平均収益率	標準偏差	年平均収益率	標準偏差	年平均収益率	標準偏差
1926～1929	20.15%	19.89	-3.48%	24.82	7.18%	2.93		
1930～1941	-0.98%	35.51	0.92%	57.76	7.08%	5.32		
1942～1957	11.64%	13.76	15.43%	19.92	-1.84%	4.61		
1958～1968	10.34%	11.59	21.15%	16.28	-0.37%	4.52		
1969～1982	-0.22%	16.13	3.74%	25.58	-1.39%	11.18	-0.22%	16.39
1983～1999	13.93%	14.86	9.97%	17.70	6.90%	7.94	12.53%	17.43

季節の区分には、「成長ブーム」段階の季節内の二つの時期、つまりインフレ率が落ち着く前期と新技術が加速する後期も含めた。上の表には各季節における累積収益率を、下の表には年平均収益率と平均リスク水準を示す。

十分なデータが揃っているのは一九二六年以降なので、一九〇二年頃に始まり一九二九年にピークに達した前回の「成長ブーム」段階は、最後の四年しか捉えていない。このブームをほぼ八〇年後にずらしたものが、一九八二年後半から二〇〇九年の今の「成長ブーム」である。

表7―6を見ると、前回の「成長ブーム」では、サイクルから予想されるとおり、大型株が最も好調だったことがはっきりとわかる。小型株は大型株より一年早い一九二八年後半にピークに達し、一九二九年に大幅に下落したことでますます不振になった。だが、一九二六～二九年だけを見ても、小型株の累積収益率がマイナス一三・二〇%だったのに対し、大型株では一〇八・四〇%に達している。リスク水

準も大型株の方が一九・九％低かった。債券も、インフレ・トレンドが有利に働いたため好調だったが、株式の収益率にはとうてい及ばない。われわれは今後二〇〇九年までも、これと同じ状況になると見ている。

その後、一九三〇～四一年に「淘汰」段階が訪れ（相場が実際に大底に達したのは一九四二年前半）、景気は急激に後退し、デフレが起きた。債券を除くほとんどの投資分野にとって最悪の季節だった。ここでは、債券が最良の投資分野であり、下の表を見るとリスクも極端に低かったことがわかる。七・〇八％の収益率は、株と不動産が未曾有の大暴落を続ける中では天国のように感じられただろう。小型株は確かに大型株よりも好調だったが、リスクは大型株以上に高かった。この季節の株式は、収益率が低いかマイナスだっただけでなく、リスクも極端に高かったのだ。これは、株式が高リターン・低リスクになるブーム期とは逆の状況である。

こうした様々な季節のリスクとリターンが、投資の専門家や学者が長期的分析で引き合いに出す平均値と似ても似つかないことは明らかである。こうした平均値が控えめに見えるのは、好不況期の極端な値をならしてしまっているからだ。だが、実際のリスクとリターンのパターンは、それとはまるで別のものだ。

「成熟ブーム」の前期には、デフレ期が終わってインフレ・トレンドが上昇し、経済は急成長する。当然ながら債券はあまり好調ではなく、株式の方が明らかに高い収益率を示す。実際、前回この段階が訪れた一九四二～五七年には、債券がわずかに下がる一方で、大型株も小型株も好調だった。大型株と小型株では、小型株の方が年平均収益率は三三％高かったが、リスクも四五％高かった。したがって、リスク調整後で見ると、やはり大型株が最良の投資分野だった。

「成熟ブーム」の後期（前回のサイクルでは一九五八～六八年）には、次の世代の革新段階が始まり、小型株がだんだん有利になってくる。一九五八～六八年の小型株の累積収益率は大型株の三・七倍に達し、年平均収益率は一〇五％も高かった。一方、リスクは四〇％高かっただけなので、この時期には明らかに小型株の方が有利だった。債券はごくわずかマイナスの結果となったが、インフレ率が緩やかに上昇していたため、成熟ブームの前期よりはややましだった。

ここで注意すべき点は、「成熟ブーム」段階にはインフレ・トレンドが一貫して緩やかな上昇を続けるため、債券が不振になるということだ。だが、これに続く「革新」段階では、債券は一段と不振になる。

「革新」段階はボブ・ホープ世代（ベビーブーマーの親世代）の支出の波のサイクルがピークに達した直後に始まり、景気がだんだん悪化しただけでなく、インフレ・トレンドが緩やかに上昇し、株価は下落した（特にインフレ調整後）。言うまでもなく、債券にとっては最悪の季節で、マイナス・リターンが増加した。債券市場が最も不調だったのは、インフレが最も加熱した一九七〇年代の後半だった。この時期、大型株はごくわずかだがマイナス・リターンとなり、リスクは大幅に上がって（特に一九七〇年および一九七三～七四年の暴落時）、ブーム期を上回った。

不動産は相対的に見て過去最高の実績をあげた。不動産は、住宅ローンの借り入れにより、梃子を利用したインフレ・ヘッジとなる。またこの時期には、前の世代よりはるかに大規模な世代がオフィス、アパート・マンション、最初の持ち家への支出を開始したため、全般的な景気が落ち目にもかかわらず需要は押し上げられた。小型株が最高の収益率を示したことは明らかだが、リスクも大型株より高かった。

前述のように、小型株に関する鉄則のひとつは、長期的な景気下降局面の初期に買うべきではないということである。なぜなら、小型株が好調になる革新段階においてさえ、初期には打撃を受けるからだ。だが、一九七四年以降に小型株を買っていたら、前世紀で最高の株式投資収益率をごく妥当なリスク水準で得られたはずだ。外国株の収益率はアメリカの大型株とほぼ同じだったが、日本や第三世界など特定の分野は、それよりはるかに高い結果を示した。

全般的に見ると、「革新」段階は「淘汰」段階と同様、多くの投資家に難問を突きつける難しい経済状況だった。小型株、不動産、外国株は物色買いの狙い目だった。最も安全性の高い分野は、財務省短期証券や短期の定期預金で、大型株と長期債券は最悪の投資分野だった。

今回の「成長ブーム」段階の前期にいる現在、インフレ・トレンドは下降し、経済が急成長するなか、大型株と債券が最も好調に推移している。大型株の年平均収益率は一九四二～六八年のブーム期よりはるかに高い。債券の平均利回りはデフレだった一九三〇年代に迫った。きわめて低いリスク水準で調整すると、債券は大型株に次ぐ優れた投資分野となる。外国株は大型株と比べて収益率が低くリスクは高かったので、特にリスク調整後の結果で大幅に見劣りした。最も不振だったのは小型株で、収益率は最低、リスクは最高とよいところがなかった。このことからも、ある季節にある分野が好調で収益率が高かったからといって、必ずしもリスクが高いわけではないし、またその逆も真であることがわかる。

「成長ブーム」段階の後期、つまり最終段階は、「狂乱の二〇年代」と同じくインフレ・トレンドはほぼ横ばいで、「首位争い」が最高潮に達するため、大型株、特に大型成長株が引き続き最も有利になるだろう。ただし、前述のように、バブルの最後の年までは小型株の方がはるかに好調で、大型株

表7-7 最適資産クラス戦略——その1（1926〜99年）

	収益率（年率）*	標準偏差
1926〜29年大型株	20.15%	19.89%
1930〜42年長期債券	5.94%	5.24%
1943〜46年小型株	35.76%	28.89%
1947〜57年大型株	12.37%	12.97%
1958〜83年小型株	11.88%	21.82%
1984〜99年大型株	13.76%	15.11%

	累積収益率*	収益率（年率）*	標準偏差
最適戦略	787,786.65%	12.89%	17.73
S&P500種	28,227.97%	7.93%	19.67

＊インフレ調整後の実質収益率

に迫るか、場合によってはわずかに上回る収益率を示す可能性がある。だが、リスクもまた大型株よりはるかに高そうだ。したがって、われわれとしてはやはり、二〇〇三〜〇九年は明らかに大型成長株が有利と見る。

債券の利回りは非常に低く、二〇〇五年ないし二〇〇六年前半までは金利が下がるためやや値上がりするが、その後二〇〇六〜〇九年はインフレ率が緩やかに上昇するため、いくぶん値下がりするなど、結果は一概に良いとも悪いとも言えないだろう。

この一大ブームの最終段階においては、債券は最悪の投資分野となり、外国株は好調ながら、概してアメリカの大型株および小型株には及ばないだろう。ただし、日本以外のアジアは世界で最も人口特性トレンドが強力になるため、例外となる可能性もある。

表7—4では、一九七五〜二〇〇一年までに、成長株や割安株を含めて最良の投資分野に投資した場合のメリットを示した。表7—7には、投資分野をもっと大まかに分類し、同じくより長期的な景気の季節と各季節内の時期ごとに、最良の分野に投資した場合の結果を示す。この方が投

資分野を見極めやすく、投資戦略もさほど頻繁に切り換えずにすむ。このやり方でいくと、われわれ独自の大型株、小型株指標にしたがって、いずれか有利な方に切り換え、悲惨だった「淘汰」段階には債券に投資するだけでよかった。

この戦略をとった場合の平均収益率は一二・八九％で、S&P五〇〇の七・九三％より六二・五％も高く、リスクは一七・七三でS&P五〇〇のリスク水準一九・六七より九・九％低かった。リスク調整後の結果は〇・七三で、なんと八二・五％も高かった。長期的にはきわめて有利で、七四年後の累積資産では二七・九倍もの差がつくことになる。

S&P五〇〇のリスク調整後の結果が〇・四〇と非常に低いことを考えると、単に株式を長期保有するやり方がさほど賢明な戦略とは言えないことがわかる。

さらに、ブーム以外の季節で、出生数を二二年ないし二三年後にずらした革新サイクルが上向いているときに小型株を含めることができれば、結果は一段とよくなる。ただし、それを行うには、「長期的な弱気相場の最初の数年には、株が大暴落するまで待ってから投資する」というルールを必ず守らなければならない。

この戦略でいくと、一九三〇年代の「淘汰」段階においては、一九三〇～三一年は債券に投資し、相場が底入れした一九三二年から、小型株指標とボブ・ホープ世代の革新段階がピークに達した一九四六年までは小型株に切り換えることになる。同様に、一九六九～七四年は、長期債券がインフレ率の上昇で苦戦していたため、財務省短期証券に投資する。その後、暴落後の一九七五～八三年は、ベビーブーム世代の革新により小型株指標がピークに達したため、小型株に切り換える。

表7–8の収益率はS&P五〇〇と比べるとほとんど天文学的な数値だが、リスクも非常に高い。

表7-8 最適資産クラス戦略――その2(1926〜99年)

	収益率(年率)*	標準偏差
1926〜29年大型株	20.15%	19.89%
1930〜32年長期債券	15.94%	6.03%
1933〜46年小型株	20.01%	46.07%
1947〜57年大型株	12.37%	12.97%
1958〜83年小型株	11.88%	21.82%
1984〜99年大型株	13.76%	15.11%

	累積収益率*	収益率(年率)*	標準偏差
最適戦略	2,196,536.07%	14.45%	25.80
S&P500種	28,227.97%	7.93%	19.67

*インフレ調整後の実質収益率

年平均収益率は一四・四五%まで上がり、その結果、七四年後の累積収益率、すなわち資産はS&P五〇〇の七七・八倍となる。最初の戦略がリスクを九・九%減らしたのに対し、この戦略ではリスクが三一・二%増えている。これは、ブーム以外の変動の大きい時期に、債券ではなく小型株に投資する期間が長くなることによる。それでも、リスク調整後の収益率はS&P五〇〇よりかなり高い五六%に達している。

この第二の戦略では当然、投資の切り換え頻度が増し、リスク水準も高くなる。個々の投資家の投資収益ニーズやリスク許容度に応じて、いずれかを選ぶとよいだろう。どちらの戦略も、長期にわたりより高い収益率を積み重ねていくことにより、最終的な資産に大きな違いを生む。しかし、リスク調整後で言えば、表7―7の第一の戦略に軍配が上がる。

ポートフォリオの変更頻度をできるだけ減らし、長期で株式だけに投資したいという投資家のために、より単純な方法をとることもできる。何よりも重要なことは、株式投資においては、長期のブーム時には通常、大型成長株がリ

表7-9　小型株と大型株の比較——それぞれの最良の季節における運用実績

	累積収益率	リスク調整後の収益率（年率）	標準偏差
1958〜83年			
小型株	1,752.02%	11.88%	21.82%
大型株	233.93%	4.75%	14.22%
1984〜99年			
小型株	274.42%	8.60%	17.80%
大型株	686.75%	13.76%	15.11%

スク調整後で最も高い結果を示し、次の若い世代の革新が起こるブーム以外の時期には、小型株が最も好調になるということである。

小型成長株の結果が小型割安株を上回ることはごく稀だし、大型割安株の結果が大型成長株を上回ったとしても、それが長期的に続いたり、その差が広がることはない。しかも同時にリスクも高くなる。われわれのモデルを見れば、大型株と小型株が比較的長期にわたり最も好調になる時期がはっきりとわかる。したがって、投資家やファイナンシャル・アドバイザーにとって最も単純な戦略とは、出生数を二二年ないし二三年ずらした革新サイクルと、四七年ないし四八年ずらした成長と主流化のサイクルに従って、小型割安株と大型成長株に交互に投資するやり方である。

表7―9は、大型株と小型株がそれぞれの好調な季節に、リスクとリターンの両面でどれくらい高い結果を示すかを表したものだ。小型株指標の方が高かった一九五八〜八三年には、小型株が大型株より高い結果を示し、累積収益率で大型株の七・五倍、年平均収益率で二・五倍に達する一方、リスクは五三%高いだけだった。かなりの優位性だが、これは、ベビーブーム世代の革新段階が大規模だったことによるものだ。その後、大型株指標の方が優勢だった一九八四〜九九年には、大型株が小型株より高い結果を示し、累積収益率は二・五倍、年

表7-10 最も単純な長期株式投資切り換えモデル（1932〜99年）

	小型割安株			大型成長株		
	年平均収益率	標準偏差	リスク調整後の運用実績指数	年平均収益率	標準偏差	リスク調整後の運用実績指数
1932〜46年	25.24%	50.49%	0.50	9.22%	22.53%	0.41
1947〜57年	14.46%	17.94%	0.81	14.66%	12.47%	1.18
1958〜83年	20.74%	23.74%	0.87	8.12%	16.76%	0.48
1984〜99年	15.78%	16.93%	0.93	19.47%	13.75%	1.42

季節ごとに最良の選択をした場合とS&P500の比較

1932〜1999年　20.55%　対　12.52%

平均収益率は六〇％高く、リスクも一五％低かった。これもまた相当な優位性である。

歴史を遡り、大型株指標の方が高い時期には大型成長株に、小型株指標の方が高い時期には小型割安株に投資していたとすると、大恐慌以降、わずか四度の変更を加えるだけで、結果を大きく改善できたはずだ。表7－10は一九三二年からスタートしているが、これは、大規模な弱気相場の最初の数年は、小型株はもちろん、どんな株にも投資するな、というルールにもとづいている。一九三二〜四六年は小型割安株に、一九四七〜五七年は大型成長株に投資する。その後一九五八〜八三年は小型割安株に戻り、一九八四〜九九年は再び大型成長株に投資する。

要するに、株式長期投資にふさわしいのは小型割安株と大型成長株という両極端な二つの分野である。あとは、革新の季節と支出ピークの季節が交互に訪れるのに従って、これら二つの分野に交互に投資すればよい。

一九三二〜四六年には、小型割安株の年平均収益率が大型成長株のほぼ三倍に達したが、リスクは二倍強にとどまり、リスク調整後の収益率で小型割安株の方が二二％高かった。一九四七〜五七年は、大型成長株が三〇・五％低いリスクで一・四％高い収益率を達成し、リスク調整後の収益率でも四六％高かった。一九五八～八三年は、小型割安株が再び三倍近くの収益率を示し、リスクも四二％高かったが、リスク調整後の結果は八一％高かった。そして、一九八四～九九年は、大型株の収益率が二三％高かったが、リスク水準は一九％低く、リスク調整後の収益率では五三％高かった。

この期間、これら二つの分野に投資したとすると、過去六八年間の年平均収益率は、われわれのモデルに従った場合が二〇・五五％、S&P五〇〇が一二・五二％だった。過去七〇年間でたった三回、株式投資戦略を変更するだけで、現金化も債券投資もしない――そんな単純な投資切り換え戦略をとるだけで、六四・一％も高い収益率をあげられたことになる。

ただし、残念ながらリスクもS&P五〇〇より七八・四％高い。これは主に、一九七〇～七四年のような長期的な弱気相場の初期段階に、小型株が大打撃を受けたことによる。相対的なリスクが最も高まったのは、変動の激しかった一九三二～四六年だった。この戦略をとった場合、収益率もはるかに高いがリスクはそれ以上に高く、結果的にリスク調整後の収益率は九・〇％低かったことになる。

第二次世界大戦後の一九四七年以降の時期では、この戦略の収益率が一九・〇七％、S&P五〇〇が一三・二〇％で、この戦略の方が四四・七％高かったことになる。リスク水準は一八・六三％対一四・〇九％で、三二・二％高い。結果的にリスク調整後の収益率は一・〇二対〇・九四で、八・五％高かったことになる。

この戦略は第一、第二の戦略と比べてずっと単純で、長期的に見てはるかに高いリターンをもたらすことも明らかだが、潜在的リスクも高いため、最適戦略としてはかなり見劣りする。われわれは通常、第一戦略を好むが、リスク特性やポートフォリオの監視能力および変更能力は投資家によって異なる。したがって、本章では読者が自分やクライアントに適した戦略を見つけられるよう、複雑な説明を増やして読者を最大限の理解へと導き、確かな選択肢をできるだけ多く提供するよう努めている。

これら三つの戦略のどれをとったとしても、二〇〇九年後半から二〇一〇年前半は、引き続き大型成長株に投資することになる。というのも、好況とS字曲線の発達が続くため、この分野が最も有利になるからだ。われわれのモデルによると、二〇〇九年以降はアメリカの株式にはまったく手を出さず、財務省短期証券、定期預金、高格付け社債、アジア株に投資することになる。

通常なら、大暴落から次の「淘汰」の季節までは小型割安株を勧めるところだ。だが歴史上初めて、次のエコーブーム世代が前のベビーブーム世代の規模を下回るため、小型株投資を勧められるほど強い革新トレンドが起こらない。したがって、株式投資一本の戦略をとるなら、二〇一〇年から二〇二二年まで日本を含むアジアの株に投資することを勧める。とはいえ、アジア株を買うのはやはり二〇一二年半ばないし二〇一四年後半頃の世界的な株価大暴落を待ってからの方がよい。

究極の投資戦略

リスクとリターン、そして季節やサイクルごとの各投資分野の優位性をかなり複雑に分析してきたところで、第3章で紹介した単純な複合株式投資モデルに話を戻そう（図3−16）。ただしここではそれに、本章で明らかにした単純だがきわめて効果的な修正をいくつか加えよう。

このモデルは、三つの主要な反復サイクルの影響を考慮して、S&P五〇〇（大型株）が有利ならS&P五〇〇に、有利でなければ財務省短期証券に投資するというものだった。図7−5（複合サイクル・モデルに合わせて一九五二年以降とした）では、株式に投資する際に、われわれの大型株およ

図7-5　最適複合サイクル・モデル（1952〜2004年）

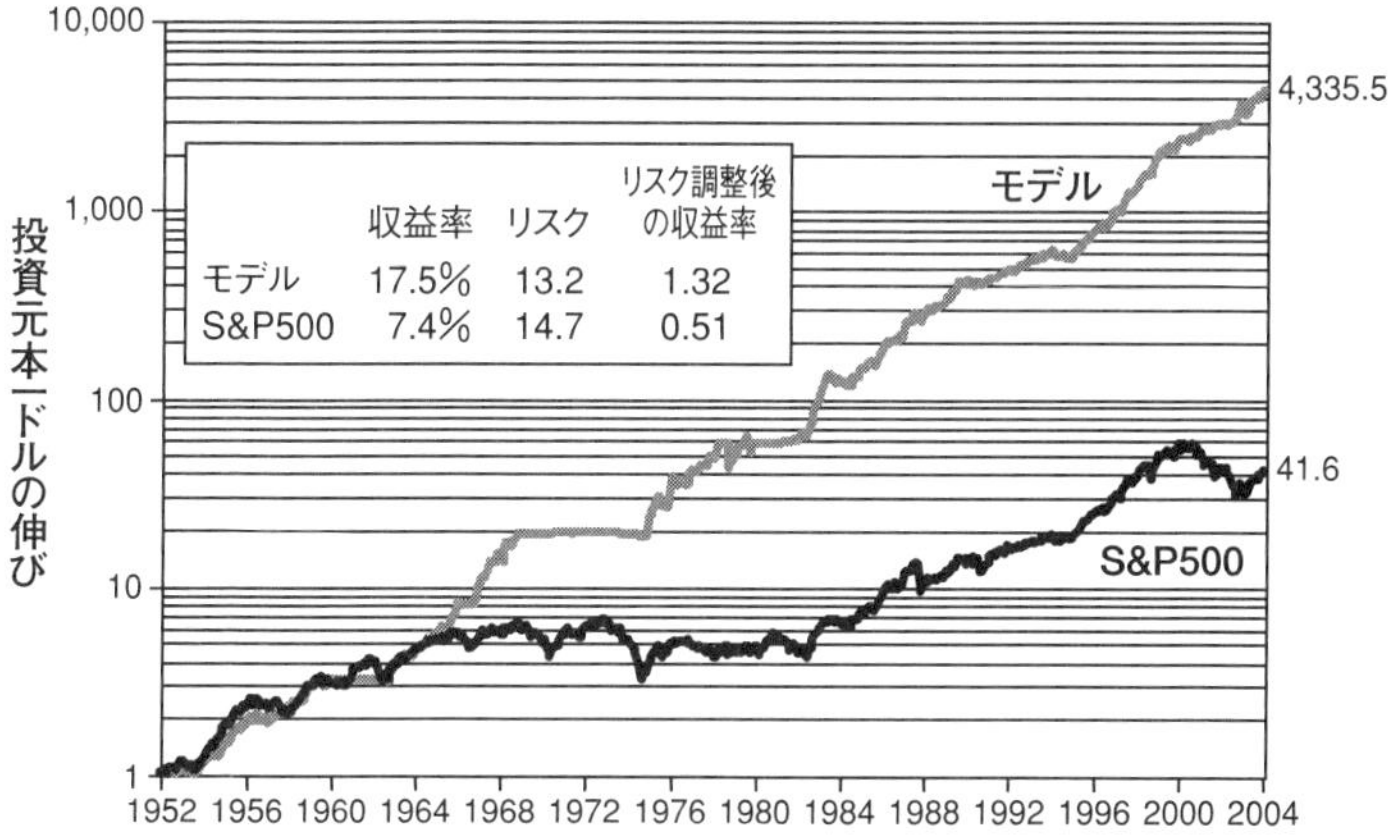

	収益率	リスク	リスク調整後の収益率
モデル	17.5%	13.2	1.32
S&P500	7.4%	14.7	0.51

び小型株モデルによって大型株と小型株のどちらが有利かを見極め、それによって、株式全般の中で最も好調な分野（大型株または小型株）に投資する。

つまり、株式に投資する期間のうち、一九五二〜五七年は大型株に、一九五八〜六八年は小型株に、一九七五〜七九年は小型株に、一九八三〜九九年は大型株に、そして二〇〇三年以降は大型株に投資することになる。また、サイクルの影響を考慮して株式に投資しない期間については、通常インフレ・トレンドが下降する「成長ブーム」段階と「淘汰」段階では長期債を買い、通常インフレ・トレンドが上昇する「成熟ブーム」段階と「革新」段階では財務省短期証券に切り換える。ちなみに、われわれのインフレ指標モデルでは、インフレ・トレンドがおおむね上昇するか下降するかを遅くとも三年前には予測できる。

この方法がもたらす結果は、さらに驚異的だ。一九五二年に投資した元本一ドルが、インフレ調整後でいくらになったかを見ると、モデルが四三三五・五四ドル、S&P五〇〇が四一・六〇ドルで、累積資産は一〇四・二倍となる。年平均収益率は一七・四七％で、S&P五〇〇の七・四三％より一三五・一％高い。また、リスク（標準偏差）は一三・二三対一四・七〇で、一〇・〇％低い。

このモデルでは、全体的なボラティリティを低く抑えられるだけでなく、値上がり変動の一三二・六％を利益として獲得しながら、値下がり変動の八六・〇％しか損失として被っていない。最も大きな損失を被ったはずのときでも、S&P五〇〇の損失が五一・八六％だったのに対し、モデルは二五・七五％だった。

このモデルは、著しく変化する短期指標やテクニカル指標に頼らず、単純な切り換え原則に従ってときどき変更を加えるだけで、驚異的に高い結果をもたらしてくれる。今すぐこのモデルをプログラミングすれば一生使うことができる。このモデルは一〇％低いリスクで一三五％も高いリターンをもたらしてくれる。これが、より積極的な投資家にわれわれが推奨する一般的モデルだ。本章の次の項では、今後、このモデルを用いて最良の分野に分散し、運用結果をさらに改善する方法を見ていく。

だがその前に、第3章の終わりの図3－16で紹介した単純な複合サイクル・モデルに、ひとつだけ簡単な変更を加えたい。このモデルは、収益率はS&P五〇〇より年四五・〇％高く、リスクは三四・一％低かった。だがこのモデルに簡単な修正をたったひとつ加えるだけで、より多くの株式投資家が許容できるリスク水準で、結果を改善することができるのだ。

図7－6は、インフレ率の上昇する「成熟ブーム」段階（一九四二～六八年）と「革新」段階（一九六九～八一年）に（つまりS&P五〇〇から手を引く時期に）は財務省短期証券に切り換え、ディスインフレに向かいがちな「成長ブーム」段階と「淘汰」段階には長期債に切り換えるというルールを付け加えただけのものだ。ただし、図7－5の最適複合サイクルのように小型株への切り換えは行

図7-6　財務省短期証券または債券を用いた複合サイクル・モデル（1952〜2004年）

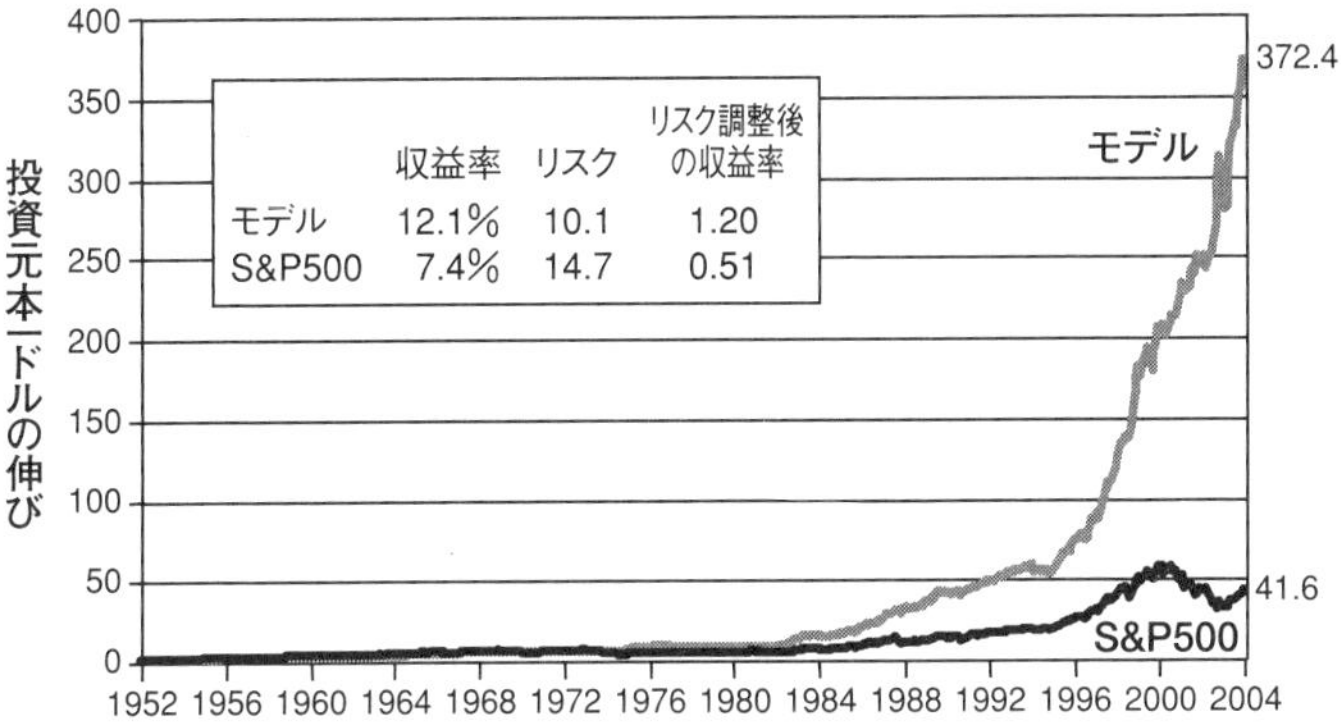

	収益率	リスク	リスク調整後の収益率
モデル	12.1%	10.1	1.20
S&P500	7.4%	14.7	0.51

わず、より変動の少ない大型株に投資し続ける。

この簡単な修正を加えるだけで、投資元本一ドルは三七二・四〇ドルに増え、修正前モデルの二〇四・二五ドルと比べて一・八倍、S&P五〇〇の四一・六〇ドルと比べて九・〇倍になる。収益率は一二・〇六%で、S&P五〇〇の七・四三%より六二・三%高く、リスク水準は一〇・〇七で、S&P五〇〇の一四・七〇より三一・九五%低かった。結果として、リスク調整後の収益率は一三五・三%高くなっている。

われわれは、図7―5の最適複合サイクルを積極的な成長を求める投資家にとって最良の戦略と見なす一方、図7―6の株式投資モデルを、中程度の成長とリスクを求める投資家にとって最適な単純な戦略と見なす。次の項で述べるように、どちらのモデルも分散投資に適した最良の分野の分析によって改善し、次の一大ブームにより適したものにすることができる。

本章のこれまでの部分をまとめてみよう。選択対象となる様々な投資資産クラスや投資分野の収益率は、経済の長期的な季節の移り変わりや、出生数を一定年数遅らせたトレンド、世代サイクルにもとづく各投資分野の上昇期によって大きく異なってくる。したがって、その時期に有利な資産クラスや分野だけに投資を集中し、人口特性面から見て有利な分野内で分散したポートフォリオを構築するのが望ましい。

では、よりよい戦略をとるうえで重要な次の問題に目を向けよう。つまり、史上最大のブームにおける次の、そして最後の波に向けて、どんなポジションをとるべきかということである。

最良の戦略は、四つないし五つの分野に分散することである。ここまでは、各季節や時期によってリスクとリターンが異なることを説明し、投資家やクライアントの希望に合わせてより単純な戦略を提供することを目指してきた。だが、ここでは一歩踏み込んで、二〇〇八年から二〇〇九年までの大好況と大型バブルにおいて、最も注目すべき最良の株式分野はどれかを考える。そのうえで、その後に来る過激な下降局面——八〇年の経済ライフサイクルの中でも最も難しい段階——における投資に備え、より細やかな戦略を練ろう。

究極のポートフォリオ戦略で狂乱の二〇〇〇年代に備える

まず、このブームがピークに達する二〇〇九年後半から二〇一〇年前半頃までの数年間について、われわれのファンダメンタルズ予測をもう一度見直してみよう。インフレ率は引き続き低く、二〇〇四年半ばから二〇〇五年後半ないし二〇〇六年前半は大幅に低下してゼロ近くで推移するが、二〇〇六～〇九年にわずかに上昇するだろう。

リスク調整後で最も高い結果を示すのは大型株で、二〇〇二年一〇月前半までの調整期からめきめきと回復し、特に二〇〇四年後半から二〇〇九年には絶好調になるだろう。また小型株も、大型株が支配した一九九〇年代のブーム時よりは好調になりそうだ。

だが、最も重要な予測は、新技術と成長産業の強力なS字曲線が再び加速し、首位争いが起きて、これらの産業を向こう数十年間支配する大企業が確定するので、収益率ではもちろんリスク調整後でも、おそらく大型成長株が最も好調な分野になるということだ。

われわれとしては、ポートフォリオの株式投資部分については大半を大型成長株に集中させ、同時に、ポートフォリオそのものをリスク許容度が許す限り株式に傾斜させることを勧める。われわれの小型株モデルは今後二〇〇九年まできわめて強気なので、大型割安株や小型の成長株および割安株を用いて、さらなる分散化を図ることも可能だ。だがここで問題になるのは、大型成長株や他の分野の株に投資を最大限集中させながら、なおかつ効果的な分散を実現するには、どうすればよいかということだ。

『狂乱の二〇〇〇年代の投資家』（原書第2章）では、一九九〇年代のブームにおいて大型成長株に重点を置きながら効果的な分散投資を行い、比較的高い収益率を達成したポートフォリオを、積極的なものから保守的なものまですべて紹介した。われわれは、大型株の中でも技術のS字曲線の加速のおかげで最も収益率の高かった分野と、人口特性面から見て最も好調だった分野を用いた。その結果、投資することになった最良の四分野が、ハイテク、金融サービス、ヘルスケア、そして日本以外のアジアである。

これらの分野は効果的な分散投資の対象にもなる。ハイテク株と金融サービス株で最強の収益率をあげながら、値動きの異なるヘルスケア株とアジア株で最良の分散を行うのだ。二〇〇〇～〇二年の株価下落で、われわれのポートフォリオのリスク対リターンの結果も悪化したと思っている投資家が

表7-11 デント・ポートフォリオ——収益率とリスクの比較(1990年1月〜2003年12月)

	収益率	リスク	S&P500との収益率の差	S&P500とのリスクの差
S&P500	10.9%	16.4		
古典的マーコウィッツ・ポートフォリオ	8.6%	10.9	-21.1%	-33.5%
積極的成長ポートフォリオ	15.3%	18.4	40.4%	12.2%
成長ポートフォリオ	14.4%	15.7	32.1%	-4.3%
成長インカム・ポートフォリオ	12.8%	13.4	17.4%	-18.3%
保守的ポートフォリオ	11.7%	10.1	7.3%	-38.4%
きわめて保守的なポートフォリオ	10.6%	5.3	-2.75%	-67.7%

多いだろう。なにしろ、この暴落で最大の打撃を受けたのは大型成長株だったからだ。

だが実は、一九九〇年に作成し、二〇〇三年一二月まで何度も改良を加えてきたわれわれの各ポートフォリオは、数十年ぶりの大型株暴落を経た今も、S&P五〇〇や「古典的資産配分モデル」より優れたリスク・リターン比率をはじき出している。

そこで、二〇〇〇〜〇二年の暴落までの、これらのポートフォリオの最新結果を見ていくことにしよう。その概要を表7−11にまとめる。そして、これらのトレンドをさらに分析し、今後二〇〇九年までのインフレ・トレンドの小さな変化や小型株の予測も考慮に入れて、二〇〇八〜〇九年まで推奨できる最適ポートフォリオを練ることにする。最初に、『狂乱の二〇〇〇年代の投資家』でとり上げた積極的成長ポートフォリオの最新結果を見ていこう(図7−7)。

このポートフォリオでは、人口特性トレンドが有利に働く大型成長株、すなわちハイテク、金融サービス、ヘルスケア、日本以外のアジア(詳細は『狂乱の二〇〇〇年代の投資家』を参照)に投資を集中させている。われわれがこれらの分野を選んだのは、平均してS&P五〇〇を上回る実績をあげることが一九九〇年代

図7-7　**積極的成長モデル・ポートフォリオ（1990年1月〜2003年12月）**

各投資分野の割合

- ソフト／ハイテク　32.5%

- 金融　32.5%

- ヘルスケア　15.0%

- アジア（日本以外）　20.0%

	収益率	リスク	リスク調整後の収益率
ポートフォリオ	15.3%	18.4	0.83
S&P500	10.9%	16.4	0.66

に証明されていたうえ、比較的相関性が低く、効果的な分散に向いていたからだ。同書で述べたように、このポートフォリオでは、一九九九年三月までにＳ＆Ｐ五〇〇に年平均収益率で二六・四％の差をつける一方、リスクはわずか二・一％高かっただけだった。

バブルから二〇〇〇年前半へ、そして二〇〇二年の下落から二〇〇三年後半の回復初期へと至るこのポートフォリオの最新結果を見ると、これまで以上に実績をあげていることがわかる。年平均収益率は一五・三％、対するＳ＆Ｐ五〇〇は一〇・九％、平均リスクは一八・四対一六・四だった。つまりリスクを一二・二％上げるだけで、四〇・四％高い収益率を実現したことになる。リスク調整後の結果は〇・八三対〇・六六で、二五・八％高かった。

一九九九年三月までの収益率はＳ＆Ｐ五〇〇よりはるかに高く、リスク調整後の結果もわずかだが高い。これは、Ｓ＆Ｐ五〇〇もまた、二〇〇〇〜〇二年の下落で大きな打撃を受けたからだ。つまり、われわれの最も積極的なポートフォリオ戦略でさえ、きちんとそ

図7-8 古典的資産配分モデル（1990年1月〜2003年12月）

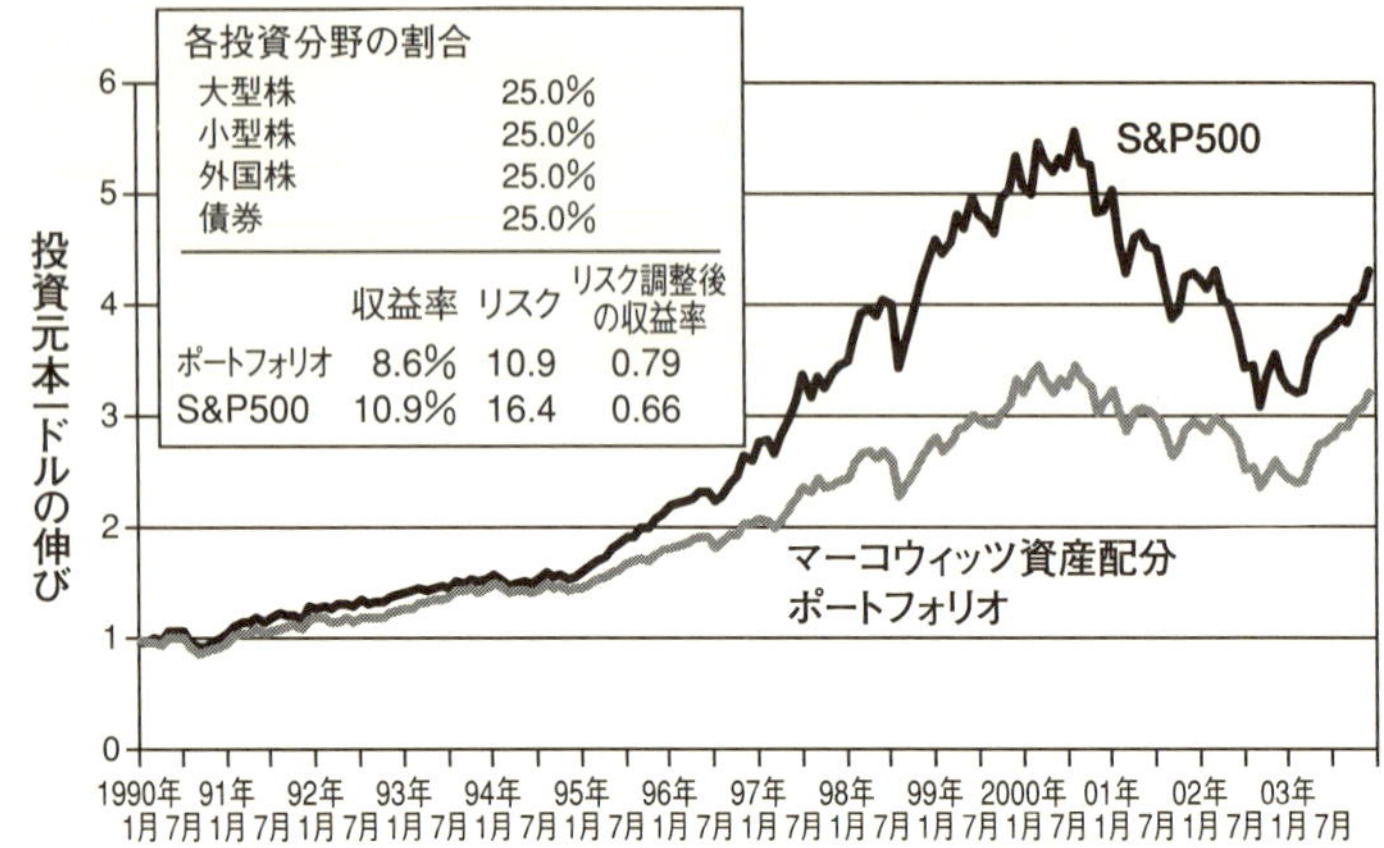

各投資分野の割合	
大型株	25.0%
小型株	25.0%
外国株	25.0%
債券	25.0%

	収益率	リスク	リスク調整後の収益率
ポートフォリオ	8.6%	10.9	0.79
S&P500	10.9%	16.4	0.66

れに従えば、たとえ強力な調整を経ても長期的に成果をあげるということだ。

このポートフォリオの結果は、明らかに「古典的資産配分モデル」より優れている。古典的モデルは四つの主要資産クラス、すなわち大型株、小型株、外国株、債券に均等に投資するものだ。『狂乱の二〇〇〇年代の投資家』で述べたように、われわれの積極的成長ポートフォリオは、一九九九年三月の時点で、図7―8に示した古典的モデル（マーコウィッツ・ポートフォリオ）の収益率を上回っており、その差はS&P五〇〇との差よりもはるかに大きかった。

このモデルの収益率はS&P五〇〇と比べて二・一%低かったが、リスク水準もまた五〇・五%低かった。それでもリスク対リターンの比率ではS&P五〇〇に負けている。二〇〇〇〜〇二年の株価下落時に、幅広く投資を分散するこのモデルが一時的に優位になったからである。

だが、たとえ短期的には優位を奪われても、二〇〇三年末までの最新結果を見ると、やはりわれわれの積

図7-9　成長ポートフォリオ（1990年1月～2003年12月）

各投資分野の割合	
多国籍企業	30.0%
ソフト／ハイテク	20.0%
金融	20.0%
ヘルスケア	20.0%
短期プライムレート債券ファンド	10.0%

	収益率	リスク	リスク調整後の収益率
ポートフォリオ	14.4%	15.7	0.92
S&P500	10.9%	16.4	0.66

極的成長モデルの方が優れており、収益率は七七・九％、リスクは六八・八％高く、リスク調整後のリターンも五・一％高かった。しかも、われわれの投資する大型成長株の大半は、このブーム始まって以来の大打撃を受けた直後なのだ。

　われわれは、二〇〇九年までの環境は積極的ポートフォリオをはじめとするわれわれのポートフォリオに有利に働き、一九九〇年代と同様、われわれのポートフォリオと古典的モデルとの差は徐々に広がり、その後何年も古典的モデルが不利になると予測する。したがって、この一〇年代の終わりには、統計数値から見ても、われわれのポートフォリオの方が「古典的資産配分モデル」よりはるかに有利になっているだろう。

　われわれの成長ポートフォリオ（図7―9）は、一九九九年三月までにS&P五〇〇より一八・〇％高い収益率を示したが、リスクは一・〇％しか高くなかった。このポートフォリオはより変動の少ない「ダウ的」な多国籍企業株に傾斜しており、一〇％を短期プライムレート債券ファンドに投資した。このポートフォリオの二〇〇三年末までの最新結果を見ると、暴落にもかかわらずいっそうよくなっている。平均収益率は一四・四%でS&P五〇〇より三二・一%高く、リスクは一五・七対一六・四で四・三%低かった。

この結果、リスク調整後の収益率は〇・九二対〇・六六で三九・四%高かった。このポートフォリオの収益率は古典的モデルより六七・四%高く、リスクは四四・〇%、リスク調整後の収益率は一六・五%高かった。

特筆すべき点は、このポートフォリオのリスク調整後の結果が〇・九二で、積極的ポートフォリオの〇・八三より一〇・八%高いことだ。たいていの株式投資家にとって、この戦略の方が全般的に優れている。より高いリターンのためなら積極的ポートフォリオのやや高いリスクも辞さないという人は別だが、二〇〇〇年前半から二〇〇二年後半には、まさにそのリスクが裏目に出た。ただし、われわれのファンダメンタルズおよびサイクルにもとづく予測では、今後数年はそうしたリスクが裏目に出るケースはぐっと減り、積極的モデルの方が高い実績を示すようになるだろう。

成長インカム・ポートフォリオ（図7－10）のリスクは、われわれのポートフォリオの中では中程度である。引退が近づいたためリスクを下げてより高い収入を得たいが、どちらかというと株式中心で行きたい投資家向けだ。前述のように、株式、特に大型成長株やそのファンドは、ここ数年と比べてはるかに高い収益率をより低いリスクで実現しそうである。

一九九九年三月時点で、このポートフォリオの結果はS&P五〇〇を下回っているが、収益率の差はわずか一・一%で、リスクは二七・一%も低い。また、ポートフォリオの四〇%は債券に配分された。具体的には、株式トレンドの恩恵に与かるため一〇%が転換証券に、残りの三〇%が短期プライ

図7-10　成長インカム・ポートフォリオ（1990年1月～2003年12月）

各投資分野の割合

多国籍企業	30.0%
ソフト／ハイテク	20.0%
金融	10.0%
転換証券	10.0%
短期プライムレート債券ファンド	30.0%

	収益率	リスク	リスク調整後の収益率
ポートフォリオ	12.8%	13.4	0.96
S&P500	10.9%	16.4	0.66

ムレート債券ファンドに投資された。

リスク調整後の最新結果を見ると、このポートフォリオが〇・九六、図7―9の成長ポートフォリオが〇・九二だった。収益率は一二・八%でS&P五〇〇の一〇・九%より一七・四%高く、リスクは一三・四対一六・四で一八・三%低かった。また、リスク調整後の結果は〇・九六対〇・六六で、四五・四%高かった。

保守的ポートフォリオ（図7―11）は、引退後間もない投資家向けで、五五%が債券投資、残りは変動の小さい多国籍企業株を中心とした株式で運用している。ただし、一〇%はハイテク株に向けた。一九九九年三月の時点で、収益率はS&P五〇〇より一五・九%低かったが、リスクも三八・五%低かった。

五五%を確実性のある債券で運用しているのに、二〇〇三年末の収益率は一一・七%でS&P五〇〇の一〇・九%より七・三%高く、リスクは一〇・一対一六・四で三八・四%低かった。リスク調整後の収益率は一・一六対〇・六六で、差はさらに広がり七五・

図7-11 保守的ポートフォリオ(1990年1月〜2003年12月)

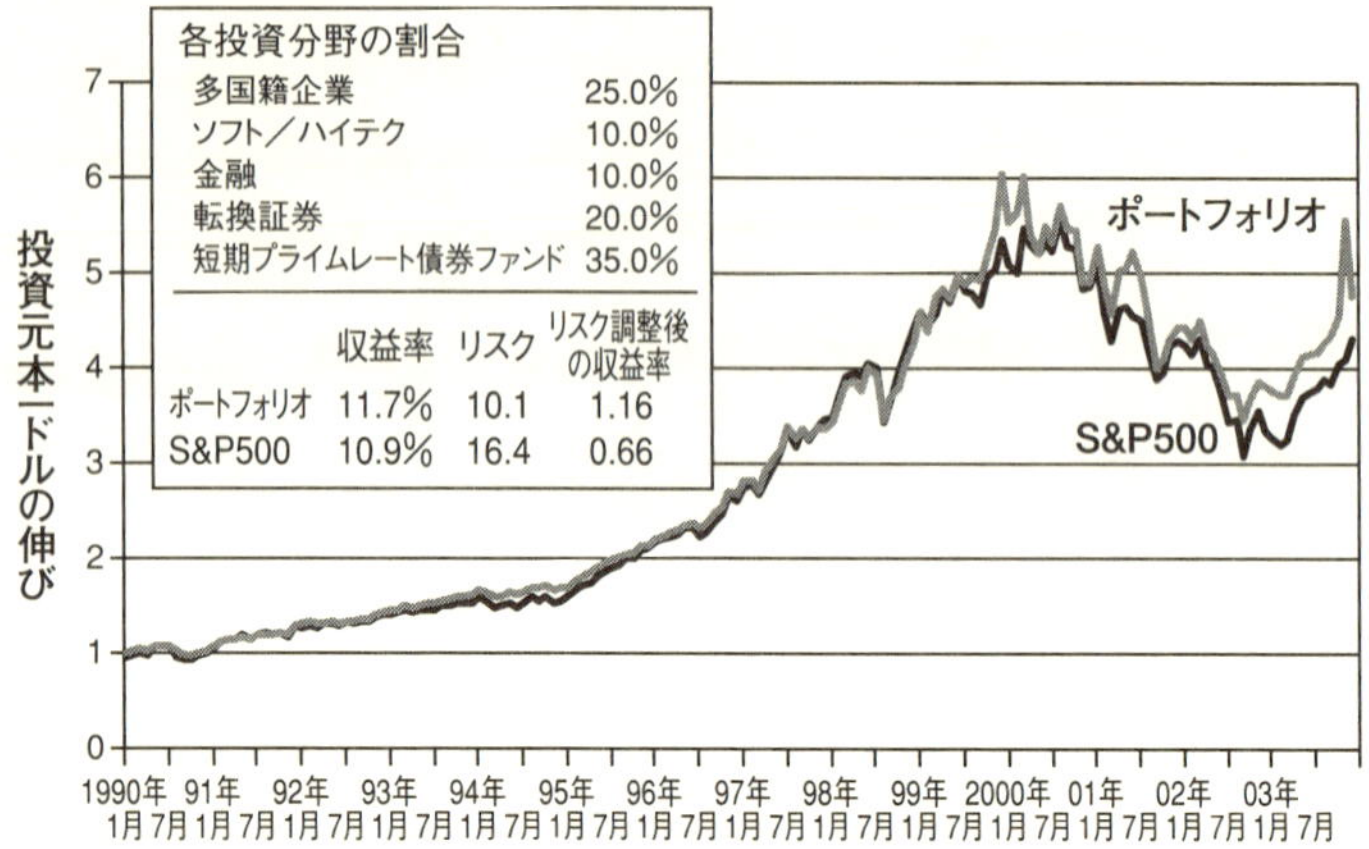

八％も高くなっている。保守的な投資家や引退後の投資家にとっては申し分のない数値だ。まさに、科学的なポートフォリオ設計と人口特性トレンドの両方のメリットを生かしたポートフォリオである。

最後に紹介するのが、われわれとしては最も保守的なポートフォリオである（図7―12）。これは、収入をほぼ全面的に固定金利に頼っている投資家や、株価が二度と上がらないと信じている投資家に向いている。株式で運用するのはわずか二〇％だが、最も収益率の高い二つの株式分野だけに投資する。実際、近い将来、ポートフォリオを一〇〇％債券にする必要のある投資家などまずいない。

二〇〇〇年三月までの収益率は、S&P五〇〇より三三・九％低かったが、リスクも七〇・一％低かった。二〇〇三年末のリスク調整後の結果は二・〇という驚異的な数値で、相変わらずどのポートフォリオよりも高い。収益率は一〇・六％でS&P五〇〇より二・八％低いだけとなり、リスクは五・三で六七・七％低く、暴落後よりやや改善されている。このポートフォ

図7-12 きわめて保守的なポートフォリオ（1990年1月～2003年12月）

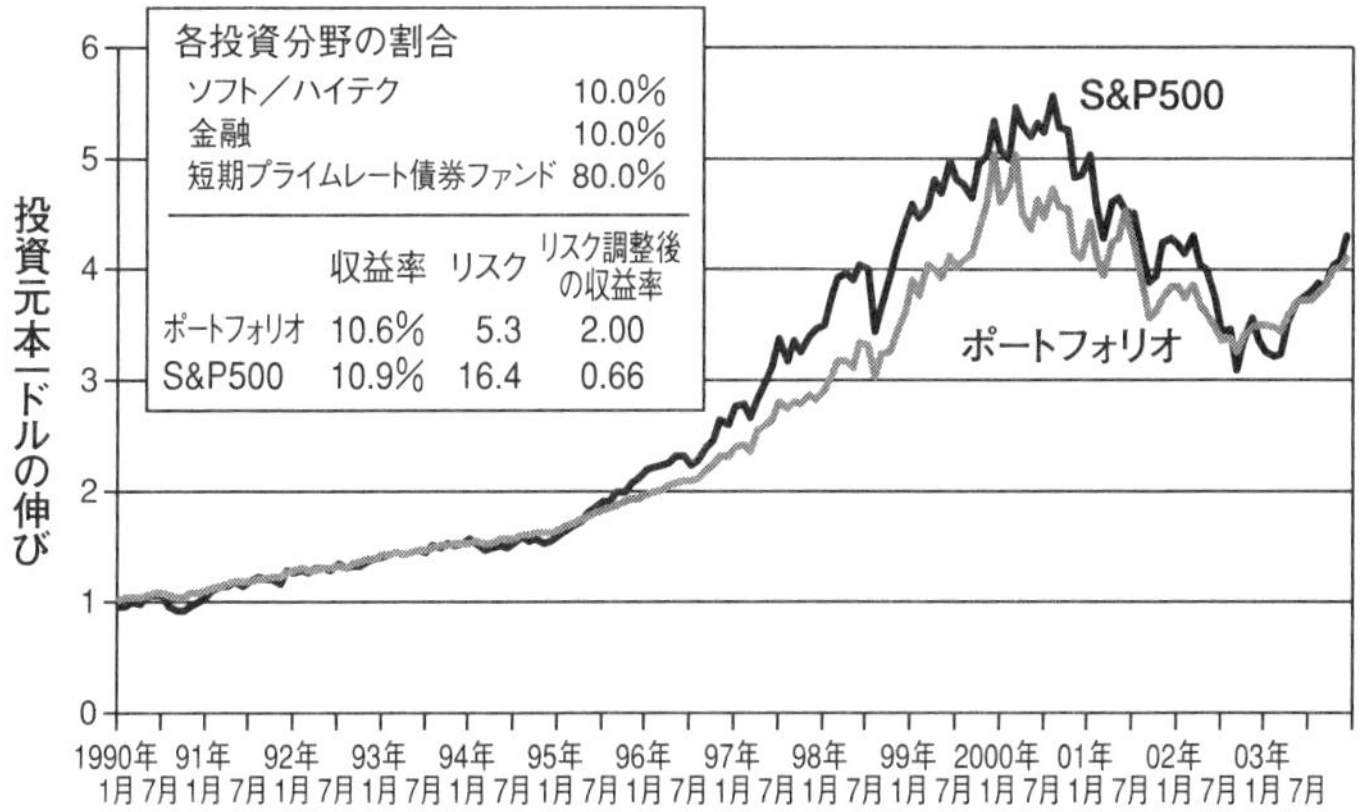

各投資分野の割合

- ソフト／ハイテク　10.0%

- 金融　10.0%

- 短期プライムレート債券ファンド　80.0%

	収益率	リスク	リスク調整後の収益率
ポートフォリオ	10.6%	5.3	2.00
S&P500	10.9%	16.4	0.66

リオは、リスク水準を最も低く抑え、株価上昇期にもかかわらず、株式については資金のごく一部を最も好調な分野に投資しているだけだが、リスク調整後の収益率は驚異的に高い。

大好況と大型バブルに備えるポジション

二〇〇二年後半から二〇〇九年後半の株価上昇期は、一九九〇年後半から二〇〇〇年前半の驚異的な強気相場と比べて期間はやや短いが、年平均収益率では同じか、より高くなるとわれわれは見ている。したがって、この期間のリターンとリスクを将来と比較する際には、二〇〇〇～〇二年の暴落を対象期間に加えない方が賢明だ。

今後調整を予想していないわけではないが、それはどちらかと言うと、一九八七年や二〇〇〇～〇二年に起きた調整より、一九九〇年や一九九八年の調整に近いものとなるだろう。また、忘れてはならないのが、二〇〇三～〇九年の間で、何らかのサイクルが株価に深刻な影響を及ぼすのはたった一度、二〇〇六年半ば

表7-12 ポートフォリオの概要（1990年11月〜2000年3月）

ポートフォリオ	収益率（年率）	標準偏差	リスク調整後の運用実績
マーコウィッツ	16.24%	6.65%	2.44
S&P	21.26%	9.24%	2.30
積極的	32.70%	9.02%	3.63
成長	28.82%	9.36%	3.08
成長インカム	27.56%	6.48%	4.25
保守的	22.88%	5.54%	4.13
きわめて保守的	20.31%	2.66%	7.64

ないし後半の四年・八年サイクルだけだということだ。

最初に、株価が調整され、一九九〇年一〇月に底に達した直後の同年一一月から二〇〇〇年三月の大天井まで、つまり前回の株価上昇波が始まってから終わるまでの結果を見てみよう。次に、S字曲線が始まった一九九五年初めから二〇〇〇年三月までに絞って、その驚異的な結果について考察する。われわれは、再びS字曲線が始まるのは二〇〇五〜〇九年だと見ている。

表7―12は、前回の株価上昇期が始まってから、二〇〇〇〜〇二年に暴落が起きるまでの各ポートフォリオとS&P五〇〇および古典的モデルの収益率、リスク、リスク調整後の収益率を比べたものだ。積極的ポートフォリオはS&P五〇〇と比べて、収益率は一・五倍、リスクはやや低めと大きな差をつけた。

この期間は、どのポートフォリオでも年平均収益率が二倍近くに伸びる一方、リスクは大幅に下がっており、その結果、リスク調整後の収益率は二〜三倍に伸びている。これも、大型成長株などの好調な分野に、その分野が特に伸びる時期を狙って投資した成果である。

特筆すべきは、積極的ポートフォリオのリスク調整後の運用実績が、成長ポートフォリオより高く、二〇〇〇〜〇二年の株価下落を期間に含めた図7―10より好調だった点だ。この驚異的な強気相場において、絶好調の分野を最もうまく押さえるポジションの株式志向型ポートフォリオだったと言える。

何度も言うように、この表でリスクや収益率を比較するのは、二〇〇二年後半から二〇〇八年後半ないし二〇〇九年までの年平均収益率が、この期間と同様かやや高く、経済環境もこの期間よりややよくなると見ているからだ。ダウの平均収益率は、一九九〇年一一月から二〇〇〇年三月のS&P五〇〇とほぼ同じ約二一％以上になると見ている。

ただし、この期間のダウの収益率は一七％にとどまった。したがって、われわれのポートフォリオ戦略ではだいたいこの期間の実績を基準点とすべきであり、これとほぼ同様か、おそらくはよりよい結果が得られる可能性もある。ただしそのためには、同じように収益性の高い分野でポジションを張る必要がある。誰もが今後数年間の投資収益をはるかに低く見積もっているなか、この表の数値は胸を躍らせてくれるはずだ。

相場が最も上がったS字曲線の加速後に絞ると、収益率はさらに高くなる（表7―13）。ただし、S&P五〇〇の収益率も飛躍的に伸びている。これは、S字曲線の加速と首位争いが、時価総額型のS&P五〇〇の大半を占める最大規模の成長企業に最も有利に働いたからだ（この指数は株価を時価総額によって加重平均したものなので、上位五〇位までの銘柄に全体が左右され、大型株の株価に引っ張られる）。そのため、この期間、われわれのポートフォリオは、収益率が伸びリスクが下がったにもかかわらず、S&P五〇〇と比べると結果はほんの少ししか勝てなかった。

とはいえ、ミューチュアル・ファンド・マネジャーや投資戦略家の多くがS&P五〇〇に勝てなかったときに、われわれのポートフォリオはたやすく勝っている。なぜなら、同じように好調な大型成長株に重点を置いていても、われわれは最も好調なサブセクターにいっそう重点を置いていたからだ。

表7-13 各ポートフォリオの運用実績まとめ(1995年1月〜2000年3月)

ポートフォリオ	収益率(年率)	標準偏差	リスク調整後の運用実績
マーコウィッツ	17.90%	6.46%	2.77
S&P	27.54%	6.72%	4.10
積極的	37.14%	8.69%	4.27
成長	33.36%	7.45%	4.48
成長インカム	30.70%	5.46%	5.62
保守的	24.69%	5.01%	4.93
きわめて保守的	20.16%	1.93%	10.45

以上をまとめると、二〇〇九年までの経済環境の読みが当たっていれば、二〇〇二年後半から二〇〇九年後半ないし二〇一〇年前半の収益率は、少なくとも表7－12程度には上がり、場合によっては表7－13に近づくということになる。

そこで本当に問題となるのは、次の大相場に向けて具体的にどのようなポジションをとるべきかということである。なにしろ、大相場の兆しがすでに見え始めているのだ。二〇〇二年後半以降、投資家に勧めているのは、ハイテク、金融サービス、バイオテクノロジーなど、より積極的な分野の比重を大きくすることだ。なぜなら、そうすれば『狂乱の二〇〇〇年代の投資家』で説明したもうひとつの原則、すなわちダイナミック・リバランスが実現するからである。

ダイナミック・リバランス

通常、これまで述べてきたのと同じようなポートフォリオ戦略を立てるときには、ポートフォリオの投資配分比率を当初の状態に保つため、定期的な「リバランス」を投資のシステムに組み込んでおく必要がある。

その頻度は通常、年に一度だが、四半期または二年に一度でもよい。課税額と取引手数料を最小限に抑えるためには、一、二年に一度にしたいところだ。投資分野によって運用実績はまちまちなので、ポートフォリオ全体に占める各分野の比率は、自然と当初の値から離れてくる。だから、最も好調だった分野の一部を売り、最も不調だった分野を買い足すことで軌道修正するのだ。

これにはもうひとつメリットがある。この戦術でいけば、長期的に見て安値で買い、高値で売る傾向が生み出される。もしある分野の投資実績が抜群に高くなったら、将来的に調整が行われ、実績が下がるおそれが強い。だが、その分野の一部を売り、運用実績の低い分野を買えば、安値買いと高値売りのシステマチックな傾向を生み出し、長期的に少しずつリスク対リターンの比率を改善できる。システムに従った投資とはこういうことだ。投資の配分と再配分を自動的に行うことにより、人間的で自然な感情や反応に惑わされることなく、より高い運用実績を上げる確率を高められるのである。

ダイナミック・リバランスも原則は同じだが、株価が極端に上がったり下がったりしたときに行うことで、より高い効果を発揮する。一年に一度、機械的に行うのではなく、相場が天井や大底に達したときや、特定の分野のパフォーマンスが突出して高かったり低かったりするときに思い切ったリバランスを行う。

ひとつの指針として考えられるのは、ある分野のポートフォリオに占める比率が当初の値を三〇%上回ったら元に戻るまで売り、逆に三〇%下回ったら買い足すというやり方だ。積極的ポートフォリオの例で言えば、ハイテク分野の組み入れ比率は三二・五%だ。つまり、ハイテク分野の比率がそれより三〇%高い四二・二五%に達したらリバランスを行う。

そして、この売却で得た資金は、ポートフォリオに占める比率が最も大きく下がった分野の買い足しにまず充て、その分野の比率が元に戻ってもまだ資金が残っていたら、次に不調だった分野に充てる。逆にハイテク分野が二二・七五％（元の三二・五％より三〇％低い値）まで下がったら、元の値に戻るまで買い、運用実績が高かった分野を売ってその資金に充てる。

他にもいくつかのやり方がある。ダウ・チャネル（第2章の図2―15）で行ったように、各分野の長期的な上昇トレンド・ラインをはさんで高値を結ぶトレンド・ラインと安値を結ぶトレンド・ラインを引き、各分野の成長チャネルを作成する。そして、このチャネルの上限に達したら一部を売り、下限に達したら買い足すのだ。

だが、われわれが採用している最も重要な手法は、一九九九年後半および二〇〇〇年前半にダウがチャネルの上限に達したときや、二〇〇二年後半に下限に達したときのように、相場が極端に上下したときを捉えて最もダイナミックにポートフォリオのリバランスを行うことだ。われわれはもっぱらこのやり方でダイナミック・リバランスを行うことにより、長期的なリターンの最大化とリスクの最小化を図っている。その際には、ダウ・チャネルを主な指針としているが、ハイテク、金融サービス、ヘルスケア、日本以外のアジアといった個別分野のチャネル作成にも努めている。

ニュースレター「H・S・デント・フォーキャスト」の二〇〇〇年四月一日号では、一九九九年のバブルで最も高い投資結果を示したハイテク株とアジア株を売却し、ヘルスケア株、金融サービス株、多国籍企業株を徐々に増やしてリバランスを行うよう勧めた。この直前に、一九八七年以来初めてダウ・チャネルの上限に達し、インターネット関連株（二月にピークの警告を発した）とハイテク分野がピークにさしかかったと思われたからだ。逆に、二〇〇一年後半と二〇〇二年後半の二度、ダウ・チャネルの下限に達したときには、ハイテクと金融サービスの比率を大幅に高めて元に戻し、アジア株もやや増やす一方で、調整期を通じておおむね好調だったヘルスケア分野は売却するよう勧めた。

結局、われわれはダウ・チャネルを一時的に破り、次の強力な下値支持線である七四〇〇ドルから七六〇〇ドル（一九九八年の調整期の底値）前後に向けて下げていった。その後、一〇月前半には最強の買いシグナルを出して投資の再配分を行い、それ以降、積極的ポートフォリオにおけるハイテク株の組み入れ比率を三五％から四〇％に引き上げるよう勧めてきた。また、今後も二〇〇四年半ばから後半までは、ハイテク四〇％、アジア一〇～二〇％、金融サービス二五～三〇％、ヘルスケア一〇％、バイオテクノロジー五～一五％の比率を推奨するつもりである。

次にダイナミック・リバランスを行うのは、四年・八年サイクルが影響を及ぼす二〇〇六年五月頃だろう。その際には、ハイテクをはじめ、金融やひょっとするとアジアなど他の好調分野を減らして元に戻し、ヘルスケアやアジアがそれまで不調ならば、これらを増やすことになるだろう。

ただもちろん、こうした判断は、これらの分野の運用実績がそれまでどの程度、他を上回って（下回って）いるかによる。われわれはまた、周期的に投資を変更する複合サイクル・モデルを用いて、二〇〇六年五月から一〇月と二〇〇七年八月から九月は債券一本で運用し、リスクを減らすことも考えている。

今後、最も好調な分野は引き続きハイテク、金融サービス、バイオテクノロジー、ヘルスケア、日本以外のアジアとなりそうだ。本書に述べた事実をじっくりと検討し、あなたの経済的未来にとっておそらく最も重要な判断を下してほしい。

だが何よりも重要なことは、過去数十年間、多くの投資家が繰り返してきた過ちを避けることのできる投資システムをスタートさせ、それを維持することだ。われわれの経験上、それには優秀なファイナンシャル・アドバイザーかコーチを持つに越したことはない。

二〇〇五～〇九年に予想される次の大型バブルが最後のバブルになるという、われわれの予測を忘れないでほしい。二〇〇九年ないし二〇一〇年に大好況が終わり、経済がデフレと成長鈍化の季節へと劇的に変化したときに、ポートフォリオと投資戦略のより抜本的な変更をどう行うのか、今から計画しておかなければならない。

二〇一〇～一二年の大不況に備える投資戦略

次の著書では、大恐慌に匹敵するか、それを上回る可能性もある二〇一〇～一二年頃のデフレ不況期において資産を守り、拡大するための最善策を詳述するつもりだ。だがここでは、不利なサイクルを逆手にとって資産を増やし続ける方法を明らかにする。何もしなければ、ほとんどの投資家は大好況で得た利益の大部分、あるいはすべてを今後の大不況で失うことになるだろう。

最初に理解しておくべき原則は、再びバブルがはじけた後、下降局面の最初の数年間は、株や不動産のほとんどの投資分野で「逃げ場」がなくなるということだ。二〇〇〇～〇二年の暴落だけでなく、一九二九年後半から一九四二年前半の暴落まで遡って調べたところ、公共事業、電話、映画も含めて、どの市場のどの分野もほとんど不振だった。

最初に大暴落が起きそうな時期は二〇一〇年前半から二〇一二年半ばである。前世紀に起きた暴落（図7－13）の中では、一九三〇年代前半の三四ヵ月が最長最大で、あとは三〇ヵ月（二年半）前後の暴落が、一九一九年後半から一九二二年前半、一九二九年後半から一九三二年前半、二〇〇〇年前半から二〇〇二年後半、そして一九九〇年から一九九二年前半の日本で起きている。

二〇〇〇～〇二年の株価下落時の大きな教訓は、この二年半の間に株式市場のほぼすべての分野

図7-13 前世紀の4つの大暴落

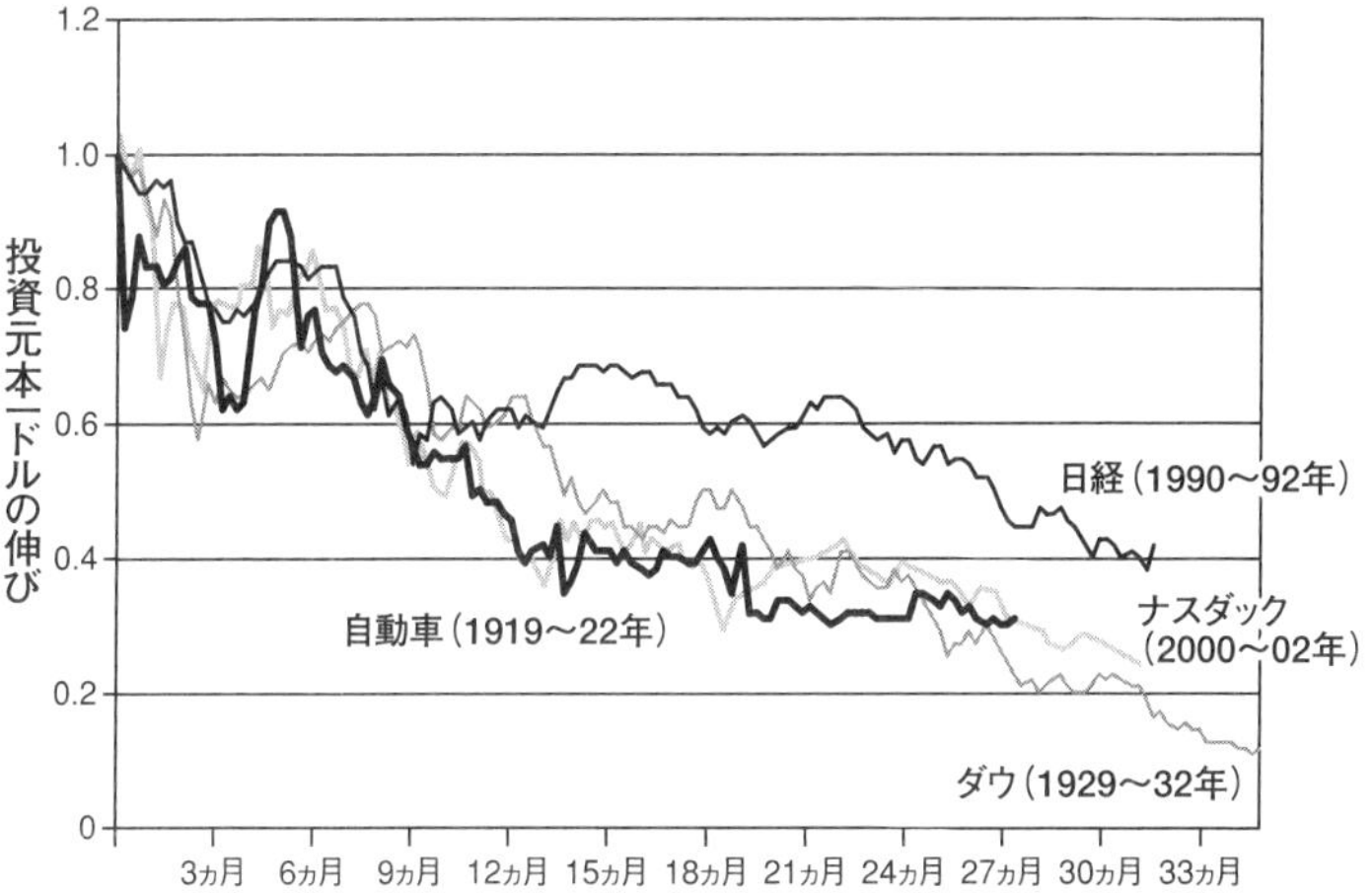

（外国株の大半も含む）が、暴落で大打撃を受けたことだ。比較的、下値不安の少ないヘルスケアのような分野でさえ打撃を免れなかった。大統領サイクルの影響で四年ごとに訪れる通常の調整なら分散投資をしていれば大きな損失は免れるので、流れに身を任せていればいい。だが、このときはわけが違っていたようだ。

人口特性にもとづく支出サイクル、ハイテク・バブル、あるいは一〇年代サイクルの最初の二年半が終わるときには、高格付けの長期債または短期債で運用し、嵐をやり過ごすのがベストである。

したがって、二〇〇九年後半ないし二〇一〇年前半から二〇一二年半ばは、ポートフォリオのほとんどを高格付けの長期社債か短期債（財務省短期証券、定期預金、一年物国債など）に切り換えて、資産を先にやや増やしておくことを強く勧める。

図7-14 大暴落時の債券の総利回り(1929年9月～1932年6月)

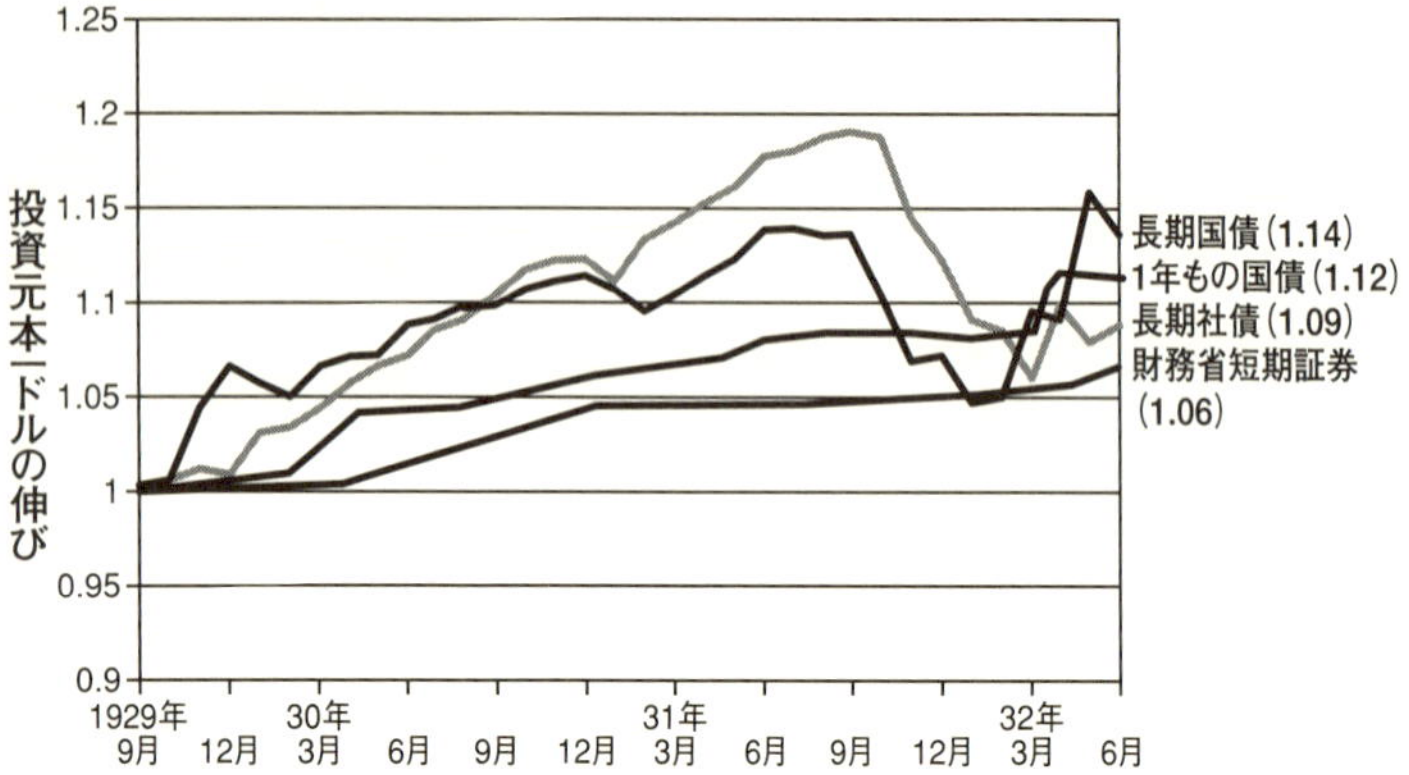

本章の最初に、四年サイクル、一〇年代サイクル、支出の波の三つの反復サイクルを組み合わせた二つの長期モデル（図7―5および図7―6）を紹介したが、これらのモデルに従えば、二〇一〇年から二〇二二年後半は、一〇年代サイクルが最強になる二〇一四年後半から二〇一九年後半を除いて、株から手を引き長期債に投資することになる。

図7―14は、一九二九年後半から一九三二年前半の大暴落（ダウは八九％下落）時に、長期社債、長期国債、一年物国債、財務省短期証券で運用していたら、資産を守り、ごくまともな利益も得られていたかもしれないことを示したものだ。チャートには利子とキャピタルゲイン、キャピタルロスも含まれている。

これを見ると、大恐慌が本格化し始めた一九三一年半ばから一九三二年前半に、比較的長期の債券で短期的なパニックがあったことがわかる。それでも暴落の間に、最も安全な財務省短期証券は約五％、長期社債は約九％、一年物国債は約一二％、長期国債は約一四％の利益をあげた。この間、株価は八九％下落している。

一方、図7―15を見ればわかるように、一九二九年後半

図7-15　債券の総利回り（1929年9月～1942年4月）

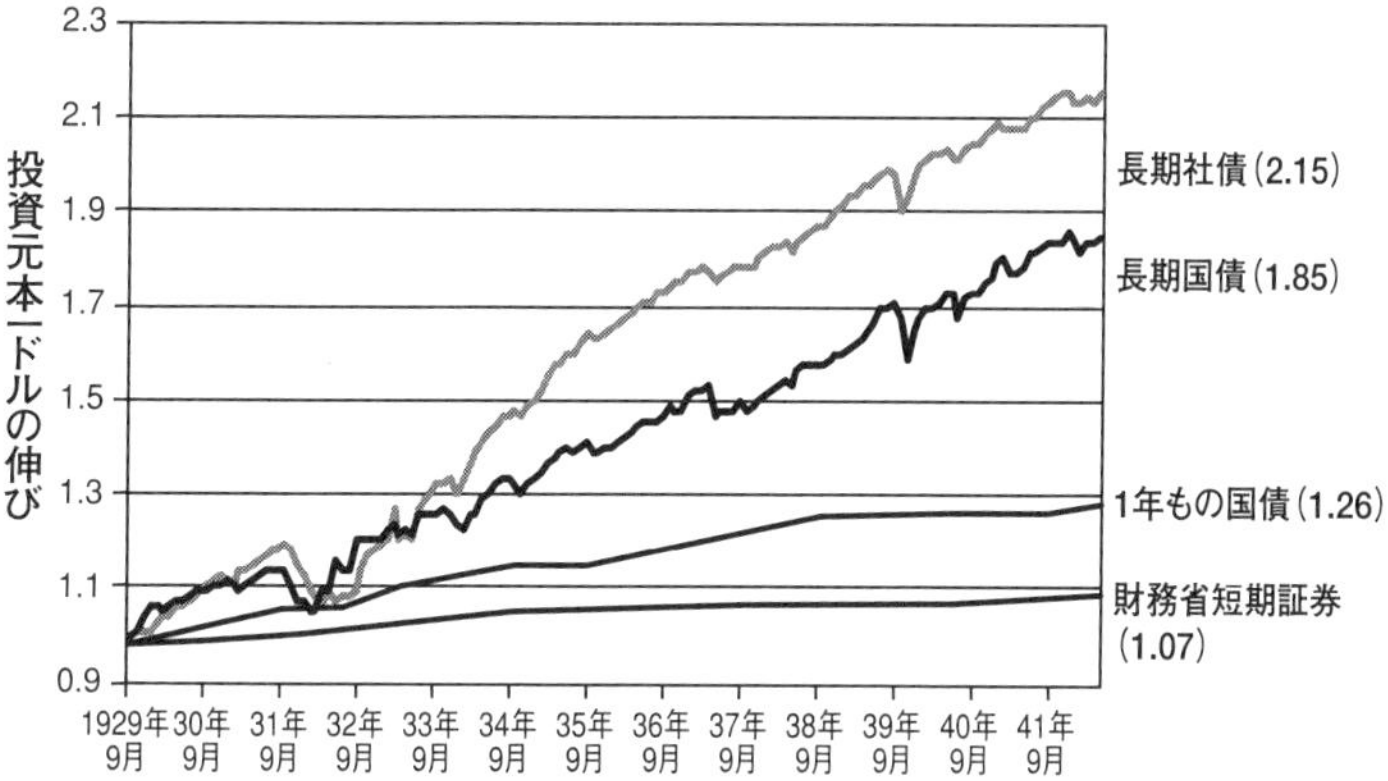

から一九四二年前半の「淘汰の季節」および厳しい経済環境において（ダウはまだ最高値より約八〇％低い水準だった）、最も確実な収益率を示したのは高格付けの長期社債で、二番目が長期国債だった。一定期間デフレ・トレンドが見られるときには、利回りが下がっている間は高めで収益を確定し、利子だけでなくキャピタルゲインも得ることを勧める。社債はだてに国債より利回りが高いわけではない。実際に最優良企業は、税収減と社会コスト高騰で赤字が膨れ上がったアメリカ政府よりはややましな財政状態で大恐慌を乗り切った。

株式相場は乱高下し、一九三二年には八九％下落、一九四二年でもまだ最高値より七六％低い水準だったが、高格付けの社債（格付けＡａａの二〇年物）で運用すれば資産は二・一五倍（一一五％増）、一〇年物国債では一・八五倍（八五％増）、一年物国債では一・二六倍（二六％増）に伸びていたはずだ。ただし、財務省短期証券ではわずか一・〇七倍（七％増）にとどまったであろう。

だが株価も、二〇一二年半ばから遅くとも二〇一四年前半頃には（一九三二年前半から一九三七年前半と同じく）、

図7-16 ヘルスケアの平均年支出（年齢による推移）

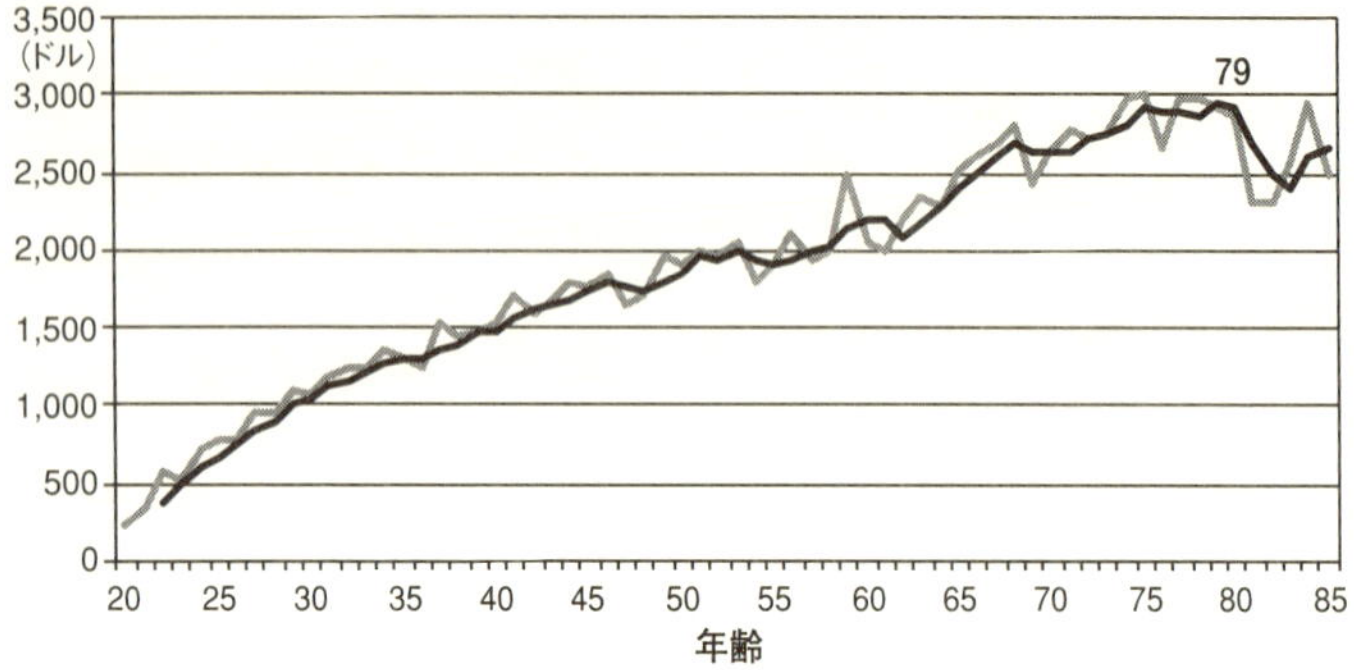

出所：米労働統計局、2000年消費支出調査

弱気相場における大きな反発があるだろう。積極的な投資家なら、大底が近づく二〇一二年半ばから後半頃には株を再び買い始めてもよい。成長重視の投資家は二〇一四年一〇月前半までに四年サイクルが底入れするのを待ち、長期モデルに従って一〇年代サイクルの好調な五年間に投資する方がよいだろう。もっと保守的な投資家は、安全性の高い高格付けの長期社債で二〇一〇年から二〇二二年後半の下降局面を乗り切るのがベストだ。

これら三つの戦略の概要は、この後すぐに示す。だがまずは、大暴落後、最初の下降局面において、人口特性トレンドの影響を受ける国内外の各投資分野を観察してみよう。

欧米などの成熟経済で人口特性が不利になるなか、最も好調になるのがヘルスケア業界である。図7―16に、消費支出調査の二六項目を合計したヘルスケアへの総支出を示す。ヘルスケアは、七〇代半ばから後半に支出が伸びる唯一の大項目だ。なかでも最も好調なのが処方薬（図7―17）で、七七歳前後にピークを迎える。

つまり、ヘルスケア業界はベビーブーム世代の支出サイクルが下降局面に入っても、二〇三八年頃まで成長を続け

図7-17 処方薬の年平均支出（年齢による推移）

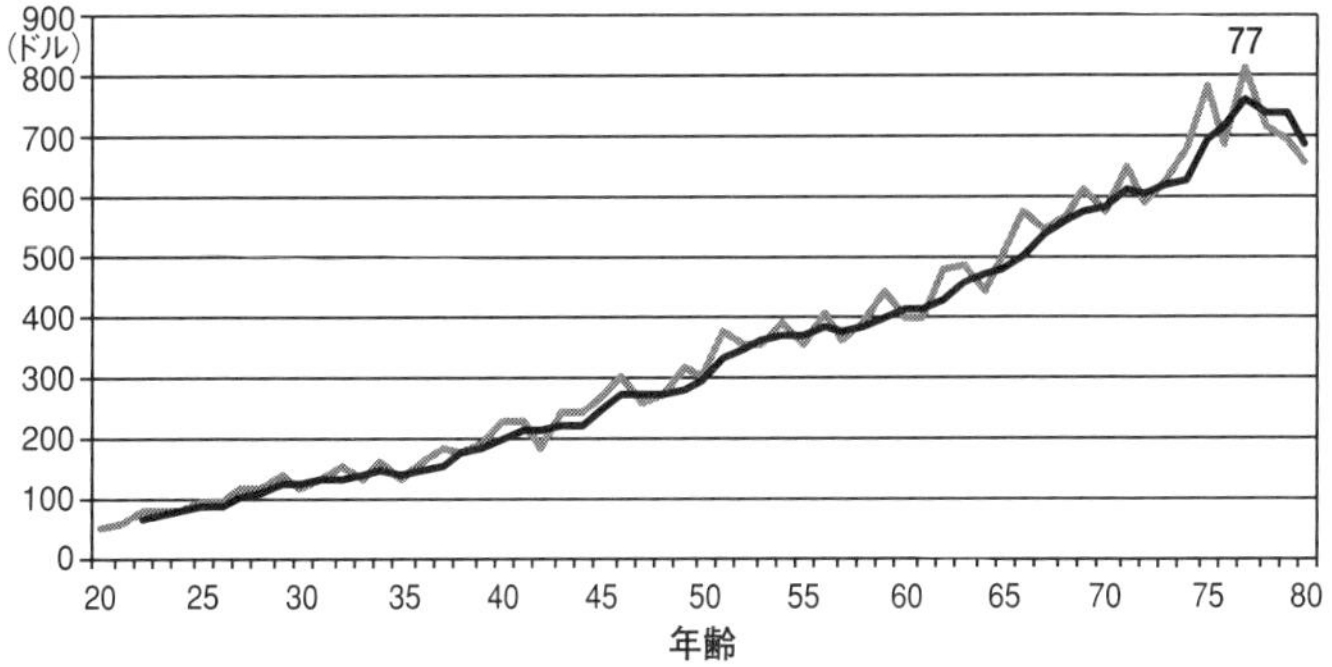

出所：米労働統計局、2000年消費支出調査

図7-18 新聞・雑誌の年平均支出（年齢による推移）

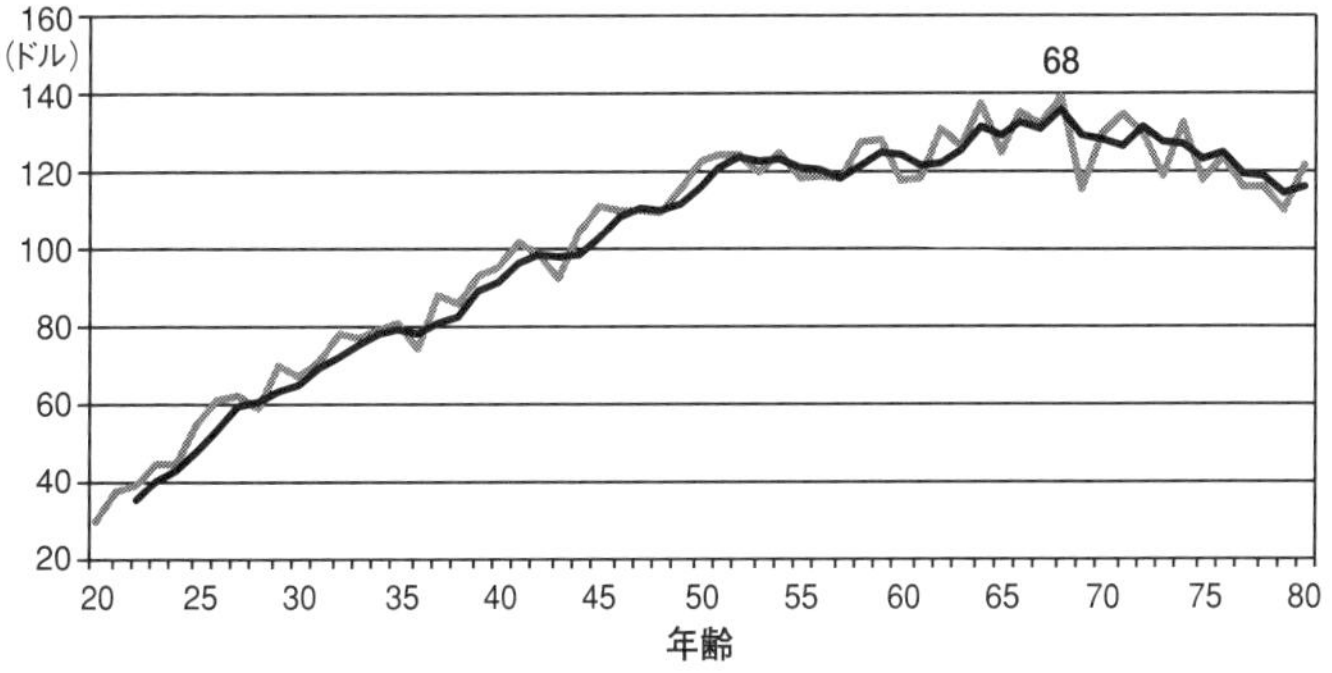

出所：米労働統計局、2000年消費支出調査

ることが予想される。したがって、暴落を待ってヘルスケア株、製薬株、バイオハイテク株、医療保険株――あるいは、もちろん国内外のヘルスケア特化型のミューチュアル・ファンドやインデックス・ファンド――に重点的に投資してもよいだろう。

比較的、変動が少なく上昇トレンドの見られるもうひとつの業界が新聞・雑誌である（図7―18）。この業界は六八歳頃

図7-19 ゴミ収集および下水処理への年平均支出（年齢による推移）

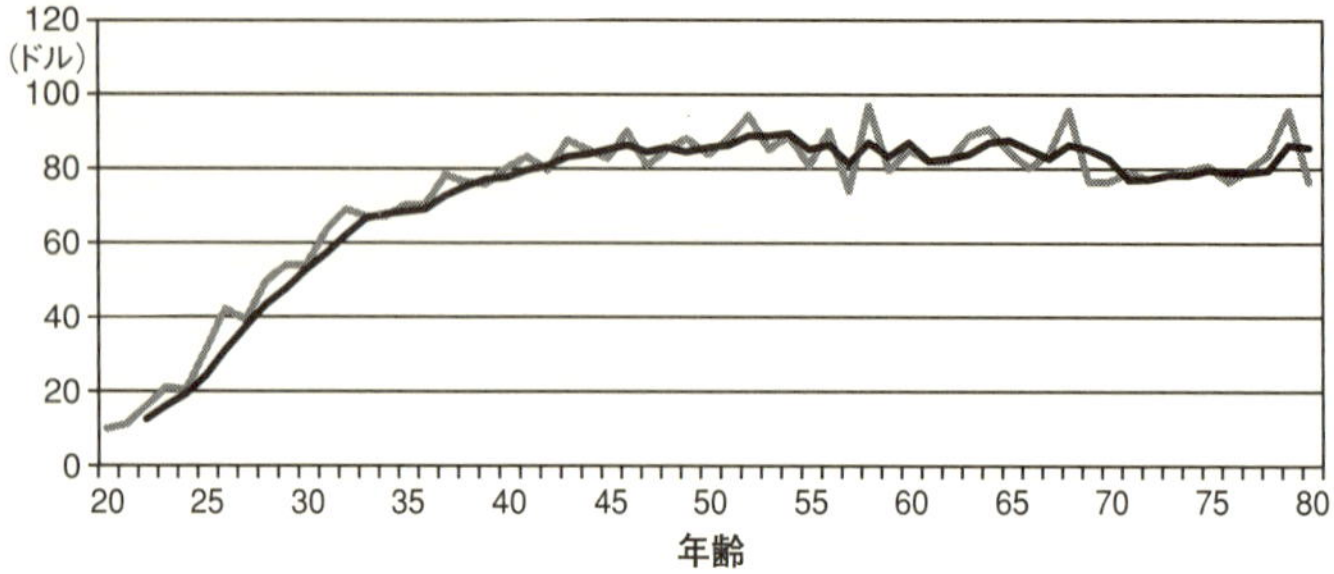

出所：米労働統計局、2000年消費支出調査

まで支出が増え続ける。リスクが最も低く、まずまずの収益率を実現できるのは公益事業、下水処理、ゴミ収集などだ。図7−19に示したゴミ収集業は、多くの公益事業的な業種の中でもその典型例で、四〇代後半から五〇代半ばでピークに達し、六〇代まで横ばいに推移している。暴落後に株価が底入れし、サイクルが有利に働くようになれば、こうした分野を利用して比較的リスクの低い株式投資を行う手もある。

地域別では、成長が続くアジアが最も好調になるだろう。世界の非工業国人口の過半数は東南アジアとインドに住んでいる。欧米経済が長期にわたって成熟し、二〇一〇年から二〇二二年以降、下降線をたどるなか、これらの国（特に中国）では工業化が続き、農村部から都市部への人口移動が見られるだろう。

二〇一〇〜二〇二〇年も、アジアの多くの国では人口特性にもとづく支出トレンドが上昇を続けそうだ。それが特に顕著なのが中国、韓国、日本であろう。『狂乱の二〇〇〇年代の投資家』では、第3章で先進諸国の、また第4章で発展途上諸国の年齢分布を考察した。この二つの章を読めば、世界中の人口特性がさらに明確に見えてくるだろう。

中国の年齢分布（図7−20）を見ると、二〇二〇年頃に支出

図7-20　中国の年齢分布（2000年）

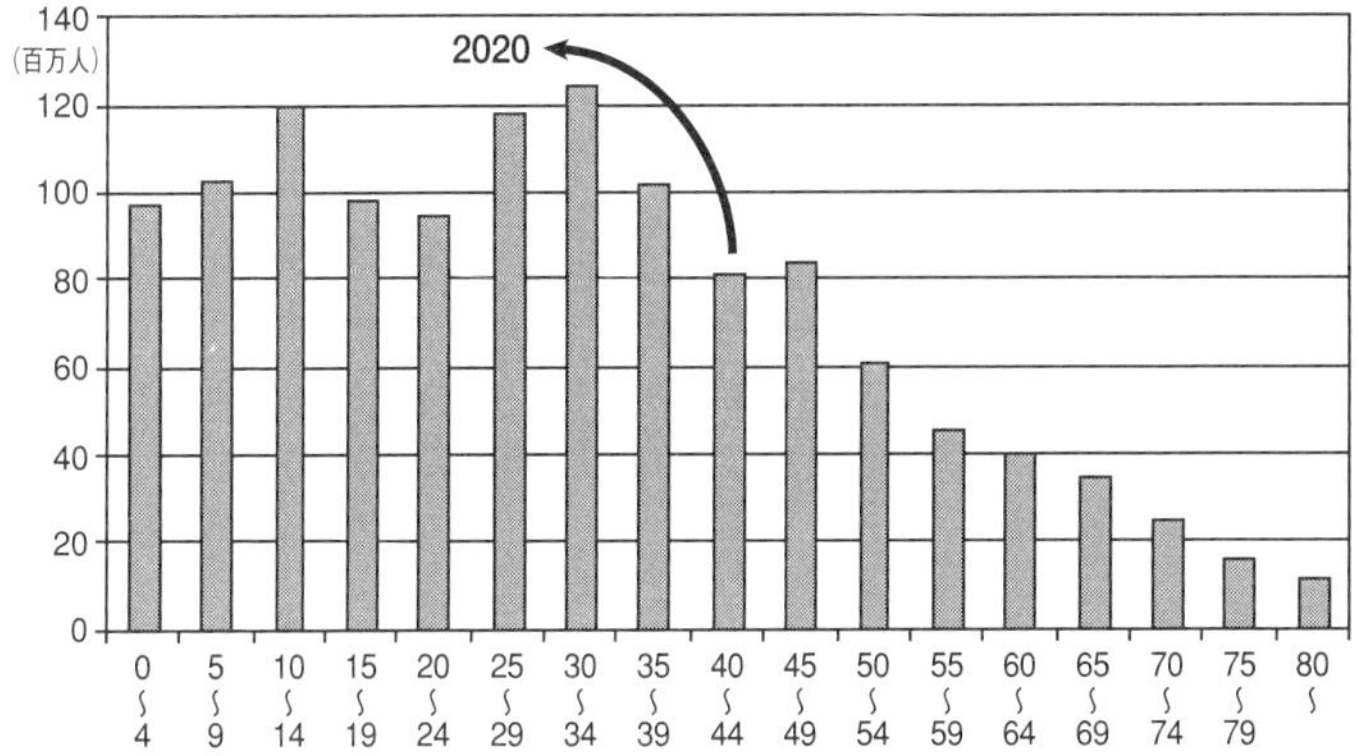

出所：国際連合

ピーク年齢の人口が増えてくることがわかる。同国のベビーブームはアメリカより約一〇年長かった。ここで注意すべきは、これらのチャートは逆向きに読まなければならないことだ。支出ピーク年齢層の四〇～四四歳を起点に人口のピークまで遡ると、支出がピークに達するまで、あとどれくらいの期間支出が伸び続けるかがわかる。

韓国（図7―21）は、好況期に最も好調な支出の伸びを示し、その後も二〇二〇年にピークに達するまで同じペースで伸び続ける。日本（図7―22）でも二〇〇五年頃から二〇二〇年には、エコーブーム世代（ベビーブーマーの子供の世代）のおかげで、ようやくまた支出トレンドが大きく上昇する。香港やシンガポールのように小さくて豊かな国・地域は、アメリカと同様、二〇一〇年までにピークに達するだろう。

一方、もっと大きい発展途上諸国では、購買力が伸び続けるだろう。図7―23を見ると、インドネシアの支出は二〇二五年から二〇三〇年まで伸び続けることがわかる。ただし、ほとんどの投資家は発展途上国には手を出さない方がよい。というのも、政治があまりにも不安定

図7-21 韓国の年齢分布（2000年）

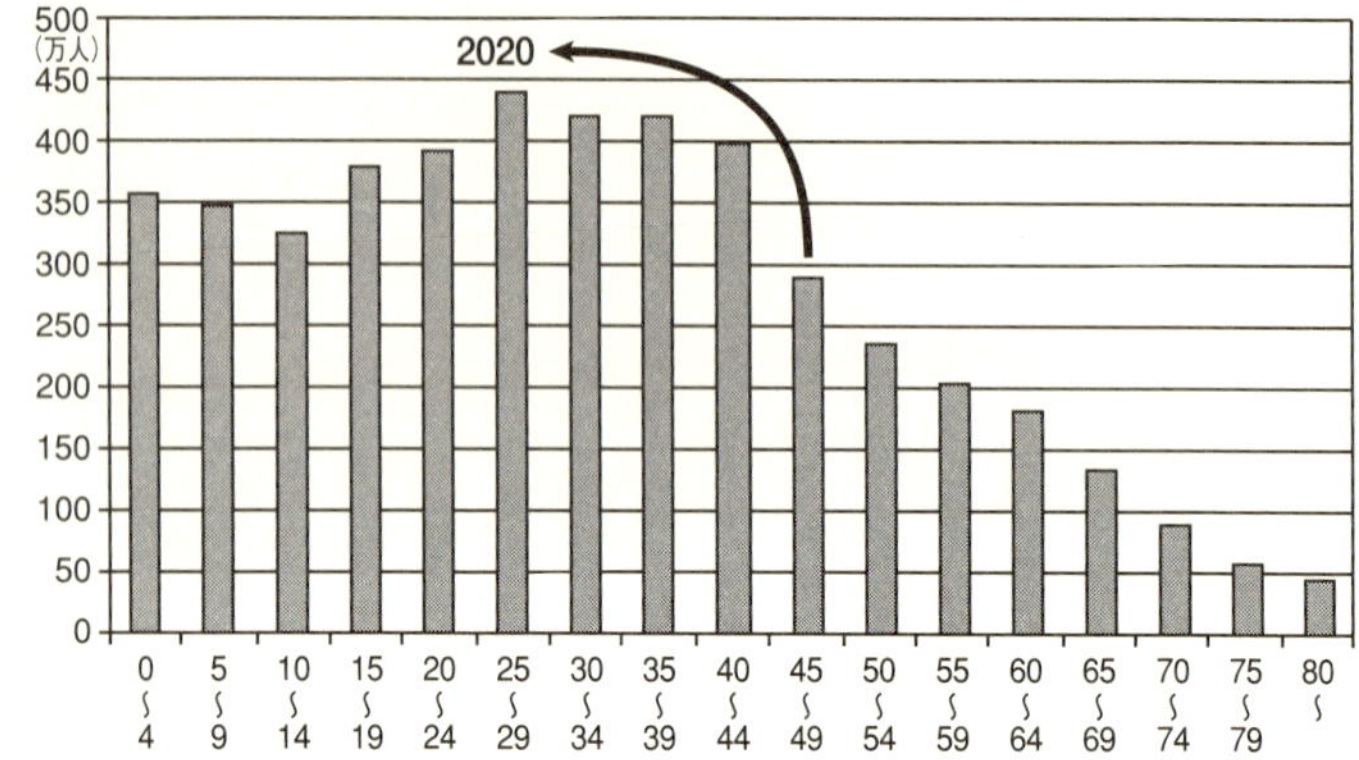

出所：国際連合

図7-22 日本の年齢分布（2000年）

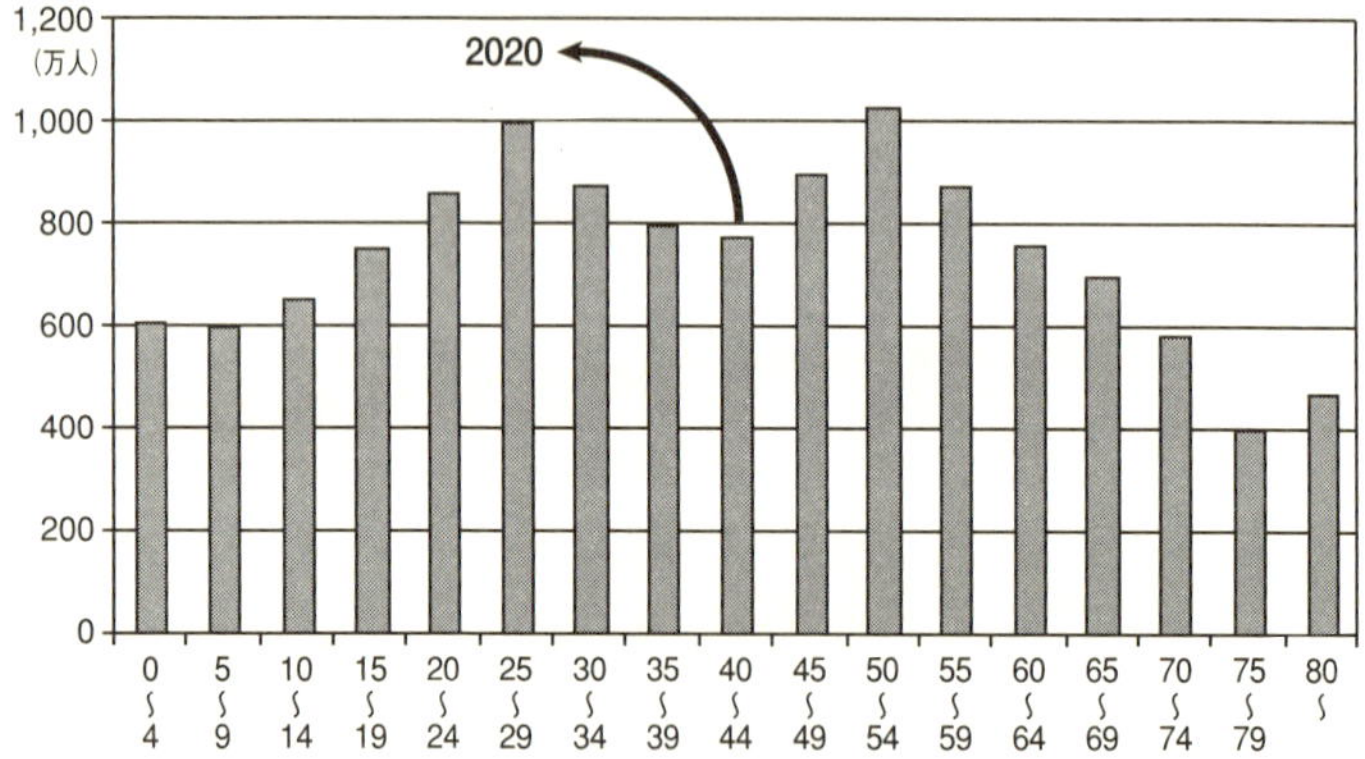

出所：国際連合

図7-23　インドネシアの年齢分布（2000年）

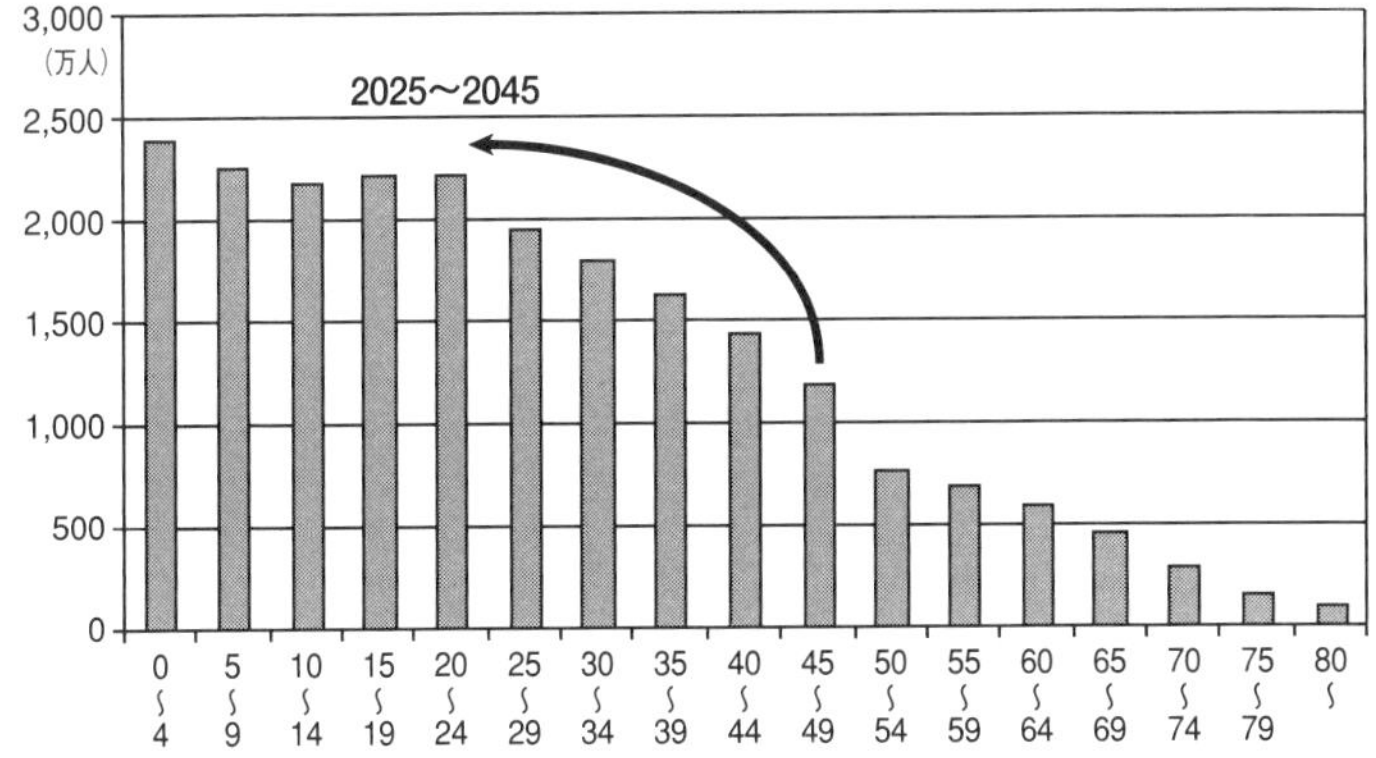

出所：国際連合

でボラティリティ（変動率）が大きすぎるからだ。

二〇一〇～一二年の投資戦略のまとめ

この章を終えるにあたり、二〇一〇～一二年頃の一大下げ相場に向けて、われわれが提案するポートフォリオ戦略の要点をまとめておく。ニュースレター「H・S・デント・ニュースレター」と次の著書では、対象期間がぐっと近づくので、より正確に時期を推定し、分野ごとのきめ細かな戦略を付け加えるとともに、研究の軸足を不況に移すつもりだ。

ここで注意すべき点は、どの戦略においても、四年サイクルが影響を及ぼす二〇一四年および二〇一八年の五～一〇月は、守りをさらに固め、株式から債券に切り換える方法もあるということである。また、「アジア」とある場合、最も有望なのは中国、台湾、韓国、日本だが、インドを含めることも考えられるだろう。

積極的戦略：二〇一〇～一二年の資産配分

1　二〇〇九年後半、二〇一〇年前半から二〇一二年半

ば：格付けＡａａの社債に九〇％、財務省短期証券または定期預金に一〇％
2　二〇一二年半ばから二〇一九年後半：ヘルスケアに二五％、バイオテクノロジーに一五％、アジアに三五％、新聞・雑誌および（または）公益事業に一五％、格付けＡａａの社債に一〇％
3　二〇二〇年前半から二〇二二年後半：格付けＡａａの社債に九〇％、財務省短期証券または定期預金に一〇％

成長戦略：二〇一〇～二二年の資産配分
1　二〇〇九年後半、二〇一〇年前半から二〇一四年後半：格付けＡａａの社債に九〇％、財務省短期証券または定期預金に一〇％
2　二〇一四年後半から二〇一九年後半：ヘルスケアに三〇％、バイオテクノロジーに一〇％、アジアに二五％、新聞・雑誌および／または公益事業に二〇％、格付けＡａａの社債に二〇％
3　二〇二〇年前半から二〇二二年後半：格付けＡａａの社債に九〇％、財務省短期証券または定期預金に一〇％

保守的戦略：二〇一〇～二二年の資産配分
1　二〇〇九年後半、二〇一〇年前半から二〇二二年後半：格付けＡａａの社債に八〇％、財務省短期証券または定期預金に二〇％

下降局面を乗り越え、利益をあげる方法があるとわかったところで、第8章では、この八〇年周期のニュー・エコノミー・サイクルが「ニュー・ミリオネア・エコノミー」へと発展していく様子に目を向ける。そこでは高資産と高所得が、例外ではなく標準となる。ベビーブーム世代はこの先、大暴落と「淘汰の季節」の最中に引退することになるので、このニュー・エコノミーで最大の恩恵に与かるのは、われわれの子供たちであろう。

第8章

ニュー・ミリオネア・エコノミー

新富裕層ボボスとは何か

図8-1 年収10万ドル以上の世帯数（1967～2001年）

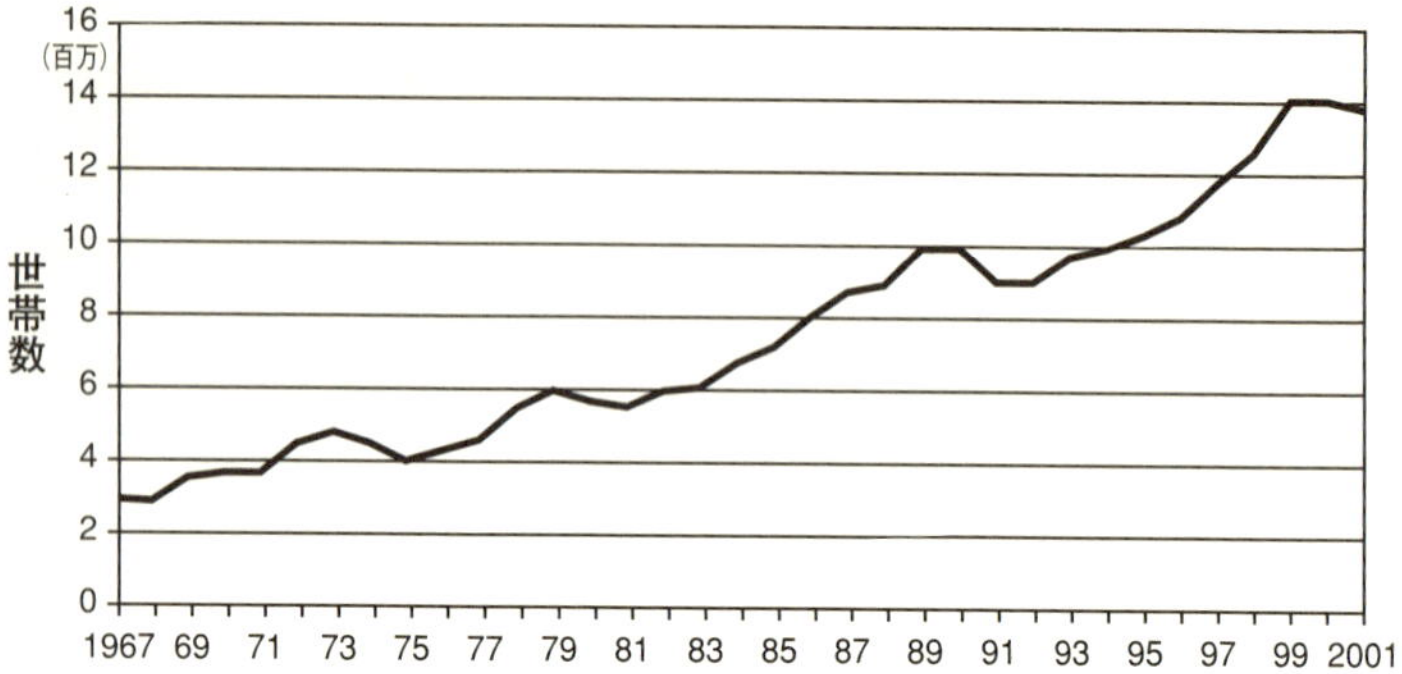

ニュー・エコノミーの主役は誰か？

今回のニュー・エコノミーは、単なる新技術の台頭、財とサービスのカスタム化、組織のネットワーク化、ベビーブーム世代による支出と生産性の上昇だけで語りつくすことはできない。台頭するニュー・エコノミーの最大のトレンド、つまり二〇〇〇年からの一〇年間と新たな千年紀のテーマとなるのは大量の富裕層の登場である。

年収一〇万ドル以上の層は、二〇〇一年時点で一四〇〇万世帯（一四％）に迫っており、過去三〇年間、経済成長をやや上回るペースで増え続けている（図8―1）。このままのペースでいくと、ベビーブーム世代の支出と今回の好況がピークに達する二〇〇九～一〇年には、この層の数が一八〇〇万～二〇〇〇万世帯（全体のほぼ二〇％）に達するはずだ。

この層は、世界で最も豊かな国の新たなアッパー・ミドル・クラスを代表し、向こう数十年間のライフスタイルやビジネスのトレンドを決めることになるだろう。彼らはもはや「ヤッピー」（若い都会派の専門職）ではなく、年齢を重ねた今、デイビッド・ブルックスの言う「BOBOS《ボボス》（ブルジョワ・ボヘミ

図8-2　自宅用住居を除く純資産が50万ドル以上の世帯数

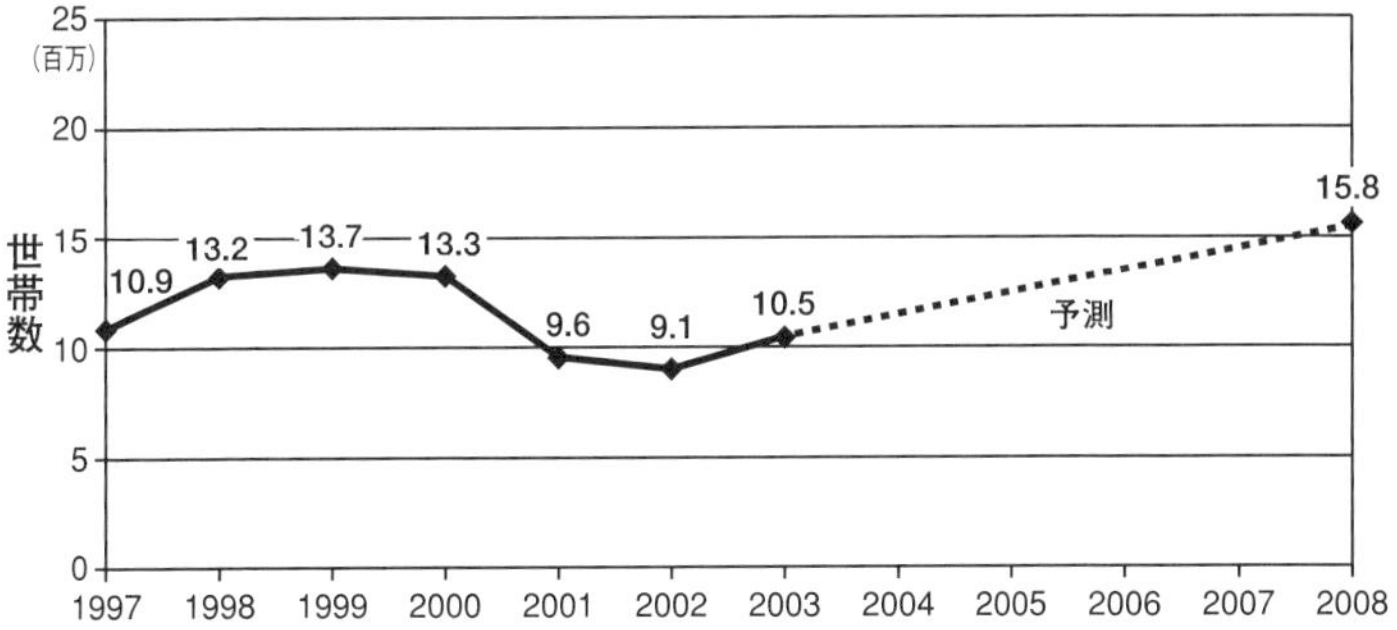

出典：スペクトラム・グループ・パースペクティブ『裕福な投資家——その主な態度、行動、人口統計——2003年富裕市場の主要動向概観——スペクトラム・グループの推定』

アンズ)」となっている。ボボスのライフスタイル・トレンドについては本章の後半で述べる。

忘れてはならないのが、この層の多くが年収一〇万ドルをはるかに上回っていることだ。今日、上位一%の高所得者の平均年収は約二五万ドル、純資産の平均は五〇〇万ドルに達する。上位一〇%の平均所得は一〇万ドルである。上位一%の高所得者層が税金全体の三七%を納め、上位一〇%が六七%、上位二五%が八四%を納めている。上位二〇%の高所得者層は総所得の五〇%、総支出の四〇%、持ち家を除く金融資産総額の九〇%以上を占めている。この層の数は今後数十年間増え続け、影響力もより高まると見られる。

富裕層の基準は上がり続けており、今や年収一〇万ドル以上または資産五〇万ドル(自宅用住居は除く)以上となっている。図8-2は、自宅用住居を除いた純資産が五〇万ドル以上の世帯数を示したものだ。株価下落の被害が及ぶ前の一九九九年には、この層の数がほぼ一四〇〇万世帯に達していた。

年収一〇万ドル以上の世帯数と純資産五〇万ドル以上の

世帯数はほぼ同じだが、必ずしも重複しているわけではない。少なくともどちらか一方を満たす世帯数を見ると、二〇〇一年時点でほぼ二〇〇〇万世帯に膨れ上がる。この数は二〇〇九年までには三〇〇〇万に達し、アメリカの世帯総数の三〇%近くを占めることになりそうだ。その頃には、この三〇%がアメリカの総支出の五〇%を支配しているだろう。つまり、とんでもない大金持ちではないが、前回の経済革命で登場した中流階級の生活水準を優に上回るような、新たな富裕階級が台頭してきているのだ。

新富裕階級は、年齢が上がるにつれて消費市場や労働力への支配を強め、今後数十年間のアメリカ経済のあり方を決めることになるだろう。だが、彼らが最初にすることは、「狂乱の二〇〇〇年代」におけるニュー・エコノミーのビジネス・リーダーを決めることだ。

富裕であるということは、単に基本的生活に必要な以上の所得があるということではない。所得は過去一〇〇〇年間、一貫して増え続けており、特に過去一〇〇年間の上昇は大きい。重要なターニング・ポイントは、中流階級の生活水準、今日で言えば年収三万～六万ドルをわずかに超えたあたりにある。年収七万五〇〇〇～一〇万ドルの間のどこかに、貯蓄や投資に回す可処分所得が一気に増えるポイントが存在しているのだ。このポイントに至らない人々の貯蓄は、大半がローンの頭金や大学の学費、つまり未来への投資に費やされる。

だが、これより高所得の人々は将来の計画を立て始める。その将来とは、単に必要最低限の暮らしを送ることではなく、快適な引退生活を実現し、そればかりか、より創造的なライフスタイルと夢をかなえる能力を獲得した状態である。

今回の好況では、高所得者層が一気に増えただけでなく、年金制度、４０１ｋ（確定拠出型企業年金制度）、ＩＲＡ（個人退職年金制度）、キオ・プラン（自営業者対象の年金制度）、ＳＥＰ（簡易従業員年金）など、雇用主補助・税金控除型の貯蓄制度が急速に台頭したおかげで、所得の少ない世帯でもかつてない水準の貯蓄をすることが可能となった。

なぜこれが重要かというと、複利と投資収益の法則で、ささやかな額の貯蓄も定期的に続ければ、膨大な富すなわち純資産へと膨れ上がるからだ。特に今回のブームのように、株式相場が過去の長期的ブームより三〇～五〇％も速いペースで伸び続けているときには、それが言える。また、大規模なベビーブーム世代の人口特性トレンドが、株式その他の投資分野における未曾有の収益率の原動力となっていることは言うまでもない。

富裕層は、所得水準が高くなると同時に、その数も急速に増えている。純資産一〇〇万ドル以上のミリオネア層は、今回のブームにおける株価（Ｓ＆Ｐ五〇〇およびダウ工業株平均）の長期的な伸び率と足並みを揃えて、二〇〇〇年まで年間一六％の驚異的なペースで増え続けてきた。

第2章の図2－15のダウ・チャネルを見ればわかるように、ダウは一九八二年後半以降、年率一五％のペースで上昇している。Ｓ＆Ｐ五〇〇もほぼ同様の伸び率を示しているが、今後は、Ｓ＆Ｐ五〇〇にやや多めに含まれるハイテク分野の成長率が高まることから、ダウよりもやや高い伸びを示す可能性が高い。われわれはこれまでと同様、予測性の高いベビーブーム世代の支出の人口特性トレンドに伴い、株価は二〇〇九年ないし二〇一〇年までこのペースで伸び続けると見ている。これでいくと、二〇〇九年後半までにダウは四万ドル、Ｓ＆Ｐ五〇〇は五〇〇〇以上に達する見通しだ。

一九九九年の時点で、アメリカのミリオネア層は七〇〇万世帯にのぼり、世帯総数の約七％を上回っている（図8－3）。株式相場の暴落はここにも影響を及ぼしており、スペクトラム・グループの

図8-3 ミリオネア世帯数(1997〜2008年)

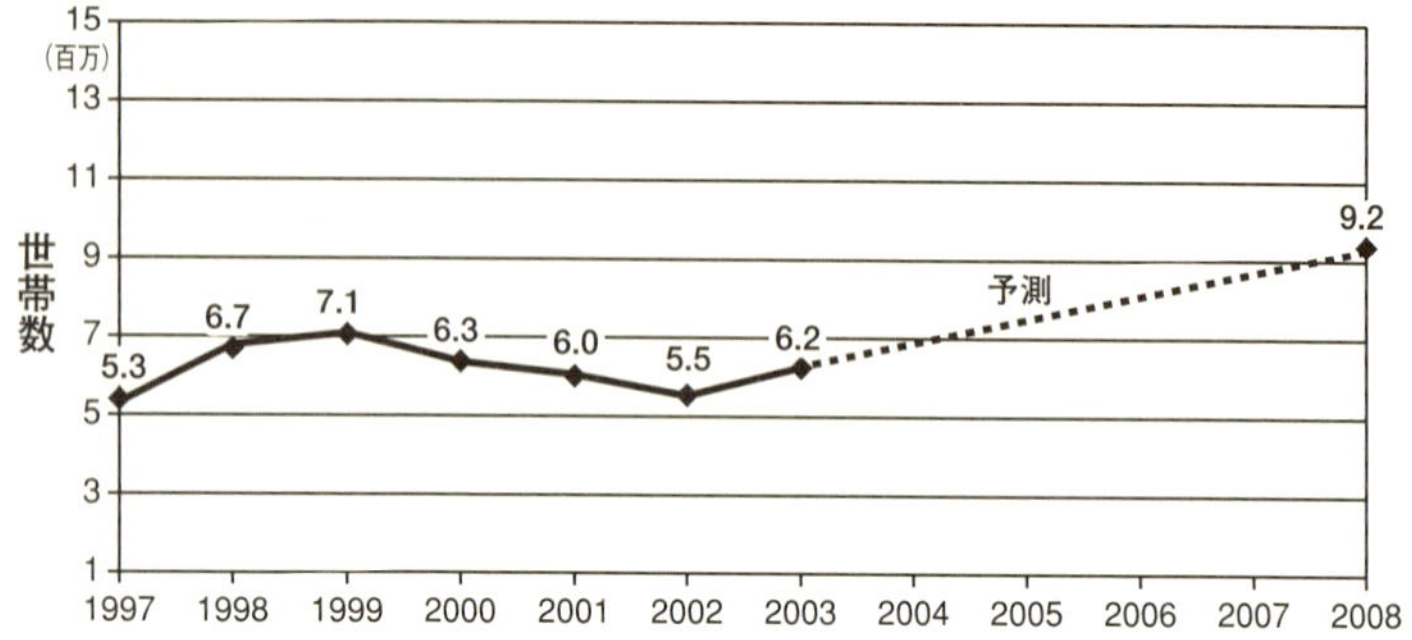

出典:スペクトラム・グループ・パースペクティブ『裕福な投資家——その主な態度、行動、人口統計——2003年富裕市場の主要動向概観——スペクトラム・グループの推定』

予測では、二〇〇〇年以降の一〇年間の増加率はやや緩やかになりそうだが、それでも二〇〇八年までには九二〇万世帯に達する見込みだ。つまり、二〇一〇年までには、優に一〇〇〇万世帯を上回るミリオネア層が出現する見通しなのである。

われわれの予測する景気と株価の伸びから言えば、この予測でも控えめなくらいだ。われわれの予測では、ミリオネア層の数は二〇一〇年までに一五〇〇万世帯に迫り、全世帯の一五%近くを占めるようになる。純資産一〇〇万ドル以上、年収一〇万ドル以上が明らかに新富裕層の定義となりつつある。

純資産が最も多い層は、さらに増加率が高い。純資産五〇〇万ドル以上の世帯数(図8-4)は、一九九九年に五九万世帯に達し、その後も急速に増え続けている。スペクトラム・グループの予測によると、二〇〇八年には一一六万世帯に達するという。われわれは、二〇一〇年までに一五〇万〜二〇〇万世帯に達する可能性が高いと見ている。トマス・J・スタンリーが『となりの億万長者』(早川書房刊)でとり上げた調査対象は、どちらかというと、こう

図8-4 純資産500万ドル以上の世帯数

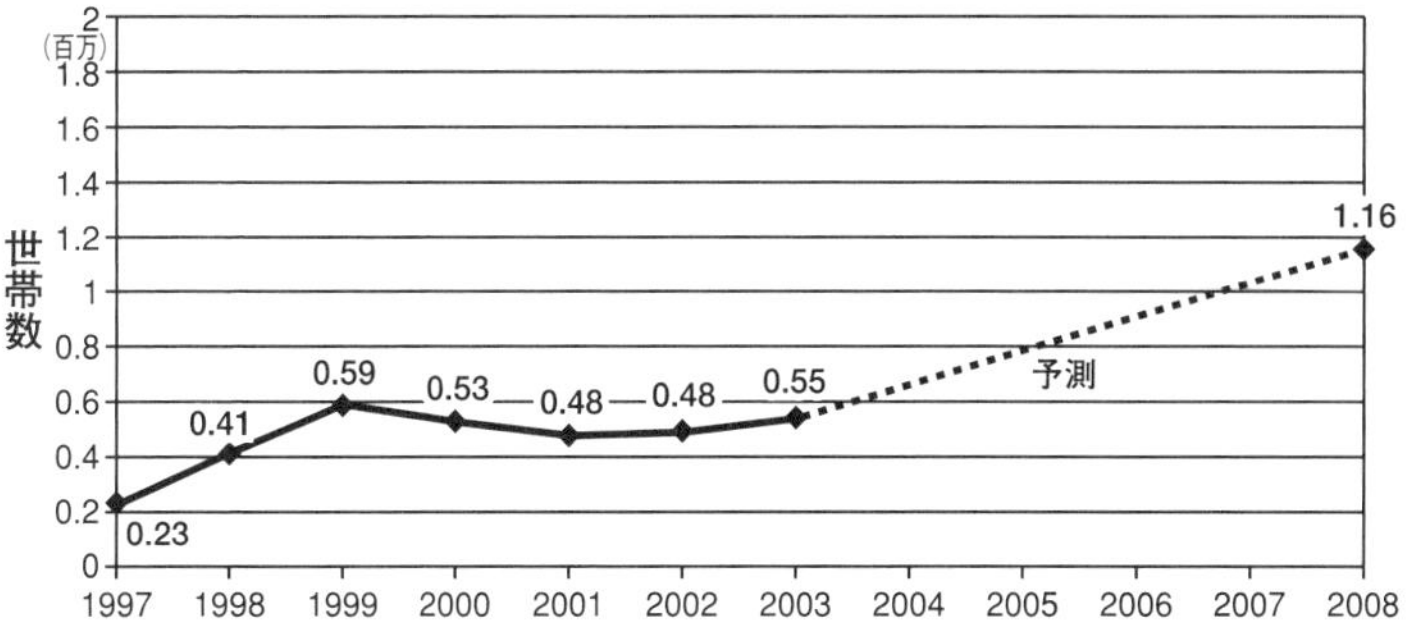

出典：スペクトラム・グループ・パースペクティブ『裕福な投資家——その主な態度、行動、人口統計——2003年富裕市場の主要動向概観——スペクトラム・グループの推定』

した超富裕層が多かった。調査対象の中心は純資産が五〇〇万〜一〇〇〇万ドルの層で、平均年収はほぼ八〇万ドルに達している。

同書について重要な点は、こうした新富裕層こそがニュー・エコノミーの主役であり、彼らの多くは倹約的な「となりの億万長者」ではないということである。ニュー・エコノミーの真のトレンドは、所得をはるかに上回るペースで富が伸びていることである。富は生活に新たな側面をもたらす。基本的な経済の安定が大幅に向上することにより、投資が可能になるだけでなく、より創造的なライフスタイルの演出や、起業家精神や慈善精神の追求も可能になる。

ますます豊かになりつつあるこの層は、現在進行中の大好況において、二〇〇九年までに企業成長の大部分を支配し、今後数十年かけてニュー・エコノミーが完全に主流化する間のトレンドを決めることになるだろう。前回、ニュー・エコノミーが主流化したのは一九三〇年代後半から一九六〇年代、そして一九七〇年代だった。このときには、第一次世界大戦から「狂乱の二〇年代」にかけて、中流階級（全世帯の一〇〜二〇％）の生活水準が上昇し、一九六

図8-5 1世帯当たり平均所得

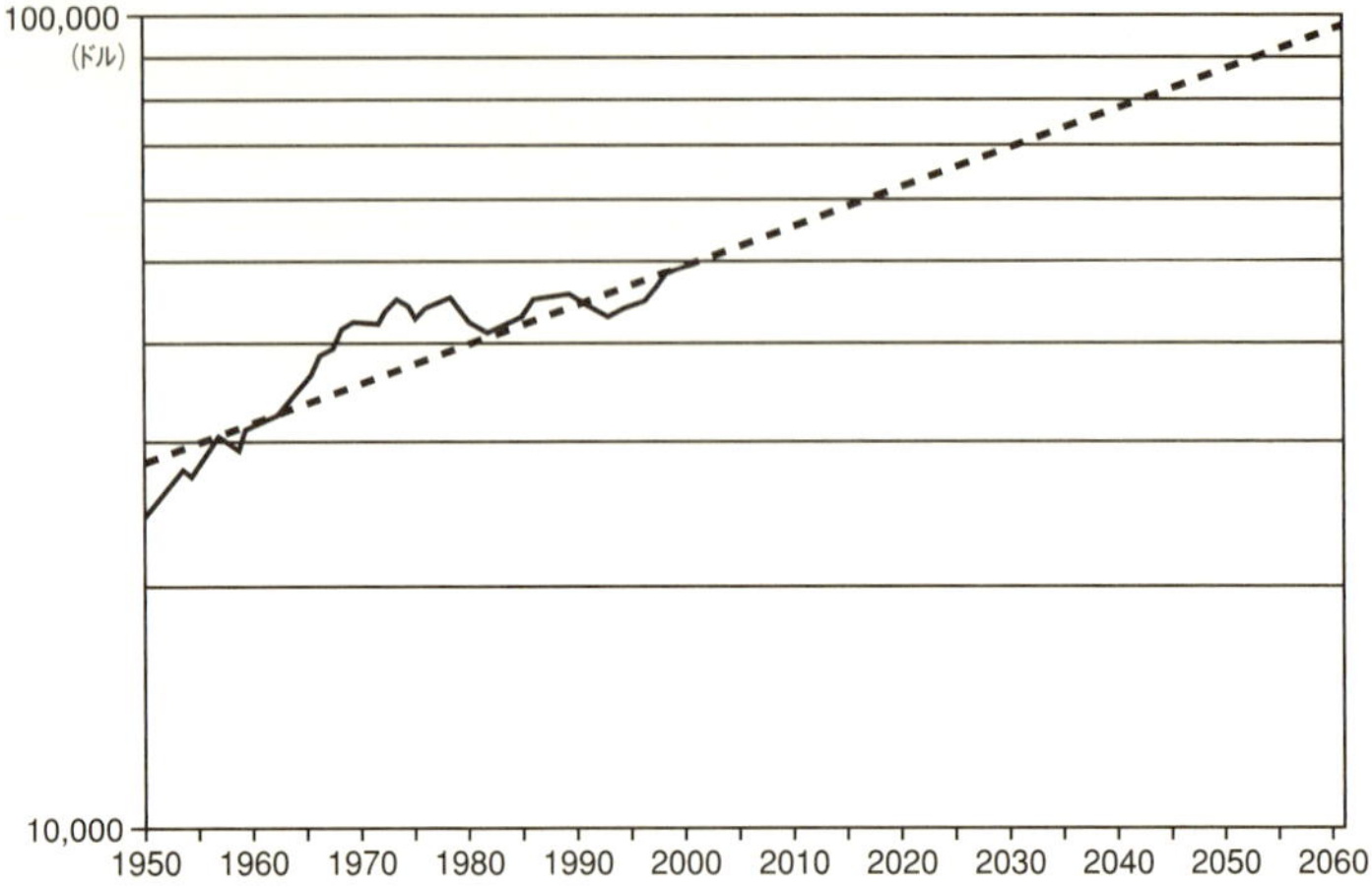

〇年代、一九七〇年代にはそれが標準となった。

今の驚異的なブームが終わっても、株に投資し、企業を所有し、ニュー・エコノミーの恩恵を受ける層は増え続けるだろうし、専門職や知識ベースの仕事につく人、技術革新を活かした起業家、企業オーナーの数は、工場やオフィスで働く人々よりも急速に増え続けるだろう。

この好況とその後の数十年間には、より多くの世帯がミリオネアに近づくだけでなく、一世帯当たりの平均所得も過去数十年間と同じペースで伸び続けるはずだ（図8―5）。このチャートのトレンドを見ると、一世帯当たりの平均所得は二〇六〇年頃には一〇万ドルに達する見通しである。また、特筆すべき点は、平均世帯構成員数が急速に減少しているため、一人当たりGDP（実質的な生活水準の目安としてはるかに優れている）は、それ以上に急速に伸びているということである（図8―6）。

生産性と多くの世帯の生活水準が最も伸びるのは、ハイテク・バブルが新しいインフラや生活、仕事の

図8-6　1人当たりGDP（1900〜2050年）

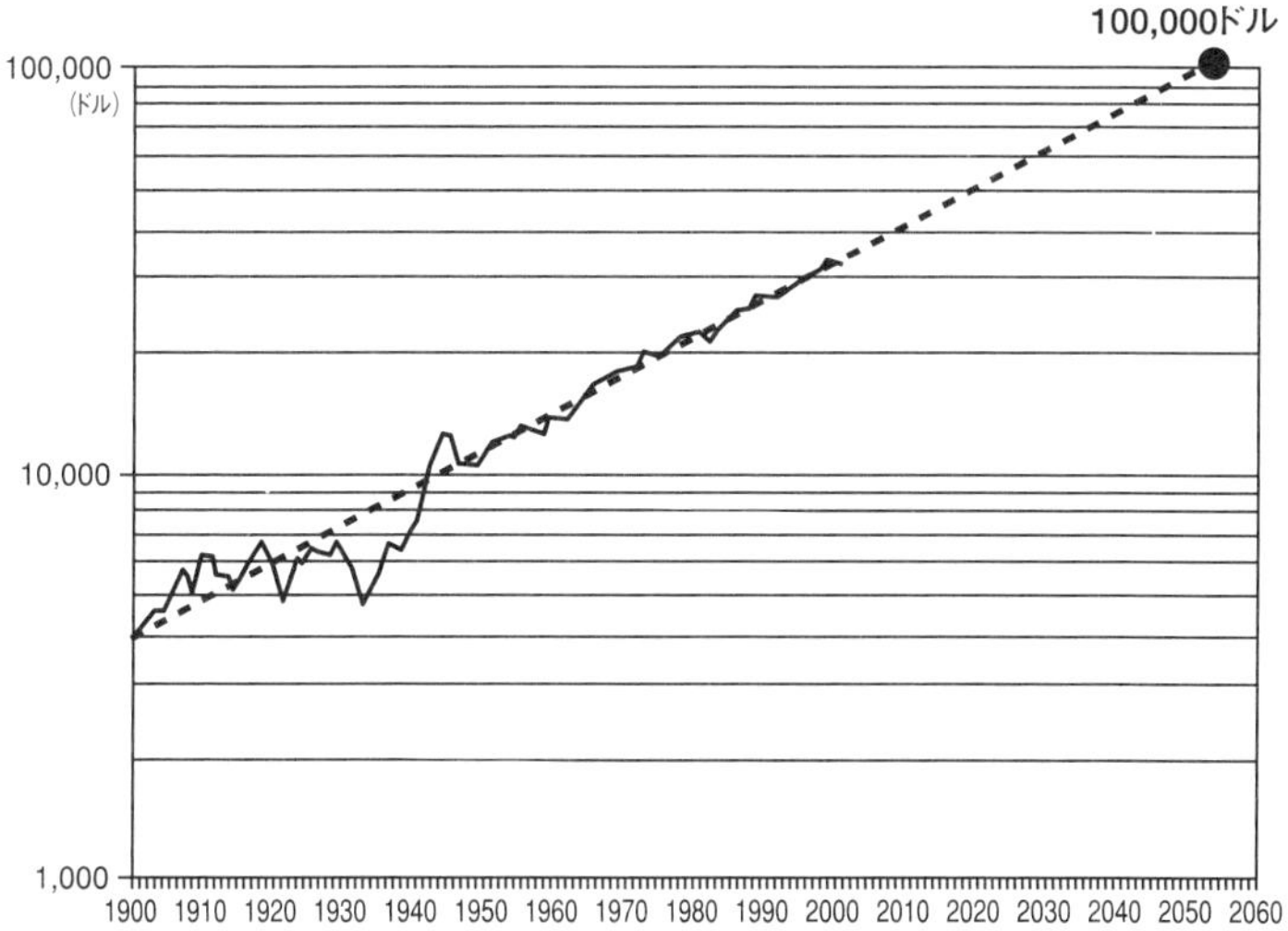

あり方の先鞭をつけてから何十年も後になる。

これらのチャートを見ればわかるように、前回の八〇年周期のニュー・エコノミー・サイクルで生産性や生活水準が大きく（また着実に）伸び始めたのは、一九一九年と一九二九年のバブル崩壊後だった。つまり、われわれの子供たちは、キャリアと富のサイクルのピークを迎える頃には非常に裕福になっているということだ。ただし、それが目に見える形で現れるのは、二〇一〇〜二〇二〇年の景気後退後のことである。

また、今世紀半ばから後半に起こるバイオテクノロジー革命のおかげで、彼らは九〇歳から一〇〇歳まで生き、場合によっては一二〇歳まで生きる可能性もある。その分、学び、稼ぎ、支出し、富を蓄える生産的なライフサイクルも長くなるが、一方で、より長い老後に備えなければならないということでもある。

図8-7 住宅所有率（1890〜2000年）

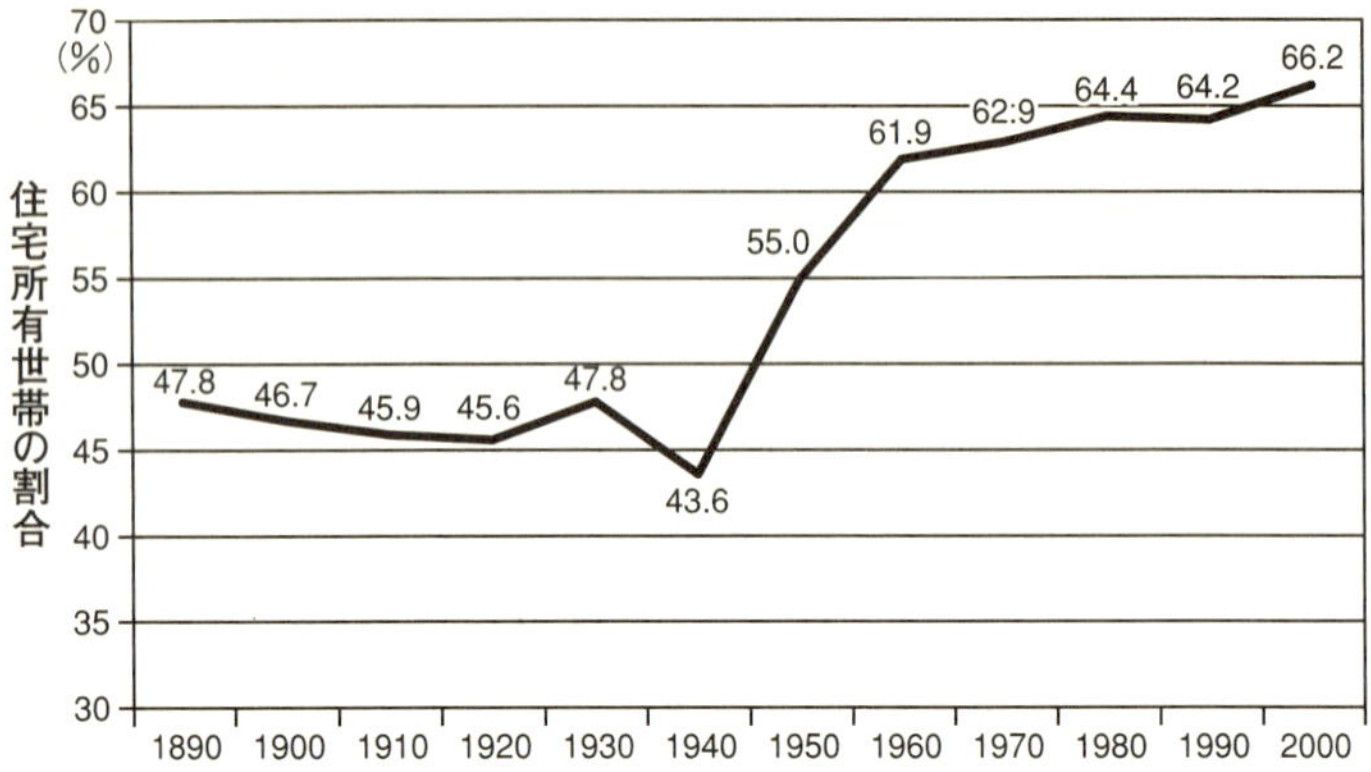

富の爆発的増大を促進するもの

前にも述べたように、全般的に言える最も大きな全体的トレンドは、人々の所得が向上し、長期の貯蓄や投資を始められるだけの可処分所得を人々が手にしたことである。また、過去一〇〇年間で平均寿命が四七歳から七八歳に伸びたことにより、富を蓄積できる期間も伸びた。

ただし、どのように投資するかが肝心である。もし、富のすべてをeトレードでインターネット株に投資してしまったら、裕福にはなれないだろう。トマス・スタンリーの統計を見ると、調査対象となった億万長者世帯のうち九七％が自宅を所有していることがわかる。いつの時代にも持ち家は富の蓄積のカギとなる。だが、図8－7を見ればわかるように、一九五〇年代以降、住宅所有率はかなりの高水準で上げ止まっている。

持ち家比率は二〇世紀前半に大きく伸びた後、一九五〇年代以降に五五〜六六％以上へと穏やかに伸びてきた。もちろん、住宅を所有すれば住宅持ち分と資産を増やし、住宅取得控除やキャピタルゲイン非課税により税制上の優遇

図8-8　一般大衆による株式投資のS字曲線（1990〜2009年）

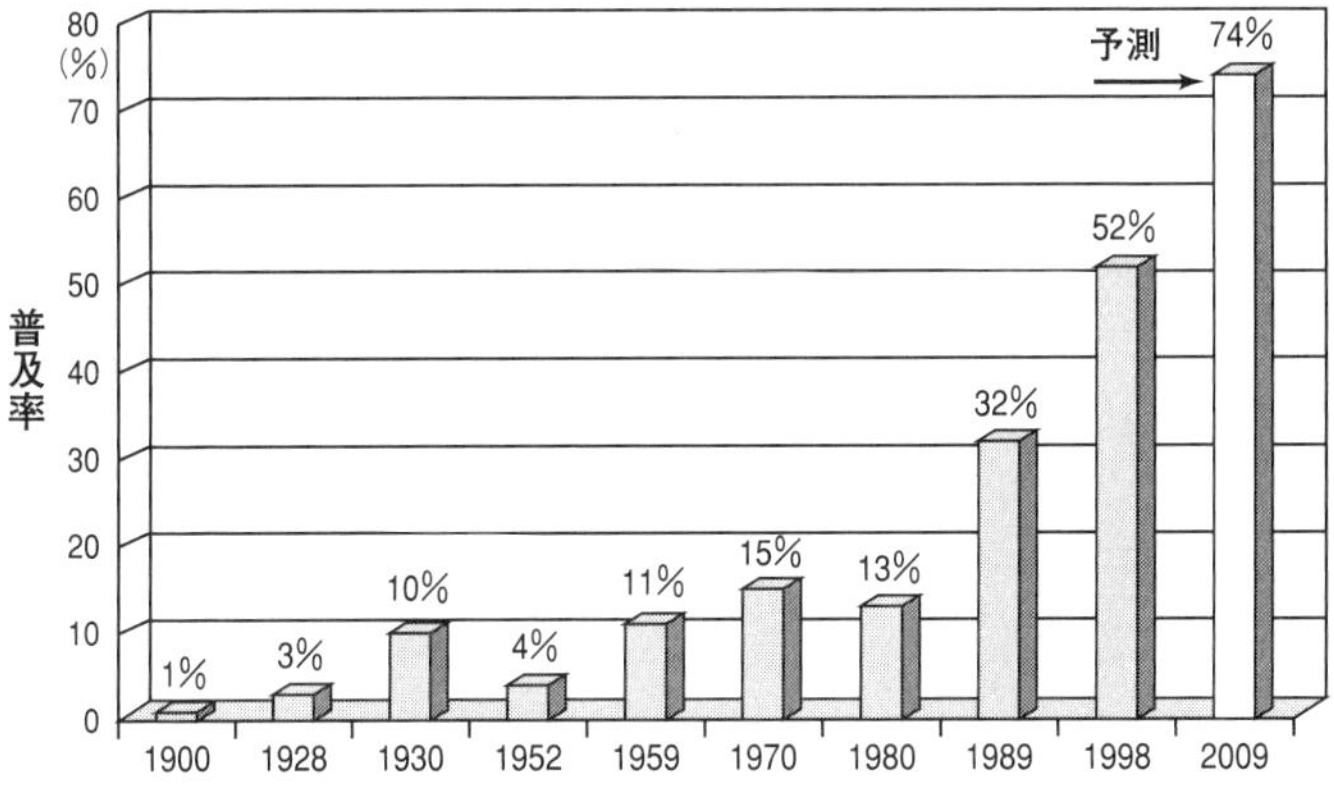

出典：セオドア・キャプロー、ルイス・ヒックス、ベン・J・ワッテンバーグ著『計測された最初の世紀（*The First Measured Century*）』252〜253ページ

を受けられる。高所得者層は住宅取得能力も高いので、当然、より早く住宅購入サイクルに入る。

新しい税法では、キャピタルゲインは五〇万ドルまで非課税だ。つまり、代金の八〇％をローンで調達して買った住宅が値上がりすれば、その値上がり幅は自己資金のみの場合の五倍に膨れ上がるうえに、その売却益が五〇万ドルまで非課税というおまけがついてくる。

持ち家比率は今後も伸び、二〇〇九年までに七〇％近くに達するだろう。だがこれだけでは、一九九〇年代に見られたような富の爆発的増大は説明しきれない。この二度目の富の増大が始まったのは、一九八〇年代、一九九〇年代に株の所有率と収益率が高まったからだった。

つまり、富を生み出すより強力なトレンドは、株式投資をする層の急増だったのである（図8−8。第2章図2−19の再掲）。もちろんそれは、パソコン、携帯電話、インターネット、ブロードバンドの普及と同じく、ニュー・エコノミーの新たなS字曲線トレンドのひとつである。

ただし、こちらはかなり長期にわたっている。持ち家比率と違って、株式所有率は一九七〇年代後半および一九八〇年代前半以降、飛躍的に伸びている。二〇世紀の初めには、株式の世帯所有率はわずか一%で、一九五〇年代前半でも七%に過ぎなかった。一九八〇年代前半に今回のブームが始まった頃でも、たった一三%だった。それが一九九八年までに五二%に上昇しているのだ。

われわれは、二〇〇九年までに、株式の世帯所有率は七〇〜八〇%に伸びると見ている（おそらく七四%前後になるだろう）。ミューチュアル・ファンド経由で株を所有している六五〇〇万人のアメリカ人のうち、七〇%は世帯収入が七万五〇〇〇ドルに満たない。つまり、株を所有しているのは、もはや金持ちだけではないのである。このトレンドの背景にある最大の要因は、やはり４０１ｋプラン（およびＩＲＡやキオ・プランなど、その他の税制優遇型年金制度）の台頭である。その始まりは一九七八年のちょっとした税法修正に過ぎなかったのだが、それは社会保障制度以来、最も重要な年金改革となった。

株式を持たない世帯の大半は、４０１ｋプランの管理費や複雑な事務処理を担う余裕のない小企業に勤めている。小企業の従業員の約半数は４０１ｋプランに加入していない。一方、従業員数が五〇〇〇人を超える企業では、九六%が４０１ｋプランを採用している。従業員数五〇〇〜一〇〇〇人の企業でさえ七五%が採用している。

ところが、それ以下の規模の企業になると採用率が急に落ちる。従業員数が一〇〇〜五〇〇人の企業では三六%、従業員数が一〇〇人未満の企業ではわずか一四%しか採用していない。さらに、従業員数が二〇人未満の企業となると、年金制度は存在していないも同然である。

だが、この規模の企業こそ大半の人々の勤め先なのである。アメリカ経済の主要トレンドのひとつは、起業家の設立する小規模企業が雇用の大部分を創出し続けていることだ。今日、従業員数一名の企業も含めて、そうした企業の数は一三〇〇万社にのぼる。年金制度のS字曲線を考えれば、今後数十年は、こうした小企業への普及率が高まることが予想される。

変化の兆しはすでにある。４０１ｋプランと金融サービス業界に最近起きた最も画期的な出来事のひとつは、低コスト、ターンキー方式、自主管理型の４０１ｋプラン・コンピュータ・システムの登場である。これにより、多くの企業が４０１ｋを提供できるようになった。ゴールドＫ（www.goldk.com）は、二〇〇〇年代前半に、こうしたシステムを発売した最初の企業だった。この種のシステムは、小さな企業でも二時間もあればほとんどノーコストでセットアップできる。というのも、新興企業の中には、４０１ｋの事務管理を、ソフトウェアを通じてオートメーション化するところが増えているからだ。従業員は通常、自動的に加入し、ログオンすれば小一時間で個人的なプランを組むことができる。

もし、あなたの勤める小企業雇用主がこうした低コスト、セルフサービスの新型４０１ｋプランを知らないようなら、すぐ教えよう。これは税制優遇措置を受けて資産を築く絶好の手段だ。４０１ｋ等の年金制度に加入していないと大損をすることになる。というのも、加入すれば非課税で貯蓄できるばかりか、給与のうち、このプランに支払われる分には所得税もかからないからだ。

投資革命は、銀行やウォルマート、コストコなどの大手小売店を通じて、最終的に一般世帯へと広がっていくだろう。これらの小売店は、すでに顧客に金融サービスを提供し始めている。セーブデイリー（www.savedaily.com）は、４０１ｋ以外の低コスト投資プランを対象に、ゴールドＫと同様のソフトを開発した。

このソフトを利用すれば、銀行、信用組合、アフィニティ・グループ（類縁団体）、小売店も、低い口座管理手数料と最低限の投資で、低コスト貯蓄プランのシステムを提供することができる。加入者の資金は、リスク特性に応じたミューチュアル・ファンド・ポートフォリオで運用される。預け入れ金は、銀行口座や給与から天引きにするか（デイビッド・バックは著書『自動的に大金持ちになる方法――オートマチック・ミリオネア』〈白夜書房刊〉で、毎月五〇ドル、一〇〇ドル、二〇〇ドルといった天引きを勧めている）、小売店または銀行の店頭で不定期に現金で払い込む。

デイビッド・バックが『自動的に大金持ちになる方法』で説いた、単純だが効果的な貯蓄のルールは次の通りだ。

1　先に貯める（家賃を支払うように貯蓄する）
2　自動化する（銀行口座や給与から天引きにする）

セーブデイリーやゴールドKなどの新システムが登場した今、今後二〇年間に、これらを利用するだけで何百万もの世帯が新たな株式投資家となり、S字曲線が進展していくことが容易に予測できる（図8―8）。たとえ余裕資金が月一〇ドルしかない一般世帯でも、今や貯蓄と投資を始められるのである。ライフサイクルが進み、可処分所得が増えるにつれて、こうした層も貯蓄を増やせるようになっていく。

「誰でも投資家になれる！」——それがニュー・エコノミーの最初のスローガンだ。

自営業者とフリーエージェントのトレンド

富の新パラダイムを動かす最も重要なトレンドは、自分で会社を起こしたり在宅で事業を始めたりして、自分の仕事から直接、所得や資金を生み出す人が増えていることだ。トマス・J・スタンリーの『となりの億万長者』（前出）と『なぜ、この人たちは金持ちになったのか』（日本経済新聞社刊）を読むと、ミリオネアの八〇％は自力でその地位を勝ちとっていることがわかる。約三二％は企業オーナー、一九％は弁護士か医者だが、その多くが法律事務所や医院のオーナーか、自分の給与の一部を直接稼いでいる。企業の上級管理職はわずか一六％だった。調査によると、平均純資産が最も高いのは、明らかに企業オーナーだった。

富を築く最良の方法は企業オーナーになること。特に、組織的に事業を拡大したり、売却したりできる企業がよい。

ダニエル・ピンクは『フリーエージェント社会の到来』（ダイヤモンド社刊）において、従来型の常勤職に就いていない労働者数を推定し、「ミニ起業家（会社設立）」「フリーランス（個人事業）」「在宅勤務」「臨時社員」の四つに分類した。ただし、ここで注意しなければならないのは、本当の意味の自営で、自分の事業において資産を築ける可能性がいく分でもあるのは、ミニ起業家とフリーランスだけだということである。

ミニ起業家は約一三〇〇万人いる。アメリカ企業の半数以上は従業員数が五人未満で、その多くはオーナーの自宅を会社と兼用にしている。ウェルズ・ファーゴの調査によると、新興企業の六九%がオーナーの住居を所在地としている。その多くは販売、建設、メンテナンス、清掃、データ処理、グラフィック・アート、会計を中心とする単純な事業だ。われわれの見るところ、売却によって大きな資産を生む可能性があるのは、その中でもほんのひと握りだ。自宅を拠点とする最大のメリットは、コストが低く、通勤時間が短く、勤務時間の調整が楽で、通常、オーナーにより高い収入をもたらす点だ。

フリーランスは、およそ一六五〇万人いる。フリーランスとは一人で仕事をしている人のことで、典型的な職種として作家、アーティスト、写真家、配管工、経営コンサルタント、グラフィック・デザイナー、カーペット設置、コンピュータ・プログラマーなどがある。ミニ起業家と重複する部分もあるが、違うのは、ミニ起業家は従業員を二人以上抱えていること、事業において資産を築き売却できる可能性が高いことだ。才能を頼りに自分一人で行っている事業は通常、引っ越したり、引退を決意しても売却することはできないが、顧客や社名を意欲ある新進のフリーランスや企業に売却できる場合もある。

企業に雇われながら自宅で仕事をする人の数も増えている。ピンクによると、こうした在宅勤務者の数は一一〇〇万～一四〇〇万人と推定され、おそらく一二五〇万人前後と見られる。これらの人々はもちろん企業オーナーではないが、勤務時間が調整しやすい、通勤時間を短縮できるといったメリットがある。在宅勤務者の場合、雇用主に再交渉して独立し、請負業者となって他の企業に顧客を拡大しない限り、資産を築ける見込みはまずない。

また、臨時社員は約三五〇万人いる。臨時社員とはパートタイムで働く人々のことで、自分の仕事をコントロールする力をほとんど持たず、資産を築ける望みもない。自ら選んでそうなったのではなく、安定した仕事に就けず臨時社員になった人も多い。一方、仕事の余裕を求めて、あるいはパートタイムでしか働きたくないという理由でこの道を選ぶ人も多い。

以上をまとめると、自営と呼べる層は数が多く、また増えている。フォーチュン五〇〇社に雇われている人は全体の一〇％に過ぎない。自営や企業所有へと向かうこのトレンドは、ニュー・エコノミーの下でも伸び続けるだろう。

決定的事実——富を築く最良の手段は企業オーナーになること

富を築く可能性が最も大きいのは、自分で事業を始めることだ。最初は自宅がオフィス代わりということも多いが、ミリオネア層を対象とした各調査では、とにかく事業を始めることが最も重要な要因であることが証明されている。スタンリーの『なぜ、この人たちは金持ちになったのか』によると、最高水準の純資産を保有する世帯を対象とした調査では、回答者の八七％が「自分の事業に投資すること」を「とても重要」（五〇％）または「重要」（三七％）と答えたという（原書七三頁）。対照的に、株式投資を「とても重要」（一二％）または「重要」（二八％）と答えた人は四〇％に過ぎなかった。

とはいえ、他人が再現でき、かつ（あるいは）引き継ぐことができる事業を築かない限り、企業を

図8-9 最高所得層および最高純資産層の世帯に占める自営業者の割合

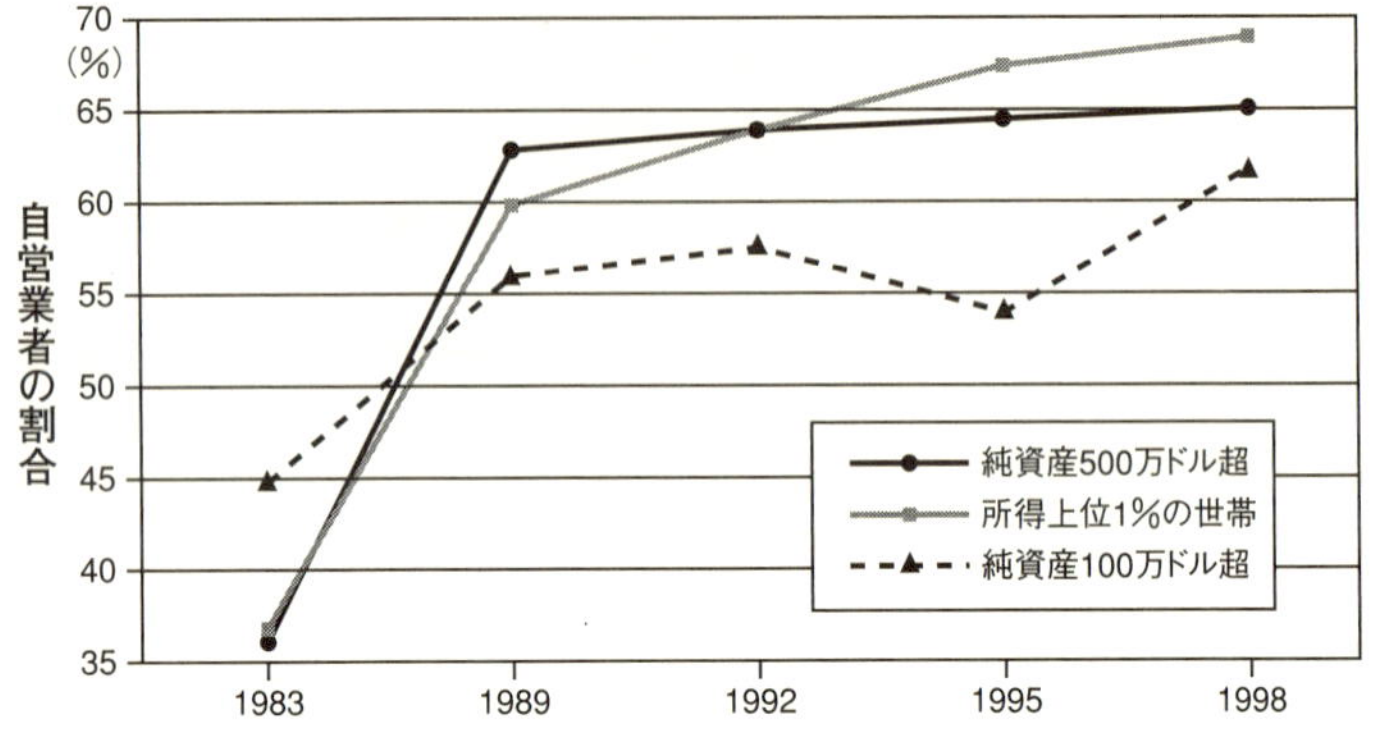

出典：ティム・W・ファーガソン「新富裕層（Nouveau Riche）」（「フォーブズ」2001年10月8日号、78ページ）

所有しても大した資産にはならない。したがって、通常はミニ起業家が富への最短ルートとなる。一九八〇年代前半以降、株式保有率が劇的に上昇してきたが、最富裕層の富が増大した最大の理由は、自営業者や企業オーナーが急増してきたことであった（図8―9）。

上位一％の高所得者層における自営業者の割合は、一九八三年の三七％から一九九八年には七〇％まで上昇している。これもまたS字曲線の進展と言えるが、この層ではピークを迎えつつあるようだ。だがその他の層では、新たなS字曲線トレンドが始まったばかりである。

純資産が五〇〇万ドル以上の層では、自営業者の割合が一九八三年の三五％から一九九八年には六五％に増えており、特に一九八九年以降は大きく伸びている。純資産一〇〇万ドル以上の層における自営業者の割合は、一九八三年の五〇％未満から一九九八年には六二％に増加しており、特に一九九五年以降大きく伸びている。ちなみに、所得と純資産の水準は、一九九八年基準の実質ベース（インフレ調整後）で測定してい

図8-10 若年層における高所得世帯の割合（1993〜98年）

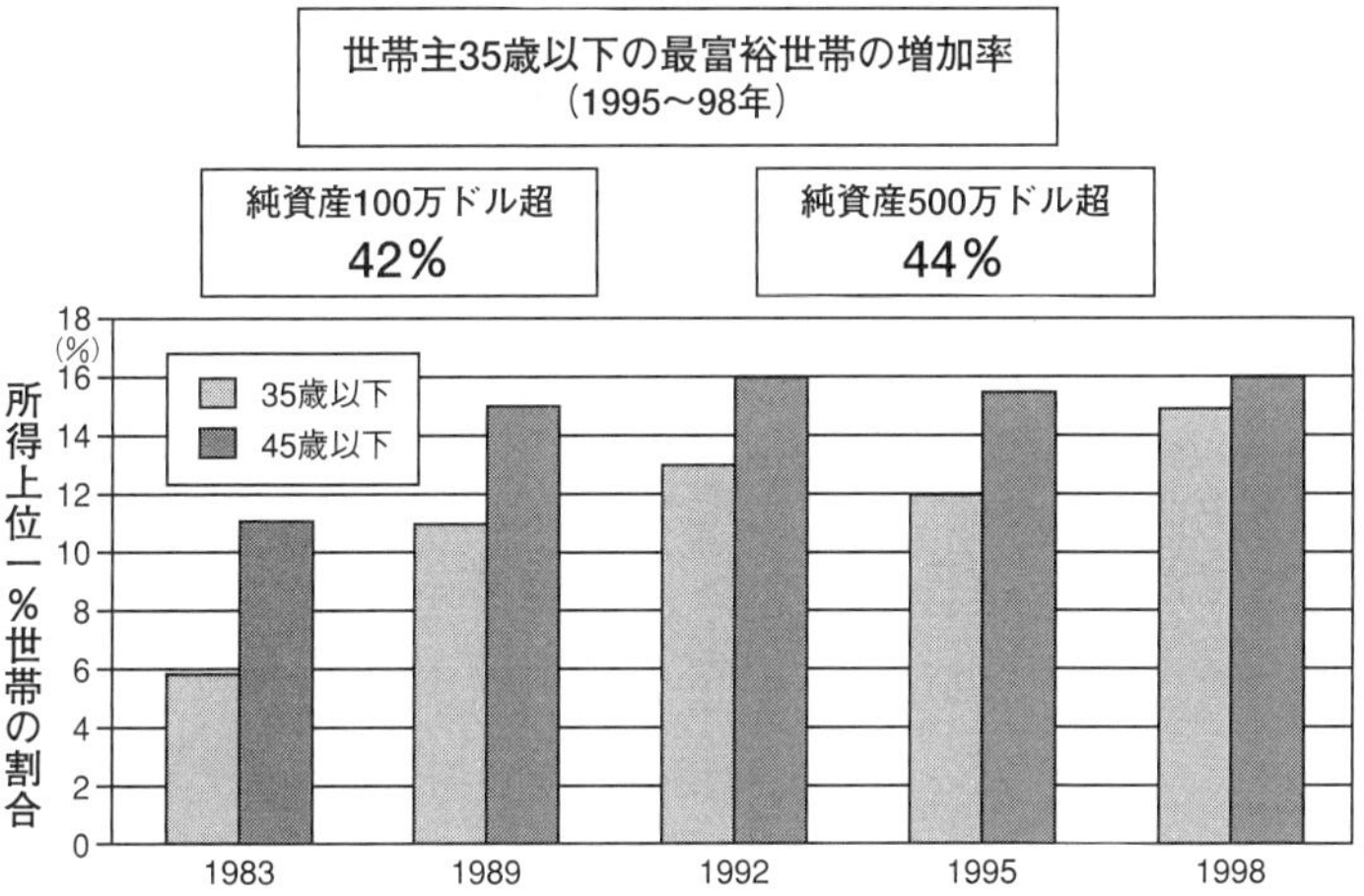

出典：ティム・W・ファーガソン「新富裕層（Nouveau Riche）」（「フォーブズ」2001年10月8日号、78ページ）

る。最富裕層における自営業者の比率から見て、今後数十年間に約七〇%の人が自営業者になると予測できる。

上位一%の高所得者層における世帯主が四五歳以下の層の比率は、まだごく低いものの、一九八三年以降着実に伸びている（図8-10）。また、三五歳以下はさらに急増しており、台頭するニュー・エコノミーと新技術において起業がトレンド化していることを裏付けている。

図8-11を見ればわかるように、所得上位一%の層の所得がピークに達するのは五五〜五九歳だから、四五〜四九歳では上位一%の層の比率がかなり低いのもうなずける。上位五%および一〇%の高所得者層の所得がピークに達するのは五〇〜五四歳で、上位一〇%の層のピーク時の所得は、平均的世帯の二・五倍、上位一%の層では約七倍となっている。

図8-11 所得上位1%、5%、10%の世帯のピーク所得(年齢別)

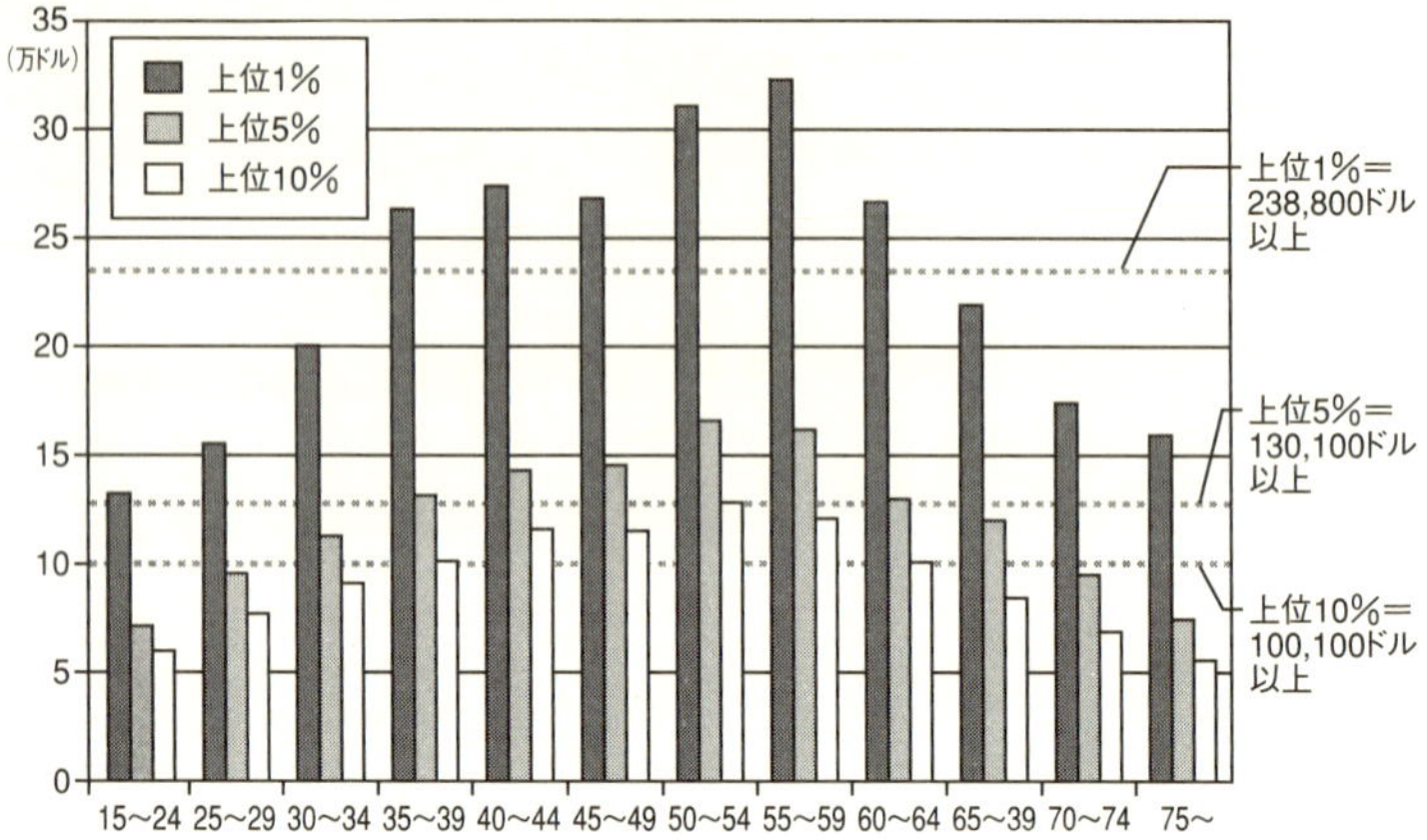

出典：ピーター・ブリムロウ「Keeping Up」(「フォーブズ」2000年5月1日号)
調査：エドウィン・S・ルビンスタイン（ハドソン・インスティテュート）

「誰でも企業オーナーになれる。あるいは、企業内で利益配分を受ける事業オーナーになれる」——これがニュー・エコノミーの第二のスローガンだ。

多くの企業が新富裕市場のチャンスを逃がしている

富の爆発的増大から読みとれる奇妙な点のひとつは、多くの企業がこの大規模で影響力のある新富裕市場を取り逃がしているということだ。たいていの企業は、依然として中流階級市場を相手にした「最低価格」戦略で商売している。だが、この市場は競争相手が多く、利益率も低い。「ベンツはいつも順番待ちなのに、マツダはいつもセール中なのはなぜか」、その理由を考えてみてほしい。

こうした新富裕層は、量よりも生活の質を、最低価格よりサービスを、仕事の指図を受けるより自己決定を、決まった職務だけをこなすよりも真の違いを生むことをますます重視するようになっている。彼らは時間を大切にし、自尊心も高い。それは、新しい価値観、新しいライフスタイル、そして新しい労働環境の出現を意味する。

それなのに、ほとんどの企業や機関は旧態依然としたやり方で、顧客の時間をおろそかにしている。そのくせ、自社の従業員の時間は最大限に利用し、従業員の最大のモチベーションと才能を押さえつけている。そして、株主の利益を最優先しながら、顧客サービスの水準を下げ続けているのだ。

マイケル・J・シルバースタインとニール・フィスクの著書『なぜ高くても買ってしまうのか』（ダイヤモンド社刊）は、われわれが最初の大著『経済の法則』（一九九二年）以来、予測し続けている新プレミアム・クラスの製品・サービスの台頭を強く訴えている。

過去二〇年間、上位二〇％の高所得者層の所得と資産は平均以上の伸びを示してきた。その結果、新たなプレミアム・セグメントが伸びている。とはいえ、シルバースタインとフィスクも指摘しているように、一九七〇年代から一九九〇年代に台頭したディスカウント業界（図8―12）が日用品価格をより手頃にしたからこそ、平均的世帯でも可処分所得のより大きな部分をプレミアム品に充てられるようになったのだ。

今後は、最も関心のある分野に限って、プレミアム品を買う人が増えるだろう。それは例えば、キャロウェイのゴルフクラブ「ビッグ・バーサ」だったり、スターバックスのラテだったりする。もちろん増えつつある富裕層の多くは、分野を選ばず全般的にこうした高級品を買う。したがって、どっちつかずの企業（シアーズのような旧来の標準品質企業）は行き場を失ってしまうのだ。ここ数十年はディスカウント企業が伸びてきたが、今後数十年はプレミアム企業がそれ以上の急成長を遂げるだ

図8-12 3つの市場トレンド――割安、標準、プレミアム(1970～2010年)

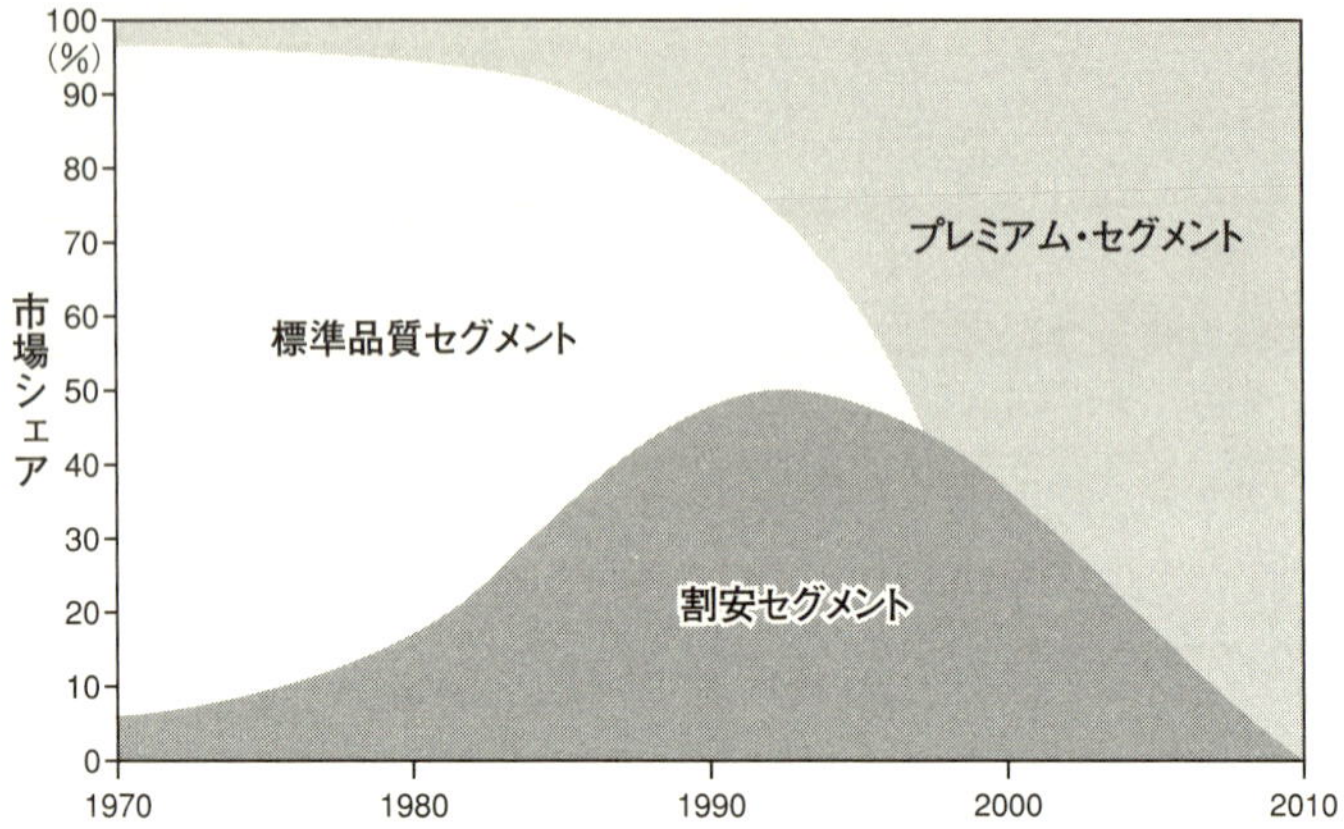

ろう。今後数十年にわたってニュー・エコノミーを生み出し、二〇〇九年までの首位争いに勝つのは、こうした企業である。

つまり、この一〇年代およびそれ以降においては、マス市場にワンランク上のセグメントが生まれるという、一九七〇年代、一九八〇年代、一九九〇年代以上に過激な変化が見られるということだ。それは単に九〇年代以降、少数派の新富裕階級の影響力が増しているというだけのことではない。

第二次世界大戦後、大衆が中流階級の生活水準を達成したように、今後数十年で、ほとんどの世帯が富裕階級に到達するのである。つまり、この新富裕階級は、今後二〇〇九年までにとどまらず、今世紀の半ば以降にまでわたる商業、労働、ライフスタイルの新トレンドを決めようとしているのである。そしてもちろん、アジア等の新興工業国でも、今後数十年のうちに、こうした富裕層トレンドへの追随が見られるだろう。

だからこそ、「狂乱の二〇〇〇年代」の企業や投資家は、台頭する富裕層をターゲットにすることが不可

欠なのである。この好況のピークまでにニュー・エコノミーにおける首位争いの覇者を決めるのは、こうした新富裕階級である。前回の技術革命が初めて主流化した「狂乱の二〇年代」にも同じことが起こっている。フォードが低価格のT型モデルを大量生産し続けるのを尻目に、GMはビューイックやキャデラックといったワンランク上の車種で、富裕な新世代の間で高まっていた質へのニーズに訴え、自動車業界の首位争いを制した。教訓としたい。

一九九〇年代後半のeコマース株トレンドは、単なる株価の過熱であり、かなわぬ夢だったのだと人々は口を揃える。われわれは『2000年資本主義社会の未来』（原書）において、今回の技術革命の各段階の概要を示すとともに、一九九〇年代半ばから二〇〇〇年代前半に台頭した企業間ビジネス・トレンドと、二〇〇二～一〇年に台頭する消費者革命について述べた。二〇〇五年以降に真の消費者革命を生み出すのは、ブロードバンド接続の普及と、音声起動または音声認識技術（より簡単なアクセス）の進歩、そして最終的には双方向の動画通信（リアルタイムで個別化されたサービス）の台頭だろう。

二〇〇〇年のインターネット・バブルとハイテク株暴落による教訓は、二つある。ひとつは、誰もが期待した消費者革命が起こるにはまだ早かったということ。当時はまだ、人々が日常的な製品・サービスを買うために、インターネットに集まるところまではいっていなかった。インターネットは今でも、主に情報コミュニケーション・ツールとして用いられており、今のところ、オンラインで購入されているのはコンピュータ、定期預金、書籍、旅行など単純な商品だけだ。

だが、『2000年資本主義社会の未来』でも強調したように（第5章～第8章）、より重要なのは、真の革命とは企業の組織化手法やビジネス手法の変革だということだ。それは、まったく新しいビジネスモデル（トップダウン型ではなくボトムアップ型の経営、単なる低コスト・低価格ではなく、リアルタイムで個別化されたサービス）の出現を意味する。

間違っても、若者たちの経営する企業が事業計画も収益性もなしに、一夜漬けで新しいブランド名を考え出すことではない。株価が法外なまでに競り上げられた挙句、二〇〇二年までに九九％かそれ以上も暴落したのは、まさにこうした企業だった。真の革命とはむしろ、ベビーブーム世代がまだ若かった一九六〇年代および一九七〇年代に、革新によって生み出された新しいブランド、技術、製品、サービスを、最大限に活用することなのだ。

インターネットの真の影響は、既存の主要大企業の多くがネットに対応するための自己変革と新たなダイレクト・マーケティング戦略の受け入れ（オンライン店舗とリアル店舗の両立）を余儀なくされたことだった。こうした企業こそ、eベイやアマゾンなど少数の好調な新ブランド企業とともに、今後の首位争いに勝ち残っていく企業である。今後は、ますます多くの急進的な企業が新たに台頭し、この首位争いにからんでくるだろう。そして、既存の大企業との合弁事業や提携こそ、勝ち残るための方法だと気づくだろう。

『2000年資本主義社会の未来』では、一世代おきに革新が起こり、それがニュー・エコノミーをもたらすことも強調した。革新後の世代は、既存の技術、製品、サービス、産業を拡大・改良するものだ。

ところがエコーブーム世代（ベビーブーマーの子供の世代）は、革新段階にさしかかったとき、いきなり世界を一変し、まったく新しいブランドや企業を生み出そうとした。だが、二〇〇〇〜〇二年のeコマース株暴落によって、新ブランドを次々と生み出すことではなく、パソコンとインターネットの革命を改良・拡大することこそ、新しいトレンドだと思い知った（もちろん、長い目で見れば新たなブランドは常に台頭してくるのだが）。

ボブ・ホープ世代（ベビーブーマーの親世代）が革新段階に達し、最終的にジェット・エンジンを飛行機に搭載したり、高速道路を作って自動車を走らせたりしたのも、まさしくそれだった。今後の革命は、そういうものになるだろう。

だが、最終的には、むしろ働き方や生活の仕方を変えることにより、こうした新技術や新製品をより安価な日用品に応用して主流化すること、そしてそれを、ますます豊かになり、より高い品質とサービスとより手頃な価格を求めるようになった消費者に届けることが革命である。

ただし、この革命は消費者にとどまらない。台頭する新富裕階級から優秀な人材をひきつけるには、企業内企業を経営させたり、外部の委託業者としてパートナーシップを組ませたりするしかない。ミリオネアは働く必要がない。だから、今後はますます自分で事業を運営するチャンスにひかれ、相応の利益を期待するようになる。また、自宅をオフィス兼用にして、必要なときだけ外で顧客や業者と会うような在宅勤務や融通の利く労働時間を求める人も増えるだろう。

使命感にもとづいて、金銭的報酬よりも大きな目的を追求する企業も増えるだろう。また、ベビーブーム世代の慈善活動の波が訪れることにより、非営利セクターも急速に成長し、活性化するだろう。この新しい営利、非営利セクターは起業家精神に富み、権力の分散化も進んでいる。今後は、過去数十年間の単なる民営化トレンドを超えて、政府機能の多くを徐々に奪っていくだろう。政府の新たな役割とは、教育や基本的福祉といった分野の基準を定め、営利、非営利セクターがそうしたニーズを地域レベルで最大限満たせるようにすることになるだろう。

最大のチャンスをもたらすのは起業や勤め先企業への出資だけではない。史上空前の好況の絶頂期までに首位争いを制するのがどんなタイプの企業かを理解することも大切だ。ニュー・ミリオネアの多くは、そうして富を生んできた。今後もそれは変わらないはずだ。

まず大事なのは、ベビーブーム世代の中でも成長著しい新富裕階級をターゲットとすることだ。だがさらに重要なことは、営利であれ非営利であれ、組織の設計の抜本的変革を率先して進めることだ。こうした変革は、ベビーブーム世代とインターネットの成熟によってもたらされる。そして結果的に、より多くの労働者が自分の企業に出資することになるだろう。

富裕な消費者の革命

トマス・J・スタンリーの『となりの億万長者』がベストセラーになってからというもの、多くの人が新富裕階級とは稼いだ金を全部貯めて一銭も使わないケチで質素な人々だと思っている。確かに、なかにはごくわずかだがそういう人もいるだろう。しかし、彼らはニュー・エコノミーの真のトレンドセッターではない。同書ではこの層を持ち上げすぎているように思える。

二〇〇〇年前半に出版された続編『なぜ、この人たちは金持ちになったのか』では、三年前に推定三・〇%だったミリオネア世帯が四・九%に増えたとしている。だが本章ですでに述べたように、スペクトラムによる最新の推計では、ミリオネア世帯は六〜七%と見られ、最大年平均一六%のペースで増えている。

はっきり言えるのは、スタンリーの著書でとり上げられているのはニュー・ミリオネア人口のごく一部に過ぎないということだ。彼らの純資産は平均九二〇万ドル、平均年収は七四万九〇〇〇ドルである。これに当てはまる層は全米世帯のわずか約〇・五％、すなわち五〇万世帯に過ぎない。残る六五〇万のミリオネア世帯はどこへ行ってしまったのか。

スタンリーはミリオネア人口を対象として統計的に有意な調査を行ったと述べているが、私の広範な調査結果や経験とは明らかに食い違いがある。なぜなら、彼が調査対象としたのは、ミリオネア世帯の比率が八〇％ときわめて高い伝統的な高級住宅地のごく一部の世帯だったからである。それに、調査対象の年齢も平均五四歳と高く、ベビーブーム世代よりもひとつ前の世代に近い。また、平均結婚年齢は二八歳、配偶者の多くは働きに出ていないなど、どちらかというと伝統的な人々だ。

今のミリオネアの多くは、『となりの億万長者』に描かれたようなライフスタイルではないし、未来の消費者トレンドを動かすこれからの新興富裕層の多くも、そんな風にはならないだろう——それがわれわれの結論だ。つまり、二〇〇九年までに二五〇〇万〜三〇〇〇万世帯に達すると見られるミリオネア層と富裕層は、貯めてばかりで一銭も使わず、ケチでつましいライフスタイルを送る人たちではなく、むしろその対極にある「ボボス」なのだ。

ヒッピーからヤッピーへ、そしてボボスへ——富裕なベビーブーマーたちのトレンド

最初に、まったく違った見方を紹介しよう。この史上空前の好況と、その実際の牽引役である新興富裕層のベビーブーマーに見られるトレンド全般を見れば、この見方が正しいことは一目瞭然だ。まず、簡単に歴史を振り返ってみよう。

ベビーブーマーは、まだ若く理想を追い求めていた一九六〇年代から一九七〇年代には「ヒッピー」と呼ばれた。その後、一九八〇年代から一九九〇年代にキャリアサイクルにさしかかると「ヤッピー」

と呼ばれるようになる。そして成熟した今では、「ボボス」つまり「ブルジョワ・ボヘミアンズ」と呼ばれるようになった。デイビッド・ブルックスが著書『アメリカ新上流階級ボボズ』（光文社刊）でつけた呼び名だ。

彼らはどの段階でも経済を激変させてきた。世代人口が多く、変化を求める傾向が強いからだ。変化を求める傾向と体制に順応する傾向は、一世代ごとに交互に現れる。ウィリアム・ストラウスとニール・ハウは、『世代（*Generations*）』『四つ目の転換点（*The Fourth Turning*）』『台頭する千年至福説（*Millennials Rising*）』という革新的な三部作で、こうした世代サイクルを細部にわたって立証している。いずれも大著で、歴史の説明が細かいため気軽に読める本とは言えないが、人口特性トレンドの概要は比較的平易に書かれており、それでいて深い洞察力を感じさせる。

ベビーブーマーは、一九六〇年代、一九七〇年代に生み出した革新的なライフスタイル、製品、技術を、一九八〇年代、一九九〇年代のブームによってトレンドの新たな主流とした。そして今、成熟して権力サイクルにさしかかり、新しいライフスタイルも定着し、周囲の社会をつくり変えるチャンスを手にした彼らは、二〇〇〇年代、二〇一〇年代の経済と社会にさらに画期的で有意義な変化をもたらそうとしている。

「ボボス」たちは、一九五〇年代、一九六〇年代の旧上流階級とはまったく異なる。そもそも、彼らは知識という新たな資本を元手にのし上がった。そして、その知識に照らして文化や経済学のあらゆる面に疑問を投げかけ、自分たちの育った豊かな中流階級の限界を超えて、よりよい世界を生み出そうとした。だが、彼らが世界を変えられるだけの集団的権力を手にしたのは、ようやく一九九〇年代以降になってからだった。今後二〇年間、彼らはそうした変革をどんどん推し進めていくだろう。

第二次世界大戦後、大学教育は、アッパー・ミドル・クラスの生活を手に入れるために欠かせない要素となった。学位取得者の割合は、一九五〇年には一〇％にも満たなかったが、今では二五％に達している。中退者も含めれば、その数はさらに増える。新富裕階級の爆発的増加と最も大きな相関関係を持つのが、このトレンドである。実際、大学卒業者の割合がこのまま増え続ければ、二〇〇九年には私の予測する新富裕階級の割合と同じ三〇％に達するだろう。

だが、一九六〇年代、一九七〇年代の最大の変化は、むしろ自由奔放で創造的な平等主義運動だった。政府や非営利団体による教育補助プログラムが拡大し、大学入学条件として標準テストや、より客観的なSAT（大学進学適正試験）の点数が重視されるようになる。こうして、中流階級の中から頭角を現した新知識階級は、相続した資産と仲間うちのコネが重視される過去の上流階級、すなわち「ブルジョワ」に挑み始めた。

旧階級は、例によって制度変革への関心などゼロに等しかったが、新階級はそこに大いに関心を持った。そこで彼らは反抗した。相手は主として権力者たちのネットワークだったが、同時に、「企業人」の特徴とされた富の誇示、体制順応主義、そして権威やトップダウン・マネジメントそのものにも反抗した。

新世代が就労と同時に反体制派となるのは世の常である。だが、この世代はそれまでの新世代よりはるかに規模が大きく、しかも知識という情報時代の秘密兵器で武装していた。そんな彼らの最初の革命が、ボヘミアン運動サイクル、つまり基本的な価値観や人間的喜びへの回帰と、過去のピューリタン的な労働倫理と倹約に対する反抗だった。

だが、この理想主義的な世代も、一九八〇年代にキャリアサイクルにさしかかり家族を持つと、自分たちの革新と購買力が促す急成長経済に乗ってヤッピーとなる。彼らはもう自然に戻ろうとはせず、お気楽でもなかった。高所得の若いベビーブーマーたちは、レストラン、エスプレッソ、ワイン、スポーツカー、トレンディなダウンタウンのコンドミニアムなど、高級品の新トレンドを巻き起こした。質のよい製品やサービスには最高の価格を支払った。

ヘンリー・フォード世代（ベビーブーマーの親世代）が当時の「ヤッピー」だった一九〇〇年代前半には、「悪徳資本家」がグルメで鳴らしたものだが、彼らはそれ以来のグルメ階級だった。彼らは、家族サイクル、キャリアサイクルに入った直後に当然訪れる購入段階にさしかかっていたが、消費ニーズと物質主義への反抗的倫理との板ばさみに苦しんだ挙句、最高品質のものなら買う値打ちがあるという理屈をつけた。また彼らには、そうした品質を味わうだけの教養とセンスもあった。そのような消費者が大量に登場したのは、歴史上初めてのことだった。

ヤッピー・トレンドのこれ見よがしの派手さは、一九八〇年代から一九九〇年代を過ぎると落ち着いたが、品質やサービスへの欲求はいまだに衰えを見せていない。ベビーブーム世代の知識ベースの新富裕層は、かつての反体制派から新たな体制へと否応なく成熟してきた。その中で、彼らは自分たちの経験した両極端の価値観、つまり一九六〇年代から一九七〇年代の「ボヘミアン」的な内面的価値観と、一九八〇年代から一九九〇年代のより外面的な成功を求める「ブルジョワ」的価値観との折り合いをつけようとして、必死で新しいライフスタイルや消費倫理を生み出してきた。

デイビッド・ブルックスの『アメリカ新上流階級ボボズ』は、こうした努力の過程も明敏に捉えている。一九六〇年代の急進派は、競争社会から脱落し、自分の魂に正直になること、もっと小さくて人間的なコミュニティでシンプルな生活を送ることを訴えた。一九九〇年代には、このテーマを受け継いだ「シンプル・ライフのすすめ」的な本が相次いで出版された。だが、年齢を重ね家族志向になったこの世代は、「もっと大きな成功を」「もっと豊かなライフスタイルを」と欲求を増し、大きなトレンドはそうした欲求に支配され続けた。

「ボボス」というのは「ブルジョワ・ボヘミアンズ」を縮めたブルックスの造語だ。ブルックスによると、この世代は一九六〇年代、一九七〇年代から一九八〇年代、そして一九九〇年代に、極端から極端へと走るなかで、何とか両極を調和させようとした。その結果、ついに両方の理想を受け入れ、ライフスタイルに組み込むことに成功したのだ。

われわれも一九七〇年代以降のベビーブーマーを観察し、同じ感想を抱いてきた。過去のライフスタイル、消費者、労働倫理に対し、常に必死で疑問を投げかけてきた彼らは、最終的に、二つの理想のどちらかを選ぶのではなく、両方の「いいとこ取り」をしようとした。その過程では数多くの実験や内省が必要だったため、彼らの生活にもアメリカ社会にも常に緊張感があふれていた。今後もそれは続くだろう。ブルックスはこう書いている。

しかし、大げさな表現を使えば、最大の葛藤は、世俗的な成功と内なる美学との間に横たわっている。野心によって魂を枯渇させることなく、成功するにはどうしたらよいのか？　物質の奴隷になることなく、自分のやりたいことをするのに必要な資産を蓄積するにはどうするのか？　意味もない習慣の罠に陥ることなく、家族に心地よい安定した生活を与えるにはどうしたらよいのか？　見苦しい俗物になることなく、社会のトップに立つにはどうしたらよいのか？

（セビル楓訳、同書五二頁）

新富裕層「ボボス」をターゲットにする

一九六〇年代から四〇年にわたって闘ってきたこの世代は、二〇〇〇年代の今、「自己実現」という、より明確な倫理を手にしている。それは、彼らの人生の残された時間をかけて成熟し、消費者サービスに対する彼らのニーズや労働環境の質的側面を形づくっていくだろう。

ブルックスは、新しい消費倫理を「実利主義」とうまく表現している。ボボスは露骨な贅沢品をひけらかすことはしないが、必需品には惜しみなく金を使う。例えば、釣りに行きもしないのに、丈夫で上質な生地でできたカジュアルな「フィッシング」シャツに二〇〇ドル払ったりする。また、料理をする暇などないのに、家にはプロ級の見事なキッチンがあるし、オフロード・ドライブになど滅多に出かけないのに、頑丈なSUVに乗る。

品質にこそ価値があることをヤッピー時代に学んだ彼らは、単に見せびらかすための品物はあまり買わない。ただし、仲間うちとなると話は別だ。品質も実利主義も、そしてフィッシング・シャツの生地のきめ細かさも、彼らはちゃんとわかってくれるからだ。つまり、新しい倫理とは、裕福でありながら、それを過度にひけらかさないこと、金メッキや艶やかな大理石よりも、飾り気のない自然な石やタイルを求めることなのだ。

彼らは、ますますグローバル化し速度を速める経済にかかわってはいるが、より小さなコミュニティで生活することを好み、自分たちの住む場所に交通渋滞やフランチャイズ店があることを好まない。そして、自然な環境とコミュニティに戻るために、準郊外やリゾート地の町に移り住む人が増えている。だが、彼らは依然として、独自の定義づけによる贅沢な生活を送っている。そこから引き返すことは、もうできないようだ。

とはいえ、あまり単純化しすぎるのはよくないし、裕福なベビーブーマーは皆同じで、全員がボボスのライフスタイルに当てはまるという印象も与えたくない。そうではないのだ。なにしろ、今はカスタム化の時代、ライフスタイルを選ぶ時代だ。それは新しいボヘミアン的価値観の一部でもある。人は自分のなりたいものになれるし、一九五〇年代から一九六〇年代の中上流階級の窮屈な郊外的ライフスタイルになじむ必要もない。

ここでもう一冊の本が重要になってくる。マイケル・ワイスの『クラスター化した世界（*The Clustered World*）』（二〇〇〇年）である。この本は、『アメリカライフスタイル全書（*The Clustering of America*）』（原書一九八八年、日本経済新聞社刊）の続編にあたる。ワイスは最初の著書で、人口特性にもとづくマーケティング・セグメンテーションという、ジョナサン・ロビンとクラリタス社が開発した新しいライフスタイル科学の台頭を時系列的に追った。

ここで注意したいのは、ワイスがスタンリー博士のミリオネア調査の対象選定に起用された地理人口統計学の専門家と同一人物であることだ。二〇〇〇年、ワイスはこのモデルとライフスタイル・セグメントを刷新し、モデルの世界各地への応用に目を向けている。

われわれも一九八〇年代半ば以降このモデルを利用しているが、これを見ると、新しい倫理が明確な方向性はあるにせよ、いかに多様であるかがわかる。刷新後のモデルは、アメリカを六二のライフスタイルに分類している。重要なのは、年齢や所得が同じでも、世帯によって生活の仕方や消費行動がまったく異なる場合があるということだ。居住地は都市部か、郊外か、準郊外か、それとも伝統的な田舎町か。車はベンツか、ボルボか、ホンダか。ビールはライトか、国産か、輸入ものか。雑誌は

「フォーチュン」か「ビジネスウィーク」か「マネー」か。これら多くのことが郵便番号やブロック単位で割り出されている。これぞ人口統計学の最たるものだ。われわれは何十年にもわたり、これを企業のマーケティング・ツールとして、また引っ越し先が自分のライフスタイルに合うかどうかの分析手法として推奨している。

自尊心から自己実現へ――ベビーブーマーの人生の旅

単なる富の拡大ではない多くの何かが起きていることを理解する必要がある。スキルや所得の向上、そしてそれ以上に富の増大は、人々の自尊心と自負心を高める。その結果、世界観が変わり、期待する待遇も変わってくる。

だが、富と成功を手に入れる過程のある時点で、自尊心はもっと深い自己実現へと発展していく。人々が自尊心を獲得し自己実現するなかで、どう変化するかを理解することは、現在、加速しつつある消費市場と職場における革命の質的側面を理解するうえで必要不可欠である。

過去を通じて、人類は、人間心理の四つの基本段階を非常にゆっくりと成長してきた。エイブラハム・マズローはそれを、生存、帰属、自尊心、自己実現と表現している。しかし産業革命以降、この成長は急激に加速してきた。成長は段階を追うごとに、自己中心から集団志向へと変わっていく。生存や自尊心のサイクルは、どちらかというと自己中心的である。個人の自我を築くのが先で、より大きな集団的達成を目指すには至っていない。自分が生き延び、基本的ニーズを満たすまでは、あまり社会の役には立たないのだ（生存と安定の段階）。しかし、いったんこれらの基本的ニーズが満たされると、今度は自然に一歩進んで社交や他者との融和へのニーズが芽生え、家族やコミュニティや社会を形成する（帰属の段階）。

この二つの段階で、幸福の意味はまったく異なる。生存の段階は不安によるストレスに満ちているが、エゴや自己中心的なサバイバル・モードを克服し、結婚、家族、部族、文化、コミュニティを通じてより大きな帰属段階へと進むと、人間の心は広くなり、安定するのである。そこでは、人間は自分という限られた存在にとどまらず、より大きな何かの一部となる。それは自分を完成させるものであり、自分から拡大していったものでもある。これが、より幸福で集団的な帰属の段階である。

ところが、ようやくこの集団適合段階を達成したとたん、利己的な衝動が再び頭をもたげてくる。ただの平凡な集団の一員にとどまりたくない、「自分は自分でなければならない」というわけだ。そして駆り立てられるように、自尊心の構築という自己中心的で困難な段階に踏みこんでいく。この段階は生存段階によく似ているが、もっと高尚だ。言うなれば、生き延びるのに精一杯の幼児期から思春期に達したようなものだ。この段階に入るときには、生理的欲求の満たし方はすでにわかっているし、自分と同じように生存段階をクリアして関係性を求めている人々の集まりにも溶け込めるようになっている。

だが今度は、集団の安全なルールや役割を離れ、超越し、新たな達成段階を目指さなければならない。目標は、逆境を生き延びることではなく、目立つこと、人とはちょっと違うことをすること、自分らしくあることだ。当然それには一定のリスクが伴うし、再び自己中心的にもなる。

だが、最初は仲間内のルールや役割からはみ出ないよう、やや慎重にことを進める。親離れしたティーンエージャーが、新しい価値観を持った新しい仲間集団に溶け込もうとするときのようなものだ。最初は、社会がよしとすることをよりうまくこなせるよう努力し、すっかりコミュニティに帰属すると、今度は自分がその管理者、プロ、柱となる。それから徐々に自分なりの目標を定め、達成し、自分なりの生活を送り、自分なりのルールを作り出す。このあたりもティーンエージャーのようだ。

この段階で成熟を深めると、集団から突出することに気後れを感じなくなる。集団に順応するためのルールや役割はもう必要ない。ちょうど、二〇代後半か三〇代前半のヤングアダルトが自分の長所と短所、自分の向き不向きを理解し、キャリアの明確な方向性を見出したようなものだ。この段階では、最初は大きな自由を感じる。人と同じに振る舞わなくても成功して幸せになれるとわかったからだ。本来の自分、なりたい自分になればいい。そして、自分の直感と欲求を信じるようになる。

だが同時に、自分の運命を自分で決められるようになってきた今、自分の行動とその結果にだんだん責任を感じるようになる。成功を手に入れ、自分の欲しいものも手に入れる方法も知っている。「自分らしくある方法」もわかった。今や自尊心の段階は完全に達成されたのである。今日、四〇代の半ばから後半の多くの人が、仕事や家庭でこの段階を目指して成長し、到達している。だがちょうどそこへ中年の危機、つまり自己実現段階の前ぶれが訪れる。

成功は手に入れたが、そのために人間関係を犠牲にしてきたことに気づくのだ。個人としての目標を達成すれば完璧な幸福が手に入ると思っていたのに、結局そうではなかった。いったい何のための成功や達成だったのかと自問し始める。自分にどれほど大きな家が建てられるのか、「環境に優しい」旅行や贅沢な旅行にあと何回行けるのか、どれだけ多くの一流レストランで食事ができるのか……。「自分」にばかり目を向け、「自分たち」の幸せや帰属を顧みてこなかったことに気づき始める。

そして、こんな風に思うのだ。自分は、能力には自信がある。それを活かして、よりよい人間になるにはどうすればよいのか。自分の成功や自分が持つ技術を活かして、家族やコミュニティだけでなく、社会や世界でより大きな役割を果たすにはどうすればよいのか。自分の仕事や事業をどう変えれば社会にもっと役立つのか。あるいは、デイビッド・ブルックスの言葉を借りるなら、「見苦しい俗物になることなく、社会のトップに立つにはどうしたらよいのか?」。

一人ひとりが自尊心を持ち、人生で自分に一番ふさわしいことができるような家族やコミュニティをつくるには、どうすればよいのか。自分と同じように、他人にもありのままの自分でいる自由や自尊心を持たせるには、どうすればよいのか。どうすれば社会に恩返しをし、何かに帰属していた頃のように、再びより大きな全体の一部になれるのか。どうすれば世界に本当の変化をもたらすことができるのか。

最初に帰属段階に達した頃と違って、度量も視野も広がっているので、コミュニティに対する考え方も広がっている。自分も相手も満足できるやり方を新たな信条とするようになる。相手も自分も、なりたいものになればよい。許容範囲がぐっと広がり、相対的な考え方ができるようになる。他の人々の考え方やユニークな才能がわかるようになる。成功の仕方も役立ち方も、人それぞれでいいのだ。

もし個々の才能を最大限に活かして協力すれば、個々の才能も自発性も無視して、全員がただルールに従って言われたことをするよりも（帰属段階）、また、自分が一番という自尊心から（あるいは、最初の自己中心的な生存段階なら生き残りをかけて）熾烈な競争をするよりも、皆が幸せになれる。他人を犠牲にしてまで豊かになりたくはない。他人を搾取するためではなく（歴史上、富が増大する過程で必ず行われてきたことだ）、他人を幸福にするために豊かになりたい。これが自己実現段階である。ライフサイクルの中で完全に成熟する人の多くは、見識と落ち着きの備わってくる高齢期に向けて、この段階に入っていく。
もちろん、こうした成長サイクルの進み具合は人それぞれである。国民のほとんどが、最低でも帰属段階までは進むアメリカのような豊かな中流階級経済においては、最初の段階は速やかに達成される。身体機能の整う四、五歳には生存段階が達成され、思春期前半から後半には帰属段階が達成される。

中流階級の人ならその後、思春期後半から成人期前半に自尊心の獲得に取り組み始め、一生をかけて達成する。もっと高学歴で進歩的な人たちの中には、思春期前半に自尊心獲得の努力を始め、三〇代後半から五〇代前半に達成する人もいる。その後、たいていの人は自己実現という人類の進化のまったく新しい段階へと進み、残りの人生をかけてそれに取り組む。もちろん、学歴や起業家精神を急速に獲得し、恵まれない境遇や中流階級から脱する意欲的な人もいる。

われわれは今、歴史の重要な曲がり角に来ている。人口の多いベビーブーム世代が中年の危機を迎え、新富裕階級のかなりの人々が自己実現段階に踏みこもうとしている。これは、人類の進化という長期的観点から見て初めてのことだ。新富裕階級の大半はまだ自尊心段階にとどまっているが、この成長段階の後半にいる人たちは、明らかに自己実現欲求を持ち始めている。

なぜこれがそれほど重要かというと、自尊心と自己実現はニュー・エコノミーを突き動かす人間的なトレンドなのに、現行の企業モデルは富裕化する消費者や知識ベースの労働者たちのこうしたニーズを満たせるように設計されていないからだ。

ベビーブーマーが高齢化し、権力サイクルに乗り込んでくる今後の二〇年間、企業はより抜本的な変革を余儀なくされるだろう。その手始めは、爆発的に増大する富裕市場の重要性を認識することである。これらの市場は、確かに二〇〇〇～〇二年に最も急激に落ち込んだ市場だが、一時的な暴落があったからといって、資産革命が終わったと誤解してはいけない。それどころか、二〇〇九年以降に予測されるさらに大きな暴落でさえ、この革命を終わらせることはできないのだ。

豊かさの向上は、今後数十年にわたり、大きなチャンスを提供し続ける長期トレンドである。だが、実はまだ一九九〇年代半ばに始まったばかりだ。新富裕階級のニーズに合わせて急速に組織を再編する企業は、二〇〇九年までに首位争いを制し、その多くが何十年にもわたって支配を続けるだろう。ベンツとマツダ、あなたならどちらに注目するだろう。

今後数十年で、ついに旧経営システムは死滅する

第2章では、一九九四年から二〇〇九年にかけて、ニュー・エコノミーのためのまったく新しいインフラが出現し主流化しつつあることを示した。本章では、それが今後数十年間にますます台頭し、主流の所得層や富裕層に普及していく様子を示してきた。つまり、われわれはまだ、今の新技術や八〇年周期の経済ライフサイクルによる真の革命を見ていないのである。

新技術やニュー・エコノミーが出現し、旧技術や旧経済が成熟してくると、旧システムにどれほど改善や改良を加えても、それ以上、成長も進歩もできなくなるときが来る。初めてそれが訪れるのは、新技術が出現して新しい働き方や生き方を提供できるようになったとき、つまり、普及のS字曲線における五〇～九〇％の段階だ。そして、われわれはこの一〇年代にその段階に迫ろうとしている。

今日の都市部の混雑ぶりを見れば、それがわかる。高速道路やインフラをどれほど拡充しても、交通渋滞は増すばかりだ。都市部や郊外はもちろん、今では成長中の準郊外やリゾート地の多くもそん

な状態である。ますます長い時間を懸命に働いているのに、会議や官僚主義、マネジメントのボトルネック、企業の組織再編計画への対処に時間が費やされていく。昔に比べて所得も資産も増えたのに、電話口や行列で待たされる時間は長くなり、人からサービスを受ける機会はますます減っている。

われわれは、成功すればするほど、ますます家族やコミュニティに費やす時間が減るという矛盾に陥っているようだ。ジミ・ヘンドリックスではないが「これは愛か、それともただの混乱か」と問いたくなる。

このジレンマを脱する方法は、どこかにあるのだろうか。いかなるニュー・エコノミーや新パラダイムであっても、いずれは課題や限界が浮上してくるものだが、生活と労働の新パラダイムが今のものよりも優れ、サービス・レベルが高く、無駄や汚染が少なく、何よりも個々の労働者が自己実現しやすいものであることは明らかなように感じられる。そして、本章ですでに述べてきたように、それはすでに、比較的豊かで革新的な社会セグメントの中に現れつつある。

われわれは今の社会システムや企業システムを「長い行列」と呼んでいる。前回の経済革命で出現した流れ作業の組み立てライン生産システムが「バッチ・アンド・キュー（一括と順番待ち）」と呼ばれるのにかけたものだ。この生産システムはつまるところ、規格化された製品を大量生産して大量の在庫を持ち、規模の経済を利用してコストを最小限に抑え、人々にこうした製品が必要だとマス・マーケティングで思い込ませて在庫をさばく、というものだった。

特に北米の中流階級の生活水準を史上最高にまで高めたのは、他でもないこのシステムだった。だから、誰でも最初はこのシステムに非はないと考える。だが、次にこう思うのだ。私たち人間は、自分たちがこのシステムの「新しい在庫」に成り下がり、大量消費市場として扱われることを許していていいのか。これではまるで猫も杓子も同じではないか。

私たちは月並みなサービスを受けるために並んで待たされている。だが、今やもっとよいものを手に入れるだけの収入があるはずだ。組み立てラインに並んで順番を待つのは、私たちではなくモノや資源だったはずだ。そしてそれらは、人類のために最大限活用されるはずだった。今やまるで、抑圧者が抑圧されているようなものではないか。

これほどの進歩を途中で足踏みさせているのは、次のような重要トレンドである。

①　富裕化する消費者の間で、サービスのカスタム化と個別化への需要が急速に高まっている。

②　急速に成長し、自己実現しつつある知識階級労働者の間で、より起業家精神と創造性にあふれた労働環境へのニーズが高まっている。

③　国内外の大規模なベビーブーム世代の年齢層が上がり、経済成長が加速している。

④　工業化時代に農村部から都市へ、そして郊外へと人口が移動した結果、都市部の混雑が悪化している。この現象は今や、世界各地で加速している。

⑤　未曾有の人口増加、経済開発、第三世界諸国の産業革命により、環境の汚染と悪化が進行している。

現在のトップダウン式で、管理型で、通勤を必要とし、都市や郊外を拠点とする社会は、こうした需要の高まりや制約にとても対処することができない。人口の多い第三世界の各都市は、工業開発のピークまでにはまだ何十年も間があるのに、すでに悲惨な状況にある。われわれには、社会、企業、

図8-13　世代の波（1933～2033年）

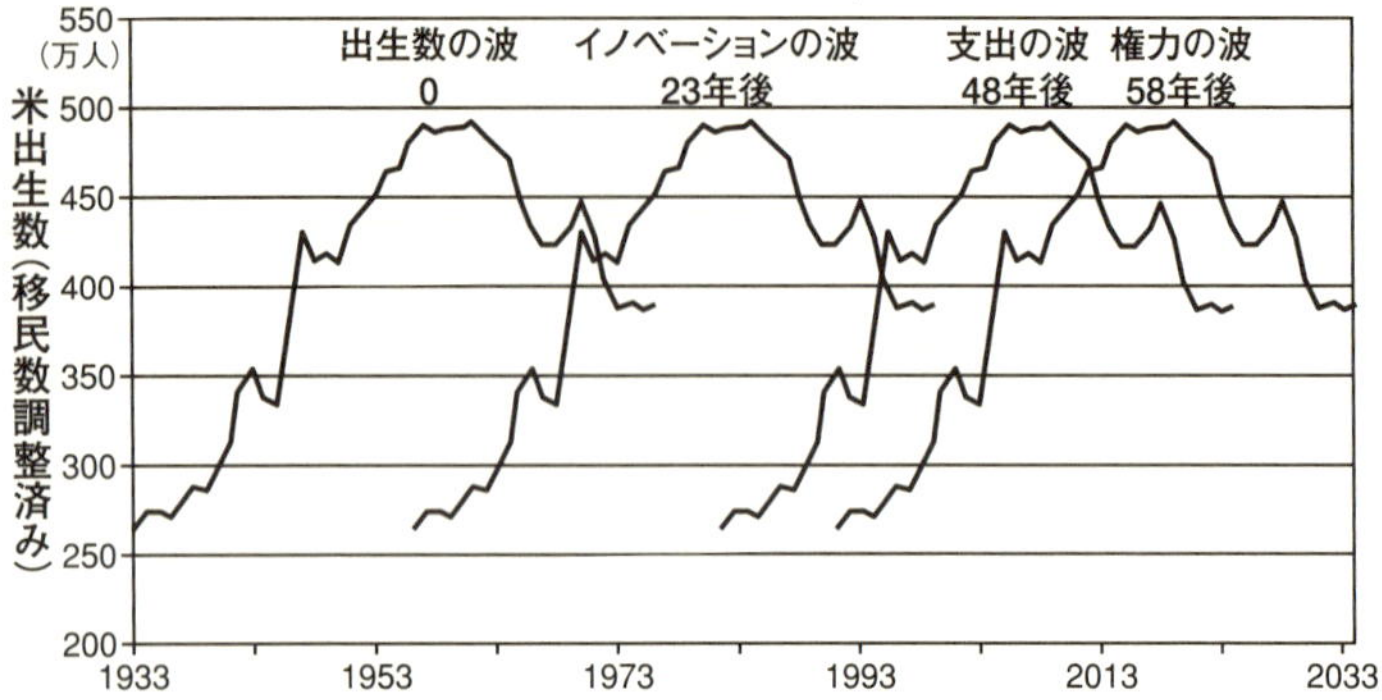

労働、消費に関する新しい構造が必要なのだ。ここに、コンピュータやインターネット、そして新しい情報型技術の真の重要性がある。つまり、経営、労働、消費、生活の仕方を根本的に変えるのだ。

歴史上、どの技術や経済革命をとっても究極の影響はそこにあった。だが、こうした変化のより根源的な影響が現れるのは、若い頃に技術や社会の変化を起こした革新的な新世代が、成熟して消費のピークを越え、権力サイクル（四五～六五歳、ピークは五八歳頃）に入り、企業や社会を支配する意思決定プロセスや組織のプロセスを変える力を持ち始めたときである（図8―13）。

富は増えているのに、どう見ても多くの分野で生活の質が落ちている。このパラドックスは、実は経済システムと社会が、失敗ではなく成功していることの現れである。だがより重要なのは、それが、人口や富の増大と生活水準の向上に合わせて基本的な構造を抜本的に再編しなさいという合図であることだ。

生命体が成長し、知性と複雑な機能を獲得する過程でも同じことが起こる。脳、骨、筋肉といった人体システムとDN

Aは、明らかにアメーバやトカゲより複雑だ。第一次世界大戦（フォードが組み立てラインを開発）と「狂乱の二〇年代」の間に、アメリカの経済構造と社会構造に起こったのも、これと同じことだった。まったく新しい組織モデル（GMの企業モデル）と郊外型の新しいライフスタイルが出現したのである。そうでなければ、都市人口は増え続け、混雑はもちろん、馬糞と薪を燃やす煙だけでも相当の環境汚染になり、都市機能は停止していただろう。

こうした根本的な革命は、印刷機、蒸気機関、鉄道といった重要な技術革新の後に必ず起きている。それも、こうした新しい技術の多くが現れてから、何十年も後に起きているのだ。前の経済の台頭期における真の革命も、偉大な技術革新が次々と現れたときではなく、新技術の普及率が五〇%から九〇%へと上がった「狂乱の二〇年代」に起きた。しかも、その革命の中心となったのは、企業と社会のまったく新しい再編モデルであって、一夜にして出現した大量の新製品や新ブランドではなかった。前にも触れたように、ドットコム熱が今回の技術革命への過剰反応であり、二〇〇〇〜〇二年に暴落が起きた理由もここにある。まったく新しい製品や技術の革新が次々と起きたのは、実は一九六〇年代、一九七〇年代だったのである。

ドットコム株は暴落しても、インターネットによる企業革命や社会革命は加速を続ける。この革命の最も重要な段階が訪れるのも、新インフラの普及率が五〇%を超え、だんだん主流化していく「狂乱の二〇〇〇年代」の一〇年間だろう。労働者や消費者の多くが新しいインフラを利用できるようにならない限り、抜本的な革命は目に見える形で始まらない。繰り返しになるが、二〇〇〇〜〇二年のように一時的にナスダックが暴落し景気が減速しても、革命は起きる。暴落や景気の減速は、台頭する新技術サイクルのなかで起きるべくして起きたものだった。

すでに述べたように、一九二〇年代前半にも、また規模こそ小さかったが今回の好況の一九八〇年代と一九九〇年代の初めにも、同じ下降トレンドが生じている。二〇〇三〜〇九年ないし二〇一〇年前半には、株価と経済成長率が再び急上昇するとわれわれは見ている。そして、「狂乱の二〇年代」と同様、多くの新成長分野で首位争いが展開され、向こう数十年間の支配的企業が決まるだろう。

すでに後半を迎えようとしている二〇〇〇年代の一〇年間は、アメリカ史上そして世界史上、最も大きな成長と進歩の一〇年となるだろう。一九八〇年代後半から、われわれはそう予測し続けてきた。その根拠は、人口の多いベビーブーム世代が二〇〇九年から二〇一〇年頃に支出と生産性のピーク年齢を迎えるという、単純な人口特性トレンドだった。

本章のテーマは、今後の首位争いを勝ち抜くためにキャリアや事業をどう位置づけるかということである。この争いを制するためには、単なる新製品やその延長線上の製品を開発するよりも、まったく新しい組織やサービスのモデルを受け入れることの方がずっと重要となるだろう。二〇〇〇年からの一〇年は、今のニュー・エコノミーと革命において最も刺激的な時期となる。乗り遅れないでほしい。

リアルタイム・サービスの個別化——ソフトウェアと人間の生産性の進歩

ニュー・エコノミーを突き動かす重要トレンドは、新技術のパラダイムだと言われる。半導体チップの集積度は一八ヵ月ごとに、データ蓄積技術は一二ヵ月ごとに、そして周波数帯域幅は六ヵ月ごとに二倍に伸びている。

だが、情報革命あるいはインターネット革命のこの新段階は、経済や社会の進歩の過程で起きる、より重大な革命の前兆にすぎないとわれわれは考える。その革命は、最終的によりよいビジネスの仕方を生み出すはずだ。われわれが予測で常に重視してきたのは、経済の変化や成長が人間に及ぼすより根本的な影響、つまり人々が年齢とともにどう稼ぎ、支出し、革新を起こし、働き、生産し、借金し、投資し、変化するか、そして、新技術革命および新企業や新ブランドの登場が、人々にどのような長期的メリットをもたらすかということだ。

前回の経済革命を振り返ると、「狂乱の二〇年代」を支配した企業の多くは、一八〇〇年代後半から一九〇〇年代前半に設立されたもので、決して「狂乱の二〇年代」に新たに登場した企業ではなかった。一九〇四年から一九〇八年にかけて自動車会社が急速に増え始め、その数は一九一九年にピークに達したが、「狂乱の二〇年代」から一九三〇年代にかけて生き延び、市場を支配したのはごく一部だった（第1章参照）。同様に、一九六〇年代後半から一九八〇年代前半は、多くのパソコンおよびソフト関連会社が登場したが、ほとんどが今日までに消え、実力のある一握りの企業が市場を支配している。

したがって、革新段階も後半になった今、何百もあった新興ドットコム企業のうちわずか数社しか残っていないのも、さほど驚くことではない。今後、こうした革新の波はさらに急速に進むだろう。一九七〇年代ののんびりしたフォーチュン五〇〇社と違って、新種の大企業は反応が速いからだ。ネットスケープがマイクロソフトを脅かしたのも、ほんの一瞬のことだった。インターネット革命の究極の重要性は、よりよいビジネスの仕方を生み出すこと、つまり、ソフトウェアと人間のコミュニケーションを最大限に活用し、人間の生産性を最大限に高めることである。

ソフトウェア（すなわち技術のより人間的な応用）の進歩と、人間の富、所得、ライフスタイルの向上が、技術の進歩より遅れて起きることはすでに明らかなはずだ。半導体チップと違って、所得も資産も一八ヵ月ごとに倍増してはいない。しかし、今のように経済が成長し、技術が進歩する稀有な時代においては、これらのトレンドも技術と同じく史上最速のペースで進んでいる。

技術がこれほど急速に成功し普及しているのは、比較的単純な作業のオートメーション化に目的を絞っているからだ。そのおかげで、人間はもっと高度で複雑な職務やスキルに専念できるようになった。だがわれわれは、生産機械設備、家電製品、コンピュータといった技術がどう的を絞ってもかなわないほど複雑にできている。したがって、変化したり、進歩したり、適応するのに時間がかかるのも当然なのだ。

複雑さは人間の長所であって短所ではない。こんなに目的を特化した技術や道具を設計できるのは、きわめて複雑で革新的な人間だけである。たとえ、技術や道具が特定の作業で人間の才能を上回ったとしても、その事実に変わりはない。年収一〇万ドル以上の世帯数は経済成長を上回るペースで増えているが、今回の好況では、高資産世帯の数がそれ以上のペースで増えている。どちらかというと、それは株式相場や急増する企業所有者の伸び方に近い。高資産世帯の急増は、人類が本当に進歩し、こうした高成長技術に促されてますます複雑化していることをさらに的確に示す指標である。われわれは、人間であり複雑だからこそ、技術と比べてこんなに進化のペースが遅いのだ。

ソフトウェア・プログラムの進歩もまた、ハードウェアの進歩の速さを示す「ムーアの法則」や、周波数帯域幅のそれにあたるジョージ・ギルダーの「テレコズム」と比べるとずっと遅い。コンピュータの性能が高まる一方で、ソフトウェアはどんどん重くなり、せっかく増えたコンピュータの処理能力をほとんど使い果たしている感がある。マイクロソフトや同社ソフトの複雑化に対する批判も、主としてその点に集中している。

だが、ソフトは人間の実態を象徴している。何度も言うように、コンピュータよりも人間の方が複雑だから、より人間的なソフトの進歩にも時間がかかるのだ。しかし実は、ビジネスや投資に最も影響を及ぼしてきたのはハードではなくソフトだ。なぜなら、ソフトこそが人間の現実的なニーズを満たし、人間の実質的な生産性、所得、富を向上させてくれるからだ。だからこそマイクロソフトは、パソコン・メーカーや、半導体チップで同社に似た寡占状態にあるインテルよりも企業としてより大きな成功を収め、収益や評価額の伸びもはるかに高いのだ。

しかし今、インターネットの急速な台頭により、ＰＣ主導のこの「ウィンテル」型ソフトが新たなネットワーク中心型ソフトに道を譲ろうとしている。ソフトや情報は必要なときに必要なだけダウンロードすればよい。それも、より小型で用途を絞りこんだモバイル型のコンピュータ兼通信機器に、である。そうすれば、ユーザー・レベルでもローカル・レベルでも、ソフトとハードが単純化されるので、より多くの人がより多くの用途にコンピュータや通信機器を使えるようになる。つまり、今のようにすべてのコンピュータ端末やエンド・ユーザー・アプリケーションに、ありとあらゆるアプリケーション要素を詰め込んで、複雑にする必要はなくなるのだ。

必要不可欠なアプリケーションだけに絞り、あとはローカルに必要な情報をもっと記憶させる。そうでないと、いくら「ムーアの法則」のペースでハードが進歩しても、ソフトウェア・プログラムや人間の用途の複雑さがそれを帳消しにしてしまうだろう。

とはいえ、全体的なシステムは今後も急激な成長を続け、当然ながらますます複雑化していくだろう。「ネットワークこそコンピュータ」という考え方は、まだ新しいトレンドだ。今後はこの考え方が、技術、電気通信、ソフトウェア業界の首位争いの最終的な勝者を決めることになる。だがこのトレンドは、エンド・ユーザーや人間のレベルで単純化と分散化が行われない限り、また、企業における意思決定の分散化のためにまったく新しいアプローチがとられない限り、始まらないだろう。

新技術の影響が最も強く感じられ、経済成長、生産性、ライフスタイルに恩恵を与えるのは、実生活上の製品やサービスである。だが、ソフトのこうした変化は、よりよい情報入手や通信のためのネットワーク利用を超越した、まったく新しいビジネスの論理を感じさせる。もしわれわれ人間が生来の複雑で人間的な意思決定プロセスを単純化し、目的を絞り込むことができれば――特に、複雑でいまだに官僚主義的な組織の最前線でそれができれば（いくらリエンジニアリング革命が叫ばれてもこういう組織はしぶとく残っている）――人間の進歩を最大限に加速できるはずだ。より困難だが、それだけ見返りも大きいこのトレンドにおいて、ソフトとそれが育むボトムアップの水平的コミュニケーションは、最大の達成要因となるだろう。

この革命は最終的に、顧客一人ひとり、小さなセグメントの一つひとつを市場化し、個人やチームを実質的な企業に変える。この革命が起きて初めて、多大な投資とリスクを負って自ら起業した今の起業家だけでなく、もっと多くの人々がミリオネアや富裕層になるだろう。こういうことは、技術の進歩のように急には起きないが、過去の技術開発後の革新段階、すなわち一五〇〇年代前半（印刷機の後）、一八〇〇年代前半（蒸気機関の後）、一八七〇年代（鉄道、電信、発電所の後）、そして「狂乱の二〇年代」（電気、電話、自動車の後）にもそうだったように、稀に見る速さで進む可能性はある。

前回の組織革命はどのようにして起きたか

前回の革命では、一八九四年に「科学的経営管理」を考案したフレデリック・テイラーが、時間動作研究によって労働を簡素化し、単純で反復可能な作業へと落とし込んだ。一九一一年には、彼の調査と研究の集大成である古典的名著『科学的管理法』（産能大学出版部刊）が出版された。

なぜ彼の研究が当時それほど重要だったのか。当時、従業員の多くは初歩的な教養と技能しか持たず、組織化能力や仕事上の意思決定能力をほとんど持たなかった。多くは「何でも屋」で、小規模農家や職人や商人との兼業だった。今日の経済と違って、労働の専門化がほとんど見られなかったのである。前回の革命をほぼ八〇年のサイクルを経て今日の革命に重ねたとき、テイラーの一九一一年の著書に匹敵するのは、マイケル・ハマーとジェイムズ・チャンピーの『リエンジニアリング革命』（日本経済新聞社刊）かもしれない。

だが、それは革命の始まりに過ぎなかった。一九一四年にはヘンリー・フォードの流れ作業組み立てラインが登場し、それに先立つ一九〇七年には部品の規格化および規格化されたT型モデルの設計が行われている。このまったく新しい生産プロセスは、テイラーが生んだ単純作業をいくつも組み合わせてより大きなプロセスをつくり上げただけでなく、電動機械設備により作業を作業員のところまで動かすことによって、複雑なプロセスを単純化し、迅速化した。一九一四年のこの生産設計革新に匹敵するのが一九九四〜九六年のデル・モデル（リアルタイムの受注生産）の登場だろう。そして、この新モデルの最大の達成要因となったのが、一九九二〜九六年のインターネットの登場だった。

しかし、意思決定の簡素化を可能にしたのは、初期の分権管理の生みの親であるアルフレッド・スローンの大規模な経営革新だった（一九二一～二三年）。彼は鉄道時代にはきわめて集権的だった意思決定を、組み立てライン制度という大枠の中で、製品部門や各種支援サービスの職務レベル（研究開発、生産、マーケティング、販売、サービス）へと徐々に移していった。今日のニュー・エコノミー・サイクルでこの時期にあたるのが、われわれの推奨する経営組織モデルが実用化され、正念場を迎える二〇〇二～〇四年だろう。

GMのアルフレッド・スローンが開発した新企業モデルは、その後、ピーター・ドラッカー、大野耐一、W・エドワーズ・デミング、ジャック・ウェルチといった学識者や企業経営者、またGE、トヨタ、ウォルマート、インテルといった企業によって、様々な解釈や改良を加えられた。この現代型経営モデルは、北米、ヨーロッパ、日本の中流階級の生活水準をかつてなく高め、今ではそれが世界中に広がっている。

だが、このきわめて効率的な改良モデルも、都市部の混雑と汚染が進むにつれ、急速に効果が薄れてきている。各種の消費者調査によると、企業収益は増えているのにサービス水準は低下しているし、会社をやめて自分で事業を始めたり、より高成長で意欲をそそる小企業に転職したりする知識労働者がどんどん増えている。

従来のモデルでは、カスタム化へのニーズの高まりにも、激増する新富裕階級の求めるサービスにも、また、今のニュー・エコノミー下で急速に高まっている労働者の自尊心や自己実現にも十分対応できない。一九九〇年代半ばから後半、デルは大企業として初めて、リアルタイム生産という思い切った手法を打ち出した。フォードが画期的な組み立てラインを開発してから、ほぼちょうど二世代後のことだった。多くの企業は、すでに実績を積んだこのモデルを徹底的に学び、自社製品や業界に応用する必要がある。

だが、実はこれだけではない。もっと応用範囲の広い組織設計モデルが今まさに登場しようとしている。今のニュー・エコノミーの首位争いが起きるこの重要な一〇年代に、このモデルを理解し実行する企業は、さらに持続的で高い競争優位を得られるだろう。

ここで、いったん立ちどまり、この経営・組織設計革命の進展を振り返ってみよう。コンピュータが労働者の左脳的、論理的機能の多くをオートメーション化する一方で、「リエンジニアリング」はワーク・デザインの様々な側面を単純化してきた。おかげで人々は、変化する顧客ニーズに対応することだけを考え、より直感的で人間らしい創造的な意思決定を行えるようになった。それは、一九〇〇年代にフレデリック・テイラーの時間作業研究と電動機械装置によって作業が単純化し、作業目的が絞りこまれたのと似ている。

リエンジニアリング革命の真髄は、職務や専門的作業よりもプロセスや最終結果を中心とした組織づくりを始めたことだ（フレデリック・テイラーの作業設計革命とは対極にある）。これが革命の第一段階であり、一九九〇年代初めから半ばにかけての経営革新の焦点だった。

かつて流れ作業による組み立てラインが登場したように、完全受注生産の新しい直接販売モデル（デルはその典型例）が出現し、物流とスケジュールをソフトで自動化することによって、リアルタイム生産を実現した。

このまったく新しいモデルは、製品のカスタム化、直接注文、直接配送をより低価格で実現し、在庫と官僚主義を減らしてくれる。だから、食料品店から自動車会社まで多くの製造業が、自社の組織や配送システムにこのモデルを採り入れようと試行錯誤している。これが革命の第二段階であり、一九九〇年代後半から最近までの経営革新の焦点だった。だが、その一方ですでに第三段階が訪れようとしている。それは、富裕化した消費者や労働者のニーズを満たすうえで、最も重要な段階となる。

富裕層の反乱——もっとカスタム化とサービスを

多くの企業や消費者の間で、カスタム化された結果志向のソリューションの必要性が高まっている。こうしたソリューションを開発するには、投資、ヘルスケア、教育、経営コンサルティング、システム設計など、様々な製品、サービス、専門知識の統合が必要である。社会は富裕化し、リアルタイム生産だけでなくリアルタイムで個別化されたサービスを求めるようになっている。「狂乱の二〇年代」にスローンのモデルが登場したように、変化する消費者ニーズに対応する最下層、つまり最前線の労働者たちに意思決定を分散し、経営を抜本的に単純化することで、本当の革命が起きるだろう。

これが第三段階だ。過去の二段階はここで効果的に統合されることになる。この段階は二〇〇四〜〇五年に始まり、未来の新市場である富裕な消費者層を獲得するうえで最強の武器となるだろう。この段階に必要になるのが、顧客対応に特化した「ブラウザ」部門を最前線に設置することだ。この部門は、後方の受注生産システムから様々な製品・サービスを選んでコーディネートし、それらを統合して、個別化、カスタム化されたソリューションをリアルタイムでつくり上げる。

例えば、デルの現行モデルでは、後方に高度にオートメーション化された受注生産システムを置いているが、これに、最前線のインテグレータ・チームを付け加えることが考えられる。このチームは、一部の消費者市場を対象に、後方の供給部門から部品、製品、サービスを取捨選択して顧客のニーズに合うアプリケーションを設計するとともに、継続的なサービスを付加的に提供する。つまり、消費者や企業に低価格のコンピュータを直接販売するだけでなく、ハードやソフトをカスタム化したソリューションに、リアルタイム・サービス、メンテナンス、コンサルティングを付加して、継続的なサービスを提供するのである。

真の革命とは、リアルタイムの個別化されたサービスを低価格で提供して、急増する富裕な消費者のニーズを満たすこと、そして、一度きりの製品販売で終わらせず継続的なサービス収入を生み出すことだ。

この革命は、富裕化する知識労働者のニーズにもかなっている。彼らはよりやりがいのある仕事を求め、ミリオネア・トレンドにあやかりたいと思っている。ミリオネア・トレンドは、企業オーナーになる人が増えたことや、企業の上級幹部がストック・オプション等のインセンティブ制度を通じて勤め先企業への出資を増やしたことによって生まれた。今や持ち株や所有を通じた企業との利害関係なしに、優秀な人材をひきつけることはできない。

また、一定以上に労働を単純化したり、リアルタイム・サービスを生み出したりするには、最前線の労働者にも、小企業オーナーのように、顧客への直接的な意思決定権と最終的な収支レベルの説明責任を持たせなくてはならない。

こうしたことは、マクロ・レベルではなく、個々人やチームの生み出す成果というミクロ・レベルで起きるだろう。ドットコム革命は、起業家的労働者から成るまったく新しい社会を一夜にして生むことに失敗したが、富裕化し、自己実現を求める知識ベースの新しい労働者の中には、依然としてそうした欲求がある。

だが、何より重要な点は、このかなり抜本的な「ボトムアップ」型組織革命によって、これまでよりずっと個別化し、カスタム化されたサービスが可能になることである。こうしたサービスを求めるベビーブーム世代の新富裕階級は、企業や投資家の予想よりもはるかに急速に増えている。何度も言うように、人類にとっては、富裕層の大量出現こそニュー・エコノミーである。このトレンドは、二〇〇〇年代前半の景気後退も、二〇一〇年代に予測されるさらに深刻な不況もものともせず、今後数十年間、急激に伸び続けるはずだ。

静かなる革命——マネジメントが解決策ではなく問題になるとき

大いに騒がれたドットコム革命とは対照的に、真の革命はもっとさりげないものであり、企業の組織図にもリエンジニアリング戦略にもはっきりとは現れてこない。言わば、静かなる革命である。インターネットのおかげで、あらゆるレベルの従業員と顧客が、マネジメントやマーケティングの主義主張に邪魔されずに直接コミュニケーションをとり、情報や機会を見出し対応できるようになっている。

「マネジメントが、解決策ではなく問題となる」——われわれは、かねてからこの革命をそう特徴づけてきた。

過去数十年間で従業員の教育レベル、スキル、情報アクセスは劇的に向上したので、いちいちマネジャーに行動を計画・調整してもらう必要のない従業員が増えている。それではまるで子供扱いだし、何よりも、現実的な顧客ニーズの変化にタイミングよく創造的に対応するうえで足かせとなる。

どうすれば、この新しい革命を実際に起こせるのだろうか。そのためには、企業内で起業をするか、会社を飛び出して自分の会社を設立すればよい。要するに、それが革命である。新技術は、単にそれを可能にする要因に過ぎないのだ。

インターネットの技術によって、組織のあらゆる階層で情報アクセスやコミュニケーションの能力が高まっている。そのため、誰もが他の専門家や部署、製品またはサービス部門とともに機会を見出し、情報にアクセスし、コミュニケーションを行って、顧客のニーズを満たすソリューションを自分で考え出せるようになっている。この場合の「顧客」は、エンド・ユーザー向けのソリューションを開発する社内部門を指す場合もあれば、エンド・ユーザーに自らソリューションを届ける最前線の部門を指す場合もあるが、いずれにせよ、あなた自身が企業となり、リアルタイムで行動できるようになるのだ。マネジメントや、社内決裁、リエンジニアリングの命令や計画にとめどなく妨げられることはもうない。あなたがその場で責任ある意思決定を行わない限り、リアルタイムで個別化されたサービスのニュー・エコノミーは機能しないのだから。だが同時に、あなたは小企業オーナーと同様の説明責任を負うことになる。失敗しても、もうマネジメントを責めることはできない。それは、ミリオネアになり、より自己実現的な仕事をつかみとるための代価である。

これが今日のニュー・エコノミーの課題である。現状では、トップダウン型のマネジメントが多すぎ、意思決定やプロセスをすべて仕切ろうとするので、リアルタイムで個別化されたサービスなど望むべくもない。従業員がそれを提供するチャンスも、顧客がそれを受けるチャンスもない。マネジメントは解決策ではなく問題点だとわれわれが言うのは、このことなのだ。

顧客のニーズ、意思決定の必要性、最前線の従業員の説明責任を重視して設計された組織だけが、規模にかかわらず、こうしたサービスを提供できる。それがトップダウンを排したボトムアップ型組織であり、抜本的な変革である。これは、今回のニュー・エコノミーの中でも最も過激で生産的な変革となるだろう。今はまだ一部の企業でしか起きていないが、この変革は二〇〇〇年からの一〇年はもちろんのこと、今後数十年間のテーマとなるだろう。

顧客重視は株主重視の対極

企業は二〇年以上にわたり、利益創出と株価上昇を追求する株主重視の経営哲学を信奉してきた。アメリカの企業は、世界に率先してこうした経営哲学や最近のリエンジニアリングモデルを生み出し、ヨーロッパやアジアの企業もそれに追随してきた。それは旧経済が成熟する過程では自然な方向性だったが、ニュー・エコノミー下の企業経営にとっては誤った方向性だと、われわれは考える。

企業が頭の中で株主を最優先し、顧客を一番後回しにしていることを顧客が知ったら、どう思うだろう。経営者が「従業員が一番の財産」と言いながら、株主を一番大切にしていることを従業員が知ったら、どう思うだろう。そもそも、今の経済で株主とは誰を指すのか。市場の八〇％を占めるミューチュアル・ファンドや機関投資家の運用マネジャーたちと、彼らにも増して気まぐれな個人投資家たちのことか。収益や事業の短期報告を頼りに企業から企業へと渡り歩く彼らは、忠実な株主ではない。

株式公開会社だからといって、なぜ株主の意見を最優先しなければならないのか。何も株主が大切でないと言っているのではない。どんな企業も妥当な代価で資本を手に入れる必要がある。だが実は、マイクロソフトのように本当に成功している企業の多くは、初期の成長段階以降、資本を必要としていないのである。こうした企業にとって、株価は単にストック・オプションを通じて重要な従業員を動機づけたり、他社を買収して成長・拡大したりするための手段に過ぎない。新しいベンチャー企業の初期の投資家たちは、創業者の大切な構想を信じてくれるが、その後は顧客こそが製品、サービス、ビジネス・プロセスから得た恩恵に応じて企業の長期的な存続や利益率を決める存在となるのである。

われわれが勧めるのは「株主重視ではなく顧客重視」であり、世間とは逆の企業経営モデルである。

顧客中心の組織づくりを行い、手頃な価格と費用でニーズを満足させれば、高成長、高収益が実現されるので、投資家も目ざとく気づき、株価をつり上げてくれるだろう。何度も言うように、今日の企業が抱える問題は、経営者が常にトップダウンで複雑な戦略を計画し、実行しようとすることだ。彼らは企業の使命を考え出し、全員をそれに従わせようとする。そして、その使命と戦略を各レベルでどのように実行するかを計画し、全社員の足並みを揃えようとする。全社員が顧客満足にもっと責任を持ち、もっと創造的な意思決定をすべきだと言いながら、何もかもお膳立てしてしまうのだ。

要するに、トップダウン方式では、リアルタイムで個別化されたサービスを生み出すことはできない。

顧客はより個性を増し、富裕化し、より多くの選択肢を求めるようになっている。したがって、一口に顧客満足といってもソリューションや選択肢が多すぎる。今のような環境で、従業員は真の革新と顧客対応を実現できるのか。こんな企業で働きながら、運命を自分で決めているとか、本当に社内外の顧客のニーズを満たしていると実感できるのか。こんなに多くの企業方針やルール、リエンジニアリング計画に縛られながら、変化する顧客ニーズに対応することができるのか。

インターネットと同様、企業経営も徐々にトップダウン型からボトムアップ型に変わってくるだろう。おそらくそれは、この静かなる革命がもたらす最大の変革となる。今後数十年間にわたり企業の生産性は飛躍的に高まり、従業員も、企業内起業や独立によって所得と資産を増大する絶好のチャンスを手にするだろう。リアルタイムで個別化されたサービスを本当に生み出すには、これしかないのだ。

といっても、大企業は消えてなくなるわけではなく、内部的には小企業ネットワーク、外部的には請負業者と供給業者のネットワークから成る組織へと抜本的に再編されていくだろう。そして、主としてホームオフィスを拠点とした新しい小企業が数多く登場するだろう。

『2000年資本主義社会の未来』の第5章〜第8章では、顧客を中心とした事業設計に改めるための新手法の概要を示した。第7章では、企業再設計の新たな四原則を説明した。ここでそれを繰り返すつもりはないが、参考までに同書を読んでみてほしい。

ここでは、以下に詳しく述べるように、四つの原則を刷新して一二の重要原則とした。この一二原則の目的は、企業組織を再設計し、リアルタイムで個別化されたサービスを妥当なコストで生み出すことだ。その完成形は「情報技術によってオートメーション化され、完全に顧客中心に組織化された人的ネットワーク」である。

リアルタイムで個別化されたサービスと持続的な競争優位を生み出すための一二原則

第一のパラダイム：トップダウンではなく、顧客を出発点に下から組織をつくる。

①まず、最優良顧客なら自社をどう設計するかをまず考え、そのように設計する（自社だけでなく顧客のニーズ、費用、優先順位を中心に設計し、それから自社の費用を最小限に抑える）。

②個々の顧客や主要セグメントをそれぞれひとつの市場や事業として捉える（顧客満足度から損益レベルまですべて個別に説明できるようにする）。

③各セグメントに対応する「人間ブラウザ」もしくは「執事」部門を最前線に設ける（顧客のニーズに合わせて、後方の製品・サービスをコーディネートし統合する）。

④最前線ですべての意思決定ができるようにする（ソフトを利用して後方の意思決定をオートメーション化するか、後方のサービス部門からリアルタイムで回答が得られるようにする）。

第二のパラダイム：顧客にとって最も付加価値の高いソリューションを追求する。

⑤最終顧客にとって最も大きな利益になることだけをする（誠実さと透明性で、信頼と長期のロイヤルティを醸成する）。

⑥自社が得意とすること、顧客に最も高い付加価値を与えるものに特化する（それ以外はすべて、各分野で最も有能な業者にアウトソーシングする）。

⑦継続的サービスとしてトータル・ソリューションを提供し、そのつど手数料を得る（単発の製

品販売を繰り返すのではなく、自社へのアウトソーシングを末永く続けてもらえるよう努める)。

⑧ 顧客自身や競合他社よりも早く顧客のニーズを読みとる(顧客の人口特性、S字曲線、あるいは製品ライフサイクルの次の段階を予測する)。

第三のパラダイム:リアルタイム生産システム、リアルタイム・サービス・システムを構築する。

⑨ 完全直接販売、完全受注生産のシステムを設計する(むだなし、在庫なし、遅れなし、陳腐化した製品なし。環境への影響は最小限に)。

⑩ 意思決定の中でも論理的なもの、物流関連のもの、官僚主義的なものはすべてオートメーション化する(付加価値の高い人間的なサービス、カスタム化、品質に専念する)。

⑪ 必要な人物をすべてリアルタイム・コミュニケーション・システムでつなぐ(官僚主義を最小限にとどめ、顧客のためにリアルタイムの意思決定を促す)。

⑫ 社内に内部市場を生み出し、リアルタイムの意思決定を促す(最前線および後方の各部隊にリアルタイムな意思決定の説明責任を持たせるとともに、全レベルに製造物責任法にもとづく説明責任を持たせる)。

前述のように、企業再編のテーマに関心がある読者は、『2000年資本主義社会の未来』の第5章~第8章をぜひ読み直してほしい(原書)。ここではその内容を繰り返さない。これらの原則は、今後数十年にわたって続く生産性トレンドを生み出すうえで最も大切なことだし、向こう数十年間のリーダーの多くを決めるこの一〇年の首位争いでも最大の武器となるだろう。

GMのアルフレッド・スローンによる現代企業組織の革新が一九二〇年代前半に始まったように、ニュー・エコノミーはまだ姿を現したばかりだし、組織の革新や長期的な生産性の革新も始まったばかりである。もっと多くの従業員に説明責任を伴う事業を任せ、利益分配により深く参画させれば、自営とニュー・ビジネスのトレンドを促し、アメリカ経済の所得と富を増大できるだろう。

だが今、現代史上初めて、世界中で出生率と人口成長率が伸び悩んでおり、このことは、今後数十年間の方向性を示唆している。エピローグでは、そのことをとり上げよう。世界的な出生率の低下によって、究極のバブルと化した人口が数千年来初めてピークに達しようとしている。このことは、今後数十年、数百年にわたり、世界各地の経済成長に大きな変化を引き起こすだろう。

チャンスの面でもリスクの面でも、今は歴史的に見て有望な時代である。数世紀にわたって膨張してきた人口のバブルは減速し始めており、それは人々の生活や経済、あるいはますますグローバル化する文化に多くの影響を及ぼすだろう。

九・一一に端を発する文化の衝突は、二〇〇〇年代から二〇一〇年代を通じて高まっていくだろう。エピローグを読めば、あなたも二〇一〇年以降の大暴落と大不況への準備を真剣に考え、そこに潜むチャンス、特にアジアでのチャンスを本気で見出そうと思うはずだ。

エピローグ　究極のバブル

歴史上初めて、人口はピークを迎える

われわれは本書を通じて、成長は常に周期的、指数関数的であること、したがってバブルは避けられないこと、バブルは常に程度の問題であることを示してきた。歴史を遡れば、多くのバブルが起きていることに気づくはずだ。第2章（図2―17）では、一七八〇年代の産業革命以降、株式相場のバブルが膨らみ続けていること、そして、二三〇年間にわたるバブル・ブームが、ベビーブーム世代の支出の波や、技術面における今のブロードバンド、ワイヤレス、インターネット革命とともに、二〇〇九年ないし二〇一〇年頃にピークに達することを示した。

さらに、『狂乱の二〇〇〇年代の投資家』の第6章（図6―2および6―3）では、約一〇〇〇年前の十字軍以来バブルが膨らみ続けていること、また、二五〇〇年前の古代ギリシャ時代以降、民主主義と科学の概念を中心に伸びてきたより広範な文明化のサイクルが、今も続いていることを示した。

歴史をさらに遡れば、最も明白なバブルが姿を現す。それは人口のバブルである。人口は最古の統計以降、ほぼ指数関数的に増え続けている。図E―1（『狂乱の二〇〇〇年代の投資家』の図6―1の再掲）は、三〇〇〇年前、つまり紀元前一〇〇〇年以降の人口の増加を、通常の均等表示（絶対数の増加）と対数表示（百分率成長率）で示したものだ。まさに、指数関数的な増え方である。グラフの下側の均等表示の折れ線を見ると、人口は一四〇〇年代半ば（印刷機、火薬、長距離用帆船が開発さ

図E-1　世界人口の増加の歴史

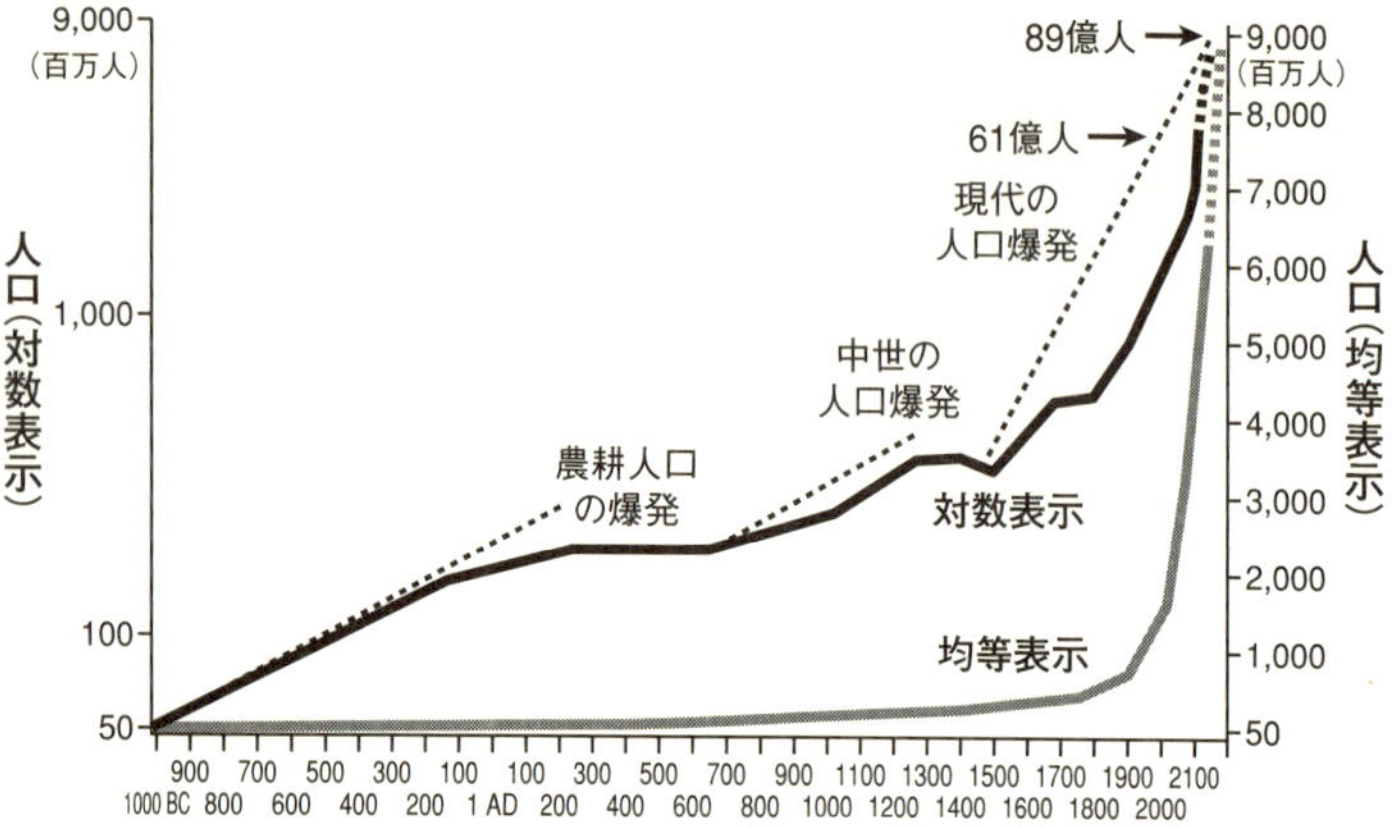

＊対数表示では定率で成長し続けると右肩上がりの直線で示される。均等表示では等間隔で絶対的な増加数を示すため、定率で成長し続けると右上がりの曲線になる。
出典：「フォーブズ」1999年1月25日号、58〜59ページ
調査：ハドソン・インスティテュート（インディアナポリス）リサーチ・ディレクター、エドウィン・S・ルビンスタイン
データ：コリン・マクビディ、リチャード・ジョーンズ『世界人口歴史地図（*Atlas of World Population History*）』、国連事務局『世界人口予測——1998年改訂版』米国勢調査局

れた頃）に急速に増え始め、一八〇〇年前後の産業革命以降はうなぎ上りに増えている。バブルが膨らんでいることは一目瞭然である。

　人口は今世紀末までに、九〇億人弱でピークを迎えると見られる。ここで注意すべき点は、人口のトレンドが加速し始めたのは主な技術革新が起きる前だったが、技術革新によって成長の限界に達するまで加速しているということである。つまり、人口特性トレンドは成長と経済の原動力だが、その人口特性トレンドは技術のサイクルと否応なくからまりあい、相互依存しているのである。このことは、本書でも過去の著書でも、支出と生産性の四〇年周期の世代サイクルや、技術とニュー・エコノミーの八〇年サイクルを通じて証

明してきた。

歴史や各サイクルをより長期的に見ると、人口特性と技術のサイクルの重要性をますます確信する。われわれのウェブサイトwww.hsdnt.comでは、数千年以上前からの人類の経済発展に関する詳細レポートを無料でダウンロードできる（まず「Key Concepts」を、次に「The Long View」をクリック）。

このレポートを読めば、人口特性と技術のトレンドが歴史を通じてからまりあいながら、人類の進歩と経済発展に影響を及ぼし、サイクルをどんどん拡大してきたことがわかる。長期サイクルの多くは二〇一〇年前後と二〇四〇～六五年に大きなピークに達するだろう。したがって、おそらく歴史的に見て、今ほど長期的視点の重要性が高まっている時期はないのだ。しかも、今ではＤＮＡ研究などの情報技術によって、過去についてかつてないほど明確な情報が得られるようになっている。

図Ｅ−１の上側の対数表示の折れ線（百分率成長）を見ると、ローマ帝国前期のキリスト生誕直前までは比較的高い成長を示しているが、その後伸び悩み、四〇〇年代半ばのローマ帝国崩壊直前から横ばいになっている。そして、人口トレンドが横ばいになると同時に「暗黒時代」が訪れている。約五〇〇年間にわたる近代史上最長の弱気相場であり、経済発展の後退期である（高度に発達した都市型社会から多分に封建的な農村型社会へ）。

このように、歴史的に見ると人口増加は経済成長に欠かせず、人口の伸び悩みは深刻な影響を及ぼし得る。十字軍の直前、人口増加率は再び上昇する。一三〇〇年代半ばにロンドンでペストが大流行した後は一時的に低迷したものの、一四〇〇年代半ばまでには、単に絶対数が急増しているだけでなく、百分率成長を示す対数表示上の数値も指数関数的に高まっている。

つまり、人口のバブルは一四〇〇年代半ば以降、明らかに膨張し続けており、株式相場で最新の長期的バブル・ブームが始まった一七八〇年代後半以降は、一段と大きく膨らんでいる。この人口の大型バブルはいつ終わるのか。それは、世界的には二〇六五年前後、今の先進諸国の多くでは二〇一〇年頃と見られている。

出生数を後にずらすことによって、景気や株のトレンドを数十年先まで予測できるように、出生数と寿命のトレンドから数十年先の人口トレンドを予測できる。世界人口は二〇六五年前後にピークに達すると見られるが、これは、今世紀最後の、そしてわれわれの子供たちの生涯における最後のピークとなるだろう。

だがより重要なことは、こうした人口トレンドはヨーロッパではすでにピークを過ぎており、今後は様々な地域が次々とピークに達し、最大の国、中国も二〇三〇年にピークに達することだ。われわれの多くにとっては、これが生きて目にする最後の人口ピークとなるだろう。

最初に主要地域で、その後世界全体で人口トレンドが下降する――それが経済的に見て芳しい状況でないことは、歴史を見ればわかる。

人口トレンド低迷の原因は繁栄と都市化

成長は、限界が来るまで指数関数的に続く。ウサギの生息数にせよ人間の数にせよ、食糧供給、汚染、捕食動物からの攻撃など、環境的な限界に達したときには、必ず成長の限界が来る。

人間には今のところ捕食動物はいないが、人間同士で敵対することがある。過去には戦争が起き、今日ではテロの脅威も存在する。また、過去数十年、数百年間にわたる環境汚染の深刻化や、地球の温暖化、土地資源や天然資源の減少など、環境的な制約が成長の限界となることは間違いない。だが、地球上には人間を上回る捕食者も競争相手もいないし、過去の技術と同様、今の新技術も最終的には環境面の脅威を緩和して有益なものとしてくれるだろう。そう考えると、成長の限界は他にあるはずである。

人類の成長の限界は、最終的には心理学的、社会的、経済的なものである。農村や農業文化から脱して都市化し、豊かになり、子供の養育費や教育費が高騰するなかで、われわれ人間は子供の数を減らし、少ない子供をより長期にわたって教育・養育することに金銭を費やすようになった。ところが、出生トレンドが下降すると、青年期の革新から壮年期の生産性や支出、高齢期の貯蓄や投資、慈善活動に至るまで、人口特性サイクル全体が減速する。

古代ローマ帝国からヨーロッパ、アメリカに至るまで、近代型の豊かな文明では、最後は必ず都市化と繁栄が進み、その結果、出生数が低下し、遅れて革新、生産性、支出、投資も伸び悩み、やがて衰退に至っている。確かに孤立した農耕文化の多くは、局地的な環境上の制約によってピークに達してきたし、環境上の制約は今日、世界的な要因になりつつある。だが、少なくとも今のところ、環境は最大の脅威ではない。今や単なる一主要地域ではなく世界全体が、急速な出生トレンドの低下によって二〇六五年までにピークを迎え、衰退に転じようとしているのである。

重要指標としての出生トレンドの減速

多くのヨーロッパ諸国や日本の出生率が、長期的に人口を維持できるほど高くないことは周知の事実である。だが、人口一人当たり出生率がこれほど低い日本やイタリアなどの主要国で、今後数十年

図E-2 世界的な出生数の減少トレンド

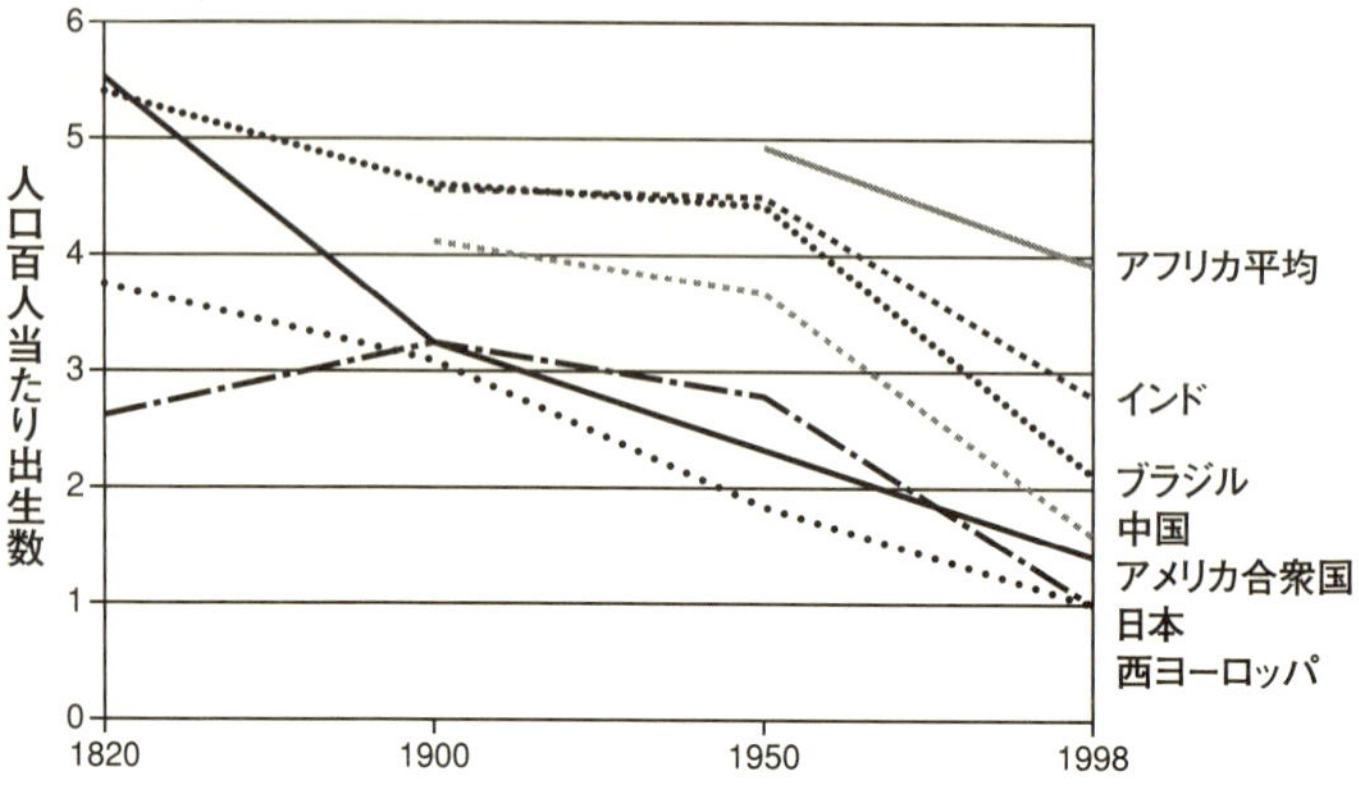

出典：アンガス・マディソン『経済統計で見る世界経済2000年史』OECD開発センター調査（2001年）30ページ、表1-5A

間に人口がどれほど急激に減少するのかまでは知らない人が多い。ヨーロッパや日本の人口は今後五〇年間で三〇％以上も減ると見られているのである。

だが何よりも意外なのは、中国やブラジル、インドといった新興工業諸国の出生トレンドと人口増加率が急速に低下していることだ。図E－2に、中国や東南アジアだけでなくインドやアフリカも含めて、世界の主要地域で出生率が急落している様子を示した。

人口一人当たり出生率が最も低いのはヨーロッパと日本だが、アメリカもさほど高くはない。最も意外なのは中国の出生率が急速に落ちていることである。中国は人口急増後の一九五〇年頃、一人っ子政策をとり始めた。だが、他の発展途上国にはそんな政策はないのに、インドやアフリカなどあらゆる地域で出生率が落ちている。なぜこんなことが起きるのか。それは、繁栄と都市化の結果、子供の養育にかかる費用と期間が伸び、大人の社交機会が増えたからである。

テレビやインターネットの登場は、都市化や工業化、繁栄以上に、出生率の低下を促した可能性がある。とはいえ、テレビもインターネットもこうしたトレンドの当然の副産物だ。

今や世界中の多くの人が、テレビのニュースや映画、ホームコメディ、インターネットを通じて、裕福な人々は子供が少なく、仕事や社交、恋愛でおいしい思いをしているという印象を持っている。つまり、われわれは自らの成功によって衰退を引き起こしているのである。

だが、それは歴史上よくあることだ。では、世界的な出生トレンドの低下から人口統計学的に予測できることは何だろうか。出生か寿命のトレンドに何か劇的な変化が起きない限り、世界人口は二〇六五年前後にピークを迎えるおそれがある。バイオテクノロジー革命の約束も虚しく、過去四〇年間、平均寿命は一〇年に一・五歳ずつしか延びておらず、出生トレンドの低下がそれを帳消しにしている。

予想される人口バブルのピーク

今世紀の最も重大な現実は、数千年にわたり飛躍的に伸びてきた世界人口が二〇六五年前後に初めてピークを迎え、減少に転じることである（図E―3）。それは、革新、生産性、支出、投資の各サイクルの伸び悩み以外に、どんな影響を及ぼすだろうか。まず、世界中で高齢化が進み、退職年金や健康保険における労働者負担が増えるだろう。また、デフレ・トレンドがまず西側諸国に起き、その後数十年遅れてアジアや発展途上諸国に（新たなインフレ率の急騰を経た後で）起きるだろう。

環境保護主義者たちは、人口増加率がようやくゼロになり、天然資源や環境への需要が低下することを歓迎するだろう。だが彼らには、人口増加による革新が過去にどれほど汚染を減らし、天然資源を増やしてきたかわかっていない。人口の多い発展途上諸国で経済環境が悪化したときに、こうした

図E-3 世界人口予測（2000〜2100年）

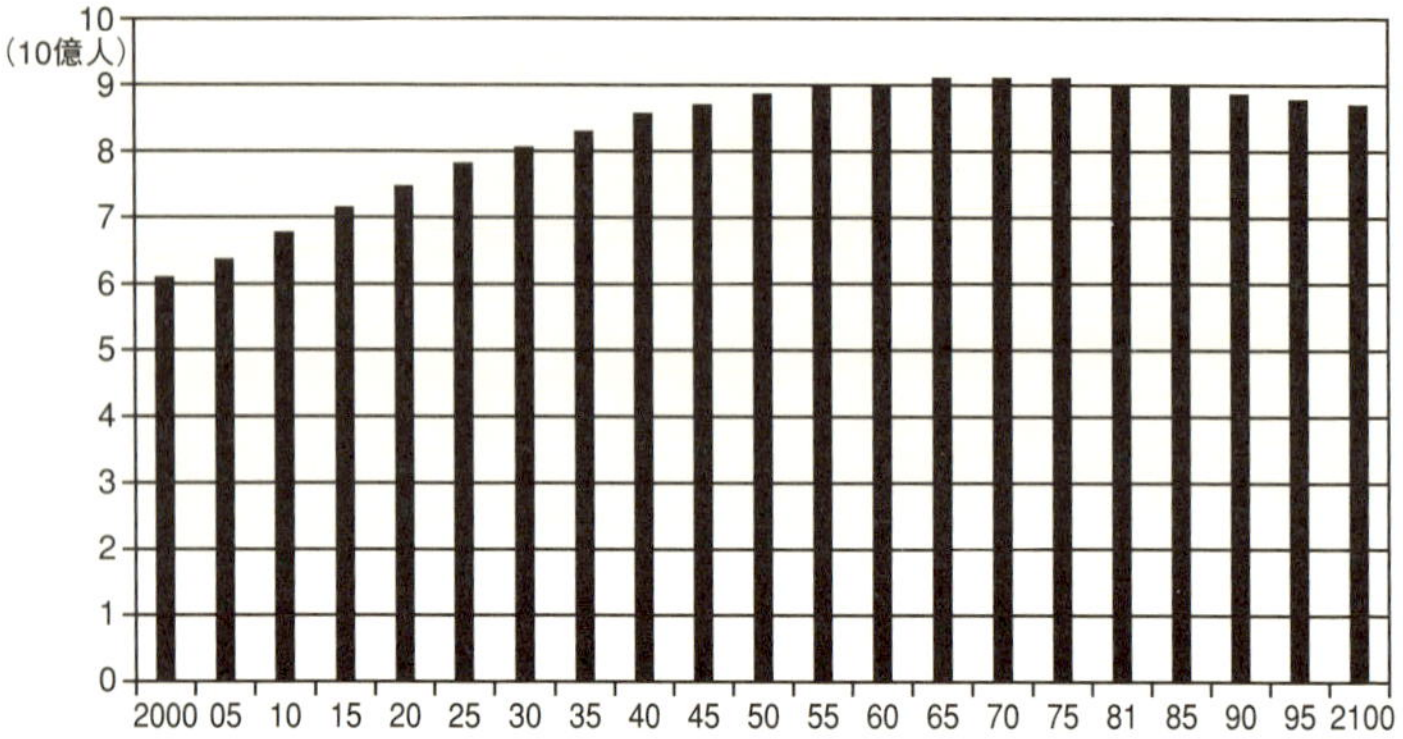

出典：「インベスターズ・ビジネス・デイリー」2004年4月22日号、A16ページ
調査：国連

国の人々が今の欧米の裕福な国民のように、今後も環境を気遣ってくれるだろうか。こうした国の有権者たちは環境保護措置を支持するだろうか、それとも景気の悪化で生きるのに必死で、却下してしまうだろうか。

人口がピークを迎え、人口特性が減速することの真の影響を知るためには、世界全体の人口ではなく、主要諸国別・地域別の事情を考察しなければならない。東欧や旧ソ連諸国も含めたヨーロッパ全体の人口は、すでに二〇〇〇年にピークを迎えている。フィンランドやルーマニアなど一部の国はそれ以前にピークを迎えており、今後一〇年から二〇年の間に他の諸国も相次いでピークを迎える。日本では一九八九年後半に最大の支出の波がピークに達し、二〇〇五年には人口のピークを迎える。前にも述べたが、ヨーロッパの多くの国や日本では、今後五〇年から一〇〇年の間に人口が三〇～四〇%も減ると見られている。劇的な減少である。

中国の総人口は二〇三〇年頃ピークを迎え、その後減少し始める。同国のベビーブーム世代の支出の波は、

図E-4　西ヨーロッパと中国の人口1人当たりGDP（400～1999年）

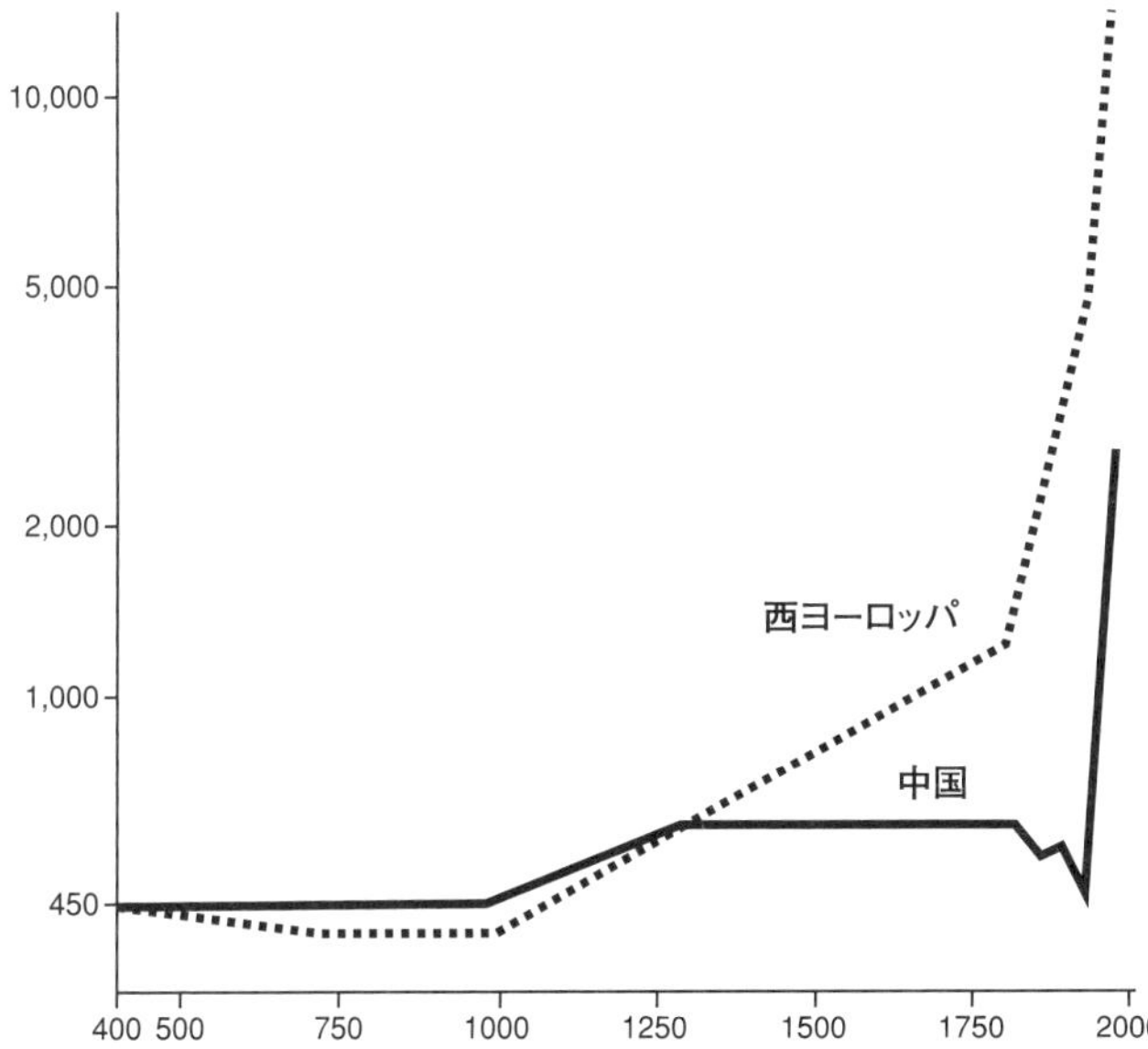

出典：アンガス・マディソン『経済統計で見る世界経済2000年史』OECD開発センター調査（2001年）42ページ、図1-4

予想よりもずっと早く二〇二〇年頃にはピークに達する。中南米とインドは、いずれも二〇六五年頃に人口のピークを迎えるが、これらの地域では、今後ピークを迎えるまでの間も劇的な人口増は期待できない。なぜなら、中国や東南アジアと違ってすでに比較的、都市化が進んでおり、中国で起きているような農村部から都市部・工業地帯への人口移動による急激な人口増が見込めないからだ。中国では歴史上どの主要国・地域よりも短期間で、こうした人口移動が進んでいる（図E－4）。

　西欧やその文化の流れを汲むアメリカ、カナダ、オーストラリア、ニュージーランドでは、十字軍以降の一〇〇〇年間に、人口一人当たりGDPで見た生活水準が劇的に上昇した。他の諸国や地域の多くは、これよりはるかにペースが遅かった。

中国は、暗黒時代の後、最初はやや伸びたものの、一九〇〇年半ばまでは孤立主義政策をとったことで生活水準が後退した。一九五〇年以降は、西側諸国が何世紀もかけて到達した水準に、わずか数十年で追いつこうとしている。東南アジア、インド、そしておそらくアフリカでも、今後数十年に、中国ほどではないがやはり急上昇が見込まれ、急速な経済成長が予想される。

アメリカのバブルが二〇〇九～一〇年にはじけた後は「アジア・バブル」が見られそうだ。中国のGDPは二〇二〇年までに購買力平価（生産された財の価値と、その財がより安く買える現地通貨でのその財の価格との比率）でアメリカを追い越すと見られる。また、インドも五〇年までにはアメリカを越えるだろう。

中国、東南アジア、インド、そしておそらくアフリカは、今後二〇年から六〇年の間に、世界史上例を見ない速さで先進国の豊かさや経済成長に追いつくだろう。だがそれ以降の数百年間は、世界経済の繁栄は見込めず、世界の経済的、政治的環境に深刻な影を落としそうだ。

このように、西洋諸国の支出の波と人口増加は二〇〇九年頃におおむねピークを迎え、世界の成長の中心は、消費人口の最も多い中国、東南アジア、インドへと急速に移行していくだろう。この結果、二〇二〇年代から二〇六〇年代に最後のバブルが膨らみ、その後は人口トレンドの低下とデフレ・トレンドが数百年にわたって続く可能性がある。

欧米大バブルの後は、アジアに大好況が来る

今後の著書では、アメリカなどの西洋諸国における二〇一〇年以降の大不況の影響について、より

重点的に考察していくつもりだ。とはいえ、二〇一〇年以降、投資やビジネスで最大のチャンスをもたらすのは中国、東南アジア、インドといったアジア諸国だろう（また、今後の頑張り次第ではアフリカも考えられる）。これらの国々は工業化、情報技術、都市化における大きな追い上げトレンドから恩恵を受けると考えられる。また、中国、韓国、ベトナム、インドといった国々は今日、最も高い成長率を示している。

われわれはアメリカや、民族的に比較的関係の深いカナダやヨーロッパなどの先進国、あるいは国境を接したメキシコやカリブ海諸国での投資やビジネスに慣れている。それ以外の国々に投資するのは、文化的、政治的に難しいと思っている人が多く、金融指標を見てもリスクとボラティリティが高い。

だが、それも変わるだろう。アメリカ、カナダ、ヨーロッパ、オーストラリア、ニュージーランド、それに香港やシンガポールの投資家や企業は、二〇〇九年以降、経済の成熟に直面し、東南アジアやインドを中心とした新興工業諸国への投資を余儀なくされるからである。こうした国々では今後も開発が続き、多くは経済的に今より安定し、長期的にはボラティリティも今ほど高くなくなるだろう。一方、先進諸国は景気の低迷とテロの脅威の高まりにより、今よりボラティリティが高くなる。欧米などの先進諸国が不況になった後は、ヘルスケアや製薬など人生後期に支出の増える業種も魅力的だろう。

二〇〇九年から二〇一〇年以降、投資とビジネスのチャンスは中国、東南アジア、インドに移行するだろう。

だが、前にも述べたように、二〇一〇年から二〇一二年、遅くとも二〇一四年後半に最初の大暴落が起きるまでは、引き続き流動性と安全性を重視し、格付けの高い長期社債や短期債で資金の大半を運用すべきだ。人口特性面から見て好調なアジア株やヘルスケア株でさえ、二〇一〇～一二年に株式相場がピークに達し、再び暴落すれば値を下げることになる。だがその後なら、人口特性が好調な国内外の分野に割安に投資できるだろう。

二〇二二年から二〇二三年頃以降は、アメリカ、カナダ西部、その他一部の先進諸国でエコーブーム世代が台頭するが、ヨーロッパの大半や日本にはエコーブームはない。アメリカは二〇二三年頃から二〇四〇年頃まで再び景気がよくなるが、今回の経済成長、生産性、株式投資収益率の急上昇ぶりとは比べ物にならないだろう。唯一、再び大高騰するのが、アジア諸国に重点を置く企業や株式指標である。中国は二〇二〇年以降か、遅くとも二〇三〇年までにはピークに達すると見られ、二〇二〇年以降は、東南アジアとインドが先頭に立つだろう。

二〇一〇年以降——文化の衝突とテロ戦争の激化

二〇〇九年から二〇一〇年頃、もしくはその直後に、西洋諸国の多くで株価と景気がピークに達するだろう。その最大の影響は、世界各地で生活水準や文化の格差が極端に広がり、文化や国の間に衝突が起きることだ。世界各地の生活水準格差は、成長ブームの中ですでにかつてないほど広がり、衝突も起きているが、それよりもさらに大きな衝突になるだろう。

アメリカは、アフガニスタン、イラク、イラン、北朝鮮だけでなく、フランスやドイツとの関係も徐々にぎくしゃくしてきている。中東、インド・パキスタン、東南アジアの一部の旧世界諸国は原理主義色を強めており、アメリカの成長と西洋文化は、こうした国々にますます大きな脅威と見なされている。われわれの予測どおり二〇一〇年以降、主要欧米諸国に大規模な崩壊が起きれば、一番に重大な影響を被るのがこれらの発展途上国だ。こうした国々は欧米への輸出に頼っている場合が多いからである。「アメリカがくしゃみをすれば、他国が風邪をひく」というのは経済学の決まり文句である。

アメリカの現代的でよりリベラルなライフスタイルによって価値観やライフスタイルを脅かされている発展途上国の目に、二〇〇九～一〇年以降の世界的不況がアメリカが引き起こしたものだと映れば、アメリカの価値観や制度を攻撃する口実がまたひとつ増えることになる。一方、中国などアジア諸国では、数十年ぶりに経済力と軍事力が伸び続ける。そうなると、世界は不安定化し、経済力と軍事力の構造が変化し、最近の一連の衝突より大規模な「文化の衝突」が起こる環境が整ってしまう。

われわれは暗黒時代以降、一〇〇〇年にわたり成長を続けてきた。だが今、古代ローマ帝国の後期がそうだったように、世界各地で次々とバブルが生じ、成長のピークに達しつつある。そして、その後は四〇〇年代半ばから九〇〇年代後半と同様、長期にわたる変化と紛争と調整の時期に入る。

最良の戦略は、二〇〇五年から二〇〇九年後半ないし二〇一〇年前半の史上最大のブームをうまく活用することである。その後は、格付けの高い長期社債や短期債に切り換えて資産を守り、長期的に所有する気のない不動産や企業は大部分売却し、できれば良質な準郊外かリゾート地に転居して、その後の冬をやり過ごす。二〇一〇年から二〇一二年ないし遅くとも二〇一四年に最初の大暴落が起きた後は、準郊外地域とヘルスケアや製薬などライフステージ後半に好調な分野に投資し始めてもよい。また、今後数十年間に急激な成長が見込まれる中国やインドなど、アジア諸国にも徐々に投資してよいだろう。

人口特性トレンドからひとつ予測できることは、二〇一〇年頃から世界はかつてないほど分裂し、機会にも恵まれるが、脅威も高まりそうなことだ。こうしたトレンドはすでに平均の法則、大数の法則によっておおむね決まってしまっているので、マクロ規模で大きく変えることはできない（そもそもこうした法則があるおかげで、人口特性トレンド等の統計科学はこれほど予測性が高いのだ）。

だが、個人的には、投資やビジネス、人生の決断でうまく立ち回り、繁栄を続けることも可能なはずだ。この時代が人類史上、最も素晴らしい時代になるかもしれないのだから。

再びグローバル化へ

アメリカなどの多くの先進諸国が二〇一〇～二二年の大規模な淘汰を脱するにつれて、それまで高まっていた世界的な文化の衝突は収まり、再びグローバル化が進むだろう。結局のところ、グローバル化は、カスタム化、ネットワーク・コミュニケーション、八〇年周期の新たなニュー・エコノミー・サイクルの組織構造や富裕層の大量出現と並ぶメガトレンドのひとつなのだ。

この経済ライフサイクルの成熟ブームと、グローバル化の次の段階は、比較的大きなものとなるだろう。それは主に、新興諸国が急速に欧米の生活水準に追いつく一方で、欧米諸国の相対的な進歩のペースが落ちるからだ。

ようやく、文化間にさほどの不平等や違いがなく、双方に利益をもたらす経済ネットワークに人々が統合される世界が実現されそうだ。だが、そこに至る過程には、想像を絶する激変期を覚悟する必要がある。思いがけない大好況と、予想以上に過酷な下降局面、ネットワーク・ベースのグローバルな富裕経済への移行が相次いで起きるだろう。

だが、忘れないでほしい。チャンスを見抜けるひと握りの人々にとっては、困難な時期にこそ最大のチャンスが訪れる。「困難を生き延びた者は、そのぶん強くなる」——それは、われわれが特別レポートで研究した自然と人間の進化から得た教訓だ。この無料特別レポートは、本書でとり上げたのと同じ人口特性や技術のサイクルを利用して、人類史における超長期サイクルを詳細に分析している。研究者や歴史好きなど進化のトレンドに興味のある人はぜひ読んでほしい。ウェブサイトwww.hsdent.comの「Key Concepts」から「The Long View」をクリックしてダウンロードできる。

人類の進化の歴史上、稀に見るチャンスと変化に満ちたこの時代に、読者が大いなる成功を収めることを心からお祈りする。

監訳者あとがき　予測に依存すれば、予測に裏切られる

神田昌典

一九九二年春。アメリカ・ペンシルバニア。

ビジネススクールの卒業式で、私のアメリカ人クラスメートの顔色は暗かった。

ＭＢＡをとったのに、希望どおりの職につけない……。入学したときには、売り手市場だった就職戦線は、二年後の卒業時には一転して買い手市場になっていた。

当時、アメリカは一九八七年のブラックマンデーから始まった不況の真っ只中。アメリカ企業の競争力低下、金融機関の相次ぐ破綻、そして貿易・財政の双子の赤字で、アメリカ経済の見通しは悲観一色だった。

他方、日本経済は——株価は一九八九年末をピークに下落していたものの——まだまだバブルの熱から醒めやらず、日本人留学生は得意になって日本企業の強さを授業で語れた時代だった。アメリカ人がまったく自信を失っている。そんな状況下で、本書の著者ハリー・Ｓ・デント・ジュニア氏の著作『経済の法則』（原題 *The Great Boom Ahead*）が出版された。

デント氏が同書で展開した景気予測は、誰もが鼻で笑ってしまうほど現実ばなれしたものだった。
・二〇〇七年までにはＮＹダウ平均は、少なくとも七〇〇〇ドル台になる。

・一九九六～九八年の間に日経平均は最安値を更新、一万四〇〇〇円になる。
右記の数値は今でこそ意外性はないが、当時は一笑に付されるほど無謀な予測だった。
しかし、あれから一〇余年たってみると……異端扱いされたデント氏の予測が、現実となってしまっている。

デント氏の大胆な予測は、続いた。一九九九年、『２０００年資本主義社会の未来』（原題 *The Roaring 2000s*）を出版。二〇〇八年後半か二〇〇九年までに、ＮＹダウ平均が三万五〇〇〇～四万ドルに達するという予測を発表。今世紀最大——そして最後の——バブル景気が訪れると言い切った。この予測は、皮肉にも翌年に起こったネットバブル崩壊によって外れたかと思われた。しかし、デント氏は自らの分析を再び見直し、本書『バブル再来』（原題 *The Next Great Bubble Boom*）を出版。ネットバブル崩壊は、最高値を目指すための調整であって、アメリカはいまだバブル景気の途中であると結論づけている。再びネット企業が成長している今でこそ、彼の議論に耳を傾ける気にもなるが、デント氏が原稿を執筆していた当時は誰もが、あと数十年は株の買い時は訪れないと信じていたはずだ。

彼の、大胆な予測はどこまで当たるのか？
ＮＹダウ平均は、二〇〇六年三月一七日時点で、一万一二五三ドル。連日高値を更新しているとはいうものの、あと二年で三倍以上に到達するというのは、とてつもない夢物語に聞こえる――一〇余年前に、彼の予測を信じる専門家が誰もいなかったときのように……。

プロの投資家やエコノミストからすれば、人口動態というあまりに単純な切り口で、数十年先の株価やインフレ率、失業率を年単位で予測できると断言してしまうのだから、デント氏の分析に対する疑問や批判は多いだろう。また人口動態だけではとても導き出せないと思われる予測まで本書には記述されており、分析を重視する専門家にとっては、より詳細な論拠がほしいところだ。

それでも、デント氏の分析手法は、批判者すらも巻き込んでしまう影響力を持っている。単純すぎると疑いながらも、デント氏の予測以上に説得力のある長期予測モデルを出すことができない。その結果、批判しながらも、いつの間にか彼の思考パラダイムのなかで、世の中を見てしまっている。

他のすべての予測と同様に、デント氏の予測が外れることはある。そもそも一〇〇%的中するというのは、詐欺師のセリフであって、それを期待する方が愚かである。また予測というのは的中率が高ければ高いほど、外れるときには手ひどく外れるものなのだ。だから、予測は的中率が高いことに価値があるのではない。的中率よりも、それをきっかけに自分で考える力が高まるかどうか。つまり魔法の杖を期待するのではなく、自分の頭で賢く分析・判断できるようになるかどうかに価値があるのである。

その意味で、本書は――アメリカ株に関心がない日本の読者にとっても――類書がないほど貴重な予測書であると言える。

本書を通じてデント氏の予測手法を理解していくと、不思議なことが起こる。経済や株価が在庫循環、株価収益率、キャッシュフローといった無機質な数値で分析・評価されるものではなく、血が通った生命体として見えてくるのである。

彼の分析の根底には、誰もが日常生活で体験すること――何歳ぐらいで結婚して、何歳ぐらいで子供が生まれ、何歳ぐらいで子供が学校にいき、何歳ぐらいで成人し、何歳ぐらいで引退し、何歳ぐらいで死ぬのか、といったライフサイクルに応じた消費支出がベースにある。言い換えれば、誰もが経験する人生のドラマ、その総体として経済が成り立っている。その結果、デント氏の予測手法になじんでくると、経済についての洞察力が深化し始める。

例えば、デント氏の思考法になじんでくれば、自宅の購入・売却のタイミング、起業・引退のタイミング、入社・転職のタイミングが予測できるようになる。特に本書の二〇七頁に示されている、自社の業績の伸張・鈍化のタイミングの分析法は、とても貴重な視点である。経営者や経営幹部社員にとっては、中長期的にかなり有効な羅針盤を提供してくれるのではないだろうか?

その意味で本書は、投資家のみならず、経営者および経営幹部社員にぜひお読みいただきたい内容である。特に最終章の「ニュー・ミリオネア・エコノミー」は短いながらも、一冊の書籍を読む以上の情報が得られることだろう。二極化が伸展する日本において、まさにこれから課題になってくる富裕層へのマーケティング法についてヒントが満載だ。

経営者およびエクゼクティブの方々には、本書を購入したら、マーカーとノートを持って自室に入り、内側からドアをロックすることをお勧めする。自社にとって有効なアイデアを、ノートにランダムに書きなぐってほしい。数時間後には、二〇二二年に至るまでの事業アイデアで、ノートが埋まっているだろう。

デント氏の予測によれば、日本は、人口動態が有利に働くために、二〇〇八年頃から二〇二〇年に至るまで好況になるとのことである。繰り返し言うが、これが当たるかどうかは、さほど重要ではない。重要なことは、日本は人口動態上、消費支出が伸びやすい環境に向かっているということであり、好況が現実となるかは、その環境下で、われわれが顧客に満足と幸福を与えるビジネスを展開できるかどうかにかかっているのであろう。

未来は決まっていると予測に依存したとたんに、われわれは裏切られる。

大切なことは、われわれ日本人が将来のビジョンを、この追い風のなかで実現できるかどうかなのである。

特に日本が好況となる時期が、欧米が不況であえぐ時期と重なるのであれば、その時こそ、われわれが世界に向かって手を差し伸べる時期となる。その時こそ、日本発の創造的なビジネスとテクノロジーを世界に向かって発信する時期になると、私は予測している。

[著者]

ハリー・S・デント・ジュニア（Harry S. Dent, Jr.）

H・S・デント財団会長。「人々が世の中の変化を理解する手助けをすること」を自らの使命とし、人口特性トレンドを重視した未来予測を提供している。ハーバード大学ビジネススクール卒業後、ベイン&カンパニーのコンサルタント等を経て、現財団を創設、現在に至る。1992年刊行の*The Great Boom Ahead*（邦題『経済の法則』イースト・プレス）によって、日本バブル崩壊、アメリカITバブルを的中させ、続く1999年刊行の*The Roaring 2000s*（邦題『2000年資本主義社会の未来』PHP研究所）によって、米欧、アジアの近未来を大胆に分析し、全米ミリオンセラーを記録した。

[監訳者]

神田昌典（かんだ まさのり）

上智大学外国語学部卒。外務省経済局に勤務後、ニューヨーク大学経済学修士、ペンシルバニア大学ウォートンスクール経営学修士（MBA）取得。その後、米国家電メーカー日本代表を経て、経営コンサルタントに。現在、企業家教育、加速教育等の分野における複数会社の社主をつとめる。

著書に『60分間・企業ダントツ化プロジェクト』（ダイヤモンド社）、『成功者の告白』『人生の旋律』（ともに講談社）、『非常識な成功法則』『仕事のヒント』（ともにフォレスト出版）、訳書に『ザ・マインドマップ』（ダイヤモンド社）等、多数。

＜ホームページ＞　http://www.kandamasanori.com/

[訳者]

飯岡美紀（いいおか みき）

翻訳家。神戸大学文学部卒。通信会社、広告マーケティングの仕事を経て渡米。帰国後「DIAMONDハーバード・ビジネス・レビュー」「ナショナルジオグラフィック日本版」などの翻訳に携わる。

訳書に『女性に選ばれるマーケティングの法則』『たった今から、ハッピーになる！』（ともにダイヤモンド社）、『花のもつ癒しの魅力』（産調出版）等。

バブル再来
——2022年までの株価シナリオと投資戦略

2006年 5月11日　第 1 刷発行

著　者——ハリー・S・デント・ジュニア
監訳者——神田昌典
訳　者——飯岡美紀
発行所——ダイヤモンド社
〒150-8409　東京都渋谷区神宮前6-12-17
http://www.diamond.co.jp/
電話／03·5778·7232（編集）　03·5778·7240（販売）
装丁————重原隆
製作進行——ダイヤモンド・グラフィック社
印刷————八光印刷（本文）・共栄メディア（カバー）
製本————ブックアート
編集担当——中嶋秀喜

ISBN 4-478-60049-X